Karrierepolitik

Soziologie der Politik

Band 6

Ronald Hitzler · Michaela Pfadenhauer (Hrsg.)

Karrierepolitik

Beiträge zur Rekonstruktion
erfolgsorientierten Handelns

Leske + Budrich, Opladen 2003

Gedruckt auf säurefreiem und alterungsbeständigem Papier.

Die Deutsche Bibliothek – CIP-Einheitsaufnahme
Ein Titeldatensatz für die Publikation ist bei
Der Deutschen Bibliothek erhältlich

ISBN 3-8100-3755-9

© 2003 Leske + Budrich, Opladen

Das Werk einschließlich aller seiner Teile ist urheberrechtlich geschützt. Jede Verwertung außerhalb der engen Grenzen des Urheberrechtsgesetzes ist ohne Zustimmung des Verlages unzulässig und strafbar. Das gilt insbesondere für Vervielfältigungen, Übersetzungen, Mikroverfilmungen und die Einspeicherung und Verarbeitung in elektronischen Systemen.

Satz: Verlag Leske + Budrich, Opladen
Druck: DruckPartner Rübelmann, Hemsbach
Printed in Germany

Inhaltsverzeichnis

Ronald Hitzler und Michaela Pfadenhauer
Politiken der Karriere
oder: Heterogene Antworten auf die Frage,
wie man den Karren durch den Dreck zieht 9

I. Leitbilder der Karrierepolitik

Dirk Kaesler
Karrierepolitik zwischen Geld und Wissenschaft
Der Fall Max Weber 27

Winfried Gebhardt
„Fachmenschen ohne Geist, Genußmenschen ohne Herz"
Über das Karriereleitbild des „Machers" 43

Manfred Prisching
Seelentraining
Über eine neue Dimension der Karrierepolitik 53

Falko Blask
Karriere total? – Karriere unmöglich? 71

II. Rahmenbedingungen von Karrierepolitik

Steffen Hillmert
Karrieren und institutioneller Kontext
Fallstudien aus dem Bereich der Ausbildungsberufe 81

Gaia di Luzio
Karrieren im öffentlichen Dienst
Veränderung eines Aufstiegsmodells durch die Verwaltungsreform 97

Steffani Engler
„Aufsteigen oder Aussteigen"
Soziale Bedingungen von Karrieren in der Wissenschaft 113

Andreas Huber und Ivo Züchner
Berufskarrieren ohne Muster
Langfristige Wirkungen eines umstrittenen
akademischen Qualifikationsprofils in der Erziehungswissenschaft 129

III. Ressourcen für Karrierepolitik

Peter Runia
Soziales Kapital als Ressource der Karrierepolitik 149

Michael Hartmann
Individuelle Karrierepolitik oder herkunftsabhängiger Aufstieg?
Spitzenkarrieren in Deutschland 159

Tomke Böhnisch
Karriereressource Ehefrau – Statusressource Ehemann
oder warum Frauen von Topmanagern
keine berufliche Karriere machen 173

Cornelia Behnke und Michael Meuser
Karriere zu zweit – Projekt oder Problem?
Zum Verhältnis von beruflichem Erfolg und Lebensform 189

Ludgera Vogt
Karrierepolitik in der Bürgergesellschaft 201

Stefan Hornbostel
Kleine Alchemie der Karriere
oder: Wie man aus Blech Gold macht 215

IV. Karrierepolitik als Professionspolitik

Erika M. Hoerning
Karrierepolitik: Professionelle Frauen
Zur sozialen Konstruktion symbolischer Ordnung 231

Monika Frommel
Karrierepolitik für Juristinnen in Deutschland 245
Jürgen Enders

Inhaltsverzeichnis 7

Flickwerkkarrieren und Strickleitern in einer prekären Profession
Ein Beitrag zur Nachwuchspolitik an den Hochschulen 253

Cornelia Koppetsch
Neue Wirtschaftsberater als Sinnstifter der Marktkultur?
Zur professionspolitischen Bedeutung
neuer Leitbilder wirtschaftlichen Handelns 263

V. Karrierepolitik als Mikropolitik

Dieter Bögenhold
Sind die Einzelnen ihres Glückes Schmied?
Überlegungen zur Frage des Verhältnisses von Akteur und Struktur
und den Schwierigkeiten der Interpretation von Karrieremanagement ... 283

Michael Schiffinger und Guido Strunk
Zur Messung von Karrieretaktiken und ihrer Zusammenhänge
mit Karriereerfolg und Karriereaspirationen 295

Christiane Funken und Susanne Fohler
Unternehmerische Informationspolitik als Karrierestrategie
Alternierende Karrierechancen im Vertrieb 313

Sven Kesselring
Eine Frage der Logistik
Karrieren im Spannungsfeld von Mobilität und Flexibilität 327

Thomas Meyer
Politische Karriere und theatrale Kompetenz 343

Jo Reichertz
Erfolgreich Sozialwissenschaft betreiben
Überlegungen zur Karrierepolitik einer kritischen Berufsgruppe 355

Angaben zu den Autoren 371

Ronald Hitzler und Michaela Pfadenhauer

Politiken der Karriere

oder: Heterogene Antworten auf die Frage, wie man den Karren durch den Dreck zieht

Beim Versuch, uns einen kursorischen Überblick zu verschaffen über den Literaturstand zum Begriff der ‚Karriere' in der Soziologie (vgl. dazu außer den in dieser Einleitung aufgeführten Publikationen auch die einschlägigen Verweise in den einzelnen Beiträgen des Bandes), fällt uns vor allem auf

a) dass ‚Karriere' anscheinend *nicht* zum kanonischen Begriffsinventar der Disziplin zählt, während er im Kontext der Debatte über Mikropolitiken durchaus häufiger auftaucht (vgl. hierzu u.a. Bosetzky 1974; Koch 1998; Meixner 1998);

b) dass der Begriff ‚Karriere', soweit überhaupt, vorzugsweise im Kontext der Thematisierung sozialer bzw. geographischer Mobilität und biographischer Verläufe Verwendung findet (vgl. hierzu u.v.a. Berger 1996; Berger 1997; Bolte/Neidhardt 1998; Hall 2001; Hradil 1999; Kappelhoff/Teckenberg 1987; Lipset/Ramsöy 1972; Paulu 2001; Weick 1995; Wilensky 1972);

c) dass Soziologen üblicherweise skeptisch sind gegenüber voluntativen Karrierekonzepten (oder gar -rezepten) wie sie symptomatischerweise etwa in sogenannten Erfolgsratgebern verbreitet werden (vgl. hierzu exemplarisch Bröckling 2002; aber auch Abele 1998; Abele/Schaper 1995), dass sie in der Regel hingegen stärker die ‚sozialen Umstände' beachten, welche Karrieren befördern oder behindern (vgl. u.v.a. Corsten/Hillmert 2001; Giegel 1995; Li/Walder 2001; Schulte-Florian 1997; Wimbauer 1999; Windzio 2000);

d) dass der soziologische Karrierebegriff *generell* sowohl Aufwärts- als auch Abwärtsbewegungen im sozialen Raum impliziert – also sogenannte ‚Erfolgskarrieren' (insbesondere berufliche Erfolgskarrieren) einerseits und solche Phänomene wie Krankheitskarrieren, Anstaltskarrieren, Außenseiterkarrieren, kriminelle Karrieren, Armutskarrieren usw. andererseits (vgl. hierzu u.v.a. Becker 1963; Becker/Strauss 1956; Doehlemann 1996; Glassner 1994a; Glassner 1994b; Goffman 1973; Machura/Stirn 1978; Neumann/Oechsle 1986; Roth 1963);

e) dass insbesondere durch Niklas Luhmann (1973; 1994) und in dessen Umgebung der in der Soziologie übliche ‚weite' Karrierebegriff in theoretischer Absicht reformuliert und präzisiert wurde und wird: Karriere gilt in dieser avancierten Lesart als eine – zwischen Individuum und institutionellen Umständen vermittelnde – ‚autopoetische' Abfolge von selektiven Ereignissen (vgl. hierzu z.b. Brosziewski 1997; Corsi 1993; Luhman/Schorr 1988; Tiedeman/O'Hara 1963);

f) dass darüber hinaus – zumindest an den ‚Rändern' der Disziplin – verschiedentlich versucht wird, den Begriff der Karriere vom Prinzip der hierarchisch gestuften Laufbahn abzulösen und – als ‚Projektkarriere' – auf das Prinzip der Portfolio-Existenz zu übertragen (vgl. hierzu u.v.a. Becker 1996; Berthel 1995; Friedli 1999; Grigg 1997; Reiß 1994).

Hätte dieser Band also Karriere-*Soziologie* zum Gegenstand, dann würden sich vor diesem Hintergrund die hierin versammelten Beiträge zweifellos darüber auseinandersetzen, für welche Richtungen der Mobilität im sozialen Raum überhaupt, und im weiteren: ob bzw. inwiefern das Konzept ‚Karriere' sich dafür eignet, Lebens(ver)läufe speziell in spät-, post- oder reflexivmodernen Gegenwartsgesellschaften erfahrungsadäquat zu modellieren. Diese grundsätzliche – und u.E. für die künftige Begriffs- und Theoriearbeit (auch) der *allgemeinen* Soziologie in ihrer Bedeutung noch kaum erkannte – Frage weist über die Problemstellung dieser Publikation allerdings deutlich hinaus. Sie wird in den hier versammelten Beiträgen allenfalls sozusagen ‚mitlaufend' behandelt, während deren Fokus *hauptsächlich* auf die Frage gerichtet ist, wie sich Karriere als eine *politische* Angelegenheit bestimmen lässt: als angewandte Mikropolitik des Akteurs im Rahmen seiner Organisation, als Gegenstand professions- und verbandspolitischer Interessendurchsetzung, als ‚Verheißung' konventioneller Bildungs-, Sozial- und Wirtschaftspolitik intermediärer und staatlicher Institutionen, und dergleichen mehr.

1. Karriere-Streben

Dem dabei von uns implizierten Konzept des Politischen liegt die Auffassung zugrunde, dass unter Individualisierungsbedingungen *zugleich* eine (vorläufige) Tendenz zur Entpolitisierung des Handelns im überkommenen politischen System *und* eine Tendenz zur Politisierung des Handelns im Bereich des traditionell ‚privaten' (einschließlich des Erwerbs-)Lebens beobachten lässt (vgl. dazu Hitzler 2002); d.h., dass neue Formen politischen Handelns sich *sowohl* in einer modernisierten, vor allem auf Popularität bzw. Populismus abzielenden Form des Betreibens von „Politik als Beruf" unter den Bedingungen massenmedialer (Selbst-)Inszenierungschancen und -zwänge zeigen *als auch* in der Verbreitung und Veralltäglichung von (im engeren wie im weiteren Sinne) politischen Intentionen und Strategien unter ‚Nichtpolitikern' – im diffusen öffentlichen Raum der sogenannten Bürgergesellschaft ebenso wie in der bürgerlichen Privatheit, im Berufsalltag, im Wirtschaftsleben, in der Wissenschaft, usw.

Politiken der Karriere

Ergänzt durch etliche zusätzlich eingeworbene Beiträge basiert dieser Sammelband wesentlich auf Referaten der Tagung ‚Karrierepolitik. Beiträge zur Rekonstruktion erfolgsorientierten Handelns', die als gemeinsame Veranstaltung der Sektion ‚Politische Soziologie' der Deutschen Gesellschaft für Soziologie und des Arbeitskreises ‚Professionelles Handeln' im Dezember 2001 in Dortmund stattgefunden hat. Die Themenstellung dieser Tagung und der nun vorliegenden Publikation schließt zum einen an Thematiken wie ‚Professionspolitik' und ‚Professionelle Leistung' an, die beim Arbeitskreis ‚Professionelles Handeln' bereits Gegenstände von Tagungen waren (vgl. www.professionssoziologie.de). Zum anderen steht sie – im Kontext der Sektion ‚Politische Soziologie' (vgl. www.politischesoziologie.de) – in einer Reihe von Veranstaltungen zu ‚Politikertypen in Europa', zu ‚Mikropolitik', zu ‚Politiken der Unterscheidung', zu ‚Politiker-Images', zu ‚Macht in der Hochschule', zu sozialistischen und anderen ‚Eliten' sowie zwischenzeitlich auch zu ‚Parapolitik' und zu ‚Politik des Erfolgs'. Die bei all diesen Gelegenheiten geführten Diskussionen kreisen in mannigfaltigen Variationen um die Problematik der Rekonstruktion ‚erfolgsorientierten Handelns'; um jene Problematik also, die im Diskussionszusammenhang der Sektion ‚Politische Soziologie' von Anfang an und anhaltend Anlass zu Auseinandersetzungen gab und gibt – nicht nur darüber, welche Arten sozialen Handelns ‚politisch' genannt werden können und sollen, sondern auch darüber, ob und inwiefern (auch) Politik ein (genuin) handlungstheoretisch bestimmbares Phänomen sei.

Erfolg, so Sighard Neckel im Expose zum von der Sektion ‚Politische Soziologie' verantworteten Plenum beim DGS-Kongress in Leipzig, sei zu messen an seiner „instrumentellen Nützlichkeit ... für die effektive Verwertung je eigener Macht- und Ertragsinteressen" (vgl. dazu auch Neckel 2001; 2002). Zumindest als Erfolgspolitik im machiavellistischen Sinne, d.h. als die Kunst, gegebene Rahmenbedingungen zu durchschauen und für die eigenen Ziele zu nutzen, verstandene Karrierepolitik hat somit notwendigerweise einen Macht-Aspekt (es geht um Durchsetzung von Interessen gegenüber Alternativen), sie hat notwendigerweise einen strategischen Aspekt (es geht um technisch richtige, d.h. erfolgversprechende Entwürfe und Durchführungen über mehrere Interaktionssequenzen hinweg), und sie hat notwendigerweise auch einen dramaturgischen Aspekt (es geht um Herstellung von Öffentlichkeit im Sinne des Ensemble-Publikum-Verhältnisses).

Den Gegenstand des vorliegenden Bandes begreifen wir selber vor diesem Hintergrund mithin vor allem als eine Form dessen, was wir im Anschluss an Anthony Giddens' Konzept der „life politics" (vgl. Giddens 1991), an Ulrich Becks „Politiken des eigenen Lebens" (vgl. Beck 1993; 1995) und an Peter Gross' Überlegungen zur „Ich-Jagd" und dem damit einhergehenden „Portfolio-Work" (vgl. Gross 1999 sowie bereits Gross 1995) als „existentielle Strategien" bezeichnen (vgl. dazu auch Hitzler/Pfadenhauer 2002): Unter der Maßgabe, dass unter Individualisierungsbedingungen ‚Karriere' immer weniger als etwas erscheint, was man durchläuft, und stattdessen als etwas,

was man immer wieder neu entwerfen und aufbauen, was man konstruieren und stabilisieren, was man auch abfangen und entwickeln, kurz: was man in einem strengeren Sinne selber *machen* muss, soll ‚Karrierepolitik' *prinzipiell* alle Maßnahmen implizieren, welche Akteure individuell oder in – wie auch immer gearteter – Kooperation miteinander planen, treffen, ergreifen und durchführen, um von ihm als solche definierbare – wie auch immer gesetzte – Lebensziele zu realisieren.

Indem wir also die Neckelsche Lesart von ‚Erfolg' kombinieren mit der von uns protegierten, sehr weiten Bestimmung politischen Handelns als einem Handeln, das darauf abzielt, direkte wie indirekte eigene Interessen unter Berücksichtigung je relevanter Umstände und unter Zustimmung oder wenigstens unter Duldung je relevanter anderer Akteure durchzusetzen, wird erkennbar, dass wir ‚Karrierepolitik' tatsächlich als eine Art von machiavellistischer ‚Erfolgspolitik' begreifen und unter ‚Karrierepolitiker' bzw. ‚Karrieremacher' dementsprechend vor allem eben den ‚Karrieristen' (selber) verstehen, denjenigen Akteur also, der in irgendeinem (im weiteren Sinne ‚organisationellen' bzw. zumindest ‚organisierten') Umfeld irgendwelche mikropolitischen Strategien und Taktiken verfolgt, um von ihm selber als erstrebenswert veranschlagte Gratifikationen zu erlangen – wie z.B. mehr Befugnisse, mehr Einfluss, mehr Macht, mehr Ressourcen, mehr Aufmerksamkeit, mehr Optionen, mehr Prestige bzw. höheren Status und – in der trivialsten, aber keineswegs irrelevantesten Form – höheres Einkommen.

Diese Sichtweise markiert aber eben nur den *einen* extremen Pol der Palette der im vorliegenden Band repräsentierten Positionen. Der perspektivische *Gegenpol* ist dementsprechend gekennzeichnet nicht nur durch eine starke Betonung sogenannter makrostruktureller Bedingungen, sozialer Determinanten, institutioneller Normierungen, organisatorischer Faktoren, biographischer Lagerungen und kollektiver Habitus von und für vertikale Mobilitätstrajekte, sondern auch durch eine starke Betonung der – ermöglichenden ebenso wie limitierenden – Relevanz von sozusagen ‚sektoralen' bzw. teilsystemischen ‚Eigenlogiken' – insbesondere der Politik, der Wirtschaft, der Rechtsprechung sowie der jeweiligen Nomenklatura – für Karriereverläufe.

2. Karriere-Konzepte

Die im vorliegenden Band versammelten Beiträge bewegen sich argumentativ auf einem Kontinuum *zwischen* diesen beiden Polen. Denn augenscheinlich muss man auch unter Individualisierungsbedingungen Karriere durchaus nicht, ja: kann man sie vielleicht gar nicht *alleine* machen. Nicht machen kann man sie jedenfalls im gesellschaftlich abgeschiedenen Winkel, geschweige denn im sozial ‚luftleeren' Raum. Vielmehr muss man sie realisieren unter ständiger Berücksichtigung gegebener und unter Voraussicht erwartbarer sozio-historischer Rahmenbedingungen. Diese Rahmenbedingungen streuen zwischen Veränderungen im je konkreten Tätigkeitsfeld sowie dem Verhalten direkter Konkurrenten hie und allgemeinen politisch-rechtlich-kulturellen Entwicklungen sowie globalen Wirtschaftslagen da.

Dementsprechend rückt hier vor allem der in einem weiteren Sinne ‚strategische' Verfolg *beruflicher* Erfolgsinteressen, rücken *berufspolitisches* Erfolgsstreben sowie Strategien zur Erreichung von Positionen beim Betreiben *berufsförmiger* Politik ins Zentrum der Aufmerksamkeit. Zum Thema werden somit vor allem karrierepolitische Tugenden und Unsitten, Korridore und Leerstellen, individuelle Planbarkeiten und strukturelle Unsicherheiten, hemmende Eigenschaften und erwerbbare Qualifikationen. Thematisch wird (unter anderem) die karrierepolitische Bedeutung von Leitbildern und Wertideen, ebenso wie die Bedeutung der von Pierre Bourdieu (1983) unterschiedenen Kapitalsorten als Ressourcen für Karrierepolitik. Thematisch wird (unter anderem), wie das immer häufiger beobachtbare Wegbrechen gewohnter ‚Leitern' auf irgendeinem ‚Weg nach oben', also wie die, wenn nicht schon zur Regel, so doch mehr und mehr ‚normal' werdende Erosion der ‚klassischen' Laufbahn, erfolgsstrategisch verwunden, verwertet oder gar schon antizipiert wird. Thematisch wird (unter anderem auch), ob und inwiefern gegebenenfalls alternierende Karrierechancen über Cliquen, Klüngel, Seilschaften, ‚Kartelle', Professionen usw. gewahrt und verteilt werden. Und thematisch wird schließlich (im Verstande von Mikropolitik), ob und inwiefern vor allem auch *neue* karrier*epraktische* Konzepte den Verfolg einer tradierten, d.h. eindeutig bzw. einlinig ausgerichteten Karrierepolitik verabschieden – zugunsten des Prinzips einer möglichst ‚breiten' Sicherung einmal erreichter Karriere-*Niveaus*.

2.1 Leitbilder der Karrierepolitik

Was läge für Soziologen näher, als sich der so skizzierbaren Thematik zuvörderst am (Fall-)Beispiel ihres handlungstheoretischen ‚Klassikers', Max Weber, zuzuwenden? *Dirk Kaesler* markiert und interpretiert in seinem Beitrag die – in ihrer Abfolge durchaus nicht linearen, vielmehr ‚brüchigen' – Stationen von Webers Berufskarriere. ‚Wissenschaft als Beruf' zu betreiben, war für den (zwischenzeitlich fast mythologischen) ‚Übervater' der Disziplin eine zumindest zwiespältige Angelegenheit: Transdisziplinäres und zugleich methodologisch-methodisch hochgradig diszipliniertes Forschen war ihm zwar durchaus ‚innere Berufung', seine ‚äußere Berufsstellung' als verbeamteter Hochschullehrer erschien ihm allerdings eher als (lebensabschnittweise notwendiges) Übel zum Zweck des Gelderwerbs.

Im Rekurs auf Max Webers Diktum vom „Fachmenschen ohne Geist, Genussmenschen ohne Herz" beschreibt *Winfried Gebhardt* das als ‚Ideologie des mittleren Managements' gegenwärtig vorherrschende Karriereleitbild des ‚Machers'. Ihm liege ein eingeschränktes, auf Fachwissen reduziertes

Verständnis von Wissenschaft zugrunde. Erst die *Kombination* von fachlichem ‚Know-how' mit Bildung im klassischen Verstande jedoch befördere Leistung, Effizienz, Praxisorientierung und damit sowohl wirtschaftlichen als auch wissenschaftlichen Erfolg – und bilde demnach ein Ansinnen, dem zumindest, so Gebhardt, Universitäten (wieder) gerecht werden sollten.

Bereits seit einiger Zeit avanciert ‚Sozialkompetenz' zu einer Schlüsselqualifikation am Arbeitsmarkt. Diese von Unternehmensseite immer nachdrücklicher angemahnte Kompetenz für (hinlänglich verläßlich) gelingendes Interagieren erscheint, über die herkömmlichen Fachqualifikationen hinaus, als eine nachgerade unabdingbare Voraussetzung für Karriere. Dabei habe sich, so *Manfred Prisching*, in Unternehmen die Vorstellung durchgesetzt, dass ‚social skills' durch eine „Taylorisierung der Seele" erworben werden könnten, dass Sozialkompetenz also als ‚machbar' lehrbar sei. Auf die gesteigerte Nachfrage nach in diesem Verstande sozialkompetenten Arbeitskräften reagiert, Prisching zufolge, die neue ‚Therapeutenklasse' mit einem ausufernden Angebot an Programmen zum ‚Seelentraining', die auf die Herstellung einer ‚zurechttrainierten' – und damit (karriere-)konformen – Persönlichkeit abzielen.

Die (Er-)Lösungsversprechen der zwischenzeitlich beinahe unüberschaubaren Ratgeberliteratur verortet *Falko Blask* zwischen den beiden Extrempolen ‚Karriere total' und ‚Karriere unmöglich'. Nicht nur aus der in umfassende Selbstoptimierung umgesetzten ‚Maximalhypothese', sondern zunehmend auch aus der ‚Nullhypothese' lassen sich erfolgverheissende Beratungsprogramme konzpieren, wobei letztere nicht mehr auf die Vermittlung von Leistungskompetenzen abzielen, sondern auf Trickreichtum setzen, um eben diesem Leistungsdenken ein Schnippchen zu schlagen. Weder die eine noch die andere ‚Sparte' liefere jedoch eine Antwort auf die grundlegende Frage nach dem ‚Wozu' von Karriere.

2.2 Rahmenbedingungen von Karrierepolitik

Während karrieresoziologische Überlegungen in aller Regel auf hochqualifizierte und hochbezahlte Erwerbstätigkeit abheben, bilden Karrieren in typischen Ausbildungsberufen den Gegenstand der Untersuchung von *Steffen Hillmert*. Sein Interesse gilt, in vergleichender Absicht, den institutionellen Einflüssen auf individuelle Karrieren in den Berufen des Tischlers, des Bäckers, von Einzelhandelskaufleuten und von Bürokaufleuten. In dem Maße, in dem sich diese Berufe hinsichtlich ihres Institutionalisierungsgrades, d.h. der Regelungsdichte der Ausbildung und der allgemeinen Wahrnehmbarkeit der berufsspezifischen Qualifikation, und hinsichtlich statistischer Merkmale der Erwerbssituation, d.h. der beruflichen Stabilität und des Arbeitsmarktwerts, unterscheiden, variieren auch die jeweils typischen Karrieremuster. Institutionalisierung einerseits und Marktlage andererseits erweisen sich somit als entscheidende Faktoren für individuelle Karriereverläufe.

Mit Veränderungen von Karrieremodellen im öffentlichen Dienst im Zuge von Verwaltungsreformen befasst sich *Gaia di Luzio* in ihrem Beitrag: Während das Karrieresystem des Beamtentums in der Bundesrepublik weitgehend die gleichen Grundzüge (Anstellung auf Lebenszeit, Alimentation, Allokation von Positionen und Ressourcen nach dem Gesichtspunkt der Anciennität, dem Laufbahn- und dem Fürsorgeprinzip) wie das traditionelle, im Rahmen von Verwaltungsreformen des ausgehenden 18. und frühen 19. Jahrhunderts institutionalisierte, traditionelle Karrieremodell aufweist, wird der rein dienstalterbezogene Aufstieg im Zuge einer kompletten Neuausrichtung des öffentlichen Dienstes durch Verwaltungsreformen nach dem Modell des ‚New Public Management' in den 1990er Jahren durch einen Leistungsbezug modifiziert. Auch hier werden nunmehr zeitliche, räumliche und fachliche Flexibilität zu Voraussetzungen für Karriere – ein Wandel, der nach Ansicht di Luzios neue Privilegienstrukturen befördern und neue soziale Ungleichheiten zur Folge haben könnte.

Den Gründen für das Gelingen bzw. Scheitern der Promotion als „Eintrittsbillett" für wissenschaftliche Karrieren versucht *Steffani Engler* empirisch und im Rekurs auf das Bourdieusche Konzept der ‚symbolischen Gewalt' auf die Spur zu kommen: Ihr zufolge gilt es, die Selbstverständlichkeiten in den Wahrnehmungs- und Bewertungsschemata von Akteuren in den Blick zu nehmen, die sich als Voraussetzungen für das erfolgreiche bzw. erfolglose Absolvieren der Promotion als wesentliche Karriereetappe erweisen. Die Einstellungen der von ihr befragten Doktoranden im Fachbereich Raumplanung der Universität Dortmund reichen dabei von einer abwartenden Haltung über die Erwartung kontrollierender Maßnahmen seitens des ‚Doktorvaters' bis hin zu einem Selbstverständnis eigenverantwortlichen Arbeitens. Während laut Engler eine explizit passive Haltung symptomatischerweise eher von Frauen eingenommen wird, sind es vorzugsweise Männer, die ihre Promotion dezidiert aktiv angehen – ein Umstand, der ihr zufolge weniger durch geschlechtsdivergente Motive, denn sozial bedingt ist.

Mit dem akademische Qualifikationsprofil im frauendominierten erziehungswissenschaftlichen Studiengang als einer Rahmenbedingung für Berufskarrieren von Diplom-Pädagoginnen befassen sich *Andreas Huber* und *Ivo Züchner* in ihrem Beitrag. Die empirische Grundlage bildet eine Kohorten-Vergleichsstudie an den Hochschulstandorten Deutschlands für (ausgewählte) Examensjahrgänge in den 1990er Jahren sowie, ergänzend dazu, in den 1970er und 1980er Jahren. In der vergleichenden Betrachtung des beruflichen Verbleibs dieser Absolventinnen-Generationen erweist sich die Etablierung der Diplom-Pädagogik als nachgefragtes Qualifikationsprofil am Arbeitsmarkt durchaus als Erfolgsmodell – allerdings ohne dass sich bislang ein (einheitliches) Muster in den Berufskarrieren ausgeprägt hätte.

2.3 Ressourcen für Karrierepolitik

Soziales Kapital bildet *Peter Runia* zufolge nicht nur eine neue, analytisch zwischen individuellen und strukturellen Bestimmungsfaktoren anzusiedelnde, *Determinante* für Karrieren. Sozialkapital ist überdies als eine wesentliche *Ressource* für Karrierepolitik anzusehen, die ‚Karrieristen', d.h. aufstiegsambitionierte Akteure, strategisch nutzen können. Damit wird Humankapital, d.h. Leistung und Qualifikation, keineswegs in Abrede gestellt. Soziale Beziehungen und Netzwerke, durchaus auch im Sinne von Cliquen und Seilschaften, fungieren vielmehr als ‚Verstärker' von für Karrieren nach wie vor essentiellen individuellen Leistungs- und Fähigkeitsmerkmalen.

Zumindest für deutsche Spitzenkarrieren in Wirtschaft, Justiz, Politik und Wissenschaft bestreitet *Michael Hartmann* die Relevanz individueller Karrierepolitik, sofern diese nicht auf bestimmte biographische Voraussetzungen rekurrieren kann: Hartmanns langjährige Untersuchungen zeigen eindrucksvoll, dass die soziale Herkunft zumindest für den Aufstieg in die Toppositionen deutscher Großkonzerne eine maßgebliche Karriere*voraussetzung* darstellt: als ‚Nadelöhr' für den Zutritt eines Bewerbers in die Chefetagen erweist sich ein großbürgerlicher Habitus. Hartmanns Daten belegen überdies, dass sich dem Nachwuchs aus der breiten Bevölkerung nur in Zeiten, in denen sich die Abkömmlinge des gehobenen und Großbürgertums für eine Karriere im Wirtschaftssektor entscheiden, Aufstiegsmöglichkeiten in den – dem ersten Anschein nach ‚herkunfts-unabhängigeren' – Bereichen von Justiz, Politik und Wissenschaft eröffnen.

Mit den Gründen für eine Absage an eine berufliche Karriere befasst sich *Tomke Böhnisch* in ihrem Beitrag. Für die von ihr befragten Ehefrauen von Topmanagern erweisen sich die Anerkennung in gesellschaftlichen Kreisen als ‚Gattin', die freie Verfügung über finanzielle Ressourcen und die Zeit für Dinge, die (ihnen) Spaß machen, als gute Gründe dafür, sich *gegen* eine eigene berufliche Karriere zu entscheiden. Das positive Selbstverständnis der Ehefrauen resultiert zum einen aus der Zugehörigkeit zu einer Elite, die zwar über die berufliche Position ihrer Männer vermittelt ist, die von diesen aber eben nicht ohne ihre Unterstützung zu erreichen gewesen wäre. Zum anderen speist sich ihr Selbstbewusstsein aus dem Eindruck von Privilegiertheit gegenüber solchen Frauen, die einer Erwerbstätigkeit nachgehen müssen und damit an der Verwirklichung ‚außer-beruflicher' Interessen, Ziele und Neigungen gehindert werden. Die gängige Auffassung, dass Gleichberechtigung ausschließlich über weibliche Erwerbstätigkeit und die erfolgreiche Konkurrenz mit dem anderen Geschlecht zu erringen ist, ist Böhnisch zufolge deshalb als eine unzutreffende Verabsolutierung einer *bestimmten* Idee von ‚Gleichheit' anzusehen.

Als eine ‚implizite Politik' des beruflichen Erfolgs von *Männern* beschreiben die Eheschließung hingegen *Cornelia Behnke* und *Michael Meuser*. Immer öfter und immer selbstverständlicher müssen sich Männer privat aber mit Partnerinnen arrangieren, die nicht mehr (‚nur') die Rolle der karriereunterstützenden Ehefrau einzunehmen bereit sind, sondern (überdies) eigene

Politiken der Karriere

berufliche Karriereanstrengungen unternehmen. Die Lebensform des Doppelkarrierepaares, die vor diesem Hintergrund als Alternative zur Single-Existenz erscheint, erweist sich dabei allerdings nur in weitgehend konkurrenzentlasteten beruflichen Kontexten als für Berufs- und Privatleben gleichermaßen erfolgsversprechendes Paar-Arrangement.

Auf den ersten Blick überraschend, plausibilisiert *Ludgera Vogt* im Rekurs auf ihre Ergebnisse aus einer aktuellen Gemeindestudie, dass sich keineswegs nur der Beruf, sondern auch das weite Feld bürgerschaftlichen Engagements im ‚Dritten Sektor' jenseits von Markt und Staat als Aktionsraum für Karrierepolitik erweist. Karrieren verlaufen hier als Einstieg in oder als Wechsel der Berufsarbeit, als Ersatz, als Alternative bzw. als Nachfolge zur Berufsarbeit oder aber als Kompetenzsteigerung innerhalb von beruflicher (Erwerbs-)Tätigkeit. Auch in der sogenannten ‚Bürgergesellschaft' setzen Karrieren ökonomisches, soziales und kulturelles Kapital einerseits unabdingbar voraus, andererseits erweisen sich Wünsche nach Erwerb, Auf- und Ausbau sozialer Kontakte und Netzwerke zum einen, nach Erweiterung von Kompetenzen und Qualifikationen zum anderen, und nicht zuletzt nach symbolischer Anerkennung als wesentliche Antriebsmotoren für diese Form unentgeltlicher Betätigung.

Den Prozessen der Kapitalakkumulation unter sozialistischen Bedingungen widmet sich *Stefan Hornbostel* am Beispiel der DDR, deren Ideologiekonzept im Hinblick auf Karrieren ja gerade die Beseitigung der von Bourdieu für demokratische Marktgesellschaften beschriebenen Reproduktionsmuster des sozialen Raums propagiert hatte. Die Bedeutung von Orden und Auszeichnungen, die hier nachgerade ‚inflationär' verliehen wurden, ist darauf zurückzuführen, dass sie in der Karrierelogik der DDR sowohl fachliche Qualifikation als auch politische Loyalität und Engagement dokumentieren. Zumindest für den beruflichen Aufstieg in politiknahen gesellschaftlichen Sektoren hat sich diese Kapitalsorte dabei als eine unabdingbare Ressource für Karrierepolitik erwiesen.

2.4 Karrierepolitik als Professionspolitik

Die Aufstiegswege ‚professioneller' Frauen in die administrative und operative Dienstklasse der DDR rekonstruiert *Erika Hoerning* anhand zweier Fallbeispiele. Wenngleich die hohe Erwerbsbeteiligung von Frauen als Nachweis vollzogener Gleichstellung galt, bildeten hochqualifizierte, wissenschaftlich ausgebildete Frauen vor allem eine Arbeitsmarkt-, Bildungs- und Kaderreserve der DDR. Eine erfolgreiche Kaderlaufbahn erforderte nicht nur Professionalität, sondern auch hohe Loyalität mit der politischen Führung und ihren Beschlüssen. Als entscheidend für die Karriere der Frauen hat sich dabei deren Bereitschaft erwiesen, die (männlich konstruierte) ‚symbolische' bzw. politische Ordnung der DDR nachzuvollziehen und zu reproduzieren.

Weniger mit der Karrierepolitik *von*, denn mit der Karrierepolitik *für* Juristinnen in Deutschland befasst sich *Monika Frommel* in ihrem Beitrag. Die

Existenz beruflicher Netzwerke von juristisch tätigen Frauen im Verein mit politisch initiierten Gleichstellungsprogrammen erweisen sich demnach als durchaus förderlich für Karrieren von Frauen innerhalb der historisch von Männern dominierten Justiz. Ungeachtet dessen konzipieren Frauen andere Karriereentwürfe und Karriereverläufe als ihre männlichen Kollegen, deren Besonderheiten Frommel zufolge nicht zuletzt in geschlechtsspezifisch differenten (Rechts-)Vorstellungen gründen.

Professionstheoretisch angeleitete Überlegungen zur Diskussion um die aktuelle Hochschulreform stellt *Jürgen Enders* an. Nicht nur unter Zugrundelegung eines engen Professionsbegriffs, sondern auch im Hinblick auf Deprofessionalisierungstendenzen sowie hinsichtlich eines Professionalisierungsdefizits bei der Gestaltung der Nachfolgeordnung an Universitäten stellt sich der Hochschullehrerberuf als eine ‚prekäre' Profession dar. Karrieren von (Nachwuchs-)Wissenschaftlern repräsentieren unter den gegebenen Bedingungen schon immer ‚Bastelexistenzen' und ‚Selbstunternehmertum'. Insofern Karrierepolitik in erster Linie Hochschulpolitik und erst in zweiter Linie Nachwuchspolitik impliziert, ist, so Enders, die gegenwärtige Situation, die allerorten als ‚Krise des Nachwuchses' beschworen wird, als eine Krise der Universität schlechthin anzusehen.

Wenngleich sich Werbung und Unternehmensberatung einem engen professionssoziologischen Zugriff entziehen, lassen sich *Cornelia Koppetsch* zufolge in beiden Berufsfeldern Professionalisierungstendenzen erkennen. Zum einen gelingt es diesen von ihr als „neue ökonomische Kulturvermittler" etikettierten Wirtschaftsberatern, eigene, d.h. von den jeweiligen Auftraggebern unabhängige, Leistungsstandards festzulegen. Zum anderen wächst ihnen im Zuge der Definition neuer Leitbilder für wirtschaftliches Handeln die Rolle von ‚Sinnstiftern der Marktkultur' zu. Eine ‚kulturelle Wende', d.h. die Bedeutungszunahme emotionaler Momente (Affektivität, Expressivität, Diffusität), bildet laut Koppetsch den gesamtgesellschaftlichen Hintergrund für diese karrierepolitisch relevanten Entwicklungen.

2.5 Karrierepolitik als Mikropolitik

Im Rekurs auf Joseph Schumpeters Einlassungen zur Unternehmerpersönlichkeit unterstreicht *Dieter Bögenhold* die Erklärungskraft von Motiven für das Gelingen von Karrieren: Der Traum, ein ‚privates Reich' zu gründen, der Wunsch nach ‚Konsumbefriedigung', ‚Siegerwille' und die ‚Freude am Gestalten', weit mehr als einfach nur die für aufstiegsorientierte, abhängig Beschäftigte symptomatische Intention, Karriere machen zu wollen, lassen sich Bögenhold zufolge als wesentliche Antriebskräfte für erfolgreiches Unternehmerhandeln anführen. Die Karriere – im Sinne eines überdurchschnittlich erfolgreichen Aufstiegs – erscheint hier eher als eine ‚beiläufige' Folge des intendierten sozialen bzw. beruflichen Handelns.

Über die Ergebnisse aus einer Panelstudie zu Karriereverläufen von Absolventen wirtschaftswissenschaftlicher Studiengänge der Universität Wien berichten *Michael Schiffinger* und *Guido Strunk*. Auf der Grundlage des internationalen Forschungsstands zu Karrieretaktiken ist im Rahmen dieser Studie ein Fragebogen zur ‚Selbstdurchsetzung im beruflichen Kontext' entwickelt worden, der den Zusammenhang verschiedener Karrieretaktiken mit Karriereerfolg bzw. Karrierekontext zu messen erlaubt. Die Daten belegen augenscheinlich, dass beruflicher Aufstieg und der Einsatz karrieretaktischen und mikropolitischen Verhaltens bis zu einem gewissen Grad tatsächlich miteinander korrelieren, wobei die aufgefundenen mikropolitischen Taktiken sowohl als Einflussfaktoren als auch als Resultat eines höheren Karriereerfolgs anzusehen sind. Jedenfalls wird es unter sich wandelnden Arbeitsbedingungen und Beschäftigungsverhältnissen für den einzelnen offenbar immer unerlässlicher, Karrierepolitik als Mikropolitik zu betreiben.

Ein neuer Karrieretypus erwächst *Christiane Funken* und *Susanne Fohler* zufolge aus der lokalen Rationalität des Vertriebs, dem im Zuge ökonomischer Transformationsprozesse in seiner Funktion als Schnittstelle zwischen Betrieb und Umwelt eine zentrale Stellung im Unternehmen zukommt. Die vertriebliche Tätigkeit erweist sich nicht länger nur als ein ‚Sprungbrett' für klassische Aufstiegskarrieren, insofern sie für eine „personalisierte Informationspolitik" und damit als strategisch bedeutsame Positionierungschance genutzt wird, sondern sie erweist sich als Möglichkeit für ein ‚eigenes' Karrieremuster, das als „Geldkarriere" etikettiert werden kann: im Unterschied zur herkömmlichen Aufstiegskarriere zeichnet sich diese nicht durch positionelles Avancement und durch Einflusszunahme, sondern durch einen Wechsel des Kundenstammes innerhalb der vertrieblichen Tätigkeit und – damit einhergehend – durch Imagesteigerung und eine erhebliche Erweiterung der Verdienstspanne aus. Während die Aufstiegskarriere eine stark personalisierte Informationspolitik erfordert, verfolgen Vertriebsmitarbeiter für ihre Geldkarriere eine durchgängig formalisierte, leistungs- und sachbezogene Informationspolitik im Sinne einer mikropolitischen Strategie.

Mit Karrierepolitik unter dem Gesichtspunkt von Mobilität in einem weiten Sinne von ‚Beweglichkeit' befasst sich *Sven Kesselring* anhand von drei Fallbeispielen. Gemeinsam ist diesen individuellen Karriereprojekten, dass sie allesamt Versuche darstellen, individuell lebbare Mobilitätskonstellationen zu entwickeln – wenn auch auf unterschiedliche Weise: Pluri-Lokalität, Ko-Präsenz und Mobilitätsverweigerung lassen sich dabei als subpolitische Karrierestrategien unterscheiden. Karrierepolitik als Mobilitätspolitik erweist sich hier als ein kompetenter Umgang mit allgegenwärtigen Mobilitäts-Anforderungen und -Erwartungen hinsichtlich räumlicher Bewegung.

Für den Bereich der Berufspolitik konstatiert *Thomas Meyer* eine ‚kopernikanische Wende' von der Parteiendemokratie zur Mediendemokratie. Unter diesen Umständen wird „Media-Fitness", d.h. die Beherrschung von strategischen Kommunikationstechniken der medialen Selbst-Inszenierung auf den Bühnen der Massenmedien, für Politiker zu einer Karrierevoraussetzung.

Zumindest derjenige Teil der politischen Klasse, der im öffentlichen Wettbewerb um Ämter und Mandate steht, bedarf – über die auch bislang schon notwendigen Kompetenzen hinaus – einer medienorientierten Performanz-Kompetenz. ‚Training on the job' erweist sich als ein probates Mittel für Politiker, sich diese theatrale Kompetenz anzueignen. Darüber hinaus hat sich auch hierzulande nicht nur ein Heer von ‚spindoctors' und Medienberatern, sondern eine ganze „Inszenierungsindustrie" etabliert, deren Dienste Politiker mit Aufstiegsambitionen in Anspruch nehmen können (und zunehmend auch müssen).

Blindheit für das Statthaben und die Notwendigkeit von Karrierepolitik konstatiert schließlich *Jo Reichertz* sozusagen in den ‚eigenen Reihen'. Entgegen der weithin verbreiteten (und unter Inszenierungsgesichtspunkten durchaus förderlichen) Annahme, dass für (uns) Wissenschaftler „die Suche nach der blauen Blume ‚Wahrheit'" allein handlungsleitend sei, gilt es, Reichertz zufolge, (endlich) zur Kenntnis zu nehmen, dass gerade Berufsfelder mit einer formal gering ausgeprägten vertikalen Differenzierung, wie dies bei ‚Wissenschaft als Beruf' der Fall sei, einen fruchtbaren Nährboden für Karrierepolitiken aufweisen: Wer hier, so Reichertz' Diagnose, gerade unter gegenwärtig zu verzeichnenden Entwicklungen „darauf verzichtet, in angemessener Weise Karrierepolitik zu betreiben, der bleibt (allenfalls) dort, wo er biographisch gerade hängen geblieben ist."

3. Karriere-Förderung

Nicht zu realisieren gewesen wäre die gemeinsame Tagung ‚Karrierepolitik. Beiträge zur Rekonstruktion erfolgsorientierten Handelns' der DGS-Sektion ‚Politische Soziologie' und des Arbeitskreises ‚Professionelles Handeln', deren Diskussionsstand in diesem Band dokumentiert ist, ohne die tatkräftige Unterstützung des ‚Ensembles' des Dortmunder Lehrstuhls für Allgemeine Soziologie – namentlich von Ivonne Bemerburg, Thomas Bucher, Teresa Heidegger, Kathrin im Winkel, Alexander Milanés, Cornelia Mohr, Arne Niederbacher, Thomas Peters, Nicole Rosenbauer, Peter Stegmaier und Daniel Tepe. Ganz besonders danken wir an dieser Stelle Daniela Eichholz, die nicht nur als Organisationsmanagerin für den reibungslosen Ablauf der Veranstaltung Sorge getragen, sondern auch maßgeblich an der technischen Erstellung des vorliegenden Bandes mitgewirkt hat.

Für die finanzielle und materielle Förderung der Tagung sind wir dem Ministerium für Schule, Wissenschaft und Forschung (MSWF) des Landes Nordrhein-Westfalen, der Universität Dortmund, der Deutschen Gesellschaft für Soziologie (DGS), der Coca-Cola GmbH, Essen, sowie der Deutschen Arbeitsschutzausstellung (DASA) gerne und nachdrücklich zu Dank verpflichtet.

Literatur

Abele, A., 1998: Berufskarrieren von Frauen – Möglichkeiten, Probleme, psychologische Beratung. S. 99-125 in: Gross, W. (Hrsg.), Karriere 2000. Hoffnungen – Chancen – Perspektiven – Probleme – Risiken. Bonn: Deutscher Psychologen Verband.
Abele, A./Schaper, S., 1995: Die Karrierefrau. Eine Inhaltsanalyse populärwissenschaftlicher Ratgeberliteratur. Gruppendynamik 26: 237-254.
Beck, U., 1993: Die Erfindung des Politischen. Frankfurt a.M.: Suhrkamp.
Beck, U., 1995: Eigenes Leben. S. 9-174 in: Beck, U./Rautert, T./Vossenkuhl, W.: Eigenes Leben. München: C.H. Beck.
Becker, H. S., 1963: Outsiders. Studies in the Sociology of Deviance. New York: Free Press.
Becker, H. S./Strauss, A. L., 1956: Careers. Personality and Adult Socialization. American Journal of Society 62: 253-263.
Becker, M., 1996: Geändertes Karriereverständnis: Personalentwicklung im Zeichen von Führungs-, Fach- und Projektkarrieren. S. 84-114 in: Schlaffke, W./Weiss, R. (Hrsg.): Gestaltung des Wandels – Die neue Rolle der Führungskräfte. Kölner Texte & Thesen Band 28.
Berger, P. A., 1996: Individualisierung, Statusunsicherheit und Erfahrungsvielfalt. Opladen: Westdeutscher.
Berger, P. A., 1997: Individualisierung und sozialstrukturelle Dynamik. S. 81-95 in: Beck, U./Sopp, P. (Hrsg.): Individualisierung und Integration. Neue Konfliktlinien und neuer Integrationsmodus? Opladen: Leske + Budrich.
Berthel, J., 1995: Die betriebliche Karriereplanung im Kontext der Managemententwicklung. S. 1-18 in: Berthel, J./Groenewald, H. (Hrsg.): Personal-Management. Landsberg/Lech: Moderne Industrie.
Bolte, K. M./Neidhardt, F., 1998 (Hrsg.): Soziologie als Beruf. Erinnerungen westdeutscher Hochschulprofessoren der Nachkriegsgeneration. Sonderband 11 der ‚Sozialen Welt'. Baden-Baden: Nomos.
Bosetzky, H., 1974: ‚Dunkelfaktoren' bei Beförderungen im öffentlichen Dienst. Die Verwaltung 4: 427-438.
Bourdieu, P., 1983: Ökonomisches Kapital, kulturelles Kapital, soziales Kapital. S. 183-198 in: Kreckel, R. (Hrsg.): Soziale Ungleichheiten. Göttingen: Schwartz.
Bröckling, U., 2002: Das unternehmerische Selbst und seine Geschlechter. Subjektivierungsprogramme und Gender-Konstruktionen in Erfolgsratgebern. Leviathan 30: 175-194.
Brosziewski, A., 1997: Selbständig oder angestellt: Ein Spiel mit der individuellen Karriere. S. 162-174 in: Thomas, Michael (Hrsg.): Selbständige – Gründer – Unternehmer. Passagen und Paßformen im Umbruch. Berlin: Berliner Debatte Wissenschaftsverlag.
Corsi, G., 1993: Die dunkle Seite der Karriere. S. 252-265 in: Baecker, Dirk (Hrsg.): Probleme der Form. Frankfurt a.M.: Suhrkamp.
Corsten, M./Hillmert, S., 2001: Ausbildungs- und Berufsverläufe der Geburtskohorten 1964 und 1971 in Westdeutschland. Arbeitspapier Nr. 1 des Projekts. Berlin: Max-Planck-Institut für Bildungsforschung.
Doehlemann, M., 1996: Absteiger. Die Kunst des Verlierens. Frankfurt a.M.: Suhrkamp.
Friedli, V., 1999: Die integrierte betriebliche Karriereplanung. Ausgangslage in einem Forschungsprojekt. Arbeitsbericht Nr. 99 des Instituts für Organisation und Personal der Universität Bern.
Giddens, A., 1991: Modernity and Self-Identity. Stanford: Stanford University Press.
Giegel, H. J., 1995: Strukturmerkmale einer Erfolgskarriere. S. 213-231 in: Alheit, P. u.a. (Hrsg.): Biographien in Deutschland. Opladen: Westdeutscher.

Glassner, B., 1994a: Career Crash. The New Crisis and Who Survives. New York: Simon & Schuster.
Glassner, B., 1994b: Karriere-Crash: Kleiner Mann, was nun? gdi-impuls 12: 40-47.
Goffman, E., 1973: Asyle. Über die soziale Situation psychiatrischer Patienten und anderer Insassen. Frankfurt a.M.: Suhrkamp.
Grigg, J., 1997: Portfolio Working. A practical guide to Thriving in the changing workplace. London: Kogan Page.
Gross, P., 1999: Ich-Jagd. Frankfurt a.M.: Suhrkamp.
Gross, P., 1995: Abschied von der monogamen Arbeit. gdi-impuls 13: 31-39
Hall, A., 2001: Berufliche Karrieremobilität in Deutschland und Großbritannien. Gibt es Differenzen zwischen Frauen und Männern? S. 213-251 in: Berger, P. A./Konietzka, D. (Hrsg.): Die Erwerbsgesellschaft. Neue Ungleichheiten und Unsicherheiten. Opladen: Leske + Budrich.
Hitzler, R., 2002: Die Wiederentdeckung der Handlungspotentiale. Problemstellungen politischer Soziologie unter den Bedingungen reflexiver Modernisierung. S. 17-37 in: Müller, M./Raufer, T./Zifonun, D. (Hrsg.): Der Sinn der Politik. Konstanz: UVK.
Hitzler, R./Pfadenhauer, M., 2002: Existential Strategies: The Making of Communities and Politics in the Techno/Rave Scene. S. 87-101 in: Kotarba, J.A./Johnson, J.M. (Hrsg.): Postmodern Existential Sociology. Walnut Creek u.a.: AltaMira.
Hradil, S., 1999: Soziale Ungleichheit in Deutschland. Opladen: Leske + Budrich.
Kappelhoff, P./Teckenberg, W., 1987: Intergenerationen- und Karrieremobilität in der Bundesrepublik Deutschland und in den Vereinigten Staaten. Kölner Zeitschrift für Soziologie und Sozialpsychologie, 39.
Koch, R., 1998: Karriere. S. 129-132 in: Heinrich, P./Schulz zur Wiesch, J. (Hrsg.): Wörterbuch der Mikropolitik. Opladen: Leske + Budrich.
Li, B./Walder, A. G., 2001: Career Advancement as Party Patronage: Sponsored Mobility into the Chines Administrative Elite, 1949 – 1996. American Journal of Sociology, Vol. 106: 1371-1408.
Lipset, S. M./Ramsöy, N. R., 1972: Klassengesellschaft und soziale Mobilität. Ein Vergleich zwischen Europa und den Vereinigten Staaten. S. 291-302 in: Luckmann, Thomas/Sprondel, Walter M. (Hrsg.): Berufssoziologie. Köln: Kiepenheuer & Witsch.
Luhmann, N., 1994: Copierte Existenz und Karriere. Zur Herstellung von Individualität. S. 191-200 in: Beck, U./Beck-Gernsheim, E. (Hrsg.): Riskante Freiheiten. Frankfurt a.M.: Suhrkamp.
Luhmann, N., 1973: Zurechnung von Beförderungen im öffentlichen Dienst. Zeitschrift für Soziologie 2: 326-351.
Luhmann, N./Schorr, K. E., 1988: Reflexionsprobleme im Erziehungssystem. Frankfurt a.M.: Klett-Cotta.
Machura, G./Stirn, H., 1978: Eine kriminelle Karriere. Wiesbaden: Akademische Verlagsanstalt.
Meixner, H.-E., 1998: Beförderung und Beförderungsstrategien. S. 26-29 in: Heinrich, P./ Schulz zur Wiesch, J. (Hrsg.): Wörterbuch der Mikropolitik. Opladen: Leske + Budrich.
Neckel, S., 2001: ‚Leistung' und ‚Erfolg'. Die symbolische Ordnung der Marktgesellschaft. S. 245-265 in: Barlösius, E./Müller, H.-P./Sigmund, S. (Hrsg.): Gesellschaftsbilder im Umbruch. Opladen: Leske + Budrich.
Neckel, S., 2002: Ehrgeiz, Reputation und Bewährung. Zur Theoriegeschichte einer soziologie des Erfolgs. S. 103-117 in: Burkart, G./Wolf, J. (Hrsg.): Lebenszeiten. Erkundungen zur Soziologie der Generationen. Opladen: Leske + Budrich.
Neumann, E./Oechsle, M., 1986: Bruch und Kontinuität in einer Berufsbiographie. In: Brose, H.-G. (Hrsg.): Berufsbiographien im Wandel. Opladen: Westdeutscher.
Paulu, C., 2001: Mobilität und Karriere. Eine Fallstudie am Beispiel einer Großbank. Wiesbaden: DUV

Reiß, M., 1994: Abenteuer ‚Parallellaufbahn'. Personalwirtschaft, 9: 35-38.
Roth, J. A., 1963: Timetables: Structuring the Passage of Time in the Hospital Treatment and Other Careers. New York: Bobbs-Merrill.
Schulte-Florian, G., 1997: Determinanten der Karriere. Eine theoretische Analyse unter Berücksichtigung geschlechtsspezifischer Besonderheiten. München/Mering: Hampp
Tiedeman, D. V./O'Hara, R.P., 1963: Career Development: Choice and Adjustment. Differentiation and Integration in Career Developement. New York: College entrance examination board.
Weick, C., 1995: Räumliche Mobilität und Karriere. Eine individualstatistische Analyse der baden-württembergischen Universitätsprofessoren unter besonderer Berücksichtigung demographischer Strukturen. Heidelberg: Selbstverlag.
Wilensky, H., 1972: Arbeit, Karriere und soziale Integration. S. 318-341 in: Luckmann, T./Sprondel, W. M. (Hrsg.): Berufssoziologie. Köln: Kiepenheuer & Witsch.
Wimbauer, C., 1999: Organisation, Geschlecht, Karriere. Fallstudien aus einem Forschungsinstitut. Opladen: Leske + Budrich.
Windzio, M., 2000: Ungleichheiten im Erwerbsverlauf. Individuelle Ressourcen, soziale Schließung und vakante Positionen als Determinanten beruflicher Karrieren. Herbolzheim: Centaurus.

I. Leitbilder der Karrierepolitik

Dirk Kaesler

Karrierepolitik zwischen Geld und Wissenschaft
Der Fall Max Weber

Beginnen wir mit den äußeren Stationen der überaus erfolgreichen „Karrierepolitik" eines deutschen Wissenschaftlers: Mit 18 Jahren machte Max Weber Abitur am Königlichen Kaiserin-Augusta-Gymnasium in Charlottenburg. Noch im gleichen Herbst des Jahres 1882 begann er mit dem Studium der Jurisprudenz, Geschichte, Nationalökonomie und Philosophie an der Großherzoglich Badischen Universität Heidelberg. Mit 22 Jahren absolvierte Weber das erste Juristische Staatsexamen an der Georg-August-Universität Göttingen (1886). Mit 25 Jahren promovierte Weber an der Königlichen Friedrich-Wilhelm-Universität zu Berlin mit dem Prädikat „magna cum laude" (1889). Mit 28 Jahren wurde Weber für Römisches Recht und Handelsrecht an der Berliner Universität habilitiert und übernahm unmittelbar danach die Vertretung des Lehrstuhls seines Lehrers, Levin Goldschmidt (1892). Bereits im Jahr darauf (1893) erhielt der 29jährige den Ruf auf das Ordinariat für Nationalökonomie und Finanzwissenschaft an der Grossherzoglich Badischen Albert-Ludwigs-Universität zu Freiburg im Breisgau; gleichzeitig war ihm ein Extraordinariat für Handelsrecht an der Berliner Universität in Aussicht gestellt worden, wenn er keinen auswärtigen Ruf annehmen würde. Bereits nach drei Jahren Dienst an der Freiburger Universität erhält Weber den Ruf auf den Lehrstuhl für Nationalökonomie und Finanzwissenschaften an der Heidelberger Universität, als Nachfolger des überaus prominenten Nationalökonomen Karl Knies. Mit der Annahme dieses Rufes wurde der promovierte und habilitierte Jurist Max Weber in seinem 32. Lebensjahr Inhaber eines der prominentesten Lehrstühle für Nationalökonomie an einer der berühmtesten Universitäten im Wissenschaftssystem des Wilhelminischen Kaiserreichs.

Ein wahrlich beeindruckendes Exemplar einer überaus geradlinigen und erfolgreichen Karrierepolitik! Und somit ein guter Auftakt einer Tagung, die Beiträge zur Rekonstruktion erfolgsorientierten Handelns sammeln möchte. Dies auch schon darum, weil Max Weber, wie nur wenige deutsche Gelehrte, geradezu zur Ikone „reiner Wissenschaftlichkeit" stilisiert worden ist. Seine famose Rede von der „Wissenschaft als Beruf", gehalten vor ziemlich exakt 84 Jahren (7. November 1917), dient auch heute noch als Meisterstück des aktuellen wissenschaftlichen „benchmarking". An diesem Text werden immer noch Menschen gemessen, die glauben, ihren Weg in die Wissenschaft gehen zu können bzw. gehen zu wollen. Webers nüchterne Bestimmung jener menschlichen Qualitäten, die mitzubringen seien, von solchen, die den „inneren Beruf zur Wissenschaft" zu haben glauben, wird auch heute noch manchen ins Studienbuch geschrieben: Strengste Spezialisierung, verbunden mit heftiger Leidenschaft bei der Suche nach Wahrheit, unermüdliche Forschungstätigkeit, allein der Dienst an der Sache, die strenge Arbeit am Begriff, die intellektuelle Rechtschaffenheit, der allein „fachlich betriebene ‚Beruf' im Dienst der Selbstbesinnung und der Erkenntnis tatsächlicher Zusammenhänge" (MWG I, Bd. 17: 105). Alles das kennen wir, – fast katechismusartig.

Auf eine kurze Formel gebracht: Max Weber ist gerade auch deswegen heute noch so wirkmächtig, weil er es war, der kompromisslose Forderungen an jeden wirklich wissenschaftlich tätigen Menschen stellte. Wer sich an Max Weber halten will, wenn sie oder er sich auch heute dem „Hasard" der Wissenschaft aussetzen will, wer also Wissenschaft zu seinem „Beruf" machen will, muss wissenschaftliche Erkenntnisse „um ihrer selbst willen" anstreben wollen (MWG I, Bd. 17: 94). Wer das nicht kann, oder will, der hat in der Wissenschaft nichts verloren. Er möge dann eben jenen anderen Dämon finden und ihm gehorchen, der seines Lebens Fäden hält (MWG I, Bd. 17: 111). Aber Minerva, die römische Göttin des Handwerks, der Weisheit, der Wissenschaft und der schönen Künste ist es ganz sicher nicht. Und wer gar von Merkur geleitet wird, diesem Gott des Handels, des Gewerbes, und vor allem des Geldes – und damit eben auch der Diebe, der hat den Beruf zur Wissenschaft ganz sicherlich nicht. Wer Wissenschaft des Geldes wegen betreibt, oder auch nur des Ruhmes wegen, der vielleicht mit Geld belohnt wird, der hat keinesfalls den wahren Beruf zur Wissenschaft.

Diesen mächtigen Schatten des Max Weber über unserem Thema der „Karrierepolitik", gerade im Bereich der Wissenschaft, ein wenig zu erhellen, ist Ziel meiner folgenden Bemerkungen. Mit ihnen möchte ich dazu beitragen, diesen manche von uns bis heute so einschüchternden Übervater der „reinen" Wissenschaftlichkeit ein wenig „menschlicher" darzustellen. Und zugleich möchte ich an diesem Exemplar eines Wissenschaftlers demonstrieren, welche Spannungen in unserem Thema angelegt sind, – damals wie heute!

Die stillschweigenden Prämissen unserer Jahrestagung der Sektion ‚Politische Soziologie' werde ich dabei – gewissermaßen im Vorbeigehen – ein wenig in Frage stellen müssen. Wenn im Ankündigungstext suggeriert wurde, dass „Karrierepolitik" unter den Bedingungen der Individualisierung eben nicht mehr etwas sei, „was man durchläuft, und stattdessen als etwas, was man immer wieder neu entwerfen und aufbauen, was man konstruieren und stabilisieren, was man auch abfangen und entwickeln, kurz: was man in einem strengeren Sinne selber *machen* muß", so möchte ich mit meinem Beitrag veranschaulichen, dass alles das gleichermaßen galt, als von „Individualisierungsbedingungen" noch nicht die Rede war. Dafür jedoch mehr von der

Sorge vor dem Anwachsen „stahlharter Gehäuse der Hörigkeit", die den Spielräumen individueller Karrierepolitik enge Grenzen setzen würden.

Beginnen wir mit einem einzigen Zitat aus der – bis heute fast unleserlichen – Bleiwüste der „Soziologischen Grundkategorien des Wirtschaftens", hier aus dem abschließenden Paragraphen 41: „In einer Verkehrswirtschaft ist das Streben nach *Einkommen* die unvermeidliche letzte Triebfeder alles wirtschaftlichen Handelns." (WuG: 120) Dieses „Streben nach Einkommen" nun war es – so meine These – das Max Weber selbst nicht nur zu wirtschaftlichem Handeln motivierte, sondern auch zu wissenschaftlichem Handeln. Er wusste sehr genau, wovon er den jungen Leuten in München warnend erzählte, als er sie auf das Wagnis hinwies, sich ohne Vermögen „den Bedingungen der akademischen Laufbahn" auszusetzen. Er selbst war jener „junge Gelehrte" von dem er sprach, als er sagte, dass man solches Vermögen im Hintergrund haben müsse, um es „eine Anzahl von Jahren" auszuhalten, „ohne irgendwie zu wissen, ob er nachher die Chance hat, einzurücken in eine Stellung, die für den Unterhalt ausreicht." (MWG I, Bd. 17: 72). Es mag also sinnvoll sein, sich mit jenen Zusammenhängen auseinanderzusetzen, die das Vermögen bereitstellten, die Webers eigenen – und so erfolgreichen – Weg in die Wissenschaft überhaupt erst ermöglichten.

1. Die Vorfahren und die Eltern: man hat Geld

Verlockend wäre es, ausführlich auf die ökonomischen und gesellschaftlichen Kontexte einzugehen, die das wissenschaftliche Leben und Werk des Max Weber erst möglich machten. Lassen Sie es mich drastisch abkürzen: Es war das ganze Leben des Max Weber das Geld anderer, das dieses Leben für die Wissenschaft ermöglichte. Und zugleich war es wiederum vor allem das Geld, das diesen Forscher Max Weber überhaupt erst zum universitären Wissenschaftler machte.

Es begann mit einem Leben vom Geld anderer, das ihm den Weg in die Wissenschaft ermöglichte. Dann blieb ihm nur die universitäre Wissenschaft, um sich von der völligen Abhängigkeit vom Geld dieser anderen – wenn auch nur ein wenig – zu befreien. Dann war es seine Unfähigkeit, der praktischen Umsetzung von Wissenschaft an der Universität stand zu halten, die ihn wieder vollkommen in die alte Abhängigkeit vom Geld der anderen zurückstieß. Und am Ende seines Lebens blieb ihm wieder nur die beamtete Wissenschaft, um an Geld, dieses „vollkommenste wirtschaftliche Rechnungsmittel", zu kommen. Wahrlich, ein Leben zwischen „Geld" und „Wissenschaft"!

Drei Erbschaften zusammen bilden den Sockel jenes Vermögens, dessen Rendite Max Webers Weg in die und in der Wissenschaft ermöglichte: Zuerst heiratete sein Großvater mütterlicherseits eine vermögende Erbin und legte dadurch den Grundstein für die wohlhabende Heidelberger Existenz, von der auch noch der Enkel profitieren sollte. Dann heiratete sein Vater eine der Erbinnen eben dieses Heidelberger Vermögens, und auch deren Erbe bot auch noch dem Erstgeborenen die Erweiterung seiner eigenen materiellen Basis bis zum Tod der Frau Mutter. Und zuletzt erbte auch noch seine eigene Frau von ihrem Großvater mütterlicherseits, so dass sich ab da Mutter und Ehefrau die Alimentation von Sohn und Ehemann teilen konnten. Es waren zwar immer die Frauen, die erbten, aber es waren immer ihre Männer, die deren Erbe „verwalteten". Schon weil die damalige Rechtsordnung Frauen ganz generell keine eigene Verwaltung ihres Vermögens gestattete, und sei es noch so umfangreich.

Vor allem war es das geerbte Geld der Mutter, Helene Fallenstein, das jenen Lebensstil finanzierte, in den Max Junior hineinwuchs. Sie hatte, nach dem Tod ihrer eigenen Mutter 1881, ein Kapitalvermögen von mehr als einer halben Million Mark geerbt, dessen Erträge mehr als doppelt so viel betrug, als ihr Ehemann als Gehalt verdiente (Roth 1995). Der Vater, Dr. jur. Max Weber Senior, entstammte zwar ebenfalls einer wohlhabenden Bielefelder Leinenhändlerfamilie, jedoch war für diesen Letztgeborenen von insgesamt sechs Kindern nicht allzu viel davon abgefallen. Seine eigene berufliche Existenz als Magistratsbeamter, zuerst in Erfurt dann in Berlin, war zwar gesichert, aber von Geld, von „viel Geld", wie man das in der Familie des eigenen Vaters und des Schwiegervaters fraglos einfach hatte, konnte bei den Webers in Charlottenburg nicht die Rede sein, – wäre da nicht das Erbe der Frau gewesen. Von diesem, von Max Senior verwalteten Gesamtkapital – sowohl aus seinem Anteil am Oerlinghausener Textilvermögen der Webers als aus dem Fallenstein-Erbe der Ehefrau – wurde das Kind, der Jugendliche, der Student, der Offiziersanwärter, der Assessor, der Referendar, der Privatdozent Max Weber Junior alimentiert. Bis zu seinem 28. Geburtstag, bis er das elterliche Haus verließ.

2. Der Noch-Nicht-Professor Max Weber und das Geld

Es wäre nun reizvoll, die gesamte „Karrierepolitik" des Dr. Max Weber Junior entlang der Frage nach den materiellen Rahmenbedingungen seines Lebens weiter zu verfolgen. Mit Blick auf das Format dieses Bandes ist das wohl im Detail nicht gut möglich. Lassen Sie es mich daher im Überblick und im Zeitraffer versuchen.

Mit einer Kombination aus erheblichem materiellen Reichtum, erlesener abendländischer Bildung und kosmopolitischen gesellschaftlichen Beziehungen konnte Max Weber es schwerlich besser getroffen haben. Eingebettet in ein weitverzweigtes familiales Umfeld, entstammte der Erstgeborene dieser Charlottenburger Familie einer der reichsten deutsch-englischen Kaufmannseliten des 19. Jahrhunderts. Sein Großvater väterlicherseits war ein weitdenkender Textilunternehmer mit internationalen Handelsbeziehungen. Sein Großvater mütterlicherseits entstammte einer der erfolgreichsten deutsch-englischen Handelsfamilien. Sein Vater gehörte, als langjähriger berufsmäßiger Berliner Stadtrat, als Abgeordneter der Nationalliberalen Partei im Preußischen Abgeordnetenhaus und als Mitglied des Deutschen Reichstags, zu den erfolgreicheren Berufspolitikern des Wilhelminischen Deutschland. Seine Mutter hätte als Dame der guten europäischen Gesellschaft und als vermögende Erbin mit großem Selbstbewusstsein auftreten können – wenn ihre religiöse Erziehung und ihre lebenslange Verwurzelung in einer protestantisch-franziskanisch geprägten Christlichkeit das gestattet hätte!

Trotz vielfältiger familialer Verflechtungen in die kosmopolitische europäische Bourgeoisie prägte sich der Habitus Max Webers nach den Vorgaben des sozialen Feldes des Berliner Großbürgertums um die Wende vom 19. zum 20. Jahrhundert. Zu dessen unausgesprochenen Selbstverständlichkeiten gehörten der lutherisch gefärbte Glaube an die staatliche Autorität der preußisch dominierten Monarchie, der ungezwungene gesellschaftliche Verkehr mit dem jüdischen Besitz- und Bildungsbürgertum der Reichshauptstadt, der Glaube an die Bestimmung der Rechtspflege als zentraler Aufgabe des Staates, der in der Allianz mit dem staatlich gepflegten Protestantismus Sittlichkeit und Sicherheit garantierte. Sich selbst scharfsichtig analysierend, wußte Weber sehr genau um seine Verortung im System der Lebensstile mit ihren spezifischen Denk-, Wahrnehmungs- und Beurteilungsschemata: „Ich bin ein Mitglied der bürgerlichen Klassen, fühle mich als solches und bin erzogen in ihren Anschauungen und Idealen" (MWG, Bd. 4.2: 568).

Dem verinnerlichten kulturellen und sozialen Kapital der vereinigten Clans der Familien Weber, Fallenstein, Jolly, Souchay und Benecke konnten die Etappen der formalen Erziehung Max Webers nichts wesentliches hinzufügen. Auch das konventionelle Universitätsstudium an den Universitäten Heidelberg, Berlin und Göttingen, sowie die Examina als Jurist und die dazugehörige Promotion und Habilitation lassen den Referendar, Doktoranden und Privatdozenten Max Weber ebenso als Prototyp seiner sozialen Herkunft und des dadurch produzierten Habitus erscheinen, wie ihn seine Zugehörigkeit zur studentischen „Burschenschaft Allemania zu Heidelberg" und die freiwillige Ausbildung zum Reserveoffizier als jungen Mann aus „gutem Hause" ausweisen. Abgesichert im Milieu des exklusiven gesellschaftlichen Umgangs innerhalb der weitläufigen Verwandtschaft mit ihren Honoratioren, Unternehmern, Bankiers, Professoren und den dazugehörigen Gattinnen, spielten sich selbst Max Webers zaghafte Gefühlsbeziehungen ausschließlich im Kreis der erweiterten Großfamilie ab.

Stellt der umfassende gesellschaftliche Kontext der kapitalistisch werdenden Gesellschaft des Deutschen Reiches den biographischen Lebensraum dar, in dem der Erstgeborene geprägt wird, so bildet die wissenschaftliche Auseinandersetzung Max Webers mit den Folgen des Kapitalismus das durchgehende Leitmotiv seines Universitätsstudiums und folgenden Phasen seines wissenschaftlichen Werdegangs.

Um nun fokussiert der uns hier interessierenden Frage nachzugehen, wie dieses Leben zwischen den Polen Geld und Wissenschaft insgesamt einzuordnen ist, widerstehe ich der Versuchung, die biographischen Etappen im einzelnen durchzugehen. Max Weber lebte, wie gesagt, bis zu seinem 28. Geburtstag materiell vollkommen abhängig von der Alimentation durch seine Eltern, d.h. im wesentlich aus den Kapitalerträgen des Erbvermögens seiner Mutter und dem Gehalt seines Vaters, beides verwaltet und zugeteilt an die Familienmitglieder vom väterlichen Hausherrn.

Die Zeiten seines Universitätsstudiums wie seine Zeit als Einjährig-Freiwilliger waren, wie üblich, verbunden mit erheblichen Ausgaben, die wesentlich größer waren als die Zuwendungen, die Max Junior zugeteilt bekam. Diese Phasen sind geprägt von den ständigen Berichten über Kosten, die höher als erwartet ausgefallen waren und den daraus resultierenden Bitten um Geld. Zurück in Charlottenburg lebte er, um die Schulden für Couleurzeit und Militärzeit auszugleichen, bei seinen Eltern. In der uns überlieferten Korrespondenz finden sich zahlreiche Stellen, die bekunden, daß er diese finanzielle Abhängigkeit von seinen Eltern als starke Belastung empfand. Auch später noch schreibt er über diesen Lebensabschnitt:

> „Nur mit Grausen kann ich auf einen großen Teil der Referendarszeit zurückblicken. Es gibt kaum etwas Peinlicheres als Jahre lang nur mit der halben Arbeitskraft oder mit noch weniger in Anspruch genommen zu sein, und dabei doch immerhin der Zeit nach so, daß man eine anhaltende anderweitige Beschäftigung daneben nicht ergreifen kann [...] ich habe wirklich damals jeden Handarbeiter um sein ehrlich erworbenes Brot beneidet, so sehr mir mein Verstand sagte, daß ich den Millionen gegenüber, welche den Begriff des „Berufs" gar nicht kennen, unendlich bevorzugt sei" (Lebensbild: 154f.).

Kurz vor dem so sehnlich herbeigehofften Eintritt ins Berufsleben finden wir ein besonders illustratives Zitat aus einem Brief an seine Cousine Emmy Baumgarten:

> „Weißt Du, es ist ein eignes Gefühl, wenn man allmählich aus den Studentenschuhen herauswächst, noch Jahre lang zu warten, bis man sein eigner Herr ist, wenigstens mir, und den Gedanken muß ich eben doch fast tagtäglich herunterschlucken. Ich kann mich auch nicht überzeugen, daß das Gefühl unberechtigt wäre, denn eignes Brot ist für den Mann das Fundament des Glücks, für die Mehrzahl der Menschen der Inhalt des Strebens das ganze Leben lang – – – das liegt nun noch fern vor mir, daran ist heutzutage nichts zu ändern, aber ich entbehre es sehr, mehr als andre, und verliere deswegen sehr ungern noch mehr Zeit" (Lebensbild:172).

Was aber war nun seine reale Chance, um aus dieser bedrückenden Situation herauszukommen? Um endlich, vor allem auch finanziell, selbständig zu sein? Seine Berliner Universitätslehrer, vor allem aber sein Onkel Hermann Baumgarten, selbst Professor an der Universität Straßburg, sahen in ihm den künftigen Gelehrten und Kollegen. Er selbst träumt in dieser Zeit noch vor allem vom „praktischen Tun" in „Lebensfluten und Tatensturm", er beneidet weniger den beamteten Universitätsprofessor als „den Schiffskapitän, der Stunde um Stunde Menschenleben in seiner Hand hat."

Dennoch bereitet er sich, trotz gleichzeitiger Vertretung eines Berliner Anwalts und der Referendarszeit, zielstrebig auf den akademischen Beruf vor. Dass ihn dabei ganz wesentlich materielle Gründe leiteten, schreibt er selbst:

> „Ich bin mir klar, daß ich niemals die Praxis verlassen würde, seitdem ich sicher weiß, darin etwas leisten zu können, was bei der akademischen Laufbahn nicht sicher ist. Wenn ich nicht bei den jetzigen Verhältnissen dann diesem Ziele (eignes Brot zu essen) noch ferner bliebe und nicht die Aussicht da wäre, auf dem andern Wege schneller auch in dieser Beziehung weiter zu kommen, so daß ich es wenigstens versuchen zu müssen glaube. Das ist nun anscheinend ein gar nicht idealistischer Gesichtspunkt, aber ich halte ihn für berechtigt" (Lebensbild: 173).

Nachdem auch noch sein letzter Versuch, in die Rechtspraxis zu gelangen – indem er sich um eine Syndikusstelle in Bremen bewirbt – scheitert (Tennstedt/Leibfried 1987), teilt er dem Onkel in Straßburg resignativ mit:

> „Ich habe eine ganz außerordentliche Sehnsucht nach einer praktischen Stellung, und diese würde hier vielleicht befriedigt und damit erledigt worden sein. Ich gestehe, daß ich nur mit Ueberwindung – so sehr mir sonst der wissenschaftliche Beruf nahe liegt – daran denke, vom abwartenden unbesoldeten Referendar und Assessor, zum ebenso abwartenden und unbesoldeten Privatdozenten überzugehen. Ich glaube, daß ich in einer pekuniär mich selbständig stellenden Position zwar weniger äußere, dagegen unvergleichlich mehr innere Ruhe zu wissenschaftlicher Arbeit fände" (Lebensbild: 174).

Wir wissen es, der „abwartende und unbesoldete Privatdozent" brauchte nicht allzu lange zu warten. Nach abgeschlossener Habilitation rückt er unmittelbar in die Übernahme der Universitätsverpflichtungen für seinen erkrankten Lehrer Levin Goldschmidt an der Berliner Universität ein, der mächtige Friedrich Althoff versucht den jungen Gelehrten mit einer außerordentlichen Professur an Berlin zu binden, und dennoch wehrt sich der so Geförderte immer noch, wie aus einem Brief jener Zeit hervorgeht:

> „Ein eigentlicher Gelehrter [...] bin ich nun einmal nicht; wissenschaftliche Tätigkeit ist für mich zu fest mit [...] einer Ausfüllung der Mußestunden verknüpft, so sehr ich einsehe, daß die Teilung der Arbeit es mit sich bringt, daß man sie erfolgreich nur bei Hingabe der ganzen Persönlichkeit betreiben kann" (Lebensbild:175).

Sogar noch unmittelbar vor seiner Eheschließung mit Marianne Schnitger, der Großnichte seines Vaters, klagt er in einem Brief an seine Braut:

> „Ich habe es seit Jahren mit unendlicher Bitterkeit empfunden, daß ich nicht zu einer mich selbständig nährenden Stellung zu gelangen vermochte; irgendeinen Respekt vor dem Begriff des „Berufs" habe ich nie gehabt, da ich zu wissen glaubte, daß ich in eine ziemlich große Zahl von Stellungen einigermaßen hineinpaßte. Das Einzige, was mich reizte, war das eigne Brot, und daß es mir versagt blieb, machte mir das Elternhaus zur Pein. – Nun ist ja das Ende abzusehen, und anders als ich, der ich mich als wandernden Junggesellen sah, es je gehofft hatte. Die Konsequenz ist zunächst nichts als die Ungeduld, daß es endlich auch wirklich so weit sein möchte" (Lebensbild: 197).

Sie hören es: Das heute so stilisierte Denkmal der reinen Wissenschaft wurde zum Universitätsprofessor ganz wesentlich des Geldes wegen,– des eigenen Geldes wegen!

3. Der Herr Professor Weber und das Geld

Die Ungeduld, das eigene Brot zu verdienen, sollte bald ein (vorläufiges) Ende finden. Aus dem wandernden Junggesellen, alimentiert durch den Ausgabenbücher kontrollierenden Vater, wurde ab dem Wintersemester 1894/95 ein deutscher Universitätsprofessor, zuerst der Professor für Nationalökonomie und Finanzwissenschaft an der Freiburger Universität. Bereits drei Jahre später ereilte ihn der Ruf auf den renommierten Lehrstuhl für Nationalökonomie und Finanzwissenschaft an der Heidelberger Universität. Das zum dortigen Dienstbeginn festgelegte Jahresgehalt wurde auf 6 000 Mark festgelegt, dazu kam ein „Wohnungsgeld" von 760 Mark, ab dem 1. April 1897 wurden also 6 760 Mark aus der Universitätskasse an den zu diesem Zeitpunkt 33jährigen Herrn Professor gezahlt.

Um eine ungefähre Vorstellung vom Kaufwert dieses Geldes zu bekommen, empfehle ich pauschal die Verzehnfachung, d.h. Max Weber bezog – nach heutigem Kaufwert – ein Jahresgehalt von ca. 35 Tsd. Euro. Wenn Sie bedenken, dass Weber zu seiner Studentenzeit in Heidelberg pro Mahlzeit im Restaurant 1 Mark veranschlagte (Weber 1936: 44) und dass das Jahres-Anfangsgehalt einer Lehrerin an Höheren Schulen zwischen 1877 und 1912 bei 1 650 Mark lag (Lemm 1987: 90), dann wird deutlich, dass ein Monatsgehalt von fast 6 800 Mark einen durchaus erfreulichen Lebensstandard im „Weltdorf Heidelberg" ermöglichte.

Der junge Professor erfüllte jedoch für diesen Lohn ein enormes Lehrdeputat, publizierte in unerhörter Menge und hielt zahlreiche Vorträge. Marianne Weber erlaubt uns einen kleinen Einblick in diese Phase:

> „Seine Begabung zum Reden ist bekannt geworden. Er läßt sich verlocken und übernimmt nicht nur hie und da Einzelvorträge, sondern auch wohl ganze Zyklen [...] Es kommt vor, daß er im Anschluß an sein Kolleg nach Frankfurt fährt, dort abends redet, nachts heimreist und morgens in der Frühe am Schreibtisch bei der Vorbereitung für die Aufgabe des kommenden Tages die Sonne aufgehen sieht.[...] Er arbeitet in der Regel bis eine Stunde nach Mitternacht und versinkt dann sofort in tiefen Schlaf. Mahnt die Gefährtin, so heißt es: „Wenn ich nicht bis 1 Uhr arbeite, kann ich auch nicht Professor sein" (Lebensbild: 214).

Sie wissen sicherlich, wie es weiterging. Bereits ein Jahr später, im Herbst 1897, melden sich erste Anzeichen einer schweren psychischen und physischen Erschöpfung. Ich werde hier nicht auf diese Phase eingehen, da sie – vermeintlich oder tatsächlich – mit unserem Thema nichts unmittelbar zu tun hat. Aus dem aus Krankheitsgründen beurlaubten Professor wird ab Oktober 1903 der aus dem Lehrbetrieb ausgeschiedene Heidelberger Honorarprofessor. Ab dieser Zeit müssen wir uns Max Weber als einen Privatgelehrten vorstellen, der zunehmend längere Phasen nicht in Heidelberg, sondern auf Reisen ist. Er lebt in dieser Phase eine deutsche Variante jenes zeitgenössischen britischen Typus des materiell und geistig unabhängigen „Gentleman scholar".

Wovon lebt Weber in dieser Zeit? Das Arrangement der badischen Unterrichtsverwaltung, ihn trotz seiner Berufsunfähigkeit im Angestelltenstatus zu belassen, erwies sich für die ersten Jahre als überaus segensreich. Dennoch musste bald, so kurz nach Webers Erlangung der so lange herbeigesehnten finanziellen Selbständigkeit, wiederum die Familie um Unterstützung gebeten werden. Marianne berichtet:

> „Weber ist für den Sommer 1899 [...] von seinen Vorlesungen befreit, leitet aber noch sein Seminar und die Schülerarbeiten. [...] Die Erlösung vom Albdruck der Pflichten [...] tun auch jetzt ihre Wirkung. Als aber dann Weber im Herbst einen kleinen Teil seiner Lehrpflichten wieder aufnimmt, erfolgt nach kurzem ein erneuter Zusammenbruch, schwerer als alle zuvor. [...] Er reicht Weihnachten das Gesuch um Entlassung aus dem Amt ein. Das war ein schwerer Schritt. Denn wie würde man schon rein äußerlich, ohne Gehalt, nur auf die Zuschüsse der Familie angewiesen, die Krankheitsjahre durchhalten?" (Lebensbild: 254f).

In heute nur schwer vorstellbarer Großzügigkeit galt die Fortzahlung des ungekürzten Gehalts über den Zeitraum von 5 Jahren. Dass Weber bei seiner Krankheit weniger die Arbeitsunfähigkeit in der akademischen Lehre bedauerte, dürfte aus dem bisher Berichteten plausibel sein. Aber vor allem die erneute Unfähigkeit, ein eigenes Einkommen zu erwirtschaften, muss für ihn einigermaßen quälend gewesen sein, wenn man an die „eigenes Brot ist für den Mann das Fundament des Glückes"-Kommentare aus seiner Referendariatszeit denkt. In einem ihrer zahllosen Rapport-Briefe an die Schwiegermutter in Charlottenburg berichtet Marianne im Januar 1903 aus Italien:

> „Inzwischen hat er dem, was ihn am meisten quält, wieder Ausdruck gegeben, es ist immer dasselbe, der psychische Druck der ‚unwürdigen Situation', Geld zu beziehen und in absehbarer Zeit nichts leisten zu können, dazu das Gefühl, daß uns allen, Dir und mir und allen Menschen nur der Berufsmensch für voll gälte" (Lebensbild: 274).

Woran hatte Benjamin Franklin sich als Spruch seines calvinistischen Vaters erinnert? „Siehst du einen Mann rüstig *in seinem Beruf*, so soll er vor Königen stehen". Der arbeitsunfähige Professor Max Weber jedenfalls stand seit fünf Jahren alles andere als „rüstig" in seinem Beruf. Darüber nachzusinnen, was das für Weber insgesamt bedeutete, ist hier nicht der Ort, hier fragen wir allein danach, was die erfolgreiche Karrierepolitik des Geisteswissenschaftlers Weber mit Geld zu tun hatte. Aber soviel sollte wohl bis hierher deutlich geworden sein: ohne Geld war auch die geistige Leistung des wissenschaftlich Forschenden Max Weber nicht gut möglich.

Was jedoch passierte bei Max und Marianne Weber ab 1903 in Gelddingen? Alle Indizien weisen darauf, dass es vor allem das Geld der Frau Mutter aus Charlottenburg war, das den Haushalt des entpflichteten Universitätsprofessors und seiner Frau Gemahlin in Heidelberg finanzierte. Der Erstgeborene fiel also wieder in jene materielle Abhängigkeit zurück, deren endgültigen Wegfall er sich so sehr ersehnt hatte. Nicht nur, dass Helene Weber, die seit dem Tod ihres Mannes im August 1897 nun endlich allein über ihr Vermögen verfügen konnte, den Unterhalt von Sohn und Schwiegertochter trägt, sie finanziert auch noch eine dramatische Steigerung des Lebensstandards! Nur am Rande sei angemerkt, dass es nun jedoch der Sohn Max war, der sich angelegentlich um die Verwaltung des mütterlichen Vermögens kümmerte,– sicherlich nicht zu seinem eigenen Schaden!

Triumphierend berichtet jedenfalls Marianne über eine von ihr schon lange herbeigesehnte Wende:

> „Das Frühjahr 1906 bringt eine lange erwünschte Veränderung: Umzug aus der engen häßlichen Hauptstraße an die Südseite des Neckars, die Riviera von Heidelberg. [...] Helene hilft, denn sie ist immer bereit, ihren Kindern einen Freudenstrahl zuzuwenden. Mariannes lange gehegter Wunsch nach einem ästhetisch einwandsfreien Lebensrahmen wird erfüllt – sie freut sich wie ein Kind" (Lebensbild: 362).

Aber nicht nur die Schwiegermutter erfüllt lange gehegte Wünsche,– für Marianne kommt es finanziell noch wesentlich besser. Am 21. Juli 1907 stirbt ihr Großvater mütterlicherseits, worüber sie berichtet,– nicht ohne die erfreulichen Nebenfolgen für den Herrn Gemahl zu erwähnen:

> „Der Patriarch Karl Weber in Oerlinghausen, Begründer der Leinenfirma, schließt seine Augen hochbetagt. [...] Er hat die Kinder großzügig an seinem Wohlstand teilnehmen lassen. [...] im Abschiedsschmerz ist Segen: wenn ein alter Baum fällt, so können sich die jungen ins Licht recken. Auch der ausrangierte Professor ist nun von Geldsorgen befreit" (Lebensbild: 369f).

Als dieser Großvater stirbt, hinterlässt er seiner Lieblingsenkelin, die für ihn das Bild der geliebten Tochter Anna weiterleben lässt, ein Vermögen von 350 000 Mark, nach heutigen Verhältnissen also etwa 1,5 Millionen Euro! Einem Brief Max Webers vom 3. September 1907 lassen sich die Details entnehmen über seine (sic!) Verhandlungen in Oerlinghausen mit den zahlreichen weiteren Erben. In seinem detaillierten Bericht über „unsren (sic!) Erbteil" schätzt er das zu erwartende Einkommen auf ca. 13 000 Mark im Jahr. Dazu erwähnt er Einkommen aus Dividenden, die in schlechten Jahren ca. 5 500 Mark betrügen. Nur in Kriegsjahren „könnten die Dividenden sinken, und die Einkommen unsicher sein" (MWG II, Bd. 5: 385f).

Das – aus heutiger Sicht – Jahresbudget von etwa 100 000 Euro sollte es dem Rentier-Paar wohl ermöglicht haben, einen einigermaßen komfortablen Lebensstandard genossen zu haben. Auch der zwei Jahre später stattfindende Umzug in das noch größere Haus in der Ziegelhäuser Landstraße Nummer 17 belegt, daß Webers nun von finanziellen Sorgen befreit waren.

4. Der verarmte Max Weber und das Geld

Wie hatte Max Weber schon 1907, in seinem Bericht über den Geldsegen aus Oerlinghausen, so prophetisch geschrieben? Nur in Kriegsjahren „könnten die Dividenden sinken, und die Einkommen unsicher sein" (MWG II, Bd. 5: 385f.). Und so kam es dann auch, die Kapitalerträge flossen immer spärlicher in den Haushalt von Max und Marianne Weber.

Dabei war es jedoch nicht nur die ganz allgemeine Wirtschaftsentwicklung während und nach der Kriegszeit, die die immer prekärer werdenden finanziellen Verhältnisse der Webers nach 1914 erheblich beschleunigte. Dazu kam noch der Preis für einen Patriotismus, den dieses national gesinnte Paar – wie viele andere auch – zu zahlen bereit waren. Denn, Max Weber zeichnete „Kriegsanleihen", vor allem wohl vom geerbten Geld seiner Frau. Und nicht nur er selbst tat das, er forderte auch noch andere zu solchem Tun auf.

In einem flammenden Artikel auf der ersten Seite der „Frankfurter Zeitung" vom 18. September 1917 über „Die siebente deutsche Kriegsanleihe" äußert Weber sich überschwenglich positiv zu dieser Anleihe, er preist sie als überaus attraktive Kapitalanlage, die zu zeichnen nicht nur ökonomische Klugheit sondern nationale Pflicht sei (MWG I, Bd. 15: 316-319). Es sollte die letzte Kriegsanleihe – von insgesamt sieben – werden, sie wurde vom 19. September bis zum 18. Oktober 1917 zur Zeichnung aufgelegt. Insgesamt wurden durch solche Kriegsanleihen das Gesamtvolumen von 59 Milliarden Reichsmark aufgebracht.

Die vermeintlich so sichere Anlageform der Kriegsanleihe sollte sich als grandioser Fehlschlag erweisen, auch für Max und Marianne Weber. Gegen Ende der Kriegszeit blieb dem Rentier-Paar nichts anderes übrig, der Herr Professor musste wieder an Geldverdienen denken! Denn auch die Frau Mutter im fernen Charlottenburg hatte Kriegsanleihen gezeichnet,– vermutlich auf Rat ihres Herrn Sohnes, dieses patriotisch gestimmten Fachmanns für Nationalökonomie!

Also, wie sollte Max Weber am Ende des Krieges an Geld kommen? Das einzige, was er konnte und womit er bislang Geld verdient hatte, war, als Universitätsprofessor zu arbeiten. Im Herbst 1917 reist er nach Wien um dort über eine ihm angebotene Professur zu verhandeln. Als gleichzeitig Kollegen aus München anfragen, ob er dort lehren wolle, empört ihn noch, dass die Frau Gemahlin und die Frau Mutter das überhaupt für machbar halten:

> „Schrecklich, daß Ihr Euch den Gedanken, ich könne wieder aufs Katheder, immer noch nicht aus dem Sinn geschlagen habt!" (Lebensbild: 615f).

Es hilft jedoch alles nichts, auch in diesen letzten Tagen des Krieges muss das tägliche Brot bezahlt werden. Im Sommersemester 1918 bietet der Herr Professor Weber an der Rechts- und staatswissenschaftlichen Fakultät der k.k. Universität Wien zwei Veranstaltungen an. In offensichtlich harmonisch verlaufenen Verhandlungen hatte der deutsche Staatsbürger, der immerhin seit 20 Jahren nicht mehr gelehrt hatte, ein vergleichsweise üppiges Salär für sich herausgehandelt: Ein Fixum von jährlich 20 000 Kronen, die Anrechnung einer zehnjährigen früheren Dienstzeit und noch so manche andere Vergünstigung, wie etwa die Kostenerstattung für die „Eisenbahnbilletkosten nach Wien von Heidelberg". Die Wiener wollten ihn unbedingt,– aber für Weber war Wien eine einzige und nur schwer erträgliche Plage.

Es mag wohl sein, dass er sein Hochschullehrerleid der Heidelberger Gattin in besonders schrecklichen Farben malt, aber der permanent mitklingende Vorwurf, die insbesondere gesundheitliche Gefährdung allein für das schnöde Geld auf sich nehmen zu müssen, ist sicherlich ernst gemeint:

> „Ist es für Geld nötig, dann will ich die halb-tierische Existenz des Kolleg-Lesens gern führen, denn dann muß es sein. Aber für „ideale" Zwecke und Gesichtspunkte – nein! Dazu ist das Opfer an aller und jeder Lebensfreude zu furchtbar" (Lebensbild: 626).

Wien und seine Universität jedenfalls sollten es – aus mancherlei Gründen – nicht werden. Weber scheint wieder kurz nach Heidelberg gegangen zu sein (wovon das Paar in dieser Zeit seinen Lebensunterhalt bestritt, ist mir derzeit noch unklar). Die Vermutung ist jedoch berechtigt, dass die Kriegsgewinne der Bielefelder Textilhandelsfabrik der Webers, durch die Übernahme des zivilen Marktes, erheblich gewesen sein müssen. Dennoch wächst in dieser Zeit Webers Interesse an einer Professur in München, wenn es denn schon Arbeit für Geld sein muss. Es ist in dieser Zeit, mitten in den revolutionären Vorgängen der Münchner Räterepublik, die im April 1919 ausgerufen wurde, dass wir von Marianne Weber Aussagen auch über die Basis seiner gesamten Gelehrtenexistenz erhalten. Bezogen auf die Revolution in Deutschland und Bayern berichtet sie:

> „Seine Teilnahme für den Kampf des Proletariats um menschenwürdige Existenz war seit Jahrzehnten so groß, daß er sich öfter überlegt hatte, ob er sich nicht als Parteisozialist ganz in ihre Reihen stellen könne – aber immer mit negativem Ergebnis. „Sozialist" konnte man – ebenso wie „Christ" – ehrlicherweise nur dann sein, wenn man bereit war, die Lebensform der Besitzlosen zu teilen, jedenfalls auf ein durch ihre Arbeit unterbautes Kulturdasein zu verzichten. Das war für Weber seit seiner Erkrankung unmöglich, sein Gelehrtentum war nun einmal von Kapitalrenten abhängig" (Lebensbild: 642).

Wenn eben diese Kapitalrenten nun aber ausblieben, dann gab es – selbst für einen Max Weber – allein den Weg in die bezahlte Arbeit. Mit Wirkung vom 1. April 1919 bis zu seinem Tod am 14. Juni 1920 wirkte Max Weber als ordentlicher Professor der Gesellschaftswissenschaft, Wirtschaftsgeschichte und Nationalökonomie in der staatswirtschaftlichen Fakultät der Universität München im Volksstaat Bayern. Das ausgehandelte Jahresgehalt betrug 12 500 Mark,– nach heutiger Kaufkraft also ein durchschnittliches C4-Gehalt.

Als Marianne Weber 1920 mit dem Plan an ihren in München arbeitenden und lebenden Mann herantritt, die vier Waisenkinder zu adoptieren, die durch den Selbstmord von Webers Lieblingsschwester Lili im April 1920 allein dastehen, schreibt Weber an die Gattin in Heidelberg:

„Ach, mein Herz, könnte ich Dich doch als effektive Mutter sehen, mit den Kindern um Dich. [...] Aber: Vorsicht! ‚Geld verdienen'? Ja – wie? ist für mich die Frage. Da müßte ich halt – und hätte nichts dagegen – hier in eine Zeitung oder einen Verlag eintreten, statt Professor zu spielen. Solche Verwaltungsarbeit kann ich ja besser leisten, als diese Kolleg-Schwätzerei, die mich seelisch nie befriedigt" (Lebensbild: 706).

5. Der Forscher Max Weber zwischen Geld und Wissenschaft: ein vorläufiges Fazit

Wenn wir an diesem Punkt innehalten, so sehen wir folgendes Bild Max Webers als eines Exemplars einer – vermeintlich – überaus erfolgreichen Karrierepolitik vor uns.

In – auch in jener Zeit – rekordverdächtig kurzer Spanne erklettert er die oberste Sprosse der wissenschaftlichen Laufbahn. Als 32jähriger Inhaber eines der prominentesten Lehrstühle für Nationalökonomie an einer der berühmtesten Universitäten im Wissenschaftssystem des Wilhelminischen Kaiserreichs verortet zu sein, kann nicht anders als überaus erfolgreich bezeichnet werden. Auf dem Pol „Wissenschaft" ein voller Erfolg also.

Auf dem Pol „Geld" sieht das jedoch anders aus. Persönlich konnte Weber, wie man so schön sagt, nicht mit Geld „umgehen". Vom Beginn seiner Studienzeit an lebte er, wie man ebenfalls so schön sagt, „über seine Verhältnisse". Geld war für ihn immer nur Mittel zum Zweck der Ermöglichung seiner wissenschaftlichen Arbeiten und eines einigermaßen komfortablen Lebens. Geld war zwar (fast) immer da, aber es kam immer zum größten Teil von anderen und es war immer zu knapp. Die von ihm herbeigesehnte finanzielle Unabhängigkeit hieß für ihn nicht so sehr selbstverdientes Geld, es hieß vielmehr freie Verfügung über das Geld anderer, vor allem die Unabhängigkeit von der Zuteilungsinstanz seines Vaters. Erst die äußeren Notwendigkeiten zwangen dieses freie Gelehrtentum, das „nun einmal von Kapitalrenten abhängig" war, in das öde Joch der Erwerbsarbeit als „Kollegschwätzer".

Dabei ist es nicht so, dass den Gelehrten Max Weber, Professor für Nationalökonomie, promovierten Juristen mit starkem historischen Interesse, der über ausgedehntes theoretisches ökonomisches Wissen verfügte, Geld nicht interessierte. Ganz im Gegenteil, wenn man seine Verhandlungen über das Oerlinghausener Erbe seiner Ehefrau betrachtet oder seine Gehaltsverhandlungen mit den Universitäten Wien und München, dann erkennt man durchaus den Abkömmling aus einer Familie von Kaufleuten.

So scheint Max Weber, pendelnd zwischen studentischer Ausgabenfreude, kaufmännischem Verhandlungsgeschick und akademisch, nationalökonomischer Weisheit, als ein insgesamt doch recht normaler Mensch,– zumindest in finanziellen Angelegenheiten.

In biographischer Hinsicht jedenfalls ist sein Fall kein vollkommen ungewöhnlicher: Ererbtes Vermögen und Geldheirat waren die Grundlage vieler wissenschaftlicher Karrieren im 19. Jahrhundert. Vielmehr steht Max Weber eher am Ende der langen Entwicklung einer „Rentierswissenschaft" – denken wir bei der deutschen Soziologie allein an die prominenten Fälle von Ferdinand Tönnies und Georg Simmel, die jedoch vor allem durch die Zerstörung der Rentierschicht in Deutschland – im Zuge von Inflation und Weltwirtschaftskrise – an ihr Ende geführt wurde.

Für unser Thema als ganzes wirft der Fall Max Weber ein besonders helles Licht auf einen – sicherlich nicht nur historischen – Konflikt: In seinem eigenen Urteil verstand Weber sich nicht als „eigentlichen Gelehrten", da für ihn die wissenschaftliche Tätigkeit, wie er schrieb, sehr viel mehr der „Ausfüllung der Mußestunden" diente, als der ausschließlichen Berufstätigkeit. Ausschließlich seine Einsicht in die Unumgänglichkeit der gesellschaftlichen Arbeitsteilung ließ ihn resignativ die Forderung nach „Hingabe der ganzen Persönlichkeit" an die Wissenschaft akzeptieren, und sich somit zum „Professor spielen" bequemen. „Gelehrter" und „Professor" zu sein, scheint für Weber vor allem bedeutet zu haben, beamteter Hochschullehrer zu werden. Geforscht hat dieser Mann, nachdem er sich gegen die praktische Tätigkeit als Anwalt, Politiker oder Journalist entschieden hatte – mehr unfreiwillig als freiwillig – sein Leben lang, soweit seine Gesundheit dies zuließ. Aber es scheint so, als ob dieser wissenschaftliche Forscher sich sehr viel eher ein Privatgelehrtentum erträumte als das Leben eines beamteten Gehaltsempfängers. Wir werden, zumindest in seinem Fall, die Unterscheidung zwischen „äußerer Berufsstellung" und „innerer Berufung" zu machen haben: Wir wissen es, Weber wählte freiwillig Wissenschaft als „inneren Beruf" und musste, durch die äußeren Umstände gezwungen, seine Berufsstellung wechseln: vom beamteten Hochschullehrer zum Modell des englischen Gentleman-Gelehrten, und wieder zurück!

Dass diese letztere Wunschvorstellung nachvollziehbar ist, steht hier nicht zur Debatte. Das historisch Bedeutsame für unser Thema erfolgreicher Karrierepolitik scheint jedoch zu sein, dass wir gerade diesem Mann jenes famose Dokument verdanken, eben „Wissenschaft als Beruf", das bei vielen Heutigen – vielleicht mehr noch als bei seinen Zeitgenossen – jene idealisierte Vorstellung vom „reinen" Wissenschaftler und Gelehrten erzeugt hat, die immer noch sehr stark in der deutschen Tradition verwurzelt zu sein scheint. Wenn es mir also gelungen sein sollte, dieses hochstilisierte Bild des allein seinem Forschungsstreben lebenden Wissenschaftlers Max Weber ein wenig zu desillusionieren, so wäre schon einiges gewonnen. Dieses wissenschaftliche Testament, das ein geistesaristokratisches Leben in rückhaltloser Hingabe an die Sache der Wissenschaft, ein Leben allein *für die Wissenschaft* zu fordern scheint, stammt jedenfalls aus der Feder eines Menschen, der selbst immer wieder auch *von der Wissenschaft* leben musste.

Literatur

Lemm, W., 1987: Schulgeschichte in Berlin, Berlin: VEB Volk und Wissen.
Roth, G., 1995: Heidelberg – London – Manchester. Zu Max Webers deutsch-englischer Familiengeschichte. S. 184-209 in: Treiber, H./ Sauerland, K. (Hrsg.), Heidelberg im Schnittpunkt intellektueller Kreise. Zur Topographie der „geistigen Geselligkeit" eines „Weltdorfes": 1850-1950, Opladen: Westdeutscher.
Tennstedt, F./Leibfried, S., 1987: Max Weber und Bremen. Die Bewerbung eines Gründers der Sozialwissenschaften als Syndikus der Handelskammer 1890. Wirtschaft in Bremen 2: 13-16.
Weber, M., 1984 (zitiert: Lebensbild): Max Weber. Ein Lebensbild, 3. Auflage [Orig. 1926], Tübingen: Mohr-Siebeck.
Weber, M., 1984ff (zitiert: MWG): Max-Weber-Gesamtausgabe, Tübingen: Mohr-Siebeck.
Weber, Max, 1976 (zitiert: WuG): Wirtschaft und Gesellschaft, 5. rev. Auflage, Tübingen: Mohr-Siebeck.
Weber, M., 1936: Jugendbriefe, Tübingen: Mohr-Siebeck.

Winfried Gebhardt

„Fachmenschen ohne Geist, Genußmenschen ohne Herz"

Über das Karriereleitbild des „Machers"

Jemand, der beabsichtigt, Karriere zu machen, orientiert sich in diesem Bestreben in der Regel an Karriereleitbildern wie sie in Management-Magazinen wie der *Wirtschaftswoche*, dem *Capital* oder der *Jungen Karriere*, in sogenannten *career centers,* von professionellen Karriere-Beratern, aber auch schon in universitären Einführungsveranstaltungen, insbesondere für Betriebswirtschaftsstudenten, zu Dutzenden feilgeboten werden. Hier werden nicht nur praktische Ratschläge, zum Beispiel wie man bei einem Vorstellungsgespräch aufzutreten oder sich bei einem Geschäftsessen zu benehmen hat, gegeben, sondern auch jene Wertideen – oder alteuropäisch formuliert: jene Tugenden – gepriesen, die der erfolgreiche Karrierist tunlichst zu verinnerlichen habe: Leistungsbereitschaft, Mobilität, Gewinnstreben, Flexibilität, Fachkompetenz, Rationalität und Effizienz. Sie gelten heute als unerläßliche Voraussetzungen für eine schnelle und erfolgreiche Karriere.

Nun beherrschen, wie uns Max Weber in der Zwischenbetrachtung im ersten Band seiner gesammelten Aufsätze zur Religionssoziologie gelehrt hat, Interessen und nicht Ideen unmittelbar das Handeln der Menschen. Insofern könnte man eine genauere Betrachtung dieser Wertideen als überflüssigen Zierrat bezeichnen, weil sie eben nicht primär das Handeln des aufstiegswilligen Karrieristen bestimmen. Aber, auch das steht dort, wenige Zeilen später: „Die Weltbilder, welche durch Ideen geschaffen wurden, haben sehr oft als Weichensteller die Bahnen bestimmt, in denen die Dynamik der Interessen das Handeln fortbewegte" (Weber 1978: 252).

Ausgehend von diesem Weberschen Diktum, daß interessebedingtes Handeln in all seinen Zusammenhängen und Konsequenzen nur dann zu verstehen ist, wenn die Weltbilder identifiziert sind, die dieses Handeln präformieren, soll im folgenden der Versuch gewagt werden, a) das Weltbild und – weil jedes Weltbild auch typische Vorannahmen über die ‚Natur' des Menschen enthält – das Menschenbild zu skizzieren, die dem heutigen Bestreben, Karriere zu machen (oder besser: Karriere machen zu müssen), zugrunde liegen und b) ansatzweise jene institutionellen Hüter zu benennen, die dieses Welt- und Menschenbild bewahren, pflegen und – mit großem Erfolg – propagandistisch verbreiten.

1. Annäherungen an den „Macher"

Um dieses Welt- und Menschenbild erst einmal zu identifizieren und soweit als möglich zu rekonstruieren, soll erneut ein Gedanke Max Webers – diesmal aus der „Protestantischen Ethik" – aufgegriffen werden. Nachdem Weber mittels umfangreicher historischer Studien die religiösen Wurzeln des kapitalistischen Wirtschaftssystems aufgedeckt hat, indem er eine spezifische Art der religiösen Ethik, nämlich die aus der calvinistischen Prädestinationslehre herausgewachsene protestantische Arbeitsethik, als einen Ursprungsort des modernen Berufs- und Fachmenschentums und der dem kapitalistischen Geist eigenen Apotheose des Erwerbsstrebens und der ökonomischen Rationalität identifizierte, fragt er am Ende der Studie nach der Zukunft des „kapitalistischen Menschen", der nun – seiner religiösen Fundamente beraubt – im „stahlharten Gehäuse" (Weber 1978: 203) des reinen Effizienz- und Gewinnstrebens gefangen ist. Wie immer, wenn Max Weber in die Zukunft schaut, formuliert er auch hier etwas pathetisch. Niemand weiß noch, schreibt er, welcher Menschentypus zukünftig in diesem „stahlharten Gehäuse" des kapitalistischen Gesellschaftssystems leben wird, „und ob am Ende dieser ungeheuren Entwicklung ganz neue Propheten oder eine mächtige Wiedergeburt alter Gedanken und Ideale stehen werden, oder aber – wenn keins von beiden – mechanisierte Versteinerung, mit einer Art von krampfhaftem Sich-Wichtig-Nehmen verbrämt. Dann allerdings könnte für die ‚letzten Menschen' dieser Kulturentwicklung das Wort zur Wahrheit werden: ‚Fachmenschen ohne Geist, Genußmenschen ohne Herz: Dies Nichts bildet sich ein, eine nie vorher erreichte Stufe des Menschentums erstiegen zu haben'" (Weber 1978: 204).

Als Max Weber 1904 diese Sätze unter Zuhilfenahme eines Zitats formulierte, das der Feder eines der großen deutschen Dichterfürsten entstammt, waren sie noch als „warnende Vision" gedacht. Heute – im beginnenden 21. Jahrhundert – scheint diese Vision Wirklichkeit geworden zu sein. „Fachmenschen ohne Geist, Genußmenschen ohne Herz": Dieses „Nichts" triumphiert nicht nur in weiten Bereichen der Ökonomie, der Unterhaltungskultur und der Politik. Denn diese sind in der Tat alle geprägt durch eine Kultur des krampfhaften Sich-Wichtig-Nehmens – jedenfalls in den heute gängigen Paradeformen der Selbstdarstellung: der Talk-Show, der Unternehmenspräsentation vor dem Börsengang und den Management-Schulungen, die[1] selbstbewußt behaupten, „Charisma entwickeln und zielführend einsetzen" (vgl. Bass 1986) zu können. Dieses „Nichts" bestimmt aber auch immer mehr die Diskussionen über die Bildungspolitik, indem es Schule und Universität dazu zwingen will, auf „überflüssigen Bildungsluxus" zu verzichten und „zielgenau" und „anwendungsorientiert" „auszubilden" und zwar gemäß dem von ihm propagierten Karriereleitbild. Webers Vision beschreibt in vielleicht polemischer, aber nicht in unangemessener Form die heute dominierenden öko-

---

1 So lautet der Titel eines Management-Lehrbuches.

nomischen und gesellschaftlichen Ordnungsvorstellungen und benennt in pointierter Form das Weltbild des erfolgreichen oder aber auch nur Erfolg haben wollenden Karrieristen.

2. Der Glaube des „Machers"

Der „Fachmensch ohne Geist" und „der Genußmensch ohne Herz" läßt sich auch als „Macher" bezeichnen – ein Bild, das er im übrigen gerne für sich annimmt, weil es ihm „Tatkraft" und „Selbstbewußtsein" suggeriert. Der „Macher" glaubt an die überlegene Macht des durch die experimentelle Wissenschaft generierten „Fachwissens", an die „zukunftsschaffende" Kraft von „Effizienz", „Planung", Rationalität", „Controlling" und „Evaluation". Der „Macher" ist ein von sich selbst und seinen behaupteten Fähigkeiten überzeugter Optimist: „The best way to predict the future is to create it" – dieser Satz, der als Motto auf der Homepage einer deutschen Karriereberaterin steht[2], verdeutlicht den unbeirrbaren Glauben des „Machers", durch die technische Lösung von Problemen Zukunft zu gestalten und so am ökonomischen, gesellschaftlichen und selbst am kulturellen „Fortschritt" an vorderster Front mitzuarbeiten. Auch deshalb fällt es ihm nicht schwer, aus diesem Glauben heraus einen Anspruch auf „moralische Überlegenheit" zu entwickeln, der heutzutage vor allem in dem – eher wohl unbewußt – mythisch aufgeladenen Wort von der „Exzellenz" Gestalt gewinnt.

Um gleich einem immer wieder auftretenden Mißverständnis vorzubeugen, sei betont, daß der Typus des „Machers" nicht notwendig identisch ist mit der Figur des „Naturwissenschaftlers". Zwar ist es richtig, daß der Menschentypus des „Machers" unter Naturwissenschaftlern, ganz besonders aber unter Ingenieurwissenschaftlern und Betriebswirten, häufiger vertreten ist als unter Sozialwissenschaftlern oder gar unter Geisteswissenschaftlern. An der Universität freilich findet sich dieser Typus eher selten – und wenn, dann eher in den Rektoraten und Präsidialämtern oder in den Landes- oder Bundeshochschulrektorenkonferenzen. Der „Macher" sitzt heute vor allem – wie später deutlicher zu sehen sein wird – in den Etagen des „mittleren Managements", sowohl im Bereich der Wirtschaft und der Wirtschaftsverbände als auch im Bereich der Verwaltung und Politik.

Der Menschentypus des „Machers" ist auch keine Erfindung unserer Zeit. Nicht umsonst wird er schon von Max Weber identifiziert. Wir finden ihn bereits im 19. Jahrhundert als schwärmerischen Zeloten eines positivistischen Fortschrittskults (vgl. Bock 1980), der durch den Fortschritt der Technik nicht nur eine Verbesserung der Lebensumstände der Menschen für möglich erachtete (die eingetreten ist), sondern der darüber hinaus in der technischen Vervollkommnung der Welt die schon immer vorhandene „Utopie" ei-

---

2 Vgl. www.karriere-management.de

ner „idealen Gesellschaft" – frei von Ungerechtigkeit, Not und Leid (vgl. Billington 1980; Manuel/Manuel 1979, Löwith 1979) – endlich zu verwirklichen suchte (die nicht eingetreten ist). Ähnliches finden wir heute wieder bei den führenden – sich selbst als Cyber-Elite bezeichnenden – Vertretern der Informations- und Biotechnologie, die eben nicht nur eine Verbesserung der Lebensumstände versprechen, sondern auch wieder von der Errichtung einer „besseren Welt" träumen – ließe man sie denn endlich machen, was sie wollen. Der Biotec-Unternehmer Craig Venter, der Astrophysiker Stephen Hawking oder der Kognitionswissenschaftler Ray Kurzweil sind Paradebeispiele für diesen Typus (vgl. u.a. Kurzweil 2000; Sloterdijk/Venter 2001). Dieser „weltanschauliche Mehrwert" des Machers fand im 19. Jahrhundert seinen Ausdruck in den „Wissenschaftsreligionen" des Positivismus (vgl. Plé 1996) und des Monismus (vgl. Breidbach 2001) wie auch im literarischen Genre der „Technikutopie" à la Jules Verne. Und auch heute zeigt sich, daß die führenden Vertreter der neuen Informations- und Biotechnik begeisterte Leser, teilweise selbst Verfasser von Science-Fiction-Literatur sind, von deren Visionen sie sich in ihrer wissenschaftlichen Arbeit anregen lassen und die sie zur Legitimation ihrer Absichten gerne ins Feld führen.

Stephan Vladimir Bugaj (2001), Technischer Vizedirektor der Firma *IntelliGenesis*, eines führenden Unternehmens auf dem Gebiet der Erforschung Künstlicher Intelligenz, und damit selbst Teil der neuen Cyber-Elite, hat in einem leicht selbstkritischen Aufsatz herausgearbeitet, auf welche mythologischen Quellen der Glaube des „Machers" sich stützt, indem er den „populären" Lesestoff durchforstete, von dem sich die Cyber-Elite inspirieren läßt. Das, was er fand, ist nur auf den ersten Blick überraschend. Neben der gängigen anspruchsvolleren Science-Fiction-Literatur entdeckte er als bevorzugten Lesestoff vor allem die Bibel und andere religiöse Schriften – und dies hat seinen Grund. Aus den Schöpfungsmythologien der Religionen entnimmt der „Macher" nicht nur das Selbstbewußtsein, selbst etwas neu „schöpfen" zu können, sondern auch die „Bauanleitung" für die Kreation seiner „neuen Welt": „Viele Anführer der Cyber-Kultur sind nicht religiös in einem traditionellen oder kirchlichen Sinne, möchten aber das göttliche Programm der Weltenschöpfung fortsetzen und die neuen Welten mit intelligenten Lebewesen füllen, damit wir selbst ein neues und besseres Leben führen können (...). Für die Digeraten ist Religion ein Fach, das man studieren kann, um mehr darüber zu erfahren, wie man ein großer Schöpfer wird und wie eine neuerschaffene Welt in ethischer, moralischer und rechtlicher Hinsicht beschaffen sein muß" (Bugaj 2001: 54). Und die Zukunftsentwürfe der Science-Fiction-Literatur – gleich ob es sich dabei um Utopien oder Dystopien handelt – dienen ihm als erstrebenswerte Zielvorgaben, auch wenn diese sich teilweise widersprechen: „Da der schöpferische Prozeß nicht vorhersehbar ist, müssen wir alternative Szenarien entwickeln, um auf jede nur denkbare Möglichkeit vorbereitet zu sein. Die Unbestimmtheit des Universums macht es erforderlich, daß wir uns auf Utopia genauso vorbereiten wie auf Dystopia" (Bugaj 2001: 54). Wenn der „Macher" also eine Religion hat, so heißt seine Religion wohl „Science-Fiction" und ihre Autoren gelten ihm – wie es der Astro- und Plasmaphysiker Gregory Benford (2001: 46) einmal euphorisch formuliert hat – als die „geheimen Gesetzgeber der Zukunft".

Die Parallelen zwischen den Wissenschafts- und Technikreligionen des 19. und frühen 20. Jahrhunderts (vgl. Tenbruck 1974; Tenbruck 1976) und den Glaubenssystemen der heutigen „Macher" sind frappierend. Gemeinsam ist ihnen die Überzeugung, eine „neue Welt" mit „neuen Menschen" (vgl. Künzlen 1994) technisch „neu kreieren" zu können: „Als Führer der heutigen wissenschaftlichen und technologischen Bestrebungen glauben wir, auf einem Weg zu sein, an dessen Ende wir in die Fußstapfen Gottes treten und uns selbst nach dem idealen Bild umgestalten, das wir zu diesem Zweck entwerfen" (Bugaj 2001: 54). Diesen Satz hätte auch der erste erfolgreiche „Wissenschaftspriester" nach Auguste Comte, der Biologe Ernst Haeckel, der „Erfinder" des Monismus, so oder so ähnlich formulieren können – nicht umsonst erleben er und seine Ideologie unter Biowissenschaftlern heute eine Renaissance (vgl. Breidbach 2001: 54).

Wie schon im 19. Jahrhundert beruht auch heute noch der jetzt nur „anmodernisierte" Glaube des „Machers" auf folgenden 4 Grundannahmen:

1. Es gibt „sicheres" Wissen. „Sicheres" Wissen wird von den exakten Wissenschaften geliefert. „Sicher" ist dieses Wissen deshalb, weil es in methodisch kontrollierten Experimenten gewonnen und grundsätzlich quantifizierbar, weil meßbar ist. Solches „sicheres" Wissen nennt sich auch „Information". Im selben System vernetzte Informationen gelten dann als je spezifisches „Fachwissen". Deswegen auch der verbreitete Glaube, daß der „Wissensmanager" mit Hilfe entwickelter Suchmaschinen im Internet das Problem der „Wissensgenerierung" lösen könnte und zwar „endgültig".

2. Dieses „sichere" Wissen kann vermittelt werden. Wissensvermittlung versteht der „Macher" deshalb nicht als „Lernen" oder als „Sich-Bilden", sondern primär als Informationsübertragung. Weil Wissensvermittlung primär Informationsübertragung ist, hat der „Macher" auch eine Vorliebe für „Hochschuldidaktik" und für informationsverarbeitende Lerntechniken wie E-Learning, Video-Konferenzen oder den Hyper-Campus.

3. Wer über „sicheres" Wissen, d.h. wer über die richtigen Informationen verfügt, kann Wissen unmittelbar anwenden. Gedanken über die nichtintendierten Folgen des Handelns oder über die grundsätzliche Risikobehaftetheit von Technik blendet der „Macher" aus, denn: Das Wissen, das er „anwendet", ist ja „sicher". Im übrigen leugnet der „Macher" nicht, daß es neben seinem „sicheren" Wissen auch noch anderes, vielleicht auch anderes wissenschaftliches Wissen gibt. Nur weil dieses eben nicht exakt und damit „sicher" ist, hält er es entweder für irrelevant oder – im besten Fall – für „Kunst".

4. „Sicheres" Wissen schafft eine „bessere Zukunft", in der ein „neuer Mensch" Gestalt annehmen wird. Befreit von den lästigen Tatsachen seiner Gesellschaftlichkeit, seines Leibes und seiner Lebenszeit, lebt der

„neue Mensch" ewig: geklont in einem anderen Körper, computerisiert in einer Menschmaschine, die seine Fähigkeiten, als künstliche Intelligenz, ins Unermeßliche steigert. Not, Aggression, Krankheit, Unterdrückung, Leid, selbst „Häßlichkeit" und „Dummheit", werden so überwunden (vgl. Hondrich 2001: 8).

Ein solches Welt- und Menschenbild beruht ganz offensichtlich auf einem eingeschränkten Wissenschaftsverständnis. Es reduziert Wissenschaft auf die Erarbeitung, Anwendung und Vermittlung von Fachwissen. Nun ist die Bedeutung von Fachwissen in modernen Gesellschaften und ihrem Wissenschaftsbetrieb gewiß nicht zu unterschätzen. Schon Max Weber (1973: 588ff.) hatte gesagt, daß die grundlegende Voraussetzung aller Wissenschaft das Fachwissen ist, unter den Bedingungen moderner Wissenschaft sogar spezialisiertes Fachwissen. Er fügte freilich sogleich hinzu, daß alles Fachwissen hochselektiv ist, weil es auf einem notwendig eingeschränkten, fachperspektivischen Blickwinkel, aus dem „Wirklichkeit" betrachtet wird, beruht. Der Fachwissenschaftler, jeder Fachwissenschaftler, ist deswegen notwendig „dumm". Produktiv wird diese „Dummheit" erst dann, wenn sie – wie es Ronald Hitzler (1993; 1999) provozierend ausdrückt – als „künstliche Dummheit", d.h. als für den spezifischen Erkenntniszweck bewußt eingenommene „Haltung" erkannt und reflektiert wird. Um diese Einsicht in den Charakter der „künstlichen Dummheit" aller Fachwissenschaft zu erlernen, ist mehr notwendig als pure spezialisierte Fachkenntnis. Hierzu bedarf es einiger spezifischer, unauflösbar miteinander verbundener und sich im klassischen Begriff der Bildung (vgl. Fuhrmann 2002; Albrecht 2002) summierender Fähigkeiten. Diese sind:

1. Ein allgemein- wie fachhistorisches Grundwissen sowie eine breite philosophische und kulturelle Allgemeinbildung,
2. eigenständiges Denken in historischen und systematischen Zusammenhängen,
3. die Fähigkeit zu Transferleistungen durch theoretische Abstraktion,
4. die Fähigkeit zur Selbstdistanz durch Perspektivwechsel,
5. das daraus erwachsende Urteilsvermögen, und schließlich
6. die Leidenschaft, in einer Aufgabe aufgehen zu können.

Der „Macher" mag zwar die notwendige Leidenschaft haben, er bleibt freilich auch leidenschaftlich „dumm", weil er den Charakter der „Künstlichkeit" der von ihm eingenommenen Perspektive nicht erkennt, und darauf beharrt, „sicheres Wissen" zu produzieren und anzuwenden.

3. Die Ideologie des „mittleren Managements"

Schaut man sich die Rekrutierungsmuster in einigen der Chefetagen der großen Konzerne und Unternehmensberatungsfirmen an, so fallen einem einige seltsame Dinge auf. Da ist der Aufsichtsratsvorsitzende, der mit den Bewerbern um Vorstandsposten nur – und zwar ausschließlich – über italienische Opern spricht. Da gibt es Unternehmensberatungsfirmen, die solche Leute bevorzugen, die neben einer umfassenden Fachausbildung, wenigstens einmal in ihrer Studienzeit „fremdgegangen" sind, d.h. – um noch einmal Max Weber (1973: 613) zu zitieren – „dem Dämon" gefolgt sind, „der ihres Lebens Fäden" hält, gleich ob sie sich nun mit tibetanischen Gebetspraktiken oder mit dem ostafrikanischen Gewohnheitsrecht beschäftigt haben. Da ist der ehemalige Spitzenmanager Daniel Goeudevert, der die Eigenschaften Verantwortungsbewußtsein, Urteilsvermögen, Selbstvertrauen, Liebesfähigkeit, Flexibilität, Mut und kritische Distanz als Voraussetzung für eine „Führungskraft" ansieht und betont, daß diese nur in einem komplexen Bildungsprozeß erworben werden können. Goeudevert (2001) verkündet geradezu apodiktisch, daß gute Bildung immer und überall nütze, daß sie aber nicht zu erlangen sei, indem man bloß Nützliches lernt. Michael Hartmann (1996; 2001) hat in einer empirischen Untersuchung über die Rekrutierung von „Führungskräften" in der Wirtschaft, „Souveränität" als das entscheidende Kriterium für beruflichen Erfolg ausgemacht und betont, daß die unerläßliche Voraussetzung für „Souveränität" in einer breiten und fundierten Allgemeinbildung besteht – die, wenn man nicht das Glück hat, in einem entsprechenden Elternhaus aufzuwachsen, nur an der Universität erworben werden kann (wenn diese denn dazu noch die Möglichkeit bietet). Und nicht nur amerikanische Manager beklagen sich zunehmend darüber, daß die Komplexität der Entscheidungssituationen, in denen sie alltäglich stehen, sie überfordere und werfen den Universitäten vor, sie in ihrer „Ausbildung" nicht genügend auf diese Komplexität vorbereitet zu haben.

Beispiele wie diese weisen darauf hin, daß man sich wenigstens in einigen der Spitzenetagen der großen Konzerne der Defizite, die das Karriereleitbild des „Machers" beinhaltet, (vielleicht noch) bewußt ist oder – in einigen Fällen – wieder bewußt zu werden beginnt. Die ausschließliche Rede von Effizienz, Rationalität, Anwendungsbezug, Flexibilität, Controlling und Evaluation, die im Glauben an die technische „Machbarkeit" der Verhältnisse zusammenfließt, scheint deshalb auch eher die Ideologie des „mittleren Managements" und nicht die der „Führungskräfte" zu sein. Freilich führt sie insbesondere in der das „Karriereleitbild" von morgen gestaltenden Diskussion um die Zukunft von Bildung – besser wäre es, um in der Terminologie des „Machers" zu bleiben, hier ausschließlich von „Ausbildung" zu sprechen – noch starke Bataillone ins Feld. In der Bundesrepublik Deutschland marschiert dabei das vom Bertelsmann-Konzern mitbegründete und finanzierte „Centrum für Hochschulentwicklung" (CHE) an der Spitze, dem nicht nur die Bildungspolitiker der großen Parteien und die marktbeherrschenden Medien, sondern auch eine Reihe von Hochschulpräsidenten und -rektoren und in ihrem Schatten die stetig wachsende Zunft der Unternehmens- und Karriereberater treu ergeben folgen. Ziel des CHEs ist es, eine „entfesselte Hochschule" zu kreieren, die „autonom, wissenschaftlich, profiliert und wettbewerbsfähig, wirtschaftlich, international und" – dies überrascht bei der Gründung durch einen Medienkonzern nun nicht gerade – „neuen Medien gegenüber aufgeschlossen" ist (vgl. www.che.de). Das CHE ist einer jener von direkten ökonomischen Interessen geleiteten Think Tanks, die man – aus einer wissens- und kultursoziologischen Perspektive – als die neuen Heiligen Inquisitionen unserer Zeit bezeichnen muß, weil es ihm in relativ kurzer Zeit gelungen ist, im Felde der Bildungspolitik eine kaum mehr angreifbare Machtposition zu erringen, die es vor allem mit der als ultima ratio der Bildungsreform propagierten Verfahrenstechnik des Universitätsrankings absichert. Insbesondere in dem – vom CHE geschürten – Palaver von der Notwendigkeit einer umfassenden „Evaluation" in Politik, Verwaltung und Universität[3], die allein „innovative", „umsetzungsfähige" Forschung mit hohem „Wirkungspotenzial" (vgl. www.che.de) garantiere, taucht der schon einmal kläglich gescheiterte Wunschtraum von der technischen Herstellbarkeit einer „besseren Gesellschaft" wieder auf. Denn „Evaluation" ist nichts anderes als „selbstreflexive Planung". So wie es in den frühen 70er Jahren – zu den Hochzeiten einer schnell um sich greifenden Planungseuphorie – notwendig war, eine „Kritik der planenden Vernunft" (Tenbruck 1972) zu verfassen, so notwendig wäre es heute, eine weitere „kritische Schrift" anzufertigen: „Die Kritik der evaluierenden Vernunft".

4. Schlußbemerkung

Der „Macher" und die von ihm verkörperte „Ideologie des mittleren Managements" übersehen bewußt oder unbewußt – und dieser Gedanke soll am Ende stehen, daß wirtschaftlicher und wissenschaftlicher „Erfolg" auf Grundlagen wachsen, die sie selbst nicht zu schaffen in der Lage sind. Gerade Max Weber (1978) hat in seiner Schrift „Die protestantische Ethik und der Geist des Kapitalismus" überzeugend gezeigt, daß ohne diese oben genannten (und vielleicht unter heutigen Bedingungen nur noch an der Universität zu erlernenden) Fähigkeiten, daß also ohne „akademische Bildung" weder wirtschaftlicher noch wissenschaftlicher „Erfolg" möglich sind. Der Siegeszug der modernen Wissenschaft und des Kapitalismus hat sich zuerst auf dem Boden religiöser Überzeugungen, dann auf dem Fundament der „bürgerlichen Kultur" mit ihren je spezifischen Bildungsidealen (vgl. Albrecht 2002) vollzogen und nicht ausschließlich auf dem Boden eines pragmatischen Utilitarismus – auch und gerade in den Vereinigten Staaten von Amerika.

---

3 Zur Problematik von Evaluationen vgl. Endruweit 2002.

Um es ganz deutlich zu sagen: Es geht nicht darum, Leistung, Effizienz und Praxisorientierung zu verteufeln. Im Gegenteil. Es geht gerade darum, diese zu fördern. Nur sollten wir (wieder) erkennen und anerkennen, daß Leistung, Effizienz und Praxisorientierung auf Voraussetzungen beruhen, die sie selbst nicht zu schaffen in der Lage sind. „Bildung" – als Summe der oben genannten Fähigkeiten – ist die Grundlage für Leistungsbereitschaft, Innovation, ökonomische Leistungsfähigkeit und auch für gesellschaftliche Verantwortlichkeit. Nur: „Bildung" braucht sowohl *Zeit* und *Muße* als auch *Anstrengung* und *Herausforderung*. Und hier ist vor allem die Universität gefordert, indem sie ein neues Karriereleitbild, das vielleicht ein „altes" ist, entwickelt und propagiert. Weder Studienzeitverkürzungsmaßnahmen, noch neue berufsfeldbezogene Studiengänge lassen diese Zeit und Muße. Und verschulte Studiengänge und einseitige Praxisorientierung torpedieren die Bereitschaft, sich anzustrengen und sich herausfordern zu lassen. Alles was sie tun, ist: Sie reproduzieren das defizitäre „Karriereleitbild" ihrer Initiatoren: den „Macher" und seinen naiven Glauben, eine „neue Welt" mit „neuen Menschen" technisch erschaffen zu können.

Literatur

Albrecht, C., 2002: Universität als repräsentative Kultur. S. 64-80 in: Stölting, E./Schimank, U. (Hrsg.), Die Krise der Universitäten, Wiesbaden: Westdeutscher Verlag.

Bass, B.M., 1986: Charisma entwickeln und zielführend einsetzen, Landsberg/Lech: Moderne Industrie.

Benford, D., 2001: Lesestoff in Los Alamos. Die Fiktionen der Zukunftsromane könnten die Wirklichkeiten von morgen sein: Wie Wissenschaftler Politiker rumkriegen. Frankfurter Allgemeine Zeitung, 23.6.2001: 46.

Billington, J.H., 1980: Fire in the Minds of Men. Origins of the Revolutionary Faith. New York: Basic Books.

Bock, M., 1980: Soziologie als Grundlage des Wirklichkeitsverständnisses. Zur Entstehung des modernen Weltbildes, Stuttgart: Klett-Cotta.

Breidbach, O., 2001: Künstliche Kraftbrühe. Im Bann des Biomorphismus: Ernst Haeckel war der erste erfolgreiche Wissenschaftspriester. Frankfurter Allgemeine Zeitung, 8.10.2001: 54.

Bugaj, S.V., 2001: Was liest die Zukunft? Wissenschaft und Fiktion in der technologischen Rückkopplungsschleife: Woher die neue Cyber-Elite ihre Inspiration bezieht. Frankfurter Allgemeine Zeitung, 17.4.2001: 54.

Endruweit, G., 2002: Lehrevaluation und Lehrziele. Neue Wege der Semesterauswertung. Forschung & Lehre 8: 421-423.

Fuhrmann, M., 2002: Bildung. Europas kulturelle Identität, Stuttgart: Reclam.

Goeudevert, D., 2001: Der Horizont hat Flügel. Die Zukunft der Bildung, München: Econ.

Hartmann, M., 1996: Topmanager. Die Rekrutierung einer Elite. Frankfurt a.M./New York: Campus.

Hartmann, M., 2001: Welche Bedeutung haben das klassische Allgemeinwissen und die soziale Herkunft für die Karriereentwicklung? Frankfurter Allgemeine Zeitung, 31.3.2001: 67.

Hitzler, R., 1993: Verstehen: Alltagspraxis und wissenschaftliches Programm. S. 223-240 in: Jung, Th./Müller-Dohm, S. (Hrsg.), „Wirklichkeit" im Deutungsprozeß, Frankfurt a.m.: Suhrkamp.

Hitzler, R., 1999: Konsequenzen der Situationsdefinition. Auf dem Weg zu einer selbstreflexiven Wissenssoziologie. S. 289-308 in: Hitzler, R./Reichertz, J./Schroer, N. (Hrsg.), Hermeneutische Wissenssoziologie, Konstanz: UVK.

Hondrich, K.O., 2001: Der Neue Mensch – und seine Grenzen. Frankfurter Allgemeine Zeitung, 13.10.2001: 8.

Küenzlen, G., 1994: Der neue Mensch. Eine Untersuchung zur säkularen Religionsgeschichte der Moderne, München: Fink.

Kurzweil, R., 2000: Homo sapiens. Leben im 21. Jahrhundert – was bleibt vom Menschen?, 4. Aufl., Köln: Kiepenheuer & Witsch.

Löwith, K., 1979: Weltgeschichte und Heilsgeschehen, 7. Aufl., Stuttgart u.a.: Kohlhammer.

Manuel, F.E./Manuel, F.P., 1979: Utopian Thought in the Western World, Oxford: Blackwell.

Plé, B., 1996: Die „Welt" aus den Wissenschaften. Der Positivismus in Frankreich, England und Italien von 1848 bis ins zweite Jahrzehnt des 20. Jahrhunderts. Eine wissenssoziologische Studie, Stuttgart: Klett-Cotta.

Sloterdijk, P./Venter, J.C., 2001: „Wir erleben eine Fusion zwischen Börse und Bio-Illusion". Gründer einer nachchristlichen Religion: Eine philosophische Annäherung von Peter Sloterdijk an den amerikanischen Genunternehmer J. Craig Venter. Frankfurter Allgemeine Zeitung, 21.2.2001: 51-52.

Tenbruck, F.H., 1972: Zur Kritik der planenden Vernunft. Freiburg/München: Alber.

Tenbruck, F.H., 1974: Der Fortschritt der Wissenschaft als Trivialisierungsprozeß. S. 19-47 in: Kölner Zeitschrift für Soziologie und Sozialpsychologie. Sonderheft 18: Wissenschaftssoziologie. Studien und Materialien. Hrsg. v. N. Stehr und R. König.

Tenbruck, F.H., 1976: Die Glaubensgeschichte der Moderne. S. 1-15 in: Zeitschrift für Politik 23.

Weber, M., 1973: Gesammelte Aufsätze zur Wissenschaftslehre, 3. Aufl., Tübingen: Mohr.

Weber, M., 1978: Gesammelte Aufsätze zur Religionssoziologie I, 7. Aufl., Tübingen: Mohr.

Manfred Prisching

Seelentraining
Über eine neue Dimension der Karrierepolitik

Es gab eine Zeit, da hat man im Wirtschaftsleben „Fachleute"[1] gesucht: Experten, die Sachverstand und Qualifikation auf verschiedenen Gebieten des komplizierter werdenden wirtschaftlichen, technischen, politischen und gesellschaftlichen Lebens besitzen. Das ist anders geworden. Ein wenig Sachverstand ist immer noch gut brauchbar; aber folgt man den vollmundigen Bekundungen, den großlettrigen Inseraten und den farbenprächtigen Imageartikeln, den Selbstbeweihräucherungen der Wirtschaftsvertreter und den Qualifikationsratschlägen der Bildungspolitiker, so sind andere Qualifikationen mittlerweile – für beinahe alle Bereiche und ganz besonders für einflussreiche Positionen – immer wichtiger geworden: „social skills", „personal skills". Es sind nicht mehr die „Experten", die gesucht sind, sondern die „Persönlichkeiten". Sie sollen nicht mehr ihr Wissen, sondern „sich" einbringen, ihr „Engagement" entfalten können, alle ihre Kreativität zum Tragen bringen; und dies in einem professionellen Ambiente, das von Teamarbeit, interdisziplinären Taskforces und perspektivierenden Workshops geprägt ist und deshalb auch ihnen selbst Führungsfähigkeit, Teamkompetenz und Konfliktmanagement abverlangt.

Das Vokabular ist bekannt und es klingt gut. Es zielt auf den „neuen Menschen", der nicht mehr ein verbogener, entfremdeter, ausgebeuteter Sklave ist, sondern – was nunmehr auf wundersame Weise mit professioneller Höchstleistung in eins zusammenfließt – ein selbstentfalteter, kreativer, reifer, selbstbewusster Mensch. Die Menschen müssen alle nur das werden, was sie im Innersten schon sind. Sie müssen ihre verborgenen Kompetenzen ausleben, und es dient zur Beruhigung in einer unübersichtlichen Welt, wenn ihnen vermittelt wird, dass jeder Kompetenzen und Kräfte in sich birgt, die der neuen Wunderwelt entsprechen. Schlimmstenfalls wird ihnen das durch Heilslehren klargemacht wie etwa durch das „Robbins Power Prinzip", das

---

[1] Aus Anlass dieses unverdächtigen Wortes „Fachleute" sei vermerkt, dass in der Folge – nicht aus Nachlässigkeit, sondern aus sprachästhetischen Gründen – jene sprachlichen Konventionen befolgt werden, die dem männlichen Geschlecht einen gewissen Vorrang einräumen; an den entsprechenden Stellen sind natürlich immer Personen beiderlei Geschlechts zu verstehen.

lehrt, wie die „wahren inneren Kräfte" gezielt einzusetzen seien (Robbins 1998a) oder wie überhaupt „grenzenlose Energie" zu gewinnen sei (Robbins 1998b). Jeder werde gebraucht, für jeden gebe es irgendwo den geeigneten Platz. Gerade die schöne neue Arbeitswelt brauche Individualitäten, sie sei auf Kreativität und Innovation, auf Originalität und Durchsetzungsfähigkeit angewiesen. Man muss stilsicher im Umgang miteinander und zielsicher beim Verfolgen der Karriere sein. Individualität und Adaptivität, Selbstentfaltung und Leistungsfähigkeit werden unproblematisch miteinander zur Deckung gebracht. Es ist alles in schönster Ordnung.

Zugang zur neuen Wunderarbeitswelt findet, wer über die „Schlüsselqualifikationen" verfügt, insbesondere die „social skills", zu denen „Sozialkompetenzen" und „Managementqualifikationen" aller Schattierungen zählen. Eine semantische Klangwolke tut sich auf; sie begegnet uns überall, selbst auf Podien, auf denen vermeintlich hartgesottene Direktoren sitzen; vor allem aber in Inseraten und Managementschulungen.

Ein erstes Beispiel bieten Inserate, Job-Angebote, insbesondere jene, die für höherqualifizierte Mitarbeiter gedacht sind. Sie weisen ein stereotypes Vokabular auf; früher hätte man von einem „restringierten Code" gesprochen: ein Bündel von semantischem Geklingel, das im Grunde nicht viel aussagt, auch deshalb nicht viel aussagen kann, weil es in ähnlicher Weise in den allermeisten Inseraten aufscheint. Wenn man die Anforderungen ernst nehmen wollte, so scheinen sie freilich gewaltig: Wer sich bewirbt, relativiert entweder das Inserat oder tendiert zum Größenwahn. Was also suchen die Unternehmen?[2]

„Persönliches Engagement, unternehmerisches Denken und Mobilität zeichnet sie aus" – „ein hohes Maß an Selbstdisziplin und Charakterstärke" – „Sie denken und handeln unternehmerisch, sind kommunikativ, initiativ, zielstrebig und gewohnt, sehr selbständig zu arbeiten" – „neben Führungserfahrung sind unternehmerisches Denken, kaufmännisches Verständnis, professionelles Auftreten und soziale Kompetenz wesentliche Voraussetzungen für diese eigenverantwortliche Tätigkeit" – „Neben dem erforderlichen seriösen Auftreten überzeugen Sie durch ausgeprägte Kommunikations- und Präsentationsstärke, Konsequenz in der Marktbearbeitung, ein übergreifendes betriebswirtschaftliches Verständnis und fachliche Kompetenz..." – „Kommunikationsstärke, gutes Auftreten sowie die Fähigkeit, andere zu begeistern, sind Voraussetzung" – „deutliche Kunden- und Lösungsorientierung" – „Ausgeprägte Team- und Kundenorientierung runden Ihr Profil ab" – „auf Menschen zugehen", „sicheres Auftreten" – „Überzeugen" – „starke analytische und kommunikative Fähigkeiten" – „Ihr Gefühl für administrative Prozesse und Ihre analytischen und kommunikativen Talente verbinden sich ideal mit Ihrer professionellen Erscheinung und Ihren Ambitionen" – „while guaranteeing a stimulating variety of challenging projects, flexibility, openness to the requirements of an interdisciplinary environment, and excellent communicational skills will be required" – „kommunikative Fähigkeiten, Teamgeist, Organisationsgeschick und Bereitschaft zum selbstständigen Arbeiten" – „analytische und konzeptionelle Fähigkeiten, Organisationstalent, Kreativität, Kommunikations- und Verhandlungsgeschick, Leistungswillen und Bereitschaft zur Teamarbeit" – „Be-

---

2   Die folgenden Zitate stammen aus den einschlägigen Inseraten der Ausgaben von „Presse", „Zeit", „Frankfurter Allgemeine", „Standard", „Kurier", „Wirtschaftswoche".

reitschaft zur Einordnung in ein leistungsfähiges Team" – „Kommunikations- und Teamfähigkeit, Überzeugungskraft, Verantwortungsbereitschaft, Fähigkeit zur kooperativen Mitarbeiterführung" – „Teamfähigkeit, Flexibilität und Organisationsgeschick" – „If you are a self-starter, innovative and well organized... If you are dynamic, flexible and solution-oriented..." – „Ihr persönliches Profil wird ergänzt durch Ihre Freude an selbständigem und teamorientiertem Arbeiten" – „Für diese Aufgabe benötigen Sie Organisationstalent, Analysefähigkeit, ein hohes Maß an Problemlösungskompetenz sowie Kenntnisse im Bereich Projektmanagement -Methoden und -Techniken. Führungsfähigkeiten, Durchsetzungsvermögen und Stressresistenz zeichnen Sie ebenso aus wie Planungs- und Verhandlungssicherheit, Kostenbewusstsein und seriöses Auftreten." – „Weiters erwarten wir einen selbständigen Arbeitsstil, Durchsetzungsstärke, Führungserfahrung und Reisebereitschaft" – „Sie verfügen über ausgeprägte Führungseigenschaften, hohe persönliche Einsatzbereitschaft, Organisationstalent, Kommunikations- und Teamfähigkeit, soziale Kompetenz"...

Die Stellenanzeigen scheinen oft mehr einen Abenteuerurlaub als einen Alltagsjob anzupreisen. Jedenfalls geht es immer um Jobs für Menschen, die „Herausforderungen" gewachsen sind und sich mit voller Wucht ins Geschehen zu werfen bestrebt sind. Das verwendete Vokabular drückt eine Befindlichkeit aus, angesichts derer wir fragen können: Was steckt dahinter? Was suchen die Unternehmen bei ihren potentiellen Mitarbeitern; und warum ist dies so? Natürlich – und dies bedarf keiner weiteren Erörterung – ist nicht zu leugnen, dass das Unternehmen bei seinem künftigen Mitarbeiter oder der künftigen Mitarbeiterin irgendeine „Fachkompetenz", also professionelle Kenntnisse, voraussetzt, und auch diese Kenntnisse werden da oder dort in den Inseraten angesprochen oder näher definiert. Interessanter sind aber der hohe Anteil und die Intensität der Forderungen nach einer zweiten Kompetenzebene, nämlich nach der „Sozialkompetenz" – wir verwenden diesen Begriff hier in einem weiten Sinn, der jede Art von psychologischer, sozialer, persönlichkeitsbezogener, interaktiver Kompetenz einschließt. Fachkompetenz bedarf offenbar nicht jener phantasiereichen Sprache, mit der die Sozialkompetenz (die man vielleicht auch in einem losen Sinne mit der „emotionalen Intelligenz" gleichsetzen kann; Goleman 1996) beschrieben wird. Denn die Zeit ist vorüber, wo so biedere Eigenschaften wie Fleiß und Pünktlichkeit, Zuverlässigkeit und Betriebstreue erwünscht sind; man sucht nach Menschen, die Teamplayers sind, die gewinnend und hellwach sind, durchsetzungsfähig und erfolgsgewohnt. Ihre Sozialkompetenz ist offenbar nicht identisch mit der alten Höflichkeit, mit zivilisatorischer Diszipliniertheit, mit Liebenswürdigkeit, Dienstbereitschaft und „Knigge"; es geht also nicht um die herkömmliche Übernahme der alten Lebensformen der Aristokratie durch das Bürgertum. Mit Sozialkompetenz ist offenbar auch nicht die Kompetenz in „sozialen" Belangen gemeint, also ein gesellschaftliches, sozialpolitisches, egalitäres Engagement, nicht ein besonderes Vermögen im Umgang mit Behinderten und geprügelten oder benachteiligten Frauen, nicht die Professionalität des Sozialarbeiters oder das Engagement des Gesellschaftsveränderers. Sozialkompetenz schließt Fähigkeiten ein, die abgebildet werden auf Partialkompetenzen in Bereichen wie Kommunikation, Führungsverhalten,

Teamfähigkeit, Konfliktlösung, Rhetorik und Präsentation, Arbeitstechniken und Zeitmanagement, Self-Management im Allgemeinen (vgl. Nigsch 1999).

Das zweite Beispiel bieten uns Fortbildungsseminare für Manager, solche, die es sind, und solche, die es werden wollen, und überhaupt für alle, da doch in Zeiten wie diesen jeder an seinem Platz nichts nötiger hat als „Managementkompetenzen". „Management" ist deshalb das erste Zauberwort. Die allgemeine Anmutung einer managerialen Haltung kennzeichnet alleine schon eine neue Grundstimmung, einen Reputationsaufstieg der Unternehmen und ihrer Agenten. In der Zwischenkriegszeit waren „Unternehmer" die Blutsauger mit Zylindern und Zigarren, in den sechziger Jahren waren „Manager" Ausbeuter, jene Büttel des Kapitals, die Entfremdung und Verelendung bewirkten und imperialistische Herrschaft in alle Teile der Welt trugen. Nunmehr haben entrepreneuriale Institutionen und Personen eine wesentliche Aufwertung erfahren (Prisching 1996). Unternehmertum ist attraktiv, in das „Management" – welcher Art auch immer – wollen alle. Wer heute Zweifel an Managementlehren anmeldet, etwa ein „Projektmanagement-Seminar" für Lehrer nicht als deren dringendstes Fortbildungsdesiderat anzusehen bereit ist, der katapultiert sich aus der modernen Welt hinaus; er erweist sich als Sklerotiker vergangener, prämanagerialer Tage. Weit über den Bereich des Wirtschaftslebens hinaus werden alle Lebensbereiche, selbst die persönlichsten, in Managementperspektive gerückt: Nicht mehr „Beziehungsarbeit" ist zu leisten, sondern „Beziehungsmanagement"; nicht „Konfliktbewältigung", sondern „Konfliktmanagement"; nicht „Persönlichkeitsentwicklung", sondern „Ich-Management"; und die „Kultur" wird am besten gleich durch „Kulturmanagement" ersetzt. Da reüssieren natürlich Vermittlungsangebote in Sachen Projektmanagement, Qualitätsmanagement, Zeitmanagement, Verhandlungsmanagement, Gruppenmanagement, strategisches Management; unverzichtbar ist es, über Change Management Bescheid zu wissen in Zeiten, in denen sich doch alles ändert; origineller sind Begriffsprägungen wie Dialogmanagement, wenn man den Menschen beibringen will, wie sie miteinander reden mögen.

„Training" ist, natürlich unter Anreicherung durch neue Begriffe, ein fast so eingängiger Begriff wie Management. Man kennt es ja schon vom Sensitivity-Training; aber das Angebot ist jetzt viel breiter: Gehirntraining und Mentaltraining, Gesprächsverhaltenstraining und Präsentationstraining, Gruppentraining und – für besonders abgeschlaffte Akteure – Outdoor-Training werden dem karrierebewussten Zeitgenossen dringend empfohlen. Werden solchen Begriffen gar noch vage, aber flairbehaftete Attribute hinzugefügt, steigt das Defizitempfinden der noch nicht trainierten Adressaten solcher Angebote: „Ganzheitliches Gehirntraining" ist zweifelsohne noch besser als das nicht-ganzheitliche, und wenn man erst zum „holistischen Projektmanagement" vorangeschritten ist, kann der Durchschlagskraft des neuen Führungstyps überhaupt nichts mehr im Wege stehen. Da muten selbst Seminarangebote wie „Komplexe Zusammenhänge verstehen", „Kommunikationsfähigkeit", „Kommunikation am Arbeitsplatz", „Karriereplanung", „Verhandlungstechniken", „Konfliktlösung", „Präsentationstechniken", „Rhetorik" und dergleichen konventionell an, zumindest scheinen sie nicht auf der Höhe des neuen Vokabulars zu sein. Erst wenn sich die „Verhandlungstechnik" über die „Moderationstechnik" zum „Mediationstraining" mausert oder gar durch „Selbsthypnose" originell angereichert wird, gewinnt die Sache wieder an Spannung. Wer würde es für überflüssig halten, sich auf eine wochenendlange Suche nach dem „Weg zu Lebensqualität und Spitzenleistung" zu begeben, da es Menschen geben soll, die unverständlicherweise Probleme bei der Vereinbarkeit dieser beiden Lebensziele haben; allenfalls kommt für sie auch die defensivere Variante in Frage „Aus Krisen und Konflikten Kraft schöpfen" oder das bereits weitaus mehr sprachliche Kreativität unter Beweis stellende Angebot eines Lebensreflexionsseminars unter dem Titel „Kräfte für das biographische Planungsbüro." Der turbulente Rhythmus der Neuerungen erfordert auf Seiten der Seminaranbieter natürlich auch eine semantische „Markenbildung" und ein sich rasch umwälzendes Vokabular; so geht es munter vom „Training" zum Consulting und Coaching und schließlich zur Supervision. Neues Vokabular erschließt neue Märkte, wenn gutgläubige „Potentials", wie man hoffnungsvolle Nachwuchskräfte neuerdings nennt, glauben, dass sie etwas versäumen, wenn sie die neueste Diktion nicht im Griff haben. Nach diesem kurzen Überblick ist es aber nun an der Zeit, die Frage ein wenig systematischer zu untersuchen, wie es zu solchen Entwicklungen kommt.

These 1: Interaktionsbedarf im Posttaylorismus

In einer betrieblichen Welt mit stärkerer Vernetzung und Interdisziplinarität, nach der Ablösung der tayloristisch-bürokratisch-hierarchischen Ordnung, in einer Welt also der selbstverantwortlichen Arbeitsgruppen, der Teamarbeit und der interdisziplinären Projekte sind – neben den herkömmlichen Fachqualifikationen – Interaktivitätsqualifikationen (Schlüsselqualifikationen, Sozialkompetenz, social skills) viel mehr gefragt als früher.

Die aktuellen Veränderungen der Wirtschaftswelt sind bekannt: Auflösung von Firmen in eigene Unternehmenseinheiten mit Eigenverantwortung, Relativierung der Hierarchie, partielle Auflösung der Unternehmensgrenzen, Netzwerke, Überlegungen zur Konzentration auf Kernkompetenzen mit einem „Strahlenkranz" zugeordneter, kooperierender Unternehmen, Prozesse des outsourcing und Management-buyouts – viel ist in Bewegung geraten. Das hat Folgen.

Erstens: Die steigende Bedeutung von soft skills entspricht dem Umstand, dass Unternehmen selbst „softe" Entitäten geworden sind. Was letztlich ein Unternehmen ausmacht, was es abgrenzt, das sind nicht mehr herkömmliche, auch rechtlich beschreibbare Demarkationslinien zwischen „Betriebsangehörigen" und „Außenseitern"; was Corporate Identity stiftet, das ist die „Kultur". Unternehmen haben deshalb die Bedeutung der „Unternehmenskultur" (ihrer core values) entdeckt, was zur eifrigen Bastelei mannigfacher Kalendersprüche geführt hat, die nunmehr als „Leitlinien", „Leitsätze" oder „Mission Statements" bezeichnet werden. Denn teuer verkaufte Weisheiten wie jene, dass man nur dann gezielt handeln könne, wenn man wisse, wer man sei und wohin man wolle, haben zum Wuchern einschlägiger Statements geführt, welche langweilend Farbprospekte und Webpages zieren. Das Ziel des Kulturgeredes war natürlich immer klar: Produktivitätssteigerung der Mitarbeiter. Sie müssen intensiver werken, begeistert sein, die Unternehmenssache zu ihrer eigenen machen: „Unternehmenskultur" ist als Motivationsressource billiger, als es monetäre Anreize wären. Die „Unternehmenskulturbewegung" wird deshalb von der Aussicht befeuert, Prämien durch Sprüche – also Geld durch Worte – zu ersetzen, und die Hoffnung ist, das die Entmonetarisierung der motivationalen Ressourcen funktioniert: dass also die Mitarbeiter nach einigen Wochenenden im „Umerziehungslager", das sich heute üblicherweise in fashionablen Hotels befindet, tatsächlich wie die Wilden zu werkeln beginnen und sich einer „culture of obsession" hingeben (Nigsch 1999: 14).

Zweitens: Die Menschen müssen mehr arbeiten, aber auch mehr *miteinander* arbeiten. Tatsächlich steigen Interaktionshäufigkeit und Besprechungsintensität. Interaktionsqualifikationen werden zwangsläufig wichtiger, zumal es sich um eine heterogene Population von Kooperationspartnern handelt. Die Nischenspezialisten arbeiten an komplexen Projekten und Produkten. Sie müssen deshalb miteinander umgehen können. Es ist nicht nur eine beliebige Betriebswirtschaftsmode, wenn neuerdings so lauthals nach der „Teamfähigkeit" und anderen „social skills" gerufen wird. Wenn die Menschen immer mehr miteinander – arbeitsteilig, spezialistenhaft, aber dennoch an einem gemeinsamen Projekt – arbeiten, dann müssen sie es *miteinander tun können*. Dieses Miteinander mag manches, auch Interdisziplinarität, voraussetzen, die gewährleistet, dass die Spezialisten nicht völlig aneinander vorbeireden. Vor allem aber: Sie dürfen sich nicht anbrüllen, sie dürfen nicht intrigieren, sie dürfen einander nicht blockieren, sie dürfen Konflikte nicht eskalieren lassen, sie müssen Neid und Eifersucht ausschalten, sie müssen sich verständlich machen können. Kurz: Sie müssen social skills entwickeln. Dafür sorgt angeblich die Priesterschaft der Interaktionsbetreuer.

These 2: Stagnation der Interaktionskompetenz

Es gibt Indizien dafür, dass die Interaktionskompetenz der Menschen nicht unbedingt im Steigen ist, ja dass sie vielleicht eher noch sinkt. Zu den Gründen mögen zählen: ein Versagen der Erziehung, soziale Isolierung der Kinder durch multimediales Spielzeug, Fernsehen und urbane Lebensverhältnisse, steigende Unverbindlichkeit und Oberflächlichkeit der zwischenmenschlichen Kontakte; Individualisierung und Pluralisierung.

Manche Zeitkritiker meinen, zwischenmenschliche Beziehungen würden häufiger, aber unverbindlicher – viele Freunde, viele Kontakte; aber die Kontakte sind leicht aufzuheben, nicht zwingend, oberflächlich; ein Berühren und Lösen; eine Kreuzung der sozialen Kreise, die allesamt andauernd in Bewegung sind. Sobald ein zwischenmenschliches Problem auftaucht, kann man ihm ausweichen. Die sozialen Beziehungen sind in der modernen Gesellschaft in den Zustand einer kommunikativen „Volatilität" geraten: als prägnantestes Beispiel einer *Unverbindlichkeit von Beziehungen*, die in einer flexiblen, mobilen, dynamischen und gestressten Gesellschaft am Ende gar nicht einmal unvernünftig, sondern – zumindest auf den ersten Blick – ‚eufunktional' ist. Echte Kooperation aber erfordert mehr als unverbindliches Berühren und Lösen. Sie braucht Dauerhaftigkeit, und diese wieder benötigt Vertrauen und Loyalität. Die Personen müssen angeregt werden, „ineinander" zu investieren: einander kennen zu lernen, Glaubwürdigkeit abzutesten, Personenkenntnis zu erwerben. Gerade flottierende Teams, die immer wieder neu zusammengesetzt werden (auch weil dies oft einfach modisch ist), leisten dies freilich nicht: weil niemand Anreize hat, „Arbeit" und „Zeit" in zwischenmenschliche Kenntnisse und Beziehungen zu stecken. Schließlich wird dem karrierewilligen Nachwuchstalent ja auch empfohlen: „Nur richtiges Jobhoppen führt in die Vorstandsetage" (Kurier vom 24. November 2001: 54).

Dennoch gibt es gute Gründe anzunehmen, dass die Kooperationsintensität in den Unternehmen zunimmt und dass dies nicht ganz mutwillig geschieht. Wie aber arbeiten Menschen zusammen, die aneinander nicht interessiert sind? Für unsere Zwecke genügt es zu behaupten, dass es kaum Hinweise für eine automatisch steigende Interaktionskompetenz gibt, die geeignet wäre, mit den steigenden Erfordernissen betrieblicher Interaktionen gleichsam von selbst Schritt zu halten.

These 3: Interaktionskompetenzdefizite

Angesichts steigender Erfordernisse von Interaktionsqualifikationen und eines jedenfalls nicht so rasch steigenden Interaktionsvermögens werden Defizite spürbar, und die Forderung nach einem angemessenen Repertoire von social skills ist die Reaktion darauf. Interaktionskompetenz wird in unterschiedlicher Weise zur Karrierevoraussetzung, und sie wird lauthals eingemahnt.

Der Begriff der Sozialkompetenz gibt zu, dass das Leben nicht so einfach ist: weil es Widersprüche, Spannungen, Idiosynkrasien gibt; aber er suggeriert auch, dass sich Qualifikationen antrainieren lassen, welche diese Schwierigkeiten überwindbar erscheinen lassen, weil sich Beziehungen mit einigen Tricks und Regeln gestalten und bewusst entwickeln lassen. In der individuellen Seele sollen zusätzliche Ressourcen für ein gestresstes Wirtschaftstreiben gefunden werden. Mitarbeiter sollen motiviert werden, ein vertrauensvolles Gefüge aufzubauen, eine reibungslos arbeitende Maschinerie. Sie sollen Durchsetzungsvermögen mit vertrauensvoller Kooperationsbereitschaft verbinden, Empathie und Sympathie steigern, das betriebliche Beziehungsgeflecht in den Griff bekommen und zum höheren Wohl des Ganzen fungibel machen. Wer im gängigen Jargon keine fünf Sätze mehr äußern kann, ohne dass die Worte „Verflechtung", „Vernetzung", „Kooperation", „Team", „Synergie" und „Cluster" fallen, der wird dem wirkungsvollen Miteinander-Umgehen höchste Priorität beimessen. „Dieses Seminar", so heißt es bei einem Anbieter (PS-Training), „richtet sich an Führungskräfte, Projektleiter und Personen, die durch Freude und einen fröhlichen Arbeitsplatz eine Atmosphäre voller Begeisterung erleben wollen. Erfolg ist dann etwas, was folgt." So einfach ist dies.

Zunächst benötigt man die richtige *Dramaturgie der Fortbildungskrise*. Managementlehren haben nur dann Erfolg, wenn zuerst ein Defizit bewusst wird. Deshalb steht am Beginn der Propagierung des Qualifikationsbedarfs das Erfordernis, die gegenwärtige Lage als Krise oder Katastrophe begreiflich zu machen. *Das Bewusstsein der Unzulänglichkeit* wird geschürt, indem man die Anforderungen genügend hoch schraubt. Drohende Bemerkungen, dass im heutigen Wirtschaftsleben die Schnellen die Langsamen fressen und man sich somit ohnehin schon längst unter die interessanten Beute-Aspiranten eingereiht habe; geheimnisvolle Hinweise, dass längst gewöhnliches Management nicht mehr genüge, sondern eines von der „holistischen" Sorte zum Überlebenserfordernis werde; unverständliche Hinweise, dass sich heutzutage jedes Unternehmen als „autopoietisches System" verstehen müsse, wenn es nicht völlig jenseits des Wirtschaftsgeschehens verkommen will; das sind wirksame Symbole, „geborgte Symbole"[3], die ein Angstgefühl wachrufen, das sich nur durch Fortbildung – kostenintensiv – kompensieren lässt.

Die Poetik persönlichkeitsbildender Seminare liest sich – und sie ist ja beinahe austauschbar – ungefähr so: „Kommen auch Sie in Ihrem beruflichen Alltag in Beratungssituationen, in der Teamarbeit, in der Projektentwicklung immer wieder in Situationen, in denen Sie das Gefühl haben, für die aktuellen Aufgabenstellungen nicht die passenden Lösungen zur Hand zu haben?" Wer würde angesichts einer solchen Frage nicht eingestehen müssen, ein potentieller Kandidat für die Fortbildung zu sein.. „Suchen Sie nach Methoden", so wird der verunsicherte Seminaraspirant weiter gefragt, „die einen frischen Blick, eine Verschiebung der gewohnten Perspektive ermöglichen?" Die Antwort bleibt nicht aus: „Körperwissen und Intuition eröffnen hier neue Ressourcen und Wege aus (vertraut) vertrackten Situationen. Sie erschließen uns Wissen, das immer schon da ist, aber oft außerhalb unserer Aufmerksamkeit und Wahrnehmung liegt."[4] – Wie sich schon in diesen wenigen Sät-

---

3   Mit „geborgten Symbolen" meine ich (vor allem sprachliche) Versatzstücke aus den unterschiedlichsten Wissenschaftsbereichen, mit deren Hilfe einem halbgebildeten Publikum wundersame Neuheiten vorgezaubert werden.
4   Aus einem Seminarangebot der ÖSB–Unternehmensberatung in Wien, Herbst 2001.

zen zeigt, handelt es sich bei der Seminarmarketingstrategie um ein vergleichsweise einfaches Schema: Es wird ein Problem geschildert, in dem sich *jeder* wiedererkennt. Genau genommen wird jeder, der ein klein wenig unterhalb der Allmachts- und Allwissenheitsschwelle angesiedelt ist, zum trainingsbedürftigen Klienten erklärt. Es wird weiters der (üblicherweise „praxiserprobte und bewährte") Weg zum Heil geschildert, der vorzugsweise Inhalte „in lockerer Atmosphäre", ja „spielerisch" vermittelt: Körperwissen und Intuition sind es in diesem Fall – aber die Antwort lässt sich natürlich je nach Ausprägung des Seminars variieren. Die aus dem Seminar „resultierenden Impulse liefern wertvolle Kenntnisse und führen zu neuen Entwicklungsschritten. Im Interesse der optimalen Wirkung. Diese wird nicht allein kurz-, sondern vor allem auch langfristig erzielt" (Seminarprogramm der PS-Trainings-Gesellschaft) – jedenfalls so langfristig, dass keine Kausalanalyse sie je auf das Seminar zurückführen kann. Schließlich werden Ängste, Vorbehalte oder Barrieren beseitigt, und auch das ist ein generell vorfindliches Versprechen: *Jeder kann es.* Jeder hat Kräfte, von denen er nur nicht weiß. Bei jedem müssen *vorhandene*, aber *verborgene* Potentiale geweckt werden. Dann steht dem Sprung in eine neue Wirklichkeit nichts mehr im Wege.

These 4: Die Taylorisierung der Seele

In den Unternehmen hat sich, nicht zuletzt unter dem Einfluss einer geschäftstüchtigen Berater- und Schulungsklasse, die Auffassung verbreitet, dass Sozialkompetenz machbar ist und durch eine Taylorisierung der Seele erworben werden kann.

So, wie der Taylorismus mit den Körpern der Menschen umging, finden heute nur wenige Menschen etwas an einem Umgang mit der menschlichen Seele auszusetzen, der dem industriegesellschaftlichen Taylorismus (Zilian 2000) – mit seiner technokratischen Fortschrittsgläubigkeit – aufs engste verwandt ist. „Während einst Leute wie Taylor an der ideologischen Aufbereitung der Zähmung der Arbeiterklasse mitwirkten, sind es heute ganze Heerscharen von Betriebswirten und Unternehmensberatern, die der Taylorisierung der Seele die zugehörigen Deutungen voraus- oder hinterherliefern" (Zilian 2000: 76). Eine Verwissenschaftlichung der Produktion, die Nutzung von „Planung" und „Organisation" anstelle von Alltagserfahrung und Chaos, hat schon immer auf totalitäre Regime anziehend gewirkt, nun aber werden solche Elemente von einem neoliberalen Paradigma auf viel umfassendere Weise akklamiert. So wie seinerzeit körperliche Unbeholfenheit, Langsamkeit und Ungeschicklichkeit durch Systematisierung in Effizienz, Geschwindigkeit und Produktivität verwandelt wurden, so werden nunmehr psychischsozialer Dilettantismus, Tollpatschigkeit und Sozialunverträglichkeit durch entsprechende Methoden der Schulung und des Trainings in „Sozialkompetenz" (in umfassendem Sinn) verwandelt.

In der durchverwissenschaftlichten Welt sind die Residuen von Autonomie und Spontaneität unzulänglich, weil sie zu „Störelementen" werden können; denn die Maschinerie wird auf eine Weise vervollkommnet, dass neben der technischen und organisatorischen Vervollkommnung nun auch das Verhalten der Individuen, die gewissermaßen das „Restrisiko" im funktionellen Getriebe dargestellt haben, in den kontrollierten Ablauf des Geschehens eingebaut werden muss. Erst wenn auch Verhaltensregeln verinnerlicht sind, wenn auch für jede denkbare (typische) Situation eine abrufbare Verhaltensroutine besteht, kann von einer „kontrollierten Situation" gesprochen werden, die angesichts enger Kopplungen und Vernetzungen von Organisationsteilen die Gefahr beseitigt, dass Sand ins Getriebe kommt. Da es gibt in der modernen Unternehmung – mit lean management und lean production – keine Reserven und Redundanzen mehr gibt, muss alles klaglos funktionieren, auch jede einzelne Person; jeder einzelne Mitarbeiter könnte durch unkalkulierbare Aktionen das Funktionieren des Systems gefährden, und er muss deshalb einen Prozess der Verlässlichmachung durchlaufen, die individuelle Ecken und Kanten abschleift.

Damit verkehrt sich die herkömmliche Bedeutung eines „reflektierten Handelns". Es bedeutete früher Urteilsfähigkeit in Bezug auf konkrete Situationen; freie Entscheidung des Akteurs aufgrund seiner Situationsanalyse. Es bedeutet heute die Reduzierung der Entscheidung auf die Feststellung, um welche Art von Situation es sich handelt; denn nach der Definition der Situation sollen Reaktionen wachgerufen werden, die in intensiven Trainings in Fleisch und Blut übergegangen sind. Das fördert die wechselseitige Berechenbarkeit, und die Maschine gerät nicht ins Stottern.

These 5: Machbarkeitsillusionen

Es hat sich der Glaube an die Lehrbarkeit und Trainierbarkeit von social skills verbreitet, offenbar im Sinne einer nachgeholten Erziehung. Dies steht im Einklang mit einer Therapeutisierung aller Lebensbereiche in der postmodernen Gesellschaft.

Schon Helmut Schelsky hat die Interessen einer Therapeutenklasse hervorgehoben, die mittlerweile weitere Märkte in der Unternehmensberatung, im Erziehungswesen, in der Fortbildung, in einer Consulting- und Coaching-Zunft erobert hat (Schelsky 1997). Sie kultiviert das Misstrauen gegen die Lebenserfahrung, paradoxerweise gerade unter dem Titel einer angeblichen „Praxisnähe", und sie propagiert die Lehrbarkeit von Interaktions- und Sozialkompetenz und die Therapierbarkeit von Menschen, die einem Normmaß persönlichen Verhaltens nicht entsprechen. „Weck den Sieger in Dir. In sieben Schritten zu dauerhafter Selbstmotivation" (Christiani 2000) – das lässt sich hören. Manche brauchen dafür eine halbe Stunde: „Motivation – fit in 30 Minuten" (Sprenger/ Sauer 2001). Andere entfalten eine nachhaltige Perspektive: „365 x Motivation. Ihr Erfolgsprogramm für jeden Tag" (Lejeune 1999) oder „Der Napoleon Hill Jahresplan. 365 Schritte zum Lebenserfolg. Positive Action" (Hill 2000). Bemerkenswert ist in diesen Zusammenhängen die fundamentale Idee einer *beliebigen Gestaltbarkeit des „Menschenmaterials"*. Den Individuen wird suggeriert, sie könnten – wenn sie nur die richtigen Anweisungen befolgten – alles, was sie möchten. Man kann alles, was man nur will. Man muss nur ernsthaft wollen, ein paar gute Ratschläge befolgen – und die ganze Welt sieht anders aus. Karriere garantiert; wenn nicht, dann hat man freilich etwas falsch gemacht und muss noch ein paar Runden durch die Fortbildungsveranstaltungen drehen.

Die vernetzt–arbeitsteilige Spezialistenwelt braucht kompatibles Menschenmaterial, und sie richtet sich ihre Persönlichkeiten her. Es gibt den *Zwang zur konform-individualistischen Identitätskonstruktion*, zur selbstgewählten Ausgestaltung einer Identität, die den vorherrschenden Erwartungen einer durchgestylten Welt entspricht. Ist der einzelne als Manager oder Lehrer ein wenig brummig, hat er seine „social skills" zu wenig entwickelt. Ist er als Techniker ein wenig bastelverliebt und eigenbrötlerisch, ist er fällig für das Seminar über „Teamfähigkeit". *Eigenheiten sind nicht mehr Charakteristika, sondern Defizite.* Persönlichkeitszüge werden zurechtgecoacht, marktgerecht formiert. Die persönlichen Charakteristika werden zu einem brauchbaren *Marketing-Ich* zurechtgebügelt (Goffman 1973).

Konformität aber wäre nicht vermittelbar; wir leben in einer individualistischen Gesellschaft. Deshalb wird die Konformität nicht als solche, sondern unter dem Etikett der *Selbstentfaltung* empfohlen, will man nicht in den Verdacht umgestaltungsbedürftiger Devianz geraten und als potentieller Eliminationskandidat eingestuft werden. Man unterstellt dabei, dass *social skills* – von der Teamfähigkeit bis zur Führungsfähigkeit, von der Präsentationstechnik bis zur Konfliktlösung – so wie das abrufbare Wissen „vermittelt" werden können: etwa in Form eines Kurses über Teamverhalten, Zeitmanagement und all die anderen Schönheiten. Zum guten Lehrer braucht es nur ein Didaktikseminar: Erstens weiß man, wie ein guter Lehrer aussieht. Zweitens weiß man, wie man aus schlechten Lehrern an einem Wochenende gute Lehrer macht. Drittens weiß man, dass man alle Lehrer zu guten Lehrern machen kann. Das sind die verschwiegenen Prämissen der Persönlichkeitsgestalter. Mit Managern funktioniert es ganz gleich.

Die Zurechttrimmung der Persönlichkeit erfolgt auch über die Schiene der „*Lebensberatung*". Ungenügende Anpassung ist letztlich ein psychisches Problem, und die Sozialtherapeuten und Managementtrainer, die in eine gemeinsame Therapie-Priesterschaft zusammenfließen, gelten als die berufenen Persönlichkeitsadaptierungsexperten. Es geht ihnen um nichts Geringeres als *um Resozialisierung von Individuen* unter dem Gesichtspunkt *optimaler Funktionsertüchtigung*. Wenn die Therapieangebote geheimnisvolle Informationen und Techniken versprechen, also selbst ihre USP (unique selling proposition) zu gestalten suchen, zu der sie den Klienten ihrerseits verhelfen wollen, dann greift man zu Etiketten wie „Think Limbic. Die Macht des Un-

bewussten verstehen und nutzen" (Häusel 2000) oder „Gung Ho. Wie Sie jedes Team auf Höchstform bringen" (Blanchard/Bowles 2000) oder dergleichen unverständlich-interessante Etiketten.
Ziel ist sozialkompetente *Fitness*. Persönlichkeit und Leben werden nach dem Muster des Fitnessstudios wahrgenommen: Wenn man sich schon Wadenmuskeln antrainieren kann, warum nicht Führungsfähigkeit? Ergebnis einer persönlichkeitsgestaltenden Runderneuerung, so ätzen manche, ist freilich der „Bonsai-Unternehmer", der „geklonte Mitarbeiter" (Sprenger 2000: 57). Aber in einer Zeit, in der Schönheitsoperationen gang und gäbe werden, um dem Image zu entsprechen, müssen auch Persönlichkeiten „manipulierbar", also im erwünschten Sinne „herrichtbar" sein.

These 6: Bastelillusion

Wenn wir annehmen, dass die „Bastelexistenz" massenhafte Realität ist, so schließt dies auch eine individuelle Bastelverantwortlichkeit ein. Das heißt in diesem Kontext, dass dem Einzelnen angesonnen wird, sich gefälligst eine karriereträchtige Persönlichkeit zurechtzubasteln, entweder durch eigene Begabung oder durch die Inanspruchnahme therapeutischer Dienstleistungen.

Self-Design wird gelehrt. Jeder ist der Unternehmer seiner eigenen Persönlichkeit. Jeder muss sich selbst optimal verkaufen. Jeder ist seiner Seele Schmied. Der Unternehmer seiner selbst wird zum Produkt seiner selbst. Seine Einschulung in die neuen Spielregeln ist bestens gelungen, wenn er vor Selbstbewusstsein strotzt und sich selbst als „Qualitätsprodukt" anpreist: ein unglaublicher Akt der Verdinglichung und Entwürdigung seiner selbst, der nunmehr allen als Erfolgsrezept und Prestigesicherungsmethode empfohlen wird. „Image-Design" wird empfohlen und die „hohe Kunst der Selbstdarstellung" gelehrt (Märtin 2000)[5]. „Eigenlob stimmt", so verkündet ein Buchtitel und verspricht „Erfolg durch Selbst-PR" (Asgodorn 2001). Die endgültige Erfüllung – und Verdinglichung – ist erst erreicht, wenn man die „Marke ICH" marktfähig gemacht hat (Seidl/Beutelmeyer 1999). Die Metaphorik hat sich stärker vom technischen zum Marketing- und Design-Aspekt verschoben. Die alte „technische" Metaphorik ist (obwohl auch ein Entfremdungsphänomen) schon alt: wenn etwa vor dem Burn-out-Syndrom gewarnt wird,

---

5   Leseräußerungen, wie sie sich etwa in ‚amazon.de' finden, sind in Bezug auf solche Bücher zuweilen erhellend. In Bezug auf Märtins Buch äußert sich ein Leser, er sei ein wenig enttäuscht: „Es würde genügen, die 4,5seitige Übersicht der wichtigsten Überschriften am Schluss zu lesen. Eine Zusammenfassung vieler solcher Ratgeber auf nahezu 212 Seiten mit insgesamt 76 (!) Fußnoten und Verweisen auf andere Literatur zu verfassen, empfinde ich als nicht sehr lehrreich." Offenbar hat dieser Leser bereits andere Ratgeber, wohl eher von der 30-Minuten-Ratgeber-Spezies (etwa Koenig/Roth/Seiwert 2001), konsumiert, die ohne die atemberaubende und mühselige Anzahl von 76 Fussnoten für das ganze Buch ausgekommen sind.

in dem man empfiehlt, den „Energieakku immer wieder mal aufzuladen", die „Notbremse zu ziehen" oder sich die Frage zu stellen: „Was brauche ich von meinem Umfeld, um meinen Motor zu ölen?"[6] Das neuere Vokabular geht viel weiter: Die eigene Person ist in umfassender Weise als Design-Produkt zu verstehen und als Marketing-Objekt zu behandeln.

Die richtige marktgängige Identität ist zu basteln. Die Identitätsbastelei (Hitzler 1994; Hitzler 1996; Hitzler/Honer 1994) ist ja – der gegenwärtigen Lehre entsprechend – immer eine Mischung zwischen Finden und Erfinden, zwischen Selbstentfaltung und Konstruktion. Auf jeden Fall ist der Einzelne selbst schuld, wenn seine Persönlichkeit defizitär ist, seine sozialen Beziehungen sich als brüchig erweisen und seine Karriere nicht linear aufwärts verläuft. Der wichtigste Schritt auf dem Weg zur Selbstausgestaltung seiner Persönlichkeit ist natürlich die Erforschung des eigenen Innenlebens. Denn die Ratschläge, die zur produktivitätssteigernden Selbstdisziplinierung gegeben werden, versuchen, eine Konvergenz zwischen zwei völlig verschiedenen Ansätzen plausibel zu machen. Der eine Ansatz operiert mit angeblichen psychologischen Forschungsergebnissen: Es gibt Grundregeln, Grundprinzipien, Verhaltenslehren, Trainingsinhalte, mit denen sich Menschen „schulen" lassen; sie lernen dann, bestimmte Grundregeln anzuwenden, um erfolgreich im Team zu arbeiten oder in Konflikten zu bestehen. Der zweite Ansatz operiert mit Selbstentfaltungssuggestionen: Man müsse nur auf hinreichende Weise die Schätze seiner eigenen Seele und Persönlichkeit ans Licht bringen, um Engagement, Sozialkompetenz, emotionale Intelligenz und dergleichen zum Blühen zu bringen. Die unterstellte Konvergenz – man tue das letztere, das sich problemlos mit dem ersteren zusammenfüge – wird durch nichts begründet. Aber es gefällt dem Rezipienten, wenn ihm auf angeblich wissenschaftlich abgesicherte Weise verkündet wird, seine Selbstentfaltung löse zugleich seine beruflichen und betrieblichen Probleme und erhöhe auf ungeahnte Weise seine Produktivität. Er muss nur er selbst werden, sie muss nur sie selbst werden – und schon gewinnt er/sie universale Urteilsfähigkeit, unbegrenzte Kräfte, beinahe schon Allmacht. Ein beträchtlicher Teil der Fortbildung verspricht ja nichts weniger als Omnipotenz.

These 7: Aufhebung von Entfremdung

Ziel der Bemühungen ist es, die bislang praktizierte Trennung von Arbeitskraft und Person aufzuheben; der Mitarbeiter hat dem Betrieb nicht mehr nur zu geben, was des Betriebes ist, sondern alles. Damit löst sich endlich auch das Entfremdungsproblem.

In den unteren Etagen des Wirtschaftens, bei der Arbeiterschaft, hat es bislang genügt, eine äußere Verhaltensdisziplin zu erzeugen; wenn diese zudem

---
6 Formulierungen aus dem Wirtschaftsblatt vom 24. November 2001, E2.

noch mit einer stabilen Arbeitsethik verbunden war, war dies wünschenswert. Aber im Grunde waren die einschlägigen Sekundärtugenden ausreichend: Fleiß, Pünktlichkeit, Zuverlässigkeit, Ordentlichkeit. Die neue Verantwortlichkeit für die Persönlichkeitsgestaltung trifft hingegen zunächst eher die oberen Führungsetagen; das bedeutet, dass auch die Managerklasse, die bislang noch einen größeren Spielraum der Verhaltensausübung hatte, in das jeweils als effizient erachtete Normalmodell einbezogen wird. Aber die Aufforderung zur sozialkompetenten Regelanwendung „kriecht" auch bereits die Hierarchien hinunter. Es gibt Ausbildungshandbücher für Verkäuferinnen und Polizisten, für Bürokraten und Buchhalter, in denen der kompetente Umgang mit anderen in unterschiedlichen Interaktionssituationen „geregelt" wird. So wird etwa von Beratern zum täglichen „Lächeltraining" geraten, das auch vor dem Spiegel absolviert werden kann; denn griesgrämige Mitarbeiter haben keinen Erfolg.

„Eigenverantwortung", „Selbstbestimmung" – Appelle an Unselbstständige, sich wie manche Selbstständige, eben als „Ich-Unternehmer", zu gebärden; diese Appelle münden in rastlose Arbeit. Gerade die Schulungs-Gurus verbreiten quasibiographische Vom-Tellerwäscher-zum-Millionär-Mythen, die den Druck erhöhen (Jahn 2001: 12). Insgesamt hat die Identifizierung von Persönlichkeit und Beruf (Moldaschl 1997: 101) aber den Vorteil, dass Entfremdung nicht mehr eintreten kann. Entfremdung[7] würde voraussetzen, dass es eine Persönlichkeit außerhalb des Berufslebens gibt. Wenn es diese nicht mehr gibt, ist Entfremdung unmöglich geworden. Es entsteht eine einheitliche Sinngebung für die ganze Welt und das ganze Leben. Diese Sinngebung verfließt mit der Selbstinszenierung. Die Techniken haben eine Vorstellung davon, wie Menschen zu sein haben; und sie bringen den Menschen bei, sich so lange so zu inszenieren, wie es sich gehört, bis die Inszenierung mit der Persönlichkeit in eins fällt. Individualität wird dabei beschworen, in Wahrheit aber eliminiert (Sprenger 2000: 14) – alles im Dienste der beruflichen Brauchbarkeit. Der beste Mitarbeiter ist jener, der sich nicht nur im Dienst an der Sache aufzehrt, sondern der dabei auch noch glücklich ist. Der gute Mitarbeiter sagt „JA zum Stress", denn er weiß, wie er trotz Höchstleistungen „im inneren Gleichgewicht" bleibt (Stehling 2000). Das geht einfach nur über geplante und konstruierte Entfremdung, indem er die „Ressource Ich" gekonnt managt (Eberspächer 1998), also sich selbst „kommodifiziert"; aber damit ist die Entfremdung auch schon wieder aufgehoben. Es kann im Grunde keinen Zwiespalt mehr geben; und falls jemand damit Probleme hat, müssen sie durch „emotionales Selbstmanagement" beseitigt werden; dies, so wird begriffsstutzigen Selbstmanagern erläutert, sei so etwas wie eine „Akupressur für die Gefühle" (Lambrou/Pratt 2000).

---

7 Entfremdung ist hier im Sinne der herkömmlichen Entfremdung in der Arbeitswelt gemeint; natürlich wäre es möglich, daß der einzelne überhaupt von sich oder der Welt entfremdet ist.

Seelentraining

These 8: Die Kitsch-Metaphysik der Managementlehren

Die allgemeine Unübersichtlichkeit einer turbulenten Gesellschaft bringt eine Verunsicherung mit sich, die zu neuen Sicherheiten drängt. Vielleicht ist es kein Zufall, dass die neuen Leitfiguren der Beratungsszene mit durchaus religiösen Epitheta versehen werden.

Die Gefahr ist latent, dass die Einheit von Berufswelt und Privatwelt doch zusammenbricht; dann schlägt die stimmige Haltung zuerst in der Privatwelt um und wirkt destruktiv in das Unternehmen zurück: „Wenn nun jene Techniken der Selbstinszenierung, die es uns ermöglichen, in der Arbeit Rollendistanz zu beweisen und ihr unser ‚Selbst' vorzuenthalten, in die Alltagswelt überschwappen, dann entsteht jene blasierte Reflektiertheit, aus deren Perspektive alles zum Spiel wird – und alles, was man ist (und mehr noch das, was man hat), in Jetons für diverse soziale Glücksspiele transformiert wird" (Zilian 2000: 86). Aber die meisten Menschen möchten nicht zynisch sein; sie suchen Sicherheit. Das ist der Grund dafür, dass manche Fortbildungsszenarien sich in die Nähe quasireligiöser Erfahrungen begeben. Tatsächlich geht es bei entsprechenden Fortbildungsveranstaltungen ja nicht um klare, begrenzte Informationen oder umreißbare Fähigkeiten: Vielmehr geht es immer um Mensch und Welt, um Leben und Beruf – um ein Grundverhältnis zu sich und zur Wirklichkeit, das umfassend ist. Es geht im Grunde um eine Management-Metaphysik, die als sonderbares Surrogat einsickert in jene Freiräume, die eine weichende Religiosität zurückgelassen hat. Dabei haben nicht nur Aufklärung und Säkularisierung die eigentlich religiösen Gehalte vertrieben; auch die nächste Welle, mit ihrem Vertrauen in Rationalität und Technokratie, ist bereits vom Misstrauen erfasst worden. Zwischen Religiosität und Rationalität, den beiden Potentialen, an die nicht mehr geglaubt wird, tut sich eine Kluft auf, in welcher die Kitsch-Metaphysik der Managementlehren dankbar angenommen wird. Träger dieser Managementlehren, die den Illusionsbedarf der Desillusionierten decken, sind Leitfiguren, die das Schwierige auf eine einfache Formel bringen, die das Unübersichtliche in ihrem Charisma aufheben. Je degenerierter die unternehmerische Persönlichkeit ist (und das heißt manchmal auch: je ungebildeter, je rationaltechnokratischer), desto leichter ist sie zu verzaubern: Man lässt die Seminarteilnehmer barfuß über eine taunasse Wiese laufen, und schon glauben sie, den Kosmos umarmt zu haben. Man lässt sie beichtähnliche gruppendynamische Formen durchlaufen, und schon glauben sie an ihre Erlösung.

Der Charisma-Bedarf ist vielleicht so groß wie nie zuvor, und die „Stars" der Consulting-Szene liefern ihn. Tatsächlich hat die neue Klasse der „Sinnvermittler" und „Heilslehrer", wie sie Helmut Schelsky (1977) als „Priesterherrschaft der Intellektuellen" beschrieben hat, zunächst auf der anderen Seite der Szene gearbeitet: im Kampf gegen die vorherrschenden Institutionen der Gesellschaft, in der Attacke auf die Wirtschaft zumal. Diese Szene ist kleiner geworden, dafür haben die meisten sich auf die andere Seite der Barrikade geschlagen. Die Psycho-Experten haben erkannt, dass sich bei der psychischen Herrichtung der Führungsfiguren der etablierten Welt und beim Verkauf von Heilslehren an materiell potente Institutionen sehr viel mehr Geld verdienen lässt als mit der Betreuung von Gesellschaftskritikern. Auf dem breiten Fortbildungsmarkt findet sich auch eine Menge von Studienabbrechern und frischgebackenen Betriebswirtschaftsabsolventen, die den Managern mit zwanzigjähriger Erfahrung nunmehr erklären wollen, wie man einen Betrieb führt; aber es finden sich auch viele Menschen mit offenbar „unternehmerischem Geist" aus arbeitslosigkeitsgefährdeten Branchen – von Psychologie und Pädagogik bis zu Philosophie und Sportwissenschaft.

These 9: Die zurechttrainierte Persönlichkeit

Eine boomende Szene von Managementkursen, Fortbildungsseminaren und Persönlichkeits-Trainings sorgt dafür, dass den Individuen die Reste von Persönlichkeit und Spontaneität ausgetrieben werden: psychische Eigenheiten, die noch nicht „bearbeitet" sind, müssen abgeschliffen werden. Die „zurechttrainierte" Persönlichkeit soll sich im Berufsleben und im Privatleben leichter tun.

Reinhard Sprenger sagt mit Recht: „Die Kleintierzüchtung der Führung zeugt harmlose Menschen. Man träumt vom ‚Mitarbeiter nach Maß' – und produziert Mittelmaß" (Sprenger 2000: 35). Aber es ist glückliches Mittelmaß: „Der moderne Mensch ist nachdrücklichst eingeladen, am frenetischen Getriebe der Arbeitswelt teilzunehmen und dazu ein glückliches Gesicht zu machen. Wer sich diesem Diktat nicht unterordnen kann oder will, wird erbarmungslos relegiert, solange er nicht zur untersten Schicht der arbeitsweltlichen Statuskonfiguration gehört – dort unten kann jeder dreinschauen, wie er will. Alle anderen müssen die Arbeitswelt, aus der es kein Entrinnen gibt, äußerlich und innerlich akzeptieren" (Zilian 200: 94).

Dabei tun Führungskräfte unter größten Anstrengungen, was ihnen anempfohlen wird. Man versucht, mit den Mitarbeitern eine echte „Vertrauenskultur" zu gestalten, solange man sie nicht hinauswirft; man kommt aus dem „Reengineering", das ja auf Permanenz angelegt sein soll, nicht mehr heraus; man versucht, nach dem „Lernen" krampfhaft und schnell wieder zu „entlernen"; man zahlt für eine ISO-Zertifizierung, ohne dass sich im Unternehmen etwas ändert; man schwafelt über Total-Quality-Management, bis niemand mehr etwas von Qualität hören kann. Ein Rezept nach dem anderen wird probiert, im Zuge der Sehnsucht nach einer Berechenbarkeit und Planbarkeit komplexer Systeme, die es nicht geben kann, und im Zuge der Sehnsucht nach der Ausschaltung der Unberechenbarkeit von Individuen, deren Innovativität und Originalität mit derselben Inbrunst gefordert wird, mit der Maßnahmen zu ihrer Begrenzung, Einzäunung und Domestizierung ausprobiert werden. Nirgends zeigt sich wirklich ein Erfolg, aber Stress kommt auf – was alle wiederum fällig macht für das Stress-Management. Sprenger (2000: 44) lächelt über den Glauben der Unternehmen, sie könnten ihre Mitarbeiter „zum Erfolg kontrollieren". Die meisten Unternehmen seien überreguliert. Nicht zufällig bilden MBA-Programme zum „Master of Business Administration" aus (Sprenger 200: 45).

Vor wenigen Jahrzehnten haben Kritiker des kapitalistischen Systems noch die Verheißung der Befreiung vom Leistungsdruck in einer gerechteren Gesellschaft gepredigt; nunmehr wird der Leistungsdruck selbst zum Symbol der Befreiung in einer Gesellschaft, deren Gerechtigkeitsgehalt nicht mehr thematisiert wird, weil ohnehin nur noch die Erfolgreichen in den Blick geraten. Individualität ist unter diesen Bedingungen ein Systemdefizit, aber das darf man nicht sagen. Somit muss sie unter dem Titel der Selbstentfaltung in einen seminargenerierten Konformismus umgearbeitet werden. Verharmlosung und „Verhausschweinung" sind die Ergebnisse der Versuche, eine Perfektionierung des Menschen zustande zu bringen. Wer „anders" ist, ist fällig für das Training. Dieses beseitigt den Affront der Nichtangepasstheit, indem das besondere Potential des einzelnen „gehoben" und er selbst zum modellgerechten Mitarbeiter zurechtgeschnitzt wird. Personalentwicklung ist Antiindividualismus unter dem Vorwand, individuelle Potentiale zu aktivieren. Aktiviert werden Fähigkeiten, sich nach Tunlichkeit einem „Modell" anzubequemen.

Literatur

Asgodorn, S., 2001: Eigenlob stimmt. Erfolg durch Selbst-PR, München: Econ.
Blanchard, K./Bowles, S., 2000: Gung Ho. Wie Sie jedes Team auf Höchstform bringen, Reinbek: Rowohlt.
Christiani, A., 2000: Weck den Sieger in Dir. In sieben Schritten zu dauerhafter Selbstmotivation, Wiesbaden: Gabler.
Eberspächer, H., 1998: Ressource Ich. Der ökonomische Umgang mit Stress, München: Hanser.
Goffman, E., 1973: Wir alle spielen Theater. Die Selbstdarstellung im Alltag, 2. Aufl., München: Piper.
Goleman, D., 1996: Emotional Intelligence. Why It Can Matter More Than IQ, London: Bloomsbury.
Häusel, H-G., 2000: Think Limbic. Die Macht des Unbewußten verstehen und nutzen für Motivation, Marketing und Management, Freiburg i.B.: Haufe.
Hill, N., 2000: Der Napoleon Hill Jahresplan. 365 Schritte zum Lebenserfolg, Positive Action, Landsberg a.L.: mvg.
Hitzler, R., 1994: Sinnbasteln, S. 75-92 in: Mörth, I./Fröhlich, G. (Hrsg.), Das symbolische Kapital der Lebensstile, Frankfurt a. M./New York: Campus.
Hitzler, R., 1996: Die Bastel-Existenz, Psychologie heute 7: 30-35.
Hitzler, R./Honer, A., 1994: Bastelexistenz, S. 307-315 in: Beck, U./Beck-Gernsheim, E. (Hrsg.): Riskante Freiheiten, Frankfurt a.M.: Suhrkamp.
Jahn, S., 2001: Die Selfmade-Weisen, Zeit-Schritt. Magazin für modern politics 9: 10-12.
Koenig, D./Roth, S./Seiwert, L.J., 2001: 30 Minuten für optimale Selbstorganisation, Offenbach: Gabal.

Lambrou, P. / Pratt, G., 2000: Emotionales Selbstmanagement. Akupressur für die Gefühle, München: Beust.

Lejeune, E. J., 1999: 365 x Motivation. Ihr Erfolgsprogramm für jeden Tag, Landsberg a.L.: mvg.

Märtin, D., 2000: Image-Design. Die hohe Kunst der Selbstdarstellung, München: Heyne.

Moldaschl, M., 1997: Zweckrationales und reflexives Handeln. Zwei Kulturen des Managementhandelns, S. 101-121 in: Kadritzke, U. (Hrsg.), „Unternehmenskulturen" unter Druck. Neue Managementkonzepte zwischen Anspruch und Wirklichkeit, Berlin: Edition Sigma.

Nigsch, O., 1999: Was ist Sozialkompetenz? Österreichische Zeitschrift für Soziologie 24: 3-30.

Prisching, M., 1996: Die Vernichtung des Unternehmers, Wirtschaftspolitische Blätter 43: 515-524.

Robbins, A., 1998a: Das Robbins Power Prinzip. Wie Sie Ihre wahren inneren Kräfte sofort einsetzen, München: Heyne.

Robbins, A., 1998b: Grenzenlose Energie. Das Power Prinzip, München: Heyne.

Schelsky, H., 1977: Die Arbeit tun die anderen. Klassenkampf und Priesterherrschaft der Intellektuellen, München: Dt. Taschenbuch.

Seidl, C./ Beutelmeyer, W., 1999: Die Marke ICH. So entwickeln Sie ihre persönliche Erfolgsstrategie, Wien: Ueberreuter.

Sprenger, R.K., 2000: Aufstand des Individuums. Warum wir Führung komplett neu denken müssen, Frankfurt a. M./New York: Campus.

Sprenger, R.K. / Sauer, C., 2001: Motivation – fit in 30 Minuten, Offenbach: Gabal.

Stehling, W., 2000: JA zum Stress. Höchstleistungen bringen und im inneren Gleichgewicht bleiben, Frankfurt a.M./New York: Campus.

Zilian, H-G., 2000: Taylorismus der Seele, Österreichische Zeitschrift für Soziologie 25: 75-97.

Falko Blask

Karriere total? – Karriere unmöglich?

> Der Gesamt-Aspekt des Lebens ist nicht die Notlage, die Hungerlage, vielmehr der Reichtum, die Üppigkeit, selbst die absurde Verschwendung.
> *Friedrich Nietzsche: Götzen-Dämmerung*

1. Das Handlungsproblem

Welche Bettkantenlektüre ist aussagekräftiger, welche hilfreicher: „Das Recht auf Faulheit" oder „Mut zur Karriere"? Zwischen diesen beiden Möglichkeiten entfaltet sich ein Universum an Bedürfnissen von Ratsuchenden, deren gemeinsamer Glaube darin besteht, es könne einem durch das geschriebene Wort geholfen werden, etwas aus seinem Leben zu machen, von dem man nicht weiß, ob es das Richtige ist und ob die eigenen Fähigkeiten und Bedürfnisse damit überhaupt in Einklang stehen. Die Relevanz dieser Frage nährt die Existenz zweier denkbarer und scheinbar völlig unvereinbarer Antworten.

1.1 Alles oder nichts?

Die Nullhypothese zu verwerfen, scheint dabei nur auf den ersten Blick leicht. Diese Hypothese lautet: es gibt keine Karriere. Das bedeutet aber nicht, dass es kein Voranschreiten in eine bestimmte Richtung gäbe, keine Verbesserung der eigenen Einkünfte, keine Absprachen auf der Herrentoilette, kein Aufwägen von Inkompetenzen gegen persönliche Kontakte. Sondern dass die berufliche Karriere außerhalb eines vorgegebenen Rahmen des einer solchen Karriere erst Beachtung schenkenden Systems an sich irrelevant ist. Die Karriere folgt lediglich einer immanenten Logik; jenseits davon ist sie immer auch am Rande des Abgrunds zum Scheitern gebaut. Ihre Anhänger müssen das ebenso ausblenden wie die Versuchung, ihr freiwillig eine Absage zu erteilen. Wenn man daher nach den Bedingungen, Strategien und Kompetenzen fragt, die den Erfolg einer Karriere garantieren, dann gibt es zuallererst eine conditio sine qua non: Die völlige Abwesenheit, die völlige Unmöglichkeit des Gedankens, einen Ausweg, eine Fluchtmöglichkeit aus der Dynamik der Karriere zu finden. Die Nullhypothese darf daher niemals zutreffen: „Scheiß drauf, ich mache weiter und kündige nicht. Eine Kündigung wäre wie eine Aufgabe vor dem Ende eines Boxmatches. Lieber k.o. enden und den Ring auf einer Trage verlassen. (...) Wir prügeln uns um einen unbefristeten Vertrag. Und schmeißt du doch mal die Arbeit hin, kann jeden Moment auf der rettenden Insel zwischen den zugekoksten Nutten eine große weiße Kugel über den Strand gehopst kommen, die dich ins Büro zurückholen soll und dich anbrüllt: ‚Warum hast du gekündigt?'" (Beigbeder 2001: 53).

Die Maximalhypothese wirkt auf den ersten Blick genauso apodiktisch, aber konsensfähiger: Alles ist Karriere, die Karriere ist der Lebensmittelpunkt, höchstes Ziel und Kulmination all unserer Anstrengungen. Sie scheint der mächtigste Gott unserer Zeit. Denn mit der antiquierten Haltung des „Arbeitens um zu leben" kann jeder Job nur eine quälende Last sein. In Zusammenhang damit ist die Verbesserung der eigenen Fähigkeiten, Möglichkeiten und Ressourcen erstrebenswertestes Ziel. Denn die große weiße Kugel wird einen überall einholen. Wer jemals irgendeine Karriere hinter sich gebracht hat, wird daran auch weiter arbeiten. Selbst der Lebenslauf des Aussteigers ist ein geplanter Akt, der lediglich das planlos Spontane und ökonomisch Irrationale instrumentalisiert. Die Helden dieser Maximalhypothese sind Männer und Frauen, die gegen alle Widrigkeiten erreichen, was sie wollen, die Macht, Geld und Einfluss erringen und ihre Träume in die Tat umsetzen. Korrupte Manager erregen immer noch weniger Missfallen als heimliche Bewunderung ob ihrer Dreistigkeit; Menschen, die ein Garagenunternehmen zum milliardenschweren Konzern aufblasen, sind Idole – bei aller vorgebrachten Kritik.

Der Wunsch, die Karriere zum Kardinalziel aller Anstrengungen zu ernennen, steigert sich dabei ausgerechnet mit dem Reflexionsniveau und dem Bedürfnis nach Kontrolle der Wünschenden. Aus der Erkenntnis der Machtlosigkeit gegenüber globalen Entwicklungen stürzt man sich um ein Vielfaches besessener auf die Verwirklichung der persönlichen Ziele: wer schon nicht den Lauf der Welt beeinflussen kann, will wenigstens sein eigenes Schicksal in die Hand nehmen. Dass er damit die biologischen Grenzen der Existenz zum Teil sogar verengt, wenn er der Karriere alles opfert, muss dabei vollständig ausgeblendet werden. Manfred Gabriel, Unternehmensberater aus München, und kritischer Beobachter der Managementszene, beschreibt die Eigendynamik eines derart karriereorientierten Lebens folgendermaßen: „Du bist eben immer im Trott. Da denkt man nicht dran, ob man dem Tod näher kommt oder was man in der Rente macht. Es ist wie vor zehn Millionen Jahren: Ich möchte eben in meiner Peer Group der Erste sein."

1.2 Ungewissheit als Konstante

Das legt den Verdacht nahe, es ginge auch im heutigen Kampf um Laufbahnen und Jahresgehälter um dasselbe Ziel, wie schon bei den archaischen Primaten: um die Rolle des Alphamännchens, darum, die optimalen Möglichkeiten zur Fortpflanzung zu erzielen. Eine These, die tatsächlich weit verbreitet ist, obwohl gerade Insider dem widersprechen. Noch einmal Berater

Gabriel: „Es ist zwar niemals kontraproduktiv, Karriere zu machen. Wenn man aber bekloppt, hässlich und langweilig ist, kommt man bei Frauen immer noch schlechter weg, als wenn man gut aussieht, brillant rüberkommt – und eben über keine Karriere verfügt." Ein Argument, das die Maximalhypothese sogar stützt. Wenn die Außenwirkung von Karriere begrenzt ist, muss sie noch stärker in den Mittelpunkt des Lebens gerückt werden, wo sie sich dann selbst genügen kann. Für jene, die der Enttäuschung über die mangelnde Wirksamkeit von wirtschaftlichem Erfolg auf den eigenen Sexappeal, eine effektive Schlussfolgerung entgegensetzen wollen, bliebe nur die Unterordnung der Karriere unter das eigentliche Ziel ihrer Bestrebungen. Als Vorbild könnte die Hauptfigur des Philipp Roth Romans „Sabbaths Theater" dienen: „Die meisten Männer müssen das Ficken rund um die Grenzen dessen anordnen, was sie als die dringlicheren Angelegenheiten definieren: Geld, Macht, Politik, Mode und weiß der Himmel was sonst noch – Skilaufen vielleicht. Aber Sabbath hatte sein Leben vereinfacht und die anderen Angelegenheiten um das Ficken herum angeordnet" (Roth 1996: 71). Trotz ihrer verführerischen Machbarkeit eine reine Außenseiterperspektive ohne die Aussicht, sich auszubreiten.

Stattdessen besteht eine weit verbreitete innere Dynamik der beiden Extrempole bei der Beurteilung des eigenen Karrierestrebens darin, dass die Maximalhypothese im individuellen Schicksal gegen die Nullhypothese ausgespielt wird: Drohende Arbeitslosigkeit wirkt als Damoklesschwert, um einerseits den noch erfolgreich Arbeitenden zu manischem Engagement zu nötigen und andererseits bei dem am Beginn seiner Karriere Stehenden alle Hebel in Bewegung zu setzen, um nicht der Non-Karriere zum Opfer zu fallen, sich deren fataler Unmöglichkeit aussetzen zu müssen.

Dieser Umstand steigert die existenzielle Furcht vor der Ungewissheit, die viel stärker ist, als die Furcht vor der „weißen Kugel". Die Grausamkeit der Ungewissheit, die etwa der französische Philosoph Clément Rosset (1994: 61) darauf zurückführt, „daß das Sicherheitsbedürfnis der Mehrzahl der Menschen dringlich und offensichtlich unausrottbar ist", will kaum jemand tatenlos hinnehmen. Das „Nichtertragenkönnen von Ungewissheit" steigert sich dabei dadurch, dass auf die klassischen Bildungseinrichtungen wie Schule und Universität offenbar kein Verlass mehr ist. Selbst die geradezu mythische MBA-Ausbildung in den USA, die immerhin 40 Prozent der Bosse der 100 größten amerikanischen Unternehmen absolviert haben, ist in Verruf geraten. Die Wochenzeitung „Die Zeit" titulierte deren Absolventen bereits als „Versager mit Diplom". (DIE ZEIT Nr. 36, 2002, 67). Und eine Spiegel-Titelgeschichte unter der süffisanten Zeile „Jung, erfolgreich, entlassen" enttarnte gerade die üblicherweise einer vermeintlich unbeschwerten Zukunft entgegensehenden Einser-Juristen, Bankkaufleute mit Börsenparkettroutine, Wirtschaftsinformatiker, auslandserfahrenen Praktikajunkies mit doppeltem Studienabschluss und andere, die vermeintlich alles richtig gemacht haben, als Rezessionsopfer (vgl. SPIEGEL Nr. 33, 2002, 28ff.).

2. Die (Er-)Lösungsversprechen

Ein zusätzliches Instrumentarium, eine Kompetenz, die jenseits des institutionalisiert vermittelten Repertoires an Fähigkeiten liegt, scheint nötig, um das Projekt Karriere zu bewältigen. Die Ungewissheit nährt den Wunsch nach Hilfestellungen. Der seit den 80er Jahren, eigentlich seit Josef Kirschners Klassiker „Die Kunst ein Egoist zu sein", grassierende Siegeszug der erfolgsversprechenden Ratgeberliteratur, ebbt daher weder in Zeiten des Booms, noch in Zeiten der Krise ab, obwohl er nur selten mehr als schulterklopfende und gesundbeterische Selbstverständlichkeiten bereithält – und das seit seinen Ursprüngen: „Was immer sie auch in ihrem Leben verändern wollen, tun Sie es, wenn Sie es für richtig halten. Und fragen Sie nicht tausendmal, ob es den anderen gefallen könnte" (Kirschner 1978: 13).

2.1 Improve yourself!

Ein Blick auf den Markt der gedruckten Helfer vermittelt eine Fülle potenziell zu verbessernder Eigenschaften und Fähigkeiten, die geradezu beängstigend universell sind, als wäre die naive Perspektive, einfach nur seinen Job machen zu wollen, ein gefährlicher Irrtum, der mit großer Wahrscheinlichkeit die Unmöglichkeit einer einigermaßen befriedigenden Karriere bedingen muss. Das Business-Programm des Gräfe und Unzer Verlages zeigt in Auszügen, wie viel es zu wissen gibt, aber auch, an wie vielen Hürden man scheitern kann: „Job-Knigge", „Feilschen wie ein Profi", „Ich-Marketing", „Präsentieren", Zeit managen", „Arbeitszeugnisse", „Gespräche mit dem Chef", „Karriere statt Konflikte", „Zeit-Management" und „Erfolgsfaktor Smalltalk". Ob eine logische Folge intensiver Karriereplanung oder sogar relevanter Bestandteil – es ist bezeichnend, dass sich unter all diesen Mosaiksteinchen einer Aufstiegsstrategie auch ein Ratgeber zum Thema „Scheidung" findet. Mit diesem singulären Verlagsprogramm ist das Potenzial der Ratgeberliteratur aber noch keineswegs erschöpft: da sind schließlich noch an die Affekte appellierende Soft-Trainer im Stile von „Verkaufen ist wie Liebe", „So siegt man ohne zu kämpfen" oder „Chaos-Management"; die mahnende Perspektive eines „Gesundheitscheck für Führungskräfte" oder „Anti-Stress-Programms" sowie natürlich Versuche der Vermittlung elementarer bürospezifischer Grundkenntnisse: „Richtig telefonieren", „Kreativitätstechniken für Manager", „heimliche Bürogymnastik".

Das Instrumentarium, ja selbst die Terminologie der modernen Psychiatrie ist von diesem Drang zur Selbstoptimierung, um die eigene Funktionsfähigkeit unter Beweis zu stellen, überfordert. Und der Trend des Ratgebermarktes geht obendrein weg von einer durchaus lebensphilosophisch in die Breite strebenden und damit zum Teil epischen Vermittlung bestimmter Einstellungen und Kompetenzen, hin zu einer immer effektiver und schneller wirksamen Literatur der Handlungsanweisungen. Die Tipps der selbst ernannten Heilsbringer sind dabei apodiktisch: „Um wirklich ein Sieger des Alltags zu werden, müssen Sie täglich daran arbeiten, nicht nur einmal im Monat oder am Wochenende" (Schultz-Gora 2001: 156). Sie sind nur auf banale Weise scheinbar differenziert: „Macht kann zum Konstruktiven und zum Destruktiven eingesetzt werden" (Czwalina/Walker 1997: 76). Und sie geben sich mitunter prophetisch und bedrohlich zugleich: „Die Zeit ist überreif, dem Informations-Overkill das wirksame Beziehungsnetzwerk entgegenzusetzen. Und wer jetzt nicht mit der Zeit geht, tritt ab" (Kremer 2001: 179).

Wenn es doch gelegentlich um philosophischere Überlegungen geht, dann in einem eher martialischen Kontext: Die alten chinesischen Kriegslisten der Heerführer aus dem Reich der Mitte werden auf den beruflichen Überlebenskampf ebenso übertragen, wie die Ideen des Machttheoretikers Machiavelli oder die Kriegsphilosophie des preußischen Generals Clausewitz. Anhänger des japanischen Samurai Myamoto Musashi aus dem 16. Jahrhundert setzen den Manager mit alten japanischen Kriegern gleich und verfechten die Philosophie, Erfolg zu haben bedeute Kampf. Auch der Führungsstil des Hunnenkönigs Attila wird als Survival-Strategie im Dschungel des Berufslebens propagiert. Gemeinheit, Skrupellosigkeit und die Fähigkeit, die eigenen Ellbogen rücksichtslos gegen alle menschlichen Hindernisse einzusetzen, die der eigenen Karriere im Weg stehen, werden als Basisrepertoire für das berufliche Survival propagiert.

2.2 Be tricky?

Nachdem die tendenziell nahe liegenden Tipps abgegrast wurden, scheuen sich die Verlage, die ursprünglich von der Dominanz der Maximalhypothese profitieren, nicht, auch noch die Nullhypothese zu instrumentalisieren. Zum Beispiel als „etwas andere" Karrierestrategie, die scheinbar dem Leistungszwang zuwiderläuft und damit kokettiert, die wahren Zusammenhänge hinter den offiziellen Scharmützeln um Macht und Geld aufzudecken, wie die, dass etwa natürlich nicht kompetente Gespräche mit dem Chef, sondern in Wirklichkeit Old Boys Networks und andere Steigbügelvereinigungen den Karrieremotor laufen lassen. Es mache sich beispielsweise ein Karrieretyp breit, „der nur deswegen ganz oben anlangt, weil er sich und damit sein Können, sein Wissen, seine Kompetenz, sein Führungsvermögen bei weitem überschätzt" (Bauer 1997: 29). Ehrgeiz tarnt sich dabei mitunter sogar als Subversivität: „Trotzen Sie der leistungsorientierten Welt", verkündet der Autor des Buches „Karriere light", mit dem provozierenden Untertitel „Anleitung zum erfolgsgekrönten Nichtstun", und verspricht seinen Lesern nicht weniger, als ihnen Werkzeuge zu vermitteln, „um sich scheinbar zufällig eine Nische zurechtzuschnitzen, in der Sie in schöner Ineffektivität einen gut bezahlten Posten besetzen können" (Minor 1997: 20).

Dieser Ansatz kokettiert dabei mit jenen faulen Tricks, die der Karriere eher zum Erfolg verhelfen sollen, als redliches Schuften: gefälschte Lebensläufe, Mobbing, Intrigen, Seilschaftsmanagement. Einen Sonderfall stellen dabei die Champions der nachträglichen Qualifikationen: Hochstapler wie jener Postbeamte Postel, der es zum Amtsarzt brachte. Die dazu befähigenden nicht unerheblichen Kompetenzen werden aber verblüffend selten zum Thema von Karriereratgebern. Vielleicht, weil sich Nullhypothese und Maximalhypothese hier gegenseitig aufzuheben scheinen. Denn in der Hochstapelei zeigt sich einerseits die Grenze und die Illusion des Leistungsprinzips, andererseits offenbart es dessen wahren Kern: dass es nämlich nur auf einem virtuellen Konsens beruht, gegen den man gefahrlos verstoßen kann, ohne das ganze System damit in Verruf zu bringen. Es stellt sich dabei die Frage, ob sich die Erfolge einer Hochstaplerkarriere besser anfühlen, als jene, die innerhalb der akzeptierten Grenzen des Legitimen verlaufen. Hochstapelei als eingebildete Karriere – vor allem eingebildet von jenen, die ihr ein positives Feed-back entgegenbringen. Kann das funktionieren?

Diese besondere Karriere ist jedenfalls ähnlich gefährdet, ganz offensichtlich als Selbstzweck ohne tiefere Befriedigung zu enden, wie auf der anderen Seite der Karriereexzess; die Hypertelie, die ins Gegenteil umschlägt: Selbstsabotage. Die Autoren des gleichnamigen Buches – für einen Ratgeber ein erstaunlich provokanter Titel – vertreten darin eine fatale These: In der Geschichte der Sieger wimmelt es von begnadeten Genies, die den eigenen Dauertriumph offensichtlich irgendwann nicht mehr ertragen konnten. Erfolg, der einem zu leicht in den Schoß fällt, inspiriert zur Selbstzerstörung. Wer nicht genug kämpfen muss, um seine Ziele zu erreichen, beginnt plötzlich, gegen sich selbst zu arbeiten. Angst vor Erfolg, die selbst die positiven (zum Beispiel aus anderen Karriereratgebern angelernten) Eigenschaften gegen sich selbst richtet. Die Argumentation gipfelt in einer nahezu antievolutionären These: „Die Ursachen für eine Selbstbeschädigung sind in der menschlichen Entwicklung und in der kulturellen Konditionierung tief verwurzelt" (Berglas/Baumeister 1994: 200).

3. Das Motivationsdilemma

Erheblich verbreiteter als diese verbalen Metastasen der Ratgeberkultur sind deren heiligste und am meisten beanspruchte Sakramente. Eines der wichtigsten Zauberworte der Karriereplanung lautet beispielsweise ‚Motivation'. In der Hochzeit der Motivationstrainer um Gurus wie Jürgen Höller, Bodo Schäfer und Erich Lejeune tummelten sich etwa 1000 dieser Coaches auf dem Deutschen Markt. Und die Tatsache, dass rezessionsbedingt einige von ihnen zwischenzeitlich in die Insolvenz oder Bedeutungslosigkeit abgestürzt sind, täuscht nicht über eine dahinter verborgene grundsätzliche Paradoxie hinweg: warum sollte man sich denn zu etwas motivieren, das man offensichtlich aus eigenen Stücken gar nicht möchte? Darin steckt die ganze Sinnlosigkeit der Metaebene von Karriere: „ich sollte" statt „ich will". Die

Suche nach Rettung aus der Motivationskrise nimmt dabei immer ausgefallenere Züge an. Einer der erfolgreichsten Bestseller der Managementliteratur ist mit „Fish!" ausgerechnet ein Werk, das sich bei den Selbstmanagementstrategien der Verkäufer auf einem Fischmarkt bedient. Die Suche nach Vorbildern findet den Weg zurück in den Alltag; nachdem zuvor Legenden des Kapitalismus und Gründermythen als Vorbilder für Studienabgänger herhalten mussten, bedienen sich die verunsicherten Eliten neuerdings bei den Überlebensstrategien der nur Halbprivilegierten. Das haben sie auch nötig. Denn sobald die Rahmenbedingungen einer Karriere den gewohnten Rahmen verlassen, mangelt es an entscheidenden Fähigkeiten. So hat man kriminellen Managern weder auf Eliteuniversitäten noch in Motivationsseminaren beigebracht, abzuhauen, wenn es eng wird, wie die Verhaftungswelle angesichts der Bilanzfälschungsskandale in den USA des Jahres 2002 veranschaulichte. Da zeigte sich die Begrenzung der Fähigkeiten auf einen überschaubaren Horizont kalkulierbarer Probleme. Dabei wird es genau jenseits dieses Punktes erst wirklich spannend.

Der zum Mythos geratene, weil offensichtlich nur vermeintlich langweilige Ex-Verteidigungsstaatssekretär Holger Pfahls, der nach seinen Verstrickungen in einen Schmiergeldskandal in Zusammenhang mit Rüstungsgeschäften auf der Flucht ist, könnte ein Vorbild für eine neuartige Karriere unter anderen Prämissen und Idealen sein. Doch ein derartiger Paradigmenwechsel ist ebenso wenig wahrscheinlich wie ein Come-Back der Attraktivität von militärischen, subversiven, oder gar posthumen Karrieren. Auch die Karriere innerhalb einer mehr oder weniger obskuren Religionsgemeinschaft wird immer seltener als Ziel anvisiert.

Denn die Beschäftigung mit und die Optimierung von Karriere dient in den meisten Fällen letztlich dazu, von einem wie auch immer gearteten wesentlichen Kern der menschlichen Existenz abzulenken. Dort, wo das Basteln an Karriere wirkt, müssen andere Intentionen zurückgedrängt werden. Ein dissoziativer Effekt, den Henry Miller (1974: 246) besonders drastisch geschildert hat: „Wenn man immer wieder seine Impulse abwürgt, wird man am Ende zu einem phlegmatischen Holzkopf. Schließlich spuckt man einen Klumpen aus, der einen völlig ausgetrocknet zurücklässt und von dem man erst Jahre später merkt, dass er kein Schleimklumpen, sondern dein innerstes Ich war."

Neue soziale Bewegungen versuchen daher den Brückenschlag zwischen politischen und ökonomischen Zusammenhängen sowie der Subjektivität von Arbeit wieder herzustellen und betonen die globale und individuelle Bedeutung der Kontrolle über biopolitische Produktionsmittel wie Wissen, Information, Kommunikation und Affekte. „Die Tatsache allein, dass diese Produktionsmittel in der Menge selbst zu finden sind, bedeutet noch nicht, dass die Menge sie auch kontrolliert. Eher lässt das die Entfremdung davon noch niederträchtiger und verletzender erscheinen" (Hardt 2002: 413). Das geforderte Recht auf Wiederaneignung, sei daher ein Recht auf Selbstkontrolle. Die Lektüre von Ratgebern zur Karriereplanung gehört dabei aber sicher eher zu den Hindernissen, diese Selbstkontrolle im Sinne der Wiederaneignung zu erlangen. Sie entwickelt tendenziell eine fatale Eigendynamik, die der Selbstzerstörung dient und überspielt nur den Widerspruch jeglicher Motivationsliteratur, sich von einem intuitiv vielleicht unsinnigen oder sogar lebensverachtenden Ziel erst selbst überzeugen zu müssen.

Ein möglicher Endpunkt dieser Odyssee durch die Indoktrinationen der Selbstimprovisation ist dabei immer noch die zynische Resignation: „Ich empfinde keinen Hass auf die westliche Welt, höchstens tiefe Verachtung. Ich weiß nur, dass wir alle, wie wir hier sind, von Egoismus, Masochismus und Tod durchdrungen sind. Wir haben ein System geschaffen, in dem es ganz einfach unmöglich geworden ist zu leben" (Houellebecq 2002: 338). Ein denkbarer Ausweg aus dieser Unmöglichkeit: sich wieder verstärkt der eigenen Karriere zuzuwenden.

Literatur

Bauer, W. M., 1997: Nur wer sich selbst überschätzt, kann Karriere machen, Baierbrunn: Sonnenverlag.
Beigbeder, F., 2001: 39,90. Neunundreißigneunzig, Reinbek: Rowohlt.
Berglas, S./Baumeister, R. F., 1994: Selbst-Sabotage. Warum Sie selbst Ihr ärgster Feind sind, Hamburg: Ernst Kabel.
Czwalina, J./Walker, A. M., 1997, Karriere ohne Sinn? Der Manager zwischen Beruf, Macht und Familie, Frankfurt: FAZ.
Hardt, M./Negri, A., 2002: Empire. Die neue Weltordnung, Frankfurt/New York: Campus.
Houellebecq, M., 2002: Plattform, Köln: DuMont.
Kirschner, J., 1978: Die Kunst ein Egoist zu sein, München: Droemer.
Kremer, A. J., 2001: Reich durch Beziehungen, Landsberg: Moderne Industrie.
Miller, H., 1974: Sexus, Reinbek: Rowohlt.
Minor, H., 1997: Karriere light: die 7 Wege der Ineffektivität: Anleitung zum erfolgsgekrönten Nichtstun, Frankfurt a.M.: Campus.
Rosset, C., 1994: Das Prinzip Grausamkeit, Berlin: Merve.
Roth, P., 1996: Sabbaths Theater, München: Hanser.
Schultz-Gora, A., 2001: Arashi Power. Leben ohne Wenn und Aber, Freiburg: Bauer.

II. Rahmenbedingungen von Karrierepolitik

Steffen Hillmert

Karrieren und institutioneller Kontext
Fallstudien aus dem Bereich der Ausbildungsberufe

1. Berufe und Karrieren

Wie werden Karrieren ‚gemacht'? Die Frage hat zumindest zwei unterschiedliche Aspekte. Zum einen: wie stellen Individuen Karrieren, insbesondere Kontinuitäten in ihren Erwerbs- bzw. Lebensverläufen aktiv her? Zum anderen: unter welchen institutionellen bzw. ‚karrierepolitischen' Bedingungen geschieht dies? Um einer Antwort darauf systematisch näher zu kommen, werden in diesem Beitrag Erwerbskarrieren von Absolventen ausgewählter Ausbildungsberufe verglichen und vor dem Hintergrund ihrer unterschiedlich attraktiven und institutionalisierten beruflichen Handlungsfelder interpretiert.[1]

Der Geltungsbereich des Begriffs ‚Karriere' wird üblicherweise auf das Feld hochqualifizierter (oder -bezahlter) Erwerbstätigkeit bezogen, und in der Tat hängen berufliche Entwicklungsmöglichkeiten stark vom Ausbildungsniveau ab. Folgt man aber gerade Vorstellungen von Modernisierung, die tendenziell zunehmende Handlungs- und Entscheidungszwänge *für alle* konstatieren, dann sollte sich ein Analysekonzept, das nach Gestaltungsmöglichkeiten im Rahmen individueller Erwerbsverläufe fragt, auch für eher ‚unspektakuläre' Berufe als fruchtbar erweisen. Zum anderen dürfen wichtige soziale Differenzierungen nicht verloren gehen, die sowohl individuelle Merkmale als auch Unterschiede zwischen Institutionen betreffen. Zunächst einmal wird davon ausgegangen, dass es unterschiedliche Arten von Handlungsressourcen und unterschiedliche Quellen für sie gibt (z.B. Herkunftsfamilie, Bildungs- oder Erwerbssystem). Diese Ressourcen können die individuelle Karriere, die hier als (v.a. aufsteigende) Entwicklung im Erwerbssystem definiert werden soll, beeinflussen und werden oft sogar als die entscheidenden Bestimmungsgründe angesehen. Dabei sind allerdings zwei Einschränkungen zu berücksichtigen. Zum einen sind individuelle Ressourcen keine ‚Determinanten' der Karriere. Sie können, müssen aber nicht eingesetzt werden. Allein aus der Verfügbarkeit folgt noch kein bestimmtes Verhalten. Eher kann das Fehlen bestimmter Ressourcen eine Restriktion für gewünschtes Handeln darstellen. Zum anderen werden die Handlungsmöglich-

---

1 Für seine Unterstützung dabei danke ich Steffen Kröhnert, für hilfreiche Kommentare Wolfgang Lempert.

keiten auch durch institutionelle Rahmenbedingungen im Sinne bestehender Regeln definiert. Für das Verstehen von Karrierestrategien ist es also wichtig, die Institutionalisierung des relevanten Umfeldes zu berücksichtigen.

Eine gerade in Deutschland besonders wichtige Dimension der Institutionalisierung sind Merkmale des *Berufes*.[2] Das deutsche Berufssystem gilt insgesamt als vergleichsweise stark standardisiert, wobei es aber beträchtliche Unterschiede zwischen Berufen im Grad ihrer Regulierung gibt. Institutionalisierte Regelungen entlasten zunächst von individuellen Aktivitäten, sie können diese aber auch limitieren. Es kann daher vermutet werden, dass individuelle Ressourcen v.a. dann aktiviert werden, wenn eher gering institutionalisierte Karrierewege vorliegen und sich dem Einzelnen explizit das Problem einer Gestaltung des eigenen Erwerbsverlaufs stellt. Auch das Fehlen von Ressourcen dürfte sich dann besonders deutlich auswirken. Dabei ist zu berücksichtigen, dass Berufe unterschiedlich attraktiv sein können bzw. dort spezifische Auswahlkriterien gelten, so dass sie letztlich selektiv mit Personen besetzt sein können, die tendenziell über bestimmte Ressourcen (nicht) verfügen.

Ein weiterer Aspekt kommt mit dem Begriff der Karrierepolitik ins Spiel. Hierunter soll strategisches, kollektivbezogenes Handeln im Hinblick auf Erwerbsverläufe bzw. Erwerbsverlaufsmuster verstanden werden. Zunächst betrifft dies Überlegungen und Anstrengungen von Individuen zur Sicherung bzw. Verbesserung ihrer eigenen beruflichen Situation, ihres Einkommens usw., die bei einer Mehrzahl von Menschen relevant werden und so zu typischem Verhalten werden. Zu solchen Strategien können beispielsweise gehören: die Hinwendung zu stark institutionalisierten Berufen, um von deren mehr oder weniger ‚garantierten' Eigenschaften zu profitieren, oder die Abwendung von schwach institutionalisierten Berufen. ‚Karrierepolitik' verweist aber vor allem auf einen anderen Aspekt. Karriererelevante Institutionen können selbst das Objekt politischer Akteure sein, die sich durch spezifische Gestaltung dieser Institutionen Vorteile erhoffen. Auch dies gilt für Berufe, so etwa bei der Konstitution von Berufsbildern und Ausbildungsordnungen, bei denen ein ganzes Netz von Akteuren beteiligt ist (vgl. Streeck et al. 1987). Zu solchen kollektiven Strategien zählen soziale Schließungsprozesse – Restriktion des Zugangs zur Ausbildung; Monopolisierung der Ausübung von Tätigkeiten – oder der explizite Versuch, Angebot und Nachfrage für konkrete Tätigkeiten auf dem Arbeitsmarkt zu koordinieren. Verschiedene kollektive Akteure (Unternehmen, Verbände) können dabei sehr unterschiedliche Ziele verfolgen.

Die jeweilige Ausgestaltung der Institutionen hat Konsequenzen für Lebensverläufe von Individuen, und in diesem Sinne kann es sich bei der ‚Karrierepolitik' durchaus um ‚Lebenslaufpolitik' im umfassenden Sinn handeln. Gerade für das deutsche Modell des Facharbeiters als einem normativen Leitbild sind (inner)berufliche Aufstiegschancen und auch Senioritätsregeln

---

2 Zum deutschen Berufs(bildungs)system vgl. etwa Münch 1994; Deißinger 1996.

bedeutsam. In Folgenden orientiert sich die Darstellung an *Ausbildungs*berufen im dualen System. Ihr Institutionalisierungsgrad wird insbesondere bestimmt durch die Regelungsdichte der Ausbildung und die allgemeine Wahrnehmbarkeit der berufsspezifischen Qualifikation. Als idealtypische Karrieremuster, die aus einem hohen Institutionalisierungsgrad von Berufen resultieren, lassen sich annehmen: geringe berufliche Mobilität bzw. häufiger, längerfristiger Verbleib im Ausbildungsberuf, Schutz vor Arbeitslosigkeit durch den Beruf, die Möglichkeit beruflicher Aufstiege bzw. beruflicher Kontinuität für Angehörige des Berufs, andererseits aber auch die Gefahr beruflicher Abstiege für Aussteiger aus dem Beruf (sofern Zweitausbildungen unüblich sind, sogar als dauerhaftes Risiko), eher niedriges Einkommen bzw. hohe Einkommensstreuung außerhalb des Berufs. Kurz gesagt: wer im Beruf bleibt, profitiert wohl von der Institution, wer aussteigt, verliert oder steht zumindest im offenen Wettbewerb auf dem Arbeitsmarkt. Andererseits hat die Art und Weise, in der sich individuelle Erwerbskarrieren *üblicherweise* vollziehen, wiederum Rückwirkung auf die Institutionen, die diese Erwerbskarrieren strukturieren, denn aus ihnen ergeben sich typische Interessenlagen, aber auch Bedingungen der Organisierbarkeit dieser Interessen.[3]

Dieser Beitrag beschäftigt sich vorwiegend mit den individuellen Konsequenzen institutioneller Strukturen. Hierzu werden zunächst qualitativ unterschiedliche Berufsfelder identifiziert. Anschließend werden individuelle Erwerbskarrieren aus den ausgewählten Berufsgruppen vor dem Hintergrund unterschiedlich starker institutioneller Vorstrukturierung verglichen.

2. Untersuchungsdesign und Auswahl der Vergleichsgruppen

Erwerbskarrieren hängen von einer Vielzahl von Faktoren ab. Daher sollten für die Analyse zumindest einige wichtige Unterscheidungsmerkmale konstant gehalten werden. Neben inhaltlichen Überlegungen zur Institutionalisierung der Ausbildungsberufe basierte die Auswahl auf statistischen Merkmalen der Erwerbssituation in diesen Berufen.[4] Bei der Auswahl sollte zum Ausdruck kommen, dass berufliche Ausbildung zwei unterschiedliche Konsequenzen hat. Einerseits vermittelt sie Fähigkeiten für bestimmte Tätigkeiten und damit auch die Zugangsberechtigung für ganz bestimmte Karrierepfade. Andererseits hat berufliche Qualifikation auch einen generellen ‚Tauschwert' auf dem Arbeitsmarkt, d.h. sie bietet die Chance auf u.U. auch ganz anders geartete Beschäftigungen. Beide Dimensionen sollten auch theoretisch

---

3 So dürfte etwa ein handlungsfähiger Berufsverband auf eine gewisse Kontinuität in seiner Mitgliedschaft angewiesen sein.
4 Die Grundlage bildeten Daten der IAB-Beschäftigtenstichprobe, einer umfangreichen Personenstichprobe aus der Beschäftigtenstatistik (Bender et al. 1996).

unterschieden werden, da es sonst möglicherweise zu falschen Zurechnungen kommt. Zwei Indikatoren charakterisieren daher im Folgenden die Konsequenzen einer Berufsausbildung am Arbeitsmarkt:

- zum einen die Verbleibsquote, die den Anteil derjenigen darstellt, die – gemessen mit dem dreistelligen Code der Bundesanstalt für Arbeit – fünf Jahre nach Ausbildungsabschluss überhaupt noch ihren erlernten Beruf ausüben (‚berufliche Stabilität'). Dies soll als Maß dafür gelten, dass durch den Beruf definierte Beschäftigungswege bereitgestellt werden können, was wiederum zum Teil auf eine mehr oder weniger gute Koordination von Angebot und Nachfrage auf dem spezifischen Ausbildungs- und Arbeitsmarkt zurückgeführt werden kann;
- zum anderen der mittlere Anteil der Arbeitslosen an den Absolventen einer bestimmten Ausbildung während der ersten fünf Jahre nach dem Berufseinstieg. Dieser Anteil soll als Maß für das generelle Arbeitsmarktrisiko bzw. den Arbeitsmarktwert von Absolventen dieser Ausbildung dienen. Der Anteil ist somit nicht identisch mit der offiziellen Arbeitslosenquote.

Bringt man beide Kennzahlen für die am häufigsten gewählten Ausbildungsberufe in ein Koordinatensystem (Abb. 1), so fällt auf, dass auch Berufe mit ähnlich hohen oder niedrigen Arbeitslosenraten sehr verschiedene Verbleibsquoten aufweisen können und umgekehrt. Es scheint zwar einen (zu erwartenden) negativen Zusammenhang zwischen Verbleib und Arbeitslosigkeit zu geben, dieser ist jedoch offensichtlich recht schwach (r= -0,23 in der Gesamtstichprobe).

Abb. 1: Arbeitsmarktindikatoren ausgewählter Ausbildungsberufe: Abgebildet sind die zehn häufigsten Ausbildungsberufe in der Stichprobe. Datenbasis: IAB-Beschäftigtenstichprobe, 1975-1995

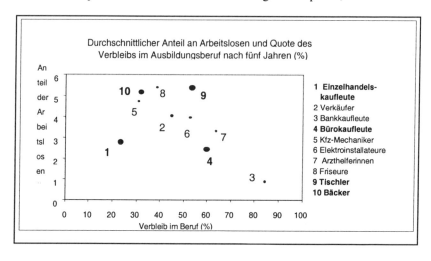

In der folgenden Untersuchung sollen daher Karrieren aus Berufen, die exemplarisch einen der vier Quadranten des gedachten Koordinatensystems repräsentieren, analysiert werden. Sie stammen aus den Berufen Tischler, Bäcker, Einzelhandelskaufleute und Bürokaufleute. Die Berufe lassen sich jeweils so paarweise anordnen, dass sie sich jeweils deutlich in einer Dimension (Arbeitsmarktwert und Stabilität) unterscheiden, während sie in der anderen recht ähnlich sind.

Eine wesentliche Ursache für die Unterschiede kann in der ungleichen Qualität der Ausbildungsgänge vermutet werden, wobei die betrieblichen Ausbildungskosten ein Maß hierfür sein können (vgl. Noll et al. 1983: 90, 92). Als besonders kostenintensiv erweist sich dabei die Ausbildung von Bürokaufleuten, die deutlich über anderen Berufsgruppen liegt. Ein Indikator für betriebliche Strategien ist hingegen eher das Verhältnis von Kosten und Erträgen während der Ausbildung. Aus betrieblicher Perspektive haben die Nettokosten Einfluss auf die Zahl der angebotenen Ausbildungsplätze und auch auf das Interesse des Betriebes an einem Verbleib der Auszubildenden, in die ja investiert wurde. In Berufen mit besonders günstigen Ausbildungen wird typischerweise über Bedarf ausgebildet (vgl. Neubäumer 1993).

Im Anschluss an die Vorauswahl werden retrospektiv erhobene Lebensverlaufsdaten zur Beschreibung individueller Erwerbsverläufe aus diesen ausgewählten Berufen herangezogen. Die Daten stammen aus der jüngsten Lebensverlaufsstudie über die Geburtskohorten 1964 und 1971 in Westdeutschland (vgl. Corsten/Hillmert 2001).[5] Sie wurden in überwiegend standardisierten, telefonischen Interviews gewonnen, die zumeist auch auf Tonband aufgezeichnet wurden. Eine bisher kaum genutzte Form der Analyse dieser Daten ist die Betrachtung ausgewählter Fälle.

Die Fallzahlen für einzelne Berufsgruppen sind relativ klein und erlauben keine komplexen quantitativen Auswertungsverfahren. Eine einfache quantitative Analyse kann aber zunächst grundlegende Strukturunterschiede zwischen den Berufsgruppen identifizieren, wobei die Karriereverläufe zunächst jeweils bis zum 27. Lebensjahr betrachtet werden.[6] Auf Basis von Einzelfallbeschreibungen kann dann eine genauere Beschreibung der internen Strukturen in den beruflich homogenen Gruppen erreicht werden. In den Lebensverlaufsdaten finden sich 38 Personen, die Tischler, und 23 Personen, die Bäcker als ersten Ausbildungsberuf erlernt haben, sowie 74 Büro- und 91 Einzelhandelskaufleute. Bäcker und Tischler sind männerdominierte Berufe (Bäcker 83%, Tischler 98%), Einzelhandelskaufleute und Bürokaufleute hingegen sind frauendominiert (Bürokauffrauen 80%, Einzelhandelskauffrauen 58%). Im nächsten Abschnitt werden die Berufsgruppen zunächst paarweise

---

5   Die Daten wurden 1998/99 im Rahmen des Projektes „Ausbildungs- und Berufsverläufe der Geburtskohorten 1964 und 1971 in Westdeutschland erhoben, das vom Max-Planck-Institut für Bildungsforschung in Kooperation mit dem Institut für Arbeitsmarkt- und Berufsforschung durchgeführt und auch durch Mittel des Europäischen Sozialfonds unterstützt wurde.
6   Die ältere Geburtskohorte 1964 wurde darüber hinaus noch sieben Jahre länger beobachtet.

verglichen, wobei die Gruppierung auf Basis des Arbeitsmarktrisikos erfolgt; bei dieser Zuordnung wird gleichzeitig mit dem Geschlechteranteil eine weitere Unterscheidungsdimension tendenziell konstant gehalten.

3. Berufsspezifische Karrieremuster und ihre Interpretation

3.1 Berufe mit höherem Arbeitsmarktrisiko: Bäcker und Tischler

Bäcker und Tischler sind klassische Handwerksberufe, für die seit den 30er Jahren fachliche Ausbildungsvorschriften existieren.[7] Bundesdeutsche Regelungen des Lehrlingswesens für Tischler stammen aus dem Jahr 1962, Änderungen erfolgten in den Jahren 1977 und 1997. Der Beruf des Bäckers ist Hinblick auf die Ausbildungsinhalte noch stabiler; das Berufsbild wurde 1958 festgelegt und die Ausbildungsordnung letztmalig im Jahr 1983 geändert. Die Modifizierungen, die beide Ausbildungsberufe in den letzten Jahrzehnten erfahren haben, waren nur moderat. Beide stellen Zusammenfassungen von früheren, differenzierteren Berufsbildern dar. Somit handelt es sich heute um Monoberufe, die nicht in Spezialisierungen, sondern mit einheitlichen Inhalten ausgebildet werden. Die Anforderungen an Bäcker oder Tischler auf dem Arbeitsmarkt können ebenfalls als relativ homogen und abgrenzbar gelten, was eine gute Transferierbarkeit der erworbenen Qualifikation in andere Betriebe, jedoch eher geringe Verwendbarkeit außerhalb des erlernten Berufes erwarten lässt. In diesem Sinne sind die Berufsbilder relativ stark institutionalisiert. Die Beschäftigtenzahl ist aber in beiden Berufen zwischen 1996 und 2001 zurückgegangen (Bäcker 5%, Tischler 11%).

Vergleicht man die Angehörigen beider Berufe hinsichtlich ihrer Entwicklung in der beruflichen Stellung (Aufstieg, Kontinuität oder Abstieg[8]), so zeigt sich folgendes Bild (vgl. Tab. 1): Bis zum Ende des Beobachtungszeitraumes sind fünf Bäcker (22%) und drei Tischler (8%) in ihrem erlernten Beruf oder in einer anderen Tätigkeit gegenüber dem Facharbeiterniveau aufgestiegen. Jeweils acht Bäcker (35%) und Tischler (21%) sind in un- und angelernte Tätigkeiten abgestiegen. 27 Tischler (71%), aber nur zehn Bäcker (43%) weisen Kontinuität in ihrer beruflichen Position als Facharbeiter auf. Somit ist die Konzentration der Karrierepfade bei den Tischlern deutlich höher als bei den Bäckern.

---

7 Zurückgegriffen wird hier insbesondere auf Angaben aus der aktuellen Berufsdatenbank der Bundesanstalt für Arbeit (http://berufenet.arbeitsamt.de).
8 Als Aufstieg werden Qualifikationen als Meister bzw. Techniker sowie Übergänge in verantwortliche oder führende Positionen bzw. in selbstständige Erwerbstätigkeit betrachtet, Kontinuität bezeichnet das Verbleiben in einer Facharbeiter- oder qualifizierten Angestelltenposition, und Abstieg bedeutet Übergang in un- oder angelernte Tätigkeiten.

Tab. 1: Karrieremerkmale bei Bäckern und Tischlern

Beruf		Berufliche Stellung			Einkommen (in DM)			N=
		N (Aufstieg)	N (Kontinuität)	N (Abstieg)	Streuung	Mittelwert	Standardabweichung	Gesamt
Bäcker	Beruf stabil	3	5	1	0,85	3500[9]	2500	9
	Beruf gewechselt	2	5	7	0,87	2700	900	14
	Gesamt	*5*	*10*	*8*	*0,97*	*3000*	*1700*	*23*
Tischler	Beruf stabil	1	18	2	0,46	2900	700	21
	Beruf gewechselt	2	9	6	0,87	2800	900	17
	Gesamt	*3*	*27*	*8*	*0,70*	*2900*	*800*	*38*

Aufstiege/Abstiege: Verglichen wird jeweils der Status der letzten Tätigkeit (im Alter 27) mit jenem am Ende der Ausbildung (qualifizierte Tätigkeit). Streuung: Normierte Entropie; Extremwerte: 0 bei Konzentration auf eine Kategorie und 1 bei Gleichverteilung. Die Maßzahlen sind jeweils auf zwei Stellen gerundet.

Unterscheidet man, ob die Personen ihre Erwerbskarriere im erlernten Beruf oder in einem anderen Beruf realisiert haben, differenziert sich das Bild weiter. Bei Bäckern, die ihren Beruf verlassen haben, herrscht der Übergang in un- und angelernte Tätigkeiten vor. Auch bei kontinuierlicher beruflicher Stellung oder Aufstieg wechseln die gelernten Bäcker fast zur Hälfte in einen anderen Beruf. Demgegenüber dominiert bei der Berufsgruppe Tischler das Muster der Kontinuität im Beruf. 18 der 27 Tischler mit kontinuierlicher beruflicher Stellung bleiben ihrem Lehrberuf treu. Dabei zeichnen sich erste Unterschiede schon gegen Ende der Ausbildung ab: Während mehr Bäcker als Tischler von ihrem Betrieb ein Übernahmeangebot erhalten (60% vs. 50%), nimmt immerhin ein Viertel der betroffenen Auszubildenden zum Bäcker dieses Angebot nicht an (Tischler 19%). Von den vier Auszubildenden zum Bäcker, die das Übernahmeangebot ablehnen, gehen drei sofort und einer später in eine andere berufliche Tätigkeit über. Wie bereits in der Auswahl der Berufsgruppe deutlich wurde, wird der Ausgangszustand des Bäckergesellen in der Mehrzahl der Fälle innerhalb weniger Jahre verlassen. Dies geschieht vorwiegend auf dem Weg des Übergangs in un- oder angelernte Tätigkeiten, jedoch durchaus auch auf dem Weg des Aufstiegs bzw. der Fortbildung im Beruf. Dagegen verharren die Tischler zumeist in der beruflichen Position des (Tischler-)Gesellen. Deutlich wird hier aber auch, dass die Verbleibsquote im Beruf unterschiedliche Gründe haben kann: zum einen die objektiv vorhandenen Beschäftigungsmöglichkeiten, zum anderen die subjektive Attraktivität des Berufs. Die Höhe der Verbleibsquote allein sagt darüber noch wenig aus.

---

9   Ein selbstständiger Bäcker gibt ein Einkommen von 10000 DM an; ohne diesen Fall ergibt sich ein Durchschnittseinkommen von 2400 DM und eine Standardabweichung von 1000 DM.

Ein weiterer Karriereindikator sind die mittleren Einkommen, die Bäcker und Tischler mit verschiedenen Karrierewegen erzielen: diejenigen, die ihren Beruf verlassen haben und un- oder angelernte Tätigkeiten (zu einem beträchtlichen Teil in der Industrie) ausüben, erzielen trotz des formalen Abstiegs vergleichbare Einkommen wie jene, die in ihrem Beruf geblieben sind. Insbesondere die Bäcker verbleiben nach dem Berufswechsel oft als angelernte Produktionsarbeiter in der Industrie – wie insgesamt das Handwerk stets ein Reservoir für industrielle Produktionskräfte dargestellt hat.

Einen Ausgangspunkt für die Interpretation der beruflichen Mobilität können zunächst die individuellen Bildungsressourcen und die Motivation bei der Wahl der Ausbildung bilden. Die Personen, die Bäcker als Erstausbildung wählen, haben im Mittel eine deutlich geringere Schulbildung als die Gruppe der Tischler: nur vier der Bäcker haben einen Schulabschluss über dem Niveau der Hauptschule (17%, dagegen 45% der Tischler). Dies könnte bedeuten, dass die Auszubildenden zum Bäcker seltener ihren Wunschberuf ergreifen können, weil sie auf dem Ausbildungsmarkt über relativ geringe Bildungsressourcen verfügen. Hierfür sprechen die Antworten auf die Frage nach Berufswünschen gegen Ende der Schulzeit: Nur elf Bäcker (46%) gaben an, dass sie Wunsch oder Interesse zu ihrem Beruf führte (Tischler: 60%). Bei den Personen, die den Beruf Bäcker ergriffen, herrschen Motive vor wie ‚überhaupt eine Lehrstelle zu bekommen' oder ‚Ersatzberuf'. Der Beruf des Tischlers gilt dagegen eher als kreativer Beruf. Motive wie ‚Spaß, mit Holz zu arbeiten' werden wiederholt genannt. Damit ist der Beruf auch für Personen mit höheren Schulabschlüssen interessant. Immerhin 12% der gelernten Tischler haben Hochschul- oder Fachhochschulreife.

Allerdings erreicht bei den Bäckern ein relativ hoher Anteil bereits bis zum 27. Lebensjahr einen beruflichen Aufstieg. Dabei verfügt auch keiner der Aufsteiger über einen höheren Schulabschluss als den Hauptschulabschluss. Allerdings war bei vier der fünf Bäcker mindestens ein Elternteil beruflich selbstständig, ein Vater war sogar selbstständiger Bäckermeister. Diese Erfahrung und damit verbundene Ressourcen oder Strategien könnte diesen Bäckern die Option der Selbstständigkeit bzw. Höherqualifikation nahegelegt haben. Handlungsressourcen kommen also offensichtlich zum Tragen, es sind allerdings nicht unbedingt selbst erworbene.

Die stilisierte Handlungssituation für ausgebildete Bäcker und Tischler stellt sich also wie folgt dar: Beide Berufe haben faktisch eine eher schlechte Arbeitsmarktposition. Für Bäcker sind (zumindest auf kürzere Sicht) durchaus Chancen für eine Weiterentwicklung im Beruf vorhanden. Dennoch ist der Verbleib im Beruf, möglicherweise auch aufgrund relativ belastender Arbeitsbedingungen, offensichtlich nicht attraktiv. Andererseits sind die vielen Aussteiger einer offenen Situation ausgesetzt, in der sie sich individuell bewähren müssen. Anders bei den Tischlern: Hier gibt es offensichtlich mehr akzeptable Möglichkeiten einer langfristigen Erwerbstätigkeit im erlernten Beruf, wenngleich dies mit einem gewissen Verzicht auf Karrieremöglichkeiten verbunden ist. Angesichts einer stärkeren inhaltlichen beruflichen Bindung bleibt der Berufswechsel als Option eher im Hintergrund.

Die folgenden Fallbeispiele illustrieren nun individuelle Verläufe und Strategien im Umgang mit diesen Situationen. Die Fallauswahl erfolgte auf Basis der quantitativen Vorauswertungen, und die Fälle entstammen zumeist der Menge der häufigsten Karrieretypen.[10]

3.1.1 Bäcker: Chancen und Risiken beim Berufswechsel

Herr Kremp[11]

Herr Kremp (Jahrgang 1964) erwirbt 1980 einen Hauptschulabschluss mit der Note 3,0. Seine Eltern besitzen beide den Volksschulabschluss, die Mutter arbeitet als Verkäuferin, der Vater als Fahrer. Herr Kremp hat einen jüngeren Bruder, der die Schule ebenfalls mit dem Hauptschulabschluss verlässt. Er selbst wäre gern Koch geworden, kann diesen Berufswunsch jedoch nicht verwirklichen, weil ‚es damals schwierig war'. Er absolviert von August 1980 bis Anfang 1984 eine Bäckerlehre (die ein halbes Jahr länger dauert als üblich), um seinem Wunschberuf noch relativ nahe zu kommen. Im Anschluss daran erhält er ein Übernahmeangebot vom Ausbildungsbetrieb und nimmt es an, da er sich zunächst nicht nach Alternativen umgesehen hat. In der Bäckerei arbeitet er 46 Stunden wöchentlich und verdient 1250 DM netto. Bereits nach neun Monaten beendet er die Tätigkeit, weil die Stelle inhaltlich nicht interessant ist. Stattdessen bewirbt er sich auf eigene Initiative hin bei einem Spanplattenhersteller und nimmt dort eine Stelle als ungelernter Produktionsarbeiter an. Er arbeitet 40 Stunden pro Woche und verdient anfangs 2100 DM. Diese Tätigkeit übt Herr Kremp auch noch zum Befragungszeitpunkt (1998) aus. Er ist verheiratet und hat keine Kinder.

Herr Simon

Herr Simon (Jahrgang 1971) wächst seit seinem zweiten Lebensjahr mit einem Stiefvater auf, der angestellter Konditor ist, die Mutter betreibt eine Gaststätte; er hat eine Schwester. Er selbst schließt die Schule mit einem Hauptschulabschluss (Note 2-3) ab. Schon während der Schulzeit hat er den Wunsch, Bäcker oder Konditor zu werden. Er geht zunächst bei einem Bäcker in die Lehre, findet aber nach einem halben Jahr eine bessere Ausbildungsstelle und wechselt den Betrieb. Neben der Lehre besucht er noch verschiedene, selbst finanzierte fachbezogene Weiterbildungskurse. Er beendet die Ausbildung als Geselle im Jahr 1989 und erhält von seinem Ausbildungsbetrieb ein unbefristetes Übernahmeangebot, das er jedoch ablehnt, weil er sich weiterbilden will; man habe als Bäcker „einen sehr geringen Bildungsstandard". Er besucht für ein Jahr eine Metallfachschule und erlernt anschließend in einer zweijährigen dualen Ausbildung den Beruf des Gas- und Wasserinstallateurs. Auch in dieser Zeit erwirbt er zusätzliche Qualifikationen wie den Schweißerbrief. Nach Ende dieser Ausbildung besucht er nebenher eine Schule, um die Fachhochschulreife zu erlangen, bricht diese jedoch nach einem Jahr ab, weil er dann ganz im Druckereibetrieb gebraucht wird,

---

10 Für Beschreibungen dieser und anderer Fälle vgl. auch Kröhnert 2001.
11 Alle Personennamen sind frei erfunden. Aus Datenschutzgründen wurden einige Details in den Fallgeschichten verändert, welche die Interpretation nicht einschränken.

den er mit seinem Stiefvater aufbaut. Knapp zwei Jahre, bis Frühjahr 1995, arbeitet er dort. Nach seinen Angaben verdient er bei hoher zeitlicher Belastung ca. 1500 DM netto und verlässt schließlich den Betrieb aufgrund von Konflikten mit dem Stiefvater. Im Frühjahr 1996 macht er sich dann mit einem Kfz-Handel selbstständig. Zum Befragungszeitpunkt ist er ohne Angestellte und verdient 4000 DM monatlich. Seit kurzem betreibt er zusätzlich einen anderen Handwerksbetrieb. Im Jahr 1997 hat Herr Simon geheiratet, er wohnt mit seiner Ehefrau und zwei Kindern zusammen. Sein Fazit: ‚Man lernt nie aus'.

Beide Verläufe sind insofern typisch für Bäcker, als der Ausbildungsberuf früh verlassen wird, obwohl es zumindest für Herrn Simon der Wunschberuf gewesen war. Beide Bäcker verlassen freiwillig den Betrieb, in dem sie ihren Beruf ausüben könnten. Während Herr Kremp unmittelbar in eine unqualifizierte Tätigkeit wechselt, orientiert sich Herr Simon beruflich um und qualifiziert sich neu. In beiden Fällen scheint die Bäckerausbildung nach kurzer Zeit keine Spuren mehr in den Karrieren hinterlassen zu haben, sondern eher als Sprungbrett gedient zu haben, das sehr unterschiedlich genutzt wurde. In beiden Fällen wird nicht von Arbeitslosigkeit berichtet, jedoch können sie vor dem Hintergrund einer generell unsicheren Arbeitsmarktsituation in diesem Beruf gesehen werden. Illustrieren lässt sich hier auch die Vielfalt individueller Karriereziele. Herr Kremp äußert sich als umfassend zufrieden mit seinem Leben, obwohl er schon seit vielen Jahren einer angelernten Tätigkeit in einem Produktionsbetrieb nachgeht. Herr Simon dagegen hat in seinem bisherigen Berufsleben immer wieder versucht, zusätzliche Qualifikationen zu erlangen. Auch der Wechsel der beruflichen Fachrichtung tut dem keinen Abbruch.

3.1.2 Tischler: Kontinuität im Beruf trotz objektiver Nachteile

Herr Christof

Herr Christof (Jahrgang 1964) besucht zunächst die Realschule, er wiederholt die 7. Klasse und wechselt dann auf die Hauptschule, die er mit der Note 2,5 abschließt. Der Vater von Herrn Christof ist Beamter im einfachen Postdienst, seine Mutter besitzt keine berufliche Ausbildung und ist Hausfrau. Herr Christof hat noch vier Geschwister, von denen drei den Realschulabschluss erreichten. Er hat bereits während der Schulzeit den Wunsch, Tischler zu werden, weil dies ‚halt ein schöner Beruf ist'. Er beendet die dreijährige Lehrzeit August 1984 und bleibt knapp ein Jahr in seinem Ausbildungsbetrieb beschäftigt. Dann ist er für einige Monate arbeitslos, leistet den Zivildienst ab und ist danach ohne Anstellung. Nach vier Monaten findet er per Inserat eine Stelle als Tischler in der gleichen Stadt. Zu Beginn verdient er monatlich 1400 DM netto. Nach fünf Jahren, im Jahr 1992, wechselt er (‚unfreiwillig') als Tischler in einen Betrieb des Fahrzeugbaus. Bereits nach zehn Monaten beendet er dieses Arbeitsverhältnis, um die Meisterschule zu besuchen. Nach der Meisterprüfung Ende 1993 wird er erneut arbeitslos. Obwohl er sich aktiv um einen Arbeitsplatz bemüht, kann er keine Stelle als angestellter Tischlermeister finden. Nach neunmonatiger Arbeitslosigkeit macht er sich Ende 1994 als Tischler selbstständig. Zunächst kann Herr Christof lediglich Aushilfskräfte beschäftigen. Er selbst gibt ein geringes Einkommen an (einige hundert Mark sowie Überbrückungsgeld vom Arbeitsamt) und lebt bei seinen Eltern. Herr Christof ist seit 1997 verheiratet, seine Frau ist Erzieherin. Das Paar hat bisher keine Kinder.

Der Fall ist insofern typisch für Tischler, als auch unter eher widrigen Bedingungen (häufige Arbeitslosigkeit) am Ausbildungsberuf festgehalten wird, der wie hier oft der Wunschberuf ist. Die Schwelle, ab der man bereit ist, den erlernten Beruf zu verlassen, ist erheblich höher als bei den Bäckern. Nicht nur Arbeitslosigkeit und Stellenwechsel werden in Kauf genommen, die Befragten mobilisieren auch familiäre Unterstützungsleistungen - vermutlich, um in ihrem Beruf tätig sein zu können. So wohnen auffallend viele, obwohl sie verheiratet sind, bei den Eltern. Auch bei Herrn Christof ist angesichts seines geringen Einkommens davon auszugehen, dass der Schritt in die Selbstständigkeit eher eine Notlösung gewesen ist, um seine beruflichen Vorstellungen irgendwie verwirklichen zu können. Berufliche Alternativen werden offenbar nicht in Betracht gezogen.

3.2 Berufe mit geringerem Arbeitsmarktrisiko: Einzelhandelskaufleute und Bürokaufleute

Aus Platzgründen wird nur relativ kurz auf die anderen zwei Berufe eingegangen. Bei den beiden kaufmännischen Berufen handelt es sich um relativ junge Ausbildungsberufe. Die Einzelhandelskaufleute erhielten erst im Jahr 1968 eine bundesweit geltende Ausbildungsordnung. Diese enthielt eine Stufenausbildung, die zunächst in zwei Jahren zum Verkäufer und dann, nach der Zwischenprüfung, in einem weiteren Ausbildungsjahr zum/zur Einzelhandelskaufmann/-frau qualifizierte. 1987 wurde die Stufenausbildung abgeschafft und ‚Kaufmann/-frau im Einzelhandel' ein eigenständiger Beruf. Im Unterschied zu den drei anderen ausgewählten Berufen ist dieser kein Monoberuf, sondern wird in verschiedenen Fachbereichen ausgebildet. Auch der Beruf Bürokaufmann/-frau wurde erst im Jahr 1962 durch Erlass anerkannt; die heute gültige Ausbildungsverordnung stammt von 1991. Hier gibt es keine verschiedenen Fachrichtungen, sondern die erlernten Ausbildungsinhalte sind weitgehend homogen. In beiden Berufen hat sich die Anzahl der sozialversicherungspflichtigen Beschäftigten in den letzten fünf Jahren leicht erhöht (2-3%). Insgesamt handelt es sich also – zumindest bei den Bürokaufleuten – um relativ attraktive, aber offensichtlich um jüngere und eher weniger institutionalisierte Berufe.

Bei den Berufskarrieren zeigt sich nur für die Bürokaufleute ein für einen Beruf mit guter Arbeitsmarktsituation und vergleichsweise guten Arbeitsbedingungen erwartbares Ergebnis: Die Anzahl der Berufswechsler ist mit 21 von 74 Personen (28%) sehr gering, und 77% der Befragten berichten Statuskontinuität bis zum 27. Lebensjahr. Der Anteil an Aufsteigern ist mit sieben

Personen (10%) eher gering, der an Absteigern ist mit fünf Personen (7%) der geringste aller vier Berufe. Die Konzentration der Karrieretypen ist also sehr hoch, und das vorherrschende Muster beruflicher Karriere ist status- und berufsbezogene Kontinuität.

Deutlich weniger kontinuierlich ist dagegen der Karriereverlauf von Einzelhandelskaufleuten: Der Anteil der ‚Wechsler' ist mit 60 von 91 Personen (66%) sehr hoch. Bemerkenswert ist, dass trotz des hohen Anteils an beruflichen Wechseln 62% der Befragten Kontinuität im beruflichen Status erreichen. Es scheint sich damit ein weiteres Muster vorherrschender beruflicher Karrieren abzuzeichnen: Neben der Kontinuität im Beruf (Tischler und Bürokaufleute) und den Abstiegen nach Wechsel (Bäcker) zeigt sich ein Muster, das man als ‚Kontinuität auch bei Wechsel' bezeichnen könnte, wobei aber deutliche Risiken bleiben.

3.2.1 Einzelhandelskaufleute: Universale Qualifikation mit Risiko

Die Fälle zeigen, dass der Abschluss als Einzelhandelskauffrau relativ gute Beschäftigungschancen eröffnet, jedoch um den Preis inhaltlicher oder finanzieller Flexibilität bzw. eher reduzierter Ansprüche. Dann allerdings sind auch Erwerbsarrangements wie etwa die Teilzeitarbeit im erlernten Beruf möglich, die in der Gesamtheit der Berufe nicht selbstverständlich sind. In den Fallgeschichten finden sich Lösungen, die die gleichzeitige Betreuung von Kindern oder auch die Kontinuität des Wohnortes ermöglichen. Insofern stehen die Erwerbsverläufe vieler gelernter Einzelhandelskaufleute für ‚Nischenerwerbstätigkeiten', die einen weitgehenden Verzicht auf berufliche Aufstiege bedeuten. Besonders für Frauen sind hier sehr gleichförmige Berufskarrieren typisch, fast immer ohne Aufwärtsmobilität und häufig auch ohne betriebliche Mobilität (Arbeitgeberwechsel). Mehr als ein Viertel der weiblichen Einzelhandelskaufleute berichten nur eine Arbeitsstelle seit dem Ausbildungsabschluss (Männer ca. 15%). Diese Beschäftigungssituation eröffnet einigen wenigen Beschäftigten (offensichtlich vor allem Männern) in diesem Beruf gute Chancen, in Abteilungs- oder Filialleiterpositionen aufzusteigen, dann allerdings über häufigere Stellenwechsel.

3.2.2 Bürokaufleute: stabile Berufsverläufe auf hohem Niveau

In den Verläufen der Bürokaufleute sind berufliche Erfolgsgeschichten überdurchschnittlich häufig zu finden, auch wenn die Ausgangsbedingungen in der Herkunftsfamilie nicht immer besonders günstig erscheinen. Die Gleichförmigkeit der Berufsverläufe ist eher noch deutlicher als bei den Einzelhandelskaufleuten: fast 30% von ihnen haben bisher nur eine einzige Erwerbstätigkeit ausgeübt (anders als bei den Einzelhandelskaufleuten ist dies bei den Männern hier fast ebenso verbreitet). Diese Kontinuität deutet zunächst weniger auf eine Aufstiegsorientierung hin. Allerdings führt die kontinuierliche Vollzeiterwerbstätigkeit hier häufig auch ohne formalen beruflichen Aufstieg zu deutlichen Einkommenszuwächsen. Die stärkere Karriereorientierung bei den Bürokauffrauen könnte sich auch darin zeigen, dass oft (zunächst) auf Kinder verzichtet wird. Nur wenig mehr als ein Drittel der befragten Bürokauffrauen geben an, Kinder zu haben. Demgegenüber haben zwei Drittel der Einzelhandelskauffrauen Familie, was die – nicht unbedingt primär, aber möglicherweise sekundär berufsbedingten – Unterschiede zwischen den Angehörigen der beiden Berufe nochmals unterstreicht.

3.3 Die Berufe im Vergleich

Viele der Entscheidungen, die in den Fallgeschichten zum Ausdruck kommen, erscheinen zunächst singulär. Bereits bei der Vorauswahl zeigen sich jedoch systematische Zusammenhänge zwischen Berufsgruppen und Karriereverläufen. In den Einzelfällen wird darüber hinaus deutlich, dass sie das Resultat von objektiven Optionen wie auch individuellen Entscheidungen sind.

Stellt man abschließend wesentliche Merkmale der vier Berufe einschließlich ihrer lebenslaufbezogenen Konsequenzen (Entwicklung der beruflichen Stellung) noch einmal gegenüber, so fällt folgendes auf: In beiden Paaren von Berufen (Kaufleute bzw. Handwerker) sind diejenigen mit relativ vielen Absteigern auch die mit relativ vielen Aufsteigern (Bäcker und Einzelhandelskaufleute); die Bürokaufleute zeigen ein besonders stabiles Muster. Gerade bei den Bäckern sind die insgesamt häufigen Abstiege auch ein Phänomen, das statistisch auf die vielen Berufsaussteiger zurückgeht. Im Vergleich von im Beruf Verbleibendenden und Wechslern zeigt sich hingegen eher das idealtypische Bild: Verbleibende haben (relativ gesehen) Aufstiegschancen, Wechsler steigen ab.

Den Einzelhandelskaufleuten, die ebenfalls häufig den Ausgangsberuf verlassen, gelingt es noch eher als den Bäckern, trotz eines Berufswechsels den Übergang in eine ungelernte Tätigkeit zu vermeiden. Die Verteilung der Karrieretypen spiegelt also nicht allein den Verbleibgrad in den Berufen wider. Die Situation in beiden kaufmännischen Berufen wird offensichtlich durch andere arbeitsmarktrelevante Faktoren bestimmt, die sich sowohl auf die beruflichen Qualifikationen (generelle Attraktivität und Transferierbarkeit) als auch die Personen (Geschlecht und allgemeine Schulbildung) beziehen: im Falle der Bürokaufleute sind die Absolventen für den Arbeitsmarkt attraktiv genug, um ohne formalen Abstieg den Beruf wechseln zu können. Generell scheint die Differenz zwischen beruflich Kontinuierlichen und Wechslern bei den Berufen mit schwierigerer Arbeitsmarktsituation ausgeprägter. Insofern kommen auch Differenzen in den individuell vorhandenen Ressourcen gerade hier zum Tragen, nicht nur bei wenig institutionalisierten Berufen. In jedem Fall bestätigt sich die Wichtigkeit beider Dimensionen, Institutionalisierung *und* Marktlage.

4. Fazit

Die hier vorgestellten Ergebnisse einer kombinierten quantitativ/qualitativen Analyse[12] können einen Ausgangspunkt für ein umfassenderes Verständnis der beruflichen Strukturierung von Lebensverläufen darstellen, wobei die Frage, ob Erwerbskarrieren nun ‚selbst gemacht' oder institutionell geprägt werden, in dieser Einfachheit wohl nicht sinnvoll zu beantworten ist. Allerdings konnten deutliche Belege für institutionelle Einflüsse im Verhältnis von beruflich Kontinuierlichen und Berufswechslern gefunden werden. Dabei handelt es sich offenbar nicht um einen einfachen Zusammenhang. Der individuelle ‚Gestaltungszwang' hängt u.a. auch ab von den quantitativen Möglichkeiten der Entwicklung im Beruf, den konkreten Arbeitsbedingungen, usw. Wichtig ist, dass dies Konsequenzen für Karriereaktivitäten innerhalb und außerhalb des betreffenden Berufes hat. Offensichtlich hat ein hoher Verbleibsgrad im Beruf einen moderierenden Einfluss auf die Varianz der Karrieren. Zentrale Bedeutung für die Erwerbskarrieren hat ferner der Arbeitsmarktwert der Qualifikationen: ist dieser hoch, wie im Falle der Kaufleute, dann ist die institutionelle Unterstützung für erfolgreiche Erwerbskarrieren offenbar weniger wichtig.

Was die Seite der Institutionalisierung betrifft, so sehen sich kollektive ‚politische' Strategien einer Situation gegenüber, in der es neben mehr oder weniger direkten Konsequenzen von Berufsmerkmalen offensichtlich auch starke Ambivalenzen für Entscheidungen gibt. So führt die qualitative Eingrenzung eines Berufsbildes zwar zu einer prägnanteren öffentlichen Wahrnehmung, aber offenbar auch zu (quantitativ) stärkerer, dem Status des Berufes eher abträglicher beruflicher Mobilität bzw. internem Wettbewerb. Breit einsetzbare Qualifikationen hingegen verbessern die Arbeitsmarktchancen der Absolventen, was diese Berufe wiederum attraktiv macht und tendenziell leistungsstärkere Bewerber anzieht.

In diesem Zusammenhang können sich stark voneinander abweichende Strategien unterschiedlicher Akteure (Staat, Verbände, Betriebe) zeigen. Dies betrifft etwa das berufsspezifische Ausmaß von Ausbildung über Bedarf, das sich nicht nur auf Koordinationsprobleme zwischen den verschiedenen Ebenen zurückführen lässt. Vielmehr sind hier wohl auch unterschiedliche Interessen im Spiel. Betriebswirtschaftlich hängt die Bereitstellung von Ausbildungsplätzen von den Nettokosten bzw. -erträgen der Auszubildenden ab, und die Ausbildung kann sich gerade auch in Zeiten allgemein knapper Ausbildungsmöglichkeiten lohnen. Anderseits steht die Ausbildung über Bedarf einem klaren Berufsbild und einer entsprechenden Interessenbündelung, wie sie berufliche Organisationen anstreben, eher entgegen, denn sie führt zu Abwanderung aus dem Ausbildungsberuf mit den hier deutlich gewordenen Konsequenzen. Von staatlicher Seite schließlich steht wiederum eher die

---

12 Für eine ausführlichere Version dieses Beitrags vgl. Hillmert 2002.

quantitativ ausreichende Versorgung mit Ausbildungsplätzen im Vordergrund. Die Ergebnisse legen es nahe, den Einfluss der Institution ‚Beruf' auf individuelle Karrieren differenzierter als bisher geschehen zu betrachten. Weitere Untersuchungen zu diesem Thema sollten sich daher einerseits auf eine weitere Generalisierbarkeit der Ergebnisse konzentrieren; sie sollten als Dimensionen den Institutionalisierungsgrad von Berufen, den Arbeitsmarktwert von Qualifikationen, quantitative Verbleibsmöglichkeiten in und qualitative Attraktivität von Berufen sowie die Ressourcenausstattung der Individuen einschließen. Im Hinblick auf individuelle Motivation stellen die Ergebnisse u.a. die Annahme einer universellen Aufstiegsorientierung in Frage. Zu einer weiteren Generalisierung gehört der Vergleich mit Höherqualifizierten, den klassischen Kandidaten für ‚Karrieren' im alltagssprachlichen Sinn. Zum anderen dürften Trends im Sinne der historischen Entwicklung interessieren. Möglicherweise können die beiden hier vorgestellten ‚moderneren', aber inhaltlich eher unscharfen Handelsberufe als Vorreiter beruflicher Institutionalisierungsformen angesehen werden. Die Offenheit von zukünftigen Berufsbildern, die durch ihre Breite die Dynamik der Arbeitsanforderungen in sich aufnehmen können (vgl. Rauner 1998)[13], kann sogar eine explizite Gestaltungsoption für die politischen Akteure darstellen, die über berufliche Inhalte entscheiden.

Literatur

Bender, S./Hilzendegen, J./Rohwer, G./Rudolph, H., 1996: Die IAB-Beschäftigtenstichprobe 1975-1990 (BeitrAB 197), Nürnberg: Institut für Arbeitsmarkt- und Berufsforschung der Bundesanstalt für Arbeit.

Corsten, M./Hillmert, S., 2001: Qualifikation, Berufseinstieg und Arbeitsmarktverhalten unter Bedingungen erhöhter Konkurrenz: Was prägt Bildungs- und Erwerbsverläufe in den achtziger und neunziger Jahren? Arbeitspapier Nr. 1 des Projekts Ausbildungs- und Berufsverläufe der Geburtskohorten 1964 und 1971 in Westdeutschland, Berlin: Max-Planck-Institut für Bildungsforschung.

Deißinger, T., 1998: Beruflichkeit als ‚organisierendes Prinzip' der deutschen Berufsausbildung, Markt Schwaben: Eusl.

Hillmert, S., 2002: Karrieren und institutioneller Kontext. Fallstudien aus dem Bereich der Ausbildungsberufe, Berlin: Max-Planck-Institut für Bildungsforschung (unveröffentlichtes Manuskript).

Kröhnert, S., 2001: Ausgewählte Berufsverläufe der Lebensverlaufsstudie 64/71, Berlin: Max-Planck-Institut für Bildungsforschung (unveröffentlichtes Manuskript).

Lempert, W., 1995: Das Märchen vom unaufhaltsamen Niedergang des ‚dualen Systems'. Zeitschrift für Berufs- und Wirtschaftspädagogik 91: 225-231.

Münch, J., 1994: Das Berufsbildungssystem in der Bundesrepublik Deutschland, Luxembourg: Amt für Veröffentlichungen der Europäischen Gemeinschaft.

---

13 Dies verlängert die ‚Lebensdauer' von Berufsbildern und ist nicht mit einer Ent-Beruflichung zu verwechseln, da gerade problematisch gewordene Spezialisierungen zurückgenommen werden (Lempert 1995: 227).

Neubäumer, R., 1993: Betriebliche Ausbildung ‚über Bedarf' - empirische Ergebnisse und ein humankapitaltheoretischer Ansatz. Jahrbuch für Sozialwissenschaft 44: 104-131.

Noll, I. et al., 1983: Nettokosten der betrieblichen Berufsausbildung. Schriften zur Berufsbildungsforschung, Bd. 63. Bundesinstitut für Berufsbildung, Berlin: Beuth.

Rauner, F., 1998: Moderne Beruflichkeit. S. 153-171 in: Euler, D. (Hrsg.), Berufliches Lernen im Wandel - Konsequenz für die Lernorte? BeitrAB 214, Nürnberg: IAB.

Streeck, W./Hilbert, J./van Kevelaer, K.-H./Maier, F./Weber, H., 1987: The role of the social partners in vocational training and further training in the Federal Republic of Germany, Luxembourg: CEDEFOP.

Gaia di Luzio

Karrieren im öffentlichen Dienst
Veränderung eines Aufstiegsmodells durch die Verwaltungsreform[*]

In den neunziger Jahren kommt in Deutschland eine Reform des öffentlichen Dienstes in Gang, die das Ziel einer grundlegenden Umgestaltung der Organisation nach Effizienzgesichtspunkten verfolgt. Der Schwerpunkt der Reformaktivitäten in Bund, Ländern und Kommunen liegt dabei auf einer Veränderung der Binnenstruktur des öffentlichen Dienstes. Im Vergleich mit anderen Ländern, in denen eine solche binnenorganisatorische Umstrukturierung mit einer weitreichenden ordnungspolitischen Umgestaltung verbunden und die gesamte Reform programmatisch angeleitet wird, nehmen sich die Reichweite von Reformplänen und das Spektrum von Reformaktivitäten in Deutschland eher begrenzt aus (vgl. Naschold 1995: 66; Clark 2000: 33-36). Die deutsche Reformbewegung folgt keinem zusammenhängenden Programm und verfolgt nur selektiv Strategien zur Einschränkung des Handlungsfelds der staatlichen und kommunalen Verwaltung durch Deregulierung, Privatisierung und den Einsatz von Wettbewerbsinstrumenten.[1] Die in Deutschland vorgenommenen Ansätze einer Neustrukturierung sind m.E. jedoch höchst bedeutsam, wenn man sie im Hinblick auf einen beruflichen Wandel betrachtet.

Im Zuge der Umgestaltung des öffentlichen Dienstes werden nämlich Strukturen des beruflichen Verlaufs verändert, die die Berufsform im Staatsdienst seit seiner Institutionalisierung ausgezeichnet haben. Kennzeichnend für die Karriere der Beamten, die in der Periode der innenpolitischen Reformen des späten 18. und frühen 19. Jahrhunderts auf eine institutionelle Basis gestellt wurde, ist die in Sequenzen gegliederte und durch fixe Aufstiegsmechanismen vorgegebene Aufwärtsmobilität. Durch normative Regelungen und Strukturen der Arbeitsorganisation wurde so ein Karrieremodell geschaffen, das an den biografischen Verlauf gekoppelt ist, genauer: an den biografischen Verlauf eines männlichen Familienernährers. Deshalb wird durch die

---

[*] Für hilfreiche Anmerkungen danke ich Bernd Wunder. Mein Dank gilt auch Stephan Lessenich für seine sorgfältige kritische Lektüre dieses Textes.

[1] Daher werden die Reformaktivitäten in Deutschland auch als eher inkrementalistisch beschrieben (vgl. Derlien 1996: 164-79; Naschold 1995: 64-66; Keller 1999: 69).

Karrierereform des Beamten schon im ausgehenden 18. und frühen 19. Jahrhundert das Modell des männlichen Familienernährers vorgezeichnet, das in der zweiten Hälfte des 20. Jahrhunderts leitend für die Organisation von Arbeitsverhältnissen wurde (vgl. Crouch 1999: 53-61; Supiot 1999: 35) und die Form der „Normalbiographie" (Osterland 1990: 351-352) in allen westeuropäischen Gesellschaften bestimmte.

Vor dem Hintergrund der jüngsten Entwicklungen in der Binnenstruktur der Verwaltung beschäftigt sich dieser Aufsatz mit den Traditionslinien des Karrieremodells im öffentlichen Dienst und arbeitet das Konzept des Beamten heraus, das den Eigenarten des beruflichen Aufstiegsmodells zugrunde liegt. Er fragt, inwiefern die Verwaltungsreform, die in der Bundesrepublik in den neunziger Jahren einsetzt, die genannten Merkmale der traditionellen beruflichen Verlaufsstruktur im öffentlichen Dienst berührt. Dabei geht es nicht nur um Folgen der Verwaltungsreform für das Karriere- und Besoldungssystem der Beamten/innen. Da im öffentlichen Dienst der Bundesrepublik die für das traditionelle Karrieremodell der Beamten grundlegenden Elemente in abgeänderter Form auf die Arbeitsverhältnisse der Angestellten und Arbeiter/innen übertragen worden sind, sind alle drei Arbeitnehmergruppen (Beamte/innen, Angestellte, Arbeiter/innen) von der Umgestaltung des Karrieremodells betroffen.

Die Argumentation wird in drei Schritten entwickelt: Um die spezifische Form des Karrieremodells im öffentlichen Dienst zu erklären, analysiere ich zunächst das Muster des beruflichen Verlaufs im öffentlichen Dienst, wie es sich mit der Institutionalisierung des Berufsbeamtentums herausgebildet hat, in seinem Entstehungskontext (1). Das Arbeitsverhältnis des Beamten wird vor dem Hintergrund des tiefgreifenden sozialstrukturellen Wandels im ausgehenden 18. und frühen 19. Jahrhundert, nämlich der Auseinanderentwicklung von Familie und Erwerbsleben und der damit verbundenen Durchsetzung eines neuen einheitlichen Modus der Geschlechterdifferenzierung, untersucht. Außerdem wird in groben Zügen dargelegt, wie sich die besondere Bedeutung des Beamtentums als beruflicher und sozialer Gruppe im späten 18. und frühen 19. Jahrhundert in dem Karriere- und Besoldungssystem der Beamten niederschlägt. Auf der Grundlage dieser knappen historisch-soziologischen Analyse werden dann die Grundzüge des Karrieremodells im öffentlichen Dienst der Bundesrepublik Deutschland herausgearbeitet, wobei wiederum der sozialstrukturelle Kontext in die Betrachtung miteinbezogen wird (2). Anschließend wird die Reformbewegung in der Bundesrepublik der neunziger Jahre charakterisiert und das Reformmodell, das den Aktivitäten zur Umgestaltung der Binnenstruktur des öffentlichen Dienstes in Deutschland zugrunde liegt, herauskristallisiert (3). Es wird gezeigt, wie das Karrieremodell durch arbeitsrechtliche Änderungen und organisatorische Umgestaltung umgeformt wird. In einem Fazit wird festgehalten, inwiefern von einem wesentlichen Wandel des Karrieremodells gesprochen werden kann und welche Bedeutung diese Entwicklung für Fragen sozialer Ungleichheit hat (4).

1. Das Karrieremodell des öffentlichen Dienstes in seinem Entstehungskontext

Das traditionelle Karrieremodell des öffentlichen Dienstes entsteht mit der Berufsform des Beamten, wie sie im Rahmen der Verwaltungsreformen im ausgehenden 18. und frühen 19. Jahrhundert auf eine institutionelle Basis gestellt wird. Diese neue Berufsform entspricht der Trennung von Beruf und Familie als separaten Institutionen, die sich im Laufe des 19. Jahrhunderts vollzieht, und, damit zusammenhängend, dem neuen Modus der Differenzierung nach Geschlecht (vgl. Frevert 1995; Honegger 1996), wonach die Erwerbstätigkeit dem Mann zugewiesen und die Frau auf die familiale Sphäre verwiesen wird (vgl. Hausen 1976: 383f.). Insbesondere die neue berufliche Verlaufsstruktur ist mit dem Auseinandertreten von Beruf und Familie eng verknüpft und weist gleichzeitig eine Affinität zur Institutionalisierung des Lebenslaufs (vgl. Kohli 1985; 1986) auf, wie sie in der Frühmoderne begonnen hat. Denn als Ablaufprogramm der beruflichen Entwicklung ist sie parallel zum biografischen Verlauf und zu einem normierten Familienzyklus konzipiert.

Zunächst setzt die berufliche Verlaufsstruktur des Beamten voraus, dass die Amtstätigkeit ununterbrochen und das gesamte Leben lang ausgeübt wird; dementsprechend gehört die Anstellung auf Lebenszeit zu den Strukturprinzipien, welche die Beamtenkarriere organisieren (Wunder 1986: 31-33). Strukturiert wird die Berufstätigkeit durch das in fixe Zeitabschnitte gegliederte Aufstiegssystem der sogenannten ‚Laufbahn'. In ihm ist das steigende Lebensalter mit einem Mechanismus der Allokation in der Hierarchie der Arbeitsorganisation gekoppelt: Der berufliche Aufstieg verläuft nämlich entlang einer Reihe festgelegter Aufstiegspositionen, die mit steigendem Einkommen verbunden sind. Dadurch, dass der Aufstieg durch Bewährungszeiten zwischen den Positionen zeitlich gestaffelt ist, bekommt das Karriere- und Besoldungssystem den Charakter eines auf Dauer angelegten Gratifikationssystems. Weil zudem die sogenannte ‚Alimentation' einen Lebensunterhalt in amtsangemessener Höhe garantieren soll und die Annahme zunehmender finanzieller Bedürfnisse des Beamten zugrunde gelegt wird, ist eine in Dienstalterstufen steigende Besoldung ein Bestandteil des Alimentationsprinzips.[2]

Diese Karrierestruktur ist an die sich in jener Zeit gerade erst im Bürgertum etablierende Normalitätsannahme von ‚Familie' (vgl. Rosenbaum 1978: 25f.; Gerhard 1981: 124) und das dazugehörige Programm des Familienzyklus gebunden. Die Garantie der Kontinuität der Erwerbstätigkeit, die geregelte Aufwärtsmobilität sowie die mit dem Dienstalter steigende Besol-

---

2 Allerdings waren die dienstalterbezogenen Zahlungen zunächst noch an Stellen gebunden. Erst seit dem letzten Jahrzehnt des neunzehnten Jahrhunderts wurden die Zahlungen nach Dienstalter in festgelegten Abständen, nämlich alle drei Jahre, erhöht (vgl. Wunder 1986: 103).

dung ermöglichen als Karrierestruktur die Loslösung von ökonomischen Sicherungen durch den Familienverband und damit die Synchronisierung mit dem separaten Programm des Familienzyklus einer Kleinfamilie. Denn die mit zunehmendem Dienstalter steigende Besoldung war auf eine standardisierte biografische Entwicklung bezogen, die Heirat und Familiengründung vorsah (vgl. Henning 1984: 22). Das Alimentationsprinzip berücksichtigt in doppelter Hinsicht die Ernährerfunktion des Beamten[3]: Erstens korrespondiert die kontinuierliche Einkommenssteigerung mit den steigenden finanziellen Bedürfnissen durch Heirat und Aufziehen von Kindern; und zweitens sind die amtsangemessene Besoldung und die nach dem sogenannten ‚Fürsorgeprinzip' organisierten Versorgungsleistungen so konzipiert, dass sie die gesamte Familie umfassen (vgl. Hausen 1976: 384 u. Fn. 63).[4]

Den Strukturprinzipien dieses Karrieremusters lag ein Konzept des Beamten zugrunde, das sich vor allem dadurch auszeichnete, dass es die Tätigkeit in einem öffentlichen Amt von der Erwerbstätigkeit in der Privatwirtschaft abgrenzte (vgl. Caplan 1988: 4f.; 1990: 166f.). Dementsprechend wich das Arbeitsverhältnis des Beamten, welches das persönliche Abhängigkeitsverhältnis vom Monarchen ablöste, als nichtvertragliches, nämlich öffentlichrechtliches Dienstverhältnis von privatrechtlichen Arbeitsverhältnissen ab. Die einzelnen Prinzipien des Karriere- und Besoldungssystems spiegelten die Annahme einer besonderen Beziehung zwischen dem Beamten und dem Staat wider; das Arbeitsverhältnis zwischen beiden Seiten war dementsprechend in Pflichtbegriffe gefasst (vgl. Hintze 1981 [1911]: 20-27; Caplan 1988: 4f.). So wurde der Beamte verpflichtet, dem Staat seine gesamte Arbeitskraft zu widmen; nicht nur er, auch seine Ehefrau hatte sich privatwirtschaftlicher Aktivitäten zu enthalten. Anders als in gewerblichen Arbeitsverhältnissen wurde die von Beamten geleistete Arbeit nicht etwa nach dem Prinzip der Gegenleistung entgolten. Vielmehr gewährte der Staat dem Beamten und seiner Familie im Gegenzug dafür, dass er sich aus allen Geschäftsbeziehungen zurückzog, durch kontinuierliche Zahlungen einen Unterhalt in ‚standesgemäßer' Höhe (Henning 1984: 21; Wunder 1986: 32f.; Caplan 1988: 4f.). Diese Alimentation sollte in Verbindung mit einer Anstellung auf Lebenszeit gewährleisten, dass die Beamten sich ganz ihrer Aufgabe widmen konnten, dem ‚Allgemeinwohl' zu dienen. In der Struktur der Beamtenkarriere schlägt sich auf diese Weise ein Komplex idealisierender Vorstellungen von der Tätigkeit in einem öffentlichen Amt und der Beamten-

---

3 Zwar mag tatsächlich das von der Frau in die Ehe eingebrachte Vermögen oder ihre sparsame Wirtschaft zum Familienunterhalt beigetragen haben. Die Ernährerrolle wächst aber ausschließlich dem Beamten zu (vgl. Hausen 1976: 384).

4 Klings historische Studie bestätigt diese Konzeption. Kling (2000: 230) hält zusammenfassend fest: „Gerade das Berufsbeamtentum war eine der exponiertesten gesellschaftlichen Gruppen, die dieses ‚Ernährermodell' zu Beginn des 19. Jahrhunderts entwickelten, denn nur in dieser kleinen Schicht entsprach es am ehesten der Realität. Seit der Jahrhundertmitte setzte sich dieses Modell bei der Einschätzung der Beamtengehälter auch für den mittleren und unteren Bereich durch. Der Beamte sollte demnach so viel verdienen, dass seine Familie den Zuverdienst von Frau und Kindern nicht benötigte."

schaft als einer sozial herausgehobenen Gruppe nieder.[5] Die öffentliche Wahrnehmung der Beamten hatte unter anderem zur Folge, dass der Beamtenstatus Frauen durchgehend und unbestritten vorenthalten blieb. Denn der genannte Vorstellungskomplex fungierte im Kontext einer allgemeinen Semantik des *natürlichen Geschlechts* (vgl. Honegger 1996) als Ausschlussmechanismus gegenüber Frauen, indem Frauen qua Geschlecht die Fähigkeit zur Repräsentation des Staates abgesprochen wurde (vgl. di Luzio 2002: 56-73).

Mit der Ausdehnung des öffentlichen Dienstes im Wohlfahrtsstaat des Kaiserreichs verliert das Berufsbeamtentum seine gesellschaftlich herausgehobene Position, und die beschriebenen Vorstellungen von besonderen Eigenschaften der Beamtenschaft, die Einfluss auf die Konzeption der Strukturprinzipien hatten, verlieren ihre allgemeine Geltung (vgl. Siegrist 1988: 25). Die Strukturprinzipien des geschilderten Karrieremodells (Anstellung auf Lebenszeit, Alimentation, Allokation von Positionen und Ressourcen nach dem Gesichtspunkt der Ancienität) bestimmen dagegen weiterhin die Form der Beamtenkarriere. In welcher Form existiert das traditionelle Karrieremodell nun aber im gesellschaftlichen Kontext der Bundesrepublik fort?

2. Das Karrieremodell im öffentlichen Dienst der Bundesrepublik Deutschland

Die Grundzüge des beschriebenen Karrieremodells charakterisieren auch in der Bundesrepublik das Karrieresystem der Statusgruppe der Beamten. Indem traditionelle Normen des öffentlich-rechtlichen Arbeitsverhältnisses unter dem rechtlichen Begriff der ‚hergebrachten Grundsätze des Berufsbeamtentums' zusammengefasst und zur Regelung des Dienstrechts in die Verfassung aufgenommen wurden,[6] wurde nicht nur die Institution des Berufsbeamtentums aufrechterhalten (vgl. Summer 1992: 1); darüber hinaus bildeten einige der ‚Grundsätze', die in der Rechtsprechung der Bundesrepublik aner-

---

[5] An anderer Stelle habe ich argumentiert, dass die gesellschaftliche Bedeutung der Beamtenschaft im frühen 19. Jahrhundert nahe legt, zur Analyse der sozialen Gruppe der Beamten das soziologische Konzept der Profession heranzuziehen (vgl. Caplan 1988: 1-13; 1990; di Luzio 2002: 27-55; McClelland 1991; Jarausch 1990; Stichweh 1994: 379-92). Dafür sprechen insbesondere die staatliche Monopolisierung der Ausbildungsstätten von Staatsdienern (humanistisches Gymnasium und Universität, vgl. Bleek 1972), ihre Eigenschaft als Teil des Bildungsbürgertums (vgl. Conze/Kocka: 1985), ihre öffentliche Wahrnehmung jenseits von Marktbeziehungen und ihre Beschreibung in Anlehnung an eine Semantik des Staates.

[6] Artikel 33 Absatz 5 Grundgesetz besagt: „Das Recht des öffentlichen Dienstes ist unter Berücksichtigung der hergebrachten Grundsätze des Berufsbeamtentums zu regeln." Durch das Bundesverfassungsgericht wurden die hergebrachten Grundsätze des Berufsbeamtentums definiert als „Kernbestand von Strukturprinzipien, die allgemein oder doch ganz überwiegend und während eines längeren Zeitraums, zumindest unter der Reichsverfassung von Weimar, als verbindlich anerkannt oder gewahrt worden sind" (zit. nach Minz/Conze 1993: 13).

kannt worden sind,[7] die Grundlage für die Organisation des Karriere- und Besoldungssystems der Beamten/innen. Dazu gehören:

- die Anstellung auf Lebenszeit;[8]
- die fachliche Vorbildung;
- das Laufbahnprinzip, das den beruflichen Aufstieg über eine Reihe festgelegter Aufstiegspositionen (Beförderungsämter) mit höherem Endgrundgehalt organisiert, beginnend mit einer Eingangsposition, die nach der formalen Qualifikation bestimmt wird;
- die Alimentation als ‚amtsangemessene' Besoldung, die in Dienstaltersstufen erhöht wird;
- das Fürsorgeprinzip, nach dem Versorgungsleistungen nicht nach einem Versicherungsprinzip organisiert sind, sondern als Konsequenz der umfassenden Fürsorge des Dienstherrn für die Beamten und ihre Familie.

Aufbauend auf diesen Prinzipien setzte sich auch in der Bundesrepublik ein Karrieremodell durch, das sich dadurch auszeichnet, dass lebenslang materielle Sicherheit gewährt wird, dass im Laufbahnsystem der Mechanismus einer fixen Allokation im Positionssystem mit dem Alterungsprozess gekoppelt ist und dass sich Versorgungsleistungen auf die Familie des Beamten/der Beamtin erstrecken. Dadurch dass eine kontinuierliche Beschäftigung bis zur Pensionierung gewährleistet und der Aufstieg durch Bewährungszeiten gegliedert ist, ist das Belohnungssystem auf eine langfristige, ununterbrochene Beschäftigung angelegt. Das hat zur Folge, dass sowohl die Beschäftigung mit reduzierter Arbeitszeit als auch Beurlaubungen zu einer Schlechterstellung im Aufstiegs- und Belohnungssystem führen. Es liegt an dieser Form des Gratifikationssystems, dass das Karrieremodell Frauen und Männer unterschiedlich behandelt: Direkt betroffen ist die Gruppe derjenigen, die ihre Arbeitszeit reduzieren oder sich beurlauben lassen, um die Betreuung ihrer Kinder und die mit Kindererziehung und Haushaltsführung verbundenen Arbeiten übernehmen zu können – aufgrund der in der Bundesrepublik nach wie

---

7 Nach dem Rechtskommentar von Jarras und Pieroth (1995: 459) wurden in der Rechtsprechung anerkannt: „Alimentationsprinzip, Amtsbezeichnung, Anwesenheitspflicht am Dienstplatz während der Dienststunden, Beschäftigung entsprechend dem Status, Disziplinarrecht, Einstellungsvereinbarungen bei leitenden Krankenhausärzten, fachliche Vorbildung, Fürsorgepflicht, Gehorsamspflicht, hauptberufliche Tätigkeit [...], Hinterbliebenenversorgung, Laufbahngrundsatz, lebenslängliche Anstellung [...], Personalentscheidungen allein durch vorgesetzte Dienstbehörden, politische Treuepflicht, unparteiische Amtsführung, Verbot des Streiks, Verschwiegenheitspflicht, Versorgung".

8 Die Anstellung auf Lebenszeit ist die Regel. Daneben sehen die heutigen Beamtengesetze Beamtenverhältnisse auf Zeit für bestimmte Aufgaben vor. Beamte/innen auf Zeit werden nur für eine festgelegte Dauer eingestellt. Von ihnen sind Beamte/innen auf Probe zu unterscheiden, die vor ihrer Anstellung auf Lebenszeit eine Probezeit absolvieren müssen, und die Beamten/innen auf Widerruf, die einen vorbereitenden Dienst leisten müssen oder nur vorübergehend verwendet werden (vgl. Aufhauser et al. 1995: 60f.).

vor vorherrschenden familialen Arbeitsteilung nach Geschlecht fast ausschließlich Frauen (vgl. Engstler 1999: 124-127).[9]

Das Karrieresystem des privatrechtlichen Beschäftigungsverhältnisses im Staatsdienst entspricht dem des öffentlich-rechtlichen Dienstverhältnisses nur in Teilen. Zwar fand in der Bundesrepublik eine Angleichung des privatrechtlichen an das öffentlich-rechtliche Arbeitsverhältnis hinsichtlich der Elemente statt, die für das Karrieremodell entscheidend sind. In bezug auf die seitdem vergleichbaren Elemente der verschiedenen Karrieresysteme von Beamten/innen und Arbeitnehmern/innen lässt sich aber nur mit Einschränkungen verallgemeinernd von *einem* Karrieremodell im öffentlichen Dienst sprechen:

Im Staatsdienst beschäftigte Angestellte und Arbeiter/innen wachsen – allerdings sehr langsam – in einen unkündbaren Status hinein; nach fünfzehnjährigem Dienst gilt ein Dauerarbeitsverhältnis. Ein Bewährungsaufstieg ist möglich, auch wenn er nicht grundsätzlich vorgesehen ist, weil Arbeitnehmer/innen in erster Linie für eine Tätigkeit eingestellt werden. Es werden lebens- und dienstalterbezogene Gehaltszuwächse und dieselben familienbezogenen Zuschläge wie für Beamte gewährt. Dabei entspricht das Arbeitsentgelt allerdings dem Gegenleistungsprinzip des privatrechtlichen Arbeitsvertrags. Versorgung ist nach dem Versicherungsprinzip organisiert und wird durch tarifliche Zusatzversorgung ergänzt (vgl. Minz/Conze 1993: 180, 182, 225). Das Karrieremodell des öffentlich-rechtlichen Dienstverhältnisses wurde im privatrechtlichen Arbeitsverhältnis in dieser wesentlich eingeschränkten Form realisiert.

3. Die Reform, das leistungsökonomische Modell und seine Umsetzung

Der Wandel des traditionellen Karrieremodells, der in den neunziger Jahren einsetzt, ist als eine Begleiterscheinung einer kompletten Neuausrichtung des öffentlichen Dienstes durch die Verwaltungsreform zu verstehen. Denn die arbeitsrechtlichen und organisatorischen Veränderungen auf Bundes-, Länder- und kommunaler Ebene sind Folge einer neuen betriebswirtschaftlichen Interpretation des Verwaltungshandelns, die an die Stelle der hergebrachten etatistischen Sicht auf den öffentlichen Dienst tritt (vgl. Wollmann 1996: 23). Die verschiedenen Reformkonzepte und -initiativen der neunziger Jahre ver-

---

9 Dementsprechend lag der Frauenanteil an allen im Teilzeitarbeitsverhältnis Beschäftigten im öffentlichen Dienst im Jahr 2000 bei 84,7 Prozent und damit ähnlich hoch wie in der Privatwirtschaft; Frauen stellten in diesem Jahr 89 Prozent der ohne Bezüge beurlaubten Beschäftigten (vgl. Statistisches Bundesamt 2001a: 19). Blossfeld und Rohwer (1997: 187) stellen für die allgemeine Erwerbstätigkeit von Frauen in Deutschland fest, dass Frauen im Kohortenvergleich die Familienbildung zunehmend mit einer Teilzeitbeschäftigung kombinieren, während die Heirat, die nicht mit der Geburt von Kindern verbunden ist, an Einfluss auf die Erwerbstätigkeit von Frauen verliert. Im Jahr 2000 waren 38,3 Prozent aller weiblichen abhängig Erwerbstätigen Teilzeitbeschäftigte (Statistisches Bundesamt 2001b: 29).

folgen als übergeordnetes Ziel eine *Ökonomisierung* des öffentlichen Dienstes. Daher sind die verschiedenen Reformansätze als eine zusammenhängende Reformbewegung zu begreifen (di Luzio 2002: 175-177).

Angestoßen wurden die Reformansätze in Deutschland durch die Bewegung, die lose mit dem Begriff ‚*New Public Management*' bezeichnet wird (vgl. z.B. Reichard 1993; Naschold 1995). Diese Bewegung verbindet verschiedene Verwaltungsdoktrinen, die sich aus allgemeinen Modellen der betriebswirtschaftlichen Managementlehre für den öffentlichen Sektor und verschiedenen theoretischen Ansätzen zur Reform der staatlichen Bürokratie[10] herleiten (vgl. Hood 1991). In Deutschland begann die Rezeption der New Public Management-Bewegung mit der Veröffentlichung eines speziell für die Kommunalverwaltung entworfenen Reformkonzepts durch das Sprachrohr der Kommunen, die *Kommunale Gemeinschaftsstelle für Verwaltungsvereinfachung* (KGSt), einem von den kommunalen Spitzenverbänden getragenen Verein (vgl. Damkowski/Precht 1998: 18f.).[11] Das ‚Neues Steuerungsmodell' genannte Reformkonzept liefert eine praktische Handlungsanleitung dafür, wie sich im Rahmen bestehender gesetzlicher Vorgaben eine Binnenmodernisierung des öffentlichen Dienstes auf kommunaler Ebene verwirklichen lässt. Es basiert hauptsächlich auf dem Organisationsmodell des sogenannten ‚Kontraktmanagements'[12] und einer dezentralen und ergebnisbezogenen Budgetierung. Indem das ‚Neue Steuerungsmodell' als Leitmodell für Reformkonzepte fungiert, nach denen die Binnenstruktur der Verwaltung auf kommunaler Ebene ebenso wie auf der Landes- und Bundesebene verändert wird, hat es eine stark vereinheitlichende Wirkung in der deutschen Reformbewegung, die sich gerade durch das Fehlen eines zentral erarbeiteten Programms auszeichnet.

Der Schwerpunkt der Reformbestrebungen in Deutschland hat bisher darauf gelegen, mikroorganisatorische Strukturen herzustellen, die ermöglichen sollen, dass der Personaleinsatz und organisatorische Faktoren leichter auf Organisationsziele reagieren und sich an sie anpassen können. Das Gros der verschiedenen Reformkonzepte, die zunächst vor allem auf der kommu-

---

10   Die Ansätze entstammen den ökonomischen Theorien des Public Choice, der Transaktionskostentheorie und der Principal-Agent-Theorie.
11   Das Reformkonzept der KGSt war wiederum in wesentlichen Teilen dem Reformkonzept der niederländischen Stadt Tilburg entlehnt, das sich an den Funktionsweisen eines privatwirtschaftlichen Konzerns orientierte (vgl. Reichard 1996: 242; Damkowski/Precht 1998: 22). Die Kommunale Gemeinschaftsstelle für Verwaltungsvereinfachung, ein von den kommunalen Spitzenverbänden getragener Verein, wurde 1949 zu dem Zweck eingerichtet, speziell auf die Aufgaben der Kommunen zugeschnittene organisatorische Ansätze zu erarbeiten und überlokale Initiativen zu koordinieren.
12   Kontraktmanagement bezeichnet dabei das Management-, Planungs- und Kontrollinstrument, das verbindliche Vereinbarungen über die zu leistende Arbeit und die dazu benötigten Mittel sowie Konsequenzen bei Abweichungen von den Zielvorgaben vorsieht. Die Vereinbarungen sollen in erster Linie zwischen Organisationseinheiten wie der Leitung und den Arbeitseinheiten getroffen werden, aber auch zwischen verschiedenen öffentlichen Organisationen oder der Leitung einer dezentralen Arbeitseinheit und den Mitarbeitern/innen (vgl. Naschold et al. 1999: 16).

Karrieren im öffentlichen Dienst

nalen Ebene, nach und nach in verschiedenen Bundesländern und erst gegen Ende der neunziger Jahre auf Bundesebene entwickelt wurden, kann in einem für die gesamte Reformbewegung in Deutschland charakteristischen Modell[13] zusammengefasst werden:

Gemeinsam ist den Reformkonzepten und -initiativen eine Abkehr vom traditionellen Organisationsmodell festgelegter und hierarchisch gestaffelter Fachkompetenzen mit einer Weisungsbefugnis von oben nach unten. Stattdessen werden der Aufbau der Organisation und ihr Funktionsmechanismus danach ausgerichtet, wie Organisationsziele und angestrebte Arbeitsergebnisse möglichst effizient erreicht werden können. Damit rückt die menschliche und materielle Ressource in den Mittelpunkt des Organisationsaufbaus und -ablaufs. Das Kernstück des propagierten Organisationsmodells besteht darin, dass diese Ressourcen möglichst zielgenau eingesetzt werden, um erwünschte Ergebnisse zu erbringen und Organisationsziele zu erreichen. Der Einsatz personeller wie organisatorischer Faktoren wird somit in Abhängigkeit jeweils neu zu definierender Ergebnisse gesetzt (vgl. das Leitmodell, KGSt 1993: 16-23; KGSt 1994: 12-14; KGSt 1995: 14f.). Eine entscheidende Bedeutung kommt der optimalen Nutzung der Personalressource durch ihren dem Ziel angepassten Einsatz zu. Prämisse ist, dass die Zielgenauigkeit des Organisationshandelns, die über den für das Ergebnis oder Ziel erforderlichen Umfang der Ressource hergestellt wird, zu einer Leistungssteigerung führt. Zusätzlich sollen Anreizstrukturen, mit denen auch Nutzenüberlegungen der Beschäftigten berücksichtigt werden (vgl. Koch 1998: 444f.; Klages 1997: 522-525), die Leistung aktivieren. Für den Aufbau der Organisation folgt aus dem neuen Organisationsprinzip, dass dezentrale Organisationseinheiten gebildet werden müssen, die alle an der Erstellung des definierten Ergebnisses Beteiligten zusammenfassen. Das setzt voraus, dass zunächst einmal die Ergebnisse definiert werden. Wesentliche Kompetenzen, wie z.B. die Verwaltung eines eigenen Budgets, werden an diese dezentralen Einheiten delegiert. Auf der Basis der genauen Definition des gewünschten Ergebnisses und der Zusammenfassung des Personals, das an seiner Erstellung beteiligt ist, kann Effizienz angestrebt werden und können Effizienzsteigerungen gemessen werden. Die Durchführung von Programmen erfolgt dabei mithilfe von Zielvereinbarungen zwischen der Leitung und der dezentralisierten Einheit, wobei die Kontrolle durch ein umfassendes Berichtswesen garantiert wird (vgl. programmatisch: Banner 1991: 8f; 1994: 6, KGSt 1994: 9f.). Schließlich sollen die so geschaffenen Strukturen marktanalog funktionieren, indem organisationsinterne Vergleiche sowie Vergleiche mit der Privatwirtschaft durchgeführt und Wettbewerbssurrogate eingeführt werden oder gegebenenfalls auch echter Wettbewerb hergestellt wird.

---

13 Dieses Modell beruht auf meiner systematischen Analyse der Reformaktivitäten in Baden-Württemberg, Bremen, Schleswig-Holstein sowie im Bund und der Reformdiskussion in einer aus höheren Verwaltungsbeamten, Verwaltungs-, Politik- und Wirtschaftswissenschaftlern zusammengesetzten regelrechten „Reformgemeinde" (Clark 2000: 34) in der Bundesrepublik (di Luzio 2002: 173-241).

Die Organisationsform, die auf diese Weise eine Leistungsökonomie herstellen soll, kann nicht ohne Auswirkungen auf die berufliche Verlaufsstruktur bleiben, weil ihr Ziel, personelle Faktoren präzise auf das gewünschte Arbeitsergebnis abzustimmen, eine erhöhte Flexibilität des Personals erfordert. Denn nicht nur soll das Personal stärker in Abhängigkeit von einem dezentral definierten Ergebnis eingesetzt werden, überdies kann das Ergebnis wegen der Berücksichtigung von Umweltfaktoren (Klienten/innen, private Unternehmen, gesellschaftliches Umfeld) veränderlich sein.

Der Umsetzung des Vorhabens, den Personaleinsatz stärker an ein dezentral definiertes und wandelbares Ergebnis zu binden, stehen jedoch Regelungen einer dauerhaften Beschäftigung in einer Position, dienstalters- und familienbezogene Entlohnungskomponenten und die Gewichtung leistungsunabhängiger Aufstiegsmechanismen im Positionssystem entgegen. Sie verhindern, Leistung in eine direktere Beziehung zu Zugangsvoraussetzungen, Beschäftigungsdauer in bestimmten Positionen, Karriereentwicklung und Bezahlung zu setzen. Die Reformaktivitäten haben sich deshalb bisher insbesondere gegen diejenigen Komponenten der Karriere- und Bezahlungssysteme gerichtet, die eine Statusveränderung ohne einen Leistungsbezug vorsehen.

Der Leistungsbezug wurde einerseits durch direkte Eingriffe in die Aufstiegs- und Bezahlungssysteme mittels arbeitsrechtlicher Regelungen zu verstärken versucht, andererseits durch die Veränderung organisatorischer Strukturen. Die arbeitsrechtlichen Anpassungen an das leistungsökonomische Programm bestanden in erster Linie in Änderungen im Laufbahn- und Besoldungssystem. Darüber hinaus wurde im Bund, in einigen Ländern und in der Kommunalverwaltung das Bezahlungssystem von Arbeitnehmern/innen durch übertarifliche Regelungen für Angestellte und Arbeiter/innen ergänzt. Durch das *Gesetz zur Reform des öffentlichen Dienstrechts* (Reformgesetz) vom Februar 1997 wurden die Bundesregierung und die Landesregierungen ermächtigt, per Verordnung Leistungsprämien (Einmalzahlungen) und befristete Leistungszulagen (widerrufbare monatliche Zahlungen) zur Belohnung besonderer Leistungen von Beamten/innen einzuführen. Im Juli 1997 erließ der Bund eine Verordnung über Leistungsprämien und -zulagen in der Bundesverwaltung (Verordnung über die Gewährung von Prämien und Zulagen 1997). Dass entsprechende Leistungsprämien und -zulagen auch an Angestellte und Arbeiter/innen der Bundesverwaltung vergeben werden konnten, wurde vom Bundesministerium des Innern im November 1997 übertariflich festgesetzt (Rundschreiben 1997). Die Mehrheit der Bundesländer hat bis zum gegenwärtigen Zeitpunkt per Verordnung die Vergabe von Leistungsprämien und/oder -zulagen an Beamte/innen ermöglicht; die übrigen Länder haben die Einführung von Leistungsprämien oder -zulagen aufgrund ihrer angespannten Haushaltslage aufgeschoben.[14] In außertariflichen Regelungen

---

14 Berlin, Hamburg, Mecklenburg-Vorpommern, das Saarland und Thüringen haben wegen des Problems der Finanzierung von Leistungsprämien und -zulagen noch keine entsprechenden Verordnungen erlassen.

Karrieren im öffentlichen Dienst 107

einzelner Länder[15] und der Vereinigung der kommunalen Arbeitgeberverbände wurde analog zu den Regelungen für Beamte/innen die Vergabe von Leistungsprämien und/oder -zulagen an Angestellte und Arbeiter/innen zugelassen (Richtlinien 1995). Selbst wenn die rechtlichen Grundlagen für Leistungsprämien und/oder -zulagen geschaffen worden waren, bestand in der Praxis jedoch nicht immer die Möglichkeit, die entsprechenden Regelungen anzuwenden, da z.T. keine Haushaltsmittel zur Verfügung gestellt wurden.

Im öffentlich-rechtlichen Arbeitsverhältnis wurde der Leistungsbezug außerdem durch Änderungen im Besoldungsrecht verstärkt, indem die Grundgehaltsstufen neu gestaffelt und Bund und Länder durch das Reformgesetz ermächtigt wurden, durch Verordnungen Regelungen zu einem leistungsbezogenen Aufstieg in den Grundgehaltsstufen zu erlassen. Der Bund und die Mehrheit der Länder haben entsprechende Leistungsstufenverordnungen erlassen.[16] Danach wird das Grundgehalt von Beamten/innen nicht mehr wie bis dato automatisch in festgelegten Abständen bis zum Erreichen des Endgrundgehalts erhöht. Der Senioritätsbezug des Besoldungssystems wurde nämlich in den Neuregelungen um einen Leistungsbezug ergänzt, indem bei dauerhaft erheblich über dem Durchschnitt liegenden Leistungen wiederholt ein schnellerer Aufstieg in die nächsthöhere Dienstaltersstufe ermöglicht werden kann. Umgekehrt kann bei Leistungen, die den Anforderungen nicht gerecht werden, der Aufstieg in die nächsthöhere Dienstaltersstufe verzögert werden.

Schließlich haben der Bund und die Mehrheit der Länder, ermächtigt durch das Reformgesetz, gesetzliche Regelungen erlassen, nach denen Führungspositionen zunächst auf Probe bzw. auf Zeit zu vergeben sind.[17] Bis zum Juni 2000 wurden insgesamt in über 2000 Fällen Führungsfunktionen auf Probe vergeben, in sehr viel weniger Fällen jedoch Führungspositionen auf Zeit (Bundesministerium des Innern 2001: Anhang).

Neben den arbeitsrechtlichen Regelungen sind vor allem auf der Ebene der Länder und Kommunen auch Organisationsstrukturen geschaffen worden, um das beschriebene Reformmodell umzusetzen.[18] Einige Bundesländer, wie z.B. Bremen und Schleswig-Holstein, haben versucht, durch einen nach Kontraktmanagement funktionierenden Organisationsablauf eine ergebnisbezogene Form der Organisation herzustellen. Auch das hat Konsequenzen für die Form des beruflichen Verlaufs im öffentlichen Dienst, da die Bedeutung

---

15 Bis zum jetzigen Zeitpunkt haben nur die Länder Brandenburg, Nordrhein-Westfalen und Sachsen derartige außertarifliche Regelungen erlassen.
16 Hier können nicht alle Fundstellen genannt werden (s. für den Bund: Verordnung über das leistungsabhängige Aufsteigen 1997). Bremen, Hamburg, Mecklenburg-Vorpommern, Niedersachsen und Sachsen-Anhalt haben bisher keine Leistungsstufenverordnung erlassen.
17 Nur Rheinland-Pfalz, Saarland und Thüringen haben zum gegenwärtigen Zeitpunkt die Vergabe von Führungspositionen auf Zeit und/oder Probe nicht gesetzlich ermöglicht.
18 Siehe die Fallstudien zur Reform der Kommunalverwaltung: Kißler et al. 1997: 51-206; zur Reform von Landesverwaltungen: di Luzio 2002: 211-236.

zeitlicher, räumlicher[19] und fachlicher Flexibilität für den Karriereverlauf steigt und durch individuelle Kontrakte zwischen Mitarbeitern/innen und Vorgesetzten Einfluss auf die berufliche Entwicklung genommen werden kann. Diese individuellen Zielvereinbarungen werden in einem Gespräch zwischen Vorgesetztem/Vorgesetzter und Mitarbeiter/in abgeschlossen und haben das Ziel, das Personal möglichst zielgenau einzusetzen, um die angestrebten Leistungsergebnisse zu erreichen. Durch die Vereinbarungen können Mitarbeiter/innen gefördert werden, indem ihnen durch ihren gezielten Einsatz die Möglichkeit zur Leistungssteigerung gegeben wird und sich ihre Leistung – sofern die neuen leistungsbezogenen Aufstiegs- und Bezahlungsregelungen angewandt werden – auf das Einkommen auswirken kann. Da aber die Anforderungen und damit auch die Möglichkeit, Leistungen zu erbringen, mit den sich wandelnden Zielen dezentraler Einheiten variieren können, wird die berufliche Entwicklung in stärkerem Maße abhängig von Bedingungen der einzelnen Organisationseinheiten.

Zusammenfassend lässt sich festhalten, dass das Karrieremodell im öffentlichen Dienst durch die Strukturveränderungen der Arbeitsbeziehungen und der Organisation neu konturiert wird. Indem der rein dienstaltersbezogene Aufstieg durch den schnelleren Aufstieg in Grundgehaltsstufen, durch Prämien und befristete Zulagen für Beamte (teilweise auch für Angestellte und Arbeiter/innen) um einen Leistungsbezug ergänzt wird, wird das Prinzip des mit steigendem Alter steigenden Einkommens teilweise zurückgenommen. Das bedeutet insgesamt, dass ein Karrieresystem, das die Länge der Dienstzeit belohnt, zumindest teilweise aufgebrochen wird. In diesem Zusammenhang sind auch die von Bund und Ländern auf der Grundlage des Reformgesetzes getroffenen Dienstrechtsänderungen zur Teilzeitbeschäftigung und Beurlaubung zu erwähnen, durch die Teilzeitbeschäftigung massiv ausgeweitet und ein langfristiger Urlaub ohne Dienstbezüge aus arbeitsmarktpolitischen Gründen in größerem Umfang bewilligt werden kann. Anders als zur Zeit der Einführung von Teilzeitbeschäftigung für Beamte/innen in den sechziger Jahren ist die Zielgruppe der neuen Regelungen nicht mehr nur die Gruppe der Frauen (s. dazu auch die Regelungen zur Altersteilzeit und zum sogenannten Sabbatjahr). Zwar ist das Ziel der Gesetzesänderungen in erster Linie die Reduktion von Personalkosten; gleichzeitig tragen sie aber auch dazu bei, dass Teilzeitbeschäftigung und Beurlaubung, auch wenn sie weiterhin als atypische Arbeitsverhältnisse zu verstehen sind, bei zunehmender Verbreitung de facto immer weniger nur Ausnahmen von der Regel der kontinuierlichen Vollzeitbeschäftigung sind. Zudem schränken beamtenrechtliche Regelungen, nach denen bestimmte Führungspositionen auf Probe bzw. auf Zeit zu vergeben sind, das Prinzip der stetigen Aufwärtsmobilität ein. In dem Maße, in dem außerdem neue Organisationsstrukturen eingeführt werden und gewünschte Leistungen an organisatorische Ziele gekoppelt werden, wird der

---

19 Siehe die gesetzliche Erleichterung der Abordnung und Versetzung von Beamten/innen auf der Grundlage des Reformgesetzes.

berufliche Verlauf stärker als zuvor in Abhängigkeit von Einsatzmöglichkeiten und Leistung gesetzt.

4. Fazit

Das leistungsökonomische Programm, nach dem die Binnenstruktur des öffentlichen Dienstes reorganisiert wird, greift den Charakter des hergebrachten Karrieremodells im öffentlichen Dienst an. Indem die Komponenten der Aufstiegs- und Bezahlungssysteme, die eine stetige Aufwärtsmobilität garantieren und Einkommenssteigerungen ohne Leistungsbezug vorsehen, durch die Einführung leistungsbezogener Elemente abgeändert werden, werden die wesentlichen Merkmale des traditionellen Karrieremodells im öffentlichen Dienst verändert. Weil damit die Grundzüge eines Karrieresystems getroffen werden, das eine lang andauernde und kontinuierliche Beschäftigung belohnt und deshalb im Kontext einer allgemeinen familialen Arbeitsteilung zwischen Frauen und Männern geschlechterdifferenzierend wirkt, wird durch die skizzierten Veränderungen die Ausrichtung am männlichen Familienernährermodell in Teilen aufgehoben.

An die Stelle eines Karrieremodells, das ein einheitliches Aufstiegsmuster vorgibt, tritt ein Modell, in dem die berufliche Entwicklung stärker von konkreten Arbeitsanforderungen und Einsatzmöglichkeiten abhängt. Wegen des Ergebnisbezugs von Organisationsstrukturen, wie sie in einigen Bundesländern und Kommunen bereits eingeführt worden sind, sind diese Anforderungen und Einsatzmöglichkeiten je nach Organisationseinheit unterschiedlich und wechseln mit den sich wandelnden Organisationszielen. Dabei steigen mit den neuen Organisationsstrukturen nicht nur allgemein die Anforderungen an zeitliche Flexibilität, Mobilität und fachliche Neuorientierung der Beschäftigten, sondern die zeitliche, räumliche und fachliche Flexibilität wird zur Voraussetzung der beruflichen Weiterentwicklung und Förderung. Folglich entstehen in diesen neuen Organisationsstrukturen abhängig von Anforderungen und Einsatzmöglichkeiten einerseits und der Flexibilität der Beschäftigten andererseits neue Privilegienstrukturen. Da die erhöhten Flexibilitätsanforderungen von der Beschäftigtengruppe, die außerberufliche Verpflichtungen wahrnimmt, nur unter großen Belastungen erfüllt werden können, zeichnen sich im Kontext einer allgemeinen familialen Arbeitsteilung nach Geschlecht in erster Linie Strukturen neuer sozialer Ungleichheit zwischen Frauen und Männern ab. Darüber hinaus ist auch mit Differenzierungen innerhalb der beiden Geschlechtergruppen zu rechnen, wenn sich die Gebundenheit und zeitliche Inanspruchnahme durch Kinderbetreuung und die Pflege von Angehörigen sowie ehrenamtliches Engagement[20] unmittelbarer als zuvor auf den Berufsverlauf auswirken.

---

20 Vgl. Vogt in diesem Band.

Angesichts der beschriebenen Entwicklungen stellen sich neue Fragen, die die Forschung zu Karrieren anstoßen können: Entwickelt sich ein neuer Typ von Status im öffentlichen Dienst, der sich über konkrete Arbeitsanforderungen und Einsatzmöglichkeiten definiert, und dementsprechend eine Privilegienstruktur, die parallel zur hergebrachten Hierarchie von Statuspositionen existiert? Wie schlägt sich die neue Form von Beanspruchung, die sich nicht nur an der zeitlichen Inanspruchnahme, sondern an der Summe der wechselnden Forderungen an den Einsatz von Beschäftigten ablesen lässt, im Berufsverlauf nieder? Wie können Gleichberechtigungsprogramme im öffentlichen Dienst auf die gewandelten Voraussetzungen reagieren? Der Vorzeichenwechsel im öffentlichen Dienst regt arbeits- und organisationssoziologische Untersuchungen über Berufsverläufe an, die die Schwerpunktverlagerung der Personalentwicklung von einer Förderung der kontinuierlichen Aufwärtsmobilität hin zu einer auf horizontaler Ebene angesiedelten Optimierung von Einsatzmöglichkeiten des Personals in den Blick nehmen.

Literatur

Aufhauser, R./Bobke, M./Warga, N., ³1995: Einführung in das Arbeits- und Sozialrecht der Bundesrepublik Deutschland, Köln: Bund.
Banner, G., 1991: Von der Behörde zum Dienstleistungsunternehmen. Die Kommunen brauchen ein neues Steuerungsmodell. Verwaltungsführung, Organisation, Personal 1: 6-11.
Banner, G., 1994: Neue Trends im kommunalen Management. Verwaltungsführung, Organisation, Personal 1: 5-12.
Bleek, W., 1972: Von der Kameralausbildung zum Juristenprivileg. Studium, Prüfung und Ausbildung der höheren Beamten des allgemeinen Verwaltungsdienstes in Deutschland im 18. und 19. Jahrhundert, Berlin: Colloquium.
Blossfeld, H.-P./Rohwer, G., 1997: Part-time Work in West Germany, S. 164-190 in: Blossfeld, H.-P./Hakim, C. (Hrsg.), Between Equalization and Marginalization. Women Working Part-time in Europe and the United States of America, Oxford: University Press.
Bundesministerium des Innern, 2001: Erfahrungsbericht zur Dienstrechtsreform (unveröff. Dokument).
Caplan, J., 1988: Government Without Administration. State and Civil Service in Weimar and Nazi Germany, Oxford: University Press.
Caplan, J. 1990: Profession as Vocation: The German Civil Service, S. 163-82 in: Cocks, G./Jarausch, K. H. (Hrsg.), German Professions, 1800-1950, Oxford: University Press.
Clark, D., 2000: Public Service Reform: A Comparative West European Perspective. West European Politics 23, 3: 25-44.
Conze, W./Kocka, J., 1985: Einleitung. S. 9-26 in: Dies. (Hrsg.), Bildungsbürgertum im 19. Jahrhundert, Teil I: Bildungssystem und Professionalisierung in internationalen Vergleichen, Stuttgart: Klett-Cotta.
Crouch, C., 1999: Social Change in Western Europe, Oxford: University Press.
Damkowski, W./Precht, C., 1998: Public Management in Deutschland: Neuere Entwicklungen und eine Zwischenbilanz. S. 15-33 in: Dies. (Hrsg.), Moderne Verwaltung in Deutschland. Public Management in der Praxis, Stuttgart/Berlin/Köln: Kohlhammer.

Derlien, H.-U., 1996: Germany: The Intelligence of Bureaucracy in a Decentralized Polity. S. 164-179 in: Olsen, J. P./Peters, B. G. (Hrsg.), Lessons from Experience. Experiential Learning in Administrative Reforms in Eight Democracies, Oslo/Stockholm: Scandinavian University Press.

di Luzio, G., 2002: Verwaltungsreform und Reorganisation der Geschlechterbeziehungen, Frankfurt a.M./New York: Campus.

Engstler, H., 1999: Families in Germany – a Statistical View. Living Arrangements, Family Structures, the Economic Situation of Families and Family-related Demographic Developments in Germany, Commissioned by the Federal Ministry for the Family, Senior Citizens, Women and Youth in Collaboration with the Federal Statistics Office, Bonn: Federal Ministry for Family Affairs, Senior Citizens, Women and Youth.

Frevert, U., 1995: „Mann und Weib, und Weib und Mann". Geschlechter-Differenzen in der Moderne, München: Beck.

Gerhard, U., ²1981: Verhältnisse und Verhinderungen. Frauenarbeit, Familie und Rechte der Frauen im 19. Jahrhundert, Frankfurt a. M: Suhrkamp.

Gesetz zur Reform des öffentlichen Dienstrechts (Reformgesetz) vom 24. Februar 1997. Bundesgesetzblatt, I, 12: 322.

Hausen, K., 1976: Die Polarisierung der „Geschlechtscharaktere" – Eine Spiegelung der Dissoziation von Erwerbs- und Familienleben. S. 363-93 in: Conze; W. (Hrsg.), Sozialgeschichte der Familie in der Neuzeit Europas. Neuere Forschungen, Stuttgart: Klett.

Henning, H., 1984: Die deutsche Beamtenschaft im 19. Jahrhundert. Zwischen Stand und Beruf, Stuttgart: Steiner.

Hintze, O., 1981 [1911]: Der Beamtenstand. S. 16-77 in: Ders.: Beamtentum und Bürokratie, hrsg. u. eingeleitet von K. Krüger, Göttingen: Vandenhoeck&Ruprecht.

Honegger, C., 1996: Die Ordnung der Geschlechter. Die Wissenschaften vom Menschen und das Weib 1750-1850, München: Deutscher Taschenbuch Verlag.

Hood, C., 1991: A Public Management for All Seasons? Public Administration 69: 3-19.

Jarass, H. D./Pieroth, B., ³1995: Grundgesetz für die Bundesrepublik Deutschland. Kommentar, München: Beck.

Jarausch, K. H., 1990: The German Professions in History and Theory. S. 9-24 in: Cocks, G./Jarausch, K. H. (Hrsg.), German Professions, 1800-1950, Oxford: University Press.

Keller, B., 1999: Germany. Negotiated Change, Modernization and the Challenge of Unification. S. 56-93 in: Bach, S./Bordogna, L./Della Rocca, G./Winchester, D. (Hrsg.), Public Service Employment Relations in Europe. Transformation, Modernization or Inertia?, London: Routledge.

Kißler, L./Bogumil, J./Gleichenstein, R./Wiechmann, E., 1997: Moderne Zeiten im Rathaus? Reform der Kommunalverwaltungen auf dem Prüfstand der Praxis, Berlin: Sigma.

Klages, H., 1997: Die Situation des öffentlichen Dienstes. S. 517-38 in: König, K./ Siedentopf, K. (Hrsg.), Öffentliche Verwaltung in Deutschland, Baden-Baden: Nomos.

Kling, G., 2000: Frauen im öffentlichen Dienst des Großherzogtums Baden. Von den Anfängen bis zum Ersten Weltkrieg, Stuttgart: Kohlhammer.

Koch, R., 1998: Innovative Personalkonzepte in der öffentlichen Verwaltung. S. 442-54 in: Damkowski, W./Precht, C. (Hrsg.), Moderne Verwaltung in Deutschland. Public Management in der Praxis, Stuttgart/Berlin/Köln: Kohlhammer.

Kohli, M., 1985: Die Institutionalisierung des Lebenslaufs. Historische Befunde und theoretische Argumente. Kölner Zeitschrift für Soziologie und Sozialpsychologie 1: 1-29.

Kohli, M., 1986: Gesellschaftszeit und Lebenszeit. Der Lebenslauf im Strukturwandel der Moderne. Soziale Welt, Sonderband 4: 183-208.

Kommunale Gemeinschaftsstelle, 1993: KGSt-Bericht Nr. 5/1993: Das Neue Steuerungsmodell. Begründung, Konturen, Umsetzung, Köln.

Kommunale Gemeinschaftsstelle, 1994: KGSt-Bericht Nr. 14/1994: Organisationsarbeit im Neuen Steuerungsmodell, Köln.

Kommunale Gemeinschaftsstelle, 1995: KGSt-Bericht Nr. 10/1995: Das Neue Steuerungsmodell. Erste Zwischenbilanz, Köln.

McClelland, C., 1991: The German Experience of Professionalization. Modern Learned Professions and their Organizations from the Early Nineteenth Century to the Hitler Era, Cambridge: University Press.

Minz, H./Conze, P., ^{6}1993: Recht des öffentlichen Dienstes, Berlin/Bonn/Regensburg.

Naschold, F., 1995: Ergebnissteuerung, Wettbewerb, Qualitätspolitik. Entwicklungspfade des öffentlichen Sektors in Europa, Berlin: Sigma.

Naschold, F./Jann, W./Reichard, C., 1999: Innovation, Effektivität, Nachhaltigkeit. Internationale Erfahrungen zentralstaatlicher Verwaltungsreform, Berlin: Sigma.

Osterland, M., 1990: „Normalbiographie" und „Normalarbeitsverhältnis". S. 351-62 in: Berger, P. A./Hradil, S. (Hrsg.): Lebenslagen, Lebensläufe, Lebensstile, Göttingen: Schwartz.

Reichard, C., 1993: Internationale Trends im kommunalen Management. S. 3-24 in: Banner, G./Reichard, C. (Hrsg.): Kommunale Managementkonzepte in Europa. Anregungen für die deutsche Reformdiskussion, Köln: Deutscher Gemeindeverlag u. Kohlhammer.

Reichard, C., 1996: Die „New Public Management"-Debatte im internationalen Kontext. S. 241-74 in: Reichard, C./Wollmann, H. (Hrsg.): Kommunalverwaltung im Modernisierungsschub, Basel/Boston/Berlin: Birkhäuser.

Richtlinien der Vereinigung der kommunalen Arbeitgeberverbände (VKA) zur Gewährung von Leistungszulagen und Leistungsprämien (Leistungszulagen und Leistungsprämien – Richtlinien – VKA) vom 17. November 1995.

Rosenbaum, H., 1978: Einleitung. S. 9-54 in: Dies. (Hrsg.), Seminar: Familie und Gesellschaftsstruktur. Materialien zu den sozioökonomischen Bedingungen von Familienformen, Frankfurt a. M.: Suhrkamp.

Rundschreiben des Bundesministeriums des Innern an die obersten Bundesbehörden sowie Vereinigungen und Verbände zur übertariflichen Gewährung von Prämien und Zulagen an die Arbeitnehmer des Bundes vom 26. November 1997 (unveröff. Dokument).

Siegrist, H., 1988: Bürgerliche Berufe. Die Professionen und das Bürgertum. S. 11-48 in: Ders. (Hrsg.), Bürgerliche Berufe, Göttingen: Vandenhoeck&Ruprecht.

Statistisches Bundesamt, 2001a: Fachserie 14: Finanzen und Steuern, Reihe 6: Personal des öffentlichen Dienstes, Stuttgart: Metzler-Poeschel.

Statistisches Bundesamt, 2001b: Leben und Arbeiten in Deutschland. Ergebnisse des Mikrozensus 2000, Wiesbaden: Statistisches Bundesamt.

Stichweh, R., 1994: Wissenschaft, Universität, Professionen. Soziologische Analysen, Frankfurt a. M.

Summer, R., 1992: Die hergebrachten Grundsätze des Berufsbeamtentums – ein Torso. Zeitschrift für Beamtenrecht 1: 1-6.

Supiot, A., 1999: The Transformation of Work and the Future of Labour Law in Europe: A Multidisciplinary Perspective. International Labour Review 1: 31-46.

Verordnung über das leistungsabhängige Aufsteigen in den Grundgehaltsstufen (LStuV) vom 1. Juli 1997. Bundesgesetzblatt, I, 44: 1600.

Verordnung über die Gewährung von Prämien und Zulagen für besondere Leistungen (LPZV) vom 1. Juli 1997. Bundesgesetzblatt, I, 44: 1598.

Wollmann, H., 1996: Verwaltungsmodernisierung: Ausgangsbedingungen, Reformanläufe und aktuelle Modernisierungsdiskurse. S. 1-49 in: Reichard, C./Wollmann, H. (Hrsg.), Kommunalverwaltung im Modernisierungsschub?, Basel/Boston/Berlin: Birkhäuser.

Wunder, B., 1986: Geschichte der Bürokratie in Deutschland, Frankfurt a. M.: Suhrkamp.

Steffani Engler

„Aufsteigen oder Aussteigen"
Soziale Bedingungen von Karrieren in der Wissenschaft

Wissenschaftliche Karrieren sind schwierig und hindernisreich. Sie sind gekennzeichnet durch Unwägbarkeiten und Unsicherheiten, gepflastert mit hoher Belastung und geprägt von Abhängigkeits- und Machtbeziehungen, aber auch verbunden mit Bestätigung und Anerkennung. Ob allerdings die vielen Mühen zum Erfolg führen, ist ungewiss. So kann man zwar eine wissenschaftliche Karriere ins Auge fassen und darauf hinarbeiten; ob es aber gelingt, in die Position eines Professors vorzurücken, ist von vielen Faktoren abhängig und lässt sich nicht kalkulieren (vgl. Engler 2001). Vor allem aber liegt das Erreichen einer Position des Erfolges außerhalb der Handlungskontrolle der jungen Wissenschaftler und Wissenschaftlerinnen. Die mit einer wissenschaftlichen Karriere verbundenen Unwägbarkeiten hatte Max Weber in seinem 1917 vor Studenten gehaltenen Vortrag „Wissenschaft als Beruf" im Auge, als er das akademische Leben und das Erreichen einer Professur als „wilden Hasard" bezeichnete (Weber 1919: 585).
    Die Unwägbarkeiten der akademischen Laufbahn betreffen sowohl junge Wissenschaftler als auch Wissenschaftlerinnen. Und dennoch schlagen mehr Männer als Frauen diesen Weg ein bzw. gehen mehr junge Wissenschaftler den mit Unwägbarkeiten gepflasterten Weg als junge Wissenschaftlerinnen. Die mittlerweile gut dokumentierte Datenlage zeigt genau dieses Bild: je höher die Hierarchiestufe, desto weniger Frauen sind dort angesiedelt. Diese Ordnung der Geschlechter wird als eine pyramidenförmige Verteilung beschrieben, bei der der Frauenanteil regelmäßig sinkt, wenn es die Karriereleiter hinauf zu wissenschaftlichen Spitzenposition geht. Die Karrierechancen von Frauen und Männern im Feld der Hochschule sind offensichtlich ungleich verteilt, so dass wissenschaftliche Karrieren häufiger von Männern als von Frauen gemacht werden. Die Gründe dafür scheinen zunächst auf der Hand zu liegen: Frauen sind mit mehr Barrieren und Hindernissen konfrontiert als Männer und erhalten zudem seltener als Männer Gelegenheit, in die Wissenschaft einzusteigen. Dieser Sachverhalt wurde schon vielfach untersucht.[1] Hierbei wurde meist gefragt, warum so wenig Frauen in der Wissen-

---

1   Zur (beruflichen) Situation von Frauen an der Hochschule vgl. Bock u.a. (1983); Clemens u.a. (1986); Wermuth (1992). Auf die Fragen, weshalb es so wenig Professorinnen gibt und

schaft zu finden sind. Es wurde bei den Frauen nach Ursachen und Gründen gesucht, um zu erklären, weshalb es so wenig Professorinnen gibt. Den Frauen wurde Fremdheit in der wissenschaftlichen Welt attestiert oder es wurde ihnen bescheinigt, dass sie die wissenschaftlichen Spielregeln nicht beherrschen und auch, dass ihnen der „richtige Habitus" fehlt. Dabei lassen sich grob zwei Blickrichtungen unterscheiden. In der einen wird der Blick auf die Frauen gerichtet und in der anderen auf die Strukturen und sozialen Verhältnisse in der Wissenschaft. Während einerseits festgestellt wurde, dass die Frauen die Regeln des Wissenschaftsbetriebes nicht beherrschen, wurde auf der anderen Seite festgestellt, dass die Strukturen und sozialen Verhältnisse im Wissenschaftsbetrieb Frauen benachteiligen. Dennoch ist eine enorme Beharrlichkeit zu konstatieren, was den Ausschluss von Frauen aus Spitzenpositionen im Wissenschaftsbetrieb anbelangt.

Obwohl zwischenzeitlich eine Reihe einschlägiger Publikationen vorliegt, lässt sich doch konstatieren, dass wir noch relativ wenig darüber wissen, wie die Akteure an diesen Prozessen beteiligt sind und welchen Beitrag der Wissenschaftsbetrieb und die dort herrschenden Mechanismen und Funktionsweisen dazu beitragen, dass die akademische Welt von Männern in Spitzenpositionen dominiert ist und Frauen ausschließt. Daher werde ich mich diesem Gegenstand noch mal anders nähern und Erkenntnisinstrumente einsetzen, die darauf gerichtet sind, die Beteiligungen der Akteure und Akteurinnen aufzuzeigen, die sich in alltäglichen Selbstverständlichkeiten äußern. Bei dieser Annäherung wird nicht danach gefragt, warum so wenige Frauen eine wissenschaftliche Karriere einschlagen und so selten in die Wissenschaft einsteigen. Es wird vielmehr umgekehrt danach gefragt, wie es kommt, dass so viele Frauen und auch Männer die Universität ohne Promotion verlassen bzw. aussteigen und dies obgleich sie eine Qualifikationsstelle inne haben, um zu promovieren. Grundlage für diese Fragerichtung bilden quantitative Daten eines Projektes, das in Dortmund in der Raumplanung durchgeführt wurde (vgl. Becker u.a. 2002). Zunächst werde ich auf das Problem eingehen, das sich ausgehend von einer Datenanalyse des Promotionsgeschehens in der Raumplanung zeigt. Dann werde ich das Konzept der symbolischen Gewalt

---

welche Barrieren und Hindernisse diese zu bewältigen haben, gehen Wetterer (1988) und Geenen (1994) ein. Bauer u.a. (1993) untersuchen, welche Lebensumstände kennzeichnend für Wissenschaftlerinnen sind, Abele (1994) geht der Frage nach, welche Karriereorientierungen angehende Akademikerinnen und Akademiker verfolgen. Dazu, wie NachwuchswissenschaftlerInnen ihre Situation sehen und welche sozialen Einflüsse hierbei festzustellen sind, vgl. Hasenjürgen (1996), und zur Frage, wie dies mit ihrer Biographie zusammenhängt, vgl. Duka (1990). Baus (1994) untersucht, was Wissenschaftlerinnen kennzeichnet, die Professorin geworden sind; darauf, wie Professorinnen und Professoren ihren Berufsweg einschätzen und beurteilen, geht Schultz (1988) ein. Dazu, wie „frauenfördernde Maßnahmen" von Frauenbeauftragten, Dekanen und Dekaninnen sowie Rektoren von Hochschulen eingeschätzt und beurteilt werden, vgl. Lehnert u.a. (1997); Lehnert (1999). Zur Komplexität von Organisationen vgl. Allmendinger et. al. (1999), zum komplexen Zusammenwirken von Mechanismen in Hochschulorganisationen vgl. Kuhlmann/Matthies (2001) und zu Mechanismen, die im Berufungsgeschehen wirken, vgl. Zimmermann (2000; 2002). Diese Auflistung stellt lediglich eine Auswahl dar.

„Aufsteigen oder Aussteigen" 115

vorstellen, das anschließend genutzt wird, um anhand von Leitfadeninterviews, die mit Promovierenden und Professoren der Raumplanung geführt wurden, soziale Bedingungen aufzuzeigen, die sich in den Vorstellungen der Betreuung der Promotion äußern und die Auskunft geben über das Funktionieren der symbolischen Geschlechterordnung im Wissenschaftsbetrieb.

1. Männer, Frauen und die Promotionshäufigkeit

Ausgehend von dem Sachverhalt, dass der Frauenanteil regelmäßig sinkt, wenn es die Karriereleiter hinauf zu wissenschaftlichen Spitzenpositionen geht (Onnen-Isemann/Oßwald 1991; Wermuth 1992, Bund-Länder-Kommission 2000), liegt die Vermutung nahe, dass Frauen der Einstieg in die Welt der Wissenschaft ungleich schwerer fällt als ihren Kollegen, was sich darin äußert, dass weniger Frauen als Männer eine Qualifikationsstelle in der Universität bekommen.[2] Man kann nun danach fragen, womit dies zusammenhängt (was schon häufig geschehen ist). Man kann aber auch den Blick auf diesen Sachverhalt anders akzentuieren, d.h. danach fragen, ob die Frauen, die eine Qualifikationsstelle an der Universität erhalten haben, diese in gleichem Maße wie Männer zur Promotion nutzen. Wie sieht das Verhältnis von den auf Qualifikationsstellen Beschäftigten und ihrer Qualifizierung aus? Nutzen Frauen, die eine Qualifikationsstelle an der Universität inne haben, diese Stelle zur Promotion häufiger als Männer? Weisen sie höhere Promotionsraten auf oder niedrigere? Wenn man nach Daten fahndet, um Aussagen über die Promotionshäufigkeit bei wissenschaftlichen Beschäftigten zu treffen, stellt man zunächst fest, dass hier die Datenlage relativ mager ist. Allerdings wurden in der Fakultät Raumplanung in Dortmund Daten zusammengetragen, die es ermöglichen, diesen Fragen nachzugehen. So liegt eine quantitative Analyse der Entwicklung der Promotionen von wissenschaftlich Beschäftigten an der Fakultät Raumplanung vor (vgl. Becker u.a. 2002).[3] Oh-

---

2 Mit Qualifikationsstellen sind in den folgenden Ausführungen befristete BAT IIa-Stellen gemeint.
3 Bei der Raumplanung in Dortmund handelt es sich um eine noch junge Disziplin, die einige Besonderheiten aufweist. Das Studium der Raumplanung ist interdisziplinär ausgerichtet und im Gefüge der Studienfächer weder eindeutig den Ingenieurwissenschaften zuzuordnen noch zu den Sozialwissenschaften zu rechnen. Promovierende können sowohl einen Doktor ing. als auch einen Doktor rer. pol. erwerben. In der Raumplanung führen vor allem Beschäftigungsverhältnisse auf Qualifikationsstellen zur Promotion (selten Stipendien). Der für ein ingenieurwissenschaftlich orientiertes Fach relativ hohe Anteil an Studentinnen unter den Studierenden lag im WS 2000/01 bei 36%. Wer nun denkt, dass der Frauenanteil sinkt, wenn es die Karriereleiter hinauf zu wissenschaftlichen Spitzenpositionen geht – die berühmte pyramidenförmige Verteilung also – wird auf der Ebene von Qualifikationsstellen überrascht. Denn der Frauenanteil bei Qualifikationsstellen ist höher als unter den Studierenden. Im Jahr 2001 sah die Verteilung der Geschlechter auf Qualifikationsstellen so aus, dass 45% Frauen und 55% Männer eine Qualifikationsstelle inne hatten (vgl. Becker u.a. 2002).

ne dass an dieser Stelle auf die Details diese Studie eingegangen werden soll, kann man jedoch sagen, dass die quantitative Analyse ohne Zweifel auf eine Misere hinweist, die sowohl Männer wie Frauen betrifft, allerdings Frauen in größerem Ausmaß. Denn in den letzten 30 Jahren, also im Zeitraum von 1971 bis 2001, haben 49% aller wissenschaftlich Beschäftigten in der Raumplanung die Universität ohne Promotion verlassen und auch nicht anschließend promoviert, jedenfalls nicht in Dortmund. Ein ernüchterndes Bild. Denn das heißt, daß knapp die Hälfte der Personen, die eine Qualifikationsstelle inne hatten, um zu promovieren, nicht promoviert haben. Sie sind ohne Promotion aus der Universität ausgestiegen. Jetzt könnte man vermuten, dass die wenigen Frauen, die eine Qualifikationsstelle besetzten, diese Gelegenheit zu nutzen wussten. Betrachtet man die Promotionshäufigkeit jedoch differenziert nach Geschlecht, so wird diese Vermutung konterkariert. Von den insgesamt 56 Frauen, die im genannten Zeitraum eine Qualifikationsstelle in der Raumplanung inne hatten, haben 61% die Universität ohne Promotion verlassen und auch nicht anschließend promoviert; von den 208 Männern 46%. Selbstverständlich sind innerhalb des Untersuchungszeitraums von 30 Jahren Veränderungen zu verzeichnen; so hat sich beispielsweise der Anteil der Frauen unter den wissenschaftlich Beschäftigten erhöht und der Anteil der Männer, die ohne Promotion die Universität verlassen haben, ist in den letzten Jahren leicht gestiegen etc. (vgl. dazu Becker u.a. 2002). Doch ausgehend von dieser hier nur grob skizzierten Sachlage ist es sinnvoll, das Problem, das hier thematisiert wird, nämlich Geschlechterordnung und wissenschaftliche Karrieren, nicht nur als ein Problem des Zugangs zu wissenschaftlichen Qualifikationsstellen zu betrachten, sondern auch als eines, an dem die Akteure und Akteurinnen beteiligt sind, auch wenn diese Beteiligung nicht in Kategorien von bewusstem und absichtlich geplantem Handeln zu fassen ist.

Im Hinblick auf die Thematik „Karrieren von Frauen in der Wissenschaft" ist hiermit eine Umkehrung der bisherigen Blickrichtung verbunden. Denn anknüpfend an die dargestellten Promotionsraten der wissenschaftlich Beschäftigten genügt es nicht zu argumentieren, dass Frauen seltener als Männer eine Qualifikationsstelle bekommen und deshalb seltener die Möglichkeit zur Promotion erhalten. Dies ist zwar auch für die Raumplanung zutreffend, erklärt aber dennoch keineswegs den geschilderten Sachverhalt.[4] Die Brisanz liegt darin, dass diejenigen Frauen, welche die Gelegenheit zur Promotion in Form einer Qualifikationsstelle erhalten haben, diese seltener als ihre Kollegen nutzen (konnten) bzw. sie seltener genutzt haben. Wenn man nun davon ausgeht, dass die Ursachen und Gründe für diesen Sachverhalt weder in den Frauen und Männern noch in den allgemeinen gesellschaftlichen Verhältnissen und Strukturen ihre letzte Begründung finden, dann muss man fragen, mit *welchen sozialen Bedingungen Frauen und Männer im Feld der Wissenschaft konfrontiert sind, die dazu beitragen, dass sie die Uni-*

---

4   Seit Gründung der Fakultät im Jahr 1969 haben 26 Frauen in der Raumplanung promoviert, das sind 12 % aller Promovierenden (vgl. Becker u.a. 2002: 117).

versität so häufig ohne Promotion verlassen. *Und wie kommt es, dass zudem mehr Frauen als Männer die Universität ohne Promotion verlassen, obgleich sie eine Qualifikationsstelle inne hatten?* Es gilt also soziale Bedingungen aufzuzeigen, die dazu führen, dass der Karriereweg der Akteure nicht nur aus der Universität hinaus führt, sondern dass diese die Universität auch ohne Doktortitel verlassen. Hierbei stellt sich auch die Frage, wie die Akteure an dem Zustandekommen der genannten Misere beteiligt sind, ohne dass diese Misere bewusst oder absichtlich herbeigeführt wird. So gefragt werden soziale Bedingungen fokussiert, die so selbstverständlich sind, dass sie nicht gleich ins Auge springen, aber deshalb nicht weniger wirksam sind. Solche Selbstverständlichkeiten sind in den Wahrnehmungs- und Bewertungsschemata der Akteure zu entdecken. Um diese zu erschließen, nutze ich ein Theoriekonzept, das von Bourdieu entwickelt wurde.[5]

2. Theoretischer Zugang: Das Konzept der symbolischen Gewalt

Die Vorstellung von der sozialen Welt, wie sie Bourdieu vertritt, geht von der sozialen Praxis der Akteure in einer hochdifferenzierten Gesellschaft aus, von den alltäglichen Handlungen, die selbstverständlich sind und sich dennoch nicht von selbst verstehen. Schon hier kann man auf eine Besonderheit des soziologischen Denkens Bourdieus aufmerksam machen. Denn die Selbstverständlichkeiten des Alltags in den Blick zu nehmen, ist damit verbunden, dass Bourdieu soziales Handeln nicht als bewusstes, absichtlich geplantes und rationales Tun und Lassen analysiert.[6] Daher liefert er auch keine theoretischen Konzepte darüber, was Akteure in einem sozialen Feld machen könnten und sollten. Vielmehr sind die von ihm entwickelten Erkenntnisinstrumente darauf gerichtet, die Logik der sozialen Praxis zu analysieren bzw. das Zustandekommen des sozialen Handelns von Akteuren im jeweiligen sozialen Gefüge zu verstehen und so die Mechanismen der Funktionsweise von sozialen Feldern zu erschließen. Dabei wird das soziale Handeln von Akteuren nicht als voraussetzungslos konzeptualisiert. Bourdieu zufolge setzen die Akteure Wahrnehmungs- und Bewertungsschemata ein, um ihre jeweils spezifische Sicht der Welt in einem bestimmten sozialen Gefüge hervor zu bringen, die sie nicht selbst erfunden haben und die von den sozialen Verhältnissen durchzogen sind, in denen sie eingesetzt werden und entstanden sind. Folgt man also dem soziologischen Denken Bourdieus, so sind in die Wahrnehmungs- und Bewertungsschemata der Akteure gesellschaftliche Verhältnisse „eingelassen". Gleichwohl bringen die Akteure ihre je spezifische Sicht

---

5   Eine Aufkündigung des Einverständnisses zur symbolischen Gewalt ist die Voraussetzung.
6   Vgl. zum soziologischen Denken Bourdieus, das hierzulande immer noch wenig vertraut ist, Engler/Zimmermann (2002); Engler (2001).

der Welt selbst hervor. Dennoch gehen, ob die Akteure das wollen oder nicht, durch die verwendeten Schemata, die Prinzipien der Ein- und Aufteilung ein, die in einer Gesellschaft „am Werke sind". Ein solches zur Klassifikation von Dingen und Handlungen selbstverständlich herangezogen Prinzip ist die Unterscheidung „männlich" und „weiblich". Bei dieser Ein- und Aufteilung der sozialen Welt handelt es sich um ein grundlegendes Ordnungsprinzip, das ein Herrschaftsverhältnis impliziert. Es geht in die Wahrnehmungs- und Bewertungsschemata ein und dient als Klassifikationsschema dazu, der sozialen Welt eine Ordnung zu geben.

Ein wichtiges Konzept, um die Verhältnisse ebenso wie die Wahrnehmungs- und Bewertungsschemata der Akteure ans Licht zu bringen, die in modernen Gesellschaften in die Geschlechtordnungen eingehen, ist das der symbolischen Gewalt.[7] In den modernen Gesellschaften ist ein Modus der Aufrechterhaltung von Herrschaftsverhältnissen in den alltäglichen Beziehungen anzutreffen, der nicht auf Zwang und nackter Gewalt basiert, sondern in Selbstverständlichkeiten des Denkens und Handelns auftritt und eingelagert ist in die Wahrnehmungs- und Bewertungsschemata der Akteure. Diesen Modus der Herrschaft fasst Bourdieu mit dem Konzept der symbolischen Gewalt. Die männliche Herrschaft begreift Bourdieu (1997: 219) hierbei als einen besondern Fall dieser modernen Herrschaftsformen. Das Besondere an dieser modernen Herrschaftsausübung ist allerdings, dass die symbolische Gewalt als solche von den Akteuren nicht erkannt wird, da sie in die alltäglichen Beziehungen ganz selbstverständlich eingeht. Die symbolische Gewalt ist in die praktischen Ordnungsschemata der Akteure eingeschrieben, sie realisiert sich in den Einteilungen und Aufteilungen der sozialen Welt. Allerdings setzt diese Herrschaftsform voraus, dass die praktischen Ordnungsschemata im Habitus der Beherrschten und Herrschenden verankert sind. So setzt die Ausübung symbolischer Gewalt „ein gewisses Einverständnis voraus" (Bourdieu 1990: 27) – bei denen, die sie ausüben, ebenso wie bei denen, die sie erleiden, bei Beherrschten wie bei den Herrschenden. Denn symbolische Gewalt „(kann) nur auf Menschen wirken, die (von ihrem Habitus her) für sie empfänglich sind, während andere sie gar nicht bemerken" (Bourdieu 1990: 28). Mit diesem Konzept wird das Problem der Anerkennung symbolischer Ordnung durch die Akteure aufgegriffen, so dass ihr „Einverständnis" mit der jeweils herrschenden Ordnung analysiert werden kann. Bourdieu beschreibt die symbolische Gewalt und ebenso die Absicht, die damit verbunden ist, sie aufzuzeigen, wie folgt: „Die symbolische Gewalt ist eine Gewalt, die sich der stillschweigenden Komplizenschaft derer bedient, die sie erlei-

---

7   Bourdieu hat in seinen Untersuchungen unterschiedliche Konzepte entwickelt, um die soziale Welt zu analysieren. Es handelt sich um Erkenntnisinstrumente, die zwar nicht als Gesellschaftstheorie konzipiert, aber dennoch einen systematischen Bezug aufweisen, der sich über das soziologische Denken Bourdieus erschließt. Neben dem Konzept der symbolischen Gewalt, bilden das Konzept des Habitus, die Theorie der sozialen Felder, die heuristische Vorstellung des sozialen Raums und das Konzept des Verstehens zentrale Erkenntnisinstrumente in Bourdieus Theorie von der sozialen Welt.

den, und oft auch derjenigen, die sie ausüben, und zwar in dem Maße, in dem beide Seiten sich dessen nicht bewusst sind, dass sie sie ausüben oder erleiden. Aufgabe der Soziologie wie aller Wissenschaften ist es, Verborgenes zu enthüllen; sie kann daher dazu beitragen, die symbolische Gewalt innerhalb der sozialen Beziehungen zu verringern (...)" (Bourdieu 1998: 21-22).

Bezogen auf die Promovierenden der Raumplanung und insbesondere auf Frauen bedeutet dies nun nicht, dass sie von ihren Professoren „unterdrückt" werden und deshalb nicht promovieren bzw. dass die Professoren dies unbewusst tun, ohne es zu wissen. Vielmehr bedeutet dies, dass hier eine soziale Ordnung in den Strukturen wie in den Köpfen aller Beteiligten eingelassen ist, die dazu führt, dass viele Promovierende die Universität ohne Promotion verlassen. Das Konzept der symbolischen Gewalt ermöglicht es, die stillschweigenden Voraussetzungen ans Licht zu bringen, die in die geltenden Geschlechterordnungen eingehen und im sozialen Feld Wissenschaft eine bestimmte Form annehmen. Um solche stillschweigenden Voraussetzungen bzw. um das „gewisse Einverständnis" von Akteuren, die am Promotionsgeschehen beteiligt sind, aufzudecken, sind konkrete Analysen vorzunehmen.[8] Denn in diesen stillschweigenden Voraussetzungen vermute ich einen Erklärungsschlüssel, in dem sich ein Einverständnis äußert, das dazu beiträgt, dass Frauen seltener als Männer promovieren. Dieses Einverständnis leistet einen Beitrag, die bestehende Geschlechterordnung im Feld der Wissenschaft aufrecht zu erhalten. Im Geschehen um die Promotion ist symbolische Gewalt innerhalb der Beziehungen der Akteure am Werke, die bei vielen Promovierenden der Raumplanung und insbesondere bei Frauen zu einem Aussteigen aus der Universität ohne Promotion führt.

3. Das empirische Material

Mit diesem Konzept geht es jetzt darum, etwas über die alltäglichen Selbstverständlichkeiten zu erfahren, die im wissenschaftlichen Feld am Werke sind. Dazu greife ich auf Material aus einem Projekt in der Raumplanung zurück.[9] In diesem Projekt wurden zunächst Gespräche mit Expertinnen und Experten der Raumplanung und anschließend leitfadengestützte Interviews mit ausgewählten Akteuren durchgeführt. Einen Schwerpunkt bildete bei diesen Interviews das Thema ‚Promotion', da diese als das Eintrittsbillett in die Wissenschaft gesehen werden kann. Die nachfolgenden Auszüge stützen sich auf zwölf leitfadengestützten Interviews, die wir mit acht promovierenden Frauen und Männern und vier Professoren der Raumplanung durchgeführt haben. Bei den befragten Promovierenden handelt es sich um wissenschaft-

---

8 Das heißt nur aber auch, dass ich dieses Konzept der symbolischen Gewalt nicht weiter diskutieren werde, sondern es benutze, um eine theoriegeleitete Analyse vorzunehmen.
9 Das Projekt wurde von Sabine Schäfer und mir 2001 durchgeführt.

lich Beschäftigte, die laut Stellenbeschreibung eine Qualifikationsstelle inne haben; bei den befragten Professoren um Doktorväter von Promovierenden.[10] Wenn man die Interviewauszüge ordnet und aufeinander bezieht, kann sichtbar gemacht werden, welche gegenseitigen, stillschweigenden Erwartungen vorliegen, wenn es um den Einstieg in eine wissenschaftliche Karriere geht bzw. darum, eine Dissertation zu schreiben. Denn wenn man nicht bei den Akteuren nach Ursachen und Gründen für die geschilderte Misere sucht, dann stellt sich die Frage, wie es kommt, dass knapp die Hälfte der auf Qualifikationsstellen Beschäftigten die Universität ohne Promotion verlassen. Genauer ist zu fragen, in welcher Beziehung die Wahrnehmungs- und Bewertungsschemata der Promovierenden und der Doktorväter zueinander stehen, ob sie aufeinander bezogen sind oder möglicherweise gar nicht zusammen passen. Es gilt also herauszufinden, ob in den sozialen Beziehungen der Promovierenden und ihrer Doktorväter symbolische Gewalt am Werke ist.

Aus dem vielfältigen Material werden im folgenden Interviewauszüge herausgegriffen, die sich mit der Promotion beschäftigen und die Thematik der Betreuung betreffen.[11] Es ist zwar naheliegend, dass die Vorstellungen der Betreuung sehr unterschiedlich aussehen und nicht losgelöst von der jeweiligen Position der Befragten zu sehen sind. Doch dies sagt noch nichts darüber aus, wie diese konkret aussehen. Um etwas über stillschweigende Voraussetzungen zu erfahren, die in sozialen Beziehungen am Werke sind, kommt man nicht umhin, es nicht bei einer solchen Feststellung der Verschiedenheit zu belassen. Da zu vermuten ist, dass die Vorstellungen nicht losgelöst vom jeweiligen Status der Befragten zu sehen und zu verstehen sind, werden zunächst die Erwartungen von Promovierenden an ihre Doktorväter ins Blickfeld gerückt. Anschließend geht es um die Vorstellungen der Doktorväter über die Betreuung von Promotionen. Denn, um es vorweg zu nehmen: in den unausgesprochenen Voraussetzungen und stillschweigenden Selbstverständlichkeiten liegt ein Schlüssel für die oben genannte Misere und zudem ist in diesen Selbstverständlichkeiten symbolische Gewalt am Werke.

---

10 Die Auswahl der Interviewten erfolgte vor dem Hintergrund der Theorie der sozialen Felder von Bourdieu. Ein wesentliches Moment dieses Konzeptes ist, dass es nicht von Homogenität eines Feldes oder Systems ausgeht, sondern von sozial verschiedenen Akteuren.
11 Um diese Interviewauszüge verständlich zu machen, muss auf eine Besonderheit des Faches Raumplanung hingewiesen werden. Bei der Raumplanung in Dortmund handelt es sich um ein interdisziplinär angelegtes Fach, in dem man sowohl einen Dr.-Ing. als auch einen Dr. rer. pol. erwerben kann. Die Promovierenden bzw. wissenschaftlich Beschäftigten kommen nicht nur aus der Raumplanung, sondern auch aus anderen Fachdisziplinen. Diese Fachdisziplinen (Architektur, Stadtplanung, Verkehrsplanung, Ökonomie, Soziologie, Geographie, Jura etc.) werden in den folgenden Ausführungen nicht näher unterschieden, um die Anonymität der Interviewten zu gewährleisten. Stattdessen wird der Begriff „Herkunftsdisziplin" verwendet.

4. Die Promovierenden und ihre Vorstellungen von Promotionsbetreuung: „Warten", „Kontrolle" oder „Auf zur Jagd"?

Bei der Promotion handelt es sich um eine Qualifikationsarbeit, in der die Fähigkeit nachgewiesen wird, dass man wissenschaftlich selbständig arbeiten kann. Gleichwohl soll diese Arbeit betreut werden. Der Doktorvater oder die Doktormutter sollen das selbständige wissenschaftliche Arbeiten unterstützen. Wie sehen nun die Vorstellungen von Promovierenden der Raumplanung im Hinblick auf die Promotionsbetreuung aus? Die von den Promovierenden formulierten Vorstellungen von Betreuung der Promotion und die damit verknüpften Erwartungen an die Professoren ebenso wie die geschilderte Betreuungspraxis sind verschieden. Diese Erkenntnis ist nicht sonderlich überraschend. Doch in diesen geäußerten Vorstellungen lässt sich eine Ordnung herauskristallisieren. Die Vorstellungen der Promovierenden, die zunächst wie ein vielfältiges Spannungsgefüge von unterschiedlichen Erwartungen erscheinen, lassen sich entlang eines Kontinuums mit zwei Endpunkten und einer Mittellage ordnen. D. h. in den geäußerten Vorstellungen lassen sich Ähnlichkeiten entdecken, die es ermöglichen, eine Ordnung vorzunehmen. *Ein* Endpunkt in diesem Gefüge wird von Frauen wie Klara S. gebildet.

Klara S. ist wissenschaftliche Mitarbeiterin in der Raumplanung. Nach ihrem Studium hat sie eine Qualifikationsstelle angenommen, „eigentlich" um zu promovieren. Klara S. wurde danach gefragt, wie die Betreuung ihrer Promotion aussieht. Sie entwirft sich im Konflikt zwischen zwei Disziplinen, ihrer Herkunftsdisziplin und der Raumplanung, und neben der Zerrissenheit stellt sie sich als mit diesen Problemen allein gelassen dar und sagt:

> „Irgendwie hatte ich immer den Eindruck, ich muss dann vielleicht auch doch beides [beide Disziplinen, S.E.] zusammenpacken. Wie geht denn das überhaupt, und hätte mir da schon ein bisschen mehr Unterstützung eigentlich ja gewünscht, ja vielleicht erwartet, ich weiß es nicht. Also es hätte einfach mehr kommen müssen oder können."

Sie formuliert weiter den Mangel an Austausch darüber

> „was ist denn jetzt bei mir vorhanden, wie sind meine Wünsche und Vorstellungen, und mit welchen Themen habe ich mich denn jetzt bislang auseinander gesetzt".

Klara S. legt nahe, dass ganz vieles, was sie sich gewünscht hat, nicht gelaufen ist. Hat sie nur gewartet, bis etwas geschieht?

> „Ich habe mich allerdings auch nicht so wahnsinnig gekümmert, ist die andere Sache. Ich hätte ja auch von Pontius zu Pilatus, sage ich jetzt mal, laufen können und da vielleicht auch ein bisschen mehr Engagement und Zeit reinstecken können."

Klara S. erweckt hier den Eindruck, dass die Initiative, die angebracht gewesen wäre, um diese Probleme in Angriff zu nehmen, auch von ihr hätte ausgehen können, aber nicht von ihr ausging. Denn Klara S. hat immer wieder auf die Initiative ihres Doktorvaters gewartet. Entscheidend sind die immer wieder formulierten Erwartungen, dass da „*hätte einfach mehr kommen müssen oder können*" und nichts kam. Sie hat gewartet und nichts und niemand kam. Hier wird in den Wahrnehmungs- und Bewertungsschemata eine stillschweigende Voraussetzung deutlich, die sich mit „Warten, bis da etwas kommt" umschreiben lässt. Es ist eine Haltung, die sich in diesem Warten darstellt. „Genau dies ist", so schreibt Bourdieu (2001: 304f), „das Schicksal aller Beherrschten. Sie sind gezwungen, alles von anderen zu erwarten, von den Inhabern der Macht".

An dieser Position des Wartens schließen Vorstellungen von Betreuung an, die den betreuenden Professoren eine ganz bestimmte Funktion zuweisen. Hierbei geht es nicht darum, dass die Promovierenden warten, sondern ganz bestimmte Erwartungen haben, die der Doktorvater erfüllen soll. Diese breite Mittellage wird von Frauen wie von Männern gebildet. Gabi K. schildert ihre Vorstellung von Betreuung der Promotion wie folgt:

„Also, wichtig fände ich es, wenn der Doktorvater alle paar Monate seinen Zögling oder sein Schäfchen zu sich ruft und sagt: O.k., du hast jetzt drei Monate Zeit gehabt, was hast du in dieser Zeit gemacht?.. Und ich glaube, das führt letztendlich auch zum Erfolg."

Und Axel Z:

„Und was auch wichtig wäre, wäre eine gute Betreuung, wo auch so Texte mal gegengelesen werden, so regelmäßige Kontrollen. Das macht der eigentlich selten. Das liegt daran, dass er ein sehr bekannter Professor ist, der auf sehr viele Kongresse, Veranstaltungen eingeladen wird."

Diese Promovierenden stehen stellvertretend für jene Vorstellung von Betreuung, die dem Doktorvater eine kontrollierende Funktion zuschreiben. Regelmäßige Kontrolle wird hier als Rezept ausgewiesen, das zum Fortschritt der Promotion führt und letztlich zum Erfolg. Das Karrierekonzept „Fortschritt durch Kontrolle" für die Promotion existiert in unterschiedlichen Varianten. Nach dieser Vorstellung wird der eigene Antrieb durch eine kontrollierende Instanz bewirkt oder unterstützt. Doch ist das Selbstverständnis der interviewten Professoren weit davon entfernt, dieser Funktion gerecht zu werden. Diese Vorstellungen bilden die Mittellage des Kontinuums.

Am Ende dieses Kontinuums befindet sich nun eine Position, die von Männern wie Jan W. vertreten wird. Jan W. weist seinem Doktorvater und Mentor allgemein *nicht* die Funktionen zu, die wir bisher kennen gelernt haben. Ein „Warten", in welcher Form auch immer, ist bei ihm ebenso wenig zu finden wie eine Kontrollfunktion. Auf die Frage, wofür ein Mentor wichtig sei, antwortet er mit Nachdruck: „*damit man das Augenmaß für das Wesentliche bei so einer Arbeit [behält]*". Und er grenzt sich ab von einer bestimmten Erwartung gegenüber Mentoren:

„Wenn Mentoren dazu da sind, andere zum Jagen zu tragen, das darf nicht sein. Man muss jeden selbstständig arbeiten lassen, sie gehen eine gewisse Richtung, und sie müssen beratend zur Seite stehen. Aber sie müssen einen nicht an die Hand nehmen, das muss man bei Diplomanden manchmal machen. Aber nicht mehr bei jemandem, der promoviert."

Diese Vorstellung, dass „*Mentoren nicht dazu da sind, andere zum Jagen zu tragen*" und Promovierende an die Hand zu nehmen bzw., wie Jan W. auch sagt, dass Promovierende „*selbständig arbeiten*" sollen, kann man mit „Auf zur Jagd" zusammenfassen.

Somit kann man die unterschiedlichen Vorstellungen von Promovierenden entlang eines Kontinuums ordnen, das durch zwei Endpunkte und eine Mittellage gebildet wird. Vom Endpunkt „Warten, bis da etwas kommt", der von den Vorstellungen von Frauen gebildet wird, über die Mittellage, die sich mit „Fortschritt durch Kontrolle" umschreiben lässt und präsentiert wird durch die Sichtweise von Frauen und Männern, hin zu der Blickrichtung am anderen Ende des Kontinuums, die exemplarisch von Jan W. vertreten wird und mit „Auf zur Jagd" umschrieben wurde.

Dieser vorgenommenen Ordnung, die einen Extrempol mit Frauen, eine Mittellage mit beiden Geschlechtern und einen anderen Extrempol mit Männern enthält, wäre eigentlich nichts hinzu zu fügen, scheint sich doch darin das aus zu drücken, was man immer schon vermutet hat. Nämlich dass nur diejenigen etwas werden und Karriere machen, die selbständig sind und nicht darauf warten, dass andere die Initiative ergreifen und sie zur Promotion antreiben. Die oben geschilderte Misere, dass nahezu die Hälfte aller Promovierenden, die eine Promotionsstelle inne haben, die Universität ohne Promotion verlassen und zudem mehr Frauen als Männer die Universität ohne Promotion verlassen, ließe sich damit in Verbindung setzen. Demnach wäre die oben geschilderte Misere auf die wartende Haltung zurückzuführen, die ausschließlich bei Frauen sichtbar wurde, und ebenso könnte die Haltung der Promovierenden, die eine Kontrolle ihres Fortschritts durch den Professor wünschen, als problematisch ausgewiesen werden. Der ideale Promovierende wäre zudem identifiziert. Es ist jemand, der nicht wartet, bis er „zum Jagen getragen" wird, sondern der selbständig arbeitet. Doch mit einer solchen Betrachtung würde das herrschende Selbstverständnis, dass Selbständigkeit zum Erfolg führt, stillschweigend zum Maßstab der Beurteilung der Vorstellungen der Promovierenden gemacht. Denn auch dieser Maßstab kann nicht stillschweigend vorausgesetzt werden.

Es wurde ausgeführt, dass wir mit Wahrnehmungs- und Bewertungsschemata operieren, die wir nicht selbst erfunden haben und die die gesellschaftliche Ordnung implizieren, so dass es hier nicht genügt, die Vorstellungen der Promovierenden zu präsentieren. Hier muss man einen Schritt weiter gehen und die Vorstellungen der Promovierenden in Beziehung setzen zu den Vorstellungen der sie betreuenden Professoren, um diese Misere zu verstehen und die symbolische Gewalt aufzudecken, um die dominierten und dominanten Sichtweisen der Welt aufzuzeigen, die in beherrschte und herrschende Stellungen eingewoben sind.

5. Die Professoren: Beratung auf Anfrage

Wie sehen die Professoren ihre Funktion bezogen auf die Betreuung der Promotion? Während sich bei den Promovierenden Einstellungen und Haltungen im Hinblick auf die Betreuung der Promotion identifizieren lassen, die entlang eines Kontinuums mit Extrempolen und Mittellage geordnet werden, sieht dies bei den interviewten Professoren anders aus. Zwar sind auch die von ihnen geäußerten Vorstellungen alle verschieden, doch als „Kontrolleur des Fortschritts" versteht sich keiner der befragten Professoren.

Einer der befragten Professorn, nennen wir ihn Professor Bente, beschreibt, welche Hilfestellung er von seinem Doktorvater bekam, um zu promovieren und er äußert hierbei, worauf man *nicht* warten soll. Der Doktorvater dieses Professors

> „hat einen Riecher oder ein gutes Händchen gehabt. Er hat immer Leute rausgefischt, die es trotz Nichtbetreuung geschafft haben, sich selbst zu helfen. Und das ist sicherlich dann auch für später eine gute Lehre, nicht darauf zu warten, dass einer kommt, ... sondern selber zu entscheiden."

Setzt man diese hier als Ratschlag geäußerte Vorstellung in Beziehung zu jenem Endpunkt des Kontinuums, an dem sich ausschließlich Frauen befinden und der mit „Warten, bis da etwas kommt" bezeichnet wurde, so deutet sich hier regelrecht eine Kluft an. Während die Promovierenden an diesem Pol warten, macht dieser Professor deutlich, dass es gerade darum geht, *„nicht darauf zu warten, dass einer kommt"*. Auch wenn Professor Bente hier die Haltung seines Doktorvaters beschreibt und nicht die Betreuung, die er selbst seinen Promovierenden gewährt, wird deutlich, dass Warten nicht als Erfolgsrezept ausgewiesen wird. Auch seine Kollegen setzen auf „Selbstbestimmung" und „Selbständigkeit", wenn es um die Betreuung der Promotion geht. Professor Keller sieht in der Betreuung der Promotion *„die Gefahr, dass die Selbständigkeit des wissenschaftlichen Arbeitens ... leiden kann"* und Professor Stork schildert:

> „Mein Selbstverständnis vom Werden einer Doktorandin oder eines Doktoranden ist, dass es bei aller Notwendigkeit der Betreuung und Begleitung (...), eine ganz wesentliche Geschichte selbstbestimmter Art ist. (...) Das Entwickeln einer spannenden Idee gehört schon zu dem ganzen Prozess der Selbstbestimmung dazu."

Hier wird kein Zweifel daran gelassen, dass die Promotion als eine *„eigenständige Sache"* gesehen wird. Dem von den interviewten Professoren vorgestellten Selbstverständnis folgend schließt dies allerdings Betreuung und Beratung nicht aus. So führt Professor Stork weiter aus:

> „Das ist dann so ein bisschen Zeitmanagement, Beratung, die von uns ausgeht, aber ansonsten (...) sollte es eine Beratung auf Anfrage sein. Natürlich sollte jeder jederzeit kommen können und sagen, so, da komme ich im Augenblick nicht weiter (...) ansonsten ist aber Dissertation .. eine selbstbestimmte Sache."

Die Vorstellungen der Professoren liegen in vielen Dingen weit auseinander. Dennoch lassen sich im Hinblick auf das Verständnis von Betreuung der Promotion große Ähnlichkeiten identifizieren, die als Grundlage der sozialen Beziehung zwischen Promovierenden und Professoren beschrieben wird. Von Seiten der Professoren setzt diese Beziehung eine Haltung bei den Promovierenden voraus, die sich mit Selbständigkeit umschreiben lässt.

Wenn man jetzt die Vorstellungen der Promovierenden mit denen der Professoren in Beziehung setzt, werden Unterschiede deutlich. Jene Vorstellungen der Promovierenden, die ihrem Doktorvater eine Kontrollfunktion zuschreiben, weichen von denen der Professoren stark ab, in deren Selbstverständnis diese Kontrollfunktion nicht vorgesehen ist. Neben diesem Unterschied wird jedoch eine Dramatik deutlich, wenn man die Vorstellungen der Promovierenden, die sich an jenem Endpunkt befinden, der mit „Warten, bis da etwas kommt" bezeichnet wurde, ins Blickfeld rückt und mit den Vorstellungen der Professoren verbindet. Wird dieser Endpunkt des Wartens in Verbindung gesetzt mit *„der Beratung auf Anfrage"*, wie dies von Professor Stork geäußert wurde, dann liegt das Drama auf der Hand: Die einen warten, dass jemand kommt und fragt, wie es denn aussieht mit ihrer Promotion; die anderen, die Professoren, kommen nicht, denn sie warten, bis jemand fragt. Das Drama liegt im Effekt des zweifachen Wartens: Das Drama der Promovendinnen und ihrer Professoren ähnelt dem der Königskinder: Sie konnten zusammen nicht kommen, denn das Wasser war viel zu tief. Ganz anders verhält es sich mit dem Endpunkt, der sich am anderen Ende unseres Kontinuums befindet und von Jan W. vertreten wird. Die Ähnlichkeit in der Haltung, was die Vorstellung der Promotionsbetreuung und die „Selbständigkeit" der Promovierenden anbelangt, ist erkennbar. Die Haltung ist kompatibel mit den Vorstellungen der Professoren. Selbstständigkeit und Eigeninitiative sind für Jan W. ebenso selbstverständlich wie für die Professoren. Um auch dies metaphorisch auszudrücken: Während die wartenden promovierenden Frauen durch tiefes Wasser von ihren Doktorvätern getrennt sind, sitzt dieser Mann mit den Professoren im selben Boot.

Wenn man diese Vorstellungen der Promovierenden ebenso wie die der Professoren aufeinander bezieht und ordnet, dann zeigt sich nicht einfach, dass diese verschieden sind, sondern dass hier Ähnlichkeiten in den Wahrnehmungs- und Bewertungsschemata ebenso sichtbar gemacht werden können wie große Differenzen und dass die Ähnlichkeiten und Differenzen in den Wahrnehmungs- und Bewertungsschemata eine Geschlechterordnung aufweisen und wissenschaftlichen Karrieren entgegen stehen oder nützen.

6. Aussteigen und Aufsteigen als soziales Schicksal

Bedingungen – die sich weniger an formalen Hürden festmachen, sondern vielmehr an stillschweigenden Voraussetzungen, die in unsere Köpfe eingegangen sind und selten in den Blick geraten – sind nicht individueller, sondern sozialer Art. Denn wir haben die Wahrnehmungs- und Bewertungsschemata, mit der die Welt auf- und eingeteilt wird, nicht selbst erfunden. In diese Schemata sind ebenso wie in die Funktionsweise der gesellschaftlichen Institutionen jene Dominanzverhältnisse eingelassen, die immer wieder dazu beitragen, dass Frauen seltener als Männer in wissenschaftliche Karrieren einsteigen. So sind die präsentierten Vorstellungen der Promotionsbetreuung keine Naturgegebenheit. Wenn diese mit der bestehenden Geschlechterordnung in Beziehung gesetzt werden, dann kann deutlich gemacht werden, dass diese Ordnung auch in die Wahrnehmungs- und Bewertungsschemata eingelagert ist und dass beide Geschlechter an der symbolischen Gewalt beteiligt sind. So sind promovierende Frauen und Männer mit sozialen Bedingungen konfrontiert, die nicht zu ihrer Haltung passen. Diese Haltungen passen aber auch nicht zu den Haltungen, die Professoren bei ihren Promovierenden stillschweigend voraussetzen. In extremer Weise wird die Kluft bei den Frauen deutlich, die warten. Symbolische Gewalt ist hier in jenem Einverständnis am Werk, dass die Frauen warten, bis etwas von ihren Doktorvätern kommt und die Doktorväter darauf warten, dass die Promovierenden auf sie zukommen. Im Einverständnis des Wartens wird die alte Geschlechterordnung erhalten. Es konnte aber auch gezeigt werden, dass in der Welt der Wissenschaft solche ebenfalls nicht naturgegebenen Vorstellungen stillschweigend vorausgesetzt werden und wahrscheinlich auch zum Einstieg und Aufsteigen führen, die Ähnlichkeiten zu jenen Disposition aufweisen, die in der Welt der Wissenschaft in den Köpfen derer verankert sind, die als Doktorväter agieren. Diese symbolische Gewalt sichtbar zu machen, gegen das eigene Widerstreben im Kopf, das besagt, dass man natürlich selbständig agieren muss in dieser Welt, um erfolgreich zu sein, ist meines Erachtens schon eine ganze Menge.

Literatur

Abele, A., 1994: Karriereorientierungen angehender Akademikerinnen und Akademiker. Bielefeld: Kleine.
Allmendinger, J./Brückner, H./Fuchs, S./Stehblut von, J., 1999: Eine Liga für sich? Berufliche Werdegänge von Wissenschaftlerinnen in der Max-Planck-Gesellschaft. S. 193-220 in: Neusel A./Wetterer, A. (Hrsg.), Vielfältige Verschiedenheiten. Frankfurt a.M./New York: Campus.
Bauer, A./Gröning, K./Hartmann, S./Hausen, G., 1993: Die Regel der Ausnahme: Hochschulfrauen. Eine empirische Untersuchung über Lebensumstände von Wissenschaftlerinnen an den Universitäten des Landes Baden-Württemberg. Frankfurt a.M./ u.a.: Peter Lang.
Baus, M., 1994: Professorinnen an deutschen Universitäten. Analyse des Berufserfolgs. Heidelberg: Roland Asanger.
Becker, R. /Engler, S./Lien, S. / Schäfer, S., 2002: „Warten auf Godot". Wissenschaftliche Karrieren in der Raumplanung. S. 116-143 in: Roloff, C. (Hrsg.), Personalentwick-

lung, Geschlechtergerechtigkeit und Qualitätsmanagement an der Hochschule. Bielefeld: Kleine.
Bock, U./Braszeit, A./Schmerl, C. (Hrsg.), 1983: Frauen an den Universitäten. Zur Situation von Studentinnen und Hochschullehrerinnen in der männlichen Wissenschaftshierarchie. Frankfurt a.M./New York: Campus.
Bourdieu, P., 1990: Was heißt Sprechen? Die Ökonomie des sprachlichen Tausches. Wien: Braunmüller.
Bourdieu, P., 1997: Die männliche Herrschaft. S. 153-255 in: Dölling, I./Krais, B. (Hrsg.), Ein alltägliches Spiel. Geschlechterkonstruktion in der sozialen Praxis. Frankfurt a.M.: Suhrkamp.
Bourdieu, P., 1998: Über das Fernsehen. Frankfurt a.M.: Suhrkamp.
Bourdieu, P., 2001: Meditationen. Zur Kritik der scholastischen Vernunft. Frankfurt a.M.: Suhrkamp.
Bund-Länder-Kommission für Bildungsplanung und Forschungsförderung (BLK), 2000: Frauen in der Wissenschaft – Entwicklung und Perspektiven auf dem Weg zur Chancengleichheit. Materialien zur Bildungsplanung und zur Forschungsförderung. Heft 87. Bonn.
Clemens, B. u.a. (Hrsg.), 1986: Töchter der Alma Mater. Frauen in der Berufs- und Hochschulforschung. Frankfurt a.M./New York: Campus.
Duka, B., 1990: Biographiekonzept und wissenschaftlicher Werdegang. Narrative Interviews mit befristet beschäftigten und aus dem Hochschuldienst ausgeschiedenen Wissenschaftlerinnen und Wissenschaftler. Dissertation. Universität Dortmund.
Engler, S., 2001: »In Einsamkeit und Freiheit«? Zur Konstruktion der wissenschaftlichen Persönlichkeit auf dem Weg zur Professur. Konstanz. UVK.
Engler, S./Zimmermann, K., 2002: Das soziologische Denken Pierre Bourdieus – Reflexivität in kritischer Absicht. S. 35-47 in: Bittlingmayer, U.H./Eickelpasch, R./Kastner, J./Rademacher, C. (Hrsg.), Theorie als Kampf? Zur Politischen Soziologie Pierre Bourdieus. Opladen: Leske + Budrich.
Geenen, E.M., 1994: Blockierte Karrieren. Frauen in der Hochschule. Opladen: Leske + Budrich.
Hasenjürgen, B., 1996: Soziale Macht im Wissenschaftsspiel. SozialwissenschaftlerInnen und Frauenforscherinnen an der Hochschule. Münster: Westfälisches Dampfboot.
Kuhlmann, E./Matthies, H., 2001: Geschlechterasymmetrie im Wissenschaftsbetrieb. Berliner Journal für Soziologie: 31-50.
Lehnert, N., 1999: „... und jetzt wollen Sie uns wieder in die Frauenecke stellen!" Die Bedeutung der Kategorie Geschlecht in den Vorstellungen von Frauenförderung. Bielefeld: Kleine.
Lehnert, N. u.a., 1997: Männer, Frauen und Frauenförderung. Eine Studie zur Situation von Frauen und Männern an der Universität Münster. Münster u.a.: Wachsmann.
Onnen-Isemann, C./Oßwald, U., 1991: Aufstiegsbarrieren für Frauen im Universitätsbereich. Schriftenreihe „Studien zur Bildung und Wissenschaft", Bd. 99 Hrsg. vom Bundesminister für Bildung und Wissenschaft. Bad Honnef: K. H. Bock.
Schultz, D., 1988: „Das Geschlecht läuft immer mit ...". Die Arbeitswelt von Professorinnen und Professoren. Pfaffenweiler: Centaurus.
Weber, M., [1919] 1968: „Wissenschaft als Beruf". S. 582-613 in: Ders., Gesammelte Aufsätze zur Wissenschaftslehre. Hrsg. von Johannes Winckelmann. Tübingen: Mohr.
Wermuth, N., 1992: Frauen an Hochschulen. Statistische Daten zu den Karrierechancen. Schriftenreihe „Studien zur Bildung und Wissenschaft". Bd. 105. Hrsg. vom Bundesministerium für Bildung und Wissenschaft. Bad Honnef: K. H. Bock.
Wetterer, A., 1988: „Man marschiert als Frau auf Neuland" – Über den schwierigen Weg der Frauen in die Wissenschaft. S. 273-291 in: Gerhardt, U./Schütze, Y. (Hrsg.), Frauensituationen. Veränderungen in den letzten zwanzig Jahren. Frankfurt a.M.

Zimmermann, K., 2000: Spiele mit der Macht in der Wissenschaft. Passfähigkeit und Geschlecht als Kriterien für Berufungen. Berlin: Sigma.
Zimmermann, K., 2002: Berufungsspiele des wissenschaftlichen Feldes im Lichte des Konzepts symbolische Gewalt. S. 139-151 in: Ebrecht, J./Hillebrandt, F. (Hrsg.), Bourdieus Theorie der Praxis. Wiesbaden: Westdeutscher.

Andreas Huber und Ivo Züchner

Berufskarrieren ohne Muster
Langfristige Wirkungen eines umstrittenen akademischen Qualifikationsprofils in der Erziehungswissenschaft

1. Einleitung

Im folgenden Beitrag wird aus einem laufenden Forschungsprojekt berichtet. Im Mittelpunkt stehen die beruflichen Effekte des Diplom-Abschlusses in der Erziehungswissenschaft als einem mit 30 Jahren noch vergleichsweise jungen akademischen Qualifikationsprofil. Anhand erster Ergebnisse einer Kohorten-Vergleichstudie werden wesentliche Elemente der „bunten Karriere" des Berufsprofils der Diplom-Pädagogik skizziert. Dabei wird auf einige der inneren und äußeren Einfluss- und Entwicklungsfaktoren für die Etablierung und Konsolidierung des Diplom-Abschlusses in der Erziehungswissenschaft eingegangen und ihre Auswirkungen auf die Berufsverläufe der befragten Absolventinnen-Generationen einzuschätzen versucht.[1] Da die Erhebungen für die Kohorten-Teilstudie noch nicht vollständig abgeschlossen sind und die Auswertungen noch am Beginn stehen, können in diesem Rahmen noch keine empirischen Verlaufs- und Ereignisanalysen zu den langfristigen Erwerbsmustern und Arbeitsmarktbewegungen von Diplom-Pädagoginnen vorgelegt werden (hier muss vorerst auf spätere Projektveröffentlichungen verwiesen werden). Dagegen können erste Ergebnisse eines kontrastierenden Vergleichs der untersuchten Absolventinnen-Generationen zum thematischen Bereich des Berufseinstiegs aufgezeigt werden. Diese Befunde werden eingeordnet in die korrespondierenden Aspekte der beruflichen Etablierungsgeschichte – u.a. mit flankierenden Informationen zu den Strategien wie auch den verpassten Chancen in den Karrierepolitiken derer, die an der Etablierung und Konsolidierung des akademischen Qualifikationsprofils der Diplom-Pädagogik beteiligt waren und heute noch sind.

---

1   Bei der Berufsgruppe der Diplom-Pädagogen handelt es sich heute mehrheitlich um Frauen. In diesem Beitrag wird deshalb durchgängig von Diplom-Pädagoginnen die Rede sein. Männer sind selbstverständlich mit gemeint.

2. 30 Jahre Diplom-Pädagogik: Von der „Kopfgeburt" zum Massenphänomen?

Mittlerweile blickt die Diplom-Pädagogik auf 30 Jahre Ausbildungs- und Berufsgeschichte zurück – im März 1969 wurde die erste Rahmenordnung für den Diplom-Studiengang in Erziehungswissenschaft verabschiedet. Heute ist die Diplom-Pädagogik neben den wirtschaftswissenschaftlichen Ausbildungsgängen der zweitgrößte sozialwissenschaftliche Studiengang mit aktuell etwa 40.000 Studierenden, bislang fast 60.000 Absolventinnen und derzeit wieder vergleichsweise niedrigen Arbeitslosenzahlen (vgl. Rauschenbach/Züchner 2000).

Mit dem Diplom-Abschluss wurde ein neues Qualifikationsprofil geschaffen, das (übrigens ähnlich in der Soziologie und etwas später als dort) einerseits berufspraktisch ausgerichtet und anwendungsorientiert sein sollte und mit dem andererseits eine zunehmende wissenschaftliche Durchdringung der verschiedensten Berufsfelder erreicht werden sollte (vgl. Lüders 1989). Die dem Qualifikationsprofil entsprechenden Berufs- und Karriereprofile aber mussten sich erst noch entwickeln – ein Entwicklungsprozess mit manchen Erfolgen und einigen Rückschlägen, der durchaus als noch nicht abgeschlossen angesehen werden kann. Die Kontroversen der Anfangszeit – ob die „Kopfgeburt" Diplom-Studiengang (Koch 1997), dieses „ungeliebte Kind der Bildungsreform" (Hommerich 1984) überhaupt gebraucht wird und wenn ja, in welchem Feld – wirken untergründig bis heute fort und münden mit dem Blick auf die beruflichen Platzierungschancen programmatisch häufig in die bange und manchmal wehleidige Frage: „Was kommt danach?" (vgl. z.B. Mägdefrau 2000).[2]

Damit kommen die tatsächlichen Berufsverläufe von Diplom-Pädagoginnen in den Blick: Insbesondere hinsichtlich der ersten Generationen kann man sie als „Karrieren ohne Muster" bezeichnen. Das kann einerseits gelesen werden als Karrieren „ohne Strukturmuster" – als „regellose" bzw. „ungeregelte" Berufsverläufe in „offenen", flexiblen sowie wenig regulierten und formalisierten Feldern, wobei sich immer wieder auch neue Chancen für individuelle „charismatische" Pionierleistungen (und auch des Scheiterns) auftun. Andererseits steckt aber auch darin, dass der Beruf, der mit diesem Qualifikationsprofil verbunden sein sollte, „kein Vorbild" hatte, also noch „ohne Profil" war und somit auch in dieser Hinsicht „beispiellos".

Zur Veranschaulichung: Nach der Implementation des neuen Studiengangs Diplom-Pädagogik geschah etwas, was niemand vorausahnen konnte – binnen kürzester Zeit, in nur fünf Jahren bis Mitte der 70er Jahre, stiegen die Studierendenzahlen so stark an, dass zunächst lokale und später dann auch bundesweite Zulassungsbeschränkungen eingeführt werden mussten. Diese sprunghafte Entwicklung von „0 auf 100" dürfte in der Geschichte der bun-

---

2   Für die Soziologie wird diese Frage übrigens in gleicher Weise gestellt – so lautet etwa der Titel einer Freiburger Verbleibsstudie: „Wo sind sie geblieben?" (Welz 1995).

desdeutschen Hochschullandschaft relativ einmalig sein und vielleicht noch in der Entwicklung des Faches Informatik im letzten Jahrzehnt eine Entsprechung finden. Anfangs ohne die „sanfte Gewalt" eines zugleich strukturierenden wie auch strukturierten Berufsprofils ausgestattet, stellt die Diplom-Pädagogik somit auch einen Fall dar, an dem sich exemplarisch die expliziten Strategien und die impliziten Logiken der Karrierepolitik einer Profession – der Angehörigen des Berufsstands einerseits und der Vertreter der akademischen Disziplin andererseits – rekonstruieren lassen.

Festzuhalten bleibt vorab aber auch: Flankierend zur Erfolgsgeschichte der universitären Ausbildung findet sich nach wie vor ein überdauernder innerdisziplinärer Bedarf an Selbstvergewisserung zu Fragen des beruflichen Profils und des Status dieser Qualifikation – wie nicht zuletzt die Vielzahl an Verbleibsstudien für die Pädagogik zeigt, die nur noch von entsprechenden Untersuchungen in den Wirtschaftswissenschaften und dort insbesondere für die Betriebswirtschaft übertroffen wird (vgl. dazu beispielsweise Burkhardt u.a. 2000).

3. Das Projekt „Berufsverbleib"

Das Gesamtprojekt befasst sich mit dem beruflichen Verbleib, der Berufssituation und der beruflichen Identität von Erziehungswissenschaftlerinnen und Pädagoginnen in Deutschland. Es handelt sich um ein von der Deutschen Forschungsgemeinschaft finanziell gefördertes Verbundprojekt der Universitäten Dortmund und Halle-Wittenberg. Die Kohorten-Vergleichsstudie ist Teil dieses umfangreichen Forschungsvorhabens. Für die verschiedenen Teilstudien des Projekts wurden in einer standardisierten schriftlichen Befragung im Sommer und Herbst 2001 erstmals Absolventinnen aller erziehungswissenschaftlichen Studiengänge befragt. Erhoben wurden die Absolventinnen bestimmter Examensjahrgänge der 90er Jahre (in den alten Bundesländern die Jahrgänge 1996 und 1997, in den neuen Bundesländern wegen der Neustrukturierung der pädagogischen Studiengänge nach der Wende zusätzlich der Jahrgang 1998).[3]

---

3 Die Hauptstudie des Projekts – der Diplom-Pädagogen-Survey – basiert auf einer Vollerhebung der universitär ausgebildeten Diplom-Absolventinnen der genannten Examensjahrgänge an allen Hochschul-Standorten Deutschlands, an denen grundständige erziehungswissenschaftliche Diplom-Studiengänge angeboten werden. Mit dem Ziel eines erstmaligen bundesweiten Vergleichs von Diplom- und Magister-Pädagoginnen wurde an zwei Drittel der Magister-Standorte erhoben, wobei – weil alle mittleren und großen Magister-Standorte beteiligt sind – 90% der Magister-Absolventinnen der entsprechenden Abschlussjahrgänge erreicht wurden. Zusätzlich wurden in zwei Vergleichsregionen (Leipzig-Halle-Magdeburg und Rhein-Main-Gebiet) Fachhochschulabsolventinnen befragt im Vergleich aller in den beiden Regionen vertretenen Studiengangstypen. Erste Untersuchungsergebnisse sind dokumentiert in Krüger u.a. (2002a; 2002b); Rauschenbach u.a. (2002) sowie auf der Projekt-Homepage (www.fb12.uni-dortmund.de/berufsverbleib).

In der Hauptuntersuchung und den damit verbundenen Teilstudien weisen die Befragten zwischen mindestens zwei und fünf Jahren Berufs- (und Lebens-)Erfahrungen auf. D.h. es kommt hier nicht nur wie beim überwiegenden Teil der vorhandenen Verbleibsuntersuchungen die Problematik der unmittelbaren Berufseingangsphase in den Blick, sondern es können darüber hinaus weitergehende Befunde zur mittel- und längerfristigen beruflichen Situierung der Befragten erwartet werden. Für die Kohorten-Vergleichsstudie wurden an drei Universitäts-Standorten mit langer diplom-pädagogischer Ausbildungstradition (Dortmund, Mainz und Tübingen als Standorte „der ersten Stunde") zusätzlich zu den Absolventinnen der 90er Jahre Absolventinnen der entsprechenden Jahrgängen in den 70er und 80er Jahren befragt. Das Erhebungsziel war hier die Gewinnung von langfristigen Vergleichsdaten für die heutige Berufssituation von Diplom-Pädagoginnen. Zudem kann für diese Fragestellungen an frühere regionale Verbleibsstudien vor Ort angeknüpft werden (vgl. Bahnmüller u.a. 1988; Flacke u.a. 1989; Beck u.a. 1990).

Im Rahmen der Kohorten-Befragung wurden inklusive der 90er Jahre-Absolventinnen Fragebogen an 2.800 Personen versandt. Die Rückläufe liegen bei den früheren Kohorten u.a. wegen der teilweise über 25 Jahre alten Studienadressen und der damit verbundenen geringeren Recherchequoten erwartungsgemäß niedriger als bei den Absolventinnen der 90er Jahre (Gesamt-Rücklaufquote der Kohorten-Vergleichsstudie 44%; davon 70er-Kohorte 31%, 80er 42%, 90er 57%).[4] Die Kohorten-Stichprobe umfasst derzeit 1.230 Antworterinnen und bietet somit recht befriedigende Ausgangsmöglichkeiten für weiterführende Analysen zu pädagogischen Berufsverläufen – denn ein weiteres Novum des Erhebungsdesigns besteht in der Vielzahl an Auswertungsmöglichkeiten dieses standardisierten Datensatzes für ein Forschungsfeld, das bislang vor allem mit dem qualitativ-rekonstruktiven Methodenrepertoire bearbeitet wurde.

4. Mittel- und langfristige Entwicklungen in Studium und Beruf

Nach dem raschen Aufbau des Studiengangs Anfang der 70er Jahre an den deutschen Universitäten und Pädagogischen Hochschulen, die eine nicht erwartete gewaltige Nachfrage seitens der Studierenden erlebten, trafen die ersten großen Absolventinnenjahrgänge Mitte und Ende der 70er Jahre auf ei-

---

4 Die Erhebung im Rahmen der Kohorten-Vergleichsstudie ist noch nicht vollständig abgeschlossen. Um den Rücklauf bei der Teilgruppe der 70er Jahre-Absolventinnen zu erhöhen, wurden im Sommer 2002 zusätzliche Nachrecherchen zu 160 Absolventinnen durchgeführt. Davon konnten ca. 50 Personen ermittelt und in den Fragebogenversand aufgenommen werden. Insgesamt wurden für alle Teilerhebungen des Projekts über 10.000 Fragebogen verschickt. Der Gesamtrücklauf liegt derzeit bei etwa 5.800 verwertbaren Fragebogen, die Rücklaufquote insgesamt knapp unter 60%.

nen Arbeitsmarkt, der gerade die erste „Blütephase seiner sozialstaatlichen Prosperität" (Rauschenbach 1993) hinter sich hatte. Die ersten Absolventinnen trafen auf einen Arbeitsmarkt, der auf sie nicht wartete und auf dem in der Zwischenzeit auch andere Berufe die ins Auge gefassten Arbeitsplätze besetzten. So erfüllten sich beispielsweise keineswegs die Hoffnungen vieler Lehrerinnen und Lehrer, die sich über ein Aufbaustudium in Erziehungswissenschaft eine leitende Funktion im Schulbereich erhofft hatten, da die entsprechenden Stellen einfach nicht geschaffen wurden.

Auch hatten sich – gänzlich unberührt von den universitären Entwicklungen – seit Anfang der 70er Jahre vor allem im Bereich der Sozialen Arbeit die Fachhochschulausbildungsgänge in Sozialarbeit und Sozialpädagogik etabliert und Absolventinnen mit diesen Abschlüssen Aufnahme in die vielfältigen Felder der Sozialen Arbeit gefunden. Das zugrunde liegende Problem dabei war, dass die Einrichtung des Diplom-Studiengangs nicht etwa in Abstimmung mit potentiellen Arbeitgebern oder aufgrund einer von ihnen proklamierten Notwendigkeit geschah. Die freien und insbesondere die öffentlichen Träger hatten vielmehr massive Vorbehalte gegenüber diesem neuen Qualifikationsprofil. So fühlte sich der Deutsche Verein für öffentliche und private Fürsorge noch 1977 „verpflichtet, Studenten vor der Aufnahme eines solchen Diplomstudiums und Hochschulen vor einer Vergrößerung der Studentenzahlen im Diplomstudiengang Pädagogik zu warnen" (Deutscher Verein 1977).

Für viele der damaligen Absolventinnen des Diplom-Studiengangs wurde die Stellensuche so zu einer regelrechten Pionierarbeit: sich selbst eine Stelle zu schaffen oder aber potentielle Arbeitgeber persönlich und in jedem Einzelfall davon überzeugen zu müssen, dass sie für die zu vergebende Stelle tatsächlich qualifiziert seien. Die empirischen Verteilungen deuten an, dass solche Prozesse einen gewissen Erfolg hatten (vgl. Tab. 1).

Tab. 1: Stellenexpansion und Stellensubstitution bei der ersten Stelle (Angaben in Prozent)

Absolventinnen-Kohorte	70er	80er	90er	Gesamt
Stelle neu geschaffen	36,1	37,1	33,4	35,2
Stelle bereits vorhanden	58,4	58,5	63,7	60,9
davon:				
Diplom-/Magister-Pädagogin	12,1	13,4	21,5	17,0
Anderer universitärer Abschluss	25,8	12,8	12,2	15,3
Fachhochschulabschluss	29,0	28,5	28,3	28,5
Fachschulabschluss als Erzieherin	9,7	14,0	8,6	10,5
Sonstiger Abschluss	7,3	8,4	10,4	9,1
Abschluss Vorgängerin nicht bekannt	16,1	22,9	19,0	19,6
Nicht bekannt	5,5	4,4	2,9	3,9
N	219	318	452	989

Quelle: DFG-Projekt „Berufsverbleib" Kohorten-Vergleichstudie 2001 (vorläufig)

Auch heute noch besetzt ein gutes Drittel der Befragten eine Erststelle, die bei der Einstellung neu geschaffen wurde. D.h. bis weit in die 90er Jahre profitierten die Diplom-Pädagoginnen von der Stellenexpansion im Sozial- und Bildungsbereich. Im Umkehrschluss heißt das aber auch: In Zukunft wird die Arbeitsmarktsituation umso prekärer, je geringer ein solcher Stellenzuwachs aufgrund des Expansionseffektes ausfällt. Unter Substitutionsgesichtspunkten fällt zum einen auf, dass sich die Prozesse der horizontalen Substitution im Zeitverlauf in etwa die Waage halten: Waren die Absolventinnen der ersten Generation noch in erheblichem Umfang Stellenvorgängerinnen und -vorgängern mit einer anderen akademischen Qualifikation gefolgt, so zeigt sich für die Befragten der 90er-Kohorte ein deutlicher Substitutionsbedarf aus den eigenen Reihen (die Stelle war zuvor bereits mit jemandem mit einer universitären erziehungswissenschaftlichen Qualifikation besetzt). Daneben lassen sich auch bestimmte vertikale Verdrängungsprozesse ausmachen: Gerade in den 80er Jahren folgten Diplom-Pädagoginnen überdurchschnittlich häufig Personen mit einem Fachschulabschluss als Erzieherin oder Erzieher nach. Die durchgängig hohe Rate der Substituierung von Fachhochschulabsolventinnen durch Diplom-Pädagoginnen verweist schließlich auf den Erfolg kollektiver „Upgrading"-Mechanismen des Berufsstands insgesamt. Nur: Jobs in Leitungspositionen, für die die Rahmenordnung von 1969 eigentlich qualifizieren wollte und die im Reformeifer beispielsweise in der Sozialen Arbeit oder im Schulbereich als neu besetzungsbedürftig wahrgenommen worden waren, blieben Diplom-Pädagoginnen überwiegend verschlossen.

Diese Tendenzen mögen auch eine Erklärung für den ab Ende der 70er Jahre immer größer werdenden Anteil der Frauen in Studium und Beruf bieten. Berücksichtigt man die zu Beginn der 80er Jahre aufkommende Diskussion um eine allgemein stärkere Karriereorientierung von Männern sowie der gesellschaftlichen Konstitution eines „weiblichem Arbeitsvermögens" in ihren Auswirkungen auf Berufswahl, Erwerbsverhalten und Arbeitsmarktbewegungen, so erscheint die Hinwendung von Männern zu „erfolgversprechenderen" Berufskarrieren zwangsläufig. Seit den 80er Jahren wurde aber auch festgestellt, dass das erziehungswissenschaftliche Diplom-Studium insbesondere für Männer aus bildungsfernen Herkunftsmilieus sowie für Frauen aus den Mittelschichten die Eingangspforte zu einer akademischen Qualifikation bildete, mithin für diese Personengruppen ein „begrenztes akademisches Aufstiegsprojekt" darstellt – ähnliche Phänomene wiederholen sich heute beispielsweise bei den Kindern von Migrantenfamilien.

Diplom-Pädagoginnen haben sich nach Bildungsreform und Bildungsexpansion nach und nach im Hochschulsystem wie auch auf dem Arbeitsmarkt etabliert. Dabei hat sich in Studium und Beruf des „Diplom-Pädagogen" das Berufsbild seit den 70er Jahren quantitativ eindeutig zu einem Frauenqualifikationsprofil entwickelt. Der stetig wachsende Frauenanteil in Studium und Beruf wird in der Zusammenfassung nach den Absolventinnen-Generationen besonders deutlich (vgl. Tab. 2).

Tab. 2: Geschlechtszugehörigkeit der Befragtengruppen der Kohorten-Vergleichsstudie (Angaben in Prozent)

Absolventinnen-Kohorte	70er	80er	90er	Gesamt
Frauen	57,8	72,9	80,0	72,8
Männer	42,2	27,1	20,0	27,2
N	275	387	561	1.223

Quelle: DFG-Projekt „Berufsverbleib" Kohorten-Vergleichsstudie 2001 (vorläufig)

Der Diplom-Studiengang Erziehungswissenschaft ist heute ein Frauenstudium wie auch im Beruf der Bereich des Bildungs-, Sozial- und Erziehungswesens eine Frauendomäne ist. Dies hat Konsequenzen für das Qualifikations- wie auch für das Berufsprofil: Die Vollzugslogik der Karrieren von Diplom-Pädagoginnen ist zu interpretieren im Horizont und auf der Folie der spezifischen Muster von weiblichem Erwerbsverhalten.[5]

5. Der Berufseinstieg von Diplom-Pädagoginnen im Generationenvergleich

Im folgenden werden einige für den Übergang in die Erststelle wesentliche empirische Verteilungen über die drei untersuchten Absolventinnen-Generationen hinweg dargestellt: Diese betreffen das Einmündungstempo in die erste Stelle nach dem Abschluss des Fachstudiums, einige wichtige Aspekte der Arbeitsplatzsicherheit beim Berufseinstieg (Form und zeitlicher Umfang der ersten Erwerbstätigkeit sowie das Vergütungsniveau der Erststelle) sowie die Arbeitsfelder und die Arbeitgeber der Erstbeschäftigung nach dem Diplom-Examen. Die Befunde werden eingeordnet in die korrespondierenden Aspekte der Etablierungsgeschichte der Berufsfelder der Diplom-Pädagogik.

5.1 Einmündungstempo beim Berufseinstieg nach dem Studium

Über die drei Absolventinnen-Kohorten hinweg erstaunlich stabil ist der Anteil derer, die bereits vor Studienabschluss eine Stelle innehatten (etwa ein Viertel der Befragten): Dabei handelt es sich v.a. in der ersten Generation um Aufbaustudierende und insgesamt um Befragte, die das Studium parallel zu einer Erwerbstätigkeit absolvierten bzw. die mit dem Pädagogik-Studium als

---

5   Für die 80er Jahre haben Bahnmüller u.a. (1988) die Feststellung getroffen, die Diplom-Pädagogik sei „ein Frauenberuf in Männerregie". Anhand der Vergleichsdaten aus dem Diplom-Survey und der Kohorten-Vergleichsstudie wird insbesondere dieser Befund zu überprüfen sein.

Weiterqualifikation beim gleichen Arbeitgeber wieder eingestiegen sind (vgl. Tab. 3).[6]

Tab. 3: Einmündungstempo beim Berufseinstieg nach dem Studium (Angaben in Prozent)

Absolventinnen-Kohorte	70er	80er	90er	Gesamt
Bis 4 Monate vor Abschluss	12,1	12,3	12,5	12,3
3-1 Monate vor Abschluss	13,4	14,8	12,3	13,3
0-3 Monate nach Abschluss	30,3	21,2	22,6	23,9
4-12 Monate nach Abschluss	27,7	27,4	35,7	31,5
Mehr als 12 Monate nach Abschluss	15,6	22,5	13,2	16,5
Noch nie erwerbstätig	0,9	1,8	3,6	2,5
N	231	325	521	1.077

Quelle: DFG-Projekt „Berufsverbleib" Kohorten-Vergleichstudie 2001 (vorläufig)

Bemerkenswert ist auch, dass durchgängig rund die Hälfte aller Absolventinnen drei Monate nach dem Ende des Studiums eine erste Stelle gefunden hat. Insgesamt waren die Startbedingungen bei der Berufseinmündung für die erste Absolventinnen-Generation insbesondere im Vergleich zu den Befragten aus den 90er-Jahrgängen deutlich günstiger. Zwölf Monate nach dem Ende des Fachstudiums sind rund vier Fünftel aller Befragten in eine erste Stelle eingemündet, wobei sich hier weitere deutliche generationenspezifische Differenzen ausmachen lassen: So haben überdurchschnittlich mehr Absolventinnen der 80er-Generation länger als zwölf Monate für den Berufseinstieg gebraucht.

5.2 Gesicherte und prekäre Beschäftigungsverhältnisse beim Berufseinstieg

Diese Tendenz zu einer spezifischen „Delle" auf dem pädagogischen Arbeitsmarkt in den 80er Jahren tritt schärfer zu Tage, wenn man die Verteilungen nach gesicherten und prekären Beschäftigungsverhältnissen in den Blick nimmt. Damit kommt man unweigerlich auch zur Frage der Veränderung bzw. der Auflösung des „Normalarbeitsverhältnisses" – das unbefristete, zumeist tariflich bezahlte und auf eine 40-Stunden-Woche ausgelegte Beschäftigungsverhältnis, auf dem in den modernen Arbeitsgesellschaften lange das berufliche Selbstverständnis der meisten Arbeitnehmer, das herkömmliche Familienmodell und auch der Sozialstaat fußte. Die auftretenden Veränderungen und Verschiebungen auf dem Arbeitsmarkt lassen sich – obwohl sich das Modell der Normalarbeit vorwiegend am männlichen Brotverdiener ausrichtete – auch für die Diplom-Pädagoginnen über die Beschäftigungsformen, Stellenbefristungen, Arbeitszeiten und Vergütungsformen darstellen.

---

6 Entsprechend zeigen sich vor allem in der ersten Generation auffällig hohe Anteile an akademischen Vorqualifikationen als Lehrerinnen und Theologinnen.

Berufskarrieren ohne Muster 137

5.2.1 Formen der Erwerbstätigkeit

So wird das relativ hohe Niveau an unbefristeten Erststellen, das die erste Generation noch aufweist (zwei Drittel der Befragten), von den späteren Kohorten nicht mehr erreicht (vgl. Tab. 4).

Tab. 4: Formen der Erwerbstätigkeit beim Berufseinstieg
(Angaben in Prozent)

Absolventinnen-Kohorte	70er	80er	90er	Gesamt
Abhängig beschäftigt, unbefristet	64,1	43,1	56,6	54,1
Abhängig beschäftigt, befristet	32,7	48,0	34,2	38,1
Selbständig, freiberuflich	3,2	9,0	9,2	7,8
N	251	346	521	1.118

Quelle: DFG-Projekt „Berufsverbleib" Kohorten-Vergleichstudie 2001 (vorläufig)

Und auch hier zeigt sich die Sonderstellung der 80er-Absolventinnen: Nur etwa jeder Vierte erreicht schon beim Berufseinstieg eine unbefristete Erststelle, dafür findet sich bei ihnen mit 48% der im Generationenvergleich höchste Wert an Stellenbefristungen. Der Berufsstart als Selbständiger oder als Freiberuflerin nimmt im Zeitverlauf zwar zu, spielt insgesamt aber eine untergeordnete Rolle.[7]

5.2.2 Zeitlicher Umfang der Erwerbstätigkeit beim Berufseinstieg

Auch hinsichtlich einer Vollzeiterwerbstätigkeit hatte die erste Generation noch die günstigsten Startbedingungen (vgl. Tab. 5): Drei Viertel der Befragten aus der 70er-Kohorte hatten von Beginn an Vollzeitstellen. Dies ist nicht zuletzt auf die erwähnten Sonderfaktoren bei dieser Absolventinnen-Generation zurückzuführen: Für sie war der Diplomabschluss deutlich häufiger noch eine Zusatz- bzw. Weiter-Qualifikation und eben nicht die akademische Erstausbildung.

Tab. 5: Zeitlicher Umfang der Erstbeschäftigung (Angaben in Prozent)

Absolventinnen-Kohorte	70er	80er	90er	Gesamt
Vollzeit (≥ 36 Std.)	73,1	55,4	55,7	59,7
Teilzeit (21-35 Std.)	10,4	15,0	22,9	17,5
Halbtags (15-20 Std.)	11,9	19,2	17,7	16,8
Nebentätigkeit (≤ 14 Std.)	4,6	10,3	3,6	6,0
N	260	359	497	1.116

Quelle: DFG-Projekt „Berufsverbleib" Kohorten-Vergleichstudie 2001 (vorläufig)

---

7 In den weiteren Analysen bleibt zu prüfen, ob überhaupt und wenn ja, für welche Teilgruppen der Diplom-Pädagoginnen der Weg in die Selbständigkeit tatsächlich eine chancenreiche berufliche Alternative bietet.

Vollzeit-Beschäftigungen auf der Erststelle hatten in den Folgegenerationen nur mehr etwa die Hälfte der Befragten. Die Teilzeitstellen zum Berufsstart nehmen im Zeitverlauf kontinuierlich zu.[8] Bei den Halbtags- und den Nebentätigkeiten weisen wiederum die 80er Jahre-Absolventinnen die höchsten Werte auf: Als Reaktion auf die schlechtere Arbeitsmarktsituation war es für viele Absolventinnen wohl zunächst wichtig, mittels geringfügiger Beschäftigungen erst einmal „den Fuß in der Tür zu haben".[9]

5.2.3 Niveau der Einstiegsgehälter

Schließlich noch ein Blick auf das Gehaltsniveau beim Berufseinstieg: Die Angaben der Befragten zu ihrem Ersteinkommen wurden – soweit dies möglich war – an die üblichen BAT- und analogen Gehaltsstufen angeglichen und zusammengefasst (vgl. Tab. 6). Bemerkenswert ist der im Zeitverlauf kontinuierlich steigende Anteil der nicht-tariflich vergüteten Diplom-Pädagoginnen. Für die Befragten aus der 90er-Jahrgängen, die bei der Bezahlung im Kohortenvergleich anteilsmäßig am häufigsten Geldbeträge angegeben haben, lässt sich festhalten, dass sie beim Jahres-Brutto-Einkommen überwiegend im unteren und mittleren Spektrum vertreten sind.

Tab. 6: Gehaltsniveau beim Berufseinstieg (Angaben in Prozent)

Absolventinnen-Kohorte	70er	80er	90er	Gesamt
Anteil tariflich bezahlter Personen	81,4	73,7	61,0	69,7
davon:				
BAT III und besser	51,5	25,4	19,3	30,0
BAT IV und schlechter	48,5	74,6	80,7	70,0
Anteil nicht-tariflich bezahlter Personen	18,6	26,3	39,0	30,3
N	253	353	500	1.106

Quelle: DFG-Projekt „Berufsverbleib" Kohorten-Vergleichsstudie 2001 (vorläufig)

Legt man die Grenze einer „akademikeradäquaten" Bezahlung bei „BAT III und besser" an, so erreichen über die Jahre immer weniger Diplom-Pädagoginnen beim Berufseinstieg eine ausbildungsadäquate Bezahlung. Mit Ausnahme der ersten Generation erzielte die überwiegende Mehrzahl der Diplom-Absolventinnen auf der ersten Stelle nach dem Examen also noch keine qualifikationsadäquate Vergütung.

---

8 Die von den Befragten genannte Zahl der wöchentlichen Arbeitsstunden wurde analog zu den Kriterien des Mikrozensus gruppiert.
9 So lautet auch der Titel einer lokalen Verbleibsstudie zu Hannoveraner Diplom-Pädagoginnen aus den späten 80er Jahren (vgl. Projektgruppe Verbleibsforschung 1989).

5.3 Arbeitsfelder und Arbeitgeber beim Berufseinstieg

Diese Befunde müssen vor dem Hintergrund bewertet werden, dass hier Strukturen der Arbeits- und Beschäftigungsverhältnisse sehr unterschiedlicher Arbeitsfelder einfließen. Über das Studienrichtungskonzept des Diplom-Studiengangs waren in der Anfangskonzeption so heterogene Arbeitsfelder wie die Soziale Arbeit, die Sonderpädagogik, die Erwachsenen- und die berufliche Weiterbildung wie auch der Schulbereich angedacht. Der Blick auf die Arbeitsfelderverteilung zeigt, dass das typische berufliche Einstiegsfeld für Diplom-Pädagoginnen nach wie vor im Feld der Sozialen Arbeit liegt, obwohl sich der zahlenmäßige Anteil über die Zeit doch deutlich verringert hat (vgl. Tab. 7).

Tab. 7: Arbeitsfelder beim Berufseinstieg (Angaben in Prozent)

Absolventinnen-Kohorte	70er	80er	90er	Gesamt
Soziale Arbeit	43,5	34,7	31,1	35,1
Gesundheitswesen, Rehabilitation	11,1	19,7	27,1	21,0
Erwachsenenbildung, Weiterbildung	8,4	9,8	17,8	13,1
Schule	11,8	8,2	4,4	7,3
Forschung, Wissenschaft	6,9	7,9	5,5	6,6
Sonstige pädagogische Felder	11,1	8,2	5,3	7,6
Nicht-pädagogische Felder	7,3	11,5	8,7	9,3
N	262	366	505	1.133

Quelle: DFG-Projekt „Berufsverbleib" Kohorten-Vergleichstudie 2001 (vorläufig)

Von wachsender Bedeutung erweist sich dagegen der Bereich der Erwachsenen- und Weiterbildung: Hier findet sich ein kontinuierlicher Anstieg, was vor dem Hintergrund der zunehmenden internen Differenzierung des Berufsprofils auf Spezialisierungstendenzen einerseits und Ausweichstrategien andererseits verweist.

Schließlich noch ein Blick auf die Arbeitsfelder mit niedriger Besetzung: Konstant niedrig bleiben im Zeitverlauf sowohl mit dem Bereich Wissenschaft und Forschung die Nachwuchsrekrutierung für die akademische erziehungswissenschaftliche Zunft wie auch die Abwanderung in nicht-pädagogische Arbeitsfelder – zumindest was die Erststelle anbelangt. Unter dem Aspekt von individuellen Karrierestrategien interessant ist der Bereich Schule: Die gleichmäßige Verringerung über die Zeit zeigt, dass die Ambitionen insbesondere vieler Lehrerinnen, über die zusätzliche Diplom-Qualifikation ihre persönlichen Karrierechancen im Schulbereich selbst zu verbessern, ziemlich rasch enttäuscht wurden. Als Arbeitsfeld für Berufseinsteiger mit diplom-pädagogischer Qualifikation hat der Schulbereich mittlerweile nur mehr marginale Bedeutung.

Insgesamt ist festzustellen, dass die Absolventinnen auf die entstehenden Differenzierungen der Teilsegmente im Bildungs- und Sozialwesen wie auch auf die in den 80er Jahren schwierige Arbeitsmarktlage mit Verlagerungen ihrer fachlichen Ausrichtung reagiert haben. Sie haben sich damit – gewollt oder ungewollt – weitere Arbeitsfelder erschlossen. Dies wird mit Blick auf die Arbeitgeber beim Berufseinstieg ergänzend bestätigt (vgl. Tab. 8).

Tab. 8: Arbeitgeber beim Berufseinstieg (Angaben in Prozent)

Absolventinnen-Kohorte	70er	80er	90er	Gesamt
Wohlfahrtsverbände/gemeinnützige freie Träger	40,2	31,5	37,7	36,3
Bund, Länder, Kommunen (ohne Hochschulen)	34,6	30,7	15,4	24,9
Lokale und regionale Vereine, Initiativen	9,4	16,6	13,5	13,6
Privat-gewerbliche Träger	3,1	6,3	17,0	11,7
Hochschulen, Forschungsinstitute	5,5	8,3	5,4	6,3
Andere Träger	7,1	6,6	7,7	7,2
N	254	349	467	1.070

Quelle: DFG-Projekt „Berufsverbleib" Kohorten-Vergleichsstudie 2001 (vorläufig)

So überrascht vor dem Hintergrund des bisher Gesagten nicht so sehr die dominierende Stellung der freien gemeinnützigen Träger und darin vor allem der Wohlfahrtsverbände. Eindrucksvoller ist der über die Jahre festzustellende Bedeutungsverlust der öffentlichen Träger als Arbeitgeber, die gerade im Gesundheits- und im Sozialwesen am Prozess der Verlagerung der direkten Erbringung personenbezogener sozialer Dienstleistungen auf freie Träger beteiligt waren, sowie der verhältnismäßig große Bedeutungszuwachs der privatgewerblichen Träger, der auch als Ausdruck der gestiegenen Relevanz der Arbeitsfelder Erwachsenen- und Weiterbildung für Diplom-Pädagoginnen zu verstehen ist.

Insgesamt – so lässt sich für die berufliche Etablierung der Diplom-Absolventinnen resümieren – gelang es nicht, ein auch gesellschaftlich starkes Bild von Diplom-Pädagoginnen als akademischen Fachkräften in den Bereichen zu etablieren, für die sie ausgebildet werden. In allen Feldern – in der Sozialen Arbeit, im Gesundheitswesen, in der Weiterbildung, ja sogar in der eigenen akademischen Disziplin – konkurrieren sie mit Personen mit anderen Qualifikationsprofilen.

Fragt man nun nach dem beruflichen Profil und dem beruflichen Selbstbild von erwerbstätigen Diplom-Pädagoginnen, so schien und scheint dieses in zentraler Weise durch die angesprochenen Arbeitsfelder und eben nicht durch den gemeinsamen Hochschulabschluss konturiert zu werden. Identitätsstiftend wirkt weniger die gemeinsame Qualifikation als die aktuelle Tätigkeit, was schließlich auch für die Frage nach einer übergreifenden berufsständischen Interessenpolitik eine besondere Erschwernis bedeutet.

Im Horizont dieser Ausgangslage ist es letzten Endes weniger erstaunlich, dass Diplom-Pädagoginnen Schwierigkeiten bei der Platzierung auf dem Arbeitsmarkt hatten, als vielmehr der umgekehrte Tatbestand: Dass es trotz schlechter Startbedingungen, trotz fehlender flankierender Maßnahmen und trotz einer angespannten Arbeitsmarktlage v.a. in den 80er Jahren offenbar dennoch weit mehr Diplom-Pädagoginnen geschafft haben, irgendwie beruflich unterzukommen, als von so vielen Experten prophezeit wurde, und dass sich dies insgesamt – wie ansatzweise gezeigt werden konnte – bis heute fortgesetzt hat. Die Ursache für diesen unerwarteten Platzierungserfolg hat einen Namen: die starke Expansion des Sozial-, Bildungs- und Erziehungswesens im letzten Drittel des vorigen Jahrhunderts. Damit profitierten Diplom-Pädagoginnen letztlich nicht von hochspezialisierten Qualifikationsprofilen, besonderer Karriere- oder Professionspolitik oder beruflichen Monopolstellungen, sondern zentral von „Mitnahme-Effekten" in einem dynamischen Arbeitsmarktsegment. Nur durch die Dynamik permanent hinzukommender neuer Stellen konnten sich Diplom-Pädagoginnen so platzieren, wie dies in den letzten 30 Jahren der Fall war. Und nur dadurch konnten sich auch die Arbeitslosenquoten seit Beginn der 90er Jahre unterdurchschnittlich zur Arbeitslosigkeit bei Akademikern insgesamt entwickeln.

6. Individuelle Berufsverläufe und strukturelle Karrieremuster

Die Hoffnungen der ersten Generation von Absolventinnen, mit der Zusatzqualifikation eines Abschlusses in Diplom-Pädagogik ihre individuellen Karrierechancen zu erhöhen, haben sich – insbesondere für den Bereich der Schule – nicht bzw. nur teilweise erfüllt. Für die zweite Generation war die Arbeitsmarktsituation besonders kritisch: Sie traf auf einen Arbeitsmarkt, der sie so noch nicht brauchte, der – trotz der Konsolidierung der akademischen Ausbildung – noch nicht entsprechend auf dieses Qualifikationsprofil vorbereitet war. Korrespondierend finden sich hier vermehrt diejenigen prekären Beschäftigungsverhältnisse und individuellen Ausweichstrategien, die Teil der gängigen Vorurteile gegenüber Diplom-Pädagoginnen sind.[10] Für die dritte Generation zeigt sich die Arbeitsmarktsituation generell sehr viel entspannter. Die Diplom-Pädagogik hat sich in ihren spezifischen Segmenten erfolgreich etabliert und sich auch ihre Nischen erobert.

Das Ausweichen in nicht-pädagogische Arbeitsfelder bleibt – zumindest für die Erststelle – über die Zeit hinweg erstaunlich gering, ebenso der Weg in die Selbständigkeit. Und auch das Normalarbeitsverhältnis als Bezugsgröße für individuelle Berufslaufbahnen ist immer noch erstaunlich stabil. Entgegen den Prognosen gerade für die Teilarbeitsmärkte von Diplom-Pädagoginnen zeigt es sich wenig erodiert. Die Anteile an Stellenbefristungen und Teilzeitbeschäftigungen liegen im Vergleich mit anderen akademischen Berufen im allgemeinen Trend. Diplom-Pädagoginnen können – bei allen Schwierigkeiten, die in Bezug auf Arbeitsplatzsicherheit, Bezahlung etc. im Detail vorhanden sein mögen – anhand der empirisch ausweisbaren Entwicklungen nicht mehr länger als eine Berufsgruppe angesehen werden, die in irgendeiner herausgehobenen Weise als problematisch zu bezeichnen wä-

---

10 Ein immer wieder gerne angeführtes Beispiel ist die große „Dichte" an Kneipenwirten unter Diplom-Pädagoginnen.

re. Diplom-Pädagoginnen haben sich im dritten Jahrzehnt ihrer Existenz endgültig auf dem Arbeitsmarkt durchgesetzt, mit all den ganz gewöhnlichen Schwierigkeiten, die heutzutage vor allem, aber nicht nur Berufsgruppen betreffen, die ihre Existenz im wesentlichen auf einem politisch und fiskalisch gesteuerten Teilarbeitsmarkt sichern müssen. In diesen Arbeitsmarktsegmenten nimmt bis heute das Feld der Sozialarbeit/Sozialpädagogik eine dominierende Stellung ein. Dies scheint aber auch das Feld zu sein, in dem – gerade in Analogie zu Diplom-Sozialarbeiterinnen – trotz einer durchgängig hohen Berufszufriedenheit die Inkaufnahme unterdurchschnittlicher Vergütung am ausgeprägtesten ist. Zusammenfassend weisen die Diplom-Pädagoginnen eine insgesamt gelungene Platzierung auf dem Arbeitsmarkt auf, dies jedoch ohne fachliche Monopolstellung und ohne ein spezifisches kollektives Qualifikationsprofil.[11]

Insgesamt war eine (sozial-)wissenschaftlich und universitär ausgebildete Fachkraft zu Beginn der Etablierung des Qualifikationsprofils Diplom-Pädagogik in vielen Bereichen des Sozial-, Bildungs- und Erziehungswesens außerhalb der Schule ein Novum, befanden sich diese Felder vielfach noch in einem Zustand der fachlichen und beruflichen „Unschuld" und Naivität. Diplom-Pädagogik, das war damals eben auch die Produktion eines professionellen Habitus im Geiste der Aufklärung, war ein Stück Institutionalisierung von angewandter Ideologiekritik und Gegenöffentlichkeit, war zugleich eine strukturell überfordernde Herausforderung einer mit sich selbst zufriedenen Praxis, die einfach nicht darauf vorbereitet war, sich öffentlich, mit wissenschaftlichen Mitteln und einem fachlich geschulten Blick in die Karten schauen zu lassen, und die auch keineswegs von der Notwendigkeit und Nützlichkeit wissenschaftlicher Ausbildung überzeugt war.

Betrachtet man abschließend die Frage nach dem Zusammenhang von kollektiver Karrierepolitik und individuellen Karrieremustern, so muss vor allem auf das Fehlen einer bedeutsamen berufsständischen Vertretung der Diplom-Pädagoginnen hingewiesen werden (vgl. Tab. 9). Seit 1977 und 1980 gibt es zwei übergreifende Berufsverbände von Diplom-Pädagoginnen, die mehr oder weniger miteinander konkurrieren, aber jeweils nur etwa 350-400 Mitglieder umfassen; in der Summe erreichen sie aktuell gerade ein Prozent aller bisherigen Absolventinnen.

---

11 Die zu beobachtende Heterogenität der individuellen Berufskarrieren von Diplom-Pädagoginnen kann auch interpretiert werden als ein strukturelles Auseinanderfallen von individuellen Berufsverläufen und standardisierten Laufbahntypiken. In den Feldern, auf die das Pädagogik-Studium typischerweise vorbereitet, fehlen vielfach immer noch kollektiv strukturierte Laufbahnmuster und -normen (vgl. Kohli 1973) bzw. diese sind – positiv gewendet – auch zu Beginn des „vierten Jahrzehnts" der Diplom-Pädagogik immer noch dabei, sich weiter auszudifferenzieren.

Berufskarrieren ohne Muster 143

Tab. 9: Mitgliedschaft in Berufsverbänden und Gewerkschaften
(Angaben in Prozent)

Absolventinnen- Kohorte	70er	80er	90er	Gesamt
Gewerkschaft	35,4	28,0	12,9	22,8
Berufsverband	12,3	11,1	14,0	12,7
Beides	4,7	3,1	0,9	2,4
Keine Mitgliedschaft	47,7	57,8	72,3	62,1
N	277	389	559	1.225

Quelle: DFG-Projekt „Berufsverbleib" Kohorten-Vergleichsstudie 2001 (vorläufig)

Auch wenn in den 90er Jahren ein Siebtel der Befragten in Berufsverbänden vertreten sind, so handelt es sich dabei vorwiegend um Fachverbände des jeweiligen Arbeitsfeldes. Wie es scheint, finden Diplom-Pädagoginnen ihre berufliche Heimat und Identität heute eher in den Fachverbänden ihrer Arbeitsfelder denn in einem abstrakten Dachverband aller Diplom-Pädagoginnen. Stimmig dazu verhält sich auch der im Zeitverlauf fast dramatisch abnehmende gewerkschaftliche Organisationsgrad der Befragten. Insgesamt ist also nicht von einem geteilten Erfahrungsfeld und damit auch weniger von einem einheitlichen Profil, sondern eher von einer großen Heterogenität unter den Diplom-Pädagoginnen zu sprechen. Sie haben es nicht geschafft, kollektive Interessen- und Karrierepolitik zu betreiben bzw. relevante berufsständische Vertretungen zu etablieren. Dies hat für übergreifende Berufs- und Karrierepolitiken entsprechend limitierende Wirkungen: Als Karrierestrategie steht den Diplom-Pädagoginnen nur individuelle Selbstvermarktung zur Verfügung. So konnten die in der kommunalen Sozialverwaltung immer noch bestehenden Vorbehalte gegenüber Diplom-Pädagoginnen – vor allem im Bereich der Sozialen Arbeit – berufspolitisch bis heute nicht erschüttert werden. Gerade hier, bei einem für den sozialen Bereich zentralen Arbeitgeber, wird – fälschlicherweise – die tarifliche Bezahlung als Schutzargument gegenüber der Einstellung von Diplom-Pädagoginnen auch heute noch ins Feld geführt.[12]

Neue Anstöße zur Verbesserung der Berufschancen und zur Profilierung des Berufsprofils der Diplom-Pädagoginnen kommen – wenn die Wahrnehmung aus der wissenschaftlichen Distanz denn zutrifft – fast nur aus Richtung Hochschule und damit wieder aus der akademischen Denkfabrik. Für den Diplomstudiengang Erziehungswissenschaft lassen sich dabei mehrere Ebenen beschreiben, auf denen sich derzeit strukturelle Reformbemühungen abzeichnen.

- Zum einen lebt seit einiger Zeit wieder eine Diskussion auf, welche Themenkomplexe und welche fachwissenschaftlichen Inhalte ein Studium der Erziehungswissenschaft in seinen allgemeinen Teilen enthalten

---

12 Um noch einmal die Symbolik zu bemühen: Wenn man heute Diplom-Pädagoginnen verstärkt als Kinder- und Jugendpsychotherapeutin, Unternehmensberater oder Gesundheitsamtleiterin findet, so wird auf ihren Visitenkarten nicht unbedingt auf den akademischen Titel Dipl.-Päd. hingewiesen.

sollte, um den disziplinären Ansprüchen gerecht zu werden, so dass am Ende eines Studiums Diplom-Pädagoginnen – wie ein Physiker oder Chemiker – in etwa eine Vorstellung davon haben, was das Basiswissen des Faches ist bzw. in welchen Koordinaten sich die Denk- und Wissensformen der Erziehungswissenschaft bewegen. Diese Fragestellung einer stärkeren Vereinheitlichung und Verzahnung elementarer fachwissenschaftlicher Grundanteile wird gegenwärtig unter dem Stichwort „Kerncurriculum Erziehungswissenschaft" diskutiert.

- Zum anderen sind Bemühungen im Gange, durch die Ausweitung und Intensivierung der fachpraktischen Ausbildungsanteile sowie den verbesserten Transfer zwischen Hochschule und Praxis (in beiden Richtungen) die berufsbezogene Qualifikation der Studierenden zu profilieren und wettbewerbsfähiger zu machen.
- Und drittens wird die verstärkte Ausbildung und Vertiefung in sozialwissenschaftlichen Forschungsmethoden im Studium angestrebt, was zunächst die Stärkung des eigenen Nachwuchses fördern soll, aber möglicherweise auch weitere Arbeitsfelder erschließen könnte.

Karrierepolitik, sofern sie diesen Namen verdient, ist damit – wie schon bei der Einrichtung des Diplom-Studienganges – wiederum noch am ehesten durch hochschulische Aktivitäten gekennzeichnet. Ansonsten scheint den praktisch tätigen Diplom-Pädagoginnen als übergreifende Gemeinsamkeit v.a. „Selbstmanagement" und individuelle Profilierung zu verbleiben. Dass eine neues Qualifikationsmodell wie das der Diplom-Pädagogik allerdings politisch wie fachlich erst einmal einsichtig, bekannt und im Angesicht angrenzender und konkurrierender Profile im Über- und Nebeneinander auf dem Arbeitsmarkt auch aktiv durchgesetzt werden musste, dies aber faktisch nicht geschah, muss im nachhinein unter karrierepolitischen Aspekten als das vielleicht schwerste Versäumnis der 70er und 80er Jahre bezeichnet werden.

Literatur

Bahnmüller, R./Rauschenbach, T./Trede, W./Bendele, U., 1988: Diplom-Pädagogen auf dem Arbeitsmarkt. Ausbildung, Beschäftigung und Arbeitslosigkeit in einem Beruf im Wandel, Weinheim/München: Juventa.

Beck, C./Flörchinger, M./Hamburger, F./Stenke-Knorr, D., 1990: Mainzer Diplom-PädagogInnen im Beruf, Mainz: Schriftenreihe des Pädagogischen Instituts der Johannes-Gutenberg-Universität Mainz, Bd. 14 (Eigendruck).

Burkhardt, A./Schomburg, H./Teichler, U. (Hrsg.) 2000: Hochschulstudium und Beruf. Ergebnisse von Absolventenstudien. Kassel: Wissenschaftliches Zentrum für Berufs- und Hochschulforschung.

Deutscher Verein, 1977: Stellungsnahme des Deutschen Vereins zur Ausbildung von Diplom-Pädagogen an Universitäten und Pädagogischen Hochschulen. In: Nachrichtendienst des deutschen Vereins für Öffentliche und private Fürsorge, S. 306-307.

Flacke, A./Prein, G./Schulze, J., 1989: Studium und Beruf Dortmunder Diplom-PädagogInnen. Ergebnisse einer empirischen Untersuchung zur beruflichen Entwicklung der in Dortmund 1980 bis 1987 ausgebildeten Diplom-PädagogInnen. Dortmund: Berichte und Materialien aus dem ISD. Bd. 4.

Hommerich, C., 1984: Der Diplom-Pädagoge, ein ungeliebtes Kind der Bildungsreform. Frankfurt a.M./New York: Campus.

Koch, R., 1997: Das lange Überleben einer Kopfgeburt. In: Der pädagogische Blick 5: 215-220.

Kohli, M., 1973: Studium und berufliche Laufbahn. Über den Zusammenhang von Berufswahl und beruflicher Sozialisation. Stuttgart: Enke.

Krüger, H.-H./Grunert, C./Rostampour, P./Seeling, C./Rauschenbach, T./Huber, A./Züchner, I./Kleifgen, B./Fuchs, K./Lembert, A., 2002a: Wege in die Wissenschaft – Ergebnisse einer bundesweiten Diplom- und Magister-Pädagogen-Befragung. In: Zeitschrift für Erziehungswissenschaft 5: (H. 3; im Erscheinen).

Krüger, H.-H./Rauschenbach, T./Fuchs, K./Grunert, C./Huber, A./Kleifgen, B./Lembert, A./Rostampour, P./Seeling, C./Züchner, I., 2002b: Diplom-Pädagogen in Deutschland. Survey 2001. Weinheim/München: Juventa (im Erscheinen).

Lüders, C., 1989: Der wissenschaftlich ausgebildete Praktiker. Entstehung und Auswirkung des Theorie-Praxis-Konzeptes des Diplomstudienganges Sozialpädagogik. Weinheim: Deutscher Studienverlag.

Mägdefrau, J., 2000: Diplom in Erziehungswissenschaft – was kommt danach? Eine Absolventenstudie an der Pädagogischen Hochschule Freiburg. Oberried bei Freiburg: Pais.

Projektgruppe Verbleibsforschung 1989: „Wir haben einen Fuß in der Tür – Immerhin." Zum beruflichen Verbleib von Diplom-PädagogInnen des Studienschwerpunktes Erwachsenenbildung und außerschulische Jugendbildung, Hannover: Eigenverlag.

Rauschenbach, T., 1993: Diplom-PädagogInnen. Bilanz einer 20jährigen Ausbildungsgeschichte. In: Der pädagogische Blick 1: 5-18.

Rauschenbach, T./Züchner, I., 2000: In den besten Jahren? 30 Jahre Ausbildung im Diplomstudiengang Erziehungswissenschaft. In: Archiv für Wissenschaft und Praxis der Sozialen Arbeit 31: 32-50.

Rauschenbach, T./Huber, A./Kleifgen, B./Züchner, I./Fuchs, K./Grunert, C./Krüger, H.-H./Rostampour, P./Seeling, C., 2002: Diplom-Pädagoginnen auf dem Arbeitsmarkt. Erste Befunde einer bundesweiten Verbleibsuntersuchung. S. 75-111 in: Merkens, H./Rauschenbach, T./Weishaupt, H. (Hrsg.): Datenreport Erziehungswissenschaft 2. Ergänzende Analysen. Opladen: Leske + Budrich.

Welz, F., 1995: „Wo sind sie geblieben?" Freiburger SoziologInnen in Studium und Beruf. Freiburger Beiträge zur Soziologie. Pfaffenweiler: Centaurus.

III. Ressourcen für Karrierepolitik

Peter Runia

Soziales Kapital als Ressource der Karrierepolitik

In der gegenwärtigen „Leistungsgesellschaft" bestimmen die individuellen Lebens- und Berufsverläufe verstärkt die soziale Stellung eines Menschen. Die endgültige soziale Position eines Individuums wird zu einem großen Teil durch den entsprechenden Berufsverlauf, die Karriere, bestimmt. In der theoretischen Diskussion gibt es eine Vielzahl von Ansätzen, die sich unter der Rubrik „soziale/berufliche Mobilität" mit Karrieredeterminanten beschäftigen, jedoch häufig begrenzt auf einen oder auf wenige Bestimmungsfaktoren.

Der aktuellen Erkenntnis folgend, dass Karriere immer weniger etwas ist, das man durchläuft, sondern etwas, das man immer wieder neu entwerfen und aufbauen bzw. selbst konstruieren muss, soll die Mikropolitik des sozialen Akteurs im Mittelpunkt dieses Beitrages stehen. Anders ausgedrückt: Wie kann ein Arbeitnehmer heute an seiner Karriere innerhalb eines Unternehmens „basteln"? Welche Ressourcen setzt er ein, und welche Einflüsse der Organisation sind zu beachten?

Um der Erfolgspolitik eines Karrieristen auf die Spur zu kommen, wird zunächst der Begriff der Karriere definiert. Dann folgt die Darstellung theoretischer und empirischer Erkenntnisse zu den Bestimmungsfaktoren von Karriereverläufen, wobei zwischen individuellen und strukturellen Determinanten differenziert wird. Schließlich wird als wichtige „neue" Determinante das Konstrukt des sozialen Kapitals in die Diskussion eingebracht und seine Relevanz für die Karrierepolitik des individuellen Akteurs aufgezeigt.

1. Karriere und Karrierepolitik

Müller (1985: 35) unterscheidet zwischen Karrierewegen als „relativ stabile institutionalisierte Strukturen von Berufsverläufen" und Karriere als „individuelle, gewisse Variationen aufweisende Erwerbsbiographie". Zwischen verschiedenen Karrierewegen können sich auch langfristig unterschiedliche Beförderungschancen und Entlohnungsunterschiede selbst bei vergleichbaren Qualifikationen aufrechterhalten. Zum einen hat dies mit der unterschiedlichen „Karrierepolitik" der Individuen zu tun, d.h. mit den Maßnahmen, die

Akteure (Arbeitnehmer) inter- oder intraorganisationell planen, treffen, ergreifen und durchführen, um selbst definierte (berufliche) Ziele zu erreichen. Hier ergibt sich das Bild des „Karrieristen", der mikropolitische Strategien verfolgt, um bestimmte Gratifikationen zu erlangen, z.b. mehr Einfluss, Macht, mehr Prestige und – nicht zuletzt – ein höheres Einkommen (vgl. Hitzler/Pfadenhauer in diesem Band). Zum anderen spielen individuelle und strukturelle Determinanten der Karriere eine Rolle: Welche individuellen Ressourcen kann der Karrierist in seine Erfolgspolitik einbringen? Welche strukturellen Bedingungen erschweren oder erleichtern seine Strategie?

2. Individuelle Determinanten für Karriere

Innerhalb der Arbeitsmarktforschung galt lange Zeit eine angebotsseitige Dominanz, d.h. die individuellen Merkmale des Arbeitskraftanbieters wurden als entscheidende Determinanten für den Zugang zu einer Berufsposition erachtet. Insbesondere die Humankapitaltheorie sowie der sogenannte Status-Attainment-Ansatz beruhen allein auf diesen individuellen Merkmalen. Ganz in dieser Tradition steht die Vorstellung, dass auch für den beruflichen Aufstieg bzw. für die Karriere allein die individuellen Merkmale des Arbeitnehmers von Bedeutung seien. Zu diesen Merkmalen gehören zum einen Alter, Geschlecht, Nationalität und soziale Herkunft, zum anderen Bildung, Berufserfahrung und sonstige persönliche Fähigkeiten.

Die letztgenannten Faktoren werden vor allem von Vertretern der Humankapitaltheorie als entscheidend für den beruflichen Erfolg angesehen: Die Arbeitskräfte unterscheiden sich in ihrer Qualifikation (Bildung, Ausbildung, Berufserfahrung), welche das Resultat individueller Bildungsinvestitionen darstellt. Die individuellen Beschäftigungs- und Karrierechancen schwanken mit dem Grad der persönlichen Qualifikation: Je fundierter die schulische und berufliche Ausbildung, desto besser die Aussicht auf eine erfolgreiche Karriere (Becker 1964). Man vermisst bei einer solchen Analyse die ‚sonstigen' Fähigkeiten eines Arbeitnehmers, die oft unter dem Schlagwort der „soft skills" aufgeführt werden und in einer Zeit an Bedeutung gewinnen, in der, wie heute, Bildungsabschlüsse wie das Abitur zur zivilisatorischen Grundausstattung gehören.

Die sogenannten askriptiven Eigenschaften eines sozialen Akteurs sind ebenfalls nicht erst seit Parsons ein Thema. Auf Karriereverläufe bezogen sind die folgenden empirischen Erkenntnisse hinsichtlich des Einflusses individueller Merkmale zu nennen (vgl. Brüderl 1991: 96f): (1) Mit fortschreitendem Alter sinken die Aufstiegschancen eines Mitarbeiters. (2) Frauen haben schlechtere Aufstiegschancen als Männer. (3) Ausländische Mitarbeiter haben schlechtere Aufstiegschancen als inländische (deutsche).

Obwohl die individuellen Merkmale den oben zitierten Befunden zufolge starke Effekte auf die jeweiligen Karrierechancen der Mitarbeiter haben, ist davon auszugehen, dass nicht allein individuelle Faktoren (als isolierte Größen) dafür sorgen, dass jemand „Karriere macht". Vielmehr müssen strukturelle bzw. betriebliche Einflussgrößen beachtet werden.

3. Strukturelle Determinanten für Karriere

In einer als „neuer Strukturalismus" bezeichneten Richtung der Arbeitsmarktforschung wird der Einfluss eben struktureller Faktoren auf den Karriereverkauf untersucht. Diese Forschungsrichtung steht somit im Gegensatz zu den lange vorherrschenden Ansätzen der Humankapitaltheorie und Statuserwerbsforschung, die Berufskarrieren als kontinuierliche Prozesse in Form von aufwärtsgerichteten Einkommens- und Statusprofilen auffassen und die individuellen Merkmale der Arbeitskraftanbieter als entscheidende Determinanten für den Aufstieg sehen. Vertreter dieses neuen Strukturalismus kritisieren zum einen, dass Berufsverläufe nicht geradlinig vonstatten gehen, sondern vielmehr als „diskontinuierliche Sprungprozesse" (Preisendörfer 1987: 211f) zu interpretieren sind, zum anderen die Vernachlässigung struktureller Einflussfaktoren. Im Folgenden werden die wichtigsten strukturellen Determinanten aufgeführt (vgl. Brüderl 1991: 14).

Der Arbeitsmarktsegmentationsansatz betont die Nachfrageseite bei Arbeitsmarktprozessen, genauer das Vorhandensein diverser Teilmärkte (Segmente) je nach Branche und Qualifikation. So bestimmt die Segmentzugehörigkeit zu einem großen Teil die Mobilitätschancen eines Arbeitnehmers. Bezogen auf interne Arbeitsmärkte bzw. Beförderungsprozesse heißt dies, dass abteilungs- oder fachbereichsbezogene Segmente existieren, innerhalb derer Mobilität entfaltet werden kann, während andere Segmente kaum oder gar nicht erreichbar sind.

Organisationsmerkmale sind oft aus Arbeitsmarktsegmenten abgeleitet. So ergeben sich je nach Branche unterschiedliche Betriebsformen und -größen, die wiederum unterschiedliche Rekrutierungs- und Beförderungsformalitäten aufweisen. Vor allem der Einfluss der Betriebsgröße auf die Karriere wird häufig thematisiert. Die triviale Erkenntnis lautet oftmals, dass mit steigender Betriebsgröße auch die Karrierechancen steigen.

Neuere Ansätze betrachten nicht so sehr die eigentlichen Betriebsmerkmale, sondern Wachstum, Altersverteilung und hierarchische Struktur einer Organisation, die sogenannten organisationsdemographischen Merkmale. In diese Kategorie ist der „vacancy-competition-Ansatz" einzuordnen, wonach die Schaffung von Vakanzen (und nicht die Veränderung persönlicher Ressourcen) der zentrale Mechanismus für (betriebliche) Mobilität ist (Sorensen 1983): Ein Mitarbeiter kann sehr wohl in einem Unternehmen aufsteigen, ohne dass seine Qualifikation zunimmt, jedoch niemals, ohne dass eine Vakanz existiert. Die unmittelbare Determinante der meisten innerbetrieblichen Positionswechsel ist somit das Vorhandensein vakanter Positionen. Die Karrierechancen in einer Organisation hängen zunächst von der Zahl der verschiedenen hierarchischen Ebenen sowie von deren Größenverhältnissen ab; sie werden vom Verhältnis einer Hierarchieebene zur darunter liegenden bestimmt (Müller 1985: 28).

In diesem Zusammenhang sind die sogenannten „Turniermodelle" zu erwähnen, die den Wettbewerbscharakter von Karriereprozessen betonen, den „Kampf" mehrerer Bewerber um eine Vakanz auf einer höheren Hierarchie-ebene (Preisendörfer 1987: 215f). Die wichtigste These, die sich hieraus ableiten lässt, ist jene, dass Personen, die relativ früh und rasch befördert werden, insgesamt weitaus günstigere Karriereaussichten haben als andere. Diese Personen kann man treffend als „high potentials" bezeichnen.

Zusammenfassend ist zu konstatieren, dass sowohl individuelle als auch strukturelle Faktoren die Karrierechancen determinieren. Sie wirken immer im Zusammenspiel auf die individuelle Karriere ein, niemals isoliert voneinander. Die strukturellen Faktoren (Betriebsmerkmale, Hierarchie) bestimmen die Höhe der Opportunitäten; über diese Möglichkeiten des Aufstiegs wird der Einfluss der individuellen Merkmale vermittelt.

4. Das Konstrukt des Sozialen Kapitals

Die bisherige Darstellung sollte zum einen zeigen, dass viele verschiedene Einflussfaktoren den Verlauf einer Karriere bestimmen, zum anderen, dass gerade die individuellen Merkmale eines Arbeitnehmers nur dann greifen, wenn die strukturellen Gegebenheiten „stimmen". In diesem Zusammenhang fällt auf, dass die „soziale Komponente" dabei übergangen wird. Daher soll an dieser Stelle das Konstrukt des sozialen Kapitals in die Diskussion eingeführt werden.

Prominentester Vertreter des Begriffs ist Pierre Bourdieu, der das soziale Kapital neben dem ökonomischen und dem kulturellen Kapital als eine von drei entscheidenden Kapitalsorten betrachtet. Bourdieu (1985: 10) bezeichnet die Sorten auch als „Konstruktionsprinzipien des sozialen Raums"; die soziale Position eines Akteurs wird durch seine individuelle Kapitalstruktur determiniert. Jeder Akteur verfügt über unterschiedliche Kapitalien und kommt somit auch – je nach Zusammensetzung seines persönlichen Kapitals – zu unterschiedlichen Erträgen. Die praktische Verfügung über entsprechende Kapitalsorten eröffnet Profitchancen für den einzelnen sozialen Akteur.

Das ökonomische Kapital ist das, was man normalerweise unter „Kapital" versteht: Geld (Einkommen und Vermögen). Kulturelles Kapital ist vergleichbar mit dem bereits erwähnten Humankapital, jedoch wesentlich vielschichtiger (Bourdieu 1983: 186ff): Es umfasst zum einen „Bildung" in einem sehr allgemeinen, nicht nur schulischen Sinn, zum anderen schulische Titel bzw. Diplome oder Abschlusszeugnisse. Als ein zur Verwendung der eigenen ökonomischen und kulturellen Ressourcen unerlässliches soziales

Kapital definiert Bourdieu schließlich soziale Beziehungen, d.h. die „Gesamtheit der aktuellen und potentiellen Ressourcen, die mit dem Besitz eines dauerhaften Netzes von mehr oder weniger institutionalisierten *Beziehungen* gegenseitigen Kennens oder Anerkennens verbunden sind" (Bourdieu 1983: 190, Hervorh. im Original). Die Wirkung solcher „Beziehungen" wird dort besonders gut sichtbar, wo verschiedene Individuen aus einem gleichwertigen ökonomischen und kulturellen Kapital ungleiche Erträge erzielen.

Soziales Kapital meint also Ressourcen aus sozialen Beziehungen und die daraus abgeleiteten Unterstützungs-, Solidaritäts- und Protektionsverpflichtungen (Sterbling 1998: 191ff). Mikrosoziologisch interpretiert setzt ein Individuum sein soziales Kapital ein, um ein persönliches Ziel zu erreichen: Wie kann soziales Kapital als (persönliche) Ressource für die eigene Karriere eingesetzt werden?

Im Folgenden soll hauptsächlich jene Ausprägung des Sozialkapitals betrachtet werden, die im Volksmund mit „Vitamin B" umschrieben wird. Gerade, wenn es um berufliche Karrieren geht, tritt vor allem dieser Aspekt des sozialen Kapitals in den Vordergrund. Was wir als „Beziehungen" bezeichnen, ist zwar nur eine Form des sozialen Kapitals; es ist jedoch jene Form, die das Konstrukt operationalisierbar macht. „Vitamin B" oder „Beziehungen" sind daher plausible Indikatoren für soziales Kapital. Der soziale Akteur investiert in „Beziehungen", baut sein Netzwerk auf und häuft dadurch soziales Kapital an, das ihm Nutzen in Form von Statusgewinn bringt. Um sich sein Sozialkapital zunutze zu machen, ist jedoch eine besondere (individuelle) Fähigkeit notwendig: die Fähigkeit, überhaupt „Beziehungen" aufzubauen. Diese Grundvoraussetzung wird „soziale Kompetenz" genannt oder auch als „soft skills" umschrieben (Runia 2002: 55). Ein Akteur, der über soziale Kompetenz verfügt, kann seine „Beziehungen" besser aufbauen und vor allem effektiver nutzen. Im der folgenden Analyse werden daher „Beziehungen" als Ausprägung und „soziale Kompetenz" als Randbedingung des sozialen Kapitals aufgefasst (Runia 2002: 56).

5. Soziales Kapital als Karrieredeterminante

Soziales Kapital – das Verfügen über soziale Kompetenz und „Beziehungen" – kann die notwendige Brücke zwischen individuellen und strukturellen Karrieredeterminanten schlagen. Das Individuum ist z.B. aufgrund seiner sozialen Fähigkeiten in der Lage, schnell Beziehungen zu betrieblichen Entscheidungsträgern innerhalb einer Organisation aufzubauen. Die Struktur wird somit vom Individuum mitbestimmt.

In seiner einfachsten Form kommt soziales Kapital in einer Organisation dem Prinzip der Loyalität gleich, wobei hier jedoch nur ein Aspekt der „Beziehung" erfasst wird. Loyalität zum Chef bzw. einem Vorgesetzten wird von Kollegen oft negativ charakterisiert („Radfahrer"), wenn diese

Beziehung allzu öffentlich geführt wird. Dennoch kann eine so gewachsene „Beziehung" den Ausschlag für eine Beförderung geben, wenn fachliche Qualifikation und Leistungsausprägung bei mehreren Kandidaten gleichwertig sind.

Der Analyse sozialer Netzwerke in einem Büro (Thurman 1980) lässt sich entnehmen, dass sich das soziale Kapital in einer Organisation dann effektiver entfaltet, wenn es nicht nur auf *eine* Beziehung gründet. Im Gegensatz zu den rein formellen Beziehungen, die nur aus der Funktion in der Organisation bestehen, interessieren vordergründig jene Beziehungen, die über diese Arbeitsbeziehungen hinausgehen. Diese informellen Beziehungen unterlaufen die formelle Struktur einer Organisation und beruhen z.b. auf persönlichen Freundschaften zwischen Arbeitskollegen.

Verfügt man über ein weit gespanntes Netzwerk und vor allem über Kontakte zu wichtigen Personen in der Organisation (Entscheidungsträgern), besitzt man soziales Kapital. „Beziehungen" zu wichtigen Personen im Unternehmen sowie die Fähigkeit, diese Kontakte geschickt für sich zu nutzen (Beziehungsarbeit), können eine innerbetriebliche Karriere beschleunigen. In vielen Unternehmen existieren jedoch auch Cliquen, die – je nach personeller Zusammensetzung – eine gewisse Macht entfalten, die soweit gehen kann, dass nur über den Eintritt in diese Clique die individuelle Karriere erfolgreich fortgesetzt werden kann.

In diesem Zusammenhang ist der Begriff „Seilschaft" zu nennen, der aus dem Alpinismus stammt und dort das gegenseitige Sichern einer Gruppe von Bergsteigern kennzeichnet. Die voraussteigende Person schafft die Voraussetzungen für den Aufstieg nachfolgender Kletterer. Dieses Bild lässt sich auf „Karrieregemeinschaften" übertragen: Es handelt sich dann um soziale Netzwerke zum Zwecke des beruflichen Aufstiegs. Seilschaften sind „Zweckbündnisse", die für ihre Mitglieder einen maximalen Nutzen versprechen. Das Erfolgsgeheimnis liegt in der Verbindung individueller Interessen mit kollektiver Produktivität. Die Macht der Gruppe steigert sich durch die Zusammenlegung von Ressourcen, das Risiko wird auf mehrere Schultern verteilt, es herrscht das Prinzip der Gegenseitigkeit (vgl. Paris 1991: 1168). Ein weiteres Kennzeichen einer Seilschaft ist ihre besondere Struktur als geschlossenes Netzwerk, in dem ein „Obermann" als Führer fungiert. Er „erneuert das unbedingte Vertrauen, die letztlich persönliche Bindung und Abhängigkeit, die die Beziehungen der Gruppenmitglieder strukturiert" (Paris 1991: 1171). Der Obermann häuft im Laufe der Zeit soziales Kapital an, indem er Kontakte aufbaut und pflegt. Wer Mitglied dieser Seilschaft ist, partizipiert am Sozialkapital des Obermannes bzw. der gesamten Gruppe. Der Zugang zur Seilschaft gelingt jedoch nur über den Obermann. Eine Seilschaft funktioniert so lange, wie ihre Mitglieder sich gegenseitig stützen und die Struktur des sozialen Netzwerks anerkennen.

Ob nun aus einer „Beziehung" innerhalb einer Organisation eine Seilschaft wird, nur ein eher „lockeres Netzwerk" geknüpft oder ein einzelner Kontakt zu einer wichtigen Person aufgebaut wird, in jedem Fall ist das soziale Kapital eines Mitarbeiters von entscheidender Bedeutung, wenn es um Karrierechancen geht[1].

Im abschließenden Abschnitt steht die Karrierepolitik des Individuums im Mittelpunkt: Welche mikropolitischen Strategien führen zum definierten (beruflichen) Karriereziel und auf welche Ressourcen kann der Karrierist hierbei zurückgreifen?

6. Soziale Ressourcen für die Karrierepolitik

Der Mitarbeiter hat es in einem Unternehmen – als Organisationsmitglied – mit einer vorgegebenen Struktur zu tun: Determinanten, mit denen er leben muss. Wenn z.B. Karrierepolitik auf ein innerbetriebliches Karriereziel abzielt, müssen folgende Restriktionen beachtet werden: Betriebsgröße, Unternehmenskultur, Abteilungsdenken und Positionskonkurrenz. Sie können die gewählten Karrieremaßnahmen erschweren oder erleichtern.

Ebenfalls als gegeben hinnehmen muss der Karrierist seine „harten" klassifizierenden Eigenschaften wie Alter, Geschlecht und Nationalität. Auch hier ergeben sich möglicherweise unterschiedliche Startpositionen, auch wenn man davon ausgehen kann, dass diese Merkmale keine signifikanten Karrieredeterminanten sind.

Nicht ausgeklammert werden darf die psychologische Prädisposition: „Persönlichkeit", Einstellungen, Interessen, Motivationen und Zielsetzungen bestimmen, ob jemand ein „Karrierist" im engeren Sinne ist. Die Bereitschaft, Bildungsaktivitäten zu unternehmen, erfordert den unbedingten Willen, bestimmte Ziele zu erreichen, z.B. Prüfungen zu bestehen. Ferner ist die Einstellung zur Arbeit eine wichtige Grundlage der Karrierepolitik. Ein Karrierist wird seine Berufstätigkeit als wichtigen Teil des Lebens erachten. Ein karriereorientierter Mensch, für den der Beruf an erster Stelle steht, wird karrierepolitische Aktivitäten entfalten, um sein Karriereziel zu erreichen. Der persönliche Ehrgeiz kann ferner dazu führen, dass man ganz bewusst von (informellen) Kontakten Gebrauch macht (vgl. nochmals Runia 2002: 165).

Entscheidend sind jedoch zwei Ressourcen: Humankapital und Sozialkapital. Das Humankapital besteht aus der funktionalen Qualifikation (schulische/berufliche Bildung), Berufserfahrung und der bisher erreichten Position bzw. Funktion. Das Sozialkapital besteht zum einen aus „Beziehungen", dem eigenen sozialen Netzwerk, zum anderen gehört die sogenannte extrafunktionale Qualifikation (soziale Kompetenz) zum Sozialkapital; sie manifestiert sich in „soft skills" wie Integrations- und Teamfähigkeit, Flexibilität, Kommunikationsfähigkeit und Zuverlässigkeit.

---

1 Aus Platzgründen wird an dieser Stelle nicht auf einschlägige empirische Studien eingegangen und stattdessen auf die Ausführungen in Runia (2002: 128ff) verwiesen.

Das Humankapital stellt für sich genommen eine wichtige Ressource für die Karrierepolitik dar; die große Mehrheit aller Berufspositionen ist nur mit einer bestimmten formellen Qualifikation zu erreichen. Zudem stellt das Humankapital einen wichtigen Input für das Sozialkapital dar: Ein durch Humankapital erreichtes höheres Positionsniveau ermöglicht „wichtige" Kontakte zur Geschäftsführung oder anderen bedeutenden Entscheidungsträgern. Gerade in der fortgeschrittenen Karriere scheint der Zusammenhang zwischen Human- und Sozialkapital eine wichtige Rolle zu spielen, denn es entstehen (schwache) Arbeitskontakte, die eine besondere Effektivität bei der Karrierepolitik versprechen.

Wenn davon auszugehen ist, dass man auch und gerade unter Individualisierungsbedingungen Karriere nicht alleine machen kann, kommt dem Sozialkapital als Ressource die wichtigere Rolle zu. Der Karrierist, der über viele soziale Ressourcen verfügt, hat eine größere Chance, Kontakte zu aktivieren und für sich zu nutzen, als jemand, der wenig Sozialkapital hat. Die Karrieremöglichkeiten konstituieren sich im persönlichen sozialen Netzwerk. Die in diesem Netzwerk befindlichen Personen können als Kontakte („Beziehungen") zu relevanten Positionen fungieren, in dem sie als Informant, Fürsprecher oder gar Beförderer auftreten. Die Charakteristika des sozialen Netzwerks sind mithin ausschlaggebend für den Karriereerfolg: Hier spielt zunächst die Größe des Netzwerks eine Rolle, denn je größer das Netzwerk, desto größer ist die Chance, Unterstützung für die Karriere zu erhalten. Ein entscheidender Faktor ist der Status der Netzwerkmitglieder: Je mehr Einfluss und Macht von den Kontakten ausgeht, desto besser für die Karriere des Sozialkapitalisten. Letztlich existieren die aufgebauten Beziehungen jedoch nicht per se, sondern sie müssen vom Karrieristen durch ständige Beziehungsarbeit aufrechterhalten werden. Bei einer höheren (zeitlichen) Investition in seine Netzwerkmitglieder werden diese auch eher bereit sein, den Karrieristen zu unterstützen. Auf der anderen Seite steigen jedoch seine Reziprozitätskosten (vgl. Runia 2002: 166f).

Einschränkend muss jedoch hinzugefügt werden, dass das soziale Kapital als alleinige Determinante nicht ausreicht, um einen beruflichen Aufstieg zu erreichen. Karriere nur aufgrund von „Beziehungen" dürfte eher die Ausnahme sein. Das soziale Kapital fungiert vielmehr als „Verstärker" von Leistungs- und Fähigkeitsmerkmalen; Leistung und Qualifikation (Humankapital) stellen nach wie vor die Basis für einen beruflichen Aufstieg dar.

Das Merkmal der Leistung ist einer bestimmten Kapitalsorte nur schwer zuzuordnen. Zum einen stellt Leistung einen Teil der psychologischen Prädisposition dar, indem die Leistungsbereitschaft und -fähigkeit sich aus der Einstellung zur Arbeit ergibt. Zum anderen kann sie teilweise dem Humankapital zugerechnet und – als Weiterbildungsaktivität oder formelle Leistungsbeurteilung – auch gemessen werden. Schließlich kann eine besondere Arbeitsleistung auch darin bestehen, dass Prozesse koordiniert und Gespräche geführt werden, die z.B. zu einem erfolgreichen Vertragsabschluss führen; in diesem Falle kommen die „soft skills" als Teil des Sozialkapitals zum

Tragen. Tendenziell steht „Leistung" jedoch dem Humankapital näher, da dieses teilweise aus der erreichten Berufserfahrung besteht. Bei gleicher Leistung und Qualifikation hat dann jedoch derjenige die besseren Karten, der über soziales Kapital verfügt. Humankapital ist einerseits eine unabdingbare Voraussetzung für den Karriereerfolg, andererseits ist es nutzlos ohne das Sozialkapital, welches erst die Chancen eröffnet, sein Humankapital gewinnbringend einzusetzen (vgl. Burt 1997: 339). Die Multiplikatorwirkung des Sozialkapitals auf das Humankapital ist evident.

Das soziale Kapital bringt ferner die bereits angesprochene Verbindung von struktureller und individueller Ebene: Die strukturelle Komponente umfasst das Netzwerk von Kontakten einer Person innerhalb und außerhalb der Organisation; die Struktur, in der Karriere stattfinden soll, wird so zum Teil selbst konstruiert. Die individuelle Komponente ist die soziale Kompetenz, die Fähigkeit, Leute zu koordinieren, „Beziehungen" aufzubauen und zu pflegen (vgl. Runia 2002: 135). Wichtiger für die Karrierepolitik ist hier die individuelle Komponente, denn erst mit dem Verfügen über „soft skills" kann der Aufbau nutzbringender Netzwerke stattfinden.

Welche Schlussfolgerungen sind nun für den Karrieristen zu ziehen? Das „Basteln" an der eigenen Karriere erfordert nach wie vor den Aufbau funktionaler Qualifikation in Form von Abschlusszeugnissen und Diplomen. Die extrafunktionale Qualifikation stellt bereits einen Teil des Sozialkapitals dar. In Ausbildung und Studium, vor allem jedoch in Praktika werden „soft skills" aufgebaut, die später als soziales Kapital verwertbar sind. Erste Kontakte werden hier bereits geknüpft, auf die später ebenso zurückgegriffen werden kann, wie auf jene der Eltern, Verwandten und Freunde. Die Kunst der Karrierepolitik besteht darin, dieses Anfangskapital stetig auszubauen. Das soziale Kapital sorgt dann dafür, dass das parallel aufgebaute Humankapital entsprechende Früchte abwerfen kann. Das soziale Kapital kann so zum Schwungrad der Karriere werden.

Literatur

Becker, G. S., 1964: Human capital. A theoretical and empirical analysis with special reference to education. New York: Columbia Univ. Press.
Bourdieu, P., 1983: Ökonomisches Kapital, kulturelles Kapital, soziales Kapital. S. 183-198. In: Kreckel, R (Hrsg.), Soziale Ungleichheiten, Soziale Welt, Sonderbd. 2, Göttingen: Schwartz.
Bourdieu, P., 1985: Sozialer Raum und „Klassen". Lecon sur la lecon. 2 Vorlesungen. Frankfurt/M.: Suhrkamp.
Brüderl, J., 1991: Mobilitätsprozesse in Betrieben. Dynamische Modelle und empirische Befunde. Frankfurt/M./New York: Campus.
Burt, R. S., 1997: The contingent value of social capital. Administrative Science Quarterly 42: 339-365.
Müller, W., 1985: Mobilitätsforschung und Arbeitsmarkttheorie. S. 17-40. In: Knepel, H./Hujer, R. (Hrsg.): Mobilitätsprozess auf dem Arbeitsmarkt. Frankfurt/M./New York: Campus.

Paris, R., 1991: Solidarische Beutezüge. Zur Theorie der Seilschaft. Merkur 45, Nr. 12: 1167-1174.
Preisendörfer, P., 1987: Organisationale Determinanten beruflicher Karrieremuster. Theorieansätze, methodische Zugangswege und empirische Befunde. Soziale Welt 38: 211-226.
Runia, P., 2002: Das soziale Kapital auf dem Arbeitsmarkt. *Beziehungen* in Stellensuche, Personalrekrutierung und Beförderung. Frankfurt/M. et al.: Lang.
Sorensen, A. B., 1983: Processes of allocation to open and closed positions in social structure. Zeitschrift für Soziologie 12: 203-224.
Sterbling, A., 1998: Zur Wirkung unsichtbarer Hebel. Überlegungen zur Rolle des „sozialen Kapitals" in fortgeschrittenen westlichen Gesellschaften. S. 189-209. In: Berger, P.A./ Vester, M. (Hrsg.): Alte Ungleichheiten, neue Spannungen, Opladen: Leske + Budrich.
Thurman, B., 1980: In the office: networks and coalitions. Social Networks 2: 47-63.

Michael Hartmann

Individuelle Karrierepolitik oder herkunftsabhängiger Aufstieg?

Spitzenkarrieren in Deutschland

Karriere – ein ausgesprochen schillernder Begriff, der beim Betrachter sehr unterschiedliche Assoziationen hervor ruft. Auf der einen Seite verbindet man mit ihm ein stabiles Muster von klar definierten Aufstiegspositionen. Karrieren verlaufen nach einem eindeutigen Fahrplan. Die klassischen Vorbilder bilden das Militär und der staatliche Beamtenapparat mit ihren hierarchisch geordneten Laufbahnen. Begriffe wie untere, mittlere, gehobene und höhere Laufbahn lassen das mehr als deutlich erkennen. Wer als Inspektor in den gehobenen Dienst mit der Anfangsbesoldungsstufe A 9 eingetreten ist, der weiß, das für ihn bei A 12 als Amtsrat das Ende der Fahnenstange erreicht ist. Die Bestimmungen des Bundesbesoldungsrechts sind diesbezüglich unmissverständlich.

Auf der anderen Seite stellt Karriere etwas höchst Individuelles dar. Ob man Karriere macht, dafür ist man selbst verantwortlich, so die gängige Meinung. Ein ganzer Wirtschaftszweig lebt von dieser Vorstellung. Unzählige Karriereratgeber suggerieren, dass jedermann Karriere machen kann, vorausgesetzt, er beherzigt die in dem jeweiligen Ratgeber aufgeführten Tipps und Ratschläge. Der berufliche Erfolg wie auch Misserfolg sind vom einzelnen zu verantworten, so die logische Schlussfolgerung. Der Karrierebegriff ist bei oberflächlicher Sicht daher wie kaum ein anderer geeignet, gängige Individualisierungstheorien empirisch zu untermauern. Wenn Beck und Sopp (1997: 14) als ein entscheidendes Kennzeichen von Individualisierung die „individuelle Zurechnung" von Ursachen nennen, die „kollektivierende Interpretationsmuster" ersetze, weil der Verweis auf das Schicksal nicht mehr ausreiche, an seine Stelle vielmehr die Frage trete, was man „falsch gemacht habe", so stellt das heute vorherrschende Karriereverständnis sicherlich ein Musterbeispiel für ein solches Denken dar.

Ein Verständnis von Karrierepolitik, das von Akteuren ausgeht, die „in einem (im weiteren Sinne ‚organisationellen' bzw. zumindest ‚organisierten') Umfeld irgendwelche mikropolitischen Strategien und Taktiken" verfolgen, setzt hier an. Es markiert, darin ist den Herausgebern zuzustimmen, den einen Pol der möglichen Betrachtung, wenn es um die Analyse von Karrierepolitik geht. Der andere, auch das benennen die Herausgeber zutreffend, ist gekennzeichnet „durch eine starke Betonung sogenannter makrostruktureller Bedingungen" und der Eigenlogiken der verschiedenen gesellschaftlichen Teilsektoren (Hitzler/Pfadenhauer in diesem Band). Diese zweite Sichtweise wird den folgenden Beitrag prägen. In ihm wird anhand der Lebensläufe von gut 6.500 promovierten Ingenieuren, Juristen und Wirtschaftswissenschaftlern der Promotionsjahrgänge 1955, 1965, 1975 und 1985 der Frage nachgegangen, inwieweit deren berufliche Karrieren durch ihre soziale Herkunft bestimmt worden sind, wie groß also der Spielraum für individuelle Karrierepolitik überhaupt gewesen ist.[1]

1. Spitzenkarrieren in Wirtschaft, Politik, Justiz und Wissenschaft

Das Ergebnis, das die Untersuchung der vier genannten Kohorten diesbezüglich gezeitigt hat, bietet auf den ersten Blick ein eher uneinheitliches Bild: Für den Aufstieg in Spitzenpositionen[2] gelten offenbar je nach Sektor ganz unterschiedliche Bedingungen, die die Bedeutung der sozialen Herkunft alles andere als eindeutig erscheinen lassen. Lässt man außer Betracht, dass sich die Promotion selbst schon durch eine sehr hohe soziale Selektivität auszeichnet – der Einfluss des Elternhauses ist angesichts eines Anteils von ca. 60 Prozent für den Nachwuchs des Bürgertums, d.h. der oberen 3,5 Prozent der Bevölkerung, unübersehbar[3], so bietet die Herkunft aus einem gehobenen bürgerlichen oder gar großbürgerlichen Milieu nur in der Wirtschaft einen ganz unzweifelhaften Vorteil, wenn es um die Besetzung von Spitzenpositionen geht. In den anderen untersuchten Sektoren, der Justiz, der Politik und der Wissenschaft, scheint es dagegen nicht so, sondern eher umgekehrt zu sein. Hier spricht der erste Augenschein dafür, dass sich den Kindern aus der breiten Bevölkerung zumindest gleich gute, wenn nicht sogar die besseren Karrierechancen eröffnen.

Im einzelnen zeigt sich folgendes Muster: Im insgesamt klar dominierenden Bereich Wirtschaft – über zwei Drittel der Promovierten, die Toppositionen bekleiden oder bekleidet haben, hat es hierher gezogen, weniger als ein

---

1 Die folgenden Ausführungen basieren auf den Ergebnissen eines von der DFG geförderten Forschungsprojekts (Hartmann 2001b). Zu den wesentlichen Ergebnissen für die Wirtschaft s. auch Hartmann/Kopp (2001).
2 Als Spitzenpositionen gelten für die Wirtschaft Positionen auf der ersten Führungsebene von Großunternehmen, für die Politik Positionen von der eines Oberbürgermeisters einer bedeutenden Großstadt oder der eines Landesministers aufwärts, für die Justiz Positionen von der eines Vizepräsidenten eines Landgerichts oder der eines Oberlandesgerichtsrats aufwärts und für die Wissenschaft die Position eines Professors.
3 Zahlreiche empirische Untersuchungen haben diesen Sachverhalt immer wieder belegt (in den letzten Jahren z.B. Ditton 1992; Hansen/Pfeiffer 1998; Lehmann/Peek 1997) und die PISA-Studie hat jüngst gezeigt, dass der Zusammenhang zwischen sozialer Herkunft und schulischem Erfolg für das deutsche Bildungssystem besonders charakteristisch ist.

Individuelle Karrierepolitik oder herkunftsabhängiger Aufstieg?

Drittel in die anderen drei Bereiche – begünstigt ein bürgerliches Elternhaus die Aussichten auf eine Spitzenstellung ganz entscheidend. Während von den Promovierten, deren Vater Arbeiter, Bauer, kleiner Selbständiger oder Angestellter bzw. Beamter ohne leitende Funktionen war, mit 9,3 Prozent knapp jeder zehnte im Verlauf seines Berufslebens in die erste Führungsebene eines großen Unternehmens[4] aufgestiegen ist, haben das von den Sprösslingen des gehobenen und des Großbürgertums[5] 13,1 bzw. sogar 18,9 Prozent geschafft (s. Tab. 1). Richtet man sein Augenmerk nur auf die 400 Spitzenunternehmen der deutschen Wirtschaft, so fallen die Differenzen noch erheblich deutlicher aus. Jenen gerade noch 2 Prozent der Promovierten aus der breiten Bevölkerung, die eine solche Position erreicht haben, stehen dann 3,9 Prozent der Kinder aus dem gehobenen Bürgertum und sogar 6,2 Prozent der Großbürgersöhne gegenüber[6].

Tab. 1: Spitzenkarrieren nach sozialer Herkunft und gesellschaftlichem Bereich (in Prozent der jeweiligen Herkunftsklasse)

Soziale Herkunft	Wirtschaft	Spitzenunternehmen	Politik	Justiz	Wissenschaft
Arbeiterklasse/ Mittelschichten	9,3	2,0	1,3	3,1	6,6
Gehobenes Bürgertum	13,1	3,9	1,2	2,4	4,0
Großbürgertum	18,9	6,2	1,9	3,4	3,8

Wie deutlich zu erkennen ist, sieht es in den übrigen drei Sektoren anders aus. Von einer Überlegenheit des Nachwuchses aus den bürgerlichen Kreisen ist dort erst einmal nicht viel zu sehen. Zwar liegen die Großbürgerkinder in der Politik und der Justiz noch vorn, in der Justiz allerdings nur noch ganz knapp vor denen aus der breiten Bevölkerung, in der Wissenschaft rangieren sie dafür aber auch ganz am Ende. Der Nachwuchs des gehobenen Bürgertums hat in allen drei Bereichen (mehr oder minder) schlechtere Karriereaus-

---

4 ‚Groß' bedeutet hier in Anlehnung an die Definition des Hoppenstedt Handbuchs der Großunternehmen ein Unternehmen mit mind. 150 Beschäftigten und/oder 10 Mio. Euro Umsatz.
5 Zum gehobenen Bürgertum zählen alle größeren Unternehmer, leitenden Angestellten, höheren Beamten, freiberuflichen Akademiker sowie höheren Offiziere und größeren Grundbesitzer, soweit sie nicht zum Großbürgertum gehören, d.h. zu den Großunternehmern, den Mitgliedern von Vorständen oder Geschäftsführungen großer Unternehmen, Spitzenbeamten oder Angehörigen der Generalität bzw. Admiralität. Näheres zur Definition und zur historischen Entwicklung dieser Kategorien in Hartmann (2002; 33 ff)
6 Von den insgesamt sowieso nur knapp 250 Frauen, die in den untersuchten Promotionsjahrgängen zu finden sind, hat es keine einzige in die Chefetagen der Großkonzerne geschafft und nur ganze drei in die eines größeren Unternehmens, sämtlich als Erbinnen der väterlichen Firma. Noch erfolgreicher als die Söhne des Großbürgertums sind die des Adels. Ihre Aufstiegschancen fallen noch einmal fast 50 Prozent besser aus. Angesichts einer absoluten Zahl von nur 51 Personen muss man in der Bewertung dieses konkreten Prozentsatzes zwar vorsichtig sein, die Tatsache als solche ist aber nicht zu bestreiten. Die Adelssöhne stellen damit in puncto Karriere das Gegenstück zu den weiblichen Promovierten dar.

sichten als die Kommilitonen aus der Arbeiterklasse und den breiten Mittelschichten. Letztere dominieren vor allem in der Wissenschaft, schneiden aber auch in der Justiz und in der Politik[7] erheblich besser ab als in der Wirtschaft.

2. Der Habitus entscheidet

Fragt man sich nach den Ursachen für diese doch erstaunlichen Differenzen, so könnte ein je nach Elternhaus unterschiedliches Studienverhalten eine wichtige Erklärung liefern. Die Promovierten, die aus dem gehobenen oder Großbürgertum stammen, haben nämlich nicht nur ungefähr ein halbes Jahr früher mit ihrem Studium begonnen, sind bei insgesamt so gut wie gleicher Studiendauer also ein Semester früher fertig, sie haben während ihres Studiums auch fast bzw. mehr als doppelt so häufig eine Universität im Ausland besucht. Da in den großen Unternehmen auf das Alter bei Studierende wie auf Auslandserfahrung großer Wert gelegt wird, spricht auf den ersten Blick viel dafür, dass sich diese beiden Punkte als karrierefördernd auswirken und (zumindest zu einem erheblichen Teil) für die größeren Aufstiegschancen der Bürgerkinder in der Wirtschaft verantwortlich sind. Eine multivariate Berechnung, die alle Faktoren[8] in ihrer wechselseitigen Wirkung mit einbezieht, zeigt jedoch, dass diese Annahme falsch ist. Obwohl das Promotionsalter und Auslandsaufenthalte während des Studiums für den Aufstieg in die Chefetagen der großen Unternehmen nicht unwichtig sind – jedes Jahr mehr reduziert die Karrierewahrscheinlichkeit um 5 Prozent, ein Auslandsaufenthalt dagegen erhöht sie um 18 Prozent, bleibt der Einfluss der sozialen Herkunft auch bei ihrer Berücksichtigung gleich hoch. Das Elternhaus wirkt sich nicht nur indirekt, d.h. über ein optimaleres Studienverhalten, auf den Karriereverlauf aus, sondern, und das in wesentlich stärkerem Maße, auch ganz unmittelbar.

Entscheidend für die größeren Karriereerfolge, die die Promovierten aus bürgerlichen und vor allem großbürgerlichen Elternhäusern in der Wirtschaft zweifelsohne aufzuweisen haben, ist ihr Habitus. Wer in die Vorstände und Geschäftsführungen großer Unternehmen gelangen will, der muss vor allem eines besitzen: habituelle Ähnlichkeit mit den Personen, die dort schon sitzen. Da die Besetzung von Spitzenpositionen in großen Unternehmen von einem sehr kleinen Kreis von Personen – bei Publikumsgesellschaften in der Regel nur von den Mitgliedern des Vorstands und im Falle des Vorstandsvor-

---

7 Bei den Werten für die Politik ist zu beachten, dass nur eine sehr kleine Zahl von Promovierten in diesen Bereich gegangen ist, Promovierte im Unterschied zu den anderen drei Sektoren dort auch insgesamt kaum eine Rolle spielen. Die Politik wird noch viel stärker von Angehörigen der breiten Bevölkerung geprägt als die Zahlen aus Tab. 1 vermuten lassen.
8 Neben der sozialen Herkunft, dem Alter bei Studienbeginn und eventuellen Auslandsaufenthalten zählen dazu u.a. auch noch die Studiendauer, das Studienfach und das Geschlecht.

sitzenden zusätzlich vom Aufsichtsratsvorsitzenden, bei Firmen in Familienbesitz von den Mitgliedern der Geschäftsführung – entschieden wird und das Verfahren nur wenig formalisiert ist, spielt die Übereinstimmung mit den sogenannten ‚Entscheidern', soweit es Verhalten und Einstellungen betrifft, die ausschlaggebende Rolle. Es wird bei solchen Besetzungsprozessen nämlich sehr viel weniger nach rationalen Kriterien entschieden, als man angesichts der umfangreichen Kriterienkataloge, die es in den meisten Großkonzernen gibt, annehmen sollte. In erster Linie zählt der gleiche „Stallgeruch" oder die „Chemie", die stimmen muss.

Die ausschlaggebende Bedeutung der „richtigen Chemie" oder des „Bauchgefühls" hängt wesentlich mit dem Bedürfnis zusammen, sich mit Personen zu umgeben, denen man vertrauen kann. *Vertrauen* lässt sich in diesen Spitzenpositionen kaum oder gar nicht durch andere Mechanismen ersetzen, die normalerweise noch zur Verfügung stehen. Alternative Ressourcen wie „Geld, Macht und Wissen", auf die die „Wohlhabenden, die Mächtigen und die gut Informierten" sonst zurückgreifen können (Offe 2001: 259), lassen sich gegenüber Vorstandskollegen nur schwer mit Erfolg zum Einsatz bringen. Man müsse sich einen Vorstand, so ein interviewter Topmanager, in der Regel als eine „Schicksalsgemeinschaft" vorstellen, die gemeinsam erfolgreich sei oder aber scheitere.

„Und da gilt es eben zu vertrauen, da gilt es, den anderen zu unterstützen, sich gegenseitig zu fordern und sich gegenseitig auch zu helfen. Und das tut man eben eher mit Menschen, mit denen man zurecht kommt."

Maßstab dafür, ob man mit jemandem zurecht kommt, glaubt, ihm vertrauen zu können, ist der Habitus der in Frage kommenden Person. Er ist für die Entscheidung, ob diese Person als Vorstandskollege akzeptiert wird, letztlich ausschlaggebend. Festgemacht wird das in den Chefetagen der deutschen Großunternehmen an vier zentralen Persönlichkeitsmerkmalen: an der Vertrautheit mit den dort gültigen Dress- und Benimmcodes, einer breiten Allgemeinbildung in einem klassisch bildungsbürgerlichen Sinne, unternehmerischem Denken (inklusive der aus Sicht von Spitzenmanagern damit notwendigerweise verknüpften optimistischen Lebenseinstellung) und – als wichtigstes Element – der persönlichen Souveränität in Auftreten und Verhalten.[9]

Die intime Kenntnis der Dress- und Benimmcodes ist in den Augen der Entscheider wichtig, weil sie anzeigt, ob der Kandidat die geschriebenen und vor allem die ungeschriebenen Regeln und Gesetze in den Chefetagen der Wirtschaft kennt und zu beherzigen gewillt ist. Eine breite Allgemeinbildung ist erwünscht, weil sie als ein klares Indiz für den berühmten und als unbedingt notwendig erachteten „Blick über den Tellerrand" angesehen wird. Unternehmerisches Denken gilt als zwingend erforderlich, weil man nur so den Anforderungen, die der internationale Wettbewerb für die Unternehmen mit sich bringt, durch Visionen oder zumindest eindeutige Zukunftspläne

---

9 Nähere Einzelheiten zu diesen Persönlichkeitsmerkmalen in Hartmann (1996: 117ff.; 2001a: 184ff.; 2002: 122 ff).

Stand halten könne. Souveränität schließlich zeichne diejenigen aus, die für Führungsaufgaben dieser Größenordnung persönlich geeignet seien. Sie müssten sich in den Chefetagen der Wirtschaft so bewegen können, als sei ihnen das Gelände seit je her vertraut.

So plausibel all diese Begründungen auch klingen, letztlich geht es im Kern um etwas Anderes. Man sucht im Grunde seinesgleichen, wenn man anhand solcher Kriterien unter den Bewerbern seine Auswahl trifft. Der Bewerber ist dann der „richtige", wenn er denselben oder zumindest einen ähnlichen Geschmack aufweist, die eigene positive Bewertung einer breiten Allgemeinbildung teilt, unternehmerisch denkt und handelt sowie vor allem souverän ist. Man beschreibt mit diesen Persönlichkeitsmerkmalen in den Chefetagen eigentlich nur den Mann, den man in sich selbst sieht. Der Glaube, selbst der richtige Mann am richtigen Platz zu sein, lässt es fast als zwingend, zumindest aber als geraten erscheinen, als Kollegen jemanden zu suchen, der dieselben Eigenschaften besitzt. Das aber bedeutet letztlich, dass Angehörige des Bürgertums als Kollegen oder Nachfolger Personen, die aus eben diesem Bürgertum stammen, ganz eindeutig bevorzugen. Die verlangten oder erwünschten Persönlichkeitsmerkmale sind in der Regel nur bei ihnen im erwarteten Umfang zu finden. Das gilt für die Vertrautheit mit den Dress- und Benimmcodes, die breite Allgemeinbildung, das unternehmerische Denken und vor allem die persönliche Souveränität. Sich so in den Vorstandsetagen bewegen, als sei einem das Gelände seit je her vertraut, können selbstverständlich am einfachsten die, die in diesem Milieu aufgewachsen sind. Soziale Aufsteiger lassen es fast immer an der erforderlichen oder zumindest erwünschten Selbstverständlichkeit in Auftreten wie Verhalten und damit zugleich auch an der Bereitschaft mangeln, den offiziellen Kanon und die herrschenden Codes auch einmal gekonnt in Frage zu stellen bzw. sie gegebenenfalls einfach zu durchbrechen. Diese Souveränität, die den spielerischen Umgang mit den gültigen Regeln beinhaltet, macht die entscheidende Differenz aus zwischen denen, die dazu gehören, und denen, die nur dazu gehören möchten.[10] Es ist daher nicht weiter erstaunlich, dass der Nachwuchs der gehobenen und (noch stärker) der des Großbürgertums ungleich bessere Chancen hat, Spitzenpositionen in Großunternehmen zu erreichen, als die Konkurrenz, die in Arbeiterfamilien oder den Haushalten ‚normaler' Angestellter oder Beamter aufgewachsen ist.

Die deutlich günstigeren Aufstiegsaussichten, die sich den Promovierten aus der breiten Bevölkerung in den drei anderen Gesellschaftsbereichen bieten, lassen vermuten, dass sich die habituellen Anforderungen wie auch die Auswahlmechanismen dort mehr oder minder deutlich von denen in der Wirtschaft unterscheiden. Dem ist auch so. In der Politik gilt immer noch das Prinzip der ‚Ochsentour'. Wer es bis in den Bundestag oder ein Landesmini-

---

10 Diesen Sachverhalt hat Bourdieu (1982;1992) in seinen Studien am Beispiel Frankreichs ausführlich beschrieben. Für das Deutschland der ersten Jahrhunderthälfte findet sich eine treffende Charakterisierung bei Horkheimer (1934: 23).

Individuelle Karrierepolitik oder herkunftsabhängiger Aufstieg? 165

sterium schaffen will, der muss unten im Ortsverein anfangen.[11] Der „kontinuierliche innerparteiliche Aufstieg, überwiegend begonnen in lokalen Vorstandspositionen, [stellt] eine nahezu unabdingbare Voraussetzung zur Erlangung nationaler Führungspositionen" dar (Herzog 1990: 36).[12] Die vergleichsweise demokratischen Auswahlprozesse in den großen Volksparteien sorgen dafür, dass – im Unterschied zu den klassischen bürgerlichen Honoratiorenparteien[13] – die sozial relativ breit gestreute Parteibasis einen nicht zu unterschätzenden Einfluss auf die Kandidatenaufstellung besitzt.[14] Außerdem müssen Politiker, wollen sie erfolgreich sein, eine gewisse Affinität zu ihrer Wählerklientel aufweisen. All das begünstigt Bewerber, die in ihrem Habitus nicht zu weit weg von der vielbeschworenen ‚Basis' entfernt sind. Ein starker kleinbürgerlicher Habitus ist in der Politik deshalb kein Nachteil, sondern sogar eher von Vorteil.

In der Justiz sind es in erster Linie die stark formalisierten Besetzungsprozeduren, der vom Beamtentum geprägte Habitus und der Einfluss der Politik auf die Personalentscheidungen in den oberen Ebenen, der die Karriereaussichten für die promovierten Juristen aus der Arbeiterklasse und den breiten Mittelschichten deutlich günstiger ausfallen lässt als in der Wirtschaft.[15] Ähnliches gilt für die Wissenschaft: Wer auf eine Professur berufen wird, der muss zuvor mehrere stark formalisierte Stufen eines Berufungsverfahrens durchlaufen, in denen trotz der rechtlich abgesicherten Gremienmehrheit der Professoren auch alle anderen Gruppen der Hochschule ihre Einflussmöglichkeiten haben. Außerdem sind politische Einflüsse von außerhalb der Hochschulen nicht zu unterschätzen. Eine einfache „Kooptation" durch wenige Entscheidungsträger wie in der Wirtschaft ist dadurch ausgeschlossen. Das sorgt für eine gewisse soziale Öffnung, wie ein Blick auf die klassische Ordinarienuniversität deutlich zeigt, denn deren der Wirtschaft vergleichbare Auswahlprozeduren hatten früher auch eine vergleichbar scharfe soziale Auslese zur Folge (vgl. Wehler 1995: 1219; Dahrendorf 1961: 185). Mit dem Ende der Ordinarien- und dem Beginn der Gruppenuniversität hat sich das spürbar geändert. Zudem herrscht an den Hochschulen kein Habitus vor, der die Sprösslinge des Bürgertums ähnlich stark begünstigen würde wie in den großen Unternehmen. Der für die Wissenschaft charakteristi-

---

11 Diese Regel bestimmt die Karrieren in den großen Volksparteien CDU/CSU und SPD. In der FDP und bei den Grünen gilt diese Regel aufgrund der anderen Parteistrukturen und der anderen Wählerklientel nur eingeschränkt.
12 S. dazu auch Rebenstorf (1995: 160 ff).
13 Wie die Parteienlandschaft in Frankreich zeigt, gelten in Honoratiorenparteien andere Regeln, die ähnlich der Wirtschaft Personen mit einem bürgerlichen Habitus begünstigen (Haensch/Tümmers 1998: 164; Hartmann 2002: 161ff.).
14 Niedersachsens prominenter Justizminister Christian Pfeiffer muss das derzeit leidvoll am eigenen Leib erfahren. Ihm fehlt für viele Parteimitglieder der erwünschte „Stallgeruch". Dementsprechend schwierig gestaltet sich die Suche nach einem Wahlkreis, in dem er als Direktkandidat der SPD für die Landtagswahl aufgestellt wird.
15 S. zu den Auswahlverfahren in der Justiz Feest (1965); Kaupen (1969), Kaupen/Rasehorn (1971) und Lange/Luhmann (1974).

sche Habitus der „Wissensorientierung" und „Bildungsbeflissenheit" kommt dem Nachwuchs aus der breiten Bevölkerung auf jeden Fall erheblich mehr entgegen als der des „souveränen Machers", wie er in der Topetagen der Wirtschaft vorherrscht.

Die deutlichen Unterschiede zwischen den vier untersuchten Sektoren lassen eine generelle Schlussfolgerung zu: der Zugang zu Elitepositionen ist sozial um so geschlossener, je kleiner der Kreis der Personen, der über die Besetzung entscheidet, und je informeller das Auswahlverfahren. Im Gegenzug gilt: je demokratischer und formalisierter der Ausleseprozess, um so größer sind die Chancen für Angehörige der breiten Bevölkerung.

3. Wer die Wahl hat

So offensichtlich der Zusammenhang zwischen der Struktur von Besetzungsprozessen und der sozialen Öffnung von Elitepositionen ist, er offenbart dennoch nur die halbe Wahrheit. Die für die Promovierten aus der ‚Normalbevölkerung' im Vergleich zur Wirtschaft deutlich besseren Aufstiegsmöglichkeiten in der Politik, der Justiz und der Wissenschaft sind nicht allein darauf zurückzuführen, dass die Entscheidungen dort nicht von einem so kleinen Kreis von Personen und nach so wenig formalisierten Regeln getroffen werden wie in den großen Unternehmen, sie haben auch etwas mit Wahlmöglichkeiten und Prioritäten zu tun.

Die Chancen für den Nachwuchs aus der Arbeiterklasse und den breiten Mittelschichten sind immer dann überdurchschnittlich gut, wenn das Interesse der Konkurrenten aus gehobenem und Großbürgertum eher schwach ausfällt. Da es letztere in erster Linie dorthin zieht, wo die größte Macht und das höchste Einkommen winken, in die Chefetagen der Wirtschaft (s. Tab. 1)[16], entschärft sich zwangsläufig die Konkurrenzsituation in den anderen Bereichen. Damit aber eröffnen sich allein aufgrund mangelnden Interesses seitens der ‚Bürgerkinder' für die Promovierten aus den anderen Klassen und Schichten der Gesellschaft hier Karrieremöglichkeiten, die in den großen Unternehmen so nicht existieren.

Besonders gut erkennen lässt sich dieser Zusammenhang, wenn man die Promotionsjahrgänge 1965 und 1975 miteinander vergleicht. Sie bilden, was die beruflichen Perspektiven angeht, die beiden Extrempole. Die Absolventen des Jahrgangs 1965 trafen auf außergewöhnlich günstige Bedingungen, weil nicht nur die Wirtschaft durch ihren Boom Ende der 60er und Anfang der 70er Jahre ausgesprochen gute Aufstiegschancen bot, sondern die Auswei-

---

16 Während die Promovierten aus dem gehobenen und dem Großbürgertum Spitzenpositionen in der Wirtschaft (inkl. der hier nicht näher behandelten Verbände) zwei- bis dreimal so häufig bekleiden wie vergleichbare Positionen in Politik, Justiz und Wissenschaft, sind die erfolgreichen Promovierten aus der breiten Bevölkerung mehrheitlich in diesen drei Sektoren zu finden.

Individuelle Karrierepolitik oder herkunftsabhängiger Aufstieg?

tung des öffentlichen Dienstes und vor allem der Ausbau des Hochschulsystems in Justiz und Wissenschaft zeitgleich ebenfalls hervorragende Karrieremöglichkeiten eröffneten. Der Kohorte von 1975 dagegen musste sich mit besonders widrigen Verhältnissen abfinden. Das Wirtschaftswunder war unwiederbringlich vorbei und die Besetzungswelle an den deutschen Hochschulen im Auslaufen begriffen. Die Zahl der frei werdenden oder gar der neu geschaffenen Toppositionen war dementsprechend gering. Einzig die Justiz war davon (zumindest teilweise) ausgenommen.

Die Sprösslinge des gehobenen und vor allem die des Großbürgertums haben auf die gravierend veränderte Situation sofort reagiert (s. Tab 2). Den (aufgrund der wirtschaftlichen Entwicklung) spürbaren Verlust an Spitzenpositionen in den großen Unternehmen haben sie durch einen Wechsel in andere Bereiche zu kompensieren versucht. Dem Nachwuchs des Großbürgertums ist das problemlos gelungen. Er hat den Rückgang in der Wirtschaft durch starke Zuwächse an den Hochschulen und in der Justiz sogar mehr als wettmachen können. Die Promovierten aus dem gehobenen Bürgertum waren nicht ganz so erfolgreich. Ihre Einbußen in den Chefetagen waren nicht nur von vornherein deutlich umfangreicher als die der Großbürgerkinder, sie haben sie auch nicht gänzlich ausgleichen können. Der entscheidende Unterschied zu ihren großbürgerlichen Konkurrenten liegt darin, dass sie sich den verschlechterten Bedingungen an den Hochschulen nicht völlig haben entziehen können. Sie haben einzig in der Justiz massiv an Boden gewonnen. Das allein hat aber nicht ausgereicht, die Verluste in der Wirtschaft und an den Hochschulen komplett zu kompensieren. Ein Rückgang um insgesamt knapp 10 Prozent ließ sich nicht vermeiden.

Tab. 2: Spitzenkarrieren nach sozialer Herkunft, gesellschaftlichem Bereich und Promotionsjahrgang (in Prozent der jeweiligen Herkunftsklasse)[17]

Soziale Herkunft	Wirtschaft		Spitzenunternehmen		Justiz		Wissenschaft	
	1965	1975	1965	1975	1965	1975	1965	1975
Arbeiterklasse/ Mittelschichten	12,1	6,0	2,4	1,2	2,8	3,0	10,7	6,7
Gehobenes Bürgertum	14,3	10,5	4,5	3,1	1,3	4,6	5,7	4,2
Großbürgertum	19,6	16,7	6,8	6,0	4,0	7,2	3,4	6,0

Verglichen mit den Einbußen, die die Promovierten aus der Arbeiterklasse und den breiten Mittelschichten hinnehmen mussten, ist das allerdings nicht weiter nennenswert. Letztere sind von den Bürgerkindern verdrängt worden, haben nicht nur eine von zwei Toppositionen in der Wirtschaft räumen müssen, sondern auch einen fast 40prozentigen Einbruch an den Hochschulen zu verzeichnen. Einzig in der Justiz haben sie ganz leicht zulegen können. Ins-

---

17 Die Politik fehlt, weil die langen Aufstiegswege dort die Anzahl der Promovierten aus den beiden jüngeren Promotionsjahrgängen für eine detaillierte Analyse zu niedrig ausfallen lassen.

gesamt bleibt aber ein Verlust von knapp 40 Prozent. Während aus der Kohorte von 1965 noch mehr als jeder vierte eine Spitzenposition erreichen konnte, allein jeder achte in der Wirtschaft und jeder neunte an den Hochschulen, trifft das beim Jahrgang 1975 nur noch auf jeden siebten zu. Bei den Promovierten mit bürgerlichem Familienhintergrund bietet sich ein ganz anderes Bild. Von den Sprösslingen des gehobenen Bürgertums hat immer noch jeder fünfte eine Spitzenkarriere gemacht, von den Großbürgerkindern sogar fast jeder dritte.

Noch deutlicher zeigen sich die unterschiedlichen Möglichkeiten, die dem Nachwuchs des Bürgertums auf der einen und dem der restlichen Bevölkerung auf der anderen Seite offen stehen, wenn man den Blick nur auf die Juristen wirft. Sie waren seit der zweiten Hälfte der 70er Jahre von der Verschlechterung der Aufstiegschancen in der Wirtschaft ganz besonders stark betroffen, weil sie sich zusätzlich zur allgemeinen Reduzierung der Spitzenpositionen auch noch einem Verdrängungsprozess seitens der Betriebswirte ausgesetzt sahen. Immer mehr Toppositionen, die sie traditionell besetzt hatten, gingen an die Konkurrenz aus den Wirtschaftswissenschaften verloren (Hartmann 1990). Zunächst galt das vor allem für die Industrie. Der Prozess weitete sich dann allerdings auch auf die klassischen Domänen im Finanzsektor aus. Hatten von den Vorstandsmitgliedern der vier führenden Großbanken 1980 noch fast zwei Drittel ein juristisches Examen aufzuweisen, so ist es heutzutage gerade noch ein gutes Viertel (Karsch 2001: 868). Für die promovierten Juristen des Jahrgangs 1975 war die Situation also ganz besonders problematisch. Sie versuchten dementsprechend vor allem in die Justiz auszuweichen, die noch die besten Karriereaussichten bot. Dieser Wechsel gelang allerdings nicht allen gleichermaßen gut. Während diejenigen unter den promovierten Juristen, die aus der breiten Bevölkerung stammen, ihre Erfolgsquote in der Justiz nur um knapp 50 Prozent steigern konnten, erhöhte der Nachwuchs des gehobenen und Großbürgertums seine Quote gleich um 100 bis 300 Prozent (Hartmann 2002: 103). Die Kinder des gehobenen Bürgertums, die der Rückgang in der Wirtschaft und an den Hochschulen stärker getroffen hatte, waren dabei besonders erfolgreich.[18]

4. Karrierepolitik in engen Grenzen

Alles das zeigt eines ganz unmissverständlich: Die Karriereaussichten für die Promovierten, die in den Familien von Arbeitern, kleinen Selbständigen oder Beamten und Angestellten ohne leitende Position aufgewachsen sind, hängen

---

18 Die Kohorte von 1985 bietet ein genau entgegengesetztes Bild. Die Promovierten aus bürgerlichen Familien haben sich dank deutlich verbesserter Karriereaussichten in der Wirtschaft wieder aus der Justiz zurückgezogen. Ihr Anteil hat sich mit ungefähr zwei Drittel doppelt so stark reduziert wie bei den Promovierten aus der breiten Bevölkerung (Hartmann 2002: 103).

ganz maßgeblich von den beruflichen Entscheidungen ab, die die Konkurrenten aus gehobenem und Großbürgertum treffen. Einzig letztere haben eine wirkliche Wahl. Sie können von einem Sektor in den anderen wechseln, sollten sich die Aufstiegsmöglichkeiten in einem spürbar verschlechtern. Für den Nachwuchs der breiten Bevölkerung gilt das nicht. Er muss sich, etwas überspitzt formuliert, mit dem begnügen, was übrig bleibt.[19] Seine besseren Karrierechancen in Politik, Justiz und Wissenschaft sind dementsprechend nur zum Teil auf die dort herrschenden demokratischeren und formalisierteren Auswahlverfahren zurückzuführen. Die zweite wichtige Ursache ist in dem geringeren Interesse der „Bürgerkinder" an führenden Positionen in diesen Bereichen zu suchen.

Individueller Karrierepolitik sind, zumindest soweit es Spitzenpositionen betrifft, sehr enge sozialstrukturelle Grenzen gezogen. Wer nicht im ‚richtigen' Elternhaus aufgewachsen ist, der kann diesen „Mangel" später durch individuelle Anstrengungen und gezielte Karriereplanung nur noch schwer wettmachen. Zwischen verschiedenen Optionen wirklich wählen kann in der Regel nur der, der in einer gutbürgerlichen, besser noch großbürgerlichen Familie aufgewachsen ist. Er verfügt nicht nur über jenen (zumeist ausschlaggebenden) Vorsprung, den ihm sein bürgerlicher Habitus und der leichtere Zugang zu wichtigen Informationen verschaffen, er kann auch größere Risiken bei den für die Karriere wesentlichen Entscheidungen eingehen, weil er das stabile familiäre Netz – vor allem finanzieller Art – unter sich weiß (Hartmann 2002: 127ff.).

Je weiter es in der Karriereleiter nach oben geht, um so dünner wird die Luft für alle diejenigen, die diese Vorteile nicht auszuweisen haben. Die Aufstiegschancen für den Nachwuchs der breiten Bevölkerung sind dementsprechend in den absoluten Toppositionen besonders schlecht, in den Chefetagen der Spitzenunternehmen ebenso wie an den Bundesgerichten. Liegt die Wahrscheinlichkeit, die erste Führungsebene in einem Großunternehmen zu erreichen, für Großbürgerkinder schon doppelt so hoch wie für die Promovierten aus der Arbeiterklasse und den breiten Mittelschichten, steigt die Differenz bei den Spitzenunternehmen auf das Dreifache. Stammen noch 45 Prozent der promovierten Juristen, die es in die höhere Justiz geschafft haben, aus der „Normalbevölkerung", so trifft das nur noch ein Drittel der Bun-

---

19 Überspitzt ist diese Aussage insofern, als die Promovierten aus der ‚Normalbevölkerung' mit großer Anstrengung und weit überdurchschnittlicher Leistung einen Teil der ‚Bürgerkinder' durchaus hinter sich lassen können. Schließlich machen nicht alle, die einem bürgerlichen Milieu entstammen, eine Spitzenkarriere. Selbst wenn man diejenigen zusätzlich berücksichtigt, die in nicht untersuchten Bereichen wie der höheren Verwaltung oder der freien Anwaltschaft Toppositionen erreicht haben, bleibt eine Anzahl von Promovierten mit bürgerlichem Background übrig, die es beruflich nicht an die Spitze geschafft haben. Bei den Sprösslingen des Großbürgertums dürfte es sich zwar um eine relativ kleine Minderheit handeln, bei denen des gehobenen Bürgertums kann es aber um einen nicht unerheblichen Prozentsatz sein. Sie hinter sich zu lassen, gelingt zwar einem Teil der Promovierten aus der breiten Bevölkerung. Wenn man aber in Rechnung stellt, wie selektiv die Promotion selbst sozial bereits ist, ist dieser Erfolg doch eher bescheiden.

desrichter zu und gerade noch auf einen von acht an den (nach dem Bundesverfassungsgericht) beiden wichtigsten Bundesgerichten[20], dem Bundesgerichtshof und dem Bundesverwaltungsgericht. Die Sprösslinge des Großbürgertums, für die die Justiz eigentlich nicht die erste Adresse ist, stellen dagegen mehr als ein Viertel der Bundesrichter und sogar über ein Drittel der Richter an den beiden genannten Bundesgerichten. Fast jeder dritte Jurist mit großbürgerlichem Elternhaus ist Bundesrichter geworden. Je höher die Position und je mehr Macht mit ihr verbunden ist, um so enger wird der Spielraum für die sozialen Aufsteiger. Die Macht in dieser Gesellschaft teilt das Bürgertum und vor allem das Großbürgertum nur ungern.

Literatur

Beck, U. / Sopp, P., 1997: Individualisierung und Integration – eine Problemskizze. S. 9-19 in: Beck, U. / Sopp, P. (Hrsg.), Individualisierung und Integration: Neue Konfliktlinien und neuer Integrationsmodus? Opladen: Leske + Budrich.

Bourdieu, P., 1982: Die feinen Unterschiede. Kritik der gesellschaftlichen Urteilskraft. Frankfurt a.M.: Suhrkamp.

Bourdieu, P., 1992: Homo academicus. Frankfurt a.M.: Suhrkamp.

Dahrendorf, R., 1961: Gesellschaft und Freiheit. Zur soziologischen Analyse der Gegenwart. München: R. Piper & Co.

Ditton, H., 1992: Ungleichheit und Mobilität durch Bildung: Theorie und empirische Untersuchung über sozialräumliche Aspekte von Bildungsentscheidungen. Weinheim: Juventa.

Feest, J., 1965: Die Bundesrichter. Herkunft, Karriere und Auswahl der juristischen Elite. S. 95-113 in: Zapf, W. (Hrsg.), Beiträge zur Analyse der deutschen Oberschicht. München: R. Piper & Co.

Haensch, G./Tümmers, H.J., 1998: Frankreich. Politik, Wirtschaft, Gesellschaft. München: C. H. Beck.

Hansen, R./Pfeiffer, H., 1998: Bildungschancen und soziale Ungleichheit. S. 51-86 in: Rolff, H.-G./Bauer, K.O./Klemm, K./Pfeiffer, H. (Hrsg.), Jahrbuch der Schulentwicklung. Weinheim: Juventa.

Hartmann, M., 1990: Juristen in der Wirtschaft. Eine Elite im Wandel. München: C.H. Beck.

Hartmann, M., 1996: Topmanager – Die Rekrutierung einer Elite. Frankfurt a.M.: Campus.

Hartmann, M., 2001a: Klassenspezifischer Habitus oder exklusive Bildungstitel als Selektionskriterium? Die Besetzung von Spitzenpositionen in der Wirtschaft. S. 157-215 in: Krais, B. (Hrsg.), An der Spitze. Deutsche Eliten im sozialen Wandel. Konstanz: UVK.

Hartmann, M., 2001b: Die Bildungsexpansion in der Bundesrepublik Deutschland und der Zugang zu den Spitzenpositionen in Wirtschaft, Wissenschaft, Justiz und Politik – Zum Zusammenhang zwischen sozialer Herkunft, Promotion und dem Aufstieg in die politische, juristische, wissenschaftliche und wirtschaftliche Elite. DFG-Forschungsbericht. Darmstadt.

---

20 Am Bundesverfassungsgericht als höchstem deutschen Gericht war keiner der Promovierten tätig.

Hartmann, M., 2002: Der Mythos von den Leistungseliten. Spitzenkarrieren und soziale Herkunft in Wirtschaft, Politik, Justiz und Wissenschaft. Frankfurt a.M.: Campus.

Hartmann, M./Kopp, J., 2001: Elitenselektion durch Bildung oder durch Herkunft? Der Zugang zu Führungspositionen in der deutschen Wirtschaft. Kölner Zeitschrift für Soziologie und Sozialpsychologie, 53: 436-466.

Herzog, D., 1990: Der moderne Berufspolitiker. Karrierebedingungen und Funktion in westlichen Demokratien. S. 28-51 in: Wehling, H.G. (Red.), Eliten in der Bundesrepublik. Stuttgart: Kohlhammer.

Horkheimer, M., 1934: Dämmerung. Zürich: Oprecht & Helbling.

Karsch, W., 2001: Karrierewege deutscher Großbankenvorstände. Die Bank 12: 866-870.

Kaupen, W., 1969: Die Hüter von Recht und Ordnung. Neuwied: Luchterhand.

Kaupen, W./Rasehorn, T., 1971: Die Justiz zwischen Obrigkeitsstaat und Demokratie. Neuwied: Luchterhand.

Lange, E./Luhmann, N., 1974: Juristen – Berufswahl und Karrieren. Verwaltungsarchiv 65: 113-162.

Lehmann, R./Peek, R., 1997: Aspekte der Lernausgangslage von Schülerinnen und Schülern der fünften Klassen an Hamburger Schulen. Hamburg: Behörde für Schule, Jugend und Berufsbildung. Amt für Schule.

Offe, C., 2001: Wie können wir unseren Mitbürgern vertrauen? S. 241-294 in: Hartmann, M./Offe, C. (Hrsg.): Vertrauen. Die Grundlage des sozialen Zusammenhalts. Frankfurt a.M.: Campus.

Rebenstorf, H., 1995: Die politische Klasse. Zur Entstehung und Reproduktion einer Funktionselite. Frankfurt a.M.: Campus.

Wehler, H.-U., 1995: Deutsche Gesellschaftsgeschichte. Dritter Band: Von der «Deutschen Doppelrevolution» bis zum Beginn des Ersten Weltkrieges. München: C.H. Beck.

Tomke Böhnisch

Karriereressource Ehefrau – Statusressource Ehemann

oder warum Frauen von Topmanagern keine berufliche Karriere machen[1]

Topmanager gelten als beruflich erfolgreich. Männer, die im Laufe ihrer Berufsbiographie in der Hierarchie eines oder mehrerer Unternehmen aufgestiegen sind, haben im klassischen Sinn Karriere gemacht. Auch in einer anderen Hinsicht führen diese Männer ein traditionelles Leben: die überwiegende Zahl der Topmanager ist mit einer nicht berufstätigen Frau verheiratet (Scheuch/Scheuch 1995; Liebold 2001). Während es in anderen Schichten nicht mehr selbstverständlich oder notwendig ist zu heiraten, gehört die Ehe in Managerkreisen zur ordentlichen und von den Männern erwarteten Lebensführung. Sie ist in diesen Kreisen eine gesellschaftliche Konvention, die etwas über die Seriosität und die disziplinierte Lebensweise des Managers aussagt. Nach wie vor scheint für diese Berufsgruppe zu gelten, dass hinter einem erfolgreichen Mann eine Frau steht. Es sei förderlich für die Karriere, verheiratet zu sein, so Scheuch und Scheuch (1995). Auf diese Weise würden die angehenden Topmanager von „betriebsfernen privaten Sorgen" frei bleiben (Scheuch/Scheuch 1995: 15). Während die Männer in ihrer Arbeitswelt Konkurrenzen zu bestehen haben, werden sie in der Familie von ihren Frauen umsorgt, ohne dort eigene Leistung erbringen zu müssen – sieht man einmal von der Erwartung ab, dass sie jeden Monat genügend Geld verdienen, um die Existenz der Familie zu sichern. Wie selbstverständlich es für Topmanager ist, die in der Familie anfallenden Arbeiten geschlechtsspezifisch zu teilen, geht aus einer Untersuchung von Liebold (2001) hervor. Die von ihr interviewten Männer erwähnen den beruflichen Ausstieg ihrer Frauen in der biographischen Erzählung nicht mal. Nur auf explizites Nachfragen beschreiben die Interviewten, wie es zur klassischen Arbeitsteilung im Paar kam. Deutlich wird dabei, dass letzteres nicht das Ergebnis einer „partnerschaftlich ausgehandelten Entscheidung" ist, sondern vielmehr eine „fraglose Gegebenheit" (Liebold 2001: 111).

---

1 Dieser Text basiert auf einer von mir durchgeführten Untersuchung, in der ich 20 nicht berufstätige Ehefrauen von Topmanagern (Vorstandsmitglieder, Aufsichtsräte, Geschäftsführer aus dem Dienstleistungssektor und der Industrie) interviewt habe und die unter dem Titel „Gattinnen. Die Frauen der Elite" erschienen ist. Dort ist das methodische Vorgehen genauer erläutert (s. Böhnisch 1999: 36ff).

Diese Selbstverständlichkeit besteht nicht zuletzt deshalb, weil in den Beschäftigungsverhältnissen der Manager die Zuarbeit der Ehefrauen vorausgesetzt wird. In Interviews mit Ehefrauen von Topmanagern, die ich im Rahmen einer Untersuchung über die Prozesse der Selbstkonstitution einer gesellschaftlichen Elite geführt habe (s. Böhnisch 1999), werden die verschiedenen Funktionen benannt, die diese für die berufliche Karriere ihrer Männer haben. Die Frauen sind vor allem am Management des soziokulturellen Milieus beteiligt, in dem die Männer ihre repräsentativen Aufgaben erfüllen und informelle soziale Kontakte pflegen. Nicht nur das von den Frauen geführte gesellschaftliche Haus, sondern auch die von ihnen gepflegte Hochkultur ist hierfür von Bedeutung. Die Männer haben keine Zeit, sich um diese Dinge zu kümmern, sind aber als einzelne und als Mitglieder eines hohen sozialen Milieus an dem Prestige interessiert, das diese Praktiken erzeugen. Kurz gesagt: Eine nicht berufstätige Ehefrau ist für Männer, die als Manager Karriere machen wollen, eine nicht unwesentliche Ressource (Liebold 2001).

Das, was aus der Perspektive der Männer eine Ressource ist, wirkt sich auf die Berufsbiographie der Frauen kontraproduktiv aus. Die von mir interviewten Frauen haben zwar wie ihre Männer eine Ausbildung oder ein Studium beendet, doch im Unterschied zu ihren Männern, die im Anschluss daran eine berufliche Karriere gemacht haben, haben die Frauen spätestens mit der Geburt des ersten Kindes aufgehört zu arbeiten und sind seitdem für deren Versorgung und Erziehung zuständig. Selbst nachdem die Kinder das elterliche Haus verlassen haben, kehren die Frauen nicht wieder in das Berufsleben zurück.

Aus einer strukturellen Sicht kann man deshalb von einer sozialen Ungleichheit zwischen Topmanagern und ihren Ehefrauen sprechen. Wie Frauen anderer Schichten auch wird den Gattinnen von Topmanagern im Rahmen der geschlechtsspezifischen Arbeitsteilung die nicht entlohnte Hausarbeit zugewiesen. In der Frauenforschung wurde die Trennung von marktvermittelter und ‚privat' organisierter Arbeit als eine wesentliche Bedingung struktureller Benachteiligung von Frauen herausgestellt (s. Gerhard 1994). *Alle* Frauen erfahren diesem Ansatz zufolge aufgrund ihrer Zugehörigkeit zum weiblichen Geschlecht spezifische Formen der Ausbeutung, Unterdrückung und Abhängigkeit. Auch wenn die Inhalte dieser gesellschaftlich wenig anerkannten Arbeit schichtspezifisch variieren, so beruht sie generell auf der Ausbeutung der eigenen Arbeitskraft.

Diese Strukturthesen implizieren eine bestimmte Idee von Gleichberechtigung. Als Maßstab der Emanzipation *aller* Frauen dient die Vorstellung, Gleichheit würde sich über die Lohnarbeit der Frauen und erfolgreiche Konkurrenz mit Männern ergeben. Auch Gleichheit im Paar stellt sich aus dieser Perspektive eher dann her, wenn beide Partner berufstätig sind. Vor allem Doppelkarrierepaare, also Männer und Frauen, die einen hohen Anspruch an die eigene Berufsbiographie stellen und ihren Beruf nicht nur als Job, sondern als Quelle persönlicher Erfüllung ansehen, haben demnach gute Bedingungen für eine egalitär strukturierte Beziehung (s. Behnke/Meuser 2002: 7 und in diesem Band).

Beim Entwurf des Frageleitfadens meiner Untersuchung der Ehefrauen von Topmanagern ging ich von eben diesen Hintergrundannahmen aus. Als berufstätige Wissenschaftlerin war es für mich selbstverständlich, dass sich ein unabhängiger weiblicher Lebensentwurf über die eigene Berufstätigkeit realisieren lässt. Insofern interessierte mich, was diese Frauen dazu bewegt haben mochte, ihre Berufslaufbahn abzubrechen und warum sie im Laufe ihrer Ehe unter veränderten Bedingungen (vor allem nachdem die Kinder das Haus verlassen haben) nicht wieder in ihren Beruf zurückgekehrt waren. Gerade für die Frauen, die vor ihrer Ehe Berufserfahrungen gemacht hatten, so nahm ich an, musste es doch problematisch sein, eine Arbeit zu verrichten, die gesellschaftlich weder anerkannt noch sichtbar ist. Ein Großteil der befragten Frauen hatte die besten Ausgangsbedingungen (ein abgeschlossenes Studium, informelle Kontakte sowie ökonomische Ressourcen der Herkunftsfamilie) für eine eigene berufliche Karriere. Warum hatten die Frauen diese Ressourcen nicht genutzt?

Im folgenden möchte ich anhand exemplarisch ausgewählter Interviews genauer beschreiben, wie sich das von mir gemachte Beziehungsangebot, von Frau zu Frau über vorhandene oder mangelhafte Bedingungen einer beruflichen Karriere sowie über gewünschte oder ungewollt eingeschlagene Lebenswege zu reden, gestaltet hat. Diese Analyse gibt nicht nur Aufschluss über das spezifische Verhältnis zwischen der Wissenschaftlerin Tomke Böhnisch und den konkreten Interviewpartnerinnen. Vielmehr informieren die Erwartungen, die an die Interviews gestellt werden, die ‚Vorurteile', welche die Interviewten gegen mich und ich gegen sie habe, sowie die Ressourcen, die im Gespräch in Anschlag gebracht werden, allgemein über das Verhältnis zwischen berufstätigen und nicht berufstätigen Frauen sowie über das Verhältnis zwischen zwei Generationen (ich bin so alt wie die Kinder der Frauen) sowie über das Verhältnis zwischen wirtschaftsbürgerlichen und bildungsbürgerlichen Kreisen (s. Steinert 1998).

Die Reflexion dieses Interviewverhältnisses wird im folgenden zwei Aspekte zum Vorschein bringen: Zum einen wird deutlich, dass es sich bei der Vorstellung, Gleichheit ließe sich nur über den Markt der Berufe herstellen, um eine Verallgemeinerung einer spezifischen Lebensweise und bestimmter Kriterien für Karrieren handelt. Zum anderen zeigt sich in dem Interviewgeschehen, wie diese unterschiedlichen Vorstellungen zwischen Frauen als distinktive Ressource eingesetzt werden können.

1. Eine höhere Tochter

Ich beginne mit einem Interview, in dem der Kontrast zwischen den jeweiligen Vorstellungen über weibliche Lebensentwürfe, Emanzipation und die Bedeutung einer eigenen beruflichen Karriere besonders stark ist. Die interviewte Frau (1941 geboren) kommt aus einer adeligen Familie (mütterlicherseits), die nicht nur vermögend ist, sondern sich, wie die Frau sagt, durch Bildung und Kultiviertheit auszeichnet. Die Interviewte ist mit einem Bankvorstand verheiratet, der aus einer großbürgerlichen Familie kommt. Das Ehepaar hat drei Kinder, die zum Zeitpunkt des Interviews nicht mehr bei den Eltern wohnen.

Auf meine Eingangsfrage, ob sie mir etwas über ihre Herkunftsfamilie, ihren Ausbildungsweg und den Zeitpunkt ihrer Eheschließung erzählen könne, breitet die Interviewte umfassend ihre Biographie aus.[2] Es macht den Anschein, als würde sich diese Frau nicht zum ersten Mal öffentlich darstellen. Die Selbstdarstellung gehört zu ihrem Können. Zentral ist für den hier gewählten Fokus, dass diese Biographie keine Erfolgsgeschichte ist. Das wird in den folgenden Passagen besonders deutlich.

> „Ich hab' also eine (lacht), bin ich ganz offen drin, eine wunderbare Schulzeit. Ich bin nämlich dreimal sitzen geblieben. Also ich hatte immer das Gefühl, anstrengen? Nein, ich nicht! Pflichten? Nein! Das übernimmt ja jemand anders. Es ist also, sehr renitent und immer, was hat der mir zu sagen, was ich machen soll. So weit kommt's noch. Also ich war ein schwieriges Schulkind. Wechselte häufig die Schulen. Und ich hatte aber nie das Gefühl, dass das nun irgendwie gravierend schlimm wäre. Sondern es war eher lästig und musste, und hatte immer im Hinterkopf, ich will ja sowieso Schauspielerin werden."

Mühsam schafft sie die mittlere Reife. Was weiter keine Rolle spielt, da ihr „immer klar war", dass sie Schauspielerin werden wollte. Sie sei nach der gelungenen Schulaufführung des Faust von anderen in ihrem Beschluss bestärkt worden: „Und jeder sagte: ‚Ja, die muss Schauspielerin werden'. Das hab ich dann auch gemacht." Doch dieser Ausbildungsversuch gestaltet sich schwierig. Vor allem deshalb, weil sie merkt, dass sie sich trotz ihrer Begabung anstrengen muss und es nicht gleich um das Einstudieren großer Rollen geht, sondern um das Erlernen eines Berufes. Anstoß für den Abbruch der Ausbildung gibt schließlich ein Freund, der zu ihr sagt: „Du solltest es lieber lassen, du wirst immer eine höhere Tochter bleiben". Sie habe heulend auf der Straße gestanden, wohl wissend, dass ihr Freund Recht hatte. Gleich im Anschluss erklärt sie an dieser Stelle im Interview, warum diese Situation für sie schwierig war.

> „Weil ich ja nun auch immer in diesen ganzen Gesellschaftskreisen die Schauspielerin war. ‚Ach wie toll, Sie sind Schauspielerin!' Die anderen machten alle was anderes. Und ich spielte große Rollen. ‚Das ist ja interessant!' Und ich dachte immer innerlich: ‚So interessant ist das gar nicht, wenn ihr wüsstet.' Aber es war immer ‚wahnsinnig interessant'. Und ich hab' mich gar nicht getraut, das jemandem zu sagen, dass ich

---

2 Da ich nicht über alle Befragten Vorinformationen hatte, erfuhr ich auf diese Weise, ob es sich um aufgestiegene oder alteingesessene Familien handelt. Darüber hinaus erwies sich dieser Einstieg als ein geeigneter Erzählimpuls. Einige Frauen stellten das Elternhaus und die eigene berufliche Laufbahn sowie das mit der Eheschließung einhergehende Ende ihrer Berufstätigkeit in den Vordergrund, andere Frauen entwarfen ihre Biographie wiederum fast ausschließlich entlang der beruflichen Karriere ihres Mannes. In der biographischen Erzählung des hier ausgewählten Interviews taucht der Ehemann nur am Rande auf.

nun nicht mehr Schauspielerin werde, weil ich immer dachte, das ist so eine persönliche Enttäuschung für die. Das kann ich ihnen gar nicht antun, dass ich das nicht mehr mache. Und hab mich auch meiner Mutter nicht... So hab ich mich heimlich abgemeldet. (...) In dem Moment schlief ich wieder. Tief und beruhigt, das Richtige getan zu haben."

Nach Abbruch der Ausbildung wendet sich die Interviewte an einen Bekannten, der sie als Sekretärin in seiner Kanzlei einstellt. Sie betont, dass das ihre schönsten Jahre waren und sie diese Arbeit „wahnsinnig gerne" gemacht habe, bricht sie aber bereits nach drei Monaten ab, um wenig später ihren Mann zu heiraten.

Dieser Ausbildungsweg ließe sich als ‚an Faulheit gescheitert' beschreiben. Doch diese Beurteilung würde einem Leistungsanspruch folgen, den diese Frau an sich selber gar nicht stellt und der nicht an sie heran getragen wurde. Nur so ist zu erklären, warum die Interviewte diese Zeit trotz mehrmaligem Sitzenbleiben als wunderbar beurteilt. Die schulische Ausbildung ist eine lästige, aber irgendwie zu absolvierende Pflicht. Für ihre Berufswahl ist letztendlich eine Begabung ausschlaggebend oder vielleicht sollten man besser sagen, die Lust am Darstellen. Wenn die Frau betont, dass sie trotz ihrer großen Begabung nicht weiter kam, schwingt die Annahme mit, dass talentierte Menschen und Genies in der Schule versagen müssen. Erfolgreich sind die hart Arbeitenden. Das liegt ihr fern. Sie stellt sich selbst an dieser Stelle als naiv dar. Doch diese Naivität und die damit verbundene Unfähigkeit, sich den Anforderungen einer Theaterausbildung zu stellen, erscheinen nicht als Versagen. Denn in ihrer Position als „höhere Tochter" ist eine Ausbildung zweitrangig. Um eine Berufsausbildung abzuschließen, müsste sie eine Leistung erbringen, die für ihre gesellschaftliche Anerkennung unnötig ist. Zentral ist hingegen die Tatsache, in einem funktionierenden Netz sozialer Beziehungen und in der ‚Guten Gesellschaft' bekannt zu sein. Das Problem der abgebrochenen Ausbildung liegt so auch nicht in der Blamage, es nicht geschafft zu haben, sondern darin, kein ‚bunter Hund' mehr zu sein. Als angehende Schauspielerin war sie in ihrem Bekanntenkreis etwas Besonderes, und man konnte sie als solche bewundern.

Dass ihre biographische Erzählung keine Erfolgsgeschichte ist, ist der Interviewten nicht peinlich oder unangenehm. Im Gegenteil: Indem sie souverän die Brüche in ihrem Leben aufdeckt, führt sie mir die Bedeutung ihrer Familienherkunft vor. Sie muss nicht ‚beweisen', dass sie etwas leistet, sondern genießt ihre Stellung. Nicht die eigene Leistung zahlt, sondern persönliche Charaktereigenschaften, die sie aufgrund der gehobenen sozialen Herkunft natürlicherweise besitzt. Sie ist besonders. An verschiedenen Stellen im Interview steht diese Zugehörigkeit zur ‚Guten Gesellschaft' im Mittelpunkt ihrer Darstellung.

„Ich erinnere mich an all die Jahre, wo ich mit meiner Mutter ins Theater gegangen bin, erster Rang, vorne die beiden Plätze hatten wir. Und da hab ich alle großen Inszenierungen erlebt. Mit 15 schon im Ring, fasziniert. Herrliche Zeiten! Und man nahm einfach teil daran. Man kritisierte auch nicht immer so, sondern das war eben unser

Theater und das liebten wir. Und da war das Ensemble, die Schauspieler, die kannte man und holte sich ein Autogramm hinterher und wunderbar. Heute wird immer da die Latte so falsch angelegt."

Auf der inhaltlichen Ebene sind Inszenierungen zwar immer auch interessant, aber in erster Linie geht es darum, im internen, exklusiven Kreis dabei zu sein und darüber hinaus mit den Schauspielerinnen und Schauspieler Kontakt zu haben. Dafür nimmt die Interviewte sogar in Kauf, dass die Inszenierungen mitunter langweilig oder schlecht sind. Diejenigen, die nur an der Qualität der kulturellen Ereignisse herummäkeln, haben nicht begriffen, worum es hier geht: Sehen, Gesehen werden und mit den Großen bekannt zu sein, ist wichtig. Die Betonung liegt in dieser Passage auf den besitzanzeigenden Worten. Sie redet nicht einfach von *dem* Theater, sondern von *unserem* Theater. So mancher mag sich mit Theateraufführungen auskennen, aber nur wenige haben die Möglichkeit, die Inszenierungen zusammen mit anderen Mitgliedern der gehobenen gesellschaftlichen Kreise zu sehen. Die Zugehörigkeit zur ‚Guten Gesellschaft' wird in dieser und anderen Passagen zur distinktiven und differenzierenden Ressource.

Vor dem Hintergrund dieser Zugehörigkeit ist es offensichtlich nicht nötig, auf eine berufstätige Frau neidisch zu sein oder mit ihr zu konkurrieren. Es geht auch nicht darum, sich gegen die Berufstätigkeit von Frauen auszusprechen. Im Gegenteil, sie äußert Bewunderung für beruflich erfolgreiche Frauen. Das von ihr zu mir hergestellte Verhältnis lässt sich am besten als eine Art Klientelverhältnis beschreiben. „Sie bringen einen dazu, darüber nachzudenken", sagt sie und gibt damit zu verstehen, dass meine Themen zwar nicht ihre sind, aber die Gedanken einer Wissenschaftlerin den eigenen Alltag bereichern. Ich gebe ihr mit dem Interview einen Anlass, über Dinge nachzudenken, die in ihrem Leben ansonsten keine Rolle spielen. Wie ich diese Dinge beurteile, interessiert sie dabei nicht. Zwischen uns ist außer dem Klientelverhältnis nichts. Ohne sich mit mir zu messen, lässt sie sich von meinen Aussagen anregen. Gleichzeitig nimmt sie an, dass ich mich „ja für alles interessiere", was ihre Person angeht. Da die Interviewte schon immer gesellschaftlich interessant gefunden wurde, wundert sie sich nicht über mein Interesse an ihrem Leben. Sie gewährt mir gerne Einblicke. Dass uns Welten trennen, wird nicht etwa offensiv vorgetragen. Es ist eine freundliche und offene Haltung, mit der unmissverständlich klar gemacht wird, wer zu den besonderen Menschen zählt. Die mit ihrem Leben und mit ihrer Besonderheit verbundenen Privilegien müssen nicht gerechtfertigt werden – sie sind natürlich gegeben.

Dabei scheint sie die Einwände zu kennen, die vor allem berufstätige Frauen gegen den von ihr gewählten Lebensweg vorbringen. Sie habe eine „feministisch ausgerichtete" Freundin, die nicht begreifen könne, warum sie mit ihrer Position als nicht berufstätige Ehefrau zufrieden sei.

„Die kann nicht fassen, dass ich sag, ich kann das nur machen, weil mein Mann mir das ermöglicht. Was ich denn für ein Selbstbewusstsein hab? Ich bin ihm ja so dankbar! Wenn ich Geld verdienen müsste, dann sähe das ja ganz anders aus. Dann könnte

> ich nicht das machen, was mir wirklich Spaß macht. (...) Ich müsste ja sowieso mit einem Mann, der so viel verdient, so viel selber verdienen, damit das steuerlich in Erscheinung tritt. Also das ist, das ist dann ein völlig anderes Leben. Und ich empfinde das als wunderbar. Es tut meinem Selbstwertgefühl überhaupt keinen Abbruch."

Was ihr wirklich Spaß macht, ist die Arbeit in einer Stiftung, die Stipendien an junge Literatinnen und Literaten, Musikerinnen und Musiker und Künstlerinnen und Künstler vergibt. In dieser Stiftung bereitet sie die Zusammensetzung der Auswahlkommissionen vor und organisiert rings um die Geförderten hochkulturelle Ereignisse. Neben Konzerten, Lesungen und Ausstellungen, bei denen die Mitglieder die Werke „ihrer" Stipendiaten kennenlernen, ist die Jahresversammlung zu organisieren, die mit der Besichtigung einer Stadt verbunden ist und ein ganzes Wochenende dauert. Am liebsten kümmert sich die Interviewte aber um die Künstlerinnen und Künstler. „Das mache ich mit großer Freude, weil ich einfach gerne mit Künstlern umgehe." Nachdem sie ihre verschiedenen Tätigkeiten in der Stiftung aufgezählt hat, sagt sie:

> „Also viele sagen, ich mache alles. Aber es hält sich völlig in Grenzen. Ich, also ein bisschen ist das, dass man den Verein auch in Verbindung mit meinem Namen bringt. So in aller Bescheidenheit gesagt. Das ist ja auch ganz (Pause) unbedeutend."

Die Interviewte möchte nicht mit ihrer Tätigkeit in der Stiftung angeben, aber von der Anerkennung berichten, die sie für diese Tätigkeiten bekommt. Man braucht sie und das genießt sie, daraus zieht sie Selbstbewusstsein. Sie wird schließlich nicht von irgendwem gebraucht, sondern von Vorständen und Aufsichtsratsvorsitzenden, die einflussreich sind und die vor allem jeder kennt. Die Stiftung habe eine „reiche Tradition" und seit Beginn seien unter den Mitgliedern sehr prominente Männer aus der Wirtschaft. Aus ihrer Sicht beleben diese Herren, die „über allem thronen", den Betrieb der ‚Guten Gesellschaft'. Schließlich werden die prominenten Manager und Unternehmer in der Stiftung zu direkten Bekannten, mit denen die Interviewte nicht nur aufgrund der geschäftlichen Kontakte ihres Mannes zu tun hat, sondern aufgrund ihrer eigenen Tätigkeit. Das ist eine gute Voraussetzung dafür, in der ‚Guten Gesellschaft' nicht auf ihre Funktion als Ehefrau reduziert zu werden.

> „Dadurch, was ich jetzt mache, lerne ich so viele Menschen kennen, wo es auch so interessante anregende Themen gibt, über die ich dann auch mal nachdenke. Woher würde ich das denn sonst so bekommen. Also wenn ich mir das nicht selber gesucht hätte. Das kann ich von meinem Mann nicht verlangen. Das ist völlig unmöglich. Bei seinem Arbeitsalltag. Wirklich, das geht einfach nicht. Ich finde es genau so blöde, das Gefühl von Frauen: ‚Oh, Gott ich mach nichts.' Die werden irgendwas anderes ganz herrlich machen. Die machen vielleicht zu Hause es viel schöner und haben immer die selbst gekochte Marmelade und das find ich ganz toll und reiten gern. Nein wirklich. Ich finde es ganz falsch, wenn man anfängt, die Dinge zu werten. Das ist mehr wert, das ist weniger wert, das finde ich überhaupt nicht."

Wichtig ist nicht, was eine Frau macht und ob diese Tätigkeit bezahlt wird. Wichtig ist vielmehr, nicht in der Privatheit zu versinken. Der Ehemann kann seiner Frau nicht dabei helfen, diesem Schicksal zu entgehen, aber seine berufliche Position ist die Bedingung der Möglichkeit, als nicht berufstätige Ehefrau Öffentlichkeit herzustellen. Vor dem Hintergrund dieser befriedigenden Tätigkeiten und der von ihr hergestellten Form der Öffentlichkeit ist es für diese Frau nicht von Bedeutung, ein eigenes Einkommen zu haben. Da ihr Mann mit seinem Geld ermöglicht, dass sie ihre Vorlieben pflegen kann, sieht sie kein Problem darin, von ihrem Mann abhängig zu sein. Wie um diese Gelassenheit zu unterstreichen, mit der sie von ihrer Abhängigkeit spricht, sagt sie, sie wisse nicht mal, wieviel Geld ihr Mann verdient. Mit dieser Aussage löst sie bei mir anscheinend großes Erstaunen aus, denn ich frage daraufhin:

> „Sie wissen nicht, wieviel Geld Ihr Mann verdient?
> Nein.
> Nicht?
> Nein. (Pause) Hab' ich mich auch nie dafür interessiert. Mir ist es auch egal. Neulich sagt er, er hätte auch noch gar kein Testament gemacht. Ach Gott, ich hab immer so das Gefühl, also meine Versorgung ist, ich mach mir da überhaupt keine Gedanken. Kein bisschen. Es hat nie (Pause), ich hab mich nie dafür interessiert."

Mein Erstaunen über das Desinteresse an der Höhe des Einkommens ihres Mannes geht von zwei falschen Implikationen aus. Zum einen ist diese Frau letztendlich nicht von dem Geld ihres Mannes abhängig. Da sie über ein eigenes familiäres Vermögen verfügt, gibt es keinen Grund, warum sie sich für das Testament ihres Mannes interessieren sollte. In dem angefangenen Satz „Es hat nie" ist dieser Aspekt angedeutet. Ihr familiärer Hintergrund, in dem es nie einen Geldmangel gegeben hat, erzeugt eine souveräne Haltung gegenüber der existentiellen Absicherung durch den Ehemann[3]. Zum anderen verdient ihr Mann so viel Geld, dass die Interviewte gegenüber ihrem Mann nicht über jede ausgegebene Mark Rechenschaft ablegen muss. „Um Geld bitten", sagt sie, „das ist mir peinlich." Das könne sie überhaupt nicht. Bevor sie um Geld bitten würde, würde sie eher arbeiten. Die interviewte Frau muss ihren Mann demnach nicht um Geld bitten. Da sie großzügig mit dem ihr zur Verfügung stehenden Geld umgehen kann, schlägt sich die Tatsache, dass es sich um ‚sein' Geld handelt, nicht belastend auf ihren Alltag nieder. Aber über diese beiden Aspekte, die ihre gelassene Haltung gegenüber ihrer ökonomischen Lebenslage plausibel machen, spricht die Interviewte nicht. Sie stellt vielmehr ihre Unwissenheit über die Höhe des Einkommens ihres Mannes heraus und leistet es sich, ‚Antifeministin' zu sein.

Mit dieser thematischen Ausrichtung gehen Abgrenzungen einher: Zum einen grenzt sich die Interviewte von Frauen ab, die berufstätig sind, weil sie Geld verdienen müssen – also auch von mir. Zum anderen grenzt sie sich von

---

3 In anderen Interviews weisen die Frauen expliziter darauf hin, dass sie gar nicht von ihrem Mann abhängig sind. Und sie betonen dann auch, dass es für eine Frau wichtig ist, von ihrem Mann ökonomisch unabhängig zu sein. Meistens liegt die eigene Unabhängigkeit in dem geerbten familiären Vermögen begründet. Würden die Frauen in ihre erlernten Berufe zurückkehren, könnten sie wahrscheinlich ihre Existenz absichern, doch würden sie mit Sicherheit ihre Lebensweise nicht fortführen und ihren Lebensstandard nicht halten können.

Hausfrauen ab, denen nichts anderes übrig bleibt, als sich mit ihrem Mann über sein Einkommen zu unterhalten. Wenn einer Frau nur wenig Geld für die Haushaltsführung zur Verfügung steht, muss sie einen Überblick über die Ein- und Ausgaben behalten und überlegen, welche Anschaffungen sich im Rahmen der existentiellen Möglichkeiten bewegen. Impliziert ist schließlich auch eine Abgrenzung gegenüber Menschen, denen aufgrund des Arbeitsmarktes nichts anderes übrig bleibt, als um Geld zu bitten (sei es auf der Straße oder im Sozialamt), und die mit dieser Bitte verbundene Beschämung in Kauf zu nehmen.

Zusammenfassend kann an dieser Stelle über das Interviewverhältnis festgehalten werden: Während ich mit meinen Fragen und unausgesprochenen Hintergrundannahmen strukturelle Probleme in Anschlag bringe, die in unserer Gesellschaft für alle Hausfrauen bestehen, macht die befragte Frau individuelle Privilegien stark. Anstatt sich als Hausfrau zu definieren, spricht sie von den Vorteilen, die sie als nicht berufstätige Ehefrauen eines Topmanagers genießt. Der im Interview in Anspruch genommene Status ist schichtspezifisch. Die Interviewte ist sich der Spezifik ihrer Situation durchaus bewusst. Andere Männer sind nicht in der Lage, die Familie allein zu finanzieren. Es ist das Verdienst *ihres* Mannes, dass sie sich dazu entscheiden konnte, nicht berufstätig zu sein und dass sie Zeit für Tätigkeiten hat, die nichts mit der Hausarbeit zu tun haben.

Diese Distanzierung von anderen Frauen ist nicht nur für das Selbstverständnis der hier beschriebenen Interviewten zentral. Auch in den anderen Interviews bildet der gesellschaftliche Status, den die Frauen als Ehefrauen einflussreicher, reicher und mächtiger Männer haben, den Mittelpunkt ihres im Interview entworfenen Selbstverständnisses. Der von den Frauen angeführte Handlungsspielraum ist ein schichtspezifischer Vorteil ihres Lebens als Hausfrau.

2. Diskreditierende Tätigkeiten und die Interessen der Männer

Allerdings zeigt sich in einigen Interviews auch, dass nicht alles machbar ist, was Spaß macht. Das betrifft vor allem Tätigkeiten, die das Prestige der Familie diskreditieren würden. Dazu zählt mitunter auch der ursprünglich erlernte Beruf. Eine Interviewte begründet beispielsweise sehr ausführlich, warum sie nach der Heirat nicht mehr als Grundschullehrerin gearbeitet hat. Zum einen sei es damals selbstverständlich gewesen, dass Frauen zwecks Familiengründung ihren Beruf aufgaben. Darüber hinaus sei ein späterer Wiedereinstieg in die Berufstätigkeit aufgrund ihrer landesspezifischen Ausbildung nicht möglich gewesen. Da sie im Laufe der beruflichen Karriere ihres Mannes in ein anderes Bundesland umgezogen seien, wäre es für sie sehr umständlich gewesen, wieder als Grundschullehrerin zu arbeiten. Offensichtlich wäre ihre Arbeit aber auch nicht standesgemäß gewesen, denn die Frau sagt: „Ich hätte hier überhaupt nichts machen und werden können." Während sich das Machen noch auf die landesspezifischen Anforderungen des Arbeitsfeldes bezieht, ist das Werden auf die Art ihrer beruflichen Qualifikation bezogen. Sie war *nur* eine Grundschullehrerin und wäre dies auch geblieben.

Eine andere Frau sagt, sie träume davon, eine Antiquitätenhandlung aufzumachen. Doch diesem Traum scheinen die Ansprüche ihres Mannes bzw. das familiäre Prestige im Wege zu stehen.

> „Eigentlich ist mein Mann der Hemmschuh, weil der sagt: ‚Bist du verrückt, den ganzen Tag dazustehen?'. Und: ‚Muss das sein? Willst du das wirklich?' Aber ich will auch keine große Antiquitätenhandlung aufmachen. Eine ganz kleine, eine ganz spezielle. Und das würde mir zum Beispiel wieder Spaß machen und da würde ich mich auch von morgens bis abends hinstellen. Also dies Engagement wäre auch keine Diskussion für mich, da wieder einzusteigen. Aber nicht um Erfolg zu haben, sondern jetzt eigentlich aus der Situation heraus, dass ich sagen würde, das macht mir Spaß. Das würde mir Spaß machen, schöne Möbel zu verkaufen. Und mich einfach damit zu unterhalten. Und Gespräche zu führen, das finde ich gut."

Ähnlich wie die oben beschriebene Interviewte wird auch von dieser Frau der Spaß an der Arbeit als Motivation für eine potentielle Berufstätigkeit angeführt. Aber die Tätigkeit, die sie gerne ausüben würde, darf sie nicht ausüben. Denn wenn man den verwendeten Begriff „Hemmschuh" einmal wörtlich nimmt, so heißt das: Ihr Mann lässt sie nicht dorthin gehen, wohin sie gerne gehen würde. Er legt ihr einen Keil in den Weg, bremst ihren Schwung, hält sie fest. Sie kann sich nicht bewegen. An dieser Stelle im Interview ist nicht ganz klar, warum der Ehemann seine Frau von dem Betreiben einer Antiquitätenhandlung abhält. Es könnte sein, dass er sie vor einer anstrengenden Arbeit schützen will („Willst du das wirklich?"). Schließlich müsste sie den ganzen Tag im Laden stehen und eine gewisse Zeitdisziplin aufbringen. Es könnte aber auch sein, dass er annimmt, das Prestige der Familie wäre gefährdet, wenn seine Frau nur dastehen und etwas verkaufen würde. Für diese zweite Begründung spricht meines Erachtens, dass der Ehemann das Betreiben einer Antiquitätenhandlung auf den Verkauf von Möbel reduziert. Mit dieser Reduktion geht eine Abwertung einher, die eigentlich keinen Zweifel an der Minderwertigkeit dieser Tätigkeit lässt. Nicht nur dieser Ehemann scheint Interesse am Erhalt der ehelichen Arbeitsteilung zu haben. Die Ergebnisse anderer Untersuchungen stützen diese Vermutung (s. Scheuch/ Scheuch 1995: 16; Liebold 2001: 142).

3. Wer verdient was?

Ich möchte im folgenden noch ein weiteres Interview betrachten, in dem die interviewte Frau über Probleme und Widersprüche spricht, die mit der Beendigung der eigenen Berufslaufbahn zugunsten der Arbeit im Haushalt und in der Familie verbunden sind. Interessant ist für den hier gewählten Fokus, wie sich aufgrund dieser Einschätzung des eigenen Lebens das Verhältnis zu mir als berufstätiger Frau verändert.

Die interviewte Frau (1945 geboren) ist mit dem Geschäftsführer eines großen Unternehmens verheiratet. Während die Interviewte aus einer kleinbürgerlichen Familie kommt, gehörten die Eltern ihres Mannes dem Bildungsbürgertum an. Aus der lebensgeschichtlichen Erzählung geht hervor, dass die Frau eine kaufmännische Ausbildung gemacht hat und in diesem Beruf einige Jahre gearbeitet hat. Erst mit der Geburt ihres ersten Kindes hat sie ihre Berufstätigkeit aufgegeben. Zum Zeitpunkt des Interviews gehen die drei Kinder alle noch zur Schule.

Die Interviewte sagt, dass „man im Prinzip als Hausfrau keine Anerkennung in dem Sinne" habe. „Wenn man jetzt im Büro ist oder so arbeiten geht", führt sie fort, „da sagt schon mal jemand: ,Mensch, Sie sehen aber heute toll aus'. Das hat man ja zu Hause nicht." Dieses Gefühl des Mangels wird durch eine andere Vorstellung verstärkt, die sich wie ein roter Faden durch das Interview zieht. Ihrer Meinung nach muss sich jeder Mensch seine soziale Position verdienen. Ohne dass ich danach gefragt habe, begründet die interviewte Frau, warum ihr Mann eine hohe berufliche Positionen erreicht hat. Im Mittelpunkt dieser Legitimation stehen seine herausragenden Leistungen. Rückblickend betrachtet hat er sich die von ihm eingenommenen Machtpositionen erarbeitet und sie zählt ihn deshalb zu einer Leistungselite. Zusammen mit anderen Männern bildet er aus der Perspektive der Interviewten eine Elite, die dazu verpflichtet ist, sich für das Gemeinwohl anzustrengen. Vor dem Hintergrund dieser Vorstellung scheint es schwer zu ertragen, selbst nicht aufgrund von Leistungen, sondern aufgrund einer Heirat zur Elite zu gehören. Anders als die eingangs beschriebene Frau, die für ihre gesellschaftliche Anerkennung keine Leistung erbringen muss, ist diese Frau während des Interviews darum bemüht, die Kluft zwischen (Leistungs-) Anspruch und ihrem Leben als Hausfrau zu überbrücken.

Zentral ist hierfür die Annahme, eine wichtige Funktion in und für die Karriere ihres Mannes zu haben. Das wird vor allem in den Passagen deutlich, in denen die Interviewte über die von ihr übernommene Knüpfung sozialer Netzwerke spricht. Neben der Sorge um die häusliche Infrastruktur sei es ihre Aufgabe, die Freundschaften, Bekanntschaften und Geschäftsbeziehungen ihres Mannes „ein bissel zu pflegen". Sie kümmere sich schon seit Jahren um die Kollegen ihres Mannes. Selbstbewusst beschreibt sie, dass ihr Mann sein soziales Leben nur deshalb aufrecht erhalten kann, weil sie die dafür nötige Infrastruktur zur Verfügung stellt. Wichtig sei auch, dass sie ihm den „Rücken frei hält" und dafür sorgt, dass er zu Hause nicht mit Problemen und familiären Streitereien belastet wird. In der Funktion, die sich diese Frau im Rahmen der beruflichen Aufgaben ihres Mannes zuschreibt, findet sich eine Verknüpfung von Leistung, Verdienst und Pflichten: Sie hilft ihrem Mann dabei, diszipliniert zu leben, damit er etwas leisten und seine Pflichten gegenüber der Gesellschaft erfüllen kann. Diese Vorstellung ist nützlich, um die Angewiesenheit auf ihren Mann zu kompensieren. Die Interviewte hat ihre gesellschaftliche Position zwar ihrem Mann zu verdanken, aber der hätte dafür ohne ihre Hilfe keine derartige Karriere machen können. Schließlich hat die jahrelange Pflege sozialer Netzwerke auch den positiven Nebeneffekt, von den Angehörigen der ‚Guten Gesellschaft' fest dazugerechnet zu werden.

„Da kenne ich also mittlerweile Gott und die Welt. Und da mein Mann eben so lange bei der Firma ist, kenne ich auch so viele Leute. Und ich hab das Gefühl, dass ich da mit dazugehöre. Als die Kinder noch klein waren, da bin ich nicht so oft mitgegangen. Und da haben sie immer gefragt: ‚Wo ist denn ihre Frau und was ist denn los?' Ich hab nie das Gefühl, dass ich da bloß eine Statistenrolle habe."

Allerdings ist das Fundament ihres Selbstverständnisses labil. Da die Interviewte die Funktion, die sie für ihren Mann hat, zum Angelpunkt ihrer Zugehörigkeit zur Elite macht, entsteht eine große Abhängigkeit von ihm. Die Frau weiß, dass ihr Mann letztendlich nicht auf sie persönlich angewiesen ist, sondern auch eine andere Frau ihre Funktion übernehmen könnte. Da sich einige Bekannte ihres Mannes auf dem Höhepunkt ihrer Karriere von ihren Frauen getrennt haben, ist ihr diese mögliche Entwicklung sehr präsent.

Dazu passt, dass sie auf meine abschließende Frage, ob sie nachträglich in ihrem Leben etwas anders machen würde, wenn sie die Möglichkeit dazu hätte, prompt sagt, sie würde bereuen, nicht studiert zu haben. Unmittelbar im Anschluss an diese Feststellung versucht sie mir und sich zu erklären, warum sie nicht studiert hat: Sie sei von ihren Eltern nicht genügend unterstützt worden. Schwerer wiegt allerdings die Tatsache, in der Schule zu faul gewesen zu sein. Während der Ehemann in ihrer Schilderung als Genie erscheint, ist sie zu „normal" gewesen, um hohe Ansprüche an ihre eigene berufliche Laufbahn stellen zu können. Allerdings räumt die Interviewte dann auch ein, dass die Karriere ihres Mannes für ihr Studium hinderlich gewesen sei. Vor allem, weil sie aufgrund seiner Berufslaufbahn häufig umziehen mussten. Außerdem hätte sich ja auch jemand um die Kinder kümmern müssen. Doch alle diese Aspekte, die dazu geführt haben, dass sie selbst kein Studium absolviert hat, können an der Bedeutung nichts ändern, die sie einem Studium beimisst.

„Das ist eigentlich wichtig, weil ich immer denke, das ist gut, wenn man viel weiß. Wissen ist wirklich Macht. Und man kann sich da auch wahrscheinlich innerlich über manche so, denke ich, hinwegsetzen. Und sagen: ‚Mensch lass die doch schwätzen und machen und dummes Zeug. Was du alles weißt!' So für sich selber einfach. Deshalb hab ich auch zugesagt, mit Ihrem Interview, dass Sie Ihren Doktor machen können (lacht)."

Die Interviewte verbindet mit einem abgeschlossenen Studium nicht die Möglichkeit, einen gehobenen Beruf ausüben zu können. In erster Linie steht die akademische Ausbildung für das Erlernen einer souveränen Haltung. Sie stellt sich vor, dass sie selbstbewusster auftreten könnte, wenn sie studiert hätte. Unabhängigkeit bemisst sich neben den finanziellen Möglichkeiten an dem Wissensstand, den jemand hat. Wenn sie über die Ressourcen Wissen und Bildung verfügen würde, wäre es leichter, sich selbst zur Elite zu zählen. Schließlich könnte sie sich dann ihrer Zugehörigkeit sicherer sein.

Mit dieser Überzeugung korrespondiert die Haltung, die sie mir gegenüber einnimmt. Sie erkennt meinen gesellschaftlichen Status als Wissenschaftlerin an. „Wissen ist Macht", sagt sie und zählt mich auf diese Weise zu den Eliten. Nicht nur Topmanagerinnen und Topmanager, auch Wissenschaftlerinnen und Wissenschaftler haben aus ihrer Perspektive die Aufgabe, von ihren machtvollen Position aus die Gesellschaft „weiterzubringen". Das ist in den Augen der Interviewten mehr als die von ihr beschriebenen Aspekte, aus denen sie in ihrer ehelichen Beziehung Selbstbewusstsein bezieht. Mit dieser Anerkennung geht schließlich einher, dass die Interviewte meine Untersuchung nicht in Frage stellt, sondern unterstützt. So wie sie sich eine zentrale Funktion in der Karriere ihres Mannes zuschreibt, brauche ich sie, um meine Doktorarbeit schreiben zu können. Bereits die Zusage des Interviews begründet sie damit, mir gerne bei meiner Doktorarbeit behilflich zu sein. Das sagt sie nicht nur so dahin. Die Stimmung des gesamten Interviews ist von dieser Bereitwilligkeit geprägt. Die Interviewte lässt sich interessiert auf die Situation ein. Nachdem das Tonband abgeschaltet ist, überlegt sie sogar, ob sie mir nach der Promotion bei einer Stellensuche behilflich sein könnte. Dieses Verhältnis wirkt sich schließlich auch auf die Art und Weise aus, wie sie im Interview über Eliten spricht. Sie ist darum bemüht, ein positives Bild von ihnen zu entwerfen. Man könnte auch sagen: Die Legitimation der gesellschaftlichen Position über Leistung, Bildung und Verantwortung wird in dem Gespräch mit einer Wissenschaftlerin bedeutsam, von der die Interviewte annimmt, dass sie gebildet ist, etwas leistet und Verantwortung übernimmt.

4. Schluss

Ich möchte abschließend nochmals zu meiner Ausgangsfrage zurück kommen. Zu Beginn der Untersuchung hatte ich mich gefragt, warum Ehefrauen von Topmanagern nicht berufstätig sind, sondern eine Arbeit vorziehen, die in soziologischen Analysen als gesellschaftlich nicht anerkannt und unsichtbar beschrieben wird. Und das, obwohl ihnen eine Reihe von wichtigen Ressourcen (Ausbildung, Geld und soziale Kontakte) für eine eigene berufliche Karriere zur Verfügung stehen. Als berufstätige Wissenschaftlerin, die mit der Untersuchung dieser Frauen nicht nur beabsichtigte, ihre Neugier auf eine fremde Lebensweise zu stillen, sondern auch einen beruflichen Karriereschritt verband, nämlich die Promotion, war für mich selbstverständlich, dass sich Gleichheit zwischen Männern und Frauen sowie im Paar vor allem über die Berufstätigkeit beider Geschlechter herstellt. Das heißt, mit der aufgeworfenen Frage stellte ich die Geschlechtszugehörigkeit der Untersuchten in den Vordergrund. Zentral erschien mir die Tatsache, dass den Frauen im Rahmen der geschlechtsspezifischen Arbeitsteilung *als Frauen* die nicht entlohnte Hausarbeit zugewiesen wird[4].

---

4   Zur Kritik an dieser Form der Verallgemeinerung: s. Spelman (1990).

Die Frauen haben mich in den Interviews eines besseren belehrt bzw. meinen Hintergrundannahmen ihre Erfahrungen, Lebensbedingungen und Interessen als Angehörige einer gesellschaftlichen Elite entgegen gesetzt. Statt von Frau zu Frau über ihre Leben als Hausfrau und die für die Hausarbeit typischen Probleme zu sprechen, machten sie deutlich, dass sie nicht berufstätig sein wollen und stellten die Vorteile heraus, die ihnen aus ihrer Position erwachsen: Sie werden in ihren gesellschaftlichen Kreisen als Gattin anerkannt, verfügen über viel Geld, können einen großen Teil der materiellen Hausarbeiten delegieren und haben Zeit, Dinge zu tun, die ihnen Spaß machen. Das sind gute Gründe dafür, keine eigene berufliche Karriere machen zu müssen. Dass dies um den Preis der materiellen Abhängigkeit geschieht, wiegt nicht so schwer, weil die Männer so viel Geld verdienen, dass nur selten darum verhandelt werden muss. Für die Frauen, die aufgrund ihrer familiären Herkunft über ein eigenes Vermögen verfügen, besteht dieses Problem sowieso nicht. Gerade für sie ist eine eigene berufliche Karriere keine notwendige Bedingung dafür, Gleichheit im Paar herzustellen.

Damit soll nicht gesagt sein, dass sich das Leben als Ehefrau, Hausfrau und Mutter in dieser sozialen Schicht widerspruchs- und konfliktfrei gestaltet. Vor allem im zweiten Porträt zeichneten sich Grenzen der Zugehörigkeit zur Elite, Widersprüche der Hausarbeit und Paarkonflikte ab (s. hierzu genauer Böhnisch 1999: 167ff. und 199ff). Der Punkt ist jedoch: Wenn man die Vorteile der Position dieser Frauen in Rechnung stellt, so erscheinen ihre Einstellungen und Haltungen weniger verblendet als vielmehr funktional. Die positive Konnotation ihrer Position ist in zweierlei Hinsicht nützlich:

Zum einen können sich die Frauen auf diese Weise als weiblicher Teil einer gesellschaftlichen Elite begreifen. Sie leiten ihr Selbstverständnis nicht einfach von der Position ihrer Männer ab oder eignen sich eine zugeschriebene Identität an. Vielmehr definieren sie sich und ihren gesellschaftlichen Status als Ergebnis einer komplementären Beziehung. Ihrem Selbstverständnis nach würden auch die Männer ohne Gattin einen schweren Statusverlust erleiden. Vor der Folie dieses Selbstverständnisses und Selbstbewusstseins wird plausibel, warum der Emanzipationsanspruch der gebildeten Mittelschichtfrauen für diese Frauen irrelevant ist. Frauen, die sich als weiblicher Teil einer gesellschaftlichen Elite begreifen, müssen und wollen sich von Männern und deren Situationsvorgaben nicht befreien.

Die positive Konnotation ihrer Position ist aber nicht nur nützlich, um Zugehörigkeit zu einer gesellschaftlichen Elite und Selbstbewusstsein herzustellen. Darüber hinaus entstehen auf diese Weise soziale Distanzen zu anderen Frauen. In die Bemühung, mir die Vorteile ihrer Position zu schildern, ist eine Distinktion eingelassen. Im Unterschied zu anderen Männer sind ihre Ehemänner in der Lage, die Existenz bzw. den hohen Lebensstandard der Familie zu sichern. Die Frauen müssen nicht berufstätig sein und haben darüber hinaus im Unterschied zu Hausfrauen anderer Schichten mehr Möglichkeiten, die Widersprüche der geschlechtsspezifischen Arbeitsteilung zu lösen. Dazu gehört vor allem auch, sich mit Dingen zu beschäftigen, die nichts mit der Hausarbeit zu tun haben (z. B. die Arbeit in einer Stiftung, die Ausübung einer exklusiven Sportart oder die Teilnahme an einem philosophischen Lesezirkel). An eben diesen Tätigkeiten wird auch die Distinktion gegenüber berufstätigen Frauen deutlich: Während ich darauf angewiesen bin, mit der wissenschaftlichen Arbeit Geld zu verdienen, um meinen Lebensunterhalt zu sichern, können die interviewten Frauen diese Dinge unentgeltlich tun. Auch wenn also in unserer Gesellschaft Berufstätigkeit eindeutig höher bewertet wird als Hausarbeit, so lässt sich vor dem Hintergrund einer Reihe von Ressourcen aus der Position der Hausfrau Kapital schlagen.

Literatur

Behnke, C./Meuser, M., 2002: Zwei Karrieren, eine Familie – Vereinbarkeitsmanagement bei Doppelkarrierepaaren. Dortmund (Projekt „Doppelkarrierepaare", Arbeitsbericht Nr.1, Universität Dortmund, Lehrstuhl Allgemeine Soziologie, Prof. Dr. Ronald Hitzler).
Böhnisch, T., 1999: Gattinnen. Die Frauen der Elite, Münster: Westfälisches Dampfboot.
Gerhard, U., 1994: Changes in perspective. Feminist research in the social sciences. Soziologie, Special Edition 3: 201-215.
Liebold, R., 2001: „Meine Frau managt das ganze Leben zu Hause..." Partnerschaft und Familie aus der Sicht männlicher Führungskräfte, Wiesbaden: Westdeutscher Verlag.
Scheuch, E. K./Scheuch, U., 1995: Bürokraten in den Chefetagen. Deutsche Karrieren. Spitzenmanager und Politiker heute, Reinbek bei Hamburg: Rowohlt.
Spelman, E. V., 1990: Inessential Woman. Problems of exclusion in feminist thought, London: The Women's Press.
Steinert, H. (Hrsg.), 1998: Zur Kritik der empirischen Sozialforschung. Ein Methodengrundkurs. Studientexte zur Sozialwissenschaft. Bd. 14, Frankfurt/M.: FB Gesellschaftswissenschaften der J.W.G.-Universität Frankfurt.

Cornelia Behnke und Michael Meuser

Karriere zu zweit – Projekt oder Problem?
Zum Verhältnis von beruflichem Erfolg und Lebensform

1. Einleitung: Implizite Karrierepolitik

Betrachtet man typische berufliche Karriereverläufe des modernen bürgerlichen Individuums, dann entdeckt man schnell etwas, das man als die implizite Politik des beruflichen Erfolges bezeichnen könnte: Die Karriere des in aller Regel verheirateten Mannes – Karrieren von Frauen waren in der Geschlechterordnung der bürgerlichen Gesellschaft nicht vorgesehen – ist in nicht geringem Maße auf einer unterstützenden Arbeit der Ehefrau fundiert. Diese Arbeit besteht nicht nur darin, dass die Frau gemäß der in der bürgerlichen Gesellschaft durchgesetzten Trennung der Sphären von Beruf und Familie die sogenannte Familienarbeit übernimmt und dem Mann damit ermöglicht, sich voll seinen beruflichen Angelegenheiten zu widmen; gerade dort, wo berufliche Spitzenkarrieren gemacht werden, umfasst die unterstützende Arbeit mehr: Bewirtung von Gästen, Begleitung des Mannes zu offiziellen Anlässen und dergleichen mehr. Die Frau ist zuständig für den ‚gesellschaftlichen Rahmen‘, der neben der im engeren, d.h. fachlichen Sinne verstandenen beruflichen Leistung von hoher karrierestrategischer Bedeutung ist.

Die Spruchweisheit, dass hinter jedem beruflich erfolgreichen Mann eine tüchtige Frau steht, mag zwar am Beginn des 21. Jahrhunderts nicht mehr ungebrochen gültig sein und dürfte vor allem, so sie denn immer noch zutrifft, eine Vielfalt von Arrangements beschreiben, die von der zuvor skizzierten Konstellation bis zu solchen Partnerschaftsformen reichen, in denen beide Partner, Mann und Frau, eine berufliche Karriere verfolgen. Gleichwohl zeigen aktuelle Studien, dass verheiratete bzw. in einer Partnerschaft lebende Männer nach wie vor nicht nur eine höhere Lebenserwartung und geringere Suizidraten als ledige Männer aufweisen, sondern auch klare Karrierevorteile haben. Auf der Basis von im Familiensurvey des Deutschen Jugendinstituts erhobenen Daten gelangt Tölke (1998: 144) zu der Feststellung: „Für Männer hat die Ehe bzw. Partnerbeziehung unbeeinflusst von den Belastungen der (Ehe-)Frau, sei es durch eine eventuelle eigene Erwerbstätigkeit oder sei es durch die Versorgung von Kindern, einen eindeutig positiven Einfluss auf die Berufskarriere." Eheschließung scheint für Männer nach wie vor ein Schritt zu sein, der sich karrierepolitisch ‚auszahlt‘. Für Frauen ist die

Eheschließung den Daten des Familiensurveys zufolge in karrierepolitischer Hinsicht eine ambivalente Angelegenheit. Sie profitieren nur solange, wie keine Kinder zu versorgen sind.

Diese Befunde verweisen darauf, dass eine Analyse beruflicher Karriereverläufe und -bedingungen sich nicht auf die berufliche Sphäre begrenzen kann. Eine qualitative Studie über „Lebensarrangements" männlicher Führungskräfte (Behnke/Liebold 2000, 2001; Liebold 2001) zeigt, dass die unterstützende Arbeit der Ehefrauen nach wie vor von hoher strategischer Bedeutung für die Karriere des Mannes ist. „Der Mann bewährt sich in der rauhen Welt des Erwerbs, während die Frau daheim die Ressourcen für seinen Kampf bereitstellt." (Behnke/Liebold 2001: 141). Die familialen Arrangements erinnern stark an die Rigidität der Sphärentrennung (in innen und außen, Familie und Beruf), wie sie der Geschlechterdiskurs der bürgerlichen Gesellschaft vorgesehen hat.

Im Zuge und als Folge der Transformation der Geschlechterordnung, wie sie seit dem zweiten Drittel des 20. Jahrhunderts vonstatten geht, ist die traditionelle männliche Karrierestrategie freilich zunehmend schwieriger zu verfolgen. Die Führungskräfte, die nach wie vor auf diese Strategie setzen, sehen sich mit einem wachsenden Unwillen ihrer Frauen konfrontiert, der zwar nicht in einer Verweigerung der ihnen zugedachten Rolle resultiert, wohl aber den Mann zwingt, einen nicht unerheblichen Aufwand zu betreiben, um die Frau mit der Rolle zu ‚versöhnen', die sie nicht mehr klaglos zu spielen bereit ist (Behnke/Liebold 2001). Es stellt sich mithin die Frage, ob und wie lange noch die eingangs erwähnte implizite Politik des beruflichen Erfolges verfolgt werden kann bzw. ob die Kosten einer solchen Politik deren Ertrag aufzuwiegen beginnen.

2. Doppelkarriere als Erfolgsstrategie?

Die Alternative ist freilich nicht die Single-Existenz, die gerade nicht, wie die Daten des Familiensurveys zeigen, karrierefördernd ist (Tölke 1998) – aus welchen Gründen auch immer. Eine Alternative, die zunehmend an Bedeutung gewinnt, ist die Konstellation des sogenannten ‚Doppelkarrierepaares'. Angesichts des ständig ansteigenden Qualifikationsniveaus junger Frauen und einer trotz aller Enttraditionalisierung und Individualisierung weitgehend ungebrochenen Homogamieneigung (Rüffer 2001; Schwarz 1991) müssen sich karriereorientierte junge Männer, sofern sie eine Partnerschaft anstreben, mit Frauen arrangieren, die immer weniger bereit sind, eigene Karriereambitionen hinter die des Mannes zu stellen. Das lässt die Zahl von Doppelkarrierepaaren ansteigen.

‚Doppelkarrierepaar' meint eine Konstellation, bei der nicht nur beide Partner einer regelmäßig ausgeübten Erwerbstätigkeit nachgehen, sondern bei der darüber hinaus die folgenden Merkmale gegeben sind: höhere, zumeist akademische Bildungsabschlüsse, ein hohes Maß an „commitment" hinsichtlich des Berufs, eine lebenslange Aufstiegs- bzw. Karriereorientierung. Die Berufsarbeit ist nicht nur ein Job, sie wird als primäre Quelle persönlicher Erfüllung gesehen. All dies trifft auf beide Partner gleichermaßen zu (Gilbert 1985; Rapoport/Rapoport 1971; Schulte 2002; Sekaran 1986).

Exakte Zahlen über die quantitative Verbreitung von Doppelkarrierepaaren liegen für Deutschland nicht vor. Schulte (2002: 256) schätzt unter Zugrundelegung eines weit gefassten Karrierebegriffs, der neben vertikalen auch horizontale Karrieren (im Sinne von Qualifikation und Spezialisierung) umfasst, dass 15 bis 20 Prozent aller berufstätigen Paare in die Kategorie der Doppelkarrierepaare fallen. In der betriebswirtschaftlichen Forschung finden sich Hinweise, dass vor allem große Unternehmen in wachsendem Maße mit der Notwendigkeit konfrontiert sind, sich bei der Einstellung von Führungskräften um einen angemessenen Arbeitsplatz auch für den Ehepartner zu bemühen, da die (Ehe-)Partner ihrer Führungskräfte immer häufiger selber berufliche Karrieren verfolgen (Domsch 1992; Domsch/Krüger-Basener 1995; Domsch/Ladwig 1997).

Die Lebensform des Doppelkarrierepaares ist eine spezifische Ausprägung des in der rezenten arbeitssoziologischen Forschung diagnostizierten Trends zu einer Entgrenzung der Sphären von Beruf und Familie bzw. von „Arbeit und Leben" (Hielscher 2000; Voß 1994, 1998). In dieser Lebensform ist die das Fundament der Geschlechterordnung der bürgerlichen Gesellschaft bildende geschlechtssegregierende Trennung von öffentlicher und privater Sphäre, von Produktions- und Reproduktionsarbeit, von Beruf und Familie weitgehend aufgehoben – zumindest weitgehender als in anderen Partnerschaftsformen.[1] Die rezente soziologische Modernisierungsforschung, welche die „Offenheit von Lebensverläufen" (Mayer/Müller 1994) und den Übergang von der „Normalbiographie" zur „Bastelbiographie" (Beck-Gernsheim 1994; Hitzler/Honer 1994) betont, findet in Gestalt des Doppelkarrierepaares gewissermaßen eine prototypische Form einer enttraditionalisierten Lebensweise vor, welche von den Partnern ein hohes Maß an Kreativität in ihrem Bemühen verlangt, ein tragfähiges Arrangement zu finden, mit dem sie die Entgrenzung von Beruf und Familie in einer Weise ‚managen' können, dass weder die berufliche Karriere noch das Familienleben darunter leidet.

In der betriebswirtschaftlichen Diskussion werden hohe Erwartungen an das Arrangement des Doppelkarrierepaares geknüpft. Beiden Partnern wird eine überdurchschnittliche Leistungsorientierung attestiert, und für die Unternehmen werden Synergieeffekte prognostiziert, die angesichts der Entgrenzung der Sphären von Beruf und Partnerschaft daraus resultieren sollen, dass die Besprechung berufsrelevanter Fragen „nach Dienstschluss" in der privaten Kommunikation fortgesetzt wird. Es wird folgerichtig progno-

---

1 Damit ist freilich nicht zwangsläufig eine Auflösung jeglicher geschlechtstypischer Arbeitsteilung verbunden. Diese lässt sich vielmehr auch bei Doppelkarrierepaaren beobachten, allerdings in einer modifizierten, den besonderen Bedingungen dieses Paar- und Familienarrangements angepassten Form (s.u. und ausführlich Behnke/Meuser 2002).

stiziert, dass Unternehmen sich in verstärktem Maße das besonders hohe Motivations- und Leistungspotenzial von Karrierepaaren zu Nutze machen werden (Corpina 1996; Domsch/Krüger-Basener 1989, 1995; Pless/Raeder 1995).

Ob sich diese Erwartung erfüllen wird und ob die vermuteten Synergieeffekte tatsächlich entstehen[2], muss als empirisch offene Frage gelten. Mit gleicher Plausibilität ließe sich vermuten, dass die Entgrenzung der Sphären disruptive Konsequenzen zeitigt und Spannungen erzeugt, aus denen schwerlich Synergieeffekte resultieren. Folgt man einer von Parsons (1964: 72) – allerdings vor einem halben Jahrhundert – geäußerten Einschätzung, der zufolge eine den Karrierebestrebungen des Mannes gleichwertige berufliche Ambition der Frau die Partnerschaft destabilisiere, dann hätte ein paralleles Verfolgen beruflicher Karrieren nicht nur „eine tiefgreifende Wandlung der Familienstruktur" zur Folge, was gewiss zutrifft, sondern auch eine Gefährdung der Partnerschaft. Das erscheint uns jedoch genauso wenig zwingend zu sein wie ein Freisetzen von Synergieeffekten. Im Folgenden werden wir der Frage nachgehen, ob und unter welchen Bedingungen sich eine berufliche Karriere beider Partner mit einem gemeinsamen Ehe- und Familienleben vereinbaren lässt und mit welchen Kosten ein solches Arrangement verbunden ist.

Eine Beantwortung dieser Frage erfordert eine differenzierende Betrachtung, welche Doppelkarrierepaare u.a. danach unterscheidet, in welchen beruflichen Kontexten sie tätig sind. In einer laufenden Studie[3], auf deren Ergebnisse wir uns im Folgenden beziehen, untersuchen wir drei institutionelle Formen professioneller Berufsausübung: 1. klassische Freiberuflichkeit (Arztpraxis, Anwaltskanzlei), 2. wissenschaftliche Tätigkeit in den staatlichen Institutionen von Lehre und Forschung, 3. Manager in leitender Funktion in der Privatwirtschaft. Karrieren unterliegen in diesen drei Bereichen je eigenen und unterschiedlichen Restriktionen und bewegen sich in divergenten Gestaltungsspielräumen. Die in freiberuflichen und wissenschaftlichen Tätigkeiten gegenüber dem Management *vergleichsweise* größere Flexibilität der Arbeitszeiten[4] setzt möglicherweise günstigere Rahmenbedingungen für ein der je individuellen Paar-Konstellation angepasstes Arrangement der Verknüpfung beruflicher und familiärer Belange, als es unter strikteren Zeitregimes möglich ist, wie sie im Management typischerweise gegeben sind. Andererseits können Manager-Paare, die in großen Unternehmen tätig sind, in vermehrten Maße von den Unternehmen bereit gestellte institutionelle Arrangements zur Vereinbarkeit von Beruf und Familie nutzen, die den anderen

---

2 Die Ergebnisse unserer eigenen Forschung lassen gerade hinsichtlich von Doppelkarrierepaaren, die in großen Unternehmen arbeiten, Skepsis angeraten erscheinen.
3 Die Studie wird von der Deutschen Forschungsgemeinschaft im Rahmen des Schwerpunktprogramms „Professionalisierung, Organisation, Geschlecht" gefördert.
4 Damit ist nicht gesagt, dass Manager mehr Zeit für ihre professionelle Tätigkeit aufwenden als die anderen.

Berufssparten nicht oder in geringerem Maße zur Verfügung stehen.[5] – Eine weitere wichtige Differenzierungslinie, auf die wir im vorliegenden Beitrag allerdings nicht systematisch eingehen, ist der Familienstatus, d.h. die Frage, ob Kinder zu versorgen sind oder nicht. Rapoport und Rapoport (1977: 309) zufolge ist die Geburt des ersten Kindes ein „critical career transition point", allerdings nicht für beide Partner, sondern nur für die Frau.

Im Folgenden werden wir anhand eines Vergleiches von Freiberufler- und Manager-Paaren darlegen, dass sich Doppelkarriere-Arrangements danach unterscheiden lassen, ob die Karriere zu zweit ein gemeinsam betriebenes Projekt ist, von dem beide Partner profitieren – wenn auch, wie wir sehen werden, mit unterschiedlichen Kosten, oder ob die Doppelkarriere dem Paar mehr Probleme schafft als dass sie Perspektiven eröffnet. Die Daten wurden in biographischen Paarinterviews gewonnen; Mann und Frau wurden gemeinsam interviewt.[6] Das Sample (bislang n = 13) umfasst Paare mit und ohne Kinder, die Altersspanne liegt zwischen Anfang 30 und Anfang 60, die Paare sind in den genannten drei Bereichen tätig.

3. Doppelkarriere als Projekt: Freiberufler

Die von uns interviewten freiberuflich tätigen Paare stehen für eine Doppelkarriere als gemeinsam betriebenes Projekt. Bei dem Ehepaar Kern, welches die Arrangements im freiberuflichen Bereich in exemplarischer Weise repräsentiert, handelt es sich um ein Paar, das gemeinsam eine Anwaltskanzlei betreibt. Die Partner sind zum Interviewzeitpunkt 41 und 44 Jahre alt und haben eine siebenjährige Tochter. Wie die meisten Paare unseres Samples lernen sich die Kerns bereits vor dem Eintritt ins Berufsleben kennen, in diesem Fall während des Referendariats. Sie heiraten wenige Monate, nachdem sie eine feste Beziehung zueinander geknüpft haben. Kurz darauf geht Herr Kern für einige Monate auf eine sogenannte „Auslandsstation". Seine Partnerin unterbricht während dieser Zeit ihr Referendariat, sie nimmt sich „eine Auszeit", wie sie es formuliert, um in dieser Phase der Ausbildung mehr Zeit für die Beziehung zu ermöglichen. Sie nimmt mithin – und dies ist typisch für die meisten Frauen innerhalb unseres Samples – zu Gunsten der Partnerschaft eine Modifikation, in diesem Falle eine kleine Verzögerung in ihrer Karriere in Kauf.

---

5 Solche Arrangements, die insbesondere der Kinderbetreuung dienen, werden, wie in von uns geführten Interviews mit Personalmanagern deutlich wurde, als ein nicht zu unterschätzender Wettbewerbsvorteil des Unternehmens in der Konkurrenz mit anderen Unternehmen um hoch qualifizierte Führungskräfte gesehen.

6 Auf methodische Fragen, welche die unterschiedlichen Erkenntnispotenziale von biographischen Einzel- und Paarinterviews betreffen, können wir an dieser Stelle nicht eingehen. Vgl. hierzu Behnke/Meuser 2002.

Der Einstieg ins Berufsleben erfolgt unterschiedlich. Frau Kern arbeitet von Beginn an freiberuflich und baut eine eigene Kanzlei auf. Sie wählt dabei die Büroräume so aus, dass ein späteres Hinzukommen ihres Mannes möglich ist, das heißt, sie antizipiert bereits zu einem frühen Zeitpunkt eine gemeinsame Arbeit in der Zukunft. Ihr Mann ist zunächst als Angestellter in einer anderen, bereits etablierten Kanzlei tätig und begründet dies mit dem Hinweis auf die Einkommenssicherheit, die mit einer Angestellten-Position verbunden ist. Zu einem späteren Zeitpunkt steigt er in der Tat mit in die Kanzlei seiner Frau ein; seitdem arbeitet das Paar gemeinsam.

Die Geburt der Tochter ist für Frau Kern kein Anlass, ihre Berufstätigkeit zu unterbrechen. Während der Schwangerschaft, die nicht unkompliziert verläuft und streckenweise das Liegen notwendig macht, arbeitet Frau Kern eben zeitweilig im Liegen: „Dann hab ich mir ne Chaiselongue ins Büro gestellt". Nach der Geburt des Kindes versucht sie „immer nur alles am Laufen zu haben". Sie nimmt ihr Kind mit ins Büro, arbeitet während das Kind schläft, erledigt Einkäufe auf dem Weg zur Arbeit. Später, nach dem Abstillen des Kindes, gibt es Arrangements mit einer Tagesmutter. Die Entlastung durch den Ehemann besteht darin, einige Angelegenheiten aus dem Dezernat seiner Frau zu betreuen. Als er einige Anfragen aus ihrem Spezialgebiet falsch beantwortet, vergibt sie diese Arbeiten an Dritte.

Frau Kern erweist sich durchweg als äußerst zielstrebig und hartnäckig im Verfolgen ihrer eigenen sowie der gemeinsamen Pläne. Von Beginn an baut sie die Kanzlei so auf, dass ihr Mann zu einem späteren Zeitpunkt einsteigen kann. Während der Schwangerschaft und in der familienintensiven Phase organisiert sie familiale und berufliche Abläufe so, dass beide Bereiche miteinander zu vereinbaren sind und sie gleichzeitig die Kontrolle über beides behält. Die Projektförmigkeit ist das grundlegende Organisationsprinzip in allen Lebenslagen. Da sich der Kinderwunsch nicht problemlos auf natürlichem Wege realisieren lässt, wird auch daraus, wie Frau Kern es formuliert, „ein ziemliches Projekt", für das einige Möglichkeiten der modernen Medizin ausdauernd und zielstrebig in Anspruch genommen werden. Wie das berufliche Projekt, so wird auch das ‚Projekt Kind' hartnäckig und konsequent verfolgt.

Über den Fall Kern hinaus zeigt sich hier eine weit reichende Überformung des familialen Lebens mit Relevanzstrukturen, die der beruflichen Sphäre entstammen. Nicht nur bei den Kerns, auch bei anderen Freiberuflerpaaren, ist das Verhältnis zum Kind in einem hohen Maße rational bestimmt. Vor allem, wenn die Kinder noch klein sind, wird die Erziehungsfrage primär als ein Versorgungsproblem betrachtet, welches sich mit organisatorischen Mitteln lösen lässt. So antwortete beispielsweise eine Ärztin aus unserem Sample, die für einige Monate ohne ihren Mann und ihre noch kleinen Kinder aus beruflichen Gründen ins Ausland ging, auf die Frage nach der Situation ihrer Kinder in dieser Zeitspanne: „Die waren ja gut versorgt", nämlich durch die Großeltern. Die Beziehung zu den Kindern wird bei den Freiberuflern typischerweise nur wenig in emotionalen Kategorien beschrieben. Es dominiert – zumindest in den Interviews – eine nüchtern-rationale Betrachtung, bei der gute Versorgung und gute Organisation in den Vordergrund gestellt werden.[7]

Bei den Kerns, wie auch bei anderen Freiberuflern, funktioniert das Doppelkarriere-Arrangement als gemeinsam betriebenes Projekt. Die Kerns präsentieren im Interview ihre Kanzlei mit den Worten „unsere Kanzlei, klein aber fein". Allerdings sind hier wie in den anderen Fällen die Lasten unterschiedlich verteilt. In der Familie und in der Kanzlei ist es die Mehrarbeit der Frau, die das Projekt trägt. Die ungleiche Verteilung der Lasten dokumentiert sich im Interview in einer unterschiedlichen Rahmung zentraler Phasen der Paargeschichte. Herr Kern hebt hervor, dass die gemeinsame Kanzlei ihnen ein „schönes Leben" ermögliche, er macht wiederholt auf die angenehmen, genießerischen Seiten ihres Lebens aufmerksam, Frau Kern hingegen betont eher die Mühe und die Arbeit, die mit ihrem beruflichen und familialen Arrangement verbunden sei.

Für das Vereinbarkeitsmanagement ist nicht nur bei den Kerns, sondern auch bei den anderen Paaren die Frau zuständig. Neben der eigenen beruflichen Karriere müssen die Frauen die Abstimmung beider Karrieren managen. Damit wird innerhalb eines enttraditionalisierten Paararrangements eine Geschlechtstypik gewissermaßen in modifizierter Form reproduziert. Die Frau hält nicht nur die Familie, sondern auch die Kanzlei bzw. die beruflichen Karrieren zusammen. Daraus resultiert eine höchst interessante Machtkonstellation: Es ist die Frau, welche die Fäden in der Hand hält; das ist allerdings mit einem extrem hohen Aufwand an Zeit und Arbeit verbunden. Viel mehr als die Frau kann der Mann den erfolgreichen Verlauf der Doppelkarriere genießen. Er ist gewissermaßen der Benefiziar des gemeinsamen Projekts. Er kann, da er sich nicht um das Vereinbarkeitsmanagement zu sorgen hat, seine Karriere vergleichsweise autonom verfolgen.

4. Doppelkarriere als Problem: Manager

Die Wahrnehmungen und Deutungen der Doppelkarrierepaare aus dem Management lassen sich in exemplarischer Weise anhand des Paares Hagen verdeutlichen. Beide Partner sind zum Zeitpunkt des Interviews 33 Jahre alt, sie sind verheiratet und arbeiten als Manager in einem großen multinationalen Unternehmen. Das Paar Hagen befindet sich in der vorfamilialen Phase; Kinder sind in nicht allzu ferner Zukunft geplant. Auch die Hagens sind bereits

---

7 Damit ist nicht gesagt, der Eltern-Kind-Beziehung mangele es an emotionaler Wärme. In der im Interview erfolgenden Reflexion auf die Strategien der Bewältigung der schwierigen Aufgabe, Berufs- und Familienleben in Einklang zu bringen, steht der organisatorische Aspekt gleichsam zwangsläufig im Zentrum der Betrachtung. Den Frauen, welche neben der beruflichen Karriere „die Logistik der Kinderbetreuung" (Priddat 2001: 97) organisieren müssen, stellt sich die Familie notgedrungen zunächst als ein Organisationsprojekt dar.

vor dem Eintritt ins Berufsleben miteinander verbunden. Sie absolvieren eine weite Strecke der beruflichen Ausbildung gemeinsam: Beide Partner haben zunächst eine kaufmännische Lehre gemacht, gegen Ende dieser Ausbildung knüpfen sie eine feste Beziehung zueinander. Sie beginnen dann zeitgleich an derselben Fachhochschule ein Betriebswirtschaftsstudium, welches für beide Partner mit Praktika im In- und Ausland verbunden ist. So wie sich die Kerns in ihrer Eigenschaft als künftige Juristen kennen lernen, so lernen sich die Hagens als künftige Betriebswirtschafter kennen. Die berufliche Ausrichtung ist ähnlich, ebenso ist bereits in der Phase des studentischen Zusammenlebens deutlich, dass für beide Partner eine berufliche Karriere gleichermaßen wichtig ist. Das Paar Hagen beginnt die berufliche Laufbahn statusgleich: Beide Partner steigen nach Abschluss des Studiums als sogenannter Führungskräftenachwuchs im selben Unternehmen ein. Nach 5-jähriger Zugehörigkeit zum Unternehmen haben die Partner jedoch unterschiedliche Stufen auf der Erfolgsleiter erreicht. Herr Hagen ist Abteilungsleiter im Bereich Vertrieb, Frau Hagen ist Bereichsleiterin im Personalwesen, mithin eine Stufe höher positioniert als ihr Mann. Diese Höherpositionierung der Ehefrau ist in einem hierarchisch organisierten Betrieb nicht zu leugnen und sowohl für das Paar als auch für andere sozusagen auf der Visitenkarte ablesbar. Das heißt, anders als bei den Freiberuflern wird die Leistungsfähigkeit der Partner in der freien Wirtschaft scheinbar objektiv gemessen und festgehalten. Die Partner sind vor dem Hintergrund einer scheinbar objektiven Messlatte – der Karriereleiter – einem ständigen Vergleich ausgesetzt.

Das Paar Hagen muss nun die Aufgabe bewältigen, sich die Gründe für diese Statusungleichheit zu erklären. Frau Hagen quittiert ihren beruflichen Erfolg in der Interaktion mit ihrem Partner mit understatement (die Tendenz zum Herunterspielen des eigenen beruflichen Erfolgs ist übrigens typisch für viele Frauen aus unserem Sample). Sie erklärt, sie habe beim Erreichen ihrer jetzigen Position „einfach auch Glück gehabt" und der letzte Karriereschritt sei eigentlich „viel zu früh" erfolgt. Mit dem Verweis auf glückliche Umstände bzw. eine vorzeitige Heraufstufung nimmt sie mithin die eigene Leistungsfähigkeit aus dem Blick. Die Frau sieht sich gefordert, ihren Vorsprung zu erklären und, soweit das geht, rhetorisch zu minimieren. Herr Hagen erklärt zunächst, dass er seine eigene Karriere als „flach, unterdurchschnittlich und relativ langsam" erlebe, er kommt mithin zu einer unbefriedigenden Einschätzung seiner beruflichen Laufbahn. Er bewertet dann allerdings seine eigene negative Selbsteinschätzung als falsch. Diese eigentlich falsche Selbsteinschätzung komme nur zustande, weil er in Gestalt seiner Ehefrau ständig mit einem „krassen schnellen Gegenbeispiel" konfrontiert werde. Hier dokumentiert sich – und dies ist typisch für die Managerpaare – ein gewisses Ressentiment gegenüber der Partnerin. Pointiert gesagt macht es ihm die ‚anormal erfolgreiche' Partnerin unmöglich, den eigenen Erfolg zu genießen. Wäre er nicht permanent dem Vergleich mit einer gleichsam über das Ziel hinaus schießenden Partnerin ausgesetzt, so könnte er sich an der eigenen Karriere erfreuen. Herr Hagen versucht nun, die durch seine Frau erlittene narzistische Kränkung zu kompensieren, indem er die Berufskarriere seiner Frau psychologisierend betrachtet. Seine Frau sei nun mal ein „Typ", der die Bestätigung im Beruf, das, wie er formuliert, „Bauchgepinsel" brauche, um dann in der Beziehung glücklich sein zu können. Diese Deutung offenbart den Versuch des Partners, die Ebene des Leistungsvergleichs auszublenden und statt dessen (kritisierbare) Persönlichkeitsmerkmale zu fokussieren. Im Mittelpunkt der Betrachtung steht so nicht mehr der größere Erfolg seiner Frau, sondern vielmehr ihre psychische Eigenheit, ihr Bedarf nach Anerkennung von außen. Diese Betrachtungsweise – der Wunsch nach Anerkennung als Motor für das Vorantreiben einer Berufskarriere – muss nicht falsch sein. Auffällig ist aber, dass diese Perspektive ausschließlich bei der Bewertung der weiblichen Berufskarriere eingenommen wird und dem männlichen Partner offensichtlich zur Entlastung dient.

Das Paar Hagen hält bis dato eine Art labiles Gleichgewicht, da zum einen Frau Hagen mit ihrer Deutung ihres beruflichen Erfolges – Stichwort „glückliche Umstände" – ihrem Mann entgegenkommt. Zum anderen trägt Frau Hagen die Deutung ihrer Person durch ihren Mann mit. Sie bezeichnet sich selbst als besonders ehrgeizig und außenorientiert. Das heißt, es gibt eine stillschweigende gemeinsame Deutung, der zufolge er eine erfreuliche und nicht zu beanstandende Karriere macht und sie, aufgrund ihrer quasi problematischen Persönlichkeit, eine besonders „krasse". Über den Fall Hagen hinaus ist für die Managerpaare folgendes charakteristisch: Die Beziehungen der Managerpaare sind im Vergleich zu denen der Freiberufler deutlich gefährdeter. Die anhand der Karriereleiter im Betrieb direkt ablesbare Positionierung der Partner führt zu einer andauernden Rivalität, zu einem ständigen Vergleich. Dieser Dauervergleich verbraucht ein beträchtliches Maß an Kraft, Kraft, die nötig wäre, um gemeinschaftstiftende Arbeit zu leisten, um Brücken zu bauen zwischen zwei Karrieren und einem Beziehungsleben.

5. Schlussbemerkungen

Insgesamt lässt sich festhalten, dass ein tragfähiges Gesamtarrangement mit der Möglichkeit steht und fällt, die verschiedenen Bereiche – zwei Karrierestränge plus ein Paar- bzw. Familienleben – miteinander zu verklammern. Diese Möglichkeit scheint den Paaren, die freiberuflich tätig sind, weitaus eher gegeben zu sein als den Paaren im Management. Zum einen verfügen die Freiberufler, etwa wenn sie eine eigene Kanzlei führen, einfach faktisch über größere Gestaltungsfreiräume. Es ist in gewissen Grenzen möglich, Familienleben und Beruf ineinander fließen zu lassen, so zum Beispiel durch das Mitbringen und Stillen des Babys in der Kanzlei. Zum anderen ist die relative Statusgleichheit der freiberuflich tätigen Paare entlastend. Nach der Etablierung einer Kanzlei oder Praxis, muss sich das Paar nicht weiter nach oben durcharbeiten und die Partner müssen sich nicht weiter an der Positionierung des je anderen abarbeiten. Die Männer können von den organisatorischen Leistungen der Ehefrauen profitieren, weil diese das gemeinsame Berufs- und Familienleben optimieren.

Nicht so bei den Managerpaaren. Während es den Freiberuflern gelingt, aus Beruf und Familie bzw. Partnerschaft ein mehr oder weniger stimmiges Gesamtprojekt zu machen, sind die Arrangements der Managerpaare in weitaus stärkerem Maße fragil. Die beiden Karrierestränge verlaufen tendenziell disparat. Die direkte Vergleichbarkeit des Erfolgs schürt Rivalität und Ressentiment und schmälert die Kraft, die nötig ist, um gemeinschaftstiftende Momente zu schaffen. Erschwerend kommt hinzu, dass – warum auch immer – bei den Doppelkarrierepaaren aus dem Bereich Management zumeist die Frauen die Erfolgreicheren sind. Die Männer in diesen Paarkonstellationen haben also nicht nur die Arbeit, die alle Männer in Arrangements mit doppelter Karriere haben, nämlich den Erfolg der Frau zu verkraften und sich in einer Paarkonstellation zu arrangieren, in der die männliche Hegemonie zumindest vordergründig außer Kraft gesetzt ist; sie haben die besonders schwere Arbeit, den *größeren* Erfolg der Frau zu verkraften.

Doppelkarrieren scheinen mithin dann als gemeinsames Projekt zu gelingen, wenn die Partner sich nicht einem (Leistungs-)Vergleich ihrer Karrieren stellen müssen. Wo dieser Vergleich aufgrund einer quasi-objektiven Meßlatte nahezu unausweichlich ist, gerät die Vereinbarung von zwei Karrieren tendenziell zum Problem, wird aus dem gemeinsamen Projekt Konkurrenz – mit all den Folgen für das private Zusammenleben, die Parsons (1964) pauschal als die generelle Konsequenz einer Gleichwertigkeit der beruflichen Ambitionen beider Partner angenommen hatte, die aber nur dort zu erwarten sind, wo die Partner in einem direkten Wettbewerb miteinander stehen.

An diesen Befund lässt sich folgende These anschließen: Die Entgrenzung von Beruf und Familie bedeutet bei Doppelkarrierepaaren, dass die im Alltag der Berufspraxis wirksame Struktur- und Handlungslogik die Struktur des Paararrangements in erheblichem Maße mitbestimmt. Die Art und Weise, wie im Berufsleben soziale Beziehungen strukturiert sind, macht sich auch im partnerschaftlichen Alltag geltend. Die Gestaltung des privaten Zusammenlebens ist mithin nicht nur eine Frage individueller Entscheidungen. Die Differenz zwischen den Paararrangements der Freiberufler und der Manager ist auch eine Konsequenz der unterschiedlichen Strukturen in ihrem Berufsleben. Die einen sind bei der Verfolgung ihrer beruflichen Ziele eng aufeinander angewiesen, können die Kanzlei oder die Praxis nur in enger Kooperation erfolgreich aufbauen; die anderen sind in einem Berufsfeld tätig, das hochgradig auf dem Prinzip der Konkurrenz um Position und Posten basiert und in dem der eigene berufliche Erfolg regelmäßig auf Kosten von Konkurrenten geht – und wenn beide Partner in dem gleichen Unternehmen beschäftigt sind, potenziell auch auf Kosten des Partners.

Doppelkarrierepaare werden nicht selten als „Lebensstilpioniere" begriffen, verkörpern die Paare doch in mancher Hinsicht die viel zitierte postmoderne „Bastelexistenz". Dennoch zeigt sich auch oder gerade bei dieser Lebensform, die sozusagen an der Spitze gesellschaftlicher Modernisierungsprozesse steht, dass die zur Verfügung stehenden Optionen begrenzt sind, und zwar begrenzt durch Bedingungen, die sich der Verfügung der Akteure entziehen. Um im Bild der Bastelexistenz zu bleiben: Das Material, mit dem gebastelt wird, ist nur in Grenzen frei wählbar.

Literatur

Beck-Gernsheim, E., 1994: Auf dem Weg in die postfamiliale Familie – Von der Notgemeinschaft zur Wahlverwandtschaft, S. 115-138 in: Beck, U./Beck-Gernsheim, E. (Hrsg.): Riskante Freiheiten. Individualisierung in modernen Gesellschaften, Frankfurt a.M.: Suhrkamp.

Behnke, C./Liebold, R., 2000: Zwischen Fraglosigkeit und Gleichheitsrhetorik. Familie und Partnerschaft aus der Sicht beruflich erfolgreicher Männer. Feministische Studien 18, Heft 2: 64-77.

Behnke, C./Liebold, R., 2001: Beruflich erfolgreiche Männer: Belastet von der Arbeit – belästigt von der Familie. S. 141-157 in: Döge, P./Meuser, M. (Hrsg.): Männlichkeit und soziale Ordnung. Opladen.

Behnke, C./Meuser, M., 2002: Zwei Karrieren, eine Familie – Vereinbarkeitsmanagement bei Doppelkarrierepaaren. Arbeitsbericht Nr. 1 des Projekts „Doppelkarrierepaare", verf. Ms., Universität Dortmund (www.hitzler-soziologie.de/doppelkarrierepaare.html).

Corpina, P., 1996: Laufbahnentwicklung von Dual-Career Couples – Gestaltung partnerschaftsorientierter Laufbahnen. Diss., Universität St. Gallen.

Domsch, M., 1992: Führungskraft heiratet Führungskraft – wie geht der Betrieb damit um? io Management Zeitschrift 61, Heft: 11: 56-58 .

Domsch, M./Krüger-Basener, M., 1989: Laufbahnentwicklung von Dual Career Couples (DCC's). Ergebnisse einer empirischen Untersuchung. Personalführung 3: 285-289 .

Domsch, M./Krüger-Basener, M, 1995: Personalplanung und -entwicklung für Dual Career Couples (DCCs). S. 527-538 in: Rosenstiel, L.v./Regnet, E./Domsch, M. (Hrsg.): Führung von Mitarbeitern. Handbuch für erfolgreiches Personalmanagement, 3. Aufl., Stuttgart.

Domsch, M./Ladwig, A, 1997: Dual Career Couples (DCC's). Einsichten und Aussichten für Karrierepaare und Unternehmen. Report Psychologie 22, Heft 4: 310-315.

Gilbert, L. A, 1985: Men in Dual-Career Families: Current Realities and Future Prospects. Hillsdale, NJ.

Hielscher, V., 2000: Entgrenzung von Arbeit und Leben? Die Flexibilisierung von Arbeitszeiten und ihre Folgewirkungen für die Beschäftigten. Eine Literaturstudie. Berlin: WZB.

Hitzler, R./Honer, A., 1994: Bastelexistenz. Über subjektive Konsequenzen der Individualisierung. S. 307-315 In: Beck, U./Beck-Gernsheim, E. (Hrsg.), 1994: Riskante Freiheiten. Individualisierung in modernen Gesellschaften, Frankfurt a.M.: Suhrkamp.

Liebold, R., 2001: „Meine Frau managt das ganze Leben zu Hause". Partnerschaft und Familie aus der Sicht männlicher Führungskräfte. Wiesbaden.

Mayer, K.U./Müller, W., 1994: Individualisierung und Standardisierung im Strukturwandel der Moderne. Lebensverläufe im Wohnfahrtsstaat. S. 265-295 in: Beck, U./Beck-Gernsheim, E. (Hrsg.), 1994: Riskante Freiheiten. Individualisierung in modernen Gesellschaften, Frankfurt a.M.: Suhrkamp.

Parsons, T., 1964: Alter und Geschlecht in der Sozialstruktur der Vereinigten Staaten. S. 65-83 in: Ders.: Beiträge zur soziologischen Theorie. Neuwied/Berlin.

Pless, N./Raeder, S., 1995: Wenn die Familie Karriere will. Personalwirtschaft 11: 17-21.
Priddat, B. P, 2001: Frauen als virtuelle Unternehmerinnen: Hyper-Organizations of Work, Life and Household. Ein Beitrag zur Geschlechterfrage in der New Economy. Sociologica Internationalis 1: 91-117.
Rapoport, R./Rapoport R. N., 1971: Further Considerations on the Dual Career Family. Human Relations 24: 519-533.
Rapoport, R./Rapoport, R.N., 1977: Dual Career Families Reaximened. New Integrations of Work and Family. New York.
Rüffer, W., 2001: Bildungshomogamie im internationalen Vergleich die Bedeutung der Bildungsverteilung. S. 99-131 in: Klein, Th. (Hrsg.): Partnerwahl und Heiratsmuster. Opladen.
Schulte, J., 2002: Dual-career couples. Strukturuntersuchung einer Partnerschaftsform im Spiegelbild beruflicher Anforderungen. Opladen.
Schwarz, K., 1991: Die Schulabschlüsse der Ehegatten der Akademiker und Akademikerinnen. Zeitschrift für Bevölkerungswissenschaft 17: 315-322.
Sekaran, U., 1986: Dual-Career Families, San Francisco/London.
Tölke, A., 1998: Beruflich erfolgreich durch Ehe und Familie? Zum Zusammenhang von Lebensform und Berufskarriere. S. 131-150 in: Oechsle, M./Geissler, B. (Hrsg.): Die ungleiche Gleichheit. Junge Frauen und der Wandel im Geschlechterverhältnis. Opladen.
Voß, Günter G., 1994: Das Ende der Teilung von „Arbeit und Leben"? An der Schwelle zu einem neuen gesellschaftlichen Verhältnis von Betrieb- und Lebensführung. S. 269-294 in: Beckenbach, N./Treeck, W. (Hrsg.): Umbrüche gesellschaftlicher Arbeit. Göttingen.
Voß, Günter G., 1998: Die Entgrenzung von Arbeit und Arbeitskraft. Eine subjektorientierte Interpretation des Wandels der Arbeit. MittAB 3/98: 473-487.

Ludgera Vogt

Karrierepolitik in der Bürgergesellschaft

1. Einleitung

Bürgergesellschaft ist omnipräsent. Gleich, ob wir Politikerreden lauschen, eine Talk-Show einschalten, eine Zeitung aufschlagen oder uns in ein universitäres Seminar begeben, überall wird über die Potentiale der Civil Society diskutiert. Die Politik erblickt hier ein Allheilmittel gegen knappe öffentliche Kassen, mitunter auch eine vage Chance, die politikmüden Bürger zumindest in der Kommune stärker in Entscheidungsprozesse einzubinden[1]. Bis in den Sommer 2002 hinein hat sich sogar eine Enquete-Kommission des Deutschen Bundestages ausführlich mit Fragen des bürgerschaftlichen Engagements beschäftigt und Empfehlungen für die politische Praxis formuliert[2].

In der wissenschaftlichen Diskussion wiederum sind zwei Stränge zu unterscheiden, die meist recht unverbunden nebeneinander herlaufen: Erstens die *theoretische Reflexion von Bürgergesellschaft*, ideengeschichtlich bis zu Aristoteles rückgekoppelt und über die republikanische Tradition von Bürgertugend und Gemeinsinn fortgeschrieben bis zu den kommunitarischen Manifesten unserer Tage; hier werden oft normative Visionen von der sozialen Wärme der small community bis zu direktdemokratischen Entwürfen entfaltet, die Rousseaus Partizipationsidylle in die moderne Massengesellschaft übertragen wollen, aber mit dem grauen Alltag der Gegenwartsdemokratien nur wenig gemein haben[3]. Zweitens ist eine große Anzahl *empirischer Forschungen*, meist standardisierter Art, über *Bestand und Perspektiven bürger-*

---

1 Zur Diskussion über Chancen und Grenzen der Bürgergesellschaft siehe u.a. Klein (2001), Heinze/Olk (2001), Putnam (2001) und Meyer/Weil (2002); eine kritische Analyse der gegenwärtigen Konjunktur des Begriffs „Bürgergesellschaft" in der öffentlichen Diskussion findet sich bei Münkler (2002).
2 Siehe dazu den nunmehr vorliegenden Abschlußbericht der Kommission, in der von wissenschaftlicher Seite als Sachverständige u.a. Adalbert Evers, Thomas Olk, Rupert Graf Strachwitz und Roland Roth mitwirkten; Enquete-Bericht (2002).
3 Zur Diskussion um den Kommunitarismus siehe die Beiträge in Honneth (1993) und die Diskussion bei Reese-Schäfer (1997); zur republikanischen Tradition siehe Pettit (1997) und Schmitz (2001).

schaftlichen Engagements zu beobachten⁴. Was fehlt, sind Studien darüber, wie Bürgergesellschaft konkret vor Ort funktioniert: Was treibt die Akteure an, welchen Nutzen ziehen sie aus ihrer Tätigkeit? Welche Interaktionsnetzwerke bilden sich heraus, wo sind Prozesse der sozialen Schließung und Elitenbildung beobachtbar? Schließlich: Welche Synergien und welche Blockaden lassen sich im Geflecht der Bürgergesellschaft identifizieren?

Die folgenden Überlegungen entstammen dem Kontext eines Projekts, in dem diesen und anderen Fragen empirisch nachgegangen wird⁵. Bürgergesellschaft habe ich dabei ganz prosaisch mit dem sogenannten Dritten Sektor jenseits von Markt und Staat gleichgesetzt⁶.

In den bislang durchgeführten Interviews und Dokumentenanalysen ist schon deutlich geworden, daß Karrierepolitik in der Bürgergesellschaft eine wichtige Größe darstellt. Ich werde im Folgenden erstens typische Karriere*verläufe* vorstellen und erläutern. Zweitens werde ich die Ressourcen und Voraussetzungen von Karrierepolitik benennen. Und drittens gehe ich anhand eines Fallbeispiels auf konkrete Mechanismen der Karrierebildung ein, wobei die speziellen Vorteile und Blockaden einer Doppelkarriere zu erörtern sind.

2. Karrieremuster in der Bürgergesellschaft

Was heißt nun Karriere in der Bürgergesellschaft? Auch hier geht es zunächst, vergleichbar der Karriere im Markt- oder Staatssektor, um eine strukturierte Sequenz von Beschäftigungsrollen, durch die sich Akteure während ihres Lebensverlaufs bewegen. Erving Goffman (1973: 127ff) hat zudem darauf hingewiesen, daß damit jeweils unterschiedliche Identitäten und Selbstbilder verbunden sind. Karrieremuster in der Bürgergesellschaft lassen sich nun analytisch in einem ersten Zugriff in drei Varianten differenzieren:

a) eine interne Verlaufskurve im Bereich des freiwilligen Engagements;
b) ein Verlauf, der sich zwischen freiwilliger und bezahlter Tätigkeit bewegt; und
c) eine Karriere von Erwerbstätigen innerhalb von Nonprofit-Organisationen; letzteres wird in diesem Beitrag nicht weiter verfolgt.

---

4 Siehe dazu etwa Gaskin u.a. (1996), Heinze/Keupp (1997), Klages/Gensicke (1999), Rosenbladt (2000) sowie den Überblick zur Entwicklung beim Ehrenamt von Beher/Liebig/Rauschenbach (2000).
5 Konkret werden im Rahmen einer interpretativen *Community Study* drei wichtige Institutionalisierungsformen bürgerschaftlichen Engagements untersucht: eine Bürgerintitiative, eine Freiwilligenagentur und eine Bürgerstiftung. Methodisch erfolgt das Vorgehen über Dokumentenanalysen sowie leitfadengestützte, teilstandardisierte Interviews. Bislang wurden 10 Interviews pro Institution durchgeführt.
6 Zum „Dritten Sektor" als spezifischer Ort von Bürgergesellschaft vgl. Anheier (1999) sowie Anheier u.a. (2000).

Freiwilliges Engagement wird bekanntlich mit anderen als geldlichen Gratifikationen entlohnt, und der Zugang zu diesen nichtgeldlichen Gratifikationen markiert hier den Auf- und Abstieg im Verlauf einer Karriere. So kann der Weg von einer untergeordneten Position, in der man vergleichsweise monotone Arbeiten verrichtet und wenige Gestaltungsmöglichkeiten hat, zu einer Leitungsposition führen. Ungeachtet aller Versuche, freiwillige Arbeit im Rahmen der Diskussion um „neues Ehrenamt" und selbstverwirklichungserpichte Bürger neu zu verorten, gibt es nämlich auch in der Bürgergesellschaft an vielen Stellen deutliche Hierarchien. Gelingt es einem Akteur hier aufzusteigen, kann er Zugang zu Einfluß und Macht, den Einstieg in Beziehungsnetzwerke sowie nicht zuletzt öffentliche Anerkennung erlangen. Die Führungsposition in einer Stiftung oder Bürgerinitiative ist somit zwar rein monetär gesehen uninteressant, ja mitunter sogar ausgesprochen verlustreich. Dieses Manko kann aber durch Zugewinne an Wissen, Beziehungen, Bekanntheit und Ansehen kompensiert werden. Nicht wenige Akteure, so läßt sich aus den Interviews erkennen, sehen in derartigen Gratifikationen einen großen Nutzen für sich und lassen sich durch entsprechende Optionen zu erheblichen zeitlichen und auch finanziellen Investitionen motivieren[7]. Die Akteure in der fortgeschrittenen Moderne wollen wissen, was sie von ihrem Engagement haben. Die verschiedenen Nutzenoptionen bilden einen Großteil des *„Verführungspotentials"*, das sich den „Existenzbastlern" für ihr Engagement in der Bürgergesellschaft bietet[8].

Nun sind jedoch Karrieren in der Bürgergesellschaft nicht sinnvoll isoliert, das heißt ohne den Bezug zur *Berufskarriere* der Akteure zu betrachten. Erst in dieser Perspektive nämlich werden die spezifischen Chancen und Barrieren bürgergesellschaftlicher Karrieren sichtbar. Bevor ich auf die Verlaufsmuster genauer eingehe, läßt sich ein Sachverhalt vorab allgemein formulieren: Die neuen Unübersichtlichkeiten, die nach den Befunden der soziologischen Zeitdiagnose von Sennett bis Beck das Erwerbsleben der Gegenwartsgesellschaft kennzeichnen, genauer: die zahlreichen *Diskontinuitäten*, die heutige Berufsbiografien durchlaufen[9], schlagen sich in einem regen *Austausch zwischen den Sektoren* nieder[10].

Berufliche und freiwillige Tätigkeiten laufen teils parallel, aber sie wechseln immer häufiger auch einander ab – nicht zuletzt deshalb, weil Phasen der

---

7 Zum Zusammenspiel von Nutzenkalkül und freiwilligem Engagement vgl. Nadai (1996) sowie Dörner/Vogt (2001).
8 „Verführung statt Verpflichtung" (Hitzler 1999), das ist tatsächlich das Motto, unter dem sich zunehmend die Individuen in der Bürgergesellschaft engagieren.
9 Siehe dazu, neben Sennett (1998) und Beck (1999), auch Mutz u.a. (1995); zur Nichtlinearität als Charakteristik von Karrieren in der Gegenwartsgesellschaft vgl. aus karrieretheoretischer Sicht den Beitrag von Bergmann Lichtenstein/Mendenhall (2002).
10 Diese Dynamik wird noch dadurch verstärkt, daß immer mehr Organisationen einen „hybriden" Charakter bekommen, indem sie Markt- und Staatselemente ebenso in sich vereinen wie Elemente des Dritten Sektors. So kann ein „Sektorenwechsel" immer häufiger innerhalb einer Organisation, etwa in einer Stiftung, einer Schule oder einer Jugendhilfeinstitution erfolgen; zu den hybriden Organisationsformen vgl. Evers u.a. (2002).

Arbeitslosigkeit auch in einer „Normalbiografie" immer üblicher werden. Diskontinuitäten und Sektorenwechsel werden auch in den nun zu erläuternden *sechs Karrieremustern* deutlich, die sich jeweils in Bezug auf die Berufsarbeit benennen lassen als: Einstieg, Wechsel, Ersatz, Nachfolge, Kompetenzsteigerung und Alternative zu Berufsarbeit:

1. *Einstieg in die Berufsarbeit:* Den „klassischen" Fall bildet eine Karriere, die vom freiwilligen Engagement zur Berufsarbeit führt. Die Akteure versuchen, im Rahmen ihres Ehrenamtes Qualifikationen und Wissen zu erwerben, das sie zur Ausfüllung bestimmter Positionen in der Erwerbsarbeit befähigt[11]. Die Interviews zeigen, daß dieser Aspekt nicht nur genannt wird, sondern auch gezielt im Rahmen einer Karrierepolitik eingeplant werden kann. Nicht weniger wichtig sind neben der Qualifikation auch die Kontakte und die damit verbundenen Informationsvorteile, die man gewinnen kann. Persönliche Beziehungen sind für dieses Karrieremuster oft entscheidend – ein Befund, der mit einschlägigen Studien über Sozialkapital und Joberwerb übereinstimmt[12].

2. *Wechsel der Berufsarbeit:* Ähnlich gelagert ist ein Verlaufsmuster, das im Zeitalter des „flexiblen Menschen" an Relevanz gegenüber dem ersten Muster zunimmt. Die Akteure steigen zunächst, gewollt oder ungewollt, aus einer Erwerbsarbeit aus, engagieren sich danach in bürgergesellschaftlichen Kontexten, um schließlich auf einem neuen Berufsfeld wieder in die Erwerbstätigkeit einzusteigen. Im Feld bin ich beispielsweise einer ausgebildeten Pädagogin begegnet, die eine Angestelltenposition in einer Anwaltskanzlei – auch aufgrund von steigendem Streß – aufgab, sich dann in einer Freiwilligenagentur eine Leitungsposition erarbeiten konnte und später versuchte, sich mit einem eigenen Internet-Unternehmen selbständig zu machen. Die vielfach für Deutschland geforderte neue Kultur der Selbständigkeit kann also auch in derartigen Karrieremustern eine Basis finden. Dieser Weg ist freilich insofern voraussetzungsvoll, als man die bürgergesellschaftliche Phase zwischenfinanzieren muß, was in diesem wie in den meisten anderen Fällen durch ein vom Gatten sichergestelltes Familieneinkommen geschehen konnte.

3. *Ersatz für Berufsarbeit:* Einige Akteure, die sich in der Bürgergesellschaft engagieren, sind dauerhaft aus dem Erwerbsleben ausgestiegen. In meinem Sample findet sich u.a. eine 35jährige Frührentnerin sowie eine Dauerarbeitslose, die allerdings immer darauf achten muß, daß ihr Engagement nicht zu häufig in der Zeitung steht, da sonst eine Kürzung des Arbeitslosengeldes droht. Dies geschieht dann, wenn die betreffende Per-

---

11 Zu dieser Funktion von ehrenamtlicher Tätigkeit siehe auch Beher/Liebig/Rauschenbach (2000: 226ff).
12 Zum Nutzen von Beziehungen, insbesondere von sogenannten „weak ties" für den Joberwerb vgl. die klassische Untersuchung von Granovetter (1974) sowie die Beiträge von Lin (1982) und Meyerson (1994). Den Zusammenhang von Beziehungen und Karriereverlauf hat Wegener (1989) empirisch untersucht.

son dem Arbeitsmarkt nicht zur Verfügung steht. Wenn man also zu häufig ehrenamtlich arbeitet, so hatten Mitarbeiter des Arbeitsamtes gesagt, könne der Eindruck einer Nichtverfügbarkeit entstehen und somit Kürzungen vorgenommen werden. Dies ist, nebenbei bemerkt, einer der Aspekte, bei dem die Politik bislang noch immer versäumt hat, dem Strukturwandel von Ehrenamtlichkeit gerecht zu werden. Statt dessen beschränkt man sich meist auf Maßnahmen symbolischer Politik, wie Thomas Rauschenbach (2001: 21) in einem Beitrag treffend bemerkt hat. Die Arbeitslosen sehen in der Freiwilligenarbeit Chancen, in Kompensation zur fehlenden Berufsarbeit Tätigkeitskontexte mit entsprechenden Kontaktmöglichkeiten, Aufmerksamkeitsgewinnen und Anerkennungsprozessen zu erfahren.

4. *Nachfolge der Berufsarbeit:* Bürgerschaftliches Engagement kann eine zweite Karriere im Pensions- oder Rentenstatus nach der Erwerbstätigkeit eröffnen[13]. Hochqualifizierten Senioren gelingt es hier mitunter, ihre Ressourcen so einzusetzen, daß sie tatsächlich in öffentlich exponierte Positionen gelangen, die ein hohes Maß an Anerkennung generieren. In einem Fall aus meiner Studie hatte sich ein Arbeitsdirektor einer Ruhrkohle-Zeche, der zwischenzeitlich in Ostdeutschland zahlreiche Arbeitsplätze abgewickelt hatte und dafür auch in seiner Heimat kritisiert worden war, nach der Berentung mit großem Elan in eine leitende Stiftungsarbeit begeben. Dadurch erhielt er besondere Anerkennung und gewann den Status einer moralisch integeren öffentlichen Person. Dieser Karriere-Ertrag eines Moralitätsgewinns wäre auf anderen Wegen nur schwer erreichbar gewesen.

5. *Kompetenzsteigerung in der Berufsarbeit:* Ein wichtiges Verlaufsmuster enthält die Förderung der beruflichen Karriere durch freiwilliges Engagement. Hier vor allem kommt der Status der Bürgergesellschaft als Qualifikationsfeld zum Tragen. Die Akteure verbleiben in der Erwerbsarbeit bzw. verlassen diese nur kurzfristig, um durch ehrenamtliche Tätigkeiten etwa in der Jugendarbeit zusätzliche Fähigkeiten zu erwerben. Der Wert solcher Qualifikationen wird mittlerweile weltweit von immer mehr Unternehmen erkannt, so daß vielerorts schon Managern entsprechende Maßnahmen empfohlen werden. Zahlreiche Modellprojekte eines Austausches zwischen „klassischer" Wirtschaft und „Drittem Sektor" etwa in der Schweiz und neuerdings auch in Deutschland deuten darauf hin, daß hier tatsächlich ein erhebliches Potential gesehen wird[14]. Karrierepolitik wird dabei sowohl von den Individuen als auch von den korporativen Akteuren betrieben, die das bürgerschaftliche Engagement als eine Karrierestation fest einplanen.

---

13 Siehe dazu Kohli u.a. (1993).
14 In der Schweiz wird seit Jahren erfolgreich das Projekt „Seitenwechsel" betrieben. Vor allem weltweit agierende Unternehmen haben jedoch auch in anderen Ländern zeigen können, daß sich der ehrenamtliche Einsatz von Mitarbeitern sogar im Sinne der direkten Effektivitätssteigerung rechnen kann; vgl. dazu Janning/Bartjes (1999).

6. *Alternative zur Berufsarbeit:* Das letzte der zu erörternden Verlaufsmuster wirkt zuerst überraschend, offenbart aber bei näherem Hinsehen durchaus Plausibilität. Die berufliche Arbeit wird hier zugunsten eines umfangreichen Engagements in der Bürgergesellschaft aufgegeben, weil man im freiwilligen Engagement andere Möglichkeiten erblickt als im bezahlten Job. In meiner Studie zeigt sich dieses Verlaufsmuster im Beispiel einer Ärztin. Sie war in leitender ehrenamtlicher Stellung einer Nonprofit-Organisation tätig und merkte bald, daß die zeitlichen und inhaltlichen Anforderungen der freiwilligen Tätigkeit so groß wurden, daß die Berufsarbeit darunter litt. Sie entschied sich, die Erwerbstätigkeit aufzugeben, um sich ganz dem exponierten Ehrenamt zu widmen. In dieser Tätigkeit ist sie nicht nur zu einer örtlichen Berühmtheit geworden, sondern bekam auch Zugang zu Kreisen, die ihr vorher verwehrt blieben, bis hinauf zum nordrhein-westfälischen Ministerpräsidenten. Fasziniert erzählt sie, wie sie sogar während eines Kurzurlaubs am Gardasee per Handy von Mitarbeitern erreicht wurde, um wichtige Dinge zu entscheiden. Hier kommt die eingangs im Zusammenhang mit Goffman angesprochene Dimension von Karrieren ins Spiel, die Identitäten und Selbstbilder betrifft. Die Karriere in der Bürgergesellschaft eröffnete für diese Frau Möglichkeiten, sich selbst als anerkannt und wichtig zu erfahren, die ihr eine immerhin relativ ‚hochkarätige' Berufsarbeit als Ärztin nicht bieten konnte.

3. Ressourcen für und Voraussetzungen von Karrierepolitik

In diesem Spektrum von Karriereoptionen ist immer wieder deutlich geworden, wie wichtig verschiedene Formen von *Ressourcen* im Prozeß der Karrierepolitik sind. Der Zusammenhang dieser Ressourcen scheint mir am besten mit Hilfe der Bourdieuschen *Kapitalbegrifflichkeit* erfaßbar[15].

Bourdieu erweitert den herkömmlichen ökonomischen Kapitalbegriff um die Varianten des kulturellen, sozialen und symbolischen Kapitals[16]. Das kulturelle Kapital besteht zunächst einmal aus Bildung und Qualifikationen, d.h. aus Kenntnissen und Fähigkeiten aller Art, die man nutzbringend einsetzen kann. Die institutionalisierte Form dieses Kapitals sind Abschlüsse und Titel, d.h. es handelt sich hier um eine gesellschaftlich anerkannte und be-

---

15 Siehe dazu vor allem Bourdieu (1983; 1985) sowie, aus der Sicht des „methodologischen Individualismus, Esser (2000: 209ff). Zu den Kapitalien als Voraussetzung von Handlungsoptionen vgl. Vogt (2000).

16 In späteren Publikationen hat Bourdieu das Spektrum noch erweitert und jeweils feldspezifische Kapitalsorten identifiziert: wissenschaftliches Kapital, politisches Kapital etc. In seinen Grundfunktionen sind diese spezifischen Kapitalsorten jedoch immer auf die Grundsorten rückbeziehbar.

Karrierepolitik in der Bürgergesellschaft 207

glaubigte Form von Wissen. Das soziale Kapital definiert Bourdieu als „Gesamtheit der aktuellen und potentiellen Ressourcen, die mit dem Besitz eines dauerhaften Netzes von mehr oder weniger institutionalisierten Beziehungen gegenseitigen Kennens oder Anerkennens verbunden sind" (Bourdieu 1983: 190). Soziales Kapital bildet sich in der Praxis auf der Grundlage von materiellen oder symbolischen Tauschbeziehungen: Man gibt einer anderen Person etwas (eine Hilfeleistung, etwas Materielles oder eine Information) und erhält dafür eine Gegenleistung, sei es in Form einer direkten Gegengabe oder, wichtiger, in Form einer Verpflichtung, die man später bei Bedarf abrufen kann. Daraus entwickeln sich ganze Netzwerke von Tausch- und Verpflichtungsbeziehungen, die teilweise auch in Form von Mitgliedschaften institutionalisiert sind: in einer Familie, einem Stamm, einer Partei oder einem Club, einer „Seilschaft" o.ä.

Entscheidend ist nun, wie die verschiedenen Kapitalien sich zueinander verhalten. So ist es nach Bourdieu für den Aufbau eines effektiven Beziehungsnetzes von zentraler Bedeutung, wieviel ökonomisches und kulturelles Kapital man dort investieren kann: Mitgliedschaften und Gefälligkeiten können Geld kosten, gebildete Plaudereien erfordern entsprechende Kenntnisse. Alle drei Formen – ökonomisches, kulturelles und soziales Kapital – finden ihren zeichenhaften, sichtbaren und sozial anerkannten Ausdruck in einer vierten Form: im symbolischen Kapital. Ehre, Prestige, Renommee sind typische Erscheinungsweisen dieser Zeichenebene des Kapitals.

Die Relevanz der Kapitalien für Karrierepolitik läßt sich demnach wiefolgt bestimmen: Die untersuchten Akteure streben einerseits durch karrierepolitisches Handeln den *Erwerb* von Kapital an. Das gilt unmittelbar nicht für ökonomisches Kapital, das im Freiwilligenstatus als Gratifikation kaum zur Verfügung steht. Mittelbar aber geht es Akteuren auch um einen Einstieg oder Wiedereinstieg in Erwerbspositionen, die nicht zuletzt mit Entgeltperspektiven verbunden sind. Wichtiger erscheint das Streben nach kulturellem Kapital in Form von Wissen und Fähigkeiten, also der Erwerb von Qualifikationen, die für jegliche Interessenverfolgung im Leben entscheidend sind. Vielen Akteuren geht es schließlich auch um soziales Kapital, um nützliche Beziehungen, und vor allem um das symbolische Kapital von Anerkennung und öffentlicher Wertschätzung[17].

Bei all dem wird aber auch deutlich, daß Kapitalien andererseits zugleich eine *Voraussetzung* von erfolgreicher Karrierepolitik darstellen. Ohne geldliche Absicherung, ohne gute Bildung, ohne Beziehungen und ohne Ansehen kommt man in gute Positionen in aller Regel nicht hinein. Auch die karrierepolitische Strategiefähigkeit selbst, die Fähigkeit dazu, eine Karriere zu planen und trotz Widerständen und Hindernissen durchzuziehen, ist als kulturelles Kapital anzusehen. Das Zusammenspiel der Kapitalien als *Handlungsziel* (man will Qualifikationen, Kontakte, Anerkennung bekommen) und als

---

17 Zur Logik des symbolischen Kapitals der Ehre und Anerkennung siehe ausführlich Vogt (1997).

Handlungsressource der Akteure (man braucht schon Kapital, um überhaupt etwas zu erreichen) gilt es also genau in den Blick zu nehmen, wenn man die Funktionsweise von Bürgergesellschaft vor Ort verstehen will.

4. Ein Fallbeispiel: Karrierepolitik unter den Bedingungen einer Doppelkarriere

Ich will nun einige der bislang vorgestellten Überlegungen anhand eines *Fallbeispiels* aus meinem Sample konkretisieren. Es handelt sich dabei um ein unspektakuläres, gleichwohl interessantes und in vieler Hinsicht typisches Beispiel für Karrierepolitik in der Bürgergesellschaft.

Die Akteurin ist in diesem Fall eine 44-jährige Erzieherin. Sie hat zwei erwachsene Kinder und ist, das erweist sich als durchaus relevant, verheiratet mit einem Technischen Zeichner, der zugleich für die Grünen im Stadtrat ist und eine kommunalpolitisch ebenso aktive wie prominente Figur darstellt. Mona Eichner war kurz für die Kindererziehung aus der Berufsarbeit ausgestiegen und hatte später teilweise Jobs im Bereich der Jugend- und Erwachsenenarbeit ausgeübt, die jedoch vergleichsweise schlecht bezahlt waren. Als die Kommune 1996, nicht zuletzt auf Initiative von Herrn Eichner, eine Freiwilligenagentur nach niederländischen und deutschen Vorbildern gründete und per öffentlicher Ausschreibung Leitungspositionen auslobte, bewarb sich auch Frau Eichner. Das Kuratorium der Agentur, das sich aus Kommunal-, Kirchen- und Verbändepolitikern sowie Angehörigen der Stadtverwaltung zusammensetzte, wählte in einem durchaus aufwendigen Besetzungsverfahren neben zwei anderen Frauen auch Frau Eichner für die – wohlgemerkt ehrenamtliche – Leitung aus. Die zwei anderen Frauen stiegen später aus unterschiedlichen Gründen aus, und es verblieb Frau Eichner als Leiterin der Agentur. Die Position wurde dann schließlich umgewandelt in eine bezahlte Stelle im Rahmen der Stadtverwaltung.

Was war für die Akteurin während dieser Karrieresequenz *als Voraussetzung für den Karriereerfolg* von Nutzen? Ohne Zweifel zunächst einmal die Tatsache, daß sie mit dem Initiator und späteren Kuratoriumsmitglied Eichner verheiratet war. Zum einen sicherte Emil Eichner das Familieneinkommen und schaffte seiner Frau damit den Freiraum für eine freiwillige Tätigkeit. Zum anderen aber unterhielt er nicht nur zur SPD-Mehrheitsfraktion gute Kontakte, sondern hatte aufgrund seines Vorsitzes im Jugendhilfeausschuß auch beste Beziehungen zu den relevanten Verbänden am Ort. Dieses Netzwerk, das sich vor allem während der Agenturarbeit als wertvolle Informationsressource erwies, führte später dazu, daß Frau Eichner sich innerhalb des Leitungsgremiums eine Führungsposition erarbeiten und, nach dem Ausstieg der beiden Kolleginnen, die alleinige Leitung übernehmen konnte.

Allerdings führte der Synergiegewinn aus der Doppelkarriere der Eheleute dann auch zum Aus für die Agentur. Mit dem nahenden Kommunal-

Karrierepolitik in der Bürgergesellschaft

wahlkampf nämlich rückte die Bindung zwischen Frau Eichner und ihrem Mann, der als Spitzenkandidat der Grünen in den Wahlkampf ging, zunehmend in die öffentliche Aufmerksamkeit[18]. Vor allem die SPD befürchtete, daß alle Erfolge der Freiwilligenagentur indirekt auch den Grünen zugeschrieben würden:

> „Also, ich glaube, es ging einfach darum, in Kohlen wurde ja auch zum ersten Mal der Bürgermeister direkt gewählt, Karl Hinkel, SPD, und Emil war (...) Bürgermeisterkandidat der Grünen, und er heißt nun mal so wie ich und ich heiße so wie er, und wenn in der Freiwilligenagentur... Also, wir hatten schon Veröffentlichungen, wo jede Woche was über Freiwilligenagentur drinsteht, und da steht dann immer drin ‚Frau Eichner'".

Die Vorgesetzte, so berichtet sie, hat ihr mal im Vertrauen gesagt: *„Die Mona Eichner, die macht wirklich tolle Sachen, aber schade, daß sie die Frau von Emil ist"*. Daher bekam Frau Eichner von der Verwaltung ein Verlautbarungsverbot und somit den direkten Zugang zur Öffentlichkeit untersagt, was sie sehr frustrierte:

> „Ich konnte früher Presseartikel veröffentlichen, wo keiner gesagt hat: Das muß irgendwo noch mal abgesegnet werden. Und zu dem Zeitpunkt, wo Kommunalwahl war, mußte ich jeden Zeitungsartikel, jeden Brief über andere Schreibtische gehen lassen".

Später hat Frau Eichner aus dieser Frustration, nichts mehr alleine entscheiden zu können, gekündigt und das Projekt wurde ganz eingestellt. Aus dem zunächst förderlichen Sozialkapital war also im kommunalpolitischen Kontext ein erhebliches Karrierehindernis geworden.

Mona Eichner weist dann in den Interviews auf eine ganze Reihe von wichtigen *Erträgen* hin, die ihr die Tätigkeit in der Agentur erbracht habe:

1. *Kulturelles Kapital:* Frau Eichner hat nach eigenen Angaben eine Menge gelernt in der Agentur: etwa Konzepte zu entwickeln, mit Amts- und Verbändevertretern zu verhandeln, Fundraising, öffentliches Auftreten, angemessene Präsentation und sprachliches Formulieren sowie der effektive Umgang mit den Vertretern der Presse. Sie selbst bilanziert wörtlich:

> „Es hat sich für mich auf jeden Fall gelohnt. (...) Wenn man freiwilliges Engagement unter dem Aspekt Weiterbildung betrachtet, hab ich sehr viel gelernt".

Diese Qualifikationen konnten später durchaus gewinnbringend eingesetzt werden, als sie sich unter anderem an einer Fundraising-Agentur beteiligte und für das Land NRW ein größeres Projekt im Bereich Bahnhofspatenschaften vorbereitete, das mittlerweile mit gut bezahlten Tagessätzen von 600 Euro angelaufen ist.

2. *Soziales Kapital:* Das zuvor schon vorhandene Beziehungsnetzwerk in der Kommune konnte während der Tätigkeit in der Agentur gefestigt und

---

18 Zur Kommunikationslogik von Wahlkämpfen vgl. Dörner/Vogt (2002).

ausgebaut werden. Mona Eichner hatte nicht nur ständig mit der Presse zu tun, sondern mußte im Zusammenhang mit der Agenturarbeit immer wieder das Kooperationsnetzwerk mit den Vertretern der Kommune sowie anderer Organisationen des Dritten Sektors pflegen und erweitern.

3. *Symbolisches Kapital:* Frau Eichner konnte während ihrer Tätigkeit durch stete Presse- und Öffentlichkeitspräsenz so etwas wie einen Honoratiorenstatus erwerben. Sie wurde eine ‚öffentliche' Person, welche die meisten Bürger der Stadt kennen, und sie hat diese Anerkennung für ihr Engagement durchaus als wichtig empfunden. Wie wichtig Mona Eichner die Anerkennung ist, wird an einem Beispiel deutlich, als sie diese einmal nicht in ausreichendem Maß bekommen hat. Sie beschwert sich darüber, daß ein Caritas-Funktionär und Kuratoriumsmitglied für viele Initiativen, die erfolgreich waren, vom Bürgermeister öffentlich gelobt wurde, während sie selbst als eigentliche Urheberin dieser Ideen im Hintergrund verbleiben mußte:

„Da ist Freiwilligenagentur nicht genügend gewürdigt worden, da habe ich mich auch geärgert. Da hat Michael Maier als Geschäftsführer der Caritas eigentlich immer die Lorbeeren eingesteckt. In Würdigungen von Ansprachen des Bürgermeisters, der Freiwilligenagentur entweder als letztes erwähnt hat oder sogar vergessen hat".

Der Identitätsentwurf einer *vita activa*, die im republikanischen Sinne an den öffentlichen Angelegenheiten der Kommune partizipiert und dafür auch Anerkennung erfährt, spielt im Rahmen dieser Doppelkarriere eine zentrale Rolle.

Die *Karrierepolitik* in dieser Sequenz war also durchaus *erfolgreich*: Mona Eichner erlangte eine leitende Position in der Agentur, die Position wurde später in eine bezahlte Stelle umgewandelt und sie erhielt das symbolische Kapital öffentlicher Anerkennung. Sie konnte sich bekannt machen, Kontakte aufbauen sowie wertvolle Qualifikationen erwerben.

Entscheidend aber ist, daß Frau Eichner sich parallel zum Auslaufen der Freiwilligenagentur in eine gerade in Gründung befindliche Bürgerstiftung am Ort hineinbegab. Hier hielt sich, nach den Erfahrungen mit der Agentur, der „grüne" Ehegatte zurück, so daß ein Störfaktor des Karriereverlaufs ausgeschaltet blieb – zumal Mona Eichner auf das soziale Kapital ihres Mannes auch immer weniger angewiesen war. Sie begann, in der Stiftung handfeste Arbeit nicht nur im organisatorischen Bereich, sondern auch beim Wiederaufbau eines alten Bauernhofs zu leisten. Auf diesem mittlerweile auch mit Landesmitteln geförderten Hof sollen im Rahmen eines Jugendhilfeprojekts schulmüde Schüler und chancenarme Jugendliche betreut und qualifiziert werden.

Frau Eichner verstand es, sich in diesem Projekt schnell unentbehrlich zu machen. Vor allem zu einem Vorstandsmitglied der Stiftung – einem ehemaligen Bürgermeister, der mit seinem unglaublich weiten Beziehungsnetzwerk zu einer zentralen Stütze der gesamten Stiftung geworden ist – hat sie durch ihre ‚Schufterei' auf dem Hof eine persönliche Beziehung aufbauen können.

Dadurch eröffnete sie sich die Option, im Rahmen des Projekts auf einer relativ gut dotierten halben Stelle für zwei Jahre mit Verlängerungsoption sozialarbeiterisch tätig zu werden. Diese Stelle wurde durch den Ex-Bürgermeister in mühsamer Kleinarbeit von der Aral-Stiftung eingeworben. Neben der Anerkennung und weiteren nützlichen Kontakten hat die Investition von Zeit und Arbeit also auch ein ökonomisch zählbares Resultat erbracht. Die Stelle, auf der Mona Eichner nunmehr Erwerbsarbeit leisten kann, ist wesentlich besser dotiert als alle früheren Tätigkeiten der gelernten Erzieherin.

5. Fazit

Karrieren und Karrierepolitiken sind ein wichtiger Faktor, ohne den die konkrete Funktionsweise von Bürgergesellschaft vor Ort nicht angemessen erfaßt werden kann. Erst wenn die Verlaufsformen und vor allem die Erfolgsbedingungen der hier nur angedeuteten Vielfalt von Karrieremustern in und mit dem Ehrenamt genau analysiert werden, kann man die Bestands- und Entwicklungspotentiale der Bürgergesellschaft realistisch erkennen.

Erkennbar wird in einer karrierepolitischen Analyse aber auch, daß der konkrete Nutzen, den eine freiwillige Tätigkeit für die Akteure erbringt, ein wichtiger Motor des Engagements ist. Gemeinsinn und Eigennutz sind, so läßt sich abschließend formulieren, die zwei Stützen, auf denen Bürgergesellschaft steht. Fällt eine der beiden weg, entsteht eine Schieflage. Vor diesem Hintergrund ist es zumindest mißverständlich, wenn die eingangs erwähnte Enquete-Kommission des Deutschen Bundestages zur „Zukunft des Bürgerschaftlichen Engagements" in ihrem Abschlußbericht explizit die Kritik an solchen Formen des Engagements betont, die „in Verfolgung eigener Interessen ihre Verpflichtungen gegenüber Bürgerschaft und Gemeinwohl aus dem Blick verlieren" (Enquete-Bericht 2002: 6).

Zwar wäre der Ablehnung von gemeinwohlschädlichen Aktivitäten ohne Einschränkung zuzustimmen. Die zitierte Formulierung aber suggeriert einen Widerspruch zwischen Eigennutz und Gemeinwohl, der dem Alltag der Bürgergesellschaft nicht gerecht wird. Selbst da, wo Individuen zuerst ihren eigenen Vorteil im Blick haben, können sich sehr wohl gemeinwohlfördernde Effekte ergeben. Diese alte Weisheit, die schon im klassischen Utilitarismus formuliert wurde, sollte auch in der aktuellen Sozialpolitik nicht aus dem Blick geraten.

Literatur

Anheier, H. K., 1999: Der Dritte Sektor im internationalen Vergleich: Ökonomische und zivilgesellschaftliche Dimensionen von Nonprofit-Organisationen. Berliner Journal für Soziologie 9: 197-212.

Anheier, H. K. u.a., 2000: Zur zivilgesellschaftlichen Bedeutung des Dritten Sektors. S. 71-98 in: Klingemann, H.-D./Neidhardt, F. (Hrsg.), Zukunft der Demokratie. Herausforderungen im Zeitalter der Globalisierung. WZB-Jahrbuch. Berlin: Sigma.

Beck, U., 1999: Schöne neue Arbeitswelt. Vision: Weltbürgergesellschaft. Frankfurt a.M./New York: Campus.

Beher, K./Liebig, R./Rauschenbach, Th., 2000: Strukturwandel des Ehrenamts. Gemeinwohlorientierung im Modernisierungsprozeß. Weinheim: Juventa.

Bergmann Lichtenstein, B. M./Mendenhall, M., 2002: Non-linearity and response-ability: Emergent order in 21st centruy careers. Human Relations 55: 5-31.

Bourdieu, P., 1983: Ökonomisches Kapital, kulturelles Kapital, soziales Kapital. S. 183-198 in: R. Kreckel (Hrsg.), Soziale Ungleichheiten. Soziale Welt, Sonderband 2. Göttingen: Schwarz.

Bourdieu, P., 1985: Sozialer Raum und ‚Klassen'. Leçon sur la leçon. Zwei Vorlesungen. Frankfurt a.M.: Suhrkamp.

Dörner, A./Vogt, L., 2001: Das Kapital der Bürger. Freiwilligenarbeit als Herausforderung der Politik. In: Gegenwartskunde 50: 43-56.

Dörner, A./Vogt, L. (Hrsg.), 2002: Wahl-Kämpfe. Betrachtungen über ein demokratisches Ritual. Frankfurt a.M.: Suhrkamp.

Enquete-Bericht, 2002: Bürgerschaftliches Engagement: auf dem Weg in eine zukunftsfähige Bürgergesellschaft. Bericht der Enquete-Kommission „Zukunft des Bürgerschaftlichen Engagements". Bundestags-Drucksache 14/8900, 3. Juni 2002.

Esser, H., 2000: Soziologie. Spezielle Grundlagen. Band 4: Opportunitäten und Restriktionen. Frankfurt a.M./New York: Campus.

Evers, A. u.a., 2002: Von öffentlichen Einrichtungen zu sozialen Unternehmen. Hybride Organisationsformen im Bereich sozialer Dienstleistungen. Berlin: Sigma.

Gaskin, K. u.a., 1996: Ein neues bürgerschaftliches Europa. Eine Untersuchung zur Verbreitung und Rolle von Volunteering in zehn Ländern. Hrsg. von der Robert Bosch Stiftung. Freiburg i.B.: Herder.

Goffman, E., 1973: Asyle. Über die soziale Situation psychiatrischer Patienten und anderer Insassen. Frankfurt a.M.: Suhrkamp.

Granovetter, M. S., 1974: Getting A Job. A Study of Contacts and Careers. Cambridge: Harvard U.P.

Heinze, R. G./Keupp, H., 1997: Gesellschaftliche Bedeutung von Tätigkeiten außerhalb der Erwerbsarbeit. Gutachten für die „Kommission für Zukunftsfragen" der Freistaaten Bayern und Sachsen. Bochum/München.

Heinze, R. G./Olk, Th. (Hrsg.), 2001: Bürgerengagement in Deutschland. Bestandsaufnahmen und Perspektiven. Opladen: Leske + Budrich.

Hitzler, R., 1999: Verführung statt Verpflichtung. Die neuen Gemeinschaften der Existenzbastler. S. 223-233 in: Honegger, C. u.a. (Hrsg.), Grenzenlose Gesellschaft? Verhandlungen des 20. Kongresses der Deutschen Gesellschaft für Soziologie, des 16. Kongresses der Österreichischen Gesellschaft für Soziologie, des 11. Kongresses der Schweizerischen Gesellschaft für Soziologie in Freiburg i.Br. 1998. Teil 1, Opladen: Leske + Budrich.

Honneth, A. (Hrsg.), 1993: Kommunitarismus. Eine Debatte über die moralischen Grundlagen moderner Gesellschaften. Frankfurt a.M./New York: Campus.

Janning, H./Bartjes, H., 1999: Ehrenamt und Wirtschaft. Internationale Beispiele bürgerschaftlichen Engagements der Wirtschaft. Stuttgart: Bosch.

Klages, H./Gensicke, Th., 1999: Wertewandel und bürgerschaftliches Engagement an der Schwelle zum 21. Jahrhundert. Speyer: Universitätsverlag.

Klein, A., 2001: Der Diskurs der Zivilgesellschaft. Politische Hintergründe und demokratietheoretische Folgerungen. Opladen: Leske + Budrich.

Kohli, M. u.a., 1993: Engagement im Ruhestand. Rentner zwischen Erwerb, Ehrenamt und Hobby. Opladen: Leske + Budrich.

Lin, N., 1982: Social Ressources and Instrumental Action. S. 131-145 in: Marsden, P.V./Lin, N. (Hrsg.): Social Structure and Network Analysis. Beverly Hills: Sage.

Meyer, Th./Weil, R. (Hrsg.), 2002: Die Bürgergesellschaft. Perspektiven für Bürgerbeteiligung und Bürgerkommunikation. Bonn.

Meyerson, E. M. 1994: Human Capital, Social Capital and Compensation. The Relative Contribution of Social Contacts to Manager's Incomes. Acta Sociologica 37: 383-399.

Münkler, H., 2002: Die Bürgergesellschaft – Kampfbegriff oder Friedensformel? Potenzial und Reichweite einer Modeterminologie. Vorgänge 158: 115-125.

Mutz, G. u.a., 1995: Diskontinuierliche Erwerbsverläufe. Opladen: Leske + Budrich.

Nadai, E., 1996: Gemeinsinn und Eigennutz. Freiwilliges Engagement im Sozialbereich. Bern: Haupt.

Pettit, Ph., 1997: Republicanism. A Theory of Freedom and Government. Oxford: Oxford U.P.

Putnam, R. D. (Hrsg.), 2001: Gesellschaft und Gemeinsinn. Sozialkapital im internationalen Vergleich. Gütersloh: Bertelsmann.

Rauschenbach, Th. 2001: Freiwilligenarbeit – Eine Vision des 21. Jahrhunderts? In: Theorie und Praxis der sozialen Arbeit 48: 15-22.

Reese-Schäfer, W., 1997: Grenzgötter der Moral. Der neuere europäisch-amerikanische Diskurs zur politischen Ethik. Frankfurt a.M.: Suhrkamp.

Rosenbladt, B. von, 2000: Freiwilliges Engagement in Deutschland. Ergebnisse der Repräsentativerhebung 1999 zu Ehrenamt, Freiwilligenarbeit und bürgerschaftlichem Engagement. Band 1: Freiwilliges Engagement in Deutschland. Gesamtbericht. Stuttgart u.a.: Kohlhammer.

Schmitz, S.-U., 2001: Homo democraticus. Demokratische Tugenden in der Ideengeschichte. Opladen: Leske + Budrich.

Sennett, R., 1998: Der flexible Mensch. Die Kultur des neuen Kapitalismus. Berlin: Berlin.

Vogt, L., 1997: Zur Logik der Ehre in der Gegenwartsgesellschaft. Differenzierung – Macht – Integration. Frankfurt a.M.: Suhrkamp.

Vogt, L., 2000: Identität und Kapital. Über den Zusammenhang von Identitätsoptionen und sozialer Ungleichheit. S. 77-100 in: Hettlage, R./Vogt, L. (Hrsg.), Identitäten in der modernen Welt. Wiesbaden: Westdeutscher Verlag.

Wegener, B., 1989: Soziale Beziehungen im Karriereprozeß. Kölner Zeitschrift für Soziologie und Sozialpsychologie 41: 270-297.

Stefan Hornbostel

Kleine Alchemie der Karriere
oder: Wie man aus Blech Gold macht

Die 90er Jahre haben mit der new economy für einen historisch kurzen Moment den Eindruck entstehen lassen, dass Karrieren wie am Roulettetisch entstehen und vergehen. Als die Blase schließlich platzte, erlebten Erklärungsansätze ihre Renaissance, die davon ausgehen, „dass die Wechselspiele des gesellschaftlichen Lebens, insbesondere des Wirtschaftslebens, nicht wie einfache Glücksspiele verlaufen, in denen jederzeit eine Überraschung möglich ist" (Bourdieu 1983 :183). Statt um Glück handele es sich um die Akkumulation und Transformation von sozialem Kapital und damit verbunden um die Möglichkeit sozialer Erblichkeit von derartigem Kapitalbesitz.

Wenn also schon die individualisierende Dynamik demokratischer Marktgesellschaften die Persistenz klassischer Schichtungsmuster und damit auch der Opportunitätsstrukturen nicht zu beseitigen vermag, so liegt es nahe, mit der kritischen Attitüde des Bourdieuschen Kapitalkonzeptes nach den Funktionsmechanismen von Gesellschaften zu fragen, in denen ökonomisches Kapital keine tragende Rolle bei der sozialen Reproduktion hatte, dafür aber eine Planbürokratie Herrschaftszugriffe auf nahezu alle gesellschaftlichen Bereiche ermöglichte. Anhand der DDR, die immerhin mit dem radikalen Anspruch angetreten war, gerade jene Reproduktionsmuster des sozialen Raums, die Bourdieu beschrieben hat, abzuschaffen, soll im folgenden ein Blick auf die Prozesse der Kapitalakkumulation unter sozialistischen Bedingungen geworfen werden. Gerade im Hinblick auf Karrieren hatte die DDR den programmatischen Anspruch, einen sozialen Proporz nicht nur über die Sozialisierung der Produktionsmittel und die Eindämmung der Geldwirtschaft durch eine Planökonomie herzustellen, sondern durch eine fast allmächtige politische Interventions- und Planmaschinerie die Positionierung von Personen im sozialen Raum beständig zu steuern und zu kontrollieren. Eine Gesellschaft also, die von Anfang an höchst widersprüchlich moderne Effizienz- und Leistungsansprüche mit einer antimodernen Entdifferenzierung des Steuerungsapparates verband.

1. Kapital im Sozialismus

Versucht man nun das Bourdieusche Konzept des sozialen Raums, dessen Dimensionen aus verschiedenen Kapitalsorten aufgespannt werden, auf eine sozialistische Gesellschaft anzuwenden, dann entstehen typische Schwierigkeiten im Hinblick auf einzelne Kapitalsorten. Das ökonomische Kapital, das am klarsten definiert ist und im Bourdieuschen Konzept eine basale Funktion hat, ist im Falle der DDR nur schwer in Anschlag zu bringen, da es im wesentlichen in geldäquivalenten Formen von Privilegienzugängen und nicht in privatem Kapitalbesitz bestand. Das kulturelle Kapital, das in seinen Unterformen als inkorporiertes, objektiviertes und schließlich institutionalisiertes Kapital auftaucht, finden wir in der DDR dagegen in ausgeprägter Form. Insbesondere der Zugang zu institutionalisiertem Bildungskapital wurde in der DDR weitaus früher als in der Bundesrepublik stark ausgeweitet. Auch das soziale Kapital, das Bourdieu am Adel verdeutlicht, was aber am einfachsten mit Netzwerkressourcen übersetzt werden könnte, spielte in der DDR bekanntermaßen eine große Rolle – als Ressource ebenso wie als Bedrohung („Cliquenbildung"). Schließlich bleibt noch das symbolische Kapital „als wahrgenommene und als legitim anerkannte Form der drei vorgenannten Kapitalien" (Bourdieu 1985: 10). Das wesentliche Kennzeichen symbolischen Kapitals ist eine Art Widerspiegelung der übrigen Kapitalsorten, wobei die schwer zu legitimierenden Ungleichverteilungen der übrigen Kapitalsorten in eine fassbare, vor allen Dingen aber anerkannte Zeichendimension der sozialen Welt übertragen werden. Bourdieu (1987: 209) spricht davon, dass „fast ebensoviel Kraft und Einfallsreichtum auf die Verschleierung der ökonomischen Handlungen gelegt werden muss, wie auf deren Ausführung. Diese Kapitalien sind in begrenztem Maße konvertibel, also in jeweils andere Kapitalsorten transformierbar und bestimmen durch Akkumulation die Position im sozialen Raum, die eigendynamisch reproduziert und verstärkt wird. Das Entscheidende ist, dass wir es hier mit Transformationsprozessen und Umwandlungen zu tun haben. Allerdings bleibt Bourdieu ausgesprochen unscharf in seiner Abgrenzung der Kapitalsorten: Symbolisches Kapital kann danach sowohl als eigenständige Kapitalsorte verstanden werden (mit entsprechenden Machtrelationen) oder eben nur als eine Symbolisierung der übrigen. Ich werde mich hier der ersten Lesart anschließen (vgl. Vogt: 1997).

2. Ehre in modernen Gesellschaften

Zum symbolischen Kapital gehören ganz sicher die Auszeichnungen und Ehrungen, insbesondere jene, die durch den Staat vergeben werden. Es mag auf den ersten Blick wie ein Anachronismus erscheinen, moderne Gesellschaften mit Orden und Ehrenzeichen in den Griff bekommen zu wollen, denn diese sind vor allen Dingen assoziiert mit herrschaftlichen Gunstbeweisen und ste-

Kleine Alchemie der Karriere 217

hen insofern zunächst einmal im Widerspruch zum meritokratischen und egalitären Selbstverständnis moderner, demokratischer Gesellschaften. Allerdings spielt Ehre in Form von Auszeichnungen auch in modernen Gesellschaften eine erhebliche Rolle (vgl. Vogt 1997) und sie nimmt sogar zu, wie man auch im Westen Deutschlands z.b. an der explosionsartigen Vermehrung der Wissenschaftspreise seit den 70er Jahren beobachten kann. Seitdem hat die Nachfrage nach staatlichen Ehrungen keineswegs nachgelassen, im Gegenteil werden immer neue Bedarfe ausgemacht: Heute werden z.b. angesichts einer neuen deutschen Rolle im internationalen Konfliktmanagement mehr Ehrungen für Soldaten verlangt: „Dass wir dem militärischen Heldentum misstrauen, ehrt uns. Dass militärische Helden nicht geehrt werden, ist Unrecht. Könnte nicht, wie es schon von Vertretern der CDU und der FDP gefordert wurde, das Eiserne Kreuz wieder eingeführt werden? (...) Man könnte einwenden: Wer hätte die Autorität, einen solchen Orden zu verleihen? Die Antwort: Wir. Wir sind es uns und den Tapferen unter uns schuldig" (Posener 2002).

Damit nicht genug. In Zeiten knapper Kassen, gewinnt symbolisches Kapital einen erheblichen Bedeutungszuwachs. Ablesbar daran, dass auf einmal die Verteilung dieser Ehre zum Politikum wird. So jüngst im niedersächsischen Landtag:

„Wer stopft die himmelweiten Löcher, die im Haushalt klaffen? Als wären sie mit dieser herkulischen Aufgabe nicht ausgelastet, zanken die Volksvertreter aber auch noch um eine Sache, die auf den ersten Blick nach einer Petitesse aussieht: Wie viel Gleichberechtigung verträgt das System der Verleihung von Orden? Bereits am 16. März 2001 hatte der Landtag beschlossen, in Zukunft Frauen und Männer gleichermaßen mit Auszeichnungen und Ehrungen zu würdigen. SPD, CDU und Grüne fanden sich in dieser Frage zu einer ganz großen Koalition zusammen. Im Jahr 2000 waren die Frauen von den Männern bei der Ordensvergabe mit 4:34 deklassiert worden, im Jahr 2001 hieß es 10:39. (...) Das Argument aus der Staatskanzlei in Hannover, die zahlenmäßige Diskrepanz spiegele nun mal gesellschaftliche Wirklichkeit wider, konterten Grüne und CDU mit Listen, auf denen sie Dutzende Frauen benannten, die ihnen aller Ehrungen wert schienen" (Boecker 2002).

Diese Landtagsdebatte erinnert durchaus an die Berichte der Abteilung Kader beim Ministerrat der DDR. Dort wurde jedes Jahr akribisch aufgelistet und kommentiert, wie viele Genossen geehrt wurden, wie viele davon Arbeiter waren und ob Frauen hinreichend vertreten waren (was nie der Fall war). Und zumindest ein Teil dieser Informationen war auch öffentlich über das Statistische Jahrbuch zugänglich. Auch wenn sich die Bundesrepublik offenbar auf dem Weg befindet es dem Ministerrat der DDR gleichzutun, erscheint, im Nachhinein dennoch bemerkenswert, dass die DDR nicht etwa an die Traditionen der Weimarer Republik anknüpfte (dort waren alle staatlichen Auszeichnungen ersatzlos abgeschafft worden), sondern an das Kaiserreich mit seiner inflationären Flut von Orden und Ehrenzeichen.

Die DDR steigerte im Laufe ihrer Geschichte diese Tradition zu einem kaum mehr überschaubaren System von Auszeichnungen und Ehrungen symbolischer und materieller Art. Nach Schätzungen wurden etwa 8.000 verschiedene Orden, Medaillen, Preise und Auszeichnungen verliehen, mit der Folge, dass „einiges Geschick dazu [gehörte], als DDR-Bürger einer Auszeichnung aus dem Wege zu gehen" (Eppelmann u.a. 1996: 88). Diese Auszeichnungsflut, verbunden mit einer fast penetranten Präsentation von Geehrten und ihren Verdiensten in der Öffentlichkeit, ist wohl auch verantwortlich dafür, dass dieses Auszeichnungswesen nicht nur als „ermüdend" wahrgenommen wurde, sondern „komische Züge" entwickelte (Zimmermann 1994: 343). Auf der anderen Seite enthält das Auszeichnungswesen der DDR durchaus einen harten Kern, der sorgfältig vor inflationärer Entwertung der symbolischen Distinktionsqualitäten geschützt wurde.

Schließlich deutet die Tatsache, dass die Orden in den Kaderakten verzeichnet wurden und auch in Kurzbiographien, die anlässlich von Personalentscheidungen angefertigt wurden, regelmäßig aufgelistet waren, daraufhin, dass Auszeichnungen bei der Entscheidung über berufliche Auf- und Abstiegsprozesse eine Rolle spielten. Man darf also vermuten, dass das Auszeichnungswesen „feine Unterschiede" produzierte, die als symbolisches Kapital die Opportunitätsstrukturen der Geehrten auch tatsächlich beeinflussten. Auszeichnungen können insofern als ein „bisher wenig beachtetes Instrument sozialer Differenzierung, Integration und Kaderauslese" begriffen werden und das Maß der Ehrung als ein Indikator für eine Positionierung im sozialen Raum der DDR-Gesellschaft (Zimmermann 1994: 343).

Zu den bedeutenderen staatlichen Auszeichnungen zählen die acht Auszeichnungen (z.T. in drei Klassen abgestuft), die der Vorsitzende des Staatsrates verleihen durfte (darunter der Karl-Marx-Orden, der Ehrentitel „Held der Arbeit" und der Nationalpreis), die sieben Auszeichnungen, die durch den Vorsitzenden des Ministerrates verliehen wurden (darunter z.B. die Hans-Beimler- und die Clara-Zetkin-Medaille) und der „Scharnhorst-Orden", den der Vorsitzende des Nationalen Verteidigungsrates verlieh. Es folgen dann gut 100 verschiedene Auszeichnungen, die durch die Minister, die Leiter zentraler Staatsorgane, Kombinatsleiter, Vorsitzende der Räte der Bezirke und Kreise vergeben wurden (vgl. Tautz 1983). Die Auszeichnungen waren z.T. mit erheblichen Geldprämien versehen. Der Nationalpreis (I.Kl.) war z.B. mit 60.000 M, der Karl-Marx-Orden mit 20.000 M und der Friedrich-Engels-Preis (I.Kl.) mit 10.000 M dotiert. Insofern hatten die DDR-Orden nicht nur über eine Transformationslogik, sondern unmittelbar einen Bezug zum ökonomischen Kapital.

Die übrigen Auszeichnungen gehen auf gesellschaftlichen Organisationen, Räte der Bezirke und Städte, Betriebe, Genossenschaften, Parteien zurück. Sie vor allen Dingen sind für die extrem hohe Zahl unterschiedlicher Auszeichnungen verantwortlich. Die Zahl von einigermaßen bedeutsamen Auszeichnungen bewegt sich also deutlich unterhalb der geschätzten 8.000 in einer Größenordnung von 100 bis 200 Auszeichnungen für Personen, Kollektive und Organisationen.

3. Verdienste bei der allseitigen Stärkung

Beschränkt man sich auf die staatlichen Auszeichnungen, lassen sich auf der programmatischen Ebene auch die Vergabekriterien rekonstruieren. Sie sind im „Gesetz über die Stiftung und Verleihung staatlicher Auszeichnungen vom 7. April 1977" und dem zugehörigen Durchführungsbeschluss dargelegt. In der Präambel des Gesetzes heißt es (Tautz 1983):

„Die auf das Wohl des Volkes gerichtete Politik der Sozialistischen Einheitspartei Deutschlands und des sozialistischen Staates der Arbeiter und Bauern fördert die Schöpferkraft, die Initiative und die Bereitschaft der Arbeiterklasse, der Genossenschaftsbauern, der Intelligenz und aller anderen Werktätigen zu hohen Leistungen auf allen Gebieten des gesellschaftlichen Lebens. Durch die Verleihung staatlicher Auszeichnungen würdigt der sozialistische Staat hervorragende Leistungen und Verdienste bei der allseitigen Stärkung und Festigung der Deutschen Demokratischen Republik". Und im Durchführungsbeschluss heißt es ergänzend: „Der Ministerrat ist berechtigt, ... Festlegungen für die Auswahl von Auszeichnungsvorschlägen sowie für die Anzahl der vorzunehmenden Auszeichnungen und deren Aufgliederung auf die einzelnen Bereiche und Bezirke zu treffen". Schließlich wird in §4 (2) des Gesetzes das Vorschlagsrecht folgendermaßen umrissen: „Die Auswahl der Vorschläge .... erfolgt in der Regel in den Organen, Betrieben bzw. Einrichtungen, in denen der Vorzuschlagende beschäftigt ist. Die Leiter haben die Vorschläge gemeinsam mit der Parteiorganisation der SED und der Gewerkschaftsorganisation zu erarbeiten und sich dabei auf die Meinung der Arbeitskollektive zu stützen."

Bereits diese knappe Zusammenfassung lässt sehr deutlich vier – nicht ganz widerspruchsfreie – Elemente erkennen: Erstens wird eine diffuse Gemeinwohlorientierung als Kriterium formuliert (die allerdings im Handeln des sozialistischen Staates immer schon gegeben ist), zweitens ein meritokratisches Prinzip festgelegt (hohe Leistungen), drittens wird von vornherein eine Quotierungsoption eingeräumt (was nicht ohne weiteres zu den meritokratischen Ansprüchen passt) und viertens wird deutlich gemacht, dass der gesamte Prozess der Ehrung einer strikten parteipolitischen Kontrolle unterliegt.

4. Das Gespenst der Inflation

Wird Ehre zu einem begehrten Gut, weil tendenziell konvertibel, dann erhöht sich die Nachfrage – nicht nur im Sozialismus, sondern auch in westlichen Gesellschaften. Gelingt es dann nicht, das begehrte Gut knapp zu halten, setzen typischerweise inflationäre Entwertungsprozesse ein. Das gilt für ökonomisches ebenso wie für symbolisches Kapital.

Abb. 1: Neugestiftete staatliche Auszeichnungen der DDR nach Jahr der Erstvergabe (Unterschiedliche Klassen einzelner Auszeichnungen sind als eine Auszeichnung gezählt)

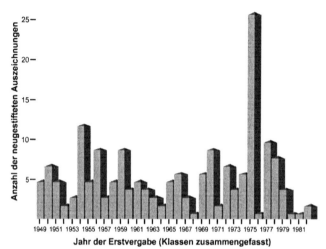

Quelle: Tautz 1983, eigene Berechnungen

Der inflationäre Druck, der auf das Auszeichnungswesen der DDR wirkte, war genau genommen ein dreifacher: Zunächst einmal wurden kontinuierlich neue Auszeichnungen gestiftet (vgl. Abb. 1). Soweit aus der überlieferten Korrespondenz der Abteilung Kader beim Ministerrat der DDR erkennbar, hat die Nachfrage nach neuen Auszeichnungen im letzten Jahrzehnt der DDR-Existenz sogar weiter zugenommen, so dass die Abteilung immer wieder Antragsteller auf die Gefahren einer Entwertung bestehender Auszeichnungen bzw. der Irritation bestehender Auszeichnungshierarchien hinweisen musste.

Eine weitere Entwertungstendenz ist seit den 70er Jahren erkennbar. Sie ergibt sich aus einer schnellen Abfolge von Auszeichnungen oder gar Mehrfachauszeichnungen mit demselben (dann meist hochdotierten) Orden. Zu den wenigen aktenkundigen Begründungen für die Ablehnung von vorgeschlagenen Kandidaten gehören derartige Hinweise auf eine zu schnelle Folge von jeweils höheren Auszeichnungen. Dieses Inflationsproblem ist allerdings kein Massenphänomen, sondern vor allen Dingen bei Personen in Führungspositionen und dort insbesondere bei politischen Funktionen anzutreffen.

Nachvollziehbar sind diese Verteilungsmuster anhand des Zentralen Kaderdatenspeichers des Ministerrates der DDR. Dort wurden die Berufs- und Bildungskarrieren des Führungspersonals der DDR erfasst. Die Definition des Führungspersonals ist dabei sehr weit gefasst und beginnt bereits bei Positionen mit Delegationsbefugnissen gegenüber drei Personen (zu Einzelheiten vgl. Hornbostel 1999; Best/Gebauer 2002).

Kleine Alchemie der Karriere

Abb. 2: Auszeichnungen im Kaderdatenspeicher

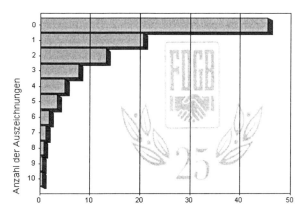

Quelle: Zentraler Kaderdatenspeicher

Abbildung 2 zeigt, dass nur ein sehr kleiner Teil der erfassten Personen zu diesem Kreis hochdekorierter Würdenträger gehörte. Bei diesen Personen liegt allerdings die Zahl der Auszeichnungen in der Regel deutlich höher als die maximal erfasste Zahl von 10 Auszeichnungen.

Die dritte Quelle inflationären Drucks ergab sich aus der Vergabehäufigkeit der vorhandenen Auszeichnungen. Obwohl für fast alle Auszeichnungen eine Höchstzahl von jährlich zu vergebende Stückzahlen fixiert war, wurden diese Margen für viele Auszeichnungen entweder ignoriert oder aber per Ministerratsbeschluss dauerhaft oder zu besonderen Anlässen erhöht. Abbildung 3 zeigt, dass diese Form der „Ehreninflation" sehr unterschiedlich auf die einzelnen Auszeichnungen wirkte. Insbesondere für Kollektivauszeichnungen auf ökonomischem Gebiet lassen sich in knapp 30 Jahren (seit 1960) Steigerungsraten von mehr als 20.000% ausmachen.

Abb. 3: Vergabehäufigkeit staatlicher Auszeichnungen der DDR
Angaben in Prozent (1960 = 100%)

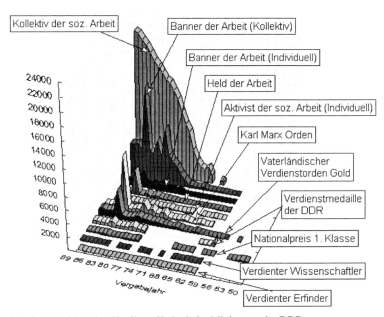

Quelle: jährliche Berichte der Abteilung Kader beim Ministerrat der DDR

Dem korrespondiert eine enorm hohe absolute Zahl von vergebenen Auszeichnungen. So wurde das „Kollektiv der sozialistischen Arbeit" zwischen 1960 und 1988 durchschnittlich 123.000 Mal pro Jahr vergeben, die Aktivistenauszeichnung mehr als 230.000 Mal. Diese mit Prämien verbundenen Auszeichnungen figurierten quasi als Lohnzuschuss, der allerdings nicht im Sinnhorizont ökonomischen Handelns gewährt wurde. Vielmehr handelt es sich um die Implementation von politisch-moralischen Kriterien, die kaum nachvollziehbar mit Leistungskriterien vermengt wurden.

Diese sehr häufig vergebenen und zudem inflationär gesteigerten Auszeichnungen machen den als „lächerlich" charakterisierten Teil des Auszeichnungswesens aus. Davon muss man jene – meist politiknahen – Auszeichnungen unterscheiden, die zwar auch erhebliche Steigerungsraten, aber keine kontinuierliche, sondern eine zyklische Steigerung aufweisen. Der wichtigste Taktgeber für derartige Zyklen waren die „Jahrestage der Republik"[1]. Zu diesen „Zyklikern" gehört z.B. der Karl-Marx-Orden, der zwar im Durchschnitt nur 46 mal pro Jahr (1960 bis 1988) verliehen wurde, aber zum

---

1 In Abb. 2 an den heftigen Ausschlägen ablesbar.

Kleine Alchemie der Karriere 223

letzten Republikjubiläum allein 513 mal. Die Steigerung erfolgt von Jubiläum zu Jubiläum. Schließlich bleiben – meist eher politikferne – Auszeichnungen, die weder hohe Verleihungszahlen noch inflationäre Steigerungen aufweisen. So wurde z.B. der Nationalpreis erster Klasse für Wissenschaft und Technik im Durchschnitt 2,4 mal pro Jahr verliehen, mit einer Schwankungsbreite zwischen 0 und 7 jährlichen Verleihungen. Es sind diese Auszeichnungen, überwiegend aus den Bereichen Wissenschaft und Kultur, die für die Dignität des Verleihers stehen und meist auch in ihrer Ahnenreihe prominente Träger verzeichnen können, die nicht im Verdacht stehen, für politisches Wohlverhalten geehrt worden zu sein. Die Annahme der Ehrung bedeutet schließlich immer auch, den Ehrenden als ehrenwert zu akzeptieren. Das ist angesichts der heiklen Balance der DDR-Orden zwischen einer Stigmatisierung des Geehrten als Opportunisten und einer akzeptablen Würdigung der geehrten Person im Lichte fachlicher oder humanistischer Ideale durchaus problematisch. In Interviews mit Trägern hoher Auszeichnungen wurde deutlich, dass die Genealogie der Geehrten äußerst wichtig für die Valenz der Auszeichnung ist. Der Nationalpreis etwa wird in dieser Perspektive durch Preisträger wie Thomas Mann oder Bertolt Brecht zu einer politik- und systemübergreifenden Ehrung.

5. Symbolisches Kapital wörtlich genommen

Um als symbolisches Kapital figurieren zu können, mussten die Ehrungen einerseits akkumuliert werden, andererseits mussten die einzelnen Auszeichnungen offenbar einen bestimmten Wert erreichen. Um den Orden und Auszeichnungen irgendeinen bezifferbaren Wert zuzuweisen, haben wir ein kleines Sample von Experten (ehemalige SED-Funktionäre) um eine Einordnung auf einer Punkteskala gebeten. Obwohl die Bewertergruppe relativ homogen zusammengesetzt war, ergaben sich dennoch erhebliche Bewertungsunterschiede und zwar weniger bei den hochrangigen Orden, sondern mehr im Mittelfeld und bei nachrangigen Orden. Das ist auf zwei Effekte zurückzuführen. Zum einen auf jenen Umstand, auf den Simmel (1890: 107) schon hingewiesen hatte: Mit der Ausdifferenzierung sozialer Kreise entstehen auch unterschiedliche Konzepte von Ehre: Die Ehre des Offiziers ist eben nicht die des Kaufmanns. Diese Ausdifferenzierung schlägt auch hier durch. Zweitens besteht die Ordensflut der DDR zu erheblichen Teilen aus bereichsspezifischen Auszeichnungen, deren Bedeutung von Außenstehenden schwer eingeschätzt werden kann. Daher wurde zusätzlich ein phaleristisches Gutachten eingeholt, in dem das Material aufgrund von Vergabehäufigkeiten, Prämien, Trageordnungen und anderen Vergleichsaspekten endgültig sortiert und mit Wertigkeitspunkten versehen wurde (Punktzahlen von 1 bis 500).

Zwischen den inflationären (im Sinne eines symbolischen Kapitals: wertlosen) Auszeichnungen und den „wertvollen", durch sparsame Vergabe vor Inflation geschützten Auszeichnungen lässt sich deutlich unterscheiden. Die folgende Graphik zeigt auf der Grundlage der ZKDS-Daten die Vergabehäufigkeit und die nach obigem Verfahren ermittelten Wertigkeiten der Orden.

Versucht man nun die rund 350.000 Personen, für die im Zentralen Kaderdatenspeicher Orden verzeichnet sind, nach ihren im Berufsleben erworbenen Auszeichnungen zu gruppieren, dann ergeben sich drei deutlich getrennte Gruppen: ca. 80% der Personen erreichen bis zu 200 Punkte (überwiegend mit 1 oder 2 Auszeichnungen), ca. 18% erreichen Werte zwischen 200 und 600 Punkten und eine kleine Gruppe von knapp 2% erreicht Werte über 600 Punkte, ganz überwiegend mit 9 oder 10 eingetragenen Auszeichnungen.

Abb. 4: Häufigkeit und Wertigkeit der 640 Orden im Kaderdtenspeicher

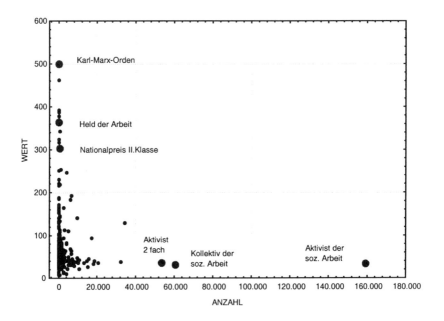

Quelle: ZKDS

Eine einzige hohe Auszeichnung etwa als „Held der Arbeit" ist natürlich ein beträchtliches Sozialkapital. Allein, für den kontinuierlichen Aufstieg reicht das nicht aus. Das Prinzip besteht vielmehr in einer beständigen Akkumulation von Auszeichnungen. Der Weg nach oben führt über ein beständiges Sammeln von „wertvollen" Auszeichnungen.

Kleine Alchemie der Karriere 225

6. Ehre und Karriere

In einer Planwirtschaft werden natürlich auch Karrieren geplant. Und zwar vom Anspruch her als Passung von formaler und persönlicher Qualifikation auf der einen und Anforderungen des Wirtschaftssystems auf der anderen Seite. Die DDR hatte dazu eine immer umfangreichere Kaderplanung ausgebildet, die eine langfristige Vorbereitung und Auswahl von geeignetem Personal für die Besetzung von Führungspositionen sicherstellen sollte.

Wie macht man nun Karriere im Sozialismus? Die Anforderung an Führungskader bestand im Grunde aus zwei Elementen: Das eine ist die in Deutschland typischerweise zertifizierte Qualifikation in Form von Berufs- und Bildungsabschlüssen, das andere Element besteht aus politischer Loyalität, einschließlich der dem sozialistischen Menschen eigenen vorbildlichen privaten Lebensführung. Ein sozialistischer Kader hatte beide Anforderungen zu erfüllen.

Soweit die Theorie. Wirft man einen Blick in die größte Arbeitskräfteregistratur der DDR[2], dann stellt man sehr schnell fest, dass von der planerischen Idealvorstellung wenig realisiert wurde. Nach den Angaben im GAV waren gut 27% der Beschäftigten nicht ausbildungsadäquat eingesetzt, weitere 10% lediglich in artverwandten Berufen tätig. Betrachtet man diejenigen, die eine Hochschulzugangsberechtigung erworben hatten, sieht das Bild noch düsterer aus: ca. 30% dieser Personengruppe war nicht ausbildungsadäquat beschäftigt. Bildungszertifikate waren zwar der wesentliche Mechanismus zur Positionierung in der sozialistischen Dienstklasse und auch der wesentliche Garant der Privilegienvererbung (vgl. Solga 1995: 190), aber sie waren keineswegs eine hinreichende Bedingung für eine berufliche Karriere im Sozialismus.

Etwas schwieriger zu beurteilen ist die zweite Anforderung: politische Loyalität. Nimmt man als Anhaltspunkt einmal den Anteil der Parteilosen am Führungspersonal, dann zeigt sich, dass ein Parteibuch für den Weg nach oben nahezu unabdingbar war, insbesondere in den machtnahen Verwaltungsapparaten. Eine Ausnahme bildet das Gesundheitswesen, dass bis zum Schluss der politischen Kontrolle eine starke Professionskultur entgegensetzen konnte.

Allerdings gilt wie für die Bildung, dass sich mit einem Parteibuch allein keine Karriere machen lässt und auch die Kombination von Parteibuch und Ausbildung immer noch auf ein Feld von Mitbewerbern stößt, dass weit größer ist als die Zahl der zu besetzenden Positionen.

---

2 GAV: Datenspeicher „Gesellschaftliches Arbeitsvermögen" mit etwa 7 Millionen erfassten Werktätigen

Tabelle 1: Anteil der Parteilosen am Führungspersonal in Prozent

Hierarchieposition	Minist., zentrale. Verw.	Räte der Bezirke	Aussen- handels- betriebe	Kombinate & Betriebe	Hoch- schulen	Gesund- heitswesen
Meister, Gruppenleiter	36,5	17,8	54,6	49,5	41,8	79,2
Abteilungsleiter	5,2	7,0	18,1	31,4	17,3	74,3
Mittleres Management	0,7	2,4	7,0	17,1	7,3	59,2
Oberste Leitungsebene	0	0,8	0,8	2,8	9,4	30,1

Quelle: ZKDS 2002, eigene Berechnungen

An dieser Stelle kommen die von Bourdieu (1982) beschriebenen „feinen Unterschiede" ins Spiel. Auszeichnungen dokumentieren in der Karrierelogik der DDR sowohl fachliche Qualifikation als auch politische Loyalität und Engagement. Sie wirken sowohl als symbolische Vorbereitung des nachfolgenden Karrieresprungs als auch als Bestätigung der beruflichen Position. Gerade mittlere und hohe Positionen wurden sehr lange beibehalten. Die regelmäßigen Auszeichnungen scheinen hier eine nachträgliche Bestätigung der Amtsführung gewesen zu sein. Auszeichnungen begleiten also eine Karriere wie ein beständiges Beurteilungsverfahren. Ihren besonderen Wert beziehen die Orden dabei aus der Tatsache, dass sie nicht wie die üblichen beruflichen Angelegenheiten auf der Ebene der Einzelleitung abgehandelt werden. Vielmehr ist für die Verleihung eine breitere Basis notwendig. Das setzt funktionierende Netzwerke voraus und eine Art Konsens in den relevanten Gremien.

Die Akkumulation von symbolischen Kapital folgt sehr klar den beruflichen Hierarchien, im Machtzentrum wird damit sogar die unterschiedliche Ressourcenausstattung der Akteure sichtbar, die über Parteizugehörigkeit, Bildung, Alter etc. nicht erkennbar ist. Der starke Anstieg des symbolischen Kapitals mit der Positionshöhe entspricht dem andernorts beschriebenen Phänomen einer sprunghaft ansteigenden politischen Einbindung ab einer bestimmten Positionshöhe (Hornbostel 1999).

Tabelle 2: Mittlere Ordenspunktwerte nach Position und Sektor

Hierarchieposition	Ministerien & zentrale Verw.	Räte der Bezirke	Hochschule & Akadem.	Außen- handel	Kombinate & Betriebe	Gesundheit & Soziales
Oberste Leitungsebene	817	589	268	259	240	180
Mittleres Management	516	275	219	177	138	111
Abteilungsleiter	272	235	173	135	103	80
Meister, Gruppenleiter	104	155	123	169	68	51

Quelle: ZKDS, eigene Berechnungen

Auffällig sind die enormen Unterschiede zwischen den Sektoren. Der Führungsebene der Wirtschaft gelingt es nicht einmal, die durchschnittlichen Punktwerte der Abteilungsleiterebene der zentralen staatlichen Verwaltung zu erreichen. Besonders auffällig ist diese „symbolische Desintegration" für den medizinischen Bereich. Es ist genau jener Bereich, der sich am stärksten und dauerhaftesten einer politischen Einvernahme widersetzen konnte, weil einerseits an eine entwickelte Professionsethik angeschlossen war und die Leistungen dieses Bereiches nicht substituierbar waren, so dass funktionale Gesichtspunkte gegenüber politisch-ideologischen prioritär behandelt wurden.

Beide Indikatoren (Parteizugehörigkeit und Auszeichnungen) deuten darauf hin, dass nur die politiknahen gesellschaftlichen Sektoren politisches Commitment bis in die mittlere Führungsebene durchsetzten. In allen anderen Bereichen ist lediglich die Spitze in dieser Weise integriert.

Die hochdekorierten Personen verfügen – ganz wie nach dem Bourdieuschen Modell zu erwarten – in der Regel auch über ein deutlich höheres kulturelles Kapital (Bildungsabschluss) und sie sind in extrem hohem Maße über Parteizugehörigkeit in die Politik integriert (vgl. Tabelle 2).

Für eine Karriere bedurfte es also, um mit Bourdieu zu sprechen nicht nur einer Akkumulation von Kapitalien, sondern auch ihrer Transformation in ein anerkanntes legitimes Kapital, dass selbst wiederum der Akkumulationslogik gehorcht.

Auf der Ebene symbolischen Kapitals lassen sich deutliche Desintegrationen (vertikal und horizontal) feststellen, die positiv formuliert als Politikferne oder als Option auf die Pflege subsystemarer Eigenrationalitäten interpretiert werden können.

Betrachtet man abschließend die soziale Herkunft der Geehrten und die Parteizugehörigkeit (vgl. Tabelle 3), dann lässt sich unschwer der Elitenwechsel in der DDR erkennen. In der Generation der 1930 und früher Geborenen überwiegt bei den Ordensträgern ganz deutlich die Herkunft aus der Arbeiterklasse, während die alte bürgerliche Intelligenz von diesem Kapital fast vollständig ausgeschlossen ist. In der jüngsten Generation hat sich dies deutlich verändert. Der kräftig gestiegene Anteil der Intelligenzherkunft markiert nicht nur die stärkere Integration der „alten Intelligenz", sondern auch den beginnenden Selbstrekrutierungsprozess aus der „neuen sozialistischen Intelligenz".

Tabelle 3: Ordensträger nach Herkunft und Parteizugehörigkeit

Geburtskohorte	Soz. Herkunft	Akkumulierte Ordenspunktwerte		
		200-400 Pkt.	400-600 Pkt	Über 600 Pkt
Soziale Herkunft				
Vor 1931	Arbeiter	70,1%	70,3%	69,5%
	Intelligenz	2,8%	2,8%	4,5%
1931-1939	Arbeiter	66,7%	67,3%	65,2%
	Intelligenz	3,9%	3,9%	5,0%
Nach 1939	Arbeiter	54,4%	55,2%	57,2%
	Intelligenz	12,5%	12,5%	10,5%
Anteil der SED Mitglieder				
Vor 1931		84,9%	91,0%	93,9%
1931-1939		85,4%	93,1%	95,6%
Nach 1939		81,0%	89,9%	91,7%

Quelle: ZKDS, eigene Berechnungen

Die starke Konzentration symbolischen Kapitals im politischen Machtzentrum scheint der DDR allerdings selbst zum Problem geworden zu sein. Jedenfalls deutet der leicht sinkende Anteil der Parteimitglieder unter den hochausgezeichneten Personen darauf hin, dass man sich bemühte, die spezifische Integrationskraft der Ehre vorsichtig von der politischen Integration durch Parteibindung zu entkoppeln.

Richtig selektiert und akkumuliert ließ sich also der Blechsegen, den die DDR verteilte, durchaus vergolden und zu einem Kapital entwickeln, das sich in das Erreichen und Befestigen einer privilegierten Position im sozialen Raum der DDR reinvestieren ließ.

Literatur

Boecker, A., 2002: Die Kunst, Ehre ausgewogen zu verteilen. Süddeutsche Zeitung 9.9.2002, 208: 10.
Bourdieu, P., 1983: Ökonomisches Kapital, kulturelles Kapital, soziales Kapital. S. 184-198 in: Kreckel, R. (Hrsg.), Soziale Ungleichheiten. Soziale Welt, Sonderband 2, Göttingen: Schwartz.
Bourdieu, P., 1985: Sozialer Raum und Klassen, Frankfurt a.M. Suhrkamp.
Bourdieu, P., 1987: Sozialer Sinn S. 209, Frankfurt a.M.: Suhrkamp.
Eppelmann, R./Möller, H./Nooke, G., 1996 (Hrsg.): Lexikon des DDR Sozialismus, Paderborn: Schöningh.
Hornbostel, S., 1999: Die besten Vertreter der Arbeiterklasse. Kaderpolitik und gesellschaftliche Differenzierungsmuster im Spiegel des zentralen Kaderdatenspeichers des Ministerrates der DDR. S.77-210 in: Hornbostel, S. (Hrsg.): Sozialistische Eliten, Opladen: Leske + Budrich.
Best, H./Gebauer, R., 2002 (Hrsg.): (Dys)funktionale Differenzierung. SFB 580 – Mitteilungen 3: 33-39.
Posener, A., 2002: Keine Angst vor Helden. Die Welt, 8.3.2002.
Solga, H., 1995: Auf dem Weg in die klassenlose Gesellschaft? Berlin: Akademie.
Tautz, G., 1983: Orden und Medaillen. Staatliche Auszeichnungen der Deutschen Demokratischen Republik, Leipzig: Bibliographisches Institut.
Vogt, L., 1997: Zur Logik der Ehre in der Gegenwartsgesellschaft, Frankfurt a.M.: Suhrkamp.
Zimmermann, H., 1994: Überlegungen zur Geschichte der Kader und der Kaderpolitik in der SBZ/DDR. In: Kaelble, H./Kocka, J./Zwahr, H. (Hrsg.), Sozialgeschichte der DDR, Stuttgart: Klett-Cotta.

IV. Karrierepolitik als Professionspolitik

Erika M. Hoerning

Karrierepolitik: Professionelle Frauen
Zur sozialen Konstruktion symbolischer Ordnung[1]

1. Frauen als Arbeitsmarkt-, Bildungs- und Kaderreserve

Die hohe Frauenerwerbsquote, die kontinuierliche weibliche Erwerbstätigkeit und die entwickelte Erwerbsneigung der DDR-Frauen waren „Strukturmerkmale des Beschäftigungssystems der DDR-Gesellschaft" (Sørensen/ Trappe 1995; Trappe 1995). „Dass in der DDR seit den siebziger Jahren jeweils rund die Hälfte aller Abiturienten, die Hälfte der Studenten und Beschäftigten weiblich war, galt der SED als Nachweis vollzogener Gleichstellung." (Helwig 1995: 1248) In den 1980er Jahren waren die Frauen in den unteren Hierarchieebenen der akademischen Massenberufe bemerkenswert vertreten. „70 Prozent aller Lehrer (mehr als 95 Prozent aller Erzieher, mehr als 90 Prozent aller Grundstufenlehrer), ca. 50 Prozent aller Ärzte, 57 Prozent aller Zahnärzte und sogar 68 Prozent aller Apotheker und schließlich 54 Prozent aller Richter (waren) Frauen" (Meyer 1986: 296). Von der Stunde Null bis zum Zusammenbruch hatte die DDR auf dem Sektor Frauenpolitik – so scheint es auf den ersten Blick – Außergewöhnliches geleistet.

Auf den zweiten Blick zeigt sich, dass die Verstetigung der geschlechtsspezifischen Berufswahl, der vergleichsweise schleppende Zugang von Frauen in Männerberufe und die Einkommensunterschiede zwischen Frauen und Männern auf allen Beschäftigungsebenen trotz hoher Frauenqualifikations- und Beschäftigungsquote erhalten geblieben waren. Wenn wir dann den Frauenanteil *innerhalb* der einzelnen Berufshierarchien betrachten, treffen wir auf ein altes Phänomen, nämlich Frauen durch *Segregation* und durch *Marginalisierung* in die Erwerbsarbeit zu integrieren. Herbeigeführt wurde dies durch die Frauenpolitik der DDR, die die Frauen „vorrangig nach der Familiensituation und weniger nach den beruflichen Leistungen" beurteilt (Frauenreport '90: 96). Oder wie es Herta Kuhrig (1989: 1139f) zusammenfasst: „Es wurde mehr Politik für die Frau als Mutter gemacht als Politik ge-

---

1 Dieser Beitrag ist die stark überarbeitete Fassung eines Vortrages, der auf dem 30. Kongress der Deutschen Gesellschaft für Soziologie: ‚Gute Gesellschaft'. Köln: 26.-29.09.2000, Sektion Biographieforschung, gehalten wurde. Bei der Rosa-Luxemburg-Stiftung (Hg.) (2002): Vollendete Wende? Geschlechterarrangements in Prozessen des sozialen Wandels. Reihe „Manuskripte", 26 ist dieser Beitrag unter dem Titel: „Frauen in den Zentren der Macht. Zur sozialen Konstruktion symbolischer Ordnung" erschienen.

meinsam mit den Frauen für die Emanzipation ihres Geschlechts. (...) Frauenpolitik wurde mehr und mehr zur Bevölkerungspolitik. (...) Erfolge der Frauenpolitik wurden gemessen an Geburtenzahlen, nicht (...) an (...) sozialen Erscheinungen, die über den Stand der Emanzipationsprozesse des weiblichen Geschlechts Aufschluß geben (...)". Die Frauenfrage in diesem Sinne war ein Nebenwiderspruch.

Strukturpolitisch waren die DDR-Frauen der 1950er Jahre die *Arbeitsmarktreserve* (vgl. Budde 1997: 185ff). Bis Ende der 1940er Jahre wurden die Frauen – nachdem sie während des Zweiten Weltkrieges häufig als Statthalterinnen die Positionen der Männer wahrgenommen hatten – in die zweite Reihe verwiesen. Selbst die Frauenfördermaßnahmen der sowjetischen Besatzer blieben vollmundige Versprechen. Die Stunde der Frauen der 1950er Jahre erschöpfte sich in „Frauen in Blaumännern, auf Traktoren und hinter Fließbändern" (Budde 1997: 188), die Stunde oder die Zeit der Akademikerinnen war sie nicht. Die wenigen Frauen, die es in Spitzenpositionen schafften, wurden von Zeit zu Zeit als ‚Paradefrauen' bzw. als einsame Pionierinnen vorgestellt, sozusagen die Ausnahme von der Regel. Auch waren häufig die Frauen, die höchste Positionen erreicht hatten, nicht in jedem Fall Vorbilder[2]. Festgeschrieben wurde in der DDR in den 1950er Jahren das Idealbild der erwerbstätigen Frau.

Am Ende der 1950er Jahre, aber auch in den 1960er bis Mitte der 1970er Jahre wurden die Frauen die *Bildungsreserve* der DDR. Während die Frauen in den 1950er Jahren Kriegsausfälle und Abwanderungen kompensierten, setzte in den 1960er Jahren „der wirkliche Take-Off der Frauenförderung" (Budde 1997: 191; vgl. auch Hildebrandt 2000; Steiner 2000) in der DDR ein, ausgelöst durch das 1961 verbreitete Kommuniqué „Die Frau – der Frieden und der Sozialismus", eine Initiative von Lotte Ulbricht. Die Frauenförderpläne wurden beschlossen und eingeführt. 1963 wurde das Frauensonderstudium und das Fernstudium eingerichtet, Stipendien für studierende Mütter wurden aufgestockt und Krippen- und Kindergartenplätze wurden kostenlos vergeben. Die Arbeitsorganisationen wurden rechenschaftspflichtig in Sachen Frauenförderung.

Mit der *Berufslenkung* sollten dann auch die alten Zöpfe der frauenspezifischen Ausbildungs- und Arbeitsplätze abgeschnitten werden, vor allem

---

2 Dass dieser Gedanke nicht abwegig ist, dokumentieren die Biographien über Hilde Benjamin (1902 bis 1989), die als bürgerlich kommunistische antifaschistische Kämpferin ihre Karriere als Oberstaatsanwältin und Kaderleiterin von 1945 bis 1949 begann, als gnadenlose Richterin von 1949 bis 1953 wirkte, mit harter Hand von 1953 bis 1967 das Justizministerium führte, bis 1967 maßgeblich am neuen Familien- und Frauenrecht der DDR beteiligt war und 1967 als Ministerin entlassen wurde. „Kaltgestellt mit Ordensblech und Ehrentitel" arbeitete sie bis zu ihrem Tod an der Akademie für Staatswissenschaften und Rechtswissenschaften (vgl. Brentzel 1997; Feth 1997). Die Akademie war eine Institution des Ministerrates der DDR für die Aus- und Weiterbildung für leitende Mitarbeiter des zentralen und regionalen Staatsapparats, der Justiz und des Auswärtigen Dienstes. Die Akademie galt als die fünfte juristische Fakultät neben den Universitäten Halle, Jena, Leipzig und Berlin (vgl. Ludz unter Mitarbeit von Kuppe 1979, 35/36).

Karrierepolitik: Professionelle Frauen 233

sollten Frauen in den 1960er Jahren die wissenschaftlich-technische Revolution unterstützen. Dieser politische Wunsch hatte keine Breitenwirkung. Lediglich wurden der Lehrer-, der Arzt- und der Richterberuf feminisiert, nicht jedoch die traditionellen naturwissenschaftlichen Berufe.

Gleichzeitig kam es zu einer *Diversifizierung* der wissenschaftlichen Arbeit. Die wissenschaftliche Arbeit geriet in den Zeitrhythmus der Industriearbeit, das heißt, Anfang und Ende waren vorgegeben, die Verantwortung wurde auf mehrere Gruppenmitglieder verteilt, Publikationsdruck bestand nicht. Dadurch wurden die wissenschaftlichen Standards und die Exklusivität porös (vgl. Budde 1997: 199f). Die verschiedenen akademischen Berufsebenen, in denen zahlreiche hochqualifizierte Frauen zu finden waren, waren hocharbeitsteilig und hierarchisch organisiert, was den Effekt hatte, dass die wissenschaftliche Arbeit entindividualisiert und entautonomisiert wurde. In dieser Pyramide waren die Frauen häufiger als die Männer die wissenschaftlichen ‚Sachbearbeiterinnen'. Die *diversifizierten Berufsebenen* wurden entweder aufgrund bestehender Traditionen (wie in der Medizinerprofession) übernommen oder neu geschaffen. Deshalb können wir nicht von *Deprofessionalisierung* reden, sondern es handelt sich um *Professionsdiversifizierung*, die die Erwerbsarbeit der Frauen begünstigte, aber auch gleichzeitig in Sackgassen führte.

Verspätet wurden die qualifizierten Frauen in den 1980er Jahren langsam aber stetig zur *Kaderreserve*. Der verspätete und (häufig selbst) beschränkte Zugang der Frauen in die Leitungsebenen akademischer Berufsfelder war immer nur – wie wir oben gesehen haben – ein partieller Zugang bzw. eine Integration auf den unteren Ebenen. Dazu kam die reale alleinige Verantwortung für die Vereinbarkeit von Beruf und Familie, entgegen dem Familiengesetzbuch der DDR 1965. Die politische Konstruktion der Vereinbarkeit von Beruf und Familie verhinderte weitgehend Spitzenkarrieren und dadurch auch den Elitenwechsel in den Professionen. Die Schattenseiten der staatlich verordneten Frauenpolitik wurden von den Frauen nicht politisiert (vgl. Budde 1997: 207). Auch hatte die weibliche Intelligenz kein Interessenvertretungsorgan und keine Lobby im „Demokratischen Frauenbund Deutschlands", dort zogen die Arbeiterinnen und Bäuerinnen an ihnen vorbei.

Wie aber gelang es nun wenigen Frauen in die Vorzimmer der Macht zu kommen? Um als Wissenschaftlerin oder Professionelle in Ämter der Politikberatung zu kommen oder ein Kombinat zu leiten, musste ‚frau' zur Kaderreserve gehören. Um Kaderreserve in der DDR zu werden, genügte es nicht, sich im Bildungs- und Beschäftigungssystem zu qualifizieren und/oder in einer regierungsnahen Institution zu arbeiten und sich dort durch hervorragende berufliche Leistungen bemerkbar zu machen, sondern das Feld der gesellschaftlichen Arbeit musste mindestens ebenso engagiert bestellt werden. In der Kaderakte wurden die Leistungen im Bildungs-, Berufs- und politischen Verlauf, die soziale Herkunft und die politischen Leistungen der übrigen Familienmitglieder von den politisch beauftragten/ernannten Gralshütern (das waren Lehrer, Ausbilder, Pionier- und FDJ- Leiter und Vorgesetzte) festgehalten, deren Auswertung schon sehr früh über den Zugang zu Bildungs- und Berufskarrieren, aber auch über den Zugang zu Positionen in der administrativen und operativen Dienstklasse (vgl. Solga 1994) entschieden. Lassen wir die Parteielite als herrschende Klasse (die Sekretäre, Mitglieder und Kandidaten des Zentralkomitees, Mitglieder und Kandidaten des Politbüros, die Leiter der Abteilungen des Zentralkomitees, die ersten Sekretäre der SED-Bezirksleitungen, sowie die Mitglieder der obersten Führungsgremien der parteiabhängigen Organisationen) hier einmal außer acht, denn die Berufungen in diese Positionen folgten einem besonderen Prinzip, dem der höfischen Bestellung. Der Parteielite standen die *administrative* und die *operative Dienstklasse* im staatssozialistischen Planungssystem zur Seite.

Zur *administrativen Dienstklasse* gehörte der Nomenklaturkader der Volkskammer, des Staatsrats, des Ministerrats, der staatlichen Plankommission, der Kombinatsleitungen, des Militärs[3], der oberen Führungsgremien der Partei und der Massenorganisationen, der Führungsebene der wissenschaftlichen Institute der SED und der Akademie der Wissenschaft. Der Nomenklaturkader der administrativen Dienstklasse hatte in seiner Funktion als Leitungskader die Aufgabe des Nachbeschließens und der Durchsetzung der Parteibeschlüsse. Sie waren wissenschaftlich ausgebildete Experten, zumindest seit den 1960er Jahren.

Der administrativen folgte die *operative Dienstklasse*, der alle mittleren Führungskader und die Angestellten angehörten, die hochqualifizierte Tätigkeiten (Expertenwissen, Professionalität) im Auftrag und per Delegation von Verantwortung ausübten. Die Mitglieder der operativen Dienstklasse waren wissenschaftlich ausgebildete Spezialisten ohne Leitungsbefugnisse, die die Entscheidungen vorbereiteten.

Wie nun aber sah die Lebenspraxis der professionellen Frauen aus, die zwar nicht zur sozialistischen Führungselite gehörten, aber sehr eng, bewusst und selbst gewählt im Sinne der herrschenden Parteipolitik in der administrativen Dienstklasse arbeiteten. Um das nachvollziehen zu können, möchte ich Ausschnitte aus den Bildungs- und Arbeitsbiographien einer Professorin für

---

3 „Zu ergänzen ist noch, dass Frauen rechtlich bzw. faktisch vom Aufstieg in so herrschaftsrelevante Apparate wie Armee, Staatssicherheitsdienst und Polizei ausgeschlossen sind. ... Auch ein relativ hoher weiblicher Anteil an leitenden Kadern in bestimmten Tätigkeitsbereichen führt nicht zur ‚Übernahme' als höherrangiger Parteifunktionär, wirkt sich also nicht im Sinne eines ‚spill-over' aus, d.h. es gibt faktisch keine Konvergenz oder gar Kongruenz zwischen beruflichem Aufstieg und damit verbundenen Qualifikationserwerb einerseits und entsprechender Berücksichtigung bei der Rekrutierung in die höheren und höchsten Positionen der Machtelite andererseits. ... Insgesamt führen diese Mechanismen auch dazu, daß Frauen in politischen Leitungspositionen, in den Ausschüssen der Volksvertretungen oder in Massenorganisationen oder auch insgesamt in der öffentlichen Diskussion, vor allem für bestimmte Bereiche ‚zuständig' sind – insbesondere für die Themen Frauen, Jugend, Soziales, Gesundheit, Bildung/Erziehung" (Meyer 1986: 296f).

Karrierepolitik: Professionelle Frauen 235

Soziologie an der Akademie der Wissenschaften der DDR und der Generaldirektorin eines Kombinats[4] vorstellen.

2. Die soziale Konstruktion der symbolischen Ordnung

Die Frauen waren einem Ruf gefolgt, der mehr als Professionalität forderte, nämlich, der Professionalität übergeordnet, die Loyalität mit der politischen Führung und ihren Beschlüssen. Es war ihre Aufgabe, auf den ihnen zugewiesenen Plätzen an der sozialen Konstruktion der symbolischen Ordnung mitzuarbeiten, sie zu verbreiten und auch durchzusetzen.

In diesem Sinne wird der Begriff ‚symbolische Ordnung' für die politische Ordnung der DDR- Gesellschaft verwendet. Es ist die politische Ordnung, die offiziell diskutiert und dokumentiert wurde. Die Aufgaben und Erwartungen in den Arbeitsprozessen sind definiert, werden kontrolliert, gelobt oder kritisiert, und die Evaluierungsprozesse durch die politischen Machthaber entscheiden über den weiteren Verlauf der beruflichen Karriere. Zu unterschiedlichen historischen Zeiten haben sich die ausgewählten Frauen als Mitglieder der *administrativen* Dienstklasse darauf verpflichtet. Auf der Arbeitsebene bedeutet das, dass sie mit ihren Arbeitsprodukten die politische Ordnung unterstützen und sie damit auch rekonstruieren und immer dann, wenn es um Konstruktionsprozesse gehen könnte, stoßen sie an die Grenzen ihrer Handlungsmöglichkeiten.

Da ist zunächst die Professorin für Soziologie, Leiterin des Bereichs Sozialpolitik an der Akademie der Wissenschaften, Jahrgang 1930. 1989 ist sie die Vorsitzende des wissenschaftlichen Rates[5] „Die Frau in der sozialistischen Gesellschaft" und Mitglied der administrativen Dienstklasse. Mit ihrer Forschungsgruppe an der Akademie der Wissenschaften erarbeitet sie Vorlagen, Expertisen, wissenschaftliche Studien zur Vorbereitung der Planung und Durchsetzung frauenpolitischer Maßnahmen. Als verschiedene Mitarbeiterinnen und Mitarbeiter der ZEIT 1986 die DDR zum zweiten Mal bereisen (vgl. Dönhoff/Leonhardt/Sommer 1964; Sommer 1986), treffen sie die Professorin:

---

4   Die empirische Basis bilden themenorientierte biographische Expertinnengespräche aus einer Longitudinalstudie über die ‚Intelligenz' der DDR, die jährlich zwischen 1991 und 1994 durchgeführt wurden.
5   Wissenschaftliche Räte waren forschungsleitend und -koordinierend. In den Gremien der wissenschaftlichen Räte wurde diskutiert und die Wissenschaftsorganisation festgelegt. Neben dem wissenschaftlichen Rat für naturwissenschaftliche Forschung gab es den wissenschaftlichen Rat für die gesellschaftswissenschaftliche Forschung. Die Gründung geht auf den Politbürobeschluß vom Oktober 1968 über die Entwicklung der Gesellschaftswissenschaft in der DDR zurück. Die wissenschaftlichen Räte waren für Ausgestaltung, Organisation und Koordinierung des ‚Zentralen Forschungsplans' verantwortlich. Die Räte wurden Organisationen zugeordnet, und in diesem Konzept nimmt die Akademie der Wissenschaften eine herausragende Stellung ein (vgl. Zimmermann et al. 1985: 1522ff).

„Für die Frau, die wir zum Thema ‚Frauen in der DDR' trafen, blieb uns kaum Zeit. Eine Stunde zwischen zwei anderen Terminen. Im Galopp mußte Frau Professor ... ihr Programm absolvieren. Immerhin ist sie eine der Oberfrauen des Landes. Die Frauen sind ihr Beruf. ... (E)ine Frau, geübt im Umgang mit Männern, die Frauenfragen eher belächeln" (Menge 1986: 183f).

Die zweite Frau, Jahrgang 1942, ist Generaldirektorin eines Kombinats mit 8.500 Beschäftigten. 1989 gab es 162 Kombinate in der DDR, zwei Kombinate wurden von Frauen geleitet. Die Generaldirektorin Brunhild Jäger leitete das VEB Fotochemische Kombinat, Wolfen, die Generaldirektorin Christa Bertag, die hier befragt wurde, leitete das VEB Kosmetik Kombinat, Berlin.

Tab. 1: Kombinate in der DDR 1989

Ministerium für...	Anzahl der Kombinate	Generaldirektorinnen
allgemeinen Maschinen-, Landmaschinen- und Fahrzeugbau	9	0
Bauwesen	21	0
Lebensmittelindustrie	19	0
Chemische Industrie	15	2
Elektrotechnik/Elektronik	16	0
Erzbergbau, Metallurgie, Kali	8	0
Geologie	3	0
Glas- und Keramikindustrie	8	0
Handel & Versorgung	1	0
Kohle und Energie	23	0
Land-, Forst- und Nahrungsgüterwirtschaft	13	0
Leichtindustrie 1	4	0
Materialwirtschaft	2	0
Schwermaschinen- und Anlagenbau	13	0
Umweltschutz und Wasserwirtschaft	1	0
Werkzeug-, Verarbeitungs- und Maschinenbau	6	0
insgesamt	**162**	**2**

Quelle: Herbst/Ranke/Winkler 1994, 478-511.

Die Generaldirektorin ist diplomierte Chemikerin und Absolventin eines dreijährigen gesellschaftswissenschaftlichen Studiums an der Parteihochschule.

Gemeinsam ist den Frauen, dass sie verheiratet sind. Die Professorin mit einem Aufbauer der 1950er Jahre, Jahrgang 1929, der von 1973 bis 1982 Minister war, dann aber entlassen und zum Vizepräsidenten der Deutsch-Sowjetischen Freundschaft wurde. Die Generaldirektorin hat ihren gleichaltrigen Mann in der Arbeiter-und-Bauern-Fakultät (ABF[6]) kennen gelernt, und von da an gehen sie

---

6 Die Arbeiter-und-Bauern-Fakultäten (ABF) waren Studieneinrichtungen zur Erlangung der Hochschulreife an den Universitäten der DDR und gingen aus den Vorstudienanstalten am 1. Oktober 1949 hervor. Sie waren nach gesellschaftswissenschaftlichen, mathematisch-naturwissenschaftlichen und medizinisch-landwirtschaftlichen Einrichtungen gegliedert. Von einer Auswahlkommission, die unter der Leitung des FDGB stand, wurden Arbeiter- und Bauernkinder in einem dreijährigen Studium für den Übergang in die Hochschu-

Karrierepolitik: Professionelle Frauen

gemeinsam nach Leuna ins praktische Jahr, zum Studium nach Merseburg und in die Ehe. Am Ende der DDR hat der Ehemann einen hohen ministerialen Rang in der administrativen Dienstklasse erreicht, und diese Karriere endet 1989. Beide Frauen haben Kinder, sie sind auch Großmütter, und sie sind in erster Ehe verheiratet. Zu Beginn des 20. Lebensjahres treten beide Frauen als überzeugte Mitstreiterinnen in die Partei ein. Beide haben die ‚richtige' soziale Herkunft: das kommunistische Arbeitermilieu und die großen Vorbilder sind die Großeltern und deren Überleben im Nationalsozialismus.

Die Professorin, Jahrgang 1930, gehört zu den ‚jungen Aufbauerinnen', die enthusiastisch die neue Zeit begrüßen und die auf jeden Fall an diesem neuen Staat mitarbeiten wollen.

„Also für mich war es überhaupt keine Frage, daß diese neue Zeit die Richtige für mich war, das war meine Welt, das wird unsere Welt, und das wird die bessere Welt" (Gespräch 1991).

Die Bildungsbiographie der Professorin ist – wie viele Biographien der Aufbauer – eine Patchworkbiographie: von der Volksschule über die Wirtschaftsoberschule zur Fachschule für Wirtschaft und Verwaltung an die Universität Leipzig (zum Studium des Marxismus-Leninismus), danach fünf Jahre Assistentin und Marxismus-Leninismus-Dozentin an der Hochschule für Ökonomie, von dort delegiert an die Akademie für Gesellschaftswissenschaften zur Aspirantur. Sie promoviert 1962 und wird Sekretärin der Forschungsgruppe „Frau im Sozialismus" an der Akademie der Wissenschaften. Von 1968 bis 1978 leitet sie die Forschungsgruppe und ab 1978 wird sie wissenschaftliche Leiterin des Bereichs Sozialpolitik. Drei Jahre später wird sie zur Vorsitzenden des Wissenschaftlichen Rates „Die Frau in der sozialistischen Gesellschaft" ernannt und dadurch Mitglied der Frauenkommission beim Politbüro des ZK. Sie wechselt von der operativen in die administrative Dienstklasse. Ihre berufliche und politische Bindung an die herrschende Klasse verbietet ihr Kritik an der politischen und alltäglichen Praxis der ‚Frauenfrage'. Erwartet wird von ihr, dass sie den Nebenwiderspruch, die Frauenfrage, im Sinne der Patriarchen löst, und dazu gehört es, dass alle „Muttis der DDR" einen Kindergartenplatz bekommen, wenn sie es wünschen (Menge 1986: 185). Als Vorsitzende des wissenschaftlichen Rates gibt sie eine Zeitschrift zur Unterstützung der Praxis vor Ort und zur Rechenschaftslegung gegenüber ihren Gralshüter heraus, aber gelegentliche Versuche, ihre Kritik zwischen den Zeilen zu sagen, finden keine Resonanz, sondern im Gegenteil, verschiedenen Frauen, die sich wissenschaftlich, schriftstellerisch oder journalistisch

---

le/Universität delegiert und vorbereitet (Abschluss: Abitur). Bis zur Schließung 1963 gingen 33.729 Personen diesen Weg. Die ABF existierte bis 1989 an der Technischen Hochschule, Freiberg und an der Universität Halle. Neben dem Zugang zur Hochschule wurde auch auf Auslandsstudium (in der Regel in der Sowjetunion) vorbereitet. Nach der Wende blieb die Einrichtung an der Universität Halle erhalten, wurde jedoch umbenannt in das „Institut zur Vorbereitung auf das Auslandsstudium". Das Delegationsverfahren wurde zugunsten eines freien Bewerbungsverfahrens geändert.

mit diesem Thema befassen, wird sie suspekt und unglaubwürdig. Die übergeordneten Gralshüter geben ihr den politischen Takt vor.

„Ich rede jetzt nicht von Inge Lange (Kandidatin des Politbüros und zuständig für Frauenfragen, E.M.H.), da kamst du ja gar nicht ran, den unmittelbaren Kontakt hast du ja doch mit der Mitarbeiterin gehabt. Aber mit Inge Lange wurde es immer schlimmer. Aber sie saß eben im Politbüro als Kandidatin 26 oder 27 Jahre. ... Weshalb sie so auf Mutti-Politik gesetzt hat, sind wirklich auch ihre Grenzen im theoretischen Denken. Ihr war jeder Feminismus fern. In den Traditionen der Arbeiterbewegung, so wie sie sie auch verstanden hat, ist die Frau gegenüber dem Manne deshalb benachteiligt, weil sie Kinder kriegt. Also sie hat zu vereinbaren. ... Folglich muß man es ihr erleichtern. Das haben wir getan: Mädchen haben die gleiche Bildung, wir haben die Gleichberechtigung verwirklicht, Frauen haben das Recht auf Arbeit. Aber die Bedingungen für die Wahrnehmung dieser Rechte sind unterschiedlich, und die hat sie eben nicht an Geschlecht gebunden gesehen, sondern an Mutterschaft" (Gespräch 1991)[7].

Bei den berufstätigen Frauen in den Betrieben vertritt sie, gebunden und bis zum Ende der 1970er Jahre überzeugt, die Frauenfrage im parteilichen Sinne. Danach wartet sie, die Tagesbefehle erfüllend – wie so viele – auf die biologische Lösung (vgl. Land/Possekel 1994; 1995; 1998; Reich 1992). Sie reproduziert mehr die symbolische Ordnung, als dass sie ‚konstruiert', oder anders gesagt: Ihre Konstruktionen sind freiwillig gebunden und verpflichtet auf die symbolische Ordnung der Politik, und das sind „unsere Muttis", denen Unterstützung von den Männern der Macht ‚gewährt' wird. Schon vor, aber besonders deutlich nach dem Zusammenbruch der DDR wenden ihre wissenschaftlichen Kolleginnen und Kollegen ihr den Rücken zu, von Journalistinnen und Schriftstellerinnen wird ihr die Gefolgschaft verweigert. Nach dem Zusammenbruch der DDR hat sie weder als Wissenschaftlerin noch als Frau der politischen Praxis eine Gefolgschaft, die ihrem nunmehr kritischen Aufbruch, den sie 1989 in der Zeitschrift Einheit publiziert, folgt. Die wissenschaftlichen und politischen Aufbauerinnen und Aufbauer der DDR wurden nur sehr wenig in den Aufbruch nach 1990 von der nächsten Generation mit einbezogen; da ist sie keine Ausnahme: eine Generation, die kein politisches Erbe weitergeben kann (vgl. Hoerning 1996). Sie wird Ende 1990 – sie ist 60 Jahre alt – in den Ruhestand geschickt, bleibt Mitglied in der PDS und engagiert sich dort im Arbeitskreis zu Frauenfragen (LISA).

Die Generaldirektorin, Jahrgang 1942, wechselt nach der achten Klasse 1957 auf die EOS und in der 11. Klasse in die Arbeiter- und -Bauern-Fakultät mit Internatsbetrieb zur Vorbereitung auf ein Auslandsstudium in der Sowjetunion. 1961 macht sie ihr Abitur, ein Studienplatz Chemie in der SU steht jedoch nicht zur Verfügung.

---

7 Über die Aufbauer sagt *Theo Sommer*, der mit *Marion Gräfin Dönhoff* und *Rudolf Walter Leonhardt* die DDR bereist hatte, zu einer Zeit, als die Professorin bereits die Sekretärin der Forschungsgruppe „Frau im Sozialismus" war: „*Es war schließlich die verblüffendste Erfahrung unserer DDR-Fahrt, eine Erkenntnis, die mir jedenfalls am meisten zu schaffen gemacht hat: daß drüben soviel Lauterkeit am Werke ist, soviel Hingabe, soviel unbezweifelbar moralisches Wollen*" (Dönhoff/Leonhardt/Sommer 1964: 110).

„Aber ich wollte unbedingt Chemie studieren und habe auf das Auslandsstudium verzichtet ... Ich bin dann (für das praktische Jahr, E.M.H.) nach Bitterfeld gegangen" (Gespräch 1991).

Nach Abschluss des praktischen Jahres hat sie den Chemiefacharbeiterstatus erworben und beginnt 1962 mit dem Chemiestudium. Im zweiten Studienjahr heiratet die Generaldirektorin, im dritten Studienjahr tritt sie in die Partei ein, und ihre Tochter wird geboren, 1967 macht sie ihr Diplom in Chemie und wird Betriebschemikerin bei Leuna. Fünf Jahre später – sie ist 32 Jahre alt, und 1969 wurde ihr zweites Kind geboren – wird sie zum gesellschaftswissenschaftlichen Studium an die Parteihochschule delegiert. Nach dem Abschluss arbeitet sie als wissenschaftliche Mitarbeiterin in der Abteilung Grundstoffindustrie beim ZK der SED, und als sie 1986 zur Generaldirektorin berufen werden soll, weiß sie, dass der Wechsel von der operativen in die administrative Dienstklasse die „Mühen der Ebenen" bedeuten werden.[8]

„Dann kam die Frage, es wird ein neuer Generaldirektor gebraucht im Kosmetikkombinat, und das lag auch in meinem Verantwortungsbereich, und da wurde die Frage an mich gestellt. Und ich habe mich mit Händen und Füßen gewehrt. Ich wollte das nicht, weil ich, wie soll ich das sagen, ich wußte, was ein Generaldirektor ist. ... Der Generaldirektor war eben für alles verantwortlich, für alles, was in der Volkswirtschaft nicht ging, war der Generaldirektor da. Ich habe damals, das war so in Freundeskreisen und die gingen bis in die Partei hinein, also bis ins Zentralkomitee, da konnte man sich schon über Probleme unterhalten. Und ich habe damals gesagt, der Generaldirektor, das ist doch eine prima Erfindung von Mittag (Wirtschaftsminister der DDR bis 1989, E.M.H.). Er hat dann immer jemanden, den er verantwortlich machen kann. Es war nicht der Minister verantwortlich und schon gar nicht die Parteiführung, sondern das waren die Generaldirektoren, die unfähig waren, diese Probleme zu lösen. Sie konnten sie aber gar nicht lösen" (Gespräch 1991).

Sie übernimmt diese Position, obwohl sie weiß, dass sie auf einem Schleudersitz sitzt, denn das Kombinat wurde über Jahre mit Verlusten von Männern geführt, die abgelöst wurden. Für die Übernahme stellt sie Bedingungen an das ZK: Zusage von Investitionen und einen ‚machbaren' Plan. Sie erhält diese Zusage, eine außergewöhnliche Geste des ZK, die sie aus der Masse der Generaldirektoren heraushebt. Das nennt Rosabeth Moss Kanter (1977) „tokenism": Eine hohe Sichtbarkeit „aufgrund (der) Unterrepräsentation (von Frauen in diesen Positionen, E.M.H.)" (Müller 1995: 101ff), was den Frauen für ihre Zielverwirklichung Vorteile bringen kann. Sie sind aber gleichzeitig konfrontiert „mit machtvollen, unhinterfragten, stereotypen Wahrnehmungen all ihrer Handlungen" (Müller 1995: 101). Innerhalb kürzester Zeit beherrscht sie das Spiel der Planzahlen und wie man sie erfüllt (vgl. Pirker et al. 1995).

„Im Jahre 1986 habe ich das Kombinat übernommen. Ab 1987 schrieb das Kombinat schwarze Zahlen und entwickelte sich sehr gut. Wir entwickelten uns zu einem der

---

8 Von den „Mühen der Ebenen" berichten in ausgezeichneter Weise Theo Pirker, Rainer M. Lepsius, Rainer Weinert und Hans-Hermann Hertle (1995) über die Wirtschaftsführung in der DDR, besonders der Beitrag von Rainer M. Lepsius (1995).

Besten in der chemischen Industrie, was nicht mal so gerne gesehen wurde, zumindestens nicht öffentlich. Da habe ich mich immer drüber aufgeregt" (Gespräch 1991).

Wie wenig sie aber das berufliche Feld ‚neu' strukturieren kann, erfährt sie während der gefürchteten Leipziger Seminare, in denen der Wirtschaftsminister Günther Mittag erratisch mit ‚seinen' Kombinatsdirektoren abrechnet. Für die Generaldirektorin waren diese Seminare die Reinkarnation der Macht, denn dort wurden „gestandene Leute wie die Lämmer zusammengetrieben" und warteten darauf, dass sie dort nicht genannt wurden (vgl. Pirker et al. 1995: 248ff).

„Ich war einmal so weit, auf so einem Leipziger Seminar, da hatte mich der Mittag so gereizt, auch persönlich, da ging es ja immer nicht so fein zu. Da wollte ich aufstehen. Ich war die Wut, die glühende Wut und dachte, jetzt ist Schluß, das lasse ich mir nicht mehr bieten, egal was jetzt kommt. Dann aber kamen Freunde von mir, andere Generaldirektoren, die haben mich richtig festgehalten. Und sagten, mache das nicht. Was erreichst du damit, du wirst rausgeschmissen und an der Sache ändert sich nichts. So war es ja auch. Es gab ja Beispiele. Dann wäre ich jetzt vielleicht ein Märtyrer, ein Opfer des Systems" (Gespräch 1991).

Unter der wohlwollenden Mentorenschaft verschiedener Generaldirektoren und den Männern aus der administrativen Klasse unterhalb der Machtelite erlernt sie ‚ihr' Handwerk. Sie kann ihr professionelles Wissen einsetzen und politische Erfolge erringen.

Vor der Übernahme des Betriebs durch die Treuhand nach der Wende war sie die Chefin von 8.500 Beschäftigten und 20 Zuliefererbetrieben. Nach der Privatisierung und dem Verkauf des Berliner Kernbetriebes an einen US-Interessenten 1993 arbeitet sie als Chief Operating Officer ... mit nunmehr 100 Beschäftigten (Pirker et al. 1995: 237). Sie muss sich in die neuen Bedingungen der Betriebsführung einarbeiten und sie muss Tausende von Arbeitsverhältnissen kündigen. Über die Verbliebenen, inzwischen durchmischt mit Kolleginnen und Kollegen aus dem Westen, sagt sie:

„Die stehen hinter dem Unternehmen und die sagen, das muß was werden. Und wir wollen, entweder wir stehen so lange bis wir gewonnen haben, oder wir gehen gemeinsam unter. Die Motivation ist unglaublich. Sie ist sicher nicht bis in den kleinsten Bereich vorhanden, aber in den entscheidensten Positionen schon. Zum Beispiel auch unsere Leute im Vertrieb. Von denen ich ja sagte, daß wir sie aus eigenen Kräften rekrutiert haben. Alles Leute aus der Forschung, Doktoren und Leute aus dem Verwaltungsbereich, die nie was mit Vertrieb zu tun hatten. Geschult durch Außenstehende. Wir wußten ja selber nicht, wie es geht. Und wir haben alle dabei gelernt. Und es ist eigentlich auch eine tolle Sache, daß wir alle den gleichen Wissensstand haben. Und diese Leute, bei einigen hatte ich wirklich Bedenken. Und dachte, ob das man gut geht, wenn ich die nun auf die Händler loslasse. Und Sie glauben das nicht, die haben die besten Ergebnisse gebracht. Das ist so eine innere Motivation: Also von mir hängt das ab, ob jetzt Umsatz kommt oder nicht. ... Ja, also insofern macht es auch Spaß. Man muß einen großen Optimismus haben. Wenn ich den nicht hätte und dann auch noch immer versuche, ein bißchen locker zu sein, dann hätte ich vielleicht auch schon aufgegeben. Die Belastung ist unheimlich groß. Manchmal würde ich mir schon so einen Ruhepunkt wünschen" (Gespräch 1991).

Den Betrieb gibt es heute noch, und die ehemalige Generaldirektorin ist eine umtriebige Geschäftsführerin geworden, die wiederum einen Tanker flott gemacht hat.

3. Zusammenfassung und Diskussion

Vorgestellt wurden professionelle Frauen, die der administrativen Dienstklasse angehörten. Wir sehen, dass die Selbstverpflichtung zur politischen Loyalität ‚die' handlungsanleitende Maxime beider Frauen ist, wobei die Professorin im Verlauf ihrer Tätigkeit ihre professionelle Reputation verliert, während die Generaldirektorin von Stufe zu Stufe an Reputation gewinnt, so dass am Ende der DDR der Übergang in die Marktwirtschaft eine neue Herausforderung bedeutet. Und sie hat Gefolgschaft, während die Professorin weder gerufen wird noch Gefolgschaft hat.

Die Vorbilder zu diesem Prozess sind männlich, und wenn in Bereichen die Vorbilder fehlen beziehungsweise wenn Bereiche von ‚gewährender Pose' von Männern konstruiert und strukturiert werden, können Frauen nicht gewinnen. Und möglicherweise hat die ‚gewährende Pose' der Männer in den Zentren der Macht viele hochqualifizierte Frauen der DDR davon abgehalten, sich in die männlichen Vorgaben einzutakten. In den Positionen der administrativen Dienstklasse ging es immer um die Rekonstruktion der symbolischen Ordnung, von der Konstruktion der symbolischen Ordnung in den Machtzentren waren die Angehörigen der administrativen Dienstklasse, so auch die Professorin und die Generaldirektorin, ausgeschlossen.

Aber neben den Frauen, die in der administrativen Dienstklasse arbeiteten, gab es auch die ‚unruhigen' Frauen, die seit Ende der 1970er Jahre offensiv wurden. Das begann mit Büchern „... von Irmtraud Morgner, Christa Wolf, Gerti Tetzner, Brigitte Reimann, Helga Königsdorf und (mit) Maxie Wanders Ansatz eines ‚literarischen Feminismus'..." (Budde 1997: 207). Und Christa Wolf bemerkte 1978 in ihrem Vorwort zu Maxi Wanders „Guten Morgen, du Schöne": „Wieviel Solidarität untereinander, wieviel Anstrengung, die eigene Lage zu erkennen, wieviel Spontaneität und Erfinderlust in ihren Selbsthilfeunternehmen, wieviel Phantasie, welche Vielfalt [in der westlichen Frauenbewegung, E.M.H.]. Ich kann nicht finden, daß wir in der DDR gar nicht davon zu lernen hätten" (zit. in Budde 1997: ?). Dieses Vorwort war ein Signal für zahlreiche Künstlerinnen und Akademikerinnen, sich mit den staatlich gesetzten Grenzen ihrer Emanzipation zu beschäftigen. In den DEFA-Filmen gab es widerspenstige Frauen, und Barbara Thalheim sang in den 1980er Jahren: „Ich bin eine Frau in der Gesellschaft, die von Männern geführt wird".

Literatur

Brentzel, M., 1997: Die Machtfrau. Hilde Benjamin 1902-1989. Berlin: Links.
Budde, G.-F., 1997: „Paradefrauen. Akademikerinnen in Ost- und Westdeutschland". S. 183-211 in: dies. (Hrsg.), Frauen arbeiten. Weibliche Erwerbstätigkeit in Ost- und Westdeutschland nach 1945. Göttingen: Vandenhoeck & Ruprecht.
Dönhoff, M. Gräfin/Leonhardt, R.W./Sommer, T., 1964: Reise in ein fernes Land. Bericht über Kultur, Wirtschaft und Politik in der DDR. Hamburg: Die Zeit.
Feth, A., 1997: Hilde Benjamin – Eine Biographie. (Justizforschung und Rechtssoziologie. 1). Berlin: Spitz.
Frauenreport '90, siehe Winkler.
Helwig, G., 1995: „Frauen im SED-Staat". S. 1223-1274 in: Deutscher Bundestag (Hrsg.), Materialien der Enquete Kommission ‚Aufarbeitung von Geschichte und Folgen der SED-Diktatur in Deutschland im Deutschen Bundestag'. Bd. III/2: Rolle und Bedeutung der Ideologie, integrativer Faktoren und disziplinierender Praktiken in Staat und Gesellschaft der DDR. (12. Wahlperiode des Deutschen Bundestages). Baden-Baden: Nomos; Frankfurt/M.: Suhrkamp.
Herbst, A./Ranke, W./Winkler, J., 1994: So funktionierte die DDR. Bd. 2: Lexikon der Organisationen und Institutionen. Mach-mit-Bewegung – Zollverwaltung der DDR. (Handbuch. 6349). Reinbek: Rowohlt.
Hildebrandt, K., 2000: „Wissenschaftlerinnen in der DDR". S. 169-188 in: Schulz, G. (Hrsg.), Frauen auf dem Weg zur Elite. München: Harald Boldt Verlag im R. Oldenbourg Verlag.
Hoerning, E.M., 1996: Aufstieg und Fall der ‚neuen' Intelligenz. Berliner Debatte INITIAL 2: 21-32.
Kanter, R.M., 1977: Men und Women of the Corporation. New York: Basic Books.
Kuhrig, H., 1989: Brauchen wir ein neues Frauenbewußtsein? Einheit 44 (12): 1135-1142.
Land, R./Possekel, R., 1994: Namenlose Stimmen waren uns voraus. Politische Diskurse von Intellektuellen in der DDR. (Herausforderungen. 1). Bochum: Winkler.
Land, R./Possekel, R., 1995: ‚Symbolhafte Verweigerung' und ‚Konspirativer Avantgardismus'. Abgrenzungen in politischen Diskursen von DDR-Intellektuellen. hochschule ost, 4(3): 18-28.
Land, R./Possekel, R., 1998: Fremde Welten. Die gegensätzliche Deutung der DDR durch SED-Reformer und Bürgerbewegung in den 80er Jahren. Berlin: Links.
Lepsius, M.R., 1995: „Handlungsräume und Rationalitätskriterien der Wirtschaftsfunktionäre in der Ära Honecker". S. 347-362 in: Pirker, T./Lepsius, M.R./ Weinert, R./Hertle, H.-H., Der Plan als Befehl und Fiktion. Wirtschaftsführung in der DDR. Gespräche und Analysen. Opladen: Westdeutscher.
Ludz, P.C./Kuppe, J. (Hrsg.), 1979: DDR-Handbuch. Herausgegeben vom Bundesministerium für innerdeutsche Beziehungen. Köln: Wissenschaft und Politik.
Menge, M., 1986: „Frauen von drüben". S. 183-188 in: Sommer, T. (Hrsg.), Reise ins andere Deutschland. Reinbek bei Hamburg: Rowohlt.
Meyer, G., 1986: Frauen in den Machthierarchien der DDR oder: Der lange Weg zur Parität. Empirische Befunde 1971-1985. Deutschland Archiv, Zeitschrift für Fragen der DDR und der Deutschlandpolitik 19: 294-311.
Müller, U., 1995: „Frauen und Führung. Fakten, Fabeln und Stereotypisierungen in der Frauenforschung". S. 101-117 in: Wetterer, A. (Hrsg.), Die soziale Konstruktion von Geschlecht in Professionalisierungsprozessen. Frankfurt a.M./New York: Campus.
Pirker, T./Lepsius, M.R./Weinert, R./Hertle, H.-H., 1995: Der Plan als Befehl und Fiktion. Wirtschaftsführung in der DDR. Gespräche und Analysen. Opladen: Westdeutscher.
Reich, J., 1992: Abschied von den Lebenslügen. Die Intelligenz und die Macht. Berlin: Rowohlt.

Karrierepolitik: Professionelle Frauen

Solga, H., 1994: ‚Systemloyalität' als Bedingung sozialer Mobilität im Staatssozialismus, am Beispiel der DDR. (Arbeitsbericht. 10). Berlin: Max-Planck-Institut für Bildungsforschung.

Sommer, T. (Hg.), 1986: Reise ins andere Deutschland. Reinbek bei Hamburg: Rowohlt.

Sørensen, A./Trappe, H., 1995: „Frauen und Männer: Gleichberechtigung – Gleichstellung – Gleichheit?". S. 189-222 in: Huinink, J. et al., Kollektiv und Eigensinn. Lebensverläufe in der DDR und danach. Berlin: Akademie.

Steiner, H., 2000: „Frauen in der Politik und Wirtschaft der DDR". Erscheint in: Schulz, G. (Hrsg.), Frauen auf dem Weg zur Elite. Büdinger Forschungen zur Sozialgeschichte. (Deutsche Führungsschichten in der Neuzeit. 23). München: Boldt im Oldenbourg Verlag, S. 139-168 (Im Text wird aus dem Manuskript zitiert).

Trappe, H., 1995: Emanzipation oder Zwang? Frauen in der DDR zwischen Beruf, Familie und Sozialpolitik. Berlin: Akademie.

Winkler, G. (Hrsg.), 1990: Frauenreport '90. Im Auftrag der Beauftragten des Ministerrates für die Gleichstellung von Frauen und Männern, Dr. Marina Beyer. Berlin: Die Wirtschaft (zitiert als Frauenreport '90).

Zimmermann, H./Ulrich, H./Fehlauer, M., 1985: DDR Handbuch. 2 Bde., Band 1: A-L; Band 2: M-Z. Herausgegeben vom Bundesministerium für innerdeutsche Beziehungen. Köln: Wissenschaft und Politik.

Monika Frommel

Karrierepolitik für Juristinnen in Deutschland

Seit mehr als 50 Jahren gilt das verfassungsrechtliche Gebot der Gleichberechtigung der Geschlechter und seit 30 Jahren wird aktive Gleichstellungspolitik betrieben. Dennoch galt die herkömmliche Jurisprudenz noch in den 1980er Jahren als eine Domäne maskuliner Kultur. Rückblickend erweisen sich die Befürchtungen der damaligen Frauenforschung als verständlich, aber revidierbar. Die reformistische Politik der berufsorientierten Gruppe der Juristinnen wirkte besser als zu vermuten gewesen war. Damit sind diejenigen feministischen Theorien, die dazu tendieren, Reformismus an patriarchalen Herrschaftsformen mehr oder weniger scheitern zu sehen, nicht widerlegt, aber sie müssen sich den relativen Erfolg pragmatischer Reformen genauer ansehen. Im folgenden soll nach einem historischen Rückblick die Gleichstellungspolitik der letzten 10 Jahre innerhalb der Justiz beleuchtet werden.

1. Ein Blick zurück in die Zeit vor 1948 – formale Exklusion

Das 19. Jahrhundert ist *das Jahrhundert eines verblüffenden patriarchalen Widerspruches*. Er prägte das ansonsten beeindruckend systematische Gefüge des modernen Rechts am Ende des 19. bis in die Mitte des 20.Jahrhunderts. Privatautonomie ist zwar das Prinzip des bürgerlichen Rechts, aber sie wird Frauen nur eingeschränkt gewährt. Staatsbürgerrechte sind der Pfeiler der modernen Staatsgründungen, aber das Wahlrecht für Frauen musste erst mühsam erkämpft werden. Gewerbefreiheit ist zwar die Grundlage der bürgerlichen Gesellschaft, aber nur Witwen konnten – als Nachfolgerinnen ihrer verstorbenen Ehemänner – selbstständig das Familienvermögen mehren und verwalten. Das bürgerliche Recht gilt zwar allgemein, aber der rechtliche Status von Frauen blieb – unübersehbar im Familienrecht – ein vom Vater oder Ehemann abhängiger und damit ein ungleicher.[1]

---

1 Vgl. die Einleitung von Ute Gerhard in die ‚Geschichte des Rechts' (1997) – rezensiert von Frommel (1998: 453).

Selbst in der Weimarer Republik, in der Frauen immerhin das allgemeine Wahlrecht durchgesetzt haben, haben sie noch keine volle rechtliche Gleichberechtigung, sondern nur eine *beschränkte staatsbürgerliche Gleichheit*. Aber auch diese wird eingeschränkt, was sich etwa darin zeigt, daß sie erst seit 1922 Staatsanwältinnen, Rechtsanwältinnen und Richterinnen werden können. Bis dahin wurde ihnen selbst dieser Aspekt ihrer staatsbürgerlichen Gleichheit verwehrt. Immerhin beginnt mit der Reform des Gerichtsverfassungsgesetzes 1922 eine zweite Phase der *formalen staatsbürgerlichen Gleichstellung*.[2] Die erste war der Kampf ums Frauenwahlrecht, bei der neben explizit politischen Gruppierungen der 1894 gegründete „Bund Deutscher Frauenverbände" (BDF) als Frauenlobby tätig war.

Aber eine Frauenlobby ist noch kein berufliches Netzwerk. Letzteres scheiterte damals an der geringen Zahl von Frauen, die für entsprechende Berufe in Betracht kamen. Die erste Generation der Richterinnen und Anwältinnen spielte zahlenmäßige eine so geringe Rolle, daß es ausgeschlossen war, von ihnen zu erwarten, berufliche Rahmenbedingungen so zu gestalten, daß der Beruf der Juristin für Frauen auch attraktiv werden konnte. Richterinnen und Anwältinnen waren nun zwar zugelassen, aber innerhalb der Organisation der Justiz bedeutungslos.

1984 publizierte der ‚Deutsche Juristinnenbund' eine Dokumentation. Das Vorwort erinnert die jungen Juristinnen daran, dass § 63 des Beamtengesetzes (in der Fassung des Bundespersonalgesetzes) vom 17.05.1950 die sogenannte ‚Zölibatsklausel' enthielt, wonach verheiratete Beamtinnen entlassen werden konnten. Zwar hätte die im Grundgesetz – nach langen Kämpfen – durchgesetzte *Gleichberechtigung* bis zum 31.03.1953 durchgesetzt werden müssen, das *Gleichberechtigungsgesetz* trat aber erst 1958 in Kraft.

1930 studierten nur 2-3% Jurastudentinnen und es gab in Deutschland nur 74 Richterinnen (von etwa 10 000 Richter). 1933 übten 252 Anwältinnen (von 18 766 Anwälten insgesamt) ihren Beruf aus. Aber selbst diesem bescheidenen Engagement setzte Hitler mit einem auf das *Führerprinzip* gestützten Erlaß ein Ende. Frauen konnten seit 1936 innerhalb der ordentlichen Justiz keine offiziellen Funktionen mehr wahrnehmen und mussten auf untergeordnete administrative Tätigkeiten ausweichen. Sowohl der BDF als auch der 1914 gegründete ‚Deutsche Juristinnenbund' lösten sich auf, um nicht der NSDAP unterstellt zu werden.

---

2   Aber noch 1929 lehnte Hamburg die Umsetzung des Bundesrechts ab. Erst 1931 wurde die erste Referendarin eingestellt (Cläre Meyer), vgl. Juristinnenbund (1984: 46).

2. Berufliche Netzwerke

Wer sich für berufliche Netzwerke von Juristinnen in Deutschland interessiert und die Website des Deutschen Juristinnenbundes anklickt, erfährt folgendes:

„Der Deutsche Juristinnenbund wurde 1948 von engagierten Kolleginnen in Dortmund neu gegründet. Er versteht sich als Nachfolgeorganisation des 1914 gegründeten „Deutschen Juristinnenvereins", der die Zulassung von Frauen zu juristischen Berufen erkämpft hatte, nach der Machtergreifung Hitlers aber seine Arbeit einstellen musste. Zu den Pionierinnen des djb gehören Elisabeth Selbert, die im Parlamentarischen Rat für die Aufnahme des in Art. 3 Abs. 2 GG verankerten Gleichberechtigungsgrundsatzes sorgte, die Bundesverfassungsrichterinnen Erna Scheffler und Waltraud Rupp. v. Brünneck, MdB Elisabeth Lüders und die erste Bundesministerin in der Geschichte der Bundesrepublik Deutschland, Elisabeth Schwarzhaupt. Zu unseren heute ca. 2.800 Mitgliedern zählen u.a. Ministerinnen und Senatorinnen, Richterinnen des Bundesverfassungsgerichts und an den obersten Bundesgerichten sowie zahlreiche in leitenden Positionen tätige Frauen in Wirtschaft, Justiz, Verwaltung und Wissenschaft."

Schwerpunkte:

- Gezielte rechtliche Maßnahmen zur Frauenförderung
- Berufsorientierung
- Reform der juristischen Ausbildung
- Patientenrechte und Sterbebegleitung
- Ausgestaltung des Rechts der nichtehelichen Lebensgemeinschaften
- Zeitgerechte Regelung des gesamten Arbeits-, Sozial-, Steuer- und Rentenrechts für Frauen
- Neugestaltung des Familienlastenausgleichs
- Reform des Sanktionenrechts im Straf- und Strafprozessrecht
- Realisierung frauenspezifischer Forderungen im Rahmen der Europäischen Union
- Gentechnologie

Eingebettet ist der DJB in umfassendere Netzwerke – wie den 1952 wieder (als Nachfolge des BDF) gegründeten Deutschen Frauenrat, der sich bewusst als politische Frauenlobby präsentiert; ferner die 2001 institutionalisierte „european women lawyers association", die auf europäischer Basis Lobby Arbeit betreibt.

3. Was kennzeichnet die relativ erfolgreiche Karrierepolitik der Berufsgruppe der Juristinnen?

Den ersten Platz in den von Frauen gewählten Studiengängen hat seit Jahren das für das höhere Lehramt qualifizierende Studium der Germanistik inne, gefolgt von BWL und Jura. Bei Männern ist die Reihenfolge vertauscht. BWL rangiert als Nummer eins vor Jura Nummer zwei. Aber der Lehrerberuf tritt erkennbar hinter anderen Optionen zurück. Weitere typische Frauenstudien sind die *Erziehungswissenschaften* und die *Psychologie*. Juristinnen und Juristen studieren also bereits unter weitgehend *geschlechtergleichen* Bedingungen.

Auch die *Berufsorientierung* differiert allenfalls minimal. Gab es in den 1970er Jahren noch eine Differenz zwischen den Abschlüssen im ersten und im zweiten Staatsexamen, die darauf schließen ließ, dass noch relativ viele gut ausgebildete Frauen vor dem Referendariat heirateten und einen Beruf erst wieder später aufnehmen wollten, so entfallen derartige Muster spätestens seit den 1990er Jahren.

Betrachtet man den Berufswunsch, dann nimmt die *Richterin* seit den 1990er Jahren Platz eins ein. Empirische Erhebungen ergeben, dass er als ausgesprochen attraktiv und zunehmend als zugänglich (auch in Teilzeit) eingestuft wird, nicht zuletzt deshalb, weil er es zulasse, Beruf und Familie (bei entsprechender Zurückhaltung hinsichtlich einer Spitzenkarriere) zu verbinden. Die Berufszufriedenheit ist erstaunlich groß (vgl. Hassels/Hommerich 1993). Betrachtet man die Karrieren, dann fällt auf, dass nur das Bundesverfassungsgericht (mit der etwas stärkeren politischen Steuerung bei der Besetzung) einen Anteil von ca. 30% Verfassungsrichterinnen erreicht, gefolgt vom BGH mit ca. 10% Bundesrichterinnen. Schlusslicht ist das Bundesverwaltungsgericht mit 6,4%.[3]

Mittlerweile stellt die Justiz zwar insgesamt weniger Juristen ein. Aber der relative Anteil der Proberichterinnen und Staatsanwältinnen ist überraschend hoch. Seit 1993 haben die einstellenden Behörden bei den Richterinnen die 50% Quote erreicht und gehalten, bei Staatsanwältinnen sind es immerhin ca. 25% der Neueinstellungen (vgl. Schultz 2002).

Die *Gleichstellungspolitik* funktioniert also. Alle Länder haben entsprechende Programme umgesetzt. Und offenbar betrachtet auch die Rechtspolitik den Arbeitsplatz ‚Gericht' mit anderen Augen als früher. Dies zeigt sich auch an der Ausbildungsreform: ab 2003 werden *Schlüsselqualifikationen*, wie Erfahrung mit ‚Mediation' positiv honoriert. Die Veränderung des Justizpersonals scheint mit einer Veränderung der Inhalte und des Verhandlungsstils einherzugehen.[4]

---

3   Für die Daten s. Schultz (2002).
4   Es ist hier nicht der Ort, dies im einzelnen zu zeigen. Aber der Beweis ist leicht zu erbringen.

In der Zukunft wird der Zuwachs von *Anwältinnen* relativ und absolut steigen. Damit wird sich freilich das Spektrum der Karrierepolitik von den mittlerweile relativ leicht politisch steuerbaren öffentlichen Behörden in das für karrierebewusste Frauen schwierigere Feld der Privatwirtschaft verlagern. Schon heute steht fest, dass dort *erhebliche Einkommensunterschiede* bestehen. Von der für den Richterberuf so attraktiven relativen Gleichheit in der Bezahlung kann dort keine Rede sein.[5]

Auffallend sind ferner die großen *Widerstände*, die Frauen entweder vor einer *Hochschullaufbahn* zurückschrecken lassen oder die ihnen in den Hochschulen begegnen. Mit etwa 5% sind Professorinnen insgesamt so marginal, dass sie ihren Arbeitsplatz nicht wirklich beeinflussen können. Es stehen ihnen ein Fünftel Assistentinnen und ein Drittel wissenschaftliche Mitarbeiterinnen gegenüber. Offenbar ist dieses Berufsfeld entweder weniger attraktiv, weil die Zugangsbarrieren zu entsprechenden Netzwerke hoch sind, oder aber es wirkt sich noch immer die latente Frauenfeindlichkeit der ‚Traditionalisten' aus. Da sie lange auch für die nachwachsenden Wissenschaftler bedeutsam waren, ist die Hochschule noch immer kein Hort eines pluralen und kollegialen Umgangs. Außerdem hilft eine reformistische Gleichstellungspolitik hier nicht, so dass bei einer angestrebten Hochschulkarriere – eine durchaus naheliegende Option für berufsorientierte Frauen – Erfolg von Zufällen abhängt und nicht planbar ist. So gesehen ist dieser Weg so wenig planbar wie der zu einer *Spitzenpositionen in der Wirtschaft und in der gut verdienenden Anwaltschaft*. Erfolg in diesen Märkten verlangt offenbar völlig andere Netzwerke als die für den öffentlichen Dienst oder für die durchschnittliche Anwaltstätigkeit.

4. Was kennzeichnet ein egalitäres Recht?

Es sieht so aus, als seien – mit der Ausnahme der Spitzenkarriere außerhalb der Politik – die Frauennetzwerke nicht nur personalpolitisch, sondern auch *rechtspolitisch* erfolgreich gewesen. Eine für die 1980er Jahren noch typische Debatte über ein skeptisches oder gar negatives weibliches Rechtsbewusstsein[6] einerseits, im Gegensatz zu einem angeblich ‚männlichen' Muster der strategischen Nutzung von Recht auf der anderen Seite, würde heute jedenfalls verstaubt wirken. Offenbar sind Frauen auf doppelte Weise erfolgreich gewesen: als Rechtnehmerinnen können sie Recht besser für ihre (in sich ganz divergenten) Interessen mobilisieren, da es inhaltlich in weiten Berei-

---

5 Nähere Hinweise hierzu finden sich ebenfalls bei Schultz (2002).
6 Zu erinnern ist an die Kontroverse zwischen Ute Gerhard (1990) („Unrechtserfahrungen" von Frauen) und Rüdiger Lautmann (1990) (negatives Rechtsbewußtsein im Sinne eines erlernten Defizits bei der strategischen Umsetzung von Unrechtserfahrungen in rechtliche Forderungen) in den 1990er Jahren. Vgl. zu dieser Kontroverse Frommel (1993) und Lucke (1991).

chen fairer und offener geworden ist. Sie können aber auch ihre Karriere als Juristin besser planen als dies früheren Generationen möglich war.[7]

Wenn praktizierende Juristinnen – trotz aller Anpassungsleistungen – gleichwohl andere Prioritäten setzen als die Mehrzahl ihrer männlichen Kollegen und dementsprechend auch *andere Karriereverläufe* aufweisen (vgl. Schultz 2002), dann kann dies viele Gründe haben. Beobachtbare Ungleichheiten können Folge von beruflichen Rahmenbedingungen sein, die auch von anpassungsbereiten und berufsorientierten Frauen überwiegend als „männlich orientiert" wahrgenommen und umgangen werden. Sie können aber auch positiv als Ergebnis geschlechtsspezifischer Anpassungsleistungen gedeutet werden.

Fragen wir also nach den Gründen noch existierender *Ungleichheiten* von Frauen und Männern. Auffallend sind drei ganz unterschiedliche Phänomene:

– ungleiche Karriereplanung und ungleiche ökonomische Potenz;
– ungleiche Anteile an der Kinder- und Altenbetreuung;
– unterschiedliche Betroffenheit vom negativen Gut ‚Kriminalität', und zwar sowohl auf der Täter- wie auf der Opferseite.

Weder mit einer *rechtlichen Gleichstellung* noch mit *gezielter Frauenförderung*, also der Politik der 1970er und 80er Jahre, ist diesen Problemen beizukommen. Die beobachtbaren Ungleichheiten bewegen sich nicht mehr auf der formalen Ebene unmittelbarer Diskriminierung. Sie sind auch nicht mehr schlicht als Ausdruck patriarchaler Verhältnisse zu begreifen. Solche Theorieansätze betrachten Frauen zu sehr als homogene Gruppe und widersprechen auch dem Selbstverständnis der jüngeren Frauen. Regeln, nach denen Individuen, Gruppen und ganze Gesellschaften Geschlechterunterschiede inszenieren, sind individuell, sozial und politisch veränderbarer als Patriarchatstheorien vermuten.

Unterschiede können Ausdruck von Unterdrückung, aber auch das *Ergebnis unterschiedlicher Lebensplanung* und damit geschlechtsspezifisch differenter Werte sein. Wenn das so ist, dann lassen sie sich nicht mit der herkömmlichen Politik der „Frauenförderung" beheben. Dies würde lediglich in Sackgassen eines bevormundenden Protektionismus führen.

Sowohl Gendermainstreaming als auch eine moderne Antidiskriminierungspolitik zielen auf *Gleichheit und Differenz* (vgl. Gerhard 1990). Beides trifft mittlerweile auf eine große soziale Akzeptanz und reibt sich lediglich an einem den Verhältnissen nachhinkenden rechtlichen Bewusstsein. Interessant an der gegenwärtigen Rechtspolitik scheinen mir daher die Bereiche zu sein, die diesen Ungleichzeitigkeiten Beine machen.

Betrachten wir einige *Bausteine einer in sich stimmigen Gender-Politik der letzten Jahrzehnte.* 1992-1995 wurde die Abtreibung reformiert, 1997 ei-

---

7 Der Leitfaden von Becker-Toussant (2000) zeigt aber, dass ein Berufsverband wie der Juristinnenbund stärker als früher auf Karriereplanung setzt.

nigte man sich – nach jahrzehntelangen zermürbenden Debatten um die Strafbarkeit der Vergewaltigung in der Ehe – zu einer egalitären Reform des Sexualstrafrechts. Seitdem liegt es jedenfalls nicht mehr daran, dass das Recht eine Art Sonderrecht zu Lasten von Frauen ist, wenn vergewaltigte Frauen oder missbrauchte Kinder vor Gericht unangemessen behandelt werden. Gegen häusliche Gewalt wurden Vernetzungsmodelle institutionalisiert, die auf verbesserte Zusammenarbeit der Einrichtungen, die mit einem Problem ohnehin befasst sind, setzen und nicht nur auf Gesetzesänderungen. Das 2002 in Kraft getretene Gewaltschutzgesetz hat daher eine realistische Chance, umgesetzt zu werden. Es ist zwar ein ‚Sondergesetz', was bedeutet, dass es nicht allgemein Opferinteressen regelt, sondern sich auf eine punktuelle (frauenpolitisch motivierte) Reform beschränkt, geht dabei aber pragmatisch klug und unideologisch vor. ‚Geprügelte Frauen' haben nach dieser geplanten Reform einen – vor Ort über Frauennetzwerke realisierbaren – Anspruch auf effektive Beratung und können künftig leichter als bisher ihre Rechte beim Familiengericht zivilrechtlich geltend machen. Dies bedeutet, dass sie nicht fürchten müssen, sich in einem Strafverfahren in der unangenehmen Rolle der Zeugin oder Nebenklagevertreterin zu sehen, um gegen einen früheren Partner auszusagen – womöglich ohne Aussicht auf effektive Hilfe, weil das Strafverfahren nicht ‚per se' Opfer schützt, sondern täterorientiert angelegt ist.

Berufspolitisch und politisch organisierte Frauen haben offenbar nicht nur ihre Berufschancen verbessert, sondern zugleich die Nachfrage nach egalitärem Recht durch entsprechend professionelle Angebote unterstützt und schon dadurch ihre künftigen Berufsfelder attraktiver gestaltet.

Die *doppelte Zielsetzung* von Netzwerken wie etwa dem Juristinnenbund (der ja nur in einem Netz von Netzwerken erfolgreich sein kann), die sich darauf beläuft, die Inhalte des überkommenen Rechts zu ändern und die Berufschancen für Frauen zu verbessern, hat sich im Bereich des öffentlichen Dienstes ausgezahlt. Andere Berufsfelder werden noch nicht erreicht. Es könnte sein, dass leistungsorientierte Bürgertöchter in einigen Jahren das Bewusstsein entwickeln, „geprellt" (Vester/Gardemin 2001) worden zu sein, ein Gefühl, das die Töchter aus dem leistungsorientierten Arbeitnehmermilieu heute tendenziell verbittert. Wahrscheinlicher ist aber, dass Richterin und Anwältin ein so selbstverständlicher Beruf sein wird wie heute Lehrerin und Psychologin. Ungelöst bleiben aber die Zugangschancen zu Spitzenkarrieren in politikfernen Bereichen. Für sie gilt, was Dahrendorf (1960) noch für das höhere Richteramt festgestellt hat: man bleibt unter sich und schottet sich durch feine Unterschiede nicht nur gegen Frauen, sondern auch gegen Angehörige der unteren Mittelschicht ab.

Literatur

Becker-Toussant (Hrsg.), 2000: Berufsorientierung und Karriereplanung. Informationen und Tipps für junge Juristinnen, Bd. 3 der Schriftenreihe des Deutschen Juristinnenbundes.

Dahrendorf, R., 1960: Bemerkungen zur sozialen Herkunft und Stellung der Richter an Oberlandesgerichten, S. 260-275 in: Hamburger Jahrbuch für Wirtschafts- und Gesellschaftspolitk 5.

Deutscher Juristinnenbund (Hrsg.), 1984: Juristinnen in Deutschland. Eine Dokumentation (1900-1984). München: Schweitzer.

Frommel, M., 1993: Feministische Rechtskritik und Rechtssoziologie – Rekonstruktion eines Missverständnisses. Kritische Justiz 26: 165-178.

Frommel, M., 1998: Rezension zu Ute Gerhard (Hrsg.), Frauen in der Geschichte des Rechts, München (1997). In: ZRP, S. 453.

Gerhardt, U., 1990: Gleichheit ohne Angleichung. Frauen im Recht. München: Beck.

Hassels, A./Hommerich, C., 1993: Frauen in der Justiz. Köln: Bundesanzeiger.

Lautmann, R., 1990: Die Gleichheit der Geschlechter und die Wirklichkeit des Rechts, Opladen: Westdeutscher.

Lucke, D., 1991: Das Geschlechterverhältnis im rechtspolitischen Diskurs. Gleichstellungspolitik und gesetzgeberischer ‚double talk', bremer soziologische texte 4.

Schultz, U., 2002: Der aufhaltbare Aufstieg der Juristinnen in Deutschland: Bewährungshilfe 2: 153ff.

Vester, M./Gardemin, D., 2001: Milieu, Klasse und Geschlecht. Das Feld der Geschlechterungleichheit und die „protestantische Alltagsethik". S. 454-486 in: Heintz, B. (Hrsg.), Geschlechtersoziologie, Sonderheft 41 der Kölner Zeitschrift für Soziologie und Sozialpsychologie (KZfSS), Opladen: Westdeutscher.

Jürgen Enders

Flickwerkkarrieren und Strickleitern in einer prekären Profession

Ein Beitrag zur Nachwuchspolitik an den Hochschulen

In diesem Beitrag möchte ich einige vor allem macht- und professionstheoretisch angeleitete Bemerkungen zu einer Diskussion präsentieren, die jedenfalls die wissenschafts- und hochschulpolitisch bewegten Gemüter im Moment erhitzt. Ich möchte über die Organisation wissenschaftlicher Karrieren und die Nachwuchspolitik an den Hochschulen, genauer gesagt den Universitäten, sprechen, die zur Zeit – etwa im Zusammenhang mit der Einführung der Juniorprofessuren und der Abschaffung der Habilitation sowie der Neuregelung der Befristungspraxis – wiederum auf der politischen Tagesordnung steht.

Dabei geht es mir hier nicht um den Nachweis der Funktionalität oder Disfunktionalität alter und neuer Personalstruktur- und Beschäftigungskonzepte für den wissenschaftlichen Nachwuchs, die ich an anderer Stelle aus einer historisch-systematischen und international vergleichenden Perspektive diskutiert habe (vgl. Enders 2001a; 2001b). Vielmehr sollen hier die diskursiven Unterströme der gegenwärtigen Debatten zum Thema gemacht werden, die die Reform der Rekrutierungsmechanismen und -kriterien der Hochschullehrerzunft zur Schicksalsfrage der deutschen Universität erklären. In der Tat eignet sich der Streit um eine gerechte und funktionale Nachfolgeordnung besonders gut als Schauplatz für weitreichendere Debatten und Machtspiele um die Krise der Universitäten und ihrer Reform – ein Topos, den wir von Max Weber (1967) über Joseph Ben-David (1971) und Pierre Bourdieu (1992) auch in prominenten wissenschaftssoziologischen Diskursen antreffen. Mit anderen Worten: es geht zumindest immer auch um individuelle und kollektive Karrierepolitiken.

Auch wenn der Wissenschaftsbetrieb mit dem Glauben – oder sollte ich sagen in der Hoffnung – lebt, der Beruf des Wissenschaftlers sei ein Beruf ohne Karrierepolitiken, ist dem natürlich nicht so. Zwar können sich die goldenen Worte des amerikanischen Begründers der Wissenschaftssoziologie, Robert Merton (1973), über den Codex der Wissenschaften, die sich durch *universalism, desinterestness,* und *organized scepticism,* auszeichnen, durchaus auf empirische Beobachtungen stützen. Gleichwohl ist Macht, wie es Ralf Dahrendorf trefflich formulierte, „eine lästige Tatsache in der Wissenschaft." Und selbst noch die theoretische Begründung des herrschaftsfreien Diskurses (s. Habermas 1981) als Kommunikationsideal moderner Gesellschaften mag man mit Bourdieu als Karrierepolitik begreifen, durch die das normative Ideal des eigenen Berufsstandes zum gesellschaftlichen Leitbild verallgemeinert werden soll. Und überhaupt Bourdieu (1992), der uns in seinem ‚Homo Academicus' so viel nachdenkenswertes über die Karrierepolitik in der Hochschule ins Stammbuch geschrieben hat: Man lese sein Einleitungskapitel „Ein Buch, dass verbrannt gehört" einmal als grandiosen karrierepolitischen Wurf. Hier spricht ein Häretiker der eigenen Zunft, der seine wissenschaftlichen Objektivierung des wissenschaftlichen Subjekts als Einsatz im Spiel des wissenschaftlichen Feldes inszeniert. Ich gehe also selbstverständlich davon aus, dass hier Akteure am Werk sind, die ihre Ressourcen – ihr kulturelles, soziales, ökonomisches und symbolisches Kapital – karrierepolitisch einbringen.

Nun leben wir allerdings nicht mehr in den Zeiten einer Rentierswissenschaft, in der der Nachwuchs sich vor allem aus eigenen Mitteln unterhält (vgl. Kaesler in diesem Band). Die meisten Wissenschaftler bestreiten mit dieser Tätigkeit ihren Lebensunterhalt und bedürfen auch sonst mancher finanzieller Unterstützung ihrer Arbeit. Das Geld kommt hierzulande, immer spärlicher zwar, vom Staat, der sich im Gegenzug das Recht vorbehält, ein Wort mit zu reden, wenn es um die Karrieren von Wissenschaftlern an den Hochschulen geht. Staatliche Alimentierung der Wissenschaft birgt insofern immer schon die Rache der Vergesellschaftung in sich. Es geht also auch um die Aushandlungsprozesse zwischen der professionellen Selbststeuerung der Wissenschaft und ihrer bürokratisch-administrativen Kontrolle. In diesem bürokratisch-oligarchischen Modus der Kontrolle der Hochschulen erleben wir derzeit ein interessantes Ringen um die Neuverteilung der Macht.

Im Folgenden werde ich hierzu einige diskursanalytische Bemerkungen zur aktuellen Debatte um die Reform der Nachfolgeordnung an den Universitäten als Moment symbolischer Politik machen. Ich stelle ihnen einige kurz gehaltene Anmerkungen zum Hochschullehrerberuf als ‚prekärer' Profession und zu den typischen Bedingungen für die strategische Verfolgung von Karriereinteressen von Nachwuchswissenschaftlern als ‚Bastelexistenzen' und ‚Selbstunternehmer' voran.

1. Der Homo Academicus als prekäre Profession

In einem ersten Schritt geht es um einige stichwortartige Bemerkungen zum Homo Academicus als prekärer Profession. Damit ist – abgesehen von der Verallgemeinerung und Trivialisierung der Professionsbegriffs überhaupt – in Anlehnung an eine historische Rezeption (Stichweh 1994) des Hochschullehrerberufs zunächst gemeint, dass eine Charakterisierung als ‚Profession' zumindest als fragwürdig erscheint. Die Professionsforschung tut sich

schwer mit dem Hochschullehrerberuf. Dies hat zum einen systematische Gründe:
Das humanistisch-idealistisch geprägte Verständnis der Wissenschaft als Beruf betont zwar den ganzheitlichen, kreativ-geistigen und schöpferischen Charakter der Tätigkeit, die Einheit von Tätigkeit und Fähigkeit, den hohen Anspruch an die notwendigen Befähigungen, die Komplexität der beruflichen Aufgaben, den geringen Grad der Routinisierung und Fremdbestimmtheit der Tätigkeit sowie die starke Identifizierung der ganzen Person mit und die Motivierung aus dem Beruf – Arbeit eben, die „etwa dem traditionellen, ‚ganzheitlichen' Handwerk und einigen akademischen Professionen entspricht" (Beck/Brater/Daheim 1980: 20). Einige wichtige Merkmale des Berufsbildes erfahren jedoch eine spezifische Ausprägung, die ihre Charakterisierung als Profession fragwürdig erscheinen lassen. Dies hängt eng mit der besonderen Funktionsweise und Verortung der „Wissenschaft als Beruf" innerhalb der sozialen Organisation Hochschule zusammen:

- mit der doppelten Verortung des ‚lehrenden Forschers' im Wissenschafts- und im Erziehungssystem,
- mit den Spannungen des Berufs im Verhältnis zu externen professionellen Handlungsbezügen,
- mit der hochgradigen disziplinären Fragmentierung des Berufs,
- mit seinem fragwürdigen Klientenbezug,
- und mit der beruflichen Einbindung von Hochschullehrern als Staatsbeamte.

Zunehmend prekär erscheint der Hochschullehrerberuf aber auch im Sinne einer häufig beklagten ‚Deprofessionalisierung' der Berufsrolle durch Autonomie- und Kontrolleinbußen einerseits und einer ‚Proletarisierung' der Berufsrolle durch Prestige- und Privilegienverluste andererseits. Die Verbetrieblichung und Vermarktung der Hochschulen, die Befristung und Vernutzung der Forschung, die Didaktisierung der Lehre und Klientilisierung der Studenten, die Stärkung des Managements und die Einführung von Leistungskontrollen und -anreizen geben hier die Stichworte. Was mancher Hochschulpolitiker und -manager für eine Professionalisierung des Berufsstandes hält, erscheint dann als Deprofessionalisierung, dass nämlich wissenschaftliche Tätigkeit immer mehr „zu einem Beruf wie andere wird".
Schließlich – und damit nähere ich mich dem wissenschaftlichen Nachwuchs – wird mit Blick auf die prekären Karrierebedingungen für jüngere Wissenschaftler und Wissenschaftlerinnen gerne auf das ‚Professionalisierungsdefizit' in der Gestaltung der Nachfolgeordnung an den Hochschulen hingewiesen.

2. Nachwuchswissenschaftler als abhängige Selbstunternehmer

Diskussionen über die Organisation wissenschaftlicher Karrieren an den Hochschulen erweisen sich angesichts der kennzeichnenden Bedingungen und Herausforderungen wissenschaftlicher Tätigkeit immer wieder als besonders schwierig:

- Die Tätigkeit ist in vielen Bestandteilen auf Innovation angelegt und vom Ergebnis her unsicher,
- eine besondere Autonomie des Berufs und eine relativ geringe Außensteuerung und -kontrolle gelten zugleich als konstitutiv und bedroht,
- die hohen Ansprüche an den Beruf und die Vielfalt der beruflichen Aufgaben führen zu Überkomplexitäten, die Prioritätensetzungen angesichts der Unerfüllbarkeit aller Anforderungen nötig machen,
- die Schwierigkeiten der Prognostizierbarkeit der Befähigungen und der Beurteilung der beruflichen Leistungen prägen die wissenschaftliche Laufbahn,
- und die Vielfalt nicht zuletzt disziplinär gefärbter Bedingungen und Anforderungen des Berufs schaffen eine große Heterogenität.

Dies färbt sowohl auf die Erfolgstüchtigkeit der Mikropolitik der Akteure an den Hochschulen als auch auf die Erfolgsaussichten makropolitischer Verheißungen der Nachwuchsförderung ab.

Die Rekrutierung und Ausbildung des Nachwuchses realisiert sich an den deutschen Universitäten in einer wenig formalisierten Lehrlings- und Gesellenzeit, bei der lange Qualifizierungs- und Erprobungsphasen, geringe soziale Sicherheit der beruflichen Situation, hohe Selektivität der Karrierepfade und große Unsicherheit der Karrierekriterien zusammentreffen. Traditionell hat die „Wissenschaft als Beruf" Karrieremuster hervorgebracht, die weniger institutionalisiert und damit auch weniger stabil sind als dies Erwartungen an geregelte Laufbahnen nahe legen; für die sowohl das Risiko des Scheiterns größer, wie der ‚Fächer' möglicher Verlaufsmuster breiter ist. In diesem Sinne haben Etikettierungen wie ‚Bastel-Existenzen' oder ‚Selbstunternehmer' für Wissenschaftlerkarrieren wohl immer schon ihre Berechtigung gehabt. Man kann dies mit Blick sowohl auf das Konzept der Qualifizierung, auf die Beschäftigungsbedingungen jüngerer Wissenschaftler und die Karriereleitern von Wissenschaftlern verdeutlichen (vgl. Enders/Bornmann 2001).

In der Qualifizierung für den eigenen Berufsstand setzen die Wissenschaften selbst eher auf Formen eines erfahrungsbezogenen Generationenwechsels, der einem Entwicklungsstand der Organisation der Arbeit entspricht, in dem nicht systematische und von den jeweiligen Personen abstrahierbare erlernbare Wissensbestände weitergegeben werden, sondern im Vollzug der Handlung ein Einüben in den Beruf erfolgt. Wichtig ist dabei auch ein anderer Aspekt: Die deutliche Betonung der Bedeutung des Pro-

Flickwerkkarrieren und Strickleitern in einer prekären Profession 257

dukts gegenüber dem Prozess und damit die relative Entkoppelung von Anstrengung und Ergebnis. Wissenschaftliche Qualifizierungsprozesse sind in hohem Maße produkt- und ergebnisorientiert, das ‚Wie' ist demgegenüber sekundär.

Konzentrieren wir uns auf die Frage der Gestaltung der Beschäftigungsverhältnisse von Nachwuchswissenschaftlern, wird deutlich, dass die Hochschulen in bezug auf den Geltungsanspruch des Normalarbeitsverhältnisses eine „exterritoriale Zone" bilden. Es sei hier dahingestellt, ob und in welchem Umfang diese Normvorstellung, die mit Regulierungsmustern sozialer Sicherung und Privilegierung verknüpft ist, gesamtgesellschaftlich gesehen jemals herrschende Realität geworden ist. Für den größten Teil der an Hochschulen beschäftigten Wissenschaftler gilt sie nicht: Das breite Spektrum umfasst hier befristete Beschäftigungen über Verträge als Angestellte bzw. als Beamte auf Zeit, teilzeitige und nebenberufliche Tätigkeiten, Privatdienstverträge und die Schein-Selbständigkeit der Werkverträge, die neben- oder nacheinandergeschaltet das Beschäftigungsmuster der „normalen Wissenschaftlerkarriere" bis zur Verbeamtung als Professor prägen.

Ausgesprochen langwierige Qualifizierungsphasen bei gleichzeitiger relativer Unsicherheit der jeweiligen beruflichen Situation und beruflichen Zukunftserwartungen prägen die Situation des wissenschaftlichen Nachwuchses. Die Organisation der wissenschaftlichen Karriere entlang einer Kette befristeter Beschäftigungsverhältnisse impliziert gegenüber geregelteren Formen beruflichen Aufstiegs ein beständiges Ausscheiden aus diesen Positionen und ermöglicht eine Vielzahl erneuter Auswahlentscheidungen. Das Exklusionsrisiko, dass man im Prinzip auf jeder Stufe der Nachwuchsleiter auch wieder einbrechen kann, dass es nicht nur eine graduelle Differenz von oben nach unten, sondern auch von drinnen nach draußen gibt, ist prinzipiell hoch.

Ich will damit gar nicht bestreiten, dass all dies von Kohorteneffekten überlagert wird: Privilegierungen von Teilgruppen des wissenschaftlichen Personals, die sich häufig allein den politischen und arbeitsmarktbedingten Konjunkturen der Hochschulentwicklung verdankten, vergrößern immer wieder die Unübersichtlichkeit des Gesamtspektrums und haben Benachteiligungen anderer Statusgruppen zur Folge. Immer wieder gab es Alterskohorten, deren Angehörige auf Kosten der nach ihnen Kommenden profitiert haben und damit mit dazu beigetragen haben, das Vertrauen in ein angemessenes Verhältnis von Kompetenzzuschreibungen im Wissenschaftssystem und Statuszuschreibungen in der Organisation zu untergraben. Auch spielen Periodeneffekte – man denke, an die unverhofften Berufungschancen des westdeutschen Nachwuchses im Zuge der Widervereinigung – eine Rolle.

Gleichwohl: Wir reden systematisch nicht über ‚Laufbahnen', sondern über ‚gemachte' Karrieren, deren Muster einem Flickwerk gleichen. Hier zeigt ‚Individualisierung' wahrlich, dass sie Moment einer ‚Risikogesellschaft' ist. Qualifikationen, die in späteren Karrierephasen hohes Gewicht haben, z.B. selbständiges Umlernen und Neulernen, das „richtige" Verhalten in schwer vorhersehbaren und nicht bestimmbaren Situationen mit offenem

Ausgang, gewinnen dann an Gewicht. Es geht um die Fähigkeit zur Terminierung von berufsbiographischen Erwartungen, institutionellen und persönlichen Bindungen und zum Wechsel zwischen Tätigkeitsbereichen und Arbeitsverhältnissen. Fähigkeiten, die nicht allein von beruflichen Qualifikationen und kognitiven Kompetenzen abhängen, kommt hohe Bedeutung zu. Verlangt werden so wenig greifbare Dinge wie biographische Risikotoleranz, intrinsische Motivationsbereitschaft, psychosoziale Netzwerkfähigkeit. Wenn denn *employability* oder ‚Beschäftigungsfähigkeit' das neue Qualifikations- und Performanzideal des ‚flexiblen Kapitalismus' darstellen, kann man sie hier gut studieren: die Fähigkeit zur Selbstverwertung, zur Wissens- und Kontaktpflege und zum kombinatorischen Geschick beim Stricken der eigenen Karriereleiter. Zwischen dem kulturellen Kapital (der Titel) und dem symbolischen Kapital (der Reputationen) bildet das soziale Kapital (der Netzwerke) ja bekanntlich das zentrale Verbindungsstück. Über das Für und Wider solchermaßen nur gering institutionalisierter Mechanismen der fachlichen Bewertungen ist vieles gesagt worden: Sie erfüllen eine wichtige Funktion der Selbststeuerung des Wissenschaftsbetriebs, wie sie die Rekrutierung des wissenschaftlichen Nachwuchses mit Elementen der Patronage durchsetzen. In der subtilen Kontrolle der ebenso ungewissen wie verschlungenen Wege der Verschränkung von symbolischen und materiellen Gratifikationen liegt aber zweifellos ein Kernbereich der angewandten Mikropolitik der Akteure im Wissenschaftsbetrieb. Und der Versuch der personalstrukturellen Beeinflussung ihrer Strukturen ist zugleich Spielball makropolitischer Aushandlung.

Damit wäre ich am dritten Punkt meiner Ausführungen angekommen: Der Krise des Nachwuchses als Krise der Universität.

3. Die Krise des Nachwuchses als Krise der Universität

Der reformfreudige neue Präsident der alt-ehrwürdigen Humboldt-Universität hat es kürzlich auf den Punkt gebracht: „Zu lang, zu alt, zu abhängig, zu praxisfern" – dass sind die Attribute, mit denen die gegenwärtig wieder grassierende ‚Krise des deutschen Nachwuchses' umschrieben sind. Und in einem Interview mit der Deutschen Universitätszeitung zieht Ralf Dahrendorf (2001) ebenso knapp die Verbindung zur Krise der deutschen Universität:

Frage der DUZ: „Arbeitet der wissenschaftliche Nachwuchs in Deutschland zu lange in Abhängigkeit?" Antwort von Dahrendorf: „Total. Die halbe Malaise der deutschen Universitäten liegt darin . . ."

Die Aufregung um die Personalstrukturreform hat insoweit ihre symbolische Berechtigung: Einerseits geht es doch um die Regelung der Mechanismen und Machtbalancen bei der Selbstrekrutierung der Zunft. Andererseits steht – wieder einmal – nicht weniger als die Universität als Ganzes auf dem Spiel. Karrierepolitik ist zuerst Hochschulpolitik, und erst in zweiter Linie Nachwuchspolitik.

Flickwerkkarrieren und Strickleitern in einer prekären Profession 259

Insofern müssen die Vorschläge zur Nachwuchs- und Personalstrukturreform im Kontext von umfassenderen Bemühungen um eine Veränderung der Governance-Muster und der Wertigkeit verschiedener Kapitalformen an den Hochschulen gesehen werden. In Deutschland ist wie auch in vielen anderen europäischen Ländern eine deutliche Verschiebung der governance-Philosophie in Richtung des New Public Management zu sehen (vgl. Braun/Merrien 1999). Lange Zeit hatte nicht nur in Deutschland auf der einen Seite ein etatistisches Paradigma vorgeherrscht, in dem die zentrale Frage lautete, wie es dem Staat am besten gelingt, durch rechtliche, finanzielle und organisatorische Steuerung der Prozesse an den Hochschulen zielgerichtetes und zweckmäßiges Verhalten auszulösen. Auf der anderen Seite ging damit einher, dass der Professorenschaft eine dominante Rolle in der hochschulischen Selbstverwaltung zugestanden und überdies jedem einzelnen Professor eine hohe Autonomie in Fragen seiner Lehre und Forschung gewährt wurde (vgl. Enders/Schimank 2001). Diesem in sich spannungsreichen, aber dennoch die Professoren deutlich privilegierenden Arrangement wird mittlerweile der Kampf angesagt und eine Kombination von Marktkräften und gestärkten Hochschulleitungen soll an seine Stelle treten. Von diesem Management-Paradigma einer Lenkung vor Ort durch Anreize, Kontrollen und Sanktionen, all dies als Ausdruck eines allgegenwärtigen Konkurrenzdrucks, verspricht man sich eine prozessnahe Engführung des wissenschaftlichen Personals. Die Akteure und Verfahren der Hochschulsteuerung rücken den Wissenschaftlern also gleichsam immer mehr auf den Leib.

Es geht bei den Governance-Reformen, ebenso wie bei den ins Auge gefassten Änderungen der Personalstruktur, ganz unverblümt auch um eine Neuverteilung der Macht an den Hochschulen. Als Leitfiguren des Streites um die Entwicklung neuer karrierepraktischer Konzepte der Wissenschaftlerlaufbahn lassen sich dabei zumindest vier wichtige Elemente unterscheiden, die die diskursive Aufmerksamkeit der Akteure bannen. Die Stichworte geben hier: Die Stärkung der Hochschule als korporativer Akteur, der Streit der Fakultäten, die Vergreisung des Nachwuchses und die Keule der Internationalisierung.

Erstens stehen die Gewichte verschiedener Akteure bei wichtigen Karriereentscheidungen, und das heißt hierzulande vor allem bei Berufungen, zur Diskussion. Wie die Kritiker der Reform ganz zu Recht bemerken, zielen verschiedene der angepeilten Veränderungen auf eine Stärkung der Stellung der einzelnen Institution, und das heißt auch des Hochschulmanagements, im Personalbereich. Wenn das korporative Recht der Fakultäten zur Habilitation praktisch wertlos wird, die Eignung von Kandidaten über bislang noch nicht näher bestimmte Akteure und Verfahren der Evaluation bestimmt wird und das Hausberufungsverbot zumindest aufgeweicht wird, sind dies erste Schritte in Richtung einer Personalhoheit der Hochschulen, die die Professorenmacht schmälert. Vermutlich kommt der Aufweichung des Hausberufungsverbots dabei eine Schlüsselstellung zu, weil es dann möglich wird, Personal für Karrieren im eigenen Haus heranzubilden und eine Personalentwicklung der Hochschule als Institution aufzubauen. Hinzu kommt, dass Leistungskontrollen und -bewertungen über die diversen Nachwuchsstadien hinaus auf das Professoren-Dasein ausgeweitet werden sollen, was weitreichende Veränderungen der Kontrollmechanismen im Verhältnis von Qualifizierung zum Hochschullehrerberuf und Ausübung dieses Berufes impliziert. Die kollektive Abwehr gegenüber transparenten Hierarchisierungen der Leistungen einerseits – mit der jede Suche nach institutionalisierten Kriterien des wissenschaftlichen Status hintertrieben wird – und die technokratische Suche nach einfachen Input-, Throughput- und Outputindikatoren andererseits, mit denen die Reste der verbliebenen Aura des Charismatischen eingeebnet werden sollen, zeigen dies an.

Zweitens tobt sich auch der innerprofessionelle Streit der Fakultäten um die symbolische und praktische Vorherrschaft an den Universitäten in der Nachwuchsfrage aus. Grob skizziert verlaufen die Frontlinien hier in einer Art Vier-Felder-Tafel zwischen den Sciences und den Humanities einerseits und den angewandten und den reinen Fächern andererseits. Die einen prangern die Habilitation als mittelalterlich-ständisches Ritual der Unterwerfung unter die Ordinarienuniversität an und haben de facto längst andere Rekrutierungsstrategien der kumulativen Habilitation oder der Berufung aus der Praxis etabliert. Die anderen fürchten die Vernutzung des Nachwuchses unter den Zwängen von *publish or perish* mit seinen Abhängigkeiten von Zeitschriften, Verlagen, sonstigem Publikationswesen, und dem mainstream der Forschung oder gar der Drittmitteleinwerbung und Auftragsforschung. Beim Streit um die Habilitation, die auch ein treffliches Instrument der Sicherung disziplinärer Schranken und Standards ist, geht es auch um den ‚*mode of knowledge production*' (Gibbons et al. 1994).

Drittens nehmen die Bedeutung des Lebensalters und der Verweildauer in einem sozialen Status in der Nachwuchslaufbahn eher noch zu. Dies dürfte damit zusammenhängen, dass ein wachsender Bedarf an allgemein erkennbaren, einfach messbaren und insofern quasi-objektivierbaren Kriterien für Statuszuweisung besteht, die zugleich der wissenschaftspolitischen Legitimitätsbeschaffung dienen. Staatliche Nachwuchspolitik hatte in ihren wechselnden Versuchen, die Hochschullaufbahn in das Prokrustesbett des öffentlichen Dienstrechts einzupassen, immer schon auf verbindliche Regelungen von Altersbegrenzungen und Höchstbeschäftigungszeiten gesetzt. Andererseits passt sich der Rückzug auf Alter und Statusdauern als scheinbar neutraler Merkmale gut in das Selbstbild der *scientific community* ein, die den jungen, exzellenten Forscher zu ihrem Lieblingsideal erkoren hat. In der Praxis an den Hochschulen zieht dies natürlich fast zwangsläufig eine wilde Suche nach Kompromissformeln, Umgehungsmöglichkeiten und Einzelfalllösungen nach sich, um für die jeweiligen situativen Anforderungen innerhalb des Wissenschaftsbetriebs angemessene Lösungen zu erreichen. Diese Entwicklung begünstigt die Ausbreitung einer Schattenwirtschaft der Mitarbeiterbeschäftigung. Insofern gehört auch ‚brauchbare Illegalität' (Luhmann 1964) zum Grundbesteck der Karrierepolitik an den Hochschulen.

Flickwerkkarrieren und Strickleitern in einer prekären Profession 261

Dies alles verdichtet sich nun viertens – wie unter einem Brennglas – unter dem Argument „Amerika", mit dem die hochschulpolitische Diskurskeule der internationalen Wettbewerbsfähigkeit geschwungen wird. Für den ‚Mythos USA' (vgl. Stucke 2001) als Ausdrucksform und Leitstern symbolischer Politik ist es dabei zunächst zweitrangig, was die vorgetragenen Erfahrungen, Analysen und Erwartungen über die wirkliche Realität des Nachwuchsmodells in den USA aussagen. Wichtiger ist, dass sie die Debatte strukturieren, vereinfachen und oftmals auch polarisieren. Keine Nachwuchsdebatte ohne Verweis auf das Vorbild oder den Feind „Amerika". Zweitrangig ist auch, dass hier immer wieder Einzelargumente aus dem hochkomplexen Zusammenspiel verschiedener Elemente des Hochschulsystems der USA mit der deutschen Situation kontrastiert werden (vgl. Enders 1999). Diskursanalytisch ist wichtig, dass die tiefsitzende Ignoranz der deutschen Wissenschafts- und Hochschulpolitik gegenüber internationalen Erfahrungen und Modellen mittlerweile einem erstaunlichen Übertragbarkeitsoptimismus gewichen ist.

Einstweilen unklar ist allerdings, ob mit den angestrebten nachwuchspolitischen Maßnahmen ein Systemwechsel erreicht wäre oder wiederum nur hilfreiche Behelfs- und Übergangslösungen geschaffen würden. Einiges spricht dafür, dass die deutsche Regulierungswut wiederum ein Personalstrukturkonzept mit starren Regelungen von Qualifikationsvoraus-setzungen, Aufgabenzuweisungen, Altersbegrenzungen und Höchstbeschäftigungszeiten vorlegt, das dann weiterhin vor Ort für die pat*chw*ork-Karrieren des Nachwuchses ‚hinzubiegen' ist. Ob für den Nachwuchs selbst bei alldem mehr als ‚symbolische Politik' herauskommt, und ob die deutsche Universität an der Abschaffung der Habilitation und der Einführung der Junior-Professur zumindest halb gesunden wird, ist eine empirisch zu prüfende Frage und bleibt abzuwarten. Die Professuren, die die Nachwuchswissenschaftler einmal übernehmen, werden aber wohl nicht mehr dieselben sein. Zweifellos wird mit der sich herausbildenden Stakeholder-Universität auch eine Veränderung des Berufsbildes der Hochschullehrer verbunden sein. Wenn der ‚weise Staat' auf der Suche nach neuen Quellen von Einfluss, Finanzen und Legitimität den Markt imitiert, Studenten als Konsumenten aufgewertet werden, Nutzer, Abnehmer und Verwender der Forschung an Bedeutung gewinnen, die Stellung der einzelnen Hochschule als Akteur aufgewertet wird, und Hochschulleitungen mehr als symbolische Repräsentation betreiben, dann wird dies auch die Karrierepolitik an den Hochschulen betreffen.

Literatur

Beck, U./Brater, M./Daheim, H., 1980: Soziologie der Arbeit und Berufe, Reinbek: Rowohlt.
Ben-David, J., 1971: The Scientist's Role in Society: A Comparative Study, Englewood Cliffs: Prentice Hall.

Braun, D./Merrien, F., 1999 (Hrsg.): Towards a New Model of Governance for Universities? A Comparative View, London: Jessica Kingsley.
Bourdieu, P., 1992: Homo Academicus, Frankfurt a.M.: Suhrkamp.
Dahrendorf, R., 2001: Oxford ist kein Modell. Deutsche Universitätszeitung, Nr.18, 21.September 2001, S. 10-13.
Enders, J., 1999: Die Stellung der Hochschullehrer an den amerikanischen Universitäten: ein Vorbild für die deutschen Hochschulen? hochschule ost 8(3-4): 214-228.
Enders, J., 2001a: A Chair System in Transition: Appointments, Promotions, and Gatekeeping in German Higher Education. Higher Education 41: 3-25.
Enders, J., 2001b: Between State Control and Academic Capitalism: A Comparative Perspective on Academic Staff in Europe, S. 1-24 in: Enders, J. (Hrsg.), Academic Staff in Europe: Changing Contexts and Conditions, Westport/London: Greenwood Press.
Enders, J./Bornmann, L., 2001: Karriere mit Doktortitel? Ausbildung, Berufsverlauf und Berufserfolg von Promovierten, Frankfurt a.M./New York: Campus.
Enders, J./Schimank, U., 2001: Faule Professoren und vergreiste Nachwuchswissenschaftler? Einschätzungen und Wirklichkeit, S. 159-178 in: Stölting, E./ Schimank, U. (Hrsg.), Die Krise der Universitäten. (Leviathan, Sonderheft 20), Opladen: Westdeutscher.
Gibbons, M./Limoges, C./Nowotny, H./Schwartzman, S./Scott, P./Trow, M. 1994: The new production of knowledge, London: Sage.
Habermas, J., 1981: Theorie des kommunikativen Handelns, Frankfurt a.M.: Suhrkamp, 2 Bde.
Luhmann, N., 1964: Funktion und Folgen formaler Organisation, Berlin: Duncker & Humblodt.
Merton, R.K., 1973: The Normative Structure of Science, Chicago: University of Chicago Press, S. 267-278.
Stichweh, R., 1994: Wissenschaft, Universität, Profession, Frankfurt aM: Suhrkamp.
Stucke, A., 2001: Mythos USA. Die Bedeutung des Arguments „Amerika" im hochschulpolitischen Diskurs der Bundesrepublik, S. 131-158 in: Stölting, E./ Schimank, U. (Hrsg.), Die Krise der Universitäten. (Leviathan, Sonderheft; 20), Opladen: Westdeutscher.
Weber, M., 1967 [1919]: Wissenschaft als Beruf, Berlin: deGruyter.

Cornelia Koppetsch

Neue Wirtschaftsberater als Sinnstifter der Marktkultur?

Zur professionspolitischen Bedeutung neuer Leitbilder wirtschaftlichen Handelns

Der Beitrag diskutiert Professionalisierungstrategien im Kontext des aktuellen Wandels der Arbeits- und Berufsgesellschaft. Im Mittelpunkt stehen die neuen ökonomischen Kulturvermittler wie Unternehmensberatung, Public-Relations, Kulturmanagement, Coaching und Werbung. Professionalisierungsstrategien sind kollektivistische Formen der Karrierepolitik, in deren Zentrum die soziale Geltung von Berufspositionen und damit die soziale Macht der Berufsinhaber steht. Im orthodoxen Konsensus der Professionssoziologie wird meist die exklusive Verfügung über relevantes Wissens als Kern professionspolitischer Bestrebungen betrachtet (vgl. Freidson 1975; Larson 1977). Unterbelichtet bleibt in den meisten Ansätzen jedoch die Verankerung professionellen Handelns in umfassenderen kulturellen Kontexten. Darüber hinaus geben die Modelle wenig Aufschluß darüber, wie sich Professionen ändern bzw. neue professionelle Komplexe entstehen. Zwei professionssoziologische Modelle, die Professionssoziologie von Talcott Parsons und die machttheoretische Professionstheorie, sollen dahingehend diskutiert werden, inwieweit sie für ein Verständnis der neuen ökonomischen Kulturvermittler, am Beispiel von Unternehmensberatung und Werbeberufen, und ihre berufspolitischen Strategien, fruchtbar gemacht werden können. Damit soll auch die allgemeine Frage nach der Rolle neuer professionspolitischer Strategien im Kontext aktueller gesellschaftlicher Transformationen gestellt werden.

Ich gehe zunächst kurz auf die Vernachlässigung der Berufskategorie und der Professionstheorie – allgemein: die Vernachlässigung der kulturellen Seite der Arbeit – in den gegenwärtigen Analysen des Arbeitssystems und in der kultursoziologischen Diskussion um Konsumkultur ein (1.). Im zweiten Schritt werde ich zwei professionstheoretische Modelle (die machttheoretische Konzeption von Larson und die erweiterte Professionssoziologie Parsons) kurz skizzieren (2.). Im dritten Abschnitt wird überprüft, inwiefern diese Theorien für die Untersuchung des Berufsfeldes der neuen ökonomischen Kulturvermittler (Werbung und Unternehmensberater) fruchtbar gemacht weden können (3.)[1]

---

1 Für diese Thesen stütze ich mich auf vorläufige Ergebnisse eines laufenden empirischen Habilitationsprojektes („Sozialer Wandel und Werbeberufe"), auf Ergebnisse des von Michael Faust durchgeführten DFG-Projektes „Wachstum und sozialer Funktionswandel der

1. Wandel von Erwerb und Arbeit in der Wissensgesellschaft? Zur Vernachlässigung des Professionsmodells

Soziologische Zeitdiagnosen kommen häufig ohne eine genauere Analyse des Berufssystems aus, und Analysen des Erwerbsystems verzichten weitgehend auf die Kategorie des Berufs bzw. der Profession und damit auf die kulturellen und berufspolitischen Aspekte der Arbeit. Die Professionssoziologie (vgl. Larson 1977; Freidson 1975, Macdonald 1995) hat hingegen keine Perspektive sozialen Wandels entwickelt, und argumentiert weitgehend konservativ, indem sie die „klassische Profession" zur Meßlatte aller, auch der neueren akademischen Berufsgruppen, erklärt. Der Wandel von Professionstypen, professionellen Identitäten und berufspolitischen Strategien kann vor diesem Hintergrund immer nur als „unvollständige Professionalisierung" begriffen werden. Aus diesem Grund gibt es aktuell zwar eine Gegenwartsdiagnose der Arbeit, aber keine Berufs- bzw. Professionssoziologie des sozialen Wandels: Die postfordistische Transformation des Kapitalismus, die völlige Umstrukturierung des Erwerbsystems und das Anwachsen qualifizierter Wissensberufe wurden seit Beginn der 90er Jahre zum Ausgangspunkt einer rein arbeits- und erwerbsoziologischen Betrachtungsweise, die jedoch weitgehend abgekoppelt von anderen Aspekten des kulturellen Wandels betrachtet wurde (vgl. Sennett 2000; Casey 1995; Voß/Pongratz 1998; Hochschild 2000).

In Anbetracht der Tatsache, daß qualifizierte Dienstleistungsberufe (Unternehmensberatung, Werbung, Medienberufe, Forschung, Führungskräfte, etc.) – man spricht von Wissensarbeitern – das gegenwärtige Profil der Erwerbsgesellschaft immer stärker bestimmen (vgl. Deutschmann 2001) und die Grenzen zwischen „normalen Berufen" und akademischen Berufen immer durchlässiger werden, überrascht jedoch die Vernachlässigung der Professionssoziologie. Charakteristisch für die Wissensgesellschaft und die Wissensberufe ist ja nicht allein die bloße Steigerung und sachliche Differenzierung des Wissens – gewachsen ist vielmehr auch der Bedarf an Interpretation und Übersetzung des Wissens in problemadäquates Handeln. Dazu bedarf es der Abstützung durch gesellschaftliche Werte und Leitbilder. Aus diesem Grund ist es unverzichtbar, nicht nur die Steigerung des Spezialistenwissens zu konstatieren – wie der Begriff der Wissensgesellschaft es nahelegt – sondern auch die kulturellen Aspekte (Bezug auf allgemeine Werte, Berufsethos, Berufs- und Ausbildungskulturen) in die zeitgeschichtliche Diagnose von Beruf und Erwerb mit einzubeziehen. Diese stellen ja, selbst wenn die Wissensberufe keine klassischen Professionen im engeren Sinne sind, ein wesentliches Merkmal des *professionellen* Handelns dar.

Auch die Diskussion um berufliche Identitäten und des Wandels des Sozialcharakters, die in den letzten Jahren erneut aufgeworfen wurde (vgl. Sen-

---

Unternehmensberatung" und auf Arbeiten von Claudia Groß (2002) und Christoph Deutschmann (1993; 2001).

nett 2000), operiert unter weitgehendem Ausschluß professionssoziologischer Perspektiven. Dies ist jedoch vor dem Hintergrund der Anhebung des allgemeinen Qualifikationsniveaus und der Bedeutung wertbezogener und nichtformalisierbarer Kompetenzen, welche die gesamte Persönlichkeit miteinbeziehen, unverständlich.[2] Dabei zeigen sich durchaus Veränderungen: Viele neuere Berufe, unter anderem auch Berufe in der Werbebranche, professionalisieren sich im Vergleich zu den klassischen Berufen nicht mehr in erster Linie über ethische und moralische, sondern über expressive Werte. Kreativität, Geschmack und die Arbeit mit Emotionen werden als extrafunktionale Qualifikationen gegenüber der alten protestantischen Pflichtethik wichtiger. Das beinhaltet auch eine Verschiebung hin zum expressiven Individualismus in der Berufsidentität, hin zu Selbstverwirklichung und Diffusität: die ganze Person wird wichtiger. Aus diesem Grund ist es wichtig, bei der Diagnose der Veränderungen des Sozialcharakters der Arbeit nicht nur den Wandel der *Erwerbsstrukturen*, sondern auch den Wandel professioneller Werte zu berücksichtigen.

Dennoch blieb die Tradition der Berufs- und Professionssoziologie bislang weitgehend abgekoppelt von kultursoziologisch orientierten Gegenwartsdiagnosen. Für diese Vernachlässigung gibt es mindestens drei Gründe: Ein Grund ist, daß die Kultursoziologie seit den 80er Jahren sich weniger mit beruflichen als mit „privaten" Identitäten in Familie im Privaten befasst hat. Begleitet wurde dieser neue „soziologische Subjektivismus" (Offe 1984) durch den *cultural turn*, den Aufschwung der interpretativen Paradigmen und der Lebensstilforschung. Die daraus resultierende Vernachlässigung professioneller Zusammenhänge und beruflicher Akteure zeigt sich besonders in den eher „postmodernen Ansätzen" der Medien- und Konsumforschung, die sich zwar nicht auf die Privatsphäre beschränken, sich jedoch rein kulturimmanent mit Fragen von Massenmedien, Medienästhetik, *consumer culture* (Falk 1994) oder *promotional culture* (z.B. Wernick 1991) etc. auseinandersetzen und dabei die Beziehungen zur sozialen Ordnung ausgeklammert haben. Dadurch ist lange Zeit in Vergessenheit geraten, daß zentrale Charakteristika spätmoderner Gesellschaften ohne die Berücksichtigung der Veränderungen der beruflichen Sphäre nicht zu verstehen sind.

Ein zweiter Grund für die weitgehende Bedeutungslosigkeit der Professions- und Berufssoziologie ist, daß diese sich nicht explizit mit Fragen des sozialen Wandels auseinandergesetzt hat, die zur Zeit die soziologische Diskussion beschäftigen. Die Forschungsstrategie der Professionssoziologie befasst sich in ihren Anfängen mit den Funktionen professioneller Problemlösungen für die Gesellschaft und fokussiert sich auf die Untersuchung von

---

2 Insbesondere in neuen bzw. schnell veränderlichen Berufsfeldern entscheiden nicht in erster Linie die Zertifikate, sondern „charakterliche Voraussetzungen", „Persönlichkeit" und soziale Zugehörigkeiten. Anzunehmen ist, daß auch in Zukunft „immer mehr Berufsprofile entstehen, die dem Einzelnen ein hohes Maß an Identifikation abverlangen und voraussetzen, daß ihre Träger die zentralen Merkmale ihrer Berufsrolle im wahrsten Sinne *verkörpern*.

professionellen Problembezügen und ihren wissenschaftlichen Verankerungen jeweils einzelner Berufsgruppen. Unterbelichtet blieb hier die Tatsache, daß professionelle Problemlösungen, Wertorientierungen und Wissensgrundlagen in umfassenderen gesellschaftlichen Kontexten verankert sind. Wandeln sich diese, so verändern sich auch die Wert- bzw. Wissensgrundlagen professionellen Handelns. Spätere Arbeiten haben – verstärkt seit den 70er Jahren – vor allem den Akteursbezug betont und die machttheoretischen Gesichtspunkte bei der Monopolisierung von Expertenwissen und Klientenbeziehungen hervorgehoben. Doch auch diese vernachlässigen, daß berufspolitische Strategien vor dem Hintergrund des generellen Wandels von Autoritäts- und Einflußformen sowie gesellschaftlicher Leitbilder betrachtet werden müssen.[3]

Es gibt noch einen dritten Grund für die Ausblendung der Professionssoziologie: So haben die 90er Jahre wieder an die Erwerbssphäre angeknüpft. Die postfordistische Transformation des Kapitalismus, die völlige Umstrukturierung des Erwerbsystems und das Anwachsen qualifizierter Wissensberufe wurden zum Ausgangspunkt einer Abwendung vom Lebensstil-Kulturalismus der 80er Jahre und zu einer erneuten zeitdiagnostischen Hinwendung zu Fragen von Arbeit und Erwerb gemacht (vgl. Sennett 2000; Casey 1995; Voß/Pongratz 1998). Dabei sind jedoch die kulturellen Verankerungen von Arbeit und Erwerb weitgehend aus dem Blick geraten. Im Zentrum des Interesses standen und stehen vielmehr Untersuchungen zur Flexibilisierung und Entbürokratisierung der Arbeitswelt, welche die Ansätze der klassischen Berufs- und Professionssoziologie nicht mehr berücksichtigen. Behauptet wird im Gegenteil, daß gerade die Entstehung hochgradig individualisierter Fähigkeitsprofile im Zuge der Flexibilisierung der Arbeit die Orientierung an kollektiven Leitbildern von Beruf und Profession verdrängt habe, weil standardisierte arbeitsinhaltliche und berufsspezifische Qualifikationen relativ an Bedeutung verloren hätten. An die Stelle trete die Figur des „Arbeitskraftunternehmers", der in der Lage sein müsse, effizient in permanente Weiterbildung zu investieren, um sich unter Bedingungen ständig wechselnder Karrieremuster und Berufsbilder optimal „zu vermarkten".[4] Entsprechend wird die Sphäre von Arbeit und Erwerb in den Sozialwissenschaften gegenwärtig primär aus einer *betrieblichen* statt aus einer *beruflichen* Lo-

---

[3] So verstanden bildet die Ebene der Profession ein Schanier zwischen allgemeinen kulturellen und gesellschaftlichen Entwicklungen auf der einen Seite und beruflichen Handlungslogiken bzw. Identitäten auf der anderen Seite.

[4] Zentraler Aspekt ist hierbei nicht nur die Fähigkeit, neues Wissen zu akkumulieren, sondern auch, einmal erworbenes Wissen wieder zu vergessen, um schnell genug auf die beschleunigten Innovationszyklen reagieren zu können. Dabei genügt es immer weniger, die eine oder andere technische Innovation in den akkumulierten Kenntnisstand zu integrieren (vgl. Kraemer/Bittlingmayer 2001). Für eine zunehmende Zahl von Erwerbspersonen ist es vielmehr zur Norm geworden, die einmal angeeignete Kenntnisbasis im Verlauf eines Erwerbslebens mehrfach auszutauschen (vgl. Sennett 2000).

gik betrachtet.⁵ Damit droht jedoch die Verankerung beruflichen Handelns in kulturellen Werten und allgemeinen Wissengrundlagen und damit auch eine ganze Forschungstradition von Parsons bis Hochschild in Vergessenheit zu geraten.⁶

2. Professionen und Professionspolitik im Kontext kulturellen Wandels. Zwei Ansätze

Die Liste der Attribute, die den klassischen Idealtypus ‚Profession' verkörpern, variiert, dennoch gibt es in der Tradition der Professionssoziologie wesentliche Übereinstimmungen hinsichtlich der wesentlichen Dimensionen: Professionen sind Berufe mit besonderem gesellschaftlichen Einfluß und Ansehen, die a) über exklusive Kompetenzen (Techniken) und Wissensbestände verfügen und b) auf zentrale gesellschaftliche Werte rekurrieren, c) die ihre Macht und ihr Recht auf Selbstkontrolle und letztlich auch ihre Eliteposition in den Augen der Öffentlichkeit rechtfertigen. In der Regel werden in der professionssoziologischen Literatur zwei zentrale Perspektiven diskutiert: Ansätze, die im Anschluß an Parsons vor allem den gesellschaftlichen Funktionsbezug der Profession betonen, und die machttheoretischen Ansätze, die Prozesse sozialer Schließung ins Zentrum rücken und seit den 70er Jahren den professionssoziologischen Diskurs dominieren.

Für Parsons markieren Professionen den Übergang von der ständischen zur modernen Gesellschaft und gehen mit der Ablösung des Traditionalismus zum Universalismus einher. Parsons betont dabei vor allem den Prozess, in dem durch die Entwicklung, Institutionalisierung und praktische Anwendung wissenschaftlicher Disziplinen Wissen dem Primat kognitiver Rationalität unterworfen wird und stärker am praktischen Erfolg statt an charismatischen Heilslehren ausgerichtet ist und sich damit von einer primär religiösen Matrix abheben. Professionelles Handeln ist z.B. für Parsons rationales Handeln, das zum einen auf Werte rekurriert und zum anderen im wissenschaftlichen Wissen verankert ist.⁷ Professionen sind Institutionen der Wertrealisierung, wel-

---

5   In Anbetracht der Tatsache, daß hochqualifizierte Dienstleistungen das gegenwärtige Erwerbs-Profil innerhalb von Unternehmen immer stärker bestimmen (vgl. Deutschmann 2001), scheint es jedoch sinnvoll, auch Ambivalenzen und gegenläufige Trends zur verstärkten „Vermarktlichung" von Arbeitskraft zu berücksichtigen. Denn dem Tauschwertprinzip bei der Vermarktung der eigenen Arbeitskraft steht zumindest die inhaltliche Identifikation und professionelle Orientierung gerade hochqualifizierter Berufsgruppen entgegen.
6   Parsons/Platt (1973; 1990: 330f) nennen als Beispiel für allgemeinere Aspekte professioneller Aufgabenfelder die latenten Funktionen. So haben Ingenieure nicht nur die Aufgabe, spezielle technische Probleme zu lösen. Ihre Funktionen berühren immer auch Fragen der „sozial nützlichen Anpassung der materiellen Umwelt" (341).
7   Mit dieser Charakterisierung der Professionen kommt Parsons zu einer Abgrenzung des Professionsmodells von zwei anderen Organisationsformen des beruflichen Handelns: Markt und Bürokratie. Die Orientierung an Rationalität, funktionaler Spezifität und Univer-

che die Funktion haben, die Differenz von Normativem und Faktischem zu überwinden. Über eine Verknüpfung von Rationalität und Moral verwalten sie gleichsam treuhänderisch zentrale Wertgesichtspunkte wie Gerechtigkeit, Wahrheit, Gesundheit, Erziehung, etc. Professionen sind zudem Mechanismen einer modernen Form der Autoritätsbildung, die weder durch ständische Privilegien, noch allein durch Moralität oder Weisheit abgesichert ist, sondern funktional spezifisch, universalistisch und rational begründet wird – eben Expertenautorität. Dieser Prozess – die stärkere Verwissenschaftlichung gesellschaftlicher Problemlösungen und gesellschaftlicher Autoritätsgrundlagen und eine auf Wissenschaft basierte technische Entwicklung – zeichnet die Modernität der Professionen aus.[8] Trotz der starken Bedeutung von wissenschaftlicher Rationalität bleibt gleichwohl ein Rest charismatischer Autorität, weil die wissenschaftliche Kompetenz immer auf die Lösung eines praktischen (Wert-) Problems im Einzelfall (klinischer Fokus) bezogen bleiben muß.

Die drei Säulen des Professionsmodells bei Parsons sind also: Erstens die Verankerung der beruflichen Tätigkeit im Wissenschaftssystem (kognitive Rationalität); zweitens der Bezug auf einen kulturellen Wert außerhalb der Wissenschaft (Gerechtigkeit, Gesundheit, Sinnhaftigkeit) und dessen treuhänderische Verwaltung; und drittens die Orientierung am Einzelfall. Alle drei Punkte müssen vorliegen. Die ausschließliche Orientierung an Wissenschaft bliebe, bezogen auf das kulturelle Problem der Wertbewahrung und das Problem des Klienten, ohne fallspezifische Lösung. Die ausschließliche Orientierung am kulturellen Wert oder an der Wissenschaft entspräche etwa dem Theologen, der keine Seelsorge macht, oder dem Psychoanalytiker, der nur noch Bücher schreibt. Die ausschließliche Orientierung am Klienten wiederum würde der Willkür die Tore öffnen (Marktförmigkeit oder Partikularismus statt Universalismus und Rationalität).[9] Professionelle Praxis agiert also im Spannungsfeld zwischen wissenschaftlichem, objektiv standardisierba-

---

salismus gilt auch für das Bürokratiemodell und das Marktmodell, doch im Unterschied zum bürokratischen und ökonomischen Handeln verfügen Professionen – das zeigt Parsons im Anschluß an Weber – über eine bestimmte Kombinatorik von Wert- und Zweckrationalität: Klassische Professionen leisten durch das kognitive Interesse an einem rationalen Vorgehen eine gewisse Vermittlung mit dem nichtrationalen Interesse an Gesundheit, Gerechtigkeit bzw. anderen zentralen Werten und einer rationalen Wahl der Mittel. Reine Wertrationalität, die sich nicht auf wissenschaftliche Rationalität stützt, entwickelt nach Parsons ideologische Züge (vgl. Parsons/Platt 1973/1990: 112).

8 Eine Weiterführung dieses funktionalistischen Ansatzes finden wir z.B. bei Luhmann. Professionen gelten hier als unabdingbares Phänomen unser funktional differenzierten Gesellschaft, weil sie dem gesellschaftlichen Erhalt dienen.

9 Mit der Charakterisierung der Professionen durch das Treuhänder-Modell kommt Parsons nun zu einer deutlichen Abgrenzung des Professionsmodells von drei anderen möglichen Modellen der Organisation des beruflichen Handelns: Markt, Bürokratie und Demokratie (Parsons/Platt 1973/1990: 123ff). Man kann dadurch die Grenzen der Vermarktung beruflicher Leistungen abschätzen und das Spannungsverhältnis ‚Markt – Kultur' genauer bestimmen, was insbesondere für jene neuen Professionen wichtig ist, die Werte vermarkten bzw. die Märkte kulturalisieren sollen.

rem und rationalisiertem Wissen auf der einen Seite, und klinischem, nichtstandardisierbaren, partiell mysteriösem Wissen auf der anderen Seite (vgl. dazu auch Larson 1977: 31ff). Dieses – von Oevermann (1978) so bezeichnete Paradox der Professionalisierung[10] – impliziert zum einen ein Erkennen der Grenzen wissenschaftlichen Wissens durch den Professionellen, zum anderen aber auch eine Erhaltung charismatischer Autoritätsgrundlagen im professionellen Handeln.[11]

Für Parsons stellen professionelle Autonomie und Verantwortung die Basis für eine gesellschaftliche Eliteposition der Professionsangehörigen her. Wenn sich eine Berufsgruppe professionalisiert, dann ist damit zwangsläufig auch eine gesellschaftliche Eliteposition (legitime Herrschaft, Autorität) verbunden (Parsons 1968). In diesem Punkt unterscheidet sich seine Position nicht von den machttheoretischen Professionstheorien. Der Unterschied liegt darin, daß für Parsons die Machtfrage kein politisches Problem oder ein Problem sozialer Ungleichheit darstellt. Vielmehr stellt er sich die Professionen in Analogie zu früheren Wissens- und Interpretationseliten (Priester, Propheten) vor: eine Herrschaft im Dienst der Gesellschaft.

Dagegen stellen für die machttheoretischen Ansätze weder die zentralen Wertgesichtspunkte noch die Verankerung von Professionen im wissenschaftlichen Wissen primär eine Reaktion auf gesellschaftliche Bedürfnisse dar, sondern sind Gegenstand einer aktiven legitimatorischen Berufspolitik. Machttheoretische Ansätze betonen die aktive Rolle der Professionsangehörigen (vgl. Freidson 1975; Larson 1977) bei der Kontrolle von Ausbildung und Berufszugang, der Definition und Ausdehnung von Aufgabenfeldern. Professionalisierung ist der Prozess, bei dem eine knappe Ressource, spezielles Wissen und Fähigkeiten, in eine andere – soziales und ökonomisches Kapital – übersetzt werden. Sie entspringt dann nicht vorgängigen gesellschaftlichen Bedürfnissen, sondern ist ein erfolgreicher Mechanismus der sozialen Schließung, d.h. der Kontrolle von Klientenmärkten, gegenüber Mitanbietern vergleichbarer Leistungen. Auch die Verankerung im Wissenschaftssystem – das zweite von Parsons hervorgehobene Merkmal der Professionen – gilt im machttheoretischen Paradigma weniger als ein probates Mittel fallspezifischer Problemlösung (dazu ist das Wissen zu abstrakt), denn als Prinzip der Standardisierung, Validierung und Legitimierung professionellen Handels (vgl. Larson 1977: 34f). Durch wissenschaftliche Ausbildung wird

---

10 Oevermann hat stärker noch als Parsons die klinische Kompetenz des professionell Handelnden betont, die Orientierung am Einzelfall im Sinne von Fallverstehen und stellvertretender Deutung. Er sieht die „stellvertretende Krisenbewältigung" (stellvertretende Deutung bei Krisen der Autonomie der Lebenspraxis) als Kern professionellen Handelns an.
11 Die professionelle Praxis behält durch die „klinische Ausrichtung" ein Moment des Rätselhaften, Geheimnisvollen und Außergewöhnlichen. Sie verlangt eine persönliche Folgebereitschaft der Klienten – Vertrauen, compliance – immer dort, wo Entscheidungen nicht durch objektives Regelwissen gestützt und legitimiert werden, sondern auf Erfahrungswissen, klinischem Wissen basieren, dessen Annerkennung und Geltung durch die Klienten letztlich eine Glaubensfrage darstellt. Psychoanalytiker sprechen in diesem Zusammenhang z.B. von einer Kunstlehre.

zum einen die soziale und kognitive Homogenität der Professionsangehörigen gesichert, zum anderen wird versucht, den Legitimitätsglaube an die gebotenen Leistungen im öffentlichen Bewußtsein zu verankern. Doch Fachkompetenz allein genügt nicht: Erst wenn es dem entsprechenden Beruf auch gelingt, die moralische Hochwertigkeit ihres Handelns deutlich zu machen, erst eine Art Gemeinwohlorientierung also, geben der Profession ein Ethos, d.h. eine gesellschaftliche Mission, die als Grundlage auch für die Selbstkontrolle des jeweiligen Berufs dient.

Machttheoretische Ansätze haben in den letzten Jahrzehnten den orthodoxen Konsens der Professionssoziologie gebildet. Ihnen ging es primär um die herrschaftslegitimierenden Aspekte professionellen Handelns auf der Basis moralischer und wissenschaftlich-rationaler Hochwertigkeit. Die starke Rezeption dieser Ansätze hat jedoch bewirkt, daß der Parsonsche Ansatz nur noch selektiv, d.h. im Sinne einer affirmativen Gesellschaftsanalyse, rezipiert und trotz seines bislang unausgeschöpften gesellschaftstheoretischen Potentials für die Professionssoziologie schließlich mehr und mehr in den Hintergrund gedrängt worden ist. Dies wurde jedoch mit einer perspektivischen Verengung und einer Ausblendung übergreifender gesellschaftlicher Kontexte, in denen professionelles Handeln eingebettet ist, erkauft. Darüber hinaus ist die Theorie letztlich an historisch überholten Modellen von Professionen und Professionalisierung orientiert. Nicht nur sind neue Professionstypen entstanden, auch die klassischen Professionen haben sich verändert. In diesem Zusammenhang wäre es sinnvoll, über mögliche Modifikationen des Professionsmodells im Kontext gesellschaftlichen Wandels nachzudenken. Dazu lohnt es sich, auf die „expressive Kultur" bei Parsons und ihre Bedeutung für neue Professionen näher einzugehen.

Parsons' Kulturbegriff wird oft auf Wertintegration reduziert. Doch schon in der Hochphase des Strukturfunktionalismus unterscheidet Parsons drei Teilbereiche: neben der für Werte zuständigen moralischen (*evaluativen*) Kultur und der kognitiven Kultur der Wissenssysteme (ideas, belief systems) die *expressive* Kultur (Parsons 1951: 384ff.). Expressivität steht dabei in enger begrifflicher Verbindung mit einer affektiven Motivationsbasis[12] und mit einer ästhetischen Orientierung: Expressive Symbole (Objekte) und Handlungen erhalten ihre Kulturbedeutung nicht primär durch einen normativen Wertbezug, sondern durch affektive Motivationen (Kathexis, Bedürfnis nach unmittelbarer Gratifikation) und durch ästhetische Wertschätzung (*appreciation*).[13] Der expressive Symbolismus dient somit der Kommunikation von

---

12 Affektivität war für Parsons schon immer wichtig als Basis für Solidarität und Kollektivität – und damit auch für Expressivität im Sinne des Zum-Ausdruck-Bringens des Wertes der kollektiven Bindungen. „Alle Handlungen haben einen expressiv-symbolischen Charakter, bringen eine affektive Einstellung, eine – positive oder negative – Kathexis von Objekten zum Ausdruck" (Wenzel 2001: 291).

13 „Ästhetisch" in einem weiten Sinn: alles, was gefällt, was Vergnügen bereitet. Symbolisch-expressive Handlungen sind daher auch solche, in denen Affekte zum Ausdruck gebracht

gemeinsamen Gefühlen und ist Ausdruck von affektiv begründeten Solidaritäten, Lebensstilen und Geschmacksurteilen (ausführlich dazu Staubmann 1995). Die Grundlagen der expressiven Kultur sind zunächst affektive, diffuse, partikularistische Komponenten, d.h. sie ist im Privatleben („Gemeinschaft", Liebe, Verwandtschaft) begründet. Aber im Zug der gesellschaftlichen Differenzierung, begleitet von affektiver Generalisierung, entwickeln sich spezialisierte expressive Rollen – Berufsrollen, in denen instrumentelle und expressive Komponenten kombiniert werden. So wie der Wissenschaftler der Prototyp des kognitiven Akteurs ist, so ist dies der Künstler für den expressiven Bereich (Parsons 1951: 399ff., 408ff.). Doch es gibt auch andere expressive Berufsrollen, den ganzen Bereich der Kulturvermittler, die nicht selbst Produzenten expressiver Symbole sind (wie etwa in der Werbung), – und es gibt expressive Aspekte von instrumentellen Rollen, etwa charismatische Führungsrollen, die Gruppen-Gefühle zum Ausdruck bringen. Expressive Qualifikationen könnten heute wichtiger werden, wenn Berufsleistungen zunehmend auf die Anerkennung durch ein Publikum angewiesen sind.

Zwar mag bezweifelt werden, ob für Parsons die expressive Kultur wichtiger geworden ist; von der „expressiven Revolution" sprach er erst spät und eher beiläufig.[14] In *The Social System* und anderen Arbeiten überwiegt die evaluative (moralische) Kultur; und in *The American University* wird Expressivität häufig im Zusammenhang mit der „störenden" Gegenkultur präsentiert.[15] Für die Professionstheorie werfen die expressive Revolution und der Bedeutungszuwachs von Affektivität, Expressivität und Diffusität die Frage nach der Möglichkeit eines neuen „expressiven" Professionstyps auf. Der affektiv-expressive Komplex bleibt nicht im „partikularistischen" Bereich der „Gemeinschaft" – vielmehr wird dieser Komplex durch Affekt-Generalisierung abstrakter und er wird professionalisiert. Und Parsons befaßt sich zumindest mit der Möglichkeit einer Schwerpunktverlagerung vom Moralischen zum Expressiven. Das beinhaltet auch eine Verschiebung hin zum

---

werden (Freude, Gruppensolidarität, Freundschaft usw.). Hier sind Ähnlichkeiten zur Konzeption von Susanne Langer (1969) unübersehbar.
14 Vgl. Parsons (1978: 320ff.). In diesem Zusammenhang wird der *institutionalisierte Individualismus* mit Selbstverwirklichung in Verbindung gebracht *(expressiver Individualismus)*. Von „increased prominence of expressive interests in American society" ist gelegentlich die Rede (Parsons/Platt 1973/1990: 382f.) – Zur Bedeutung der ästhetisch-affektiven Dimension in Parsons' Werk vgl. Staubmann (1995), der jedoch meint, diese Dimension sei im Zuge des Umbaus zum AGIL-Schema wieder verloren gegangen; etwas anders sieht das Wenzel (2001). – Vgl. auch Tanner (2000) für Affekt-Generalisierung und die affektive Unterstützung von Interaktionen durch expressive Symbole.
15 Daher gibt es häufig Spannungen zwischen expressiver, evaluativer und kognitiver Kultur (z.B. Parsons 1973/1990 273f., 417). Der typische Vorwurf von der expressiven an die kognitive Seite lautet dann: Ihr seid nicht kreativ! Die *Humanities* mit ihrer kritischen Funktion gegenüber der Kunst verknüpfen das Kognitive mit dem Expressiven, während umgekehrt die Kunst dem Kognitiven sozusagen das affektive Futter gibt – mit der Gefahr der Überästhetisierung des Wissens (Parsons/Platt 1973/1990: 48).

expressiven Individualismus, zu Selbstverwirklichung und Diffusität: die ganze Person wird wichtiger.[16]

Das bedeutet für die Professionstheorie erstens, daß nun auch die klassischen Professionen stärker an Affektivität und Expressivität orientiert sein müssen; und zweitens, daß sich allmählich ein neuer professioneller Komplex bildet, eine Gruppe von „expressiven" Professionen.[17] Neben das Künstlertum als Kernprofession der Treuhänderschaft für expressiven Symbolismus treten zunehmend neue Berufsgruppen, die Verantwortung für die Implementierung von expressivem Symbolismus übernehmen. Dazu gehören – wie im folgenden gezeigt werden soll – auch die neuen ökonomischen Kulturvermittler.

3. Die neuen ökonomischen Kulturvermittler. Professionspolitik im Spannungsfeld von Wirtschaft und Kultur?

Die neuen ökonomischen Kulturvermittler sind keine Professionen im klassischen Sinne und werden es – folgen wir den funktionalistischem Ansatz von Parsons – auch nicht werden. Für die Unternehmensberatung wie auch für Werbung gilt, daß sie keinen staatlichen Schutz genießen und als Wirtschaftsberater letztlich der ökonomischen Logik ihrer Auftraggeber aus den Unternehmen unterworfen bleiben. Fehlende Standardisierung der Ausbildung, mangelnde Zugangsbeschränkung, ungeschützte Berufstitel, schwache Repräsentanz der Einzelunternehmen in den Berufsverbänden[18] und schwache Bindung an ethische Verhaltensgrundsätze tragen überdies zur Unzulänglichkeit professionspolitischer Machtmittel bei. Dennoch wäre es zu einfach, die Wirtschaftsberater einfach als „Handlanger des Kapitalismus" zu betrachten, denn sie haben verstärkt seit den 80er Jahren an quantitativer Bedeutung[19]

---

16 Im AGIL-Schema erhält später die Expressivität die goal-attainment-Funktion, und damit – auf der Ebene des Allgemeinen Handlungssystems – eine besondere Verbindung zur Persönlichkeit (Selbstverwirklichung) (Parsons/Platt 1973/1990: 313).

17 Bei Parsons selbst lassen sich nur schwache Ansätze finden für die Skizzierung eines „expressiven", gewissermaßen postmodernen Professionskomplexes. Parsons hat, so die Kritik von Wenzel (2001), die „postmoderne" Medientheorie zu wenig auf die Professionen bezogen und darüber hinaus die Massenmedien vernachlässigt. Es gibt einzelne Hinweise auf eine „Professionalisierung expressiver Tätigkeiten" (z.B. Parsons 1994: 213).

18 Der BDU (Berufsverband der Unternehmensberater) hat zur Zeit 540 Beratungsunternehmen als Mitglieder, die insgesamt 16000 Berater beschäftigen. Auf der Ebene der Unternehmen erfasst der BDU damit nur einen Anteil von 3,7%, im Hinblick auf die mitarbeitenden Berater immerhin 23,5%. Dies bedeutet zum einen, daß die Grenzen bei der finanziellen Ausstattung des Berufsverbandes eng gesteckt sind, zum anderen aber auch weniger Schlagkraft in der Öffentlichkeitsarbeit (vgl. Groß 2002).

19 Im letzten Jahrzehnt hat sich die Umsatzentwicklung in der Werbung von 6 Mrd. Euro auf 12 Mrd. Euro gesteigert (Werbung in Deutschland 2000). Verdoppelt hat sich auch das Beschäftigungsvolumen, das sich für die im Gesamtverband Deutscher Werbeagenturen angeschlossenen Agenturen von 9.000 im Jahre 1990 auf 16.282 erhöht hat. Auch die Unter-

Neue Wirtschaftsberater als Sinnstifter der Marktkultur? 273

und an Einfluß[20] gewonnen, der über die ökonomische Sphäre hinausreicht: Unternehmensberatungsfirmen werden zur Restrukturierung öffentlicher Einrichtungen herangezogen und Werbeagenturen arbeiten immer stärker auch im Auftrag von Kirchen, Parteien und anderen öffentlichen Institutionen. Sie erfüllen zunehmend nicht nur einen wirtschaftlichen, sondern einen gesellschaftlichen Auftrag. Sie konnten sich im Schnittfeld von Kultur und Wirtschaft professionalisieren, indem sie innerhalb der Unternehmen die sozialen und kulturellen Grundlagen reflektieren und beeinflußen: Unternehmensberater – so hat Deutschmann (1993) im Anschluß an Kellner/Heuberger (1992) gezeigt – betreiben unter dem Etikett „Unternehmenskultur" professionelles Symbolmanagement von Arbeitskulturen[21], Public-Relations sorgen sich um den Ruf des Unternehmens vor den kritischen Augen einer Öffentlichkeit, die sich um ökologische, soziale und biologische Risiken sorgt. Und Werbeexperten formulieren neue Leitbilder des Konsums, die sich nicht mehr am utilitaristischen Bedürfnismodell, sondern an den expressiven Funktionen des Konsums für Identität und Lebensstile orientieren. Damit erweitern die Wirtschaftberater ihre professionellen Handlungsspielräume: Die Verschiebung des Aufgabengebietes der Wirtschaftsberater hin zu kulturellen Handlungsfeldern hat bewirkt, daß sich die Dienstleistungen der neuen Kulturvermittler zunehmend der direkten ökonomischen Erfolgskontrolle entziehen und diese ihre berufliche Arbeit stärker an normativen bzw. ästhetischen Kriterien ausrichten. Die Beurteilung ihrer Leistungen wird dadurch zum einen selbstbezüglicher auf eigene Maßstäbe bezogen und zum anderen stärker vom „symbolischen Kapital", d.h. von Ansehen und Reputation der Experten, abhängig. Professionalisierung kann somit als eine Strategie angesehen werden, direkte Erfolgskontrollen durch berufliche Selbstkontrolle zu ersetzen.

Dies zeigt sich daran, daß es den neuen Wirtschaftsberater auf der Basis der „kulturellen Wende" zunehmend gelingt, von Auftraggebern unabhängige, d.h. eigene Standards für ihre Leistungen zu bestimmen (vgl. 3.1.) und daß sie zudem versuchen, ihre Macht durch die Durchsetzung von Leitbildern wirtschaftlichen Handelns abzustützen und eventuell auf neue Problemfelder auszuweiten (vgl. 3.2.). Allerdings fügen sich diese Strategien nicht dem Modell der klassischen Profession. Wie bereits gesagt, werfen die Besonderheiten der neuen Wirtschaftsexperten gegenüber den klassischen Professionen (wie sie Parsons definiert) die Frage nach der Möglichkeit eines neuen Professionstypus auf. Zum einen, weil expressive Werte im Vordergrund ste-

---

nehmensberatung hat sich in den letzten elf Jahren in der BRD fast verdreifacht: von 4,5 Mrd Euro 1990 auf 12,9 Mrd Euro im Jahre 2001 (vgl. Groß 2002).
20 81% von 11 befragten Großunternehmen schalten nach Angaben des Internationalen Instituts für Lernende Organisationen in Reorganisationsprozessen externe Berater ein (vgl. Faust 1998: 161).
21 Kellner/Heuberger (1992: 51) unterscheiden zwischen klassischem und modernem Consulting. Während klassisches Consulting sich mit Fragen der Rationalisierung von Produktion und Organisation und der Produkt- und Marktpolitik beschäftigt, konzentriert sich das moderne Consulting auf die sozialen und kulturellen Aspekte der Organisation.

hen, zum anderen, weil die neuen ökonomischen Kulturvermittler keine normativen Garantien vermitteln, sondern die vermittelten „Kulturen" zu einem reflexiven Projekt werden lassen, dessen Regeln keineswegs im vorhinein feststehen. Die neuen ökonomischen Kulturvermittler definieren ihren gesellschaftlichen Auftrag – in Abgrenzung zu klassischen Professionen – immer weniger über ein moralisches Berufsethos. Sie sehen sich stärker in der Rolle des Treuhänder *expressiver* Werte wie z.b. Selbstverwirklichung, Individualität, Autonomie und Kreativität. Damit folgen sie aber der von Parsons angedachten Schwerpunktverlagerung vom Moralischem zum Expressiven. Und sie operieren – im Unterschied zu klassischen Professionen – nicht mehr auf der Basis unhinterfragter hierarchischer Wertsysteme, sondern handeln im Bewußtsein der Pluralität und Relativität von Wertsystemen in den Bereichen von Arbeit, Konsum und Öffentlichkeit. Durch die Einführung von Unternehmenskulturen im Bereich der Arbeit haben sich z.b. arbeitsbezogene Werte (Arbeitsmoral, Solidaritäts- und Wettbewerbsnormen) stärker pluralisiert und flexibilisiert. Die normativen Orientierungen der Unternehmensberater wechseln entsprechend je nach Kontext, weil für jedes Unternehmen, für jeden Auftraggeber andere Werte, andere Regelstrukturen maßgeblich sind. Das bedeutet aber auch, daß die Autorität der Experten gegenüber den Klienten immer wieder aufs Neue gewonnen werden muß, statt sich – wie bei den klassischen Professionen – weitgehend auf internalisierte Wertbindungen zu stützen. Einflußkommunikation und flexiblere Reputationssysteme treten an die Stelle der ehemals kollektiv abgesicherten „Amtsautorität" traditioneller Professionen. Diese Unterschiede gegenüber den klassischen Professionen kennzeichnen auch die berufspolitischen Strategien, mit denen der Prozeß der zunehmenden Selbstkontrolle von Leistungen und der Legitimierung professionellen Handelns bei den neuen Wirtschaftsberatern vorangetrieben wird.

3.1 Strategien professioneller Selbstkontrolle am Beispiel der Werbeberufe

Berufliche Autonomie konnten Werbeberufe zum einen durch die Etablierung sozialwissenschaftlicher Standards bei der Definition neuer Leitbilder des Konsums, zum anderen durch die zunehmende Ästhetisierung in der Werbung erreichen. Seit den 80er Jahren hat sich in allen westlichen Industrienationen – flankiert von zahlreichen Agenturgründungen und organisatorischen Umstrukturierungen der Branche (vgl. Thiel 2002) – eine neue Auffassung von Werbung durchgesetzt, die sich am Leitbild „kreativer Werbung", d.h. an ästhetischen Maßstäben orientiert, mit Witz und Humor arbeitet, klassische Werbekodes parodiert, das Produkt dezentriert oder sich an filmischen Vorlagen orientiert (vgl. Schmidt 1996). Parallel dazu fand eine kulturwissenschaftliche Fundierung des Berufs statt, die ganz explizit die kommunikativen Funktionen des Konsums reflektiert und das Berufsbild des „strategi-

Neue Wirtschaftsberater als Sinnstifter der Marktkultur?

schen Planers" hervorgebracht hat. Auf der Basis der Entwicklung ästhetischer Standards konnten vor allem „die Kreativen", d.h. die mit der Werbegestaltung befassten Berufsgruppen in der Werbebranche, an Problemlösungs- und Interpretationsmacht gewinnen: Institutionell flankiert wurde die Politik der Selbstkontrolle durch die Vergabe symbolischer Ränge für „kreative Werbung", d.h. durch Wettbewerbe und „award systems". In der Werbewelt werden alljährlich unterschiedliche Wettbewerbe veranstaltet, bei denen kreative Werbung ausgezeichnet wird. Auszeichnungen erhöhen die berufliche Reputation der Kreativen und ihrer Agenturen und sind sowohl von karriere- wie auch von professionspolitischem Interesse.[22] (Das Prinzip unterscheidet sich im übrigen nicht von der Sphäre freier Kunstproduktion, denn auch hier ist die Durchsetzung der Maßstäbe für „wahre Kunst" an die institutionelle Macht symbolischer Gatekeeper gekoppelt). Allerdings sind der ästhetischen Autonomie Grenzen gesetzt: Werbeschaffende balancieren zwischen ihrem künstlerischen Auftrag und den Profitinteressen ihrer Auftraggeber. Nach wie vor verfügen sie mangels wirklicher Autonomie von ökonomischen Märkten über eine geringe künstlerische Legitimität im Vergleich zu den staatlich finanzierten Kunstproduzenten (Musiker, Autorinnen, Schauspielerinnen). Andererseits eröffnen sich auf der Basis zunehmend marktorientierter Kunstwelten auch neue berufspolitische Handlungsräume: In dem Maße, wie die Grenzen zwischen hochkulturellen und popkulturellen, staatlich und privat finanzierten Kunstproduktionen durchlässiger werden, steigen auch die Chancen der Werbegestalter auf gesellschaftliche Anerkennung. Nicht zuletzt verfügen diese über beträchtliches ökonomisches Kapital für ihre ästhetischen Produktionen und bekommen das Distributionssystem der Massenmedien gleich mitgeliefert.

3.2 Die professionspolitische Bedeutung neuer Leitbilder wirtschaftlichen Handelns

Der Erfolg dieser Strategien ist jedoch keine berufspolitische Eigenleistung der kreativen Berufe innerhalb der Werbebranche allein. Er entspricht – so die These – einer weitgehenden Veränderung kultureller Leitbilder ökonomischen Handelns. Die Werte, die dabei vermittelt werden, folgen im wesentlichen dem, was Boltanski/Chiapello (2001) als „künstlerische Kritik" bezeichnen: Die neuen ökonomischen Kulturvermittler versuchen die ursprünglich aus der gegenkulturellen Bewegung stammende Forderung nach mehr Authentizität, Selbstbestimmung und Kreativität in der Sphäre der Arbeit

---

22 Anders als in manchen Abhandlungen behauptet, beanspruchen Werbeschaffende in den Wettbewerben nicht automatisch Übereinstimmung mit den Maßstäben „legitimer" künstlerischer Produktionen. Im Gegenteil: Ihre Definitionsmacht wird in dem Maße gestärkt, als es ihnen gelingt, *autonome* Kriterien und Urteilsinstanzen jenseits klassischer künstlerischer Produktionen zu etablieren und über die Vergabe symbolischer Ränge abzusichern.

bzw. des Konsums zu verankern. Werbeexperten greifen die Kritik an der industriellen Massenproduktion und die Uniformierung der Lebensweisen durch standardisierte Produkte auf und setzen dagegen das Ethos des individualisierten, kreativen Konsumenten (vgl. Leslie 1995: 1020). Sie sehen sich deshalb nicht mehr nur als Marketingexperten, sondern als Sinnstifter einer Alltagskultur, in der über Konsumgüter symbolische Zugehörigkeiten markiert werden.

Auch der Beruf der Unternehmensberater hat seit den 80er Jahren verstärkt expressive Werte integriert: Kellner/Heuberger (1992) haben z.B. gezeigt, daß modernes Consulting sich nicht mehr primär auf Fragen der Rationalisierung von Produktion und Organisation konzentriert, sondern seinen Ehrgeiz darin setzt, das „corporate image", die Firmenphilosophie" oder die Unternehmenskultur zu formen. Es befasst sich zunehmend mit ganzheitlichen Aspekten der Arbeit und nicht mehr nur mit den technisch-ökonomischen Fragen von Organisation und Fertigung. Damit einher geht eine stärkere Integration der ganzen Persönlichkeit in die Arbeit: Kreativität, Autonomie und Expressivität werden wichtiger. Direkte Kontrolle soll durch indirekte Kontrolle ersetzt werden. An die Stelle formaler Folgebereitschaft soll authentische Motivation treten. Institutionelle Garantien der Arbeitsteilung sollen durch reflexives Vertrauen in die gegenseitige Kooperationsbereitschaft ersetzt werden. Weil sich abzeichnete, daß innovative und imaginative Fähigkeiten einen wachsenden Anteil der Profite ausmachen, fand die Forderung nach mehr Kreativität und Autonomie in den Unternehmen ein Ausmaß an Anerkennung, das zuvor undenkbar gewesen wäre.

Darüber hinaus liefern die Berater durch die neuen Leitbilder des Konsums bzw. die neuen Organisationskonzepte *Orientierungswissen*, das in der aktuellen Situation rasanten wirtschaftlichen Wandels dazu verhilft, Unsicherheiten zu reduzieren. Diese Leitbilder stellen sozio-kulturelle Rahmungen des wirtschaftlichen Handelns dar, durch die zentrale Probleme der neuen industriellen Ordnung, zunächst unabhängig von ihrer praktischen Überprüfbarkeit, betrachtet werden (vgl. Faust 1998). Folgen wir neueren industriesoziologischen Ansätzen, dann stehen wir vor einer grundlegenden Neuorientierung der industriellen Ordnung: Produktionsprozesse gestalten sich immer weniger nach dem Modell der Serien- und Massenproduktion, sondern müssen einen in viele Zielgruppen gespaltenen Konsumgütermarkt bedienen. Das hat Konsequenzen für die organisatorischen Strukturen von Unternehmen: Flexible Spezialisierung (vgl. Piore/Sabel 1984) und hohe Wissens- und Designintensität der Produktion (Lash/Urry 1994) haben die regelgebundenen „tayloristischen Strukturen" weitgehend abgelöst und zum Abbau von Hierarchien und bürokratischen Strukturen geführt.

Für den Konsumbereich bedeutet die flexibilisierte Produktion in kurzen Serien, daß die „kulturelle Verpackung" der Produkte an Bedeutung gewinnt: Waren finden sich durch Produktdesign, Verpackung und eben auch durch Marken- und Imageproduktionen mittels Werbung in immer komplexere Bedeutungsschichten und Bilderwelten eingebettet. Für die Bereiche von Arbeit und Organisation ist vor allem der Abbau von Hierarchie und Bürokratie entscheidend. Unternehmen und ihre Mitarbeiter müssen flexibler und in sehr viel schnellerem Maße innovativ sein und proportional mehr Zeit für die Entwicklung und das Design neuer Produkte aufwenden. Damit hat aber der Bereich der Unternehmens- und Arbeits*kulturen* an Aufmerksamkeit gewonnen. Dies erhöhte wiederum die Plausibilität professioneller Organisationskonzepte von Unternehmensberatern.

Allerdings sind die wenigsten Unternehmen dazu in der Lage, die ökonomische Erfolgsträchtigkeit der neuen Organisations- bzw. Konsumkonzepte zuverlässig einzuschätzen (vgl. Deutschmann 1997: 59). Mangels eigener hinreichender Informationen orientiert man sich daran, was andere soziale Akteure, insbesondere aber die Experten in Werbung, Unternehmensberatung und Public-Relationsberufen für effizient halten. Powell und DiMaggio (1991) sprechen hier von Isomorphie: Unternehmen reagieren auf Unsicherheit, indem sie die Rezepte und Verhaltensformen der Konkurrenten imitieren. Normativer Isomophismus entsteht dann, wenn ein bestimmtes Organisationskonzept bzw. ein bestimmtes Leitbild (z.B. kreative Werbung) den Status des professionellen Wissens erlangt hat, das mit der ganzen Autorität des Expertentums vertreten wird. Auch wenn Unternehmen den Erfolg der Maßnahmen nicht einschätzen können: Durch Konformität mit Erwartungsstrukturen der wirtschaftlichen Umwelt können sie das Vertrauen wichtiger externer Akteure (der Öffentlichkeit, der Konsumenten, von Aktionären, des Staates, etc.) gewinnen und somit indirekt auch zum Erfolg ihres Unternehmens beitragen.

Eine solche Transformation wäre jedoch nicht denkbar ohne die „expressive Revolution" (Parsons), in deren Folge Werte wie Selbstbestimmung und Authentizität an Bedeutung gewonnen haben. Für Parsons stellte der Künstler noch die Kernprofession der Treuhänderschaft für expressiven Symbolismus. In Reaktion auf die „expressive Revolution" entstehen jedoch immer neue Kulturvermittler, die den affektiv-expressiven Komplex institutionell verankern. Waren diese zunächst überwiegend im Bildungs- und Wohlfahrtsbereich (Psychologen, Pädagogen, Sozialarbeiter, Erwachsenenbildung, etc.) beschäftigt, so dringen sie mit der zunehmenden Durchdringung von Kultur und Ökonomie nun auch in die ökonomische Sphäre ein und unterstützen die individuelle Suche nach Sinn, Identität und Selbstverwirklichung in der Sphäre des Konsums (Werbeberufe) bzw. der Arbeit (Unternehmensberatung). Werbeberufe wie auch Unternehmensberatung übernehmen Verantwortung für die Implementierung von expressiven Werten im ökonomischen System. Damit erfüllen sie zugleich wichtige Funktionen: Durch das Zulassen von Affektivität, Expressivität (Selbstverwirklichung) und „ganzer Persönlichkeit" – so die Überlegung im Anschluß an Parsons – wird eine höhere Flexibilität und letzlich eine höhere Komplexität institutioneller Ordnungen im Wirtschaftssystem erreicht. Sie erfüllen wichtige Anpassungsleistungen: zum einen, indem sie der Kritik an den negativen Folgewirkungen des Kapitalismus begegnen, zum anderen, indem sie daran beteiligt sind, neue symbolische Herrschaftsordnungen eines flexiblen und deregulierten Kapitalismus zu errichten.

4. Schlußfolgerungen

Der Bedeutungszuwachs der expressiven Kultur wurde innerhalb der Soziologie lange Zeit im Zusammenhang mit der „störenden Gegenkultur" präsentiert. In Anlehnung an Boltanski/Chiapello (2001) können wir jedoch annehmen, daß die neuen ökonomischen Kulturvermittler (Unternehmensberatung und Werbung) dazu beitragen, daß die Forderung nach mehr Kreativität, Autonomie und authentischen Beziehungen, die ursprünglich aus der gegenkulturellen Bewegung der Postachtundsechziger stammte und sich gegen den Kapitalismus wandte, nun in der Wirtschaftssphäre verankert wird.[23] Der Beitrag hat – davon ausgehend – zwei professionssoziologische Modelle zur Erklärung der neuen Rolle der ökonomischen Kulturvermittler herangezogen: Folgen wir dem eher funktionalistisch ausgerichteten professionssoziologischen Modell nach Parsons, dann erzielen die neuen Wirtschaftsberater durch die Institutionalisierung des expressiven Komplexes, d.h. von Affektivität, Expressivität und „ganzer Persönlichkeit", wichtige Strukturanpassungen des Kapitalismus – z.B. höhere Flexibilität. Mittels des machttheoretischen Professionsmodells läßt sich erklären, wie die „kulturelle Aufladung" der Tätigkeitsfelder von Unternehmensberatern und Werbeberufen zu einer höheren professionellen Autonomie und einem gesteigerten gesellschaftlichen Einfluß führt. Dabei kommt es zu einer wachsenden Diskrepanz zwischen technischer Wirksamkeit und gesteigerter Nachfrage nach den Beratungsleistungen: Paradoxerweise steigt die Nachfrage nach Beratern ausgerechnet in dem Augenblick, in dem kulturbezogene, diffuse Maßnahmen (wie z.B. Lebensstilwerbung oder human-relations-Interven-tionen) den Nachweis ökonomischer Wirksamkeit immer unberechenbarer machen. Die Berater betätigen sich damit in vielen Dimensionen – in Parsonianischen Kategorien gedacht – eher als Vermittler von Heilswissen, denn als wisschaftliche Experten. Entsprechend basieren auch viele Einflußformen und karrierepolitischen Strategien eher auf charismatischen als auf rationalen Legitimationsgrundlagen: Charismatische Gründerfiguren, an die Sozialgestalt des Künstlers angelehnte Berufsidentitäten und stark ideologisch gefärbte Wertorientierungen dominieren das Berufsfeld vor allem in der Werbebranche. Aber auch die Branche der Unternehmensberater kennt ihre Heilsverkünder und magischen Beratungsmethoden. Und selbst dort, wo sich neue Beratungskonzepte – wie in der überwiegenden Zahl der Fälle – sich auf (sozial)wissenschaftliche

---

23 Zunächst haben staatlich subventionierte Symbolvermittler in Bildung, Gesundheit, Therapie, Sozialpädagogik, Human-Relations etc. die neuen expressiven Werte vertreten und sich – kompensatorisch zum Projekt der Aufklärung – stellvertretend für ihre Klienten auf die Suche nach Sinn, Identität und der richtigen Lebensführung begeben.

Grundlagen stützten, bleibt ihre Operationsbasis diffus, wenig standardisierbar und technisierbar. Eine wesentliche Voraussetzung für erfolgreiche berufliche Selbstbehauptung der neuen Berater ist daher die Akkumulation von symbolischem Kapital, mittels dessen die Berater versuchen, den neuen Organisations- bzw. Konsumkonzepten den Status eines autorisierten Wissens zu verleihen.

Literatur

Boltanski, L./Chiapello, E., 2001: Die Rolle der Kritik in der Dynamik des Kapitalismus und der normative Wandel. Berliner Journal für Soziologie 4: 459-478.
Casey, C., 1995: Work, Self and Society. After industrialism, London/New York: Routledge.
Deutschmann, C., 1993: Unternehmensberater – eine neue „Reflexionselite"? S. 57-82 in: Müller-Jentsch, W. (Hrsg.), Profitable Ethik – effiziente Kultur. Neue Sinnstiftungen durch das Management? München/Mering: Hampp.
Deutschmann, C., 1997: Die Mythenspirale. Eine wissenssoziologische Interpretation industrieller Rationalisierung. Soziale Welt 48: 55-70.
Deutschmann, C., 2001: Die Gesellschaftskritik der Industriesoziologie – ein Anachronismus? Leviathan 29: 58-69.
Falk, P., 1994: The Consuming Body, London: Sage
Faust, M., 1998: Die Selbstverständlichkeit der Unternehmensberatung. S. 147-182 in: Howaldt, J./Kopp, R. (Hrsg.): Sozialwissenschaftliche Unternehmensberatung. Auf der Suche nach einem spezifischen Beratungsverständnis. Berlin: Edition Sigma.
Freidson, E., 1975: Dominanz der Experten. Zur sozialen Struktur medizinischer Versorgung, München/Berlin/Wien: Urban & Schwarzenberg.
Groß, C., 2002: Unternehmensberatung – auf dem Weg zur Profession? Unveröffentl. Manuskript.
Hochschild, A.R., 1990: Das gekaufte Herz. Zur Kommerzialisierung der Gefühle, Frankfurt a.M.: Campus.
Kellner, H./Heuberger, F.W., 1992: Modernizing Work: New Frontiers in Business Consulting (West Germany). S. 49-80 in: Kellner, H./Heuberger, F.W. (Hrsg.): Hidden Technocrats. The New Class and New Capitalism, London: Transaction Publication.
Kraemer, K./Bittlingmayer, U., 2001: Soziale Polarisierung durch Wissen. Zum Wandel der Absatzmarktchancen in der Wissensgesellschaft. S. 313-329 in: Berger, P.A./Konietzka, D. (Hrsg.), Neue Ungleichheiten der Erwerbsgesellschaft. Opladen: Leske + Budrich.
Langer, S.K., 1969: Philosophie auf neuem Wege. Das Symbol im Denken, im Ritus und in der Kunst, Frankfurt a.M.: Fischer.
Larson, M.S., 1977: The rise of professionalism. A Sociological Analysis, Berkeley: University of California Press.
Lash, S./Urry, J., 1994: Economies of Signs and Space, London: Sage.
Leslie, D., 1995: Flexibly specialized agencis? Reflexivity, identity, and the advertising industry. Environment and Planning 29: 1017-1038.
MacDonald, K., 1995: The Sociology of The Professions, London: Sage.
Oevermann, U., 1978: Probleme der Professionalisierung in der berufsmäßigen Anwendung sozialwissenschaftlicher Kompetenz: Einige Überlegungen zu Folgeproblemen der Einrichtung berufsorientierender Studiengänge für Soziologien und Politologien. Unveröfft. Manuskript.

Offe, C., 1984: Arbeitsgesellschaft. Strukturprobleme und Zukunftsperspektiven, Frankfurt a.m.: Campus.
Parsons, T., 1951: The social system, New York: The Free Press.
Parsons, T., 1968: Professions. International Encyclopadie of the Social Sciences: 536-547.
Parsons, T., 1978: Action Theory and the Human Condition, New York: Free Press.
Parsons, T., 1994: Aktor, Situation und normative Muster. Ein Essay zur Theorie sozialen Handelns (1939). Herausgegeben und übersetzt von Harald Wenzel. Frankfurt a.M.: Suhrkamp.
Parsons, T./Platt, G.M., 1973; 1990: The American University, Cambridge, Mass.: Harvard University Press.
Piore, M./Sabel C., 1984: The second industrial divide. Possibilities for prosperity, New York: Basic Books.
Powell, W.W./Di Maggio, P.J., 1991 (Hrsg.): The New Institutionalism in Organizational Analysis, Chicago: Chicago University Press.
Schmidt, S.J., 1996: Die Welten der Medien. Grundlagen und Perspektiven der Medienbeobachtung, Braunschweig: Vieweg.
Sennett, R., 2000: Der flexible Mensch. Die Kultur des neuen Kapitalismus, New York: Siedler.
Staubmann, H., 1995: Die Kommunikation von Gefühlen. Ein Beitrag zur Soziologie der Ästhetik auf Grundlage von Talcott Parsons' Allgemeiner Theorie des Handelns, Berlin: Duncker & Humblodt.
Tanner, J., 2000: The body, expressive culture and social interaction. Integrating art history and action theory. S. 285-324 in: Staubmann, H./Wenzel, H. (Hrsg.), Talcott Parsons. Zur Aktualität eines Theorieprogramms. Österreichische Zeitschrift für Soziologie, Sonderband 6, Opladen: Westdeutscher.
Thiel, J., 2002: Creative Labour and Spational Restructuring. Lessons form the German Advertising Industry, Unveröffentlich. Diss.
Voß, G.G./Pongratz, H.-G., 1998: Arbeitskraftunternehmer. Eine neue Grundform der Ware Arbeitskraft? Kölner Zeitschrift für Soziologie und Sozialpsychologie 1: 131-158.
Wenzel, H., 2001: Die Abenteuer der Kommunikation. Echtzeitmassenmedien und der Handlungsraum der Hochmoderne, Weilerswist: Velbrück.
Werbung in Deutschland 2000 (Hrsg. Zentralverband der deutschen Werbewirtschaft), Bonn: ZAW.
Wernick, A., 1991: Promotional culture. Advertising, ideology and symbolic expression, London: Sage.

V. Karrierepolitik als Mikropolitik

Dieter Bögenhold

Sind die Einzelnen ihres Glückes Schmied?
Überlegungen zur Frage des Verhältnisses von Akteur und Struktur und den Schwierigkeiten der Interpretation von Karrieremanagement

Die umgangssprachlich formulierte Frage lautet, ob die Einzelnen ihres Glückes Schmied sind. In anderen Worten meint die Frage, ob die einzelnen Individuen erreichen können, was sie wollen, oder ob es strukturelle Hemmnisse gibt, nach denen das Lebens- und Berufsschicksal prinzipiell vorbestimmt bzw. vorselektiert ist und welche die einzelnen Akteure davon abhalten, als autonome Dirigenten des eigenen Lebens zu erscheinen.

Ich möchte das Thema eingrenzen auf den Bereich der *Karrieren von Unternehmern*, wobei ich davon ausgehe, dass Vieles von dem, was als Ergebnis meiner Erörterung hervortreten wird, auch für andere Berufe und Berufsbilder spezifisch ist. Wenn wir Unternehmerkarrieren zum Thema machen, bedarf es nicht nur eines Blickes *auf* die Gesellschaft, sondern auch eines Blickes *in* die Gesellschaft. Vor allem der dynamische Unternehmer als die Wirtschaftsperson mit erklärten Erfolgsintentionen kann nicht losgelöst von seinen Handlungsmotiven analysiert werden. Diesbezüglich – so der Gegenstand meiner Überlegungen – kann die Untersuchungsoptik von Joseph Schumpeter interessante Impulse geben.[1] Schumpeter untersucht die „modale Persönlichkeit" (Vevereux 1978a: 100ff; 1978b: 109ff; 1982) des karrieremachenden Unternehmers, die sich von dem wirklichen Unternehmer unterscheidet, weil es sich hier um ein idealtypisches Konstrukt handelt.

Der Unternehmer in der Schumpeterschen Definition markiert einen Verhaltenstypus, der mit bestimmten soziologischen und psychologischen Qualitäten attribuiert ist, was eine andere Bestimmung als die gewöhnlich funktionale ist. Schumpeter ist meines Erachtens als Soziologe für dieses Thema (und nicht nur für dieses Thema) sehr viel stärker als Theoretiker in Betracht zu ziehen, als das gewöhnlich geschieht.[2] Er bezog viele seiner Ideen aus der Auseinandersetzung mit Gedanken von Karl Marx, teilweise auch mit Max Weber.

---

1 Für eine erste Einführung in Werk- und Autorengeschichte von Schumpeter siehe Swedberg (1991a).
2 Zwar gibt es seit einigen Jahrzehnten einen Sammelband von Schumpeter (1953), der gesammelte Aufsätze zur Soziologie enthält, doch die soziologischen Akzente in Schumpeters Werk sind weitergehend und universeller, als dass sie nur auf diesen einen Band zu beschränken wären.

Zumindest seit Karl Marx und Emile Durkheim ist es im soziologischen Denken zentral, auf die Determinationskraft der Gesellschaft und deren verschiedener Institutionen für das Schicksal von Individuen hinzuweisen. Pointiert kann man sagen, gerade darin lag ein Stück weit die Aufgabe der vor hundert Jahren erst entstehenden Soziologie.

Wie lassen sich nun aber individuelle Karrieren soziologisch denken? Sind das die besonders Tüchtigen, die ihr Glück selber schmieden, oder handelt es sich hier um die Ausnahmen von der Regel, die besagt, dass es keine individuelle Mobilität gegen den Strom der sozialen Schichtung und Mobilität gibt, oder findet sich im Falle von individuellen Karrieren gar eine Exemplifikation von nicht-intendierten Folgen sozial-beruflichen Handelns, wonach etwas als Karriere erscheint, was sich erst in der ex post-Realisierung als eine gelungene Karriere abzeichnet und realiter eine Folge von anders motivierten Handlungssequenzen darstellt, die sich erst in der ganzheitlichen Modellierung als eine Karriere rekonstruieren lässt?

Das Thema ist komplex und folgenreich: Handlung und Struktur, Individuum und Gesellschaft, Mikro und Makro, inter- und intragenerationelle Mobilität, Berufsverlaufs-, Arbeitsmarkt- und Biographieforschung, Professionalisierungssoziologie, Wirtschafts- und Entwicklungspsychologie sind inhaltliche Stichworte, die in den Gesamtzusammenhang spielen. Ich versuche, an der Schnittstelle der verschiedenen Thematiken eine knappe Betrachtung anzustellen.

Der Begriff der Karriere hat zwei verschiedene semantische Anwendungen: Einmal lässt er sich im wissenschaftlichen Sinne als temporale Entwicklungsphase in unbestimmter Richtung interpretieren. Hiernach sind Karrieren lediglich Sequenzen der Veränderung von Individuen, Kohorten oder Sozialschichten. Demgegenüber gibt es eine alltagssprachliche Verwendung, in der von Karrieren im Sinne eines überdurchschnittlich erfolgreichen Aufstiegs gesprochen wird. In diesem Sinne markiert Karriere stets auch Differenz zur Ausgangssituation oder zur Bezugsgruppe. An diese eher umgangssprachliche Interpretation von Karriere möchte ich meine Überlegungen hier knüpfen. Das scheint auch auf der Linie der Intention zu liegen, die diesem Sammelband zugrunde liegt, der den Untertitel „Beiträge zur Rekonstruktion erfolgsorientierten Handelns" trägt.

Als Soziologen haben wir gelernt, die Determinationskraft von Gesellschaft herauszustreichen. Die Idee von der *Mächtigkeit* der Gesellschaft macht ein Gutteil auch das Selbstverständnis des Faches ‚Soziologie' überhaupt aus. Erklärungen der Sozialstruktur werden hiernach nicht aus dem Handeln oder dem Vermögen des einzelnen Individuums heraus erklärt, sondern aus der gesellschaftlichen Entwicklung, deren Kontexten und der institutionellen Emergenz. Der Verweis auf individuelle Potentiale gerät demnach gar zu einer kritikwürdigen Sicht. Theodor W. Adorno drückte es so aus:

> „Mittlerweile ist vielerorts die psychologische, auch die sozialpsychologische Erklärung sozialer Phänomene zu einem ideologischen Deckbild geworden: je mehr die Menschen von dem Gesamtsystem abhängig sind, je weniger sie darüber vermögen,

Sind die Einzelnen ihres Glückes Schmied? 285

desto mehr wird ihnen absichtlich oder unabsichtlich eingebläut, es käme nur auf sie an" (Adorno 1977: 722).

Adorno ist meines Erachtens sicherlich zuzustimmen, wenn stereotype Appelle an Eigenverantwortung und Initiative Einzelner im politischen Raum häufig eher unaufgeklärt wirken, was den theoretischen Kontext und das gesellschaftsanalytische und gesellschaftspolitische Selbstverständnis anbelangt. Und tatsächlich findet sich in solcher Art von Anwendungen viel an unbedarfter sozio-politischer Rhetorik.

Dennoch reicht es meines Erachtens nicht aus, die sozialpsychologische Dimension an den Rand der Erörterung zu schieben und *in toto* dem Ideologieverdacht auszusetzen. Im Gegenteil: Unsere gegenwärtige Gesellschaft mitsamt dem Wirtschaftssystem, das wir gewöhnlich Kapitalismus nennen, kann nicht hinreichend konsequent genug analysiert werden, wenn wir nicht auch nach Motiven von Akteuren fragen. Welche Art von Motiven und Motivkonstellationen beseelt Menschen, das zu machen, was sie machen. Eine Gesellschaft hat ein breites Repertoire von Rollen im Berufssystem parat, aber das erklärt nicht, was die Menschen motiviert, nach bestimmten Rollen zu streben und für die Erreichung bestimmter Positionen Entbehrungen vielfältiger Arten in Kauf zu nehmen.

Wie können wir das Tun moderner Broker an der Börse beispielsweise verstehen, wenn wir nicht auf deren Wertesystem, ihre Mikrowelt und deren zugrundeliegenden Rationalitäten eingehen? Ethnomethodologische, phänomenologische und sozialpsychologische Studien können viele Informationen und Einsichten beitragen, um diesbezüglich auf Binnenperspektiven abzustellen. In der Lebenswelt der Broker etwa finden sich Karrieren von jungen Leuten, die eigene Verlaufsformen und Logiken haben und die mit spezifischen Lebensphilosophien ausgestattet sind, die meines Erachtens zentral für wichtige Teile des Wirtschaftslebens sind. Das Modell des ‚Homo Oeconomicus' taugt diesbezüglich nicht recht, weshalb es in der Ökonomik eine auffällige Öffnung in Richtung kognitiver und psychologischer Ansätze gibt. Umgekehrt erscheinen traditionelle Annahmen des ‚Homo Sociologicus' mit den entsprechenden klassischen rollentheoretischen Annahmen auch nicht hinreichend erklären zu können, wie es zur Entwicklung spezifischer Wirtschaftscharaktere kommt, die individuellen Karrieren inne liegen.

Wie können wir die Rationalität eines Bill Gates adäquat verstehen? Ein Student, der sprichwörtlich in der Garage in den 70er Jahren anfing und zu dem reichsten Menschen und Unternehmer der Welt wurde. Warum hat er nicht nach der 50. oder 100. Million aufgehört, das zu machen, was er noch heute betreibt. Warum hat er nicht gesagt, ‚danke, das war es. Ich und meine Familie nebst meiner Kinder haben ausgesorgt und brauchen den Rest des Lebens nicht mehr zu arbeiten'? Offensichtlich hat die Firma, die Bill Gates erschaffen hat, für ihn noch eine andere Funktion, als nur Einkommen zu erzielen. Weitere kognitive und affektive Bezüge sind hier am Werk, als dass sie mit vermeintlich rationalen Konstruktionen, die den geläufigen Grundannahmen über rationale Wirtschaftsindividuen zugrunde liegen, vollständig aufgefangen werden könnten.

Ohne als Soziologe für eine ausschließlich individualistische Sicht der Gesellschaft plädieren zu wollen, lautet meine These, dass dennoch auch sozialpsychologische Perspektiven notwendige und wichtige Erklärungselemente bereithalten, um die Wirtschaftsgesellschaft in ihrer Komplexität besser verstehen zu können.

Gehen wir zurück zu Karl Marx: Bei dessen Programm der Kritik der klassischen politischen Ökonomie lautete es in der Einleitung zur Studie „Das Kapital" explizit:

> „Die Gestalten von Kapitalist und Grundeigentümer zeichne ich keineswegs in rosigem Licht. Aber es handelt sich hier um die Personen nur, soweit sie die Personifikation ökonomischer Kategorien sind, Träger von bestimmten Klassenverhältnissen und Interessen. Weniger als jeder andere kann mein Standpunkt, der die Entwicklung der ökonomischen Gesellschaftsformation als einen naturgeschichtlichen Prozeß auffaßt, den einzelnen verantwortlich machen für Verhältnisse, deren Geschöpf er sozial bleibt, so sehr er sich auch subjektiv über sie erheben mag" (Karl Marx, 1977: 16).

Mit anderen Worten: Die Akteure sind lediglich Rollenträger, sie sind – wie Marx sagt – Personifikationen ökonomischer Kategorien, sie fungieren wie Schauspieler, denen eine Rolle mit entsprechendem Skript zur Verfügung gestellt wird. Ähnlich verhält es sich bei Durkheim, einem der Begründer der Soziologie. In seinem Buch „Regeln der wissenschaftlichen Methode" schreibt er, dass wir die sozialen Phänomene als etwas zu betrachten haben, das von dem Bewußtsein der Subjekte, die sich Vorstellungen darüber bilden, abgetrennt ist; „wir müssen sie von außen, als Dinge der Außenwelt betrachten. Denn in dieser Eigenschaft bieten sie sich uns dar" (Durkheim 1980: 125).

Wissenschaftstheoretisch ähnlich waren zur selben Zeit die Ökonomen, die mit der Grenznutzenlehre ihren akademischen Siegeszug antraten. Karl Menger (1840-1921) und andere hatten angenommen, dass menschliche Befriedigungen, sofern sie für das Wirtschaftsleben relevant sind, im Wirtschaftsleben in aufeinanderfolgenden Schritten erfolgen, die zu stets geringerer Befriedigung per Einheit des verwendeten Gutes und zuletzt zum „Grenznutzen" der letzten noch nützlichen Einheit führen. Eine solche Annahme war auf keinen empirisch-psychologischen Forschungen begründet; man glaubte, ihrer gar nicht zu bedürfen.

Mengers Gegenspieler war Gustav Schmoller. Beide fochten bekanntlich den ersten Methodenstreit in den Wirtschafts- und Sozialwissenschaften aus. Schmoller ging es gerade darum, die Abstraktheit solche Modelle zu kritisieren. Er argumentierte institutionalistisch, indem die Eingebundenheit der Ereignisse in kulturalistische und historische Zusammenhänge herausgestrichen wurde.[3]

---

3 Aus der Vielzahl vorliegender Literatur zu dem ersten Methodenstreit sei hier nur verwiesen auf Schumpeter (1926), Hansen (1968), Swedberg (1991b).

Sind die Einzelnen ihres Glückes Schmied? 287

Heute ist die Schmollersche Position in der neueren amerikanischen Wirtschaftssoziologie und in der institutionalistischen Ökonomik wieder populär: „Culture Matters", so lautet der Titel des von Harrison und Huntington (2000) herausgegebenen Bandes. Die These, die hierin von zahlreichen prominenten Fachvertretern verschiedener akademischer Disziplinen behandelt wird, war programmatisch und empirisch zugleich das Thema bereits bei Max Weber (1864-1920) und Werner Sombart (1863-1941) gewesen, wenn sie über den Einfluß der religiösen Einstellungen und der Wirtschaftsgesinnungen auf die Bildung und Entwicklung sozialökonomischer Systeme hinwiesen. Talcott Parsons machte diese Arbeiten von Weber und Sombart zu seinem Promotionsthema bei seinem Doktorvater Edgar Salin in den 20er Jahren in Heidelberg.[4] Die zwischen den Zeilen offenkundige Kritik an Marx bzw. dem Marxismus der damaligen Zeit war, dass eine marxistische Perspektive zu unempirisch, unhistorisch und zu materialistisch und in dem Sinne als a-kulturell angesehen wurde. In den USA war es zur selben Zeit Thorstein Veblen (1857-1929), ein wichtiger nicht-marxistischer Sozialkritiker, der gegen die Modelle der Ökonomen opponierte, denen er vorwarf, dass sie Menschen wie motivleere Automaten konzeptualisierten. Geschäftsleute oder auch Verbraucher seien freilich von sozialen Dimensionen wie Vorurteilen, Ängsten, Neid und vor allem Instinkten und Gewohnheiten getrieben.[5] Es ist interessant zu sehen, wie bereits damals Veblen, Sombart und Weber in wechselseitigem Austausch standen. Veblen schrieb beiden Briefe und rezensierte deren Bücher, während Max Weber Thorstein Veblen beispielsweise bereits in seiner Protestantischen Ethik zitiert (vgl. Weber 1988).

In diesen kulturalistisch-institutionalistischen Arbeiten hatten kulturelle Spezifika also durchaus einen wichtigen Platz, sie bestimmten Grade der Wirtschaftshaltung und -motivation. Triebkräfte von Handeln waren so intertemporal und interkulturell verschieden interpretierbar. Freilich war auch diese Sicht noch stark von einem Blick *auf* die Gesellschaft charakterisiert. Von besonderem Interesse ist freilich auch die *Binnensicht* der Gesellschaft: Was motiviert Individuen zu tun, was sie tun? Die Lebenslaufsforschung fragt diesbezüglich primär nach dem Schicksal von Alterskohorten in Abhängigkeit verschiedener Variablen wie Beruf und Qualifikation, soziale Herkunft oder Organisationsgröße. Demnach erscheinen Verteilungen von spezifischen empirisch zuvor ermittelten Zuweisungschancen. Karrieretheoretisch läßt sich freilich auch fragen, welche Ressourcen und Strategiekomponenten dem Einzelnen zur Verfügung stehen, um Lebenschancen zu maximieren.

Pierre Bourdieu unterscheidet bekanntlich drei Basen von Ressourcen, mit denen das Individuum auf dem Markt agieren kann: ökonomisches Kapital, soziales Kapital und kulturelles Kapital, letzteres bekanntlich in zwei verschiedenen Arten (Bourdieu 1983). Was er hätte hinzufügen können wäre

---

4 Gekürzt nachzulesen ist Parsons' Argumentation in dessen Artikel im „Journal of Political Economy" (Parsons 1928/29).
5 Vgl. als kurze Einführung zu Veblen den Beitrag Bögenhold (2002).

Motivkapital, denn die ersten drei Kapitalien an sich bewegen noch nichts, wenn sie nicht entsprechend individuell instrumentalisiert werden. Hierzu bedarf es eines Motivgeneratoren als ‚Stimulus Agens'. So wichtig und weiterführend die Bourdieusche Unterscheidung der verschiedenen Kapitalienarten ist, so bleibt sie meines Erachtens unvollständig, weil die Handlungen von Ideen ‚beseelt' werden müssen. Mit anderen Worten: Motive müssen als Generatoren hinzukommen, um Karriere zu machen, wenn man die Akteure eben nicht nur als Personifikationen ökonomischer Kategorien ansieht.

Wer als individueller Akteur in der Welt steht und sich im Sozialraum verbessern will, nennen wir es, wer Karriere machen will, um Lebenschancen zu verbessern, d.h. wer Einkommen und/oder Status verbessern will, sieht sich auf ein relativ enges Repertoire von Schauplätzen verwiesen: Der Akteur kann es erstens mit kriminellen Strategien versuchen, also Einbruch, Diebstahl, Betrug etc.; es lassen sich zweitens Strategien denken, die über Heirat oder Adoption zu sozialem Up-Grading führen (Cinderella als Karrieremuster); drittens gibt es empirisch die Möglichkeit der Spekulation an der Börse, wo mit der Beteiligungsoption an positiven Karrieren von Unternehmen, individueller Erfolg maximiert werden soll; und viertens wäre an das Glücksspiel zu denken. Lotto ist die wohl populärste Idee, Lebenslagen korrigieren zu wollen.

Albert Lauterbach (1962: 118f) schrieb in seiner „Psychologie des Wirtschaftslebens", dass das Glücksspiel unter den Kulturgruppen der Welt überaus verbreitet ist. So kann man es

„im allgemeinen als organisierte Ablehnung der Vernunft beschreiben; oder auch als Weigerung, das Ausmass der Gegenchancen anzuerkennen, verglichen mit den mathematischen Aussichten, ja sogar mit der eigenen Erfahrung".

Mit anderen Worten: Die Strategien Kriminalität, Heirat, Spekulation oder Glücksspiel sind in unterschiedlichem Maße keine dauerhaft realistischen und erfolgsversprechenden Strategien für die Mehrheit der Bevölkerung.

Empirisch betrachtet findet der einzelne Mensch sich auf einen Platz im *Erwerbssystem* verwiesen, in dem zur Karrierefindung die Bourdieuschen Kapitalien eingesetzt werden müssen und es müssen größere und kleinere Ziele bereitstehen, die als *Motivgeber* die Karriereplanung stimulieren und begleiten. Berufliches und wirtschaftliches Handeln wird in der Geschichte der Wirtschaftswissenschaft oft mit rationalem Handeln gleichgesetzt.

Wirtschaftliches Handeln wurde und wird als die Anwendung der ratio – also der Vernunft – auf materielle Entscheidungen aufgefasst (Lauterbach 1962: 113ff). Die explizite, zumindest aber implizite Grundannahme war, dass der Mensch, der nicht rational handelte, eben nicht Gegenstand der Wirtschaftswissenschaft sei. Für wirtschaftende Menschen sei es eben „normal", „rational" zu handeln, so dass sie es in der Regel dann auch täten. Ausnahmen brauchten den Nationalökonomen nicht zu interessieren.

Bei der Definition *rationalen* Verhaltens im Wirtschaftsleben unterliegt man freilich der Gefahr einer *ethnozentrischen* Betrachtung des Verhaltens der eigenen Kulturgruppe. Nur einen Bruchteil „abnormer" oder „irrationa-

Sind die Einzelnen ihres Glückes Schmied? 289

ler" Wirtschaftsaktionen von Mitgliedern einer gegebenen Gesellschaft kann man im klinischen Sinne als irrational oder abnorm definieren, so Georges Devereux sehr viel differenzierter im Einzelnen.
Auch Joseph A. Schumpeter hatte eine solche Untersuchungsperspektive eingenommen: Am Beispiel der Rolle des Unternehmers fragte Schumpeter in seiner frühen Arbeit „Theorie der wirtschaftlichen Entwicklung" explizit nach der das „Verhalten adäquat interpretierenden Motivation" (Schumpeter, 1964: 138) von Wirtschaftsindividuen. Schumpeters Unternehmer ist der dynamische Unternehmer, das ewig in sozialer Bewegung befindliche Individuum, das Karriere macht. Diese Figur ist für das Funktionieren des Wirtschaftssystems konstitutiv. Im wirtschaftspolitischen Diskurs gilt Joseph Schumpeter als Advokat des Unternehmertums. So gibt der Unternehmer Schumpeterscher Art die erwünschten Impulse für das Wirtschaftsleben, aber interessant ist, dass Schumpeter das Wirtschaftshandeln und dessen zugrundeliegende Motivation im Gegensatz zu landläufigen Meinungen sehr kritisch analysiert. So klassifiziert er das Unternehmerverhalten als „irrational oder von einem andersgearteten Rationalismus" (Schumpeter 1964: 134). Seien es Motive, seien es später nur Gewohnheiten oder auch halb pathologische Momente, so Schumpeter (1964: 134),

„der typische Unternehmer frägt sich nicht, ob jede Anstrengung, der er sich unterzieht, auch einen ausreichenden ‚Genußüberschuss' verspricht. Wenig kümmert er sich um hedonistische Früchte seiner Taten. Er schafft rastlos, weil er nicht anders kann, er lebt nicht dazu, um sich des Erworbenen geniessend zu erfreuen".

Was treibt nun – in der Vorstellung Schumpeters – den Unternehmer zu diesem Verhaltenssyndrom, rastlos zu schaffen und sich nicht an dem Genuss des Erworbenen zu erfreuen? Schumpeter (1964: 138f) macht vier unterschiedliche Motivkomplexe aus:
Da ist „*zunächst der Traum und der Wille, ein privates Reich zu gründen, meist, wenngleich nicht notwendig, auch eine Dynastie. Ein Reich, das Raum gewährt und Machtgefühl, das es im Grund in der modernen Welt nicht geben kann ... und deren Faszination gerade für solche Leute besonders wirksam ist, die keinen anderen Weg zu sozialer Geltung haben*". Ein zweiter Motivkomplex wird bei Schumpeter folgendermaßen beschrieben: „*Mit ‚Freiheit' und ‚Sockel der Persönlichkeit' wird man diese Motivation bei dem einen präzisieren können, mit ‚Einflußsphäre' beim anderen, mit ‚Snobismus' beim Dritten; aber darauf kommt es hier nicht an. Diese Motivgruppe steht der Konsumbefriedigung am nächsten. Aber sie fällt nicht mit ihr zusammen ...*". Da ist drittens „*sodann der Siegerwille. Kämpfenwollen einerseits, Erfolghabenwollen des Erfolges als solchen wegen andrerseits. Das Wirtschaftsleben nach beiden Richtungen an sich indifferente Materie. Gewinngröße als Erfolgsindex – oft nur in Ermangelung eines andern – und Siegespfosten. Wirtschaftliches Handeln als Sport: Finanzieller Wettlauf, noch mehr aber Boxkampf. Wieder gibt es da zahllose Nuancen. Und manche davon – sozial Steigenwollen – verschwimmen mit dem ersten Punkt.*" Eine

vierte Motivfamilie schließlich ist die „*Freude am Gestalten*", die „*zwar auch sonst vorkommt, aber nur hier das Prinzip des Verhaltens beschließt*". *Das kann sowohl „bloße Freude am Tun" sein als auch „Freude am Werk, an der Neuschöpfung als solcher*".

Letztendlich macht Schumpeter (1964: 130) in seinem Werk „Theorie der wirtschaftlichen Entwicklung" das „soziale Arrangement" der „unendlich mannigfaltigen Motive, die man im Wirtschaftsleben feststellen kann" für Existenz, Persistenz und Dynamik des Kapitalismus verantwortlich. Diese Sozialpsychologie Schumpeters (Martinelli 1985: 8ff.) ist gleichzeitig eine Analyse der Sozial- und Wirtschaftsstruktur, sie ist Sozialökonomik und Gesellschaftskritik gleichermaßen, und sie hat jedenfalls nichts mit der Adresse von Kritik zu tun, die eingangs von Adorno[6] vorgestellt wurde, wonach Sozialpsychologie das Glück der Tüchtigen proklamiere, im Gegenteil: Schumpeter spricht sehr distanziert von den Karrieren der Erfolgreichen, die keinen anderen „Erfolgsindex" haben. Im Gegensatz zur marxistischen Analyse, die den Motiven der Beteiligten keine nennenswerte Aufmerksamkeit widmet, weil diese als bekannt unterstellt und vorausgesetzt werden und weil die Beteiligten nur Personifikationen ökonomischer Kategorien, d.h. in der marxistischen Terminologie „Charaktermasken", sind, fragt Schumpeter explizit an Hand der Figur des dynamischen Unternehmers, warum Menschen tun, was sie tun.

Mit Blick auf das Thema der Karrieren ergeben sich daraus mehrere Konsequenzen:

1. Nicht jeder Mensch, der Karriere (im oben angesprochenen Sinne) machen will, kann sie auch erfolgreich machen. Tatsächlich scheitern mindestens genau so viele, ja sicherlich oftmals weit mehr. Karriere ist darüber hinaus häufig auch erst ein Konstrukt, das im Nachhinein sichtbar wird, und zwar als Rekonstruktion der Verkettung von biographisch kontingenten Sequenzen ohne finale Intention, also das Ergebnis nichtintendierter Effekte von sozialen Handlungen.
2. Wir können nicht vom modalen, d.h. vom konstruierten, Unternehmer auf den real-dynamischen Unternehmer schließen, eine Tatsache, der sich übrigens auch Schumpeter (1911: 132ff.) bewusst war. Auch wenn Schumpeter vielleicht gelegentlich überzeichnet, können wir doch andererseits nicht so tun, als wenn nicht Sedimente dieses Verhaltenssyndroms konstitutiv für den modernen Kapitalismus sind. Genau hier lässt sich mit den Ideen anknüpfen, die Norbert Elias (1981) als ‚Figurationsansatz' bezeichnet oder die Georg Simmel (1890; 1966) in dem Termi-

---

6 Fairerweise muss freilich eingeräumt werden, dass sowohl der eingangs erwähnte Durkheim wie auch Adorno diese sozialpsychologische Ebene der individuellen Dispositionen ebenfalls sahen. So spricht Durkheim (1980: 111) etwa von der psycho-physiologischen Verfassung des Einzelnen und Adorno (1977: 722) sagt explizit, dass „die sozialpsychologischen Fragestellungen ... nicht gleichgültig" sind. So ging es beiden Autoren letztlich in einem anderen Kontext um eine andere Argumentationsadresse als sie im vorliegenden Fall vorliegt.

Sind die Einzelnen ihres Glückes Schmied? 291

nus der ‚Wechselwirkung' zentralisiert: Die modale Figur selber ist eine extrem gesellschaftlich gefärbte Figur und insofern selber Gegenstand der Kulturwissenschaft und Gesellschaftstheorie. Es zeigt sich, wie eine so knappe Tour d'horizon durch klassische Positionen der Anfänge der Soziologie produktiv genutzt werden kann, um einzelne Elemente der Geistesgeschichte neu und innovativ zusammenzusetzen.

3. Schumpeter setzt seinem dynamischen Modell des Unternehmers einen Kontrapunkt gegenüber, der in der Figur des undynamischen Unternehmers liegt, welcher sich mit seinem Auskommen begnügt und der nicht rastlos ‚weiterschaffen' will. Das ist in der Terminologie Schumpeters (1964: 99ff) der „Wirt-an-sich" oder auch der „Bedarfswirt". Am Anfang des 21. Jahrhunderts ist mit Blick auf das Thema von Karrieren zu fragen, ob es nicht zwischen diesen beiden extremen Modal-Positionen weitere empirische Motiv- und Verhaltenstypen wirtschaftlich-unternehmerischen Verhaltens gibt, die zu denen in den Anfängen des 20. Jahrhunderts neu hinzukamen. Hier wäre beispielsweise an Unternehmerfiguren zu denken, wie sie sich vor allem im Zuge der Diskussionen um die „New Economy" aufdrängten, nämlich unternehmerische Personen, die nicht primär ein privates (Wirtschafts-) Reich begründen wollen, sondern denen es als ‚ultima ratio' darum geht, in möglichst rascher Zeit möglichst viel Geld zu verdienen und das gegründete Unternehmen im erfolgreichen Cash Out zu ‚versilbern'. Zu denken ist auch an neue Formen, wie sie unter der Begrifflichkeit der Solo-Selbständigkeit heute bekannter werden. Diese erinnern vielleicht stark an die Figur des „Wirt-an-sich", aber sie sind tatsächlich unter Einbindung neuer Lebensphilosophien ausgesprochen innovativ mit Blick auf Arbeitsarrangements und -organisation. Kurzum: So wichtig die Schumpetersche Blickrichtung ist, so müsste sie mit Blick auf das reale Wirtschaftsleben zu Beginn des 21. Jahrhunderts sowohl empirisch wie auch theoretisch weiter ausbuchstabiert werden.

4. Damit ist gleichermaßen hier zwischen den Zeilen auch ein Plädoyer für eine stärkere akademisch-interdisziplinäre Arbeitsorganisation angesprochen, um herauszubekommen, warum Individuen tun, was sie tun. Wie ist die ideelle Software in der Motivstruktur geschrieben, die Menschen zum Versuch einer Karriererealisation antreibt?

Abb. 1: Vorannahmen über Aktivität und Passivität des Subjektes
(aus: Montada (1995:7)

Umwelt	Subjekt	
aktiv	nicht-aktiv	
Interaktionistische Theorien	Selbstgestaltungstheorien	aktiv
Exogenistische Theorien	Endogenistische Theorien	nicht-aktiv

Die Entwicklungspsychologie müsste sich hier mit der Soziologie stärker in einen Dialog begeben, als das geläufig geschieht. Aktive Subjekte und aktive

Umwelten (siehe obiges Vierfeldschema der Klassifikation von Theorien über das Verhältnis von Subjekt und Umwelt) bilden ein überaus interessantes Gemenge unterschiedlichster Dynamiken und Komplexität, aus der heraus soziale Motivkonstellationen und Handlungsstrukturen entstehen, die das Sediment für Karrieren abgeben. Das Problem ist, dass Karrieren nicht interpretiert werden können, als würden sie sich steril und überindividuell-ungewollt vollziehen; sie lassen sich freilich andererseits nicht auf die Intentionen der Beteiligten unmittelbar zurückverfolgen. Das ist das klassische Problem der Emergenzfrage in der Soziologie. Ich hoffe, dass diese knappe Rekomposition von klassischen Bauteilen soziologischer Wissensgeschichte andeuten konnte, dass es eine interessante und lohnenswerte Aufgabe theoretischer und empirischer Forschung ist, auf dieser Spur bis hin zu aktuelleren Beiträgen weiterzuarbeiten. Dass dies nur interdisziplinär vonstatten gehen kann, liegt auf der Hand und sollte sich nicht nur zwischen den Zeilen gezeigt haben.

Literatur

Adorno, T.W., 1977: Gesammelte Schriften. Bd. 10.2, Frankfurt a.M.: Suhrkamp.
Bögenhold, D., 2002: Thorstein Bunde Veblen. The Theory of the Leisure Class (1899), in: Herz, D. (ed.), Lexikon der ökonomischen Werke, Düsseldorf: Verlag Wirtschaft und Finanzen (im Erscheinen).
Bourdieu, P., 1983: Ökonomisches Kapital, kulturelles Kapital, soziales Kapital. S. 183-198 in: Kreckel, R. (Hrsg.), Soziale Ungleichheiten, Soziale Welt, Sonderband 2, Göttingen: Schwarz.
Devereux, G., 1978a: Die logischen Grundlagen der Kultur- und Persönlichkeitsforschung. S. 85-108 in: ders., Ethnopsychoanalyse, Frankfurt a.M.: Suhrkamp.
Devereux, G., 1978b: Zwei Typen modaler Persönlichkeitsmodelle. S. 109-131 in: ders., Ethnopsychoanalyse, Frankfurt a.M.: Suhrkamp.
Devereux, G., 1982: Normal und anormal: Aufsätze zur allgemeinen Ethnopsychatrie, Frankfurt a.M.: Suhrkamp.
Durkheim, E., 1980: Regeln der soziologischen Methode (orig. 1895), 6. Aufl., Darmstadt/Neuwied: Luchterhand.
Elias, N., 1981: Was ist Soziologie? (orig. 1970), München: Juventa.
Hansen, R., 1968: Der Methodenstreit in den Sozialwissenschaften zwischen Gustav Schmoller und Carl Menger und seine wissenschaftstheoretische und wissenschaftshistorische Bedeutung, S. 137-173 in: Diemer, A. (ed.), Beiträge zur Entwicklung der Wirtschaftstheorie im 19. Jahrhundert, Meisenheim: Anton Hain.
Harrison, L.E./Huntington, S.P. (Hrsg.), 2000: Culture Matters, New York: Basic Books.
Lauterbach, A., 1962: Psychologie des Wirtschaftslebens, Hamburg: Rowohlt.
Martinelli, A., 1985: Die ökonomische und soziologische Analyse im theoretischen System Schumpeters, in: Journal für Sozialforschung 25: 3-26.
Marx, K., 1977: Das Kapital. Kritik der politischen Ökonomie (orig. 1864), Bd.1, (MEW Bd. 23), Berlin: Dietz.
Montada, L., 1995: Einführung in entwicklungspsychologisches Denken, in: ders.: (Hrsg.): Entwicklungspsychologie, Weinheim: PVU.
Parsons, T., 1928: „Capitalism" in Recent German Literature: Sombart and Weber, in: The Journal of Political Economy 36: 641-661.

Schumpeter, J.A., 1926: Gustav von Schmoller und die Probleme von heute. S. 337-388 in: Jahrbuch für Gesetzgebung, Verwaltung und Volkswirtschaft im deutschen Reich, Leipzig: Duncker & Humblot.
Schumpeter, J.A., 1953: Aufsätze zur Soziologie, Tübingen: J.C.B. Mohr.
Schumpeter, J.A., 1964: Theorie der wirtschaftlichen Entwicklung (orig. 1911), Berlin: Duncker und Humblot.
Simmel, G., 1966: Über soziale Differenzierung. Soziologische und psychologische Untersuchungen (orig. 1890), Amsterdam: Liberac.
Swedberg, R., 1991a: The Man and His Work, S. 3-98 in: ders. (Hrsg.), Joseph A. Schumpeter. The Economics and Sociology of Capitalism, Princeton: Princeton University Press.
Swedberg, R., 1991b: „The Battle of Methods": Toward a Paradigm Shift?, S. 13-34 in: Etzioni, A./Lawrence, P.R. (Hrsg.), Socio-Economics. Toward a New Synthesis, New York/London: M.E. Sharpe.
Weber, M., 1988: Die protestantische Ethik und der Geist des Kapitalismus (orig. 1904/05), S. 17-206 in: ders., Gesammelte Aufsätze zur Religionssoziologie, Tübingen: J.C.B. Mohr.

Michael Schiffinger und Guido Strunk

Zur Messung von Karrieretaktiken und ihrer Zusammenhänge mit Karriereerfolg und Karriereaspirationen

1. Einleitung und Problemstellung

Berufliche Karrieren werden zunehmend komplexer. Konnte man vor fünfzig Jahren meist noch von Berufen als Berufung sprechen und mit dem Einstieg in das Berufsleben einen relativ klar strukturierten Karriereweg verbinden, so hat sich dies in den letzten zehn Jahren grundlegend gewandelt. Karrierewege werden zunehmend unvorhersehbar, erratisch und komplex. Vermehrt zeigen sich Unsicherheiten über Anforderungsprofile und Voraussetzungen für eine erfolgreiche Karriere. Stabilität, Sicherheit und Planbarkeit werden sowohl für Arbeitnehmer als auch für Organisationen bzw. Unternehmen zunehmend abgelöst durch Flexibilität, Wandel und kurzfristige, lose Bindungen.

Theoretisches und empirisches Wissen über Karrieren existiert zwar in relativ großem Umfang, bleibt jedoch zumeist auf die typische organisationale Karriere beschränkt (Arthur/Rousseau 1996: 8). Über die sogenannten „Neuen Karrieren" gibt es hingegen nur wenig gesicherte Erkenntnisse. Der folgende Beitrag stellt erste Ergebnisse einer groß angelegten Längsschnittstudie über die Karriereverläufe wirtschaftswissenschaftlicher Studienabgänger der Wirtschaftsuniversität Wien vor. Erklärte Zielsetzung des Vienna Career Panel Project (ViCaPP)[1] ist die Etablierung eines theoretischen Rahmens und die Generierung empirischer Resultate, die die Veränderung von Karrieremustern in den letzten Jahren und deren zukünftige Entwicklungen in einer einheitlichen Konzeption zu beschreiben und zu erklären vermögen. Dabei sollen sowohl ehemalige Absolventinnen und Absolventen[2] der Abschlussjahrgänge 1970 und 1990 als auch junge Absolventen der Jahrgänge 2000 bis 2002 hinsichtlich berufsbezogener Persönlichkeitsmerkmale, Karrieretaktiken, beruflicher Ziele und Wünsche, ihres sozialen Hintergrunds und ihrer beruflichen Erfahrungen befragt werden. Insbesondere die beiden jüngeren Kohorten (1990 und 2000–2002) werden in regelmäßigen Abständen über ihren weiteren Karriereweg befragt. Ziel ist es, Berufswege und ihre

---

1 Gefördert vom Fonds zur Förderung der wissenschaftlichen Forschung (FWF); Projektnummer P14307-SOZ.
2 In weiterer Folge wird auf die getrennte Aufzählung beider Geschlechter verzichtet und der Einfachheit halber die männliche Form als Sammelbegriff für alle jeweils gemeinten Personen beiderlei Geschlechts verwendet.

Veränderungen anhand von Längsschnittdaten nachzuzeichnen und auf die Kapitalienausstattung und den berufsbezogenen Habitus der Probanden zu beziehen.

Der folgende Text konzentriert sich in diesem Zusammenhang auf Karrieretaktiken im Sinne von im beruflichen Kontext zielgerichtet eingesetzten Verhaltensweisen. Im Rahmen der vorliegenden ersten Ergebnisse soll der Frage nachgegangen werden, welche Karrieretaktiken identifiziert werden können, ob sie eine Korrelation mit Karriereerfolg aufweisen, und wie diese Karrieretaktiken in einem Zusammenhang mit Berufsplänen stehen, die als „Neue Karriereformen" bezeichnet werden können.

2. Theoretischer Hintergrund

Wird unter dem Begriff Karriere im weitesten Sinne die Abfolge beruflicher bzw. beruflich relevanter Stationen im Lebensverlauf eines Individuums verstanden, eröffnet sich zunächst ein weites Feld, welches aus dieser makroskopischen Perspektive gesehen im wesentlichen den Gesetzen der Kapitaltransformation sozialen und kulturellen Kapitals in monetäres Kapital zu folgen scheint. Steht im Mittelpunkt des Karrierebegriffs die beschriebene Kapitaltransformation, so stellt sich das Karrierefeld im Sinne von Bourdieu (z.B. 1986) als ein mehr oder minder homogenes Feld dar, in dem Individuen mittels ihrer Kapitalausstattung und des Einsatzes bestimmter Verhaltensmuster eine dominante Position einzunehmen bestrebt sind.

Insbesondere vor dem Hintergrund der in den letzten zehn Jahren zu beobachtenden grundlegenden Veränderungen im Berufsleben, die nach Ansicht vieler Autoren (z.B. Arnold 1997; Arthur et al. 1999; Bridges 1999; Goffee/Scase 1992; Hall 1996, Mirvis/Hall 1996; Peiperl/Baruch 1997; Miles/Snow 1996: 99) gekennzeichnet sind von einem zunehmenden Verlust an Sicherheit und Verläßlichkeit, sodass Karriere eben nicht mehr als relativ klar definierter Weg des Aufstiegs in einer Organisation verstanden werden kann, stellt sich die Frage, ob eine solche makroskopische Perspektive von Karriere als homogenem Feld eine tragfähige Beschreibungsebene dieser neuen Formen von Karriere bieten kann. Zumindest scheint es sinnvoll, das „Superfeld" Karriere in Subfelder zu unterteilen, für die angenommen werden kann, dass eine jeweils andere Kapitalausstattung und im Zusammenwirken mit dem Feld ein anderer Habitus das Einnehmen einer dominanten Position im Feld ermöglicht oder erleichtert.

Exemplarische Beschreibungen solcher neuen Karrieren gibt es unter verschiedenen Namen (Arthur et al. 1999: 11) und mit verschiedenen meist recht losen theoretischen Einbindungen in großer Zahl (z.B. Arthur et al. 1995; DeFillippi/Arthur 1998; s. auch Gunz et al. 2000: 26). Insgesamt fehlt diesen Konzepten jedoch offensichtlich eine Verbindung zwischen klassischen Formen von Karrieren und den sogenannten „neuen Karrieren". Neuere

Karriereformen scheinen im Rahmen dieser Ansätze mehr oder minder aus dem Nichts aufzutauchen, ihre Kennzeichnung orientiert sich mehr an narrativen Beschreibungen ihrer Merkmale als an der theoretischen Einordnung dieser Merkmale im Kontext gesellschaftlicher Entwicklungen im Superfeld Karriere.

Sofern solche neuen Formen von Karriere überhaupt eine über die reine Fallbeschreibung einzelner Schicksale hinausreichende empirische Evidenz besitzen, stellt sich die Frage, wo sie im Rahmen eines Superfeldes von Karriere verortet werden können, ob verschiedene Formen neuer Karrieren unterschieden werden können und wie sich diese zueinander in Beziehung setzen lassen. Vor dem Hintergrund dieser Fragestellungen haben Mayrhofer et al. im Rahmen des Vienna Career Panel Project eine Beschreibung von Karrieren vor dem Hintergrund zweier grundlegender Dimensionen vorgestellt. Karrieren werden nach den Grundannahmen von Mayrhofer et al. auf der Basis stabiler vs. instabiler Konfigurationen zwischen Akteuren und einer engen vs. losen Kopplung zwischen diesen Akteuren umfassend beschreibbar (Mayrhofer et al. 2000).

Der klassische Fall einer typischen organisationalen Karriere, bei der ein Individuum nach dem Abschluss seiner Ausbildung in eine Organisation eintritt und bis zum Pensionsalter darin verbleibt, ist vor dem Hintergrund der soeben vorgestellten Dimensionen als eine hochgradig stabile Beziehung zwischen Individuum und Organisation beschreibbar. Weder die Inhalte der Arbeit, noch die relevanten Akteure und Spielregeln ändern sich im Verlauf der Zeit auf dramatische Weise. Ebenso besteht eine relativ enge Bindung des Individuums an „seine" Organisation.

Die in den letzten zehn Jahren zu beobachtenden Veränderungen sind auf beiden Dimensionen mit einem Richtungswechsel verbunden. So zeigt sich zum einen, dass die Bindungen, die Unternehmen und Individuen eingehen, weniger stabil zu sein scheinen. Phasen ohne Erwerbstätigkeit und der häufige Wechsel des Arbeitsplatzes werden in den nächsten Jahren mehr Regel denn Ausnahme sein. Ebenso wie die Intensität bzw. Enge der Bindungen scheint auch ihre Stabilität abzunehmen. Konzepte wie *Employability*, die von der europäischen Union schon seit einiger Zeit propagiert werden, gehen davon aus, dass in Zukunft die flexible, immer neue Anpassung an andere Arbeitsbereiche und beruflich relevante Personen mehr zählen wird als eine spezifische fachliche Qualifikation.

Vor dem Hintergrund der beiden Dimensionen „Kopplung: eng vs. lose" und „Konfiguration: stabil vs. instabil" lässt sich eine Vier-Felder-Matrix aufspannen, deren Felder als Subfelder des Superfeldes Karriere interpretiert werden können. Die vier Ecken dieser Subfelder liegen gleichsam an den Endpolen der beiden soeben genannten Dimensionen und können wie folgt beschrieben werden:

Abb. 1: Vier Karriere-Felder auf Basis der Dimensionen Kopplung und Konfiguration

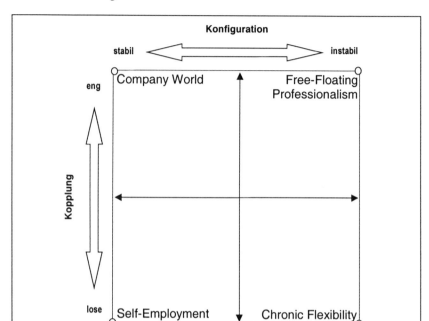

Company World: Hierbei handelt es sich um die klassische organisationale Karriere, wie sie oben bereits beschrieben wurde. Auf Dauer angelegt, streben hier sowohl die Organisation als auch das in ihr beschäftigte Individuum eine stabile Beziehung und enge Kopplung an.

Free-Floating Professionalism: Insbesondere im Bereich der Informations- und Telekommunikationsbranche zeichnet sich eine Entwicklung zu projektorientierten Arbeits- und Organisationsformen ab. Für eine begrenzte Zeitspanne werden hoch spezialisierte Fachkräfte zur Leitung und Durchführung von Projekten in der Organisation angestellt. Nach Ende des Projekts bleibt den Mitarbeitern nur der Weg zu einem anderen Projekt, möglicherweise bei einer ganz anderen Organisation. In diesem Sinne ist die Kopplung zwischen den Akteuren zwar eng, aber zeitlich nicht auf Stabilität angelegt.

Self-Employment: Das klassische Äquivalent zur organisationalen Karriere mit einer stabilen Konfiguration, aber einer losen Kopplung der Akteure, ist die Selbständigkeit. Hier gründet eine Person ein eigenes Unternehmen und offeriert einem bestimmten, relativ klar abgegrenzten Kundenkreis ein auch über längere Zeit festgelegtes und klar definiertes Leistungsspektrum (stabile Konfiguration), wobei sie mit einzelnen Akteuren allerdings generell keine engen Abhängigkeitsverhältnisse eingeht (lose Kopplung).

Chronic Flexibility: Wenn von „neuen Karrieren" die Rede ist, wird nicht selten auf dieses Karrierefeld Bezug genommen. Neue Selbständige, die wechselnde Leistungen für stets andere Kunden erbringen, können in dieses Feld eingeordnet werden. Hier ist gleichsam „alles möglich", so dass es den Betroffenen oft schwerfällt zu sagen, welchen Beruf sie eigentlich ausüben. Auch unterschiedlichste und scheinbar unvereinbare Aufgabenstellungen werden von ihnen angenommen und bearbeitet.

Stimmt die Annahme, dass sich Karrieren zunehmend in Richtung einer loseren Kopplung und instabileren Konfiguration entwickeln, so stellt sich die Frage, ob die davon betroffenen Karrierefelder durch einen unterschiedlichen Habitus gekennzeichnet sind. In Bezug auf das Thema ‚Karrierepolitik und Karrieretaktiken' stellt sich die Frage, ob sich Individuen in ihrem karrieretaktischen Verhalten unterscheiden, wenn sie in verschiedenen Feldern tätig sind. Derzeit ist es uns nicht möglich, diese Frage erschöpfend zu beantworten. Im Rahmen von ViCaPP wird jedoch zur Zeit ein Panel aufgebaut an dem sich bereits rund 650 Absolventen wirtschaftswissenschaftlicher Studiengänge in Wien beteiligen. Deren Habitus und beruflicher Lebensweg soll in den nächsten Jahren weiter verfolgt werden. Es ist uns allerdings bereits bekannt, wie sehr die Absolventen die vier oben erläuterten Karrierefelder anstreben.

Unter Bezugnahme auf die eingangs aufgeworfenen Themenstellungen können die folgenden drei Fragenkomplexe als Gegenstand der weiteren Ausführungen festgehalten werden:

1. Wie können karrieretaktische Verhaltensweisen in einem Fragebogen operationalisiert werden, und welche zugrundeliegenden Dimensionen lassen sich aus empirischer Sicht identifizieren?
2. Welche Zusammenhänge lassen sich mit Indikatoren für eine „erfolgreiche" Karriere finden. Dieser Aspekt ist mit dem ersten insofern verwoben, als beobachtbare Zusammenhänge auch als ein Validitätskriterium für die Operationalisierung angesehen werden können.
3. Welche Karrierefelder streben die Absolventen wirtschaftlicher Studiengänge an? Lassen sich unterschiedliche Karrieretaktiken in den beschriebenen Karrierefeldern beobachten?

3. Zur Konstruktion des Fragebogens

Das Ziel der Fragebogenkonstruktion bestand darin, die relevanten Dimensionen karrieretaktischer Verhaltensweisen zu identifizieren und in nach den Maßstäben der klassischen Testtheorie adäquater Form zu erfassen und zu operationalisieren. Zu diesem Zweck wurde in einem ersten Schritt ein umfangreicher Itempool zu zielorientierten Handlungsweisen im beruflichen Kontext formuliert.

Im Unterschied zu bereits existierenden themenverwandten Frageinstrumenten, die in der Mehrzahl keine theoretische Fundierung aufweisen (s. Engelhart 1994: 178; Neuberger 1995: 158; Wunderer/Weibler 1992: 519f.), orientierte sich die Formulierung der Items hier an als diesbezüglich relevant erachteten Konstrukten aus der Literatur. Dabei wurden sowohl mikropolitisch orientierte Dimensionen wie z.b. Taktiken direkter Beeinflussung (Blickle 1995; Kipnis et al. 1980; Schriesheim/Hinkin 1990), Impression Management (Bohra/Pandey 1984; Feldman/Klich 1991; Kumar/Beyerlein 1991; Mummendey/Bolten 1985; Tedeschi et al. 1985; Wayne/Ferris 1990) und Networking (Forret 1995; Gould/Penley 1984, Guthrie et al. 1998) als auch Bemühungen um Weiterbildung, Leistungs- und Perfektionsstreben und Bewusstsein um die eigene berufliche Situation und Perspektiven (Wolf et al. 1995) bei der Itemformulierung einbezogen. Zusätzlich wurden einige Items formuliert, die sich auf die Kapitalientheorie von Pierre Bourdieu beziehen, wie z.b. die Nutzung sozialer Beziehungen aus dem primär- und sekundärsozialisatorischen Umfeld oder der bewusste Einsatz von akademischen Titeln.

Der resultierende Fragebogen wurde als „Fragebogen zu Verhaltensweisen im Beruf" einer Stichprobe von 201 erwerbstätigen Personen aus Österreich vorgelegt, wobei diese Personen in unterschiedlichsten Bereichen berufstätig waren. Im Folgenden finden sich einige grundlegende Informationen zur Stichprobe in tabellarischer Form.

Tab. 1: Kenndaten zur Stichprobe der Berufstätigen

	gesamt (n = 201)	Männer (n = 100)	Frauen (n = 101)
Durchschnittsalter	35 Jahre	38,4 Jahre	31,7 Jahre
Standardabweichung Alter	9,5 Jahre	10,7 Jahre	6,7 Jahre
Anteil selbständig Tätiger	24,4%	28,6%	20,2%
Anteil (derzeitiger oder ehemaliger) Führungskräfte	44,7%	59,6%	30,0%

Der Fragebogen umfasste insgesamt 236 Kurzstatements zu beruflichen Verhaltensweisen (Beispielitems siehe Tabelle 2), für die die Probanden jeweils auf einer vierteiligen Likert-Skala von „trifft voll zu" bis „trifft nicht zu" angeben sollten, wie sehr diese Statements auf ihr Verhalten im Beruf zutrafen. Auf Basis der 201 erhaltenen Datensätze wurde der Itempool einer explorativen Faktorenanalyse unterzogen, um auf statistisch-empirischem Wege die dem oben genannten Spektrum von Karrieretaktiken zugrundeliegende Struktur zu ermitteln. Unter verschiedenen ermittelten Lösungsvarianten ergab eine Fünf-Faktoren-Lösung die beste inhaltliche Interpretierbarkeit. Die fünf aus dieser Lösung resultierenden Skalen wurden dann per Itemselektion im Hinblick auf innere Skalenkonsistenz, Anpassung der Skalensummenwerte an eine Normalverteilung und Skalenspannweite optimiert.

Sowohl hinsichtlich der Anpassung der Skalenwerte an die Normalverteilung als auch hinsichtlich der internen Konsistenz konnten durch die vorgenommene Itemselektion befriedigende Skalenkennwerte erzielt werden. Die interne Konsistenz liegt für alle Skalen bei zumindest 0,74, was für

Gruppenvergleiche als ausreichend und in begrenztem Ausmaß sogar für Aussagen über einzelne Probanden als genügend hoch eingeschätzt werden kann.

Inhaltlich gruppieren sich die beiden ersten Faktoren um den Bereich der Beziehungsgestaltung. Während Skala I „Sich Freunde und Verbündete schaffen" Verhaltensweisen erfasst, bei denen es vor allem darum geht, bestehende Beziehungen im Hinblick auf die Durchsetzung eigener Ideen und Zielvorstellungen möglichst vorteilhaft zu gestalten, bezieht sich Skala II „Kontakte knüpfen und pflegen" auf Networking im eigentlichen Sinne. Hier geht es primär darum, beruflich relevante Kontakte nachdrücklich aufzubauen und zu pflegen sowie auch im privaten Umfeld zu etablieren.

Im Unterschied dazu beziehen sich die beiden folgenden Skalen auf Verhaltensweisen, die nicht die Bemühungen um bessere Beziehungen zu beruflich relevanten Personen zum Gegenstand haben, sondern die eigene Person – genauer: den eigenen Status bzw. die eigenen Fähigkeiten und Ideen – in den Mittelpunkt stellen. Probanden, die auf Skala III „Autorität und Macht demonstrieren" hohe Punktwerte erzielen, nutzen bewusst Autorität, Status und Macht ihrer beruflichen Position und streben danach, als möglichst einflussreich wahrgenommen zu werden. Probanden, die auf Skala IV „Eigene Fähigkeiten und Ideen herausstreichen" hohe Punktwerte erzielen, weisen bei sich bietenden Gelegenheiten regelmäßig auf ihre beruflichen Fähigkeiten und Erfolge hin und üben zur Durchsetzung ihrer Vorstellungen auch einmal offenen Druck aus.

Skala V „Die eigene Attraktivität am Arbeitsmarkt kennen und steigern" fällt etwas aus dem deutlich mikropolitisch orientierten Rahmen der bisher besprochenen Skalen und scheint insbesondere für Berufseinsteiger relevant zu sein. Vor dem Hintergrund sich ständig verändernder Aufgabenstellungen und Anforderungen im Berufsleben könnte diese Skala jedoch für die Zukunft auch in späteren Karrierestadien durchaus von Relevanz sein und beispielsweise Aspekte des „Lebenslangen Lernens" abdecken – nicht nur in fachlicher Hinsicht, sondern auch was die ökonomische Nachfrage nach dem persönlichen Humankapital betrifft.

Tab. 2: Übersicht über die fünf Skalen des Karrieretaktik-Fragebogens

(KATA) ViCaPP (im Rahmen des Projekts) Normierung basiert auf N = 539	I. Sich Freunde und Verbündete schaffen Personen, die auf dieser Skala hohe Punktwerte erreichen... ... trachten danach, relevante Personen aus ihrem beruflichen Umfeld auf ihre Seite zu ziehen bzw. sich deren Vertrauen, Loyalität und Unterstützung zu sichern. **Beispiel-Item:** Ich bemühe mich, bei möglichst vielen beruflich relevanten Personen „einen Stein im Brett" zu haben. α(ViCaPP – N = 539) = 0,85
	II. Kontakte knüpfen und pflegen Personen, die auf dieser Skala hohe Punktwerte erreichen... ... bemühen sich um das Knüpfen und Erhalten vielfältiger beruflicher Kontakte, wobei die Grenzen zwischen beruflichen und privaten Beziehungen verschwimmen können. **Beispiel-Item:** Nach Arbeitsende gehe ich öfters mit beruflich relevanten Personen aus. α(ViCaPP – N = 539) = 0,79
	III. Autorität und Macht demonstrieren Personen, die auf dieser Skala hohe Punktwerte erreichen... ... nutzen die Autorität ihrer Funktion, Status- und Machtsymbole und bluffen auch gelegentlich, um sich im Beruf Respekt zu verschaffen. **Beispiel-Item:** Ich nutze den Status und das Ansehen, die meine Tätigkeit mit sich bringt. α(ViCaPP – N = 539) = 0,74
	IV. Eigene Fähigkeiten und Ideen herausstreichen Personen, die auf dieser Skala hohe Punktwerte erreichen... ...streichen im Beruf ihre Fähigkeiten, Qualifikationen und Leistungen heraus und räumen etwaige Widerstände gegen ihre Ideen notfalls mit offenem Druck aus dem Weg. **Beispiel-Item:** Ich nutze sich bietende Möglichkeiten, um meine beruflichen Vorzüge herauszustreichen. α(ViCaPP – N = 539) = 0,78
	V. Die eigene Attraktivität am Arbeitsplatz kennen und steigern Personen, die auf dieser Skala hohe Punktwerte erreichen... ...trachten danach, ihren „Marktwert" und ihre Karrieresituation richtig einschätzen zu können sowie ihr Qualifikationsprofil zu verbessern und gezielt an die Anforderungen des Arbeitsmarktes anzupassen. **Beispiel-Item:** Hin und wieder bewerbe ich mich bei anderen Unternehmen, um meinen Marktwert zu überprüfen. α(ViCaPP – N = 539) = 0,74

Nach diesen kurzen Ausführungen zu den in der vorliegenden Studie gefundenen Arten von Karrieretaktiken und den Eigenschaften der Skalen soll im Folgenden der Frage nachgegangen werden, inwieweit sich Zusammenhänge zwischen dem berichteten Einsatz der einzelnen Karrieretaktiken und karrierebezogenen Variablen finden lassen. Zur Beantwortung dieser Frage wurden die Zusammenhänge der extrahierten Skalen einerseits mit dem Karriere-

Zur Messung von Karrieretaktiken

erfolg der berufstätigen Probanden und andererseits mit den Karrierepräferenzen von Absolventen wirtschaftswissenschaftlicher Studienrichtungen bezüglich der weiter oben beschriebenen Karrierefelder analysiert. Die Ergebnisse werden in den folgenden beiden Kapiteln dargestellt.

4. Zusammenhänge zwischen Karrieretaktiken und Karriereerfolg

Jede Operationalisierung von Karriereerfolg steht vor dem Problem der „ontologischen Dualität" (Barley 1989: 39) von Karriere bzw. Karriereerfolg – der „Trennung" in den objektiven oder externen Aspekt einerseits und den subjektiven oder internen Aspekt andererseits (Gattiker/Larwood 1988; Poole et al. 1993). Die meisten empirischen Studien in diesem Bereich beschränken sich allerdings auf den externen Karriereerfolg (van Eck Peluchette 1993: 198), und auch die vorliegende Untersuchung basiert auf der Erfassung dieses Aspekts von Karriereerfolg. Dieser lässt sich beispielsweise an Berufszugehörigkeit, Verantwortung, Einkommen, sozialer Schicht etc. bemessen (Poole et al. 1993: 39). Da die Ergebnisse der Erhebung nicht nur für traditionelle Organisationskarrieren, sondern auch für „neuere Karrierekontexte" (s.o.) gültig sein sollte, erschien die in empirischen Studien häufig gewählte Operationalisierung von Karriereerfolg durch „erreichte hierarchische Stufe", „Anzahl der Beförderungen" o.ä. nicht geeignet. Auch auf die Erfragung des Einkommens wurde insbesondere mit Augenmerk auf den Rücklauf verzichtet.

Aus dem Fragebogen ersichtlich waren hingegen die Berufsbezeichnung, Angaben zur Innehabung bzw. Dauer einer etwaigen Führungstätigkeit, ebenso das Alter und der Beschäftigungsstatus (selbständig oder angestellt). Auf Basis dieser Variablen (insbesondere Berufsbezeichnung und Angaben zu Führungstätigkeit) wurden diejenigen Fälle, wo dies plausibel und trennscharf möglich schien, einer von drei „Erfolgsgruppen" zugeordnet, die jeweils 35 Fälle umfassten. Einige Kenndaten zu diesen drei Gruppen sind in der folgenden Tabelle angeführt:

Tab. 3: Kennwerte zu den drei nach Karriereerfolg differenzierten Gruppen

N = 105 „Erfolgsgruppe"	Gruppe 1 (N = 35) „geringster Karriereerfolg"	Gruppe 2 (N = 35) „mittlerer Karriereerfolg"	Gruppe 3 (N = 35) „höchster Karriereerfolg"
Anteil Männer/Frauen (gesamt: M: 92; F: 100)	M: 8 (22,9%) F: 27 (77,1%)	M: 17 (48,6%) F: 18 (51,4%)	M: 29 (82,9%) F: 6 (17,1%)
Durchschnittsalter (Mittelwert)	29,2 Jahre	35,6 Jahre	44,5 Jahre
Anteil Führungskräfte	0 (0%)	20 (57,1%)	33 (94,3%)
∅ Dauer der Führungstätigkeit (in Monaten)	--	30,2 Monate (ca. 2,5 Jahre)	147,1 Monate (ca. 12 Jahre)
Anteil selbständig Tätige	4 (11,4%)	11 (31,4%)	15 (42,9%)
Beispiele für angegebene Berufsbezeichnung	Sachbearbeiter, Reklamationsabteilung	Assistenz der GF, Product Manager	Leiter Finanzwesen Vorstand

Insgesamt ergibt sich aus den Angaben zu den einzelnen Gruppen also ein durchaus stimmiges Bild, sofern man die Operationalisierung von Karriereerfolg anhand der oben genannten Faktoren akzeptiert: Die „erfolgreicheren" Personen sind im Durchschnitt älter, bestehen zu einem höheren Prozentsatz aus Führungskräften und berichten im Schnitt auch über ein längeres Innehaben einer Führungsposition. Zum Anteil der Selbständigen wäre anzumerken, dass sich diese insbesondere in der dritten Gruppe offensichtlich häufig aus langjährigen (ehemaligen) Managern rekrutierten und nicht hauptsächlich aus Personen, die schon seit einem frühen Karrierestadium selbständig erwerbstätig waren.

In weiterer Folge wurde für die einzelnen Skalen mittels der Berechnung bivariater Korrelationen überprüft, inwieweit sich ein linearer Zusammenhang zwischen dem berichteten Einsatz der einzelnen Karrieretaktiken und dem Karriereerfolg nach der oben beschriebenen Operationalisierung finden würde. Die Ergebnisse für die einzelnen Skalen sind im Folgenden der Übersichtlichkeit halber ebenfalls in Tabellenform dargestellt.

Tab. 4: Korrelationen der Karrieretaktik-Skalen mit Karriereerfolg

N = 105 Skalenbezeichnung	Korrelationskoeffizient mit Karriereerfolg[3]
I. Sich Freunde und Verbündete schaffen	0,348 **
II. Kontakte knüpfen und pflegen	0,191 *
III. Autorität und Macht demonstrieren	0,329 **
IV. Eigene Fähigkeiten und Ideen herausstreichen	0,391 **
V. Attraktivität am Arbeitsmarkt kennen und steigern	-0,057

* signifikant bei 5%
** signifikant bei 1%

---

[3] Es wurde der Spearman-Koeffizient zur Berechnung herangezogen, da die Werte für die Variable „Karriereerfolg" nur Ordinalskalenniveau aufwiesen. Alle Berechnungen wurden mit SPSS für Windows durchgeführt.

Es ist ersichtlich, dass vier der fünf Karrieretaktik-Skalen positiv und signifikant mit Karriereerfolg korreliert waren. Die einzige Ausnahme bildet die Skala V „Attraktivität am Arbeitsmarkt kennen und steigern", für die sich überhaupt keine Zusammenhänge mit Karriereerfolg zeigten. Dies ist allerdings wohl wenig überraschend, da es nicht plausibel erscheint, dass das bewusste Abschätzen und Anpassen des eigenen „Marktwerts" von Personen, die beruflich etabliert und in leitenden Positionen tätig sind, in stärkerem Ausmaß eingesetzt wird als von Personen, die einen solchen Status (noch) nicht erreicht haben.

Alle anderen vier Taktiken wurden hingegen im Schnitt von den erfolgreicheren Personen deutlich stärker eingesetzt, was darauf hindeutet, dass beruflicher Aufstieg und der Einsatz karrieretaktischen und mikropolitischen Verhaltens bis zu einem gewissen Grad miteinander einhergehen.

Es können allerdings auf Basis der erhaltenen Resultate keine Aussagen über die Kausalitätsrichtung zwischen Karriereerfolg und dem Einsatz der genannten Karrieretaktiken getroffen werden, was sicherlich eine gewisse Einschränkung der Aussagekraft der Ergebnisse darstellt. Hier kann nur für die Taktik „Autorität und Macht demonstrieren" (Skala III) eine plausible Spekulation angestellt werden, dass nämlich diese Taktik in der Mehrzahl der Fälle wohl eher eine Konsequenz als ein Antezedens beruflichen Aufstiegs ist. Die drei verbleibenden Taktiken können hingegen sowohl als Einflussfaktoren als auch als Resultat eines höheren Karriereerfolgs gesehen werden.

Bemerkenswert ist wohl auch, dass es die Taktik „Eigene Fähigkeiten und Ideen herausstreichen" (Skala IV) ist, für die sich der deutlichste Zusammenhang mit Karriereerfolg zeigte. Dieses Resultat steht im Gegensatz zu manchen bisherigen Studien, denen zufolge eher Verhaltensweisen, die Einschmeicheln, Anbiedern und Verbünden mit beruflich relevanten Personen zum Gegenstand haben, zum beruflichen Erfolg führen, während dies bei Verhaltensweisen, die die eigene Person in den Vordergrund stellen, nicht zutrifft (Orpen 1996; Wayne/Ferris 1990; Wayne/Liden 1995).

Die hier erhaltenen Ergebnisse deuten hingegen darauf hin, dass aggressive Selbstdarstellung und betont dominantes und selbstbewusstes Verhalten im Berufskontext zumindest ebenso sehr mit beruflichem Erfolg einhergeht wie Taktiken, die eher die Beziehung zu anderen in den Mittelpunkt stellen – die Taktik „Sich Freunde und Verbündete schaffen" (Skala I) war in der vorliegenden Studie marginal schwächer mit Karriereerfolg korreliert, die für die insbesondere in der Praktikerliteratur (s. beispielsweise Hesse/Schrader 1999; Scheler 2000; Wikner 2000) häufig als erfolgsrelevant genannte Taktik des Networking im engeren Sinne („Kontakte knüpfen und pflegen"; Skala II) gefundene Korrelation war sogar um einiges schwächer.

5. Zusammenhänge zwischen Karrieretaktiken und Karriereaspirationen

Derzeit umfasst das Panel des Vienna Career Panel Project rund 650 Absolventen wirtschaftswissenschaftlicher Studiengänge. Rund 80% haben an der Wirtschaftsuniversität Wien und 20% an einer österreichischen Fachhochschule studiert und in den Jahren von 2000 bis 2002 ihren Abschluss gemacht. Obwohl derzeit noch keine Daten über den Karriereerfolg der Absolventen vorliegen, können dennoch Aussagen über deren karrieretaktisches Verhalten und ihre Karrierewünsche getroffen werden. Bezugnehmend auf die eingangs vorgestellten vier Karrierefelder wurde eine Fragebogenskala für jedes der vier Felder entwickelt, die jeweils das Bestreben erfasst, eine Karriere im entsprechenden Feld zu verfolgen.

Es stellt sich hier die Frage, ob die persönliche Ausprägung bestimmter Fähigkeiten und Dispositionen, wie z.B. auch der Einsatz karrieretaktischer Verhaltensweisen, eine prädispositionierende Wirkung für die Wahl eines Karrierefeldes besitzt. Im Sinne eines Job-Fit-Ansatzes (z.B. Weinert 1998; Holland 1973; 1985) könnte davon ausgegangen werden, dass sich Individuen gemäß ihres individuellen Fähigkeitenprofils ganz bewusst für bestimmte Karriereformen entscheiden, von denen sie annehmen, dass sie gut zu ihnen passen. Im Folgenden wird daher der Frage nachgegangen, wie die Ausprägungen karrieretaktischer Verhaltensweisen mit der Karriereaspiration bezüglich der vier weiter oben erläuterten Karrierefelder zusammenhängen.

Die folgende Auswertung stützt sich auf die Daten von 486 Absolventen der Wirtschaftsuniversität Wien, die ihren Abschluss in den Jahren 2000 bis 2002 gemacht haben. Insbesondere wegen eines höheren Durchschnittsalters wurde das Fachhochschulsample nicht in diese Auswertung mit aufgenommen. 46% der befragten Absolventen waren Frauen. Das Durchschnittalter betrug 28 Jahre (± 4 Jahre). Abbildung 2 gibt die Verteilung der Absolventen auf die vier Karrierefelder wieder. Dabei wurde jede Person demjenigen Feld zugeordnet, für das sie die höchste Präferenz angab. Insgesamt ließen sich nur 20 Absolventen überhaupt nicht zuordnen. Hier lagen etwa gleich starke Präferenzen für mehrere Felder vor.

Wie zu vermuten war, strebt der größte Teil der Befragten eine organisationale Karriere an: 42% der Absolventen gaben an, sich am ehesten für eine Company-World-Karriere zu interessieren. Immerhin folgt an zweiter Stelle mit 26% das Berufsleben als ‚Chronisch Flexibler'. Dieses Ergebnis ist angesichts der in diesem Feld gegebenen Unsicherheit und eines hohen Flexibilitätsdrucks durchaus bemerkenswert. Es mag aber andererseits ein Hauch von Freiheit und Ungebundenheit sein, der dieses Feld für die Absolventen attraktiv erscheinen lässt. Insgesamt scheint die Dimension der Kopplung für die Verteilung der Karrierepräferenzen keine große Rolle zu spielen. 49% der Befragten bevorzugten eine enge und 47% eine lose Kopplung. Unterschiede zeigen sich jedoch für die Dimension der Konfiguration. Während rund zwei

Zur Messung von Karrieretaktiken

Drittel der Absolventen eine stabile Konfiguration bevorzugen, können sich nur 33% für einen instabilen Karriereweg erwärmen.

Abb. 2: Verteilung der Absolventen auf die vier Karriere-Felder

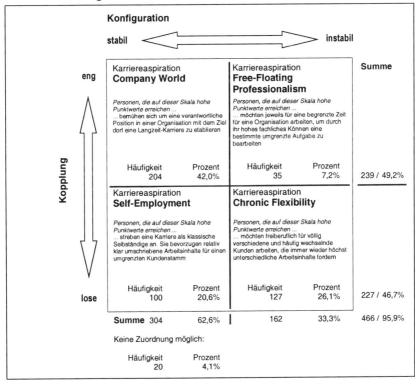

Zur Beantwortung der eingangs vorgestellten Fragestellung, nämlich wie bestimmte Ausprägungen karrieretaktischen Verhaltens mit der Neigung zu den vier Karrierefeldern zusammenhängen, wurden die fünf Skalen des Karrieretaktik-Fragebogens mit den vier Skalen zur Karriereaspiration korreliert. Tabelle 5 gibt diese Korrelationen wieder, wobei sich in der untersten Zeile die gemittelten Korrelationen für die vier Karrierefelder finden.

Tab. 5: Korrelationen zwischen den Skalen für Karrieretaktiken und Karriereaspirationen

N = 486 Skalenbezeichnung	Karriere-Aspiration			
	Company World	Free-Floating Professionalism	Self-Employment	Chronic Flexibility
I. Sich Freunde und Verbündete schaffen	0,068	-0,082	0,163**	0,068
II. Kontakte knüpfen und pflegen	-0,155**	0,134**	0,222**	0,277**
III. Autorität und Macht demonstrieren	0,059	-0,085	0,113*	0,004
IV. Eigene Fähigkeiten und Ideen herausstreichen	-0,081	0,114*	0,233**	0,230**
V. Attraktivität am Arbeitsmarkt kennen und steigern	-0,037	0,046	0,182**	0,194**
Durchschnittliche Korrelation	**-0,029**	**0,026**	**0,183**	**0,156**

* signifikant bei 5%
** signifikant bei 1%

Für die beiden durch enge Kopplung gekennzeichneten Karrierefelder ‚Company World' und ‚Free-Floating Professionalism' zeigen sich kaum signifikante Zusammenhänge mit karrieretaktischen Verhaltensweisen. Allein für die Skala II „Kontakte knüpfen und pflegen" ergeben sich für beide Karrierefelder signifikante Korrelationen. Während gesteigertes Interesse für eine „Company World"-Karriere mit weniger starken Networkingbemühungen einhergeht, zeigt sich für das Karrierefeld „Free-Floating Professionalism" das umgekehrte Bild: hier geht eine hohe Ausprägung auf der Skala „Kontakte knüpfen und pflegen" einher mit einem gesteigerten Interesse für dieses Karrierefeld.

Weit höhere, wenn auch insgesamt nur mäßig starke Korrelationen zeigen sich für die beiden durch lose Kopplung gekennzeichneten Karrierefelder ‚Self-Employment' und ‚Chronic Flexibility'. Höheres Interesse am Karrierefeld ‚Self-Employment' ist hier mit stärkerem berichteten Einsatz aller fünf Karrieretaktiken verbunden, wohingegen die Taktiken „Sich Freunde und Verbündete schaffen" (Skala I) und „Autorität und Macht demonstrieren" (Skala III) für das Feld ‚Chronic Flexibility' keine Bedeutung zu haben scheinen.

Zusammenfassend lässt sich feststellen, dass sich nur geringe bis moderate Zusammenhänge zwischen karrieretaktischem Verhalten und Aspiration bezüglich der verschiedenen Karrierefelder finden lassen. Die gefundenen Zusammenhänge weisen darauf hin, dass hohe Ausprägungen auf den Skalen des Karrieretaktik-Fragebogens eher mit dem Wunsch nach einer Karriere als Selbständiger oder als Chronisch Flexibler einhergehen.

6. Diskussion und Ausblick

Die vorliegende Arbeit stellte einige erste Ergebnisse aus dem Vienna Career Panel Project in sehr gedrängter Form dar. Dabei mussten einige Fragen zwangsläufig offen bleiben. Die derzeit vorliegenden Daten erlauben es in einigen Bereichen noch nicht, zum Kern der Dinge vorzudringen. Derzeit ist noch nicht bekannt, in welchen Karrierefeldern die befragten Absolventen tatsächlich tätig sind und ob die von ihnen berichteten Karrieretaktiken tatsächlich mit Erfolg in diesen Feldern einhergehen. Hier müssen die Resultate der nächsten Befragungswellen abgewartet werden.

Insgesamt stellen die hier vorgestellten Ergebnisse jedoch einerseits einen methodisch relativ ausgereiften Ansatz zur empirisch quantifizierenden Erfassung von Karrieretaktiken dar – die vorgestellten Skalen sind hinreichend reliabel und weisen normalverteilte Skalenwerte auf. Darüber hinaus zeigen sich (deutliche) Zusammenhänge mit einfachen Kennwerten für den Karriereerfolg, was auch als Hinweis auf eine inhaltliche Validität der Skalen gewertet werden kann. Damit wird hier auch die vor allem in der Praxis vielerorts postulierte Bedeutung karrieretaktischer Verhaltensweisen für den beruflichen Aufstieg (z.B. Schur und Weick 1999) empirisch belegt.

Dort, wo sich Zusammenhänge zwischen Karrieretaktiken und angestrebten Karrierefeldern ergaben, zeigten diese, dass hohe Werte auf den Karrieretaktik-Skalen tendenziell einhergehen mit dem Wunsch nach einer Karriere in einem durch lose Kopplung charakterisierten Karrierefeld. Diese Ergebnisse decken sich weitgehend mit anderen Analysen (Mayrhofer et al. 2001; Strunk et al. 2002), die ebenfalls zu dem Schluss kommen, dass ein Interesse für Karriereverläufe jenseits der ‚Company World' einhergeht mit höheren Ausprägungen aller von uns erfassten psychometrischen Skalen. Absolventen, die eine post-organisationale Karriere anstreben, sind im Schnitt flexibler, emotional stabiler, leistungsmotivierter, sie setzen Networking stärker ein und sind generell offener für soziale Kontakte. Ihre soziale Herkunft ist zudem gekennzeichnet von einem höheren sozialen Status und einem höheren Bildungsniveau der Eltern.

Während die Mehrzahl der Absolventen also immer noch eine Karriere in der ‚Company World' anstrebt, wendet sich eine offenbar durch in gewisser Hinsicht elitäre Züge gekennzeichnete Minderheit zumindest von ihren Aspirationen her verstärkt einer Karriere jenseits der großen Organisationen zu. Ob und wie weit diese wie auch jene ihre Karrierewünsche verwirklichen können und wie erfolgreich ihre Bemühungen ausfallen, wird sich jedoch erst in einigen Jahren zeigen.

Literatur

Arnold, J., 1997: Managing careers into the 21st century. London: Chapman.
Arthur, M.B./Claman, P.H./DeFillippi, R.J./Adams, J., 1995: Intelligent enterprise, intelligent careers. Academy of Management Executive 4: 7-22.
Arthur, M.B./Inkson, K./Pringle, J.K.,1999: The new careers. Individual action and economic change. London: Sage.
Arthur, M.B./Rousseau, D.M., 1996: Introduction: the Boundaryless Career as a new employment principle. S. 3-20 in: Arthur, M.B./Rousseau, D.M. (Hrsg.), The Boundaryless Career. New York (u.a.): Oxford University Press.
Barley, S.R., 1989: Careers, identities, and institutions: the legacy of the Chicago School of Sociology. S. 41-65 in: Arthur, M.B./Hall, D.T./Lawrence, B.S. (Hrsg.), Handbook of career theory. New York: Cambridge University Press.
Blickle, G. 1995: Wie beeinflussen Personen erfolgreich Vorgesetzte, Kollegen und Untergebene? – Skalenentwicklung und -validierung. Diagnostica 3: 245-260.
Bohra, K.A./Pandey, J., 1984: Ingratiation towards strangers, friends, and bosses. Journal of Social Psychology 122: 217-222.
Bourdieu, P., 1986: The Forms of Capital. S. 241-258 in: Richardson, J.G. (Hrsg.), Handbook of theory and research for the sociology of education. New York: Greenwood.
Bridges, W., 1999: Jobshift: how to prosper in a workplace without jobs. 9. print., Reading, Mass. (u.a.): Perseus Books.
DeFillippi, R.J./Arthur, M.B., 1998: Paradox in project-based enterprise: the case of film making. California Management Review 2: 125-139.
Engelhart, R., 1994: Mikropolitik im Spiegel empirischer Organisationsforschung. Kritischer Vergleich dreier Fragebogeninstrumente. Teil 2: Der Influence Behavior Questionnaire (IBQ) und die Perceptions of Organizational Politics Scale (POPS). Zeitschrift für Personalforschung 2: 158-186.
Feldman, D.C./Klich, N.R., 1991: Impression management and career strategies. S. 67-80 in: Giacalone, R.A./Rosenfeld, P. (Hrsg.), Applied impression management: How image-making affects managerial decisions. Newsbury Park, Cal.: Sage.
Forret, M.L., 1995: Networking activities and career success of managers and professionals. Dissertation Abstracts, International Section A: Humanities & Social Sciences 1997, Vol. 57, 9A, S. 4023.
Gattiker, U.E./Larwood, L., 1988: Predictors for managers' career mobility, success, and satisfaction. Human Relations 8: 569-591.
Goffee, R./Scase, R., 1992: Organizational change and the corporate career: the restructuring of managers' job aspirations. Human Relations 4: 363-385.
Gould, S./Penley, L.E., 1984: Career strategies and salary progression: a study of their relationships in a municipal bureaucracy. Organizational Behavior and Human Performance 34: 244-265.
Gunz, H./Evans, M./Jalland, M., 2000: Career boundaries in a ‚boundaryless' world. S. 24-53 in: Peiperl, M./Arthur, M.B./Goffee, R./Morris, T. (Hrsg.), Career frontiers. New conceptions of working lives, New York (u.a.): Oxford University Press.
Guthrie, J.P./Coate, C.J./Schwoerer, C.E., 1998: Career management strategies: The role of personality. Journal of Managerial Psychology 5/6: 371-386.
Hall, D.T., 1996: Long live the career. A relational approach. S. 1-12 in: Hall, D.T. et al., The career is dead – long live the career. San Francisco: Jossey-Bass.
Hesse, J./Schrader, H. C., 1999: Networking als Bewerbungs- und Karrierestrategie: Beziehungen aufbauen, pflegen und nutzen. Frankfurt: Eichborn.
Holland, J.L., 1973: Making Vocational Choices. Englewood Cliffs, N.J.: Prentice-Hall.

Holland, J.L., 1985: Making vocational choices: A theory of vocational personalities and work environments. Englewood Cliffs, N.J.: Prentice-Hall.
Kipnis, D./Schmidt, S.M./Wilkinson, I., 1980: Intraorganizational influence tactics: explorations in getting one's way. Journal of Applied Psychology 65: 440-452.
Kumar, K./Beyerlein, M., 1991: Construction and validation of an instrument for measuring ingratiatory behaviors in organizational settings. Journal of Applied Psychology 5: 619-627.
Mayrhofer, W./Steyrer, J./Meyer, M./Iellatchitch, A./Hermann, A./Strunk, G./Erten, C./Mattl, C./Schiffinger, M./Dunkel, A., 2000: Towards a habitus based concept of managerial careers. Paper presented at the Academy of Management Meeting, Toronto, Canada, 8. September 2000 (als PDF downloadbar auf http://www.wu-wien.ac.at/project/vicapp/publikat.htm).
Mayrhofer, W./Strunk, G./Schiffinger, M./Iellatchitch, A./Steyrer, J./Meyer, M., 2001: Career habitus. Theoretical and empirical contributions to make a black box gray. Paper submitted to the Annual Conference of the Academy of Management, Denver, USA, Juli 2002 (als PDF downloadbar auf http://www.wu-wien.ac.at/project/vicapp/publikat.htm).
Miles, R. E./Snow, C.C., 1996: Twenty-first-century careers. S. 97-115 in: Arthur, M.B./Rousseau, D.M. (Hrsg.), The Boundaryless Career. New York (u.a.): Oxford University Press.
Mirvis, P.H./Hall, D.T., 1996: Psychological success and the boundaryless career. S. 237-255 in: Arthur, M.B./Rousseau, D.M. (Hrsg.), The Boundaryless Career. New York (w.a.): Oxford University Press.
Mummendey, H.-D./Bolten, H.-G., 1985: Die Impression-Management-Theorie. S. 57-77 in: Frey, D./Irle, M. (Hrsg.), Theorien der Sozialpsychologie. Band III – Motivations- und Informationsvheorien. Bern (u.a.): Huber.
Neuberger, O., 1995: Mikropolitik: der alltägliche Aufbau und Einsatz von Macht in Organisationen. Stuttgart: Enke.
Orpen, C., 1996: The effects of ingratiation and self promotion tactics on employee career success. Social Behavior and Personality 3: 213-214.
Peiperl, M./Baruch, Y., 1997: Back to square zero: the post-corporate career. Organizational Dynamics 4: 7-22.
Poole, M.E./Langan-Fox, J./Omodei, M., 1993: Contrasting subjective and objective criteria as determinants of perceived career success: a longitudinal study. Journal of Occupational and Organizational Psychology 66: 39-54.
Scheler, U., 2000: Erfolgsfaktor Networking: mit Beziehungsintelligenz die richtigen Kontakte knüpfen, pflegen und nutzen. Frankfurt (u.a.): Campus.
Schriesheim, C.A./Hinkin, T.R., 1990: Influence tactics used by subordinates: a theoretical and empirical analysis and refinement of the Kipnis, Schmidt, and Wilkinson subscales. Journal of Applied Psychology 3: 246-257.
Schur, W./Weick, G., 1999: Wahnsinnskarriere. Wie Karrieremacher tricksen, was sie opfern, wie sie aufsteigen. Frankfurt: Eichborn.
Strunk, G./Steyrer, J./Mattl, C./Mayrhofer, W., 2002: How career tactics and personality influence post-organizational career aspirations. Beitrag auf dem International Congress of Applied Psychology, 2002, Singapur.
Tedeschi, J./Lindskold, S./Rosenfeld, P., 1985: Introduction to Social Psychology. St.Paul, MN: West Publishing.
Van Eck Peluchette, J., 1993: Subjective career success: the influence of individual difference, family, and organizational variables. Journal of Vocational Behavior 43: 198-208.
Wayne, S.J./Ferrks, G.R., 1990: Influence tactics, affect, and exchange quality in supervisor-subordinate interactions: a laboratory experiment and field study. Journal of Applied Psychology 75: 487-499.

Wayne, S.J./Liden, R.C., 1995: Effects of impression management on performance ratings: a longitudinal study. Academy of Management Journal 1: 232-260.
Weinert, A.B., 1998: Organisationspsychologie. Weinheim: Beltz.
Wikner, U., 2000: Networking – die neue Form der Karriereplanung: Geschäftsbeziehungen knüpfen und erfolgreich nutzen. 1. Aufl., Würzburg: Lexika-Verlag.
Wolf, G./London, M./Casey, J./Pufahl, J., 1995: Career experience and motivation as predictors of training behaviors and outcomes for displaced engineers. Journal of Vocational Behavior 47: 316-331.
Wunderer, R./Weibler, J., 1992: Vertikale und laterale Einflußstrategien: Zur Replikation und Kritik des ‚Profiles of Organizational Influence Strategies (POIS)' und seiner konzeptionellen Weiterführung. Zeitschrift für Personalforschung 4: 515-534.

Christiane Funken und Susanne Fohler

Unternehmerische Informationspolitik als Karrierestrategie

Alternierende Karrierechancen im Vertrieb

1. Einleitung

Ökonomische Transformationsprozesse haben dazu beigetragen, daß spätestens seit den neunziger Jahren dem Firmensegment ‚Vertrieb' eine zentrale Stellung im Unternehmen zukommt. Nicht nur der Zuwachs an Vertriebsarbeit, sondern auch die zunehmende Bedeutung der Funktion des Vertriebs als Schnittstelle zwischen Unternehmen und Umwelt zwingen die Unternehmen, ihre Verkaufsstrategien zu überdenken und neue Vertriebswege zu forcieren. Hiermit verbunden entwickeln sich neue Karrierestrategien, die sich wesentlich von den klassischen und alternativen Karrierekonzepten unterscheiden, wie sie in der betriebswirtschaftlichen und organisationssoziologischen Literatur diskutiert werden. Im Folgenden wird eine typisierende Rekonstruktion von Karrierestrategien vorgenommen, die sich an der lokalen, d.h. vertrieblichen Organisationsrationalität orientieren. Traditionell gilt der Vertrieb als Sprungbrett für eine klassische Aufstiegskarriere. Neben dieser Sprungbrettfunktion – so die Ergebnisse einer empirischen Studie, die wir in den Jahren 2000-2002 durchgeführt haben[1] – lässt der Vertrieb einen weiteren, bisher nicht thematisierten Karrieretyp zu, der nahezu ausschließlich über das Medium ‚Geld' und eine damit verbundene Steigerung des Aufmerksamkeitskapitals definiert ist.

1.1 Zur strategischen Bedeutung von Geld

Fast alle Aspekte unserer Lebensführung werden vom Akt des Kaufens, Verkaufens oder Zahlens abhängig gemacht. Die Monetarisierung der Gesellschaft zeichnet sich allerdings nicht nur dadurch aus, daß unsere Arbeitskraft, unsere Ideen und unsere Produkte feilgeboten werden (müssen). Das soziale

---

1 Im Jahr 2000 haben wir 98 Personen aus 9 Unternehmen sowohl quantitativ als auch qualitativ befragt. Es handelt sich um 66 Männer und 32 Frauen aus dem Außen- und Innendienst, dem Personalbereich sowie der Vertriebsunterstützung. Die Unternehmen setzen sich aus 6 Großunternehmen und 3 Klein- bzw. Mittelständischen Unternehmen aus der Produktions-, Automobil-, Finanzdienstleister- sowie der IT-Branche zusammen.

Medium Geld schafft und löst eigene gesellschaftliche Ordnungsprobleme[2], die in den Wertmaßstäben und Verhaltenscodizes der spätmodernen Gesellschaft zum Ausdruck kommen. In fragmentierten[3] Lebensläufen ist der Andere nicht mehr als Partner in einem Netz moralischer Verbindlichkeiten präsent, sondern als Objekt ästhetischer Interessen, das Aufmerksamkeit durch kaufbare Prestigesymbole erlangt. Je differenzierter, komplexer, schneller und monetärer die moderne Welt wird, desto wichtiger werden Oberflächen. Die herbeigesehnte ‚Oberflächenspannung' wird durch eine Form der ‚Selbstvermarktung' erreicht, die sich in stets wandelbaren Lebensstilen, permanent aktualisiertem ‚Produktmanagement' und situationsadäquaten Problemlösungen, kurz: in effektvoller Selbstinszenierung niederschlägt.

Allerdings kann sich die ästhetische Kommunikation nicht mehr an den klassischen Codewerten des kulturellen Kapitals, wie Bourdieu es beschreibt, orientieren[4], da klassifizierende Unterscheidungen des Geschmacksurteils (vgl. Bolz 1997: 11) hinfällig geworden sind. Die vermeintliche Demokratisierung des ‚guten' Geschmacks läuft vielmehr über eine „Vermarktungsstrategie", wo nur der Preis zählt. Und der ist hoch! Ein – über kulturellen Konsum und Aufmerksamkeit ausgereizter – Status setzt ökonomische Kosten voraus.[5] Nur unter Berufung auf Geldvermögen können soziale Positionen unter Umgehung traditioneller Sozialkontrolle eingenommen werden (Baecker 1995). Deshalb kommuniziert man über Geld und Popularität. Geld dient als Projektionsfläche für soziale Zuschreibungen und der Erwerb von Geld wird zum prestigeträchtigen Unternehmen, das über die sichtbare Teilhabe am gesellschaftlichen Leben entscheidet. Der Grad an gewonnener Popularität tritt an die Stelle der früheren Rangskalen für sozialen Status.

Forcierte Gewinnmaximierung, die sich unmittelbar im Verdienst dokumentiert und prestigesteigernd habitualisieren und inszenieren lässt, spiegelt strukturell die Bedingungen der Spätmoderne wider. Wenn der monetäre Erfolg zusätzlich als unmittelbares Äquivalent für das Ziel eines Unternehmens steht und organisatorisch gebunden ist, muss er als alternatives Karrieremodell gelesen werden. Dieser Karrieretypus ist als lokales Strukturmerkmal nur im Vertrieb erkennbar und wird zunehmend von Außendienstmitarbeitern und -mitarbeiterinnen mit geringer beruflicher Qualifikation bevorzugt. Er wird vorrangig über das Medium Geld und nicht über machtstrategischen Po-

---

2 Geld firmiert als Austausch- oder Kommunikationsmedium (vgl. Baecker 1995).
3 Der Zerfall des spätmodernen Lebens dokumentiert sich in einer Serie unverbundener, in sich abgeschlossener Episoden (vgl. Baumann 1996).
4 Vgl. aus systemtheoretischer Sicht hierzu auch Ursula Pasero (1997: 249): Die evolutionäre Umstellung von Moralökonomie auf geldvermittelte Kommunikation führt aus den „traditionellen Netzwerken der Herkunft mit ihren Bindungen aus Schuld, Dankbarkeit und Verpflichtung" heraus. Auch Giddens (1995) fasst Geld als einen „disembedding mechanism" auf, als einen Mechanismus, der in der Lage ist, soziale Einbettungen aufzulösen. Vgl. auch Baecker (1995: 115).
5 Vgl. Bourdieu (1987: 200). Im kulturellen Kapital sind die gesellschaftlichen Voraussetzungen des Mediums ‚Geld' stets präsent und bilden den Horizont für seine Inszenierungskraft.

sitionswechsel definiert und weicht daher ebenso von den neueren betriebswirtschaftlichen Karrieremodellen wie von den klassischen Karrierewegen ab. Genau dies macht ihn für die Professions- und Organisationssoziologie so bedeutsam.

1.2 Karrieremuster

Der zügige Aufstieg in den Linienhierarchien eines Unternehmens entspricht der klassischen Karriere. Ein Stellenwechsel gilt dann als Positionsverbesserung und somit als Karriereschritt, wenn er mit einer finanziellen Verbesserung, mehr Führungsverantwortung und mit Entscheidungs- und Machtzuwachs verbunden ist. Macht bedeutet in strategischen Positionen verankerte Handlungsfreiheit, die u.a. dazu verhilft, Anforderungen zu verweigern und anderen Organisationsmitgliedern eigene Interessen aufzuzwingen (Crozier/Friedberg 1993). Daß Macht und Organisation unauflöslich verbunden sind, zeigt sich auch daran, daß ein Stellenwechsel in einem Unternehmen erst dann karriererelevant ist, wenn er zu einer machtvolleren Position führt.

Durch gegenwärtig sich vollziehende Restrukturierungsmaßnahmen in Unternehmen wie Hierarchieabbau, Dezentralisierung und steigende Flexibilisierung wird dieser traditionellen Karriere z.T. ihre Grundlage entzogen, da in flacheren Hierarchien weniger Führungspositionen zu besetzen sind. Um den Mitarbeitern dennoch Entwicklungsmöglichkeiten anzubieten, werden in reorganisierten Unternehmen zunehmend sogenannte ‚Fachlaufbahnen' institutionalisiert. Domsch (1994) unterscheidet drei Formen der Fachlaufbahn: Projektlaufbahn, Spezialistenlaufbahn und Gremienlaufbahn. Am häufigsten wird der Weg der Projektlaufbahn eingeschlagen: der Aufstieg erfolgt hier über zunehmend fachliches Engagement in kleineren hin zu umfangreichen und strategisch wichtigen Projekten. Die Spezialistenlaufbahn wird besonders von Mitarbeitern mit hoher Expertenverantwortung, aber geringem Umfang an Personalverantwortung bevorzugt. Organisatorisches Ziel der Spezialistenlaufbahn ist die Ausbildung, der Erhalt und die Belohnung von hochqualifizierten Spezialisten (vgl. Füchtner 1998: 604). Eher selten kommt die Gremienlaufbahn vor: sie beinhaltet die Mitgliedschaft in verschiedenen Ausschüssen und Gremien.

Ein modernes Karriereverständnis berücksichtigt offensichtlich, dass es auch ohne einen direkten Wechsel der Position zu einer Verantwortungs- und Kompetenzerweiterung und damit verbundenem Prestigegewinn[6] kommen kann. Karriereschritte können dann im Gewinn zusätzlicher Erfahrung oder der Bewältigung neuer Herausforderungen und Aufgabenfelder liegen.

---

6 Crozier/Friedberg (1993: 50) zufolge liegt hier der Machtgewinn im „spezifischen Sachwissen" bzw. in der „funktionalen Spezialisierung".

2. Strukturprämissen des Vertriebs

In vielen Wirtschaftsunternehmen gilt der Vertrieb als ‚Sprungbrett' für die klassische Karriere, die sich, wie oben erwähnt, durch zügiges Aufsteigen in der Unternehmenshierarchie charakterisieren lässt. Aus organisationssoziologischer Sicht erklärt sich diese Karriererelevanz des Vertriebs zum einen aus der Schnittstellenfunktion des Vertriebs, zum anderen aus dem besonderen Anforderungsprofil der Außendienstmitarbeiter. Unsere Studie zeigt, dass sich beide Faktoren dann günstig auf eine klassische Karriere auswirken, wenn die mit der Schnittstellenfunktion verbundenen informellen Strukturen des Vertriebs für eine personalisierte Informationspolitik und damit als strategisch bedeutsame Positionierungschance genutzt werden.

2.1 Zur Schnittstellenfunktion des Vertriebs

Neben seiner operativen Funktion hat der Vertrieb die Aufgabe, zwischen Unternehmen und Umwelt zu vermitteln. Durch seine Stellung an der Grenze – oder besser: als Grenze – des Unternehmens ist der Vertrieb in der Lage, Umweltveränderungen schneller als alle anderen Arbeitsbereiche aufzunehmen. Als privilegierter Vermittler zwischen Organisation und Umwelt fungiert der Vertrieb als „Relais" (Crozier/Friedberg 1993). Nach innen sollen Relais die Organisation über die – ihre jeweiligen Segmente kennzeichnende – Situation und die Folgen informieren, die sich daraus für sie ergeben. „Sie tragen somit zu deren Funktionsfähigkeit und -weise bei, entweder, indem sie die Mobilisierung notwendiger Ressourcen erleichtern, oder indem sie die ‚Absatzmöglichkeiten' der Produkte durch ihre bessere Anpassung an die Forderungen der von ihnen vertretenen Umweltsegmente verbessern" (Crozier/Friedberg 1993: 95f.). Nach *außen*, also gegenüber der Umwelt gelten Relais als „Repräsentanten der Organisation und ihrer Interessen" (Crozier/Friedberg 1993: 95).

Die Leistung, die der Vertrieb als Relais erbringen muss, geht jedoch über die bloße wechselseitige Repräsentation oder den Informationsaustausch zwischen System und Umwelt hinaus. Sie umfasst wesentlich auch die Vermittlung zwischen unterschiedlichen Sinnzusammenhängen oder unterschiedlichen „Welten" und dient als Instrument der Legitimierung des Unternehmens. Der Vertrieb muss in der Lage sein Sinntransformationen zu leisten: „Die Sinn- und Legitimationsgrundlagen moderner Großorganisationen sind (...) nicht mehr per se gegeben, sondern müssen von ihnen selbst geschaffen und vermittelt werden, und dies hat mit Rücksicht darauf zu geschehen, daß sie es mit Mitarbeitern bzw. Kunden zu tun haben, die immer schon in anderen, sich selbst eigenwillig begründenden Sinnzusammenhängen eingebunden sind und die erwarten, als die, die sie sein möchten, anerkannt zu werden" (Bardmann 1994: 350).

Unternehmerische Informationspolitik als Karrierestrategie 317

Aufgabe des Vertriebs ist es, die über die Umwelt gesammelten Informationen in andere Sinnzusammenhänge – die des Unternehmens – zu stellen und so zu verarbeiten und aufzubereiten, daß sie als Entscheidungsgrundlage dienen können. Die Kontingenz der Umwelt muss also in notwendige Vorgaben für die Organisation transformiert werden. Diesem Prozess der „Unsicherheitsabsorption' (...), bei dem die Informationsaufnahme gefiltert, zusammengefasst oder sogar nur Schlussfolgerungen weitergegeben werden" (Mayntz u.a. 1977: 50), kommt deshalb auch unternehmensstrategisch eine besondere Bedeutung zu.[7]

2.2 Analogien zwischen Management und Vertrieb

Neben der Schnittstellenfunktion des Vertriebs gibt es noch weitere Gründe, die aus organisationssoziologischer Sicht dafür sprechen, daß sich der Vertrieb besonders gut als Karrierebaustein für eine klassische Aufstiegskarriere eignet. Diese liegen in den Analogien, die zwischen der Funktion des Vertriebs und der des Managements bestehen und dem damit verbundenen Anforderungsprofil der Mitarbeiter dieser beiden Abteilungen. Beide Bereiche, Management als auch Vertrieb, unterliegen einer wesentlich auf Profitmaximierung ausgerichteten Leistungsorientierung[8] und der unmittelbaren Nähe zum externen Kunden. Zudem nehmen beide Unternehmenssegmente die Funktion wahr, das Unternehmen und seine ‚Corporate Identity' nach außen zu repräsentieren.

Neben diesen Analogien in den Funktionen lässt sich eine Analogie der Anforderungsprofile feststellen. Beide Bereiche sind dadurch gekennzeichnet, dass auch informelle Abläufe und Strukturen eine große Rolle spielen. Die Interaktionen in und zwischen beiden Arbeitsbereichen erfordern einen hochgradig personalisierten und ‚fallbasierten' Einsatz und beruhen nicht primär auf hierarchisch legitimierten Befugnissen wie z.B. Weisungs- oder Entscheidungsbefugnis. Die Handlungen sind vielmehr schwach regelgeleitet, stark situations- und personenzentriert und damit informeller Art. Entsprechend werden von Managern Kompetenzen gefordert, die ihnen erlauben, souverän in informellen Strukturen zu agieren und diese als Steuerungsmittel im Sinne der Unternehmensziele zu nutzen. Auch an die Verhandlungsfähigkeit, die Überzeugungskraft und das Auftreten der Außendienstverkäufer werden hohe Anforderungen gestellt. Außendienstler werden hauptsächlich nach ihrer Persönlichkeit und ihren sozialen Kompetenzen ausgesucht, weniger nach Ausbildung und Qualifikation. Zu diesen persönlichen Eigenschaf-

---

7 Ein zentraler Fokus der Untersuchung lag deshalb auf der Erfassung der Informationsflüsse, wie sie konkret in den Unternehmen mit ihren Abteilungs- und Stellendifferenzierungen ablaufen.
8 Zu Karriere und Vergütung deutscher Top-Manager vgl. Martin von Hören (1996).

ten der Außendienstmitarbeiterinnen[9], die besonders hervorgehoben werden, zählen Menschenkenntnis, politische Weitsicht, Kommunikationsfähigkeit, souveränes Auftreten, Einfühlungsvermögen und z.b. die Fähigkeit, Vertrauen zu schaffen.[10]
Vertriebler müssen also besonders empathische Persönlichkeitsmerkmale mitbringen, die ihren Erfolg sichern.[11] Die Anforderungen an die sogenannte Sozialkompetenz („soft skills") werden umso höher, je weniger formalisiert der Arbeitsbereich ist und je größer die Schnittstelle zur externen Umwelt ausfällt. Beide Aspekte treffen auf den Außendienst wie auch auf das Management zu, so dass in jedem Fall neben dem beruflich-fachlichen Grundwissen auch Sinn- bzw. Wissenserzeugungs- und Vermittlungskompetenzen verlangt werden. Zur Analogie der Funktionen kommt somit eine Analogie der Anforderungsprofile hinzu.

3. „Aufstiegskarriere" durch personalisierte Informationspolitik

Die Schnittstellenfunktion des Vertriebs und die Analogien zwischen Management und Vertrieb wirken sich allerdings nur dann günstig auf eine klassische Karriere aus, wenn die mit der Schnittstellenfunktion verbundenen informellen Strukturen des Vertriebs für eine personalisierte Informationspolitik und damit als strategisch bedeutsame Positionierungschance *genutzt* werden. Die personalisierte Wissensvermittlung und die subjektive Sinntransformation dienen dann dazu, dem Vorgesetzten nicht nur die eigene Leistung, sondern auch die eigene Person zu verkaufen und sich so für Beförderungen zu empfehlen. Ziel dieser Karrierestrategie ist es, längerfristig den Außendienst zu verlassen und aufgrund der management-analogen Kompetenzen in der Unternehmenshierarchie aufzusteigen. Wer den Vertrieb in diesem Sinne als Baustein für die klassische Karriere nutzt, muss sich nicht als überdurchschnittlicher Verkäufer auszeichnen, sondern nutzt die informelle Informationsvermittlung zur Positionierung.
Eine weitere Vorbedingung für eine klassische Aufstiegskarriere liegt im akademischen Ausbildungsgrad der Aspiranten. Ein idealtypischer Karriere-

---

9 Dieses Anforderungsprofil lässt sich problemlos auf jede Managementfunktion übertragen. Die Liste der verlangten „weichen Management-Skills" (Schütz 1998: 51) ist lang. Unter anderem gehören dazu: Systemdenken, Diplomatie, Moderationsfähigkeit, Verhandlungsgeschick, persönliche Integrität, Empathie, soziale Intelligenz, Eigeninitiative, Begeisterungsfähigkeit, Kommunikations- und Teamfähigkeit, Lernbereitschaft, Service- und Zielgruppendenken.
10 Im Rahmen unserer Studie eingeholte Expertise aus der Praxis (Zäsar 2000).
11 Deshalb ist es auch erstaunlich, daß bisher so wenig Frauen im Vertrieb tätig sind. Denn gerade ihnen werden diese im Vertrieb erforderlichen Sozialkompetenzen unterstellt. Vgl. u.a. Steppan (1992); Stober/Meuwis (1998); Beck-Gernsheim/Ostner (1978).

verlauf sieht dann so aus: Nach drei bis vier, höchstens sechs Jahren sollte ein Wechsel auf eine außervertriebliche Position innerhalb des Unternehmens erfolgen, bei der auch Mitarbeiterführung eine Rolle spielt. Oft ist dieser Wechsel mit finanziellen Einbußen verbunden, da die Außendienstverkäufer überdurchschnittlich gut verdienen (bis zu DM 250 000,- p.a.). Diese vorläufige finanzielle Einbuße kann evtl. später wieder ausgeglichen werden. Entscheidend aber sind der Gewinn an Macht und Einfluß im Unternehmen und die Führungsaufgaben, die übernommen werden.

Unsere Untersuchung zeigt jedoch, daß nicht alle Außendienstmitarbeiter diesen Strategievorteil in gleicher Weise nutzen. Vielmehr können zwei Typen der Informationsvermittlung ausgemacht werden, die sich vor allem durch den Grad der Formalisierung unterscheiden:

- Auf der einen Seite findet die bereits geschilderte, stark personalisierte Informationspolitik über informelle Kommunikationswege statt;
- auf der anderen Seite wird eine durchgängig formalisierte, leistungs- und sachbezogene Informationspolitik verfolgt.

Bereits aus diesen unterschiedlichen Informationspolitiken lässt sich ablesen, dass nicht alle Außendienstverkäufer den Vertrieb als Baustein für eine klassische Aufstiegskarriere nutzen oder auch nur nutzen wollen.

4. „Geldkarriere" trotz formalisierter Informationspolitik

Ein zentrales Ergebnis unserer Studie ist, dass die lokale Rationalität des Vertriebs neben der klassischen Aufstiegskarriere einen weiteren – bisher in der Organisations- und Professionssoziologie nicht thematisierten – Karrieretypus zulässt, der (ausschließlich) über die Leistungstransparenz durch das Medium ‚Geld' und der damit verbundenen Steigerung von Ansehen und Prestige definiert ist.

Betriebswirtschaftlich zeichnet sich der Vertrieb neben seiner operativen Funktion (dem Verkaufen) vor allem durch seine leistungsabhängige Entlohnung aus. Das heißt, das Gehalt eines Außendienstmitarbeiters setzt sich aus einem Fixum und einer variablen Komponente zusammen. Auch wenn je nach Branche unterschiedliche Provisionsanteile gezahlt werden, so generiert der Vertrieb grundsätzlich gleiche Verdienstchancen, da jeder über mehr Leistung, sprich mehr Vertragsabschlüsse, ein höheres Gehalt erzielen kann.[12]

Bei vielen ‚Vertrieblern' wird diese Lohnpolitik als ausschlaggebendes Motiv für ihre Berufswahl genannt, da sich der Erfolg unmittelbar in Geld niederschlägt und für alle sichtbar wird.

---

12 Dies schlägt sich etwa beim Geschlecht nieder. In nahezu allen Berufsfeldern verdienen Frauen bis zu 25% weniger als ihre männlichen Kollegen – dies ist im Vertrieb nicht möglich.

Normalerweise manifestiert sich beruflicher Erfolg in hierarchischen Positionsverbesserungen und zeichnet sich durch einen Zuwachs an Macht, mehr Führungsverantwortung, höheres Prestige und ein höheres Einkommen aus. Dieses Gratifikationssystem unterliegt den nicht objektivierbaren Wertmaßstäben der Vorgesetzten und Kollegen: Belohnt werden unternehmensintegrierte Mitarbeiter. Die Integration aber erfolgt zum Großteil über informelle Kommunikationswege bzw. sogenanntes networking und unterliegt einer eigenen Logik, die sich in unternehmensinternen Spielregeln niederschlägt.[13] Daran geknüpfte Erwartungen sind an Mitgliedschaftsrollen gebunden und formal (also normativ) oder subformal (also kognitiv orientiert) ausgerichtet. „Es besteht ‚erkennbarer Konsens', dass die Abweichung von diesen Erwartungen mit der Fortsetzung der Mitgliedschaft nicht vereinbar ist" (Tacke 1997: 228f.). Die Leistungskraft eines Mitarbeiters in den Unternehmensstrukturen ist also nicht per se (für alle) sichtbar, sondern wird erst über das Gratifikationsmittel der Beförderung transparent gemacht, das als Teil der hierarchisch (aber auch flach) strukturierten Organisationen in hohem Maße den informellen und nicht objektivierbaren Wertmaßstäben der Führungskräfte und Kollegen unterliegt.

Diese Strukturen hebelt die ‚Geldkarriere' im Vertrieb weitgehend aus. Denn die Vertriebsstruktur bietet die Möglichkeit, Leistung transparent zu machen, ohne an das klassische Gratifikationssystem gebunden zu sein. Der Erfolg im Vertrieb dokumentiert sich in Vertragsabschlüssen und ist damit direkt meßbar und monetär übersetzbar. Damit fällt eine zentrale strukturelle Diskriminierung weg, wonach beruflicher Erfolg nur durch hierarchische Positionsverbesserungen oder -wechsel sichtbar wird und erst durch die zusätzlich erforderten Integrationsleistungen möglich ist.

Der unmittelbare Beitrag zur Wertschöpfungskette, d.h. Vertragsabschlüsse und Verdienst, garantiert die Anerkennung und den Prestigegewinn im Kollegenkreis. Somit avanciert Geld zu dem Medium, über das Leistung gemessen und anerkannt wird.

4.1 Der informelle Weg

Eine Geldkarriere, wie wir sie innerhalb der untersuchten Vertriebe ausmachen konnten, ist organisatorisch nicht formalisiert und auch nicht notwendig an eine Veränderung der Position gebunden, sondern durch den innervertrieblichen Wechsel des Kundenstammes gekennzeichnet. Der Vertrieb ist nach Kundenbereichen strukturiert.[14] Diese stehen in einem hierarchischen

---

13 Diese „kognitiv und normativ stabilisierten ‚Regeln der Angemessenheit'" (Tacke 1997) regulieren neben sachbezogenen Problemlösungen auch soziale Zugehörigkeiten und Identitäten der Handelnden.

14 Der geringe Grad der Formalisierung der Kundenbereiche erklärt sich dabei unter anderem daraus, daß gerade hier häufig Umstrukturierungen stattfinden, um die Anpassung an Marktentwicklungen zu gewährleisten.

Verhältnis zueinander, ausgerichtet nach der Umsatzstärke der jeweiligen Kundschaft. Bei einer hierarchischen Dreiteilung der Kundenbereiche formiert sich die Organisation des Vertriebs in Pyramidenform: Die breite Basis wird von den zahlreichen Privatkunden gebildet, der Mittelbau definiert sich über die mittelständischen Unternehmen und an der Spitze gibt es wenige umsatzstarke Großunternehmen.[15] Der Umsatz, den das Unternehmen mit dem einzelnen Privatkunden macht, ist erwartungsgemäß relativ gering und steigt bis zur Spitze der Pyramide systematisch an. In Relation zum Umsatz nimmt der Umfang und die Intensität der Kundenbetreuung zu, so daß ein Außendienstmitarbeiter im Bereich Großkunden deutlich weniger Kunden betreut als sein Kollege im Privatkundenbereich.[16] Der informelle Weg der ‚Geldkarriere' verläuft dann etwa vom „Kundenbetreuer" im Privatkundenbereich über den „Vertriebsbeauftragten" im Bereich Mittelstand zum „Großkundenmanager" (oder „key account manager") im Großkundenbereich. Ein Privatkundenbetreuer hat sehr viel mehr Kunden auf sehr viel formalisiertere Weise zu betreuen. Im Geschäftskundenbereich sind bereits weniger Kunden zu betreuen, dafür wird eine größere Betreuungsleistung für den einzelnen Kunden erwartet. Der Großkundenmanager hat nur sehr wenige, dafür für das Unternehmen wichtige Kunden zu betreuen, im Extremfall ist er nur für einen Kunden zuständig. Die Kundenpflege nimmt größeren Raum ein, beispielsweise werden auch gemeinsame Freizeitaktivitäten geplant, Karten für Tennisturniere oder Fußballspiele besorgt etc. Der Provisionsanteil steigt mit dem Wechsel der Kundengruppe. Diese Form der Karriere bietet v.a. die Möglichkeit eines herausragenden Verdienstes.

Auf diese Weise erfolgt selbstbestimmt und direkt überprüfbar eine (Weiter)Entwicklung in der Berufslaufbahn, die mit einem beachtlichen Prestigegewinn und der Steigerung des Aufmerksamkeitskapitals verbunden ist (vgl. Franck 1998; Leggewie 1997). Faktisch zeichnet sich eine solch informelle Karriere ‚lediglich' durch die höhere Verdienstspanne und den profitablen Nutzen für das Unternehmen aus, denn die innervertriebliche Laufbahn ist in den Organisationsstrukturen der Unternehmen nicht abgebildet.

---

15 Die breite Basis oder auch die schmale Spitze können auch in Tochterunternehmen ausgegliedert werden. Im IT-Bereich werden die Privatkunden über den Direktvertrieb bedient, die wiederum über den indirekten Vertrieb der regionalen Niederlassungen betreut werden. Als „Großkunde" wird meist ein Kunde klassifiziert, der einen je nach Region festgelegten Mindest-Jahresumsatz mit dem Unternehmen erbringt, wobei die konkreten Maßstäbe regional sehr unterschiedlich ausfallen. Es gibt allerdings auch Kundenbereiche, die gleichrangig nebeneinander liegen und nach Branche oder Produkt definiert werden. So kann zum Beispiel im IT-Bereich der Datenvertrieb aus dem Voice-Vertrieb ausgegliedert werden. Dabei richtet sich auch ihr Ansehen nach den bei ihnen zu erzielenden Umsätzen. In der IT-Branche ist der Geschäftskundenbereich der Einstiegsbereich, in dem Vertriebsassistenten für ein halbes Jahr ausgebildet werden und dann erst als Vertriebsberater arbeiten.

16 Um einen Einblick in die Größenordnungen zu geben: Im regionalen Finanzdienstleistungsbereich soll ein Firmenkundenbetreuer 120 Firmen betreuen, ein Berater im Vermögensmanagement ca. 300 Kunden. In einem der von uns erhobenen IT-Unternehmen arbeiten 10 „Account Manager" im Großkundenbereich, jeder von ihnen hat 30 Kunden. Von diesen 10 sind zwei „Key-Account Manager", die jeweils ein bis zwei Kunden betreuen.

Im Organigramm sind der „Kundenbetreuer" und der „Vertriebsbeauftragte" auf der gleichen Hierarchieebene[17] angesiedelt, gleichwohl unterscheiden sich ihr Image und ihr Einkommen erheblich. Genau dieser Unterschied aber begründet die Bedeutung der Geldkarriere, wie sich an einem Vergleich mit den alternativen Karrieremustern, die in neueren Studien im Zentrum stehen, zeigen lässt.

4.2 Die ‚Geldkarriere' als alternatives Karrieremuster

Die im Vertrieb mögliche Form der ‚Geldkarriere' lehnt sich organisatorisch an das Prinzip der Fachlaufbahn an. Wie eingangs beschrieben erschweren Restrukturierungsmaßnahmen in Unternehmen eine traditionelle Karriere, da in flachen Hierarchien weniger Führungspositionen zu besetzen sind. Karriereleitern verkürzen sich, Aufstiegschancen verringern sich. Um den Mitarbeitern dennoch Entwicklungsmöglichkeiten anzubieten, werden in reorganisierten Unternehmen zunehmend sogenannte Fachlaufbahnen institutionalisiert. Ziel der Fachlaufbahnen ist zum einen der Erhalt und die Belohnung von hochqualifizierten Spezialisten (vgl. Füchtner 1998: 604) und ein ergebnis- und lösungsorientiertes Arbeiten.

Auch im Außendienst überwiegen die Fachaufgaben – das Verkaufen: Die Außendienstmitarbeiter werden als Spezialisten anerkannt, ihr Aufstieg hängt nicht von der Zahl der Mitarbeiterinnen ab und sie haben keine formal verankerte Weisungs- und Entscheidungsbefugnis bzw. keine Führungsverantwortung. Die Steigerung ihres Leistungspotentials schlägt sich unmittelbar im Anstieg ihrer Vertragsabschlüsse nieder, die gewissermaßen als Verlaufs- bzw. Erfolgskurve ihres Schaffens gelten. Die Geldkarriere ist somit ein innervertrieblicher Karriereweg, der den überwiegend informellen Charakter der Vertriebsstrukturen nutzt.

Die Mikropolitik dieser Karriere ist verbunden mit einer *sachbezogenen* und personell unambitionierten Informationsvermittlung. Allein der meßbare Erfolg zählt. Für diese Form der Karriere braucht man keine akademische Ausbildung. Es kommt nicht auf den Abschluß, sondern allein auf die Verkaufserfolge an. Ist bei der klassischen Aufstiegskarriere der Verkauf nur *‚Durchgangsstation'*, so ist hier der Vertrieb und das damit verbundene Geldverdienen das *Karriereziel*. Aus organisationssoziologischer Perspektive verweist die Geldkarriere auf das Zusammenspiel von formellen und informellen Strukturen, wie es im durch informelle Prozesse gekennzeichneten Unternehmenssegment ‚Vertrieb' möglich ist.

Die lokale Rationalität und Kommunikationssemantik des Vertriebs zeigt exemplarisch den doppelten Charakter von Strukturen als Ermöglichung und

---

17 Formal sind die jeweiligen Kundenbereiche – ähnlich wie andere Arbeitsbereiche – zumeist in drei Hierarchieebenen eingeteilt: Doing-Ebene, Teamleiter und Abteilungsleiter, wobei die Kundennähe mit dem hierarchischen Aufstieg abnimmt.

als Restriktion des Handelns (vgl. Giddens 1995). Die strukturelle Eigentypik des Vertriebs prädestiniert ihn als Sprungbrett für eine klassische Aufstiegskarriere. Neben der Aufstiegskarriere bietet der Vertrieb aber auch die Möglichkeit durch den Wechsel der zu betreuenden Kundengruppen und durch damit verbundene höhere Provisionen eine Karriere einzuschlagen, die primär auf monetären Gewinn abzielt.[18] Beide für den Vertrieb relevanten Karrieremodelle, die Aufstiegs- als auch die Geldkarriere, zeigen den aktiven Umgang mit den Vertriebsstrukturen, sie zeigen wie Strukturen angeeignet und in Interaktionen produktiv umgesetzt werden. In und durch ihre Handlungen reproduzieren die Vertrieblerinnen die Bedingungen, die ihr Handeln ermöglichen (vgl. Giddens 1995: 52). Insofern lassen sich Interaktionen im Vertrieb weder mit einem starren Struktur-Begriff noch mit dem alleinigen Fokus auf Handeln angemessen beschreiben (vgl. auch Funken 2001: 132f.).

Die Geldkarriere hebelt informelle Strukturen aus. Wer auf Dauer erfolgreich mit den Kunden verhandelt und viele Vertragsabschlüsse tätigt, kann durch Wechsel der zu betreuenden Kundengruppe und einen höheren Provisionsanteil eine innervertriebliche Geldkarriere machen. Das damit gewonnene Prestige und der Einfluß sind allerdings nicht mit dem Einfluß der in Aufstiegskarrieren gewonnenen Positionen zu vergleichen. Um mehr Einfluß im Unternehmen zu erlangen, ist weiterhin der klassische Aufstieg in den Linienhierarchien erforderlich. Die die einzelnen Wirtschaftsunternehmen überschreitende Bedeutung der Geldkarriere wird erst dann deutlich, wenn wir macht- und modernitätstheoretisch argumentieren.

5. ‚Geldkarriere' als Berufsbild der Moderne

Die Geldkarriere kann neben den üblicherweise diskutierten Karrieremustern – seien es die klassischen oder auch die modernen – als ein weiteres Karrieremodell gelten, das der Mediatisierung und der Monetarisierung der spätmodernen Gesellschaft Rechnung trägt.

Wie eingangs bereits betont, weisen kultursoziologische Analysen der spätmodernen Gesellschaft auf die enorme Bedeutung der Inszenierung von distinkten Lebensstilen als „Behauptungsstrategie im Konkurrenzkampf um soziale Positionen" hin (Neckel 2000). Aufmerksamkeit wird zum zentralen Selbststabilisierungsfaktor in einer Zeit, die von einer Krise der herkömmlichen Orientierungsmuster (Normen, Werte etc.) geprägt ist. Der Grad an ge-

---

18 Einschätzungen eines Experten zufolge nutzt circa ein Drittel der Außendienstmitarbeiter den Vertrieb als Karrieresprungbrett, die restlichen zwei Drittel verbleiben bei der direkten Verkaufstätigkeit. Ein von uns befragter Center-Leiter beschreibt die beiden Möglichkeiten folgendermaßen: „Wir haben ja zwei Typen von Verkäufern. Wir haben zum einen die, die Verkäufer machen, weil sie sagen, das ist ihr Job und wollen sie das ganze Leben lang machen bis zur Pensionierung. Und wir haben die, die den Verkauf als Sprungbrett benutzen, um dann auch weiter Karriere (...) zu machen" (35ds:17).

wonnener Aufmerksamkeit tritt an die Stelle der früheren Rangskalen für sozialen Status und Prestige. Zu den allgemeinen Indikatoren der Achtung und Selbstachtung zählen nun: ostentativ ausgestellter Wohlstand, persönliche Autonomie und Leistungsbewusstsein (vgl. Neckel 2000: 25). Berufliche Kompetenz wird aus dieser Perspektive nicht länger durch das lebenslang angeeignete Expertenwissen dokumentiert. Leistungskriterien werden in der modernen Arbeitswelt durch Indikatoren des Erfolgs ersetzt (vgl. Neckel 2000: 43). Diese Entwicklung läßt sich mit Neckel (2000: 125) als Ablösung der Leistungs- durch eine Erfolgselite beschreiben. Der Erfolg wird durch ein ausgeklügeltes Zeichensystem, zu dem auch Geld gehört, sichtbar gemacht. Da eine natürliche Übereinstimmung von Person und Produkt nicht mehr erwartet werden darf und spezielle berufliche Qualifikationen zunehmend von Sekundärtugenden abgelöst werden – so Richard Sennett (1998), wächst der Zwang zur strategischen Selbstinszenierung.[19] Die glaubwürdige Darstellung des eigenen Erfolgs gilt als „persönliche Bürgschaft für die offerierten Dienstleistungen" (Sennett 1998: 63) und muss an der Person selbst erkennbar sein. „In der postmodernen Arbeitswelt werden deshalb die Attribute von Lebensstilen, werden Biografie und Persönlichkeit zu Qualifikationen umgedeutet und als Signale verwandt" (Sennett 1998: 43)[20], die gegenüber der Kundschaft und in der kollegialen und sozialen Umwelt als Erfolgsbilanz firmieren.

Somit spiegelt die Geldkarriere und die mit ihr verbundene Präsentation eines gehobenen Lebensstils den aktuellen Transformationsprozess der spätmodernen Gesellschaft exemplarisch wider. Zu fragen bleibt jedoch, welche politische Bedeutung dies für die Mitarbeiter eines Unternehmens hat: Die Geldkarriere bietet die Möglichkeit, den beruflichen Leistungen eine gebührende Anerkennung zu verschaffen, auch wenn sie im klassischen Gratifikationssystem unbeachtet bleiben. Hohe Provisionsraten und ein aufwendiger Lebensstil, der durch Statussymbole (Luxusgüter) und spektakuläre Events dokumentiert wird, sichern die gewünschte Aufmerksamkeit, die die Einzigartigkeit und Unverwechselbarkeit der Person belegen (sollen).

Diese Art der Positionierung und Identitätsgewinnung kann einerseits als angemessene Reaktion auf den gesellschaftlichen Strukturwandel, andererseits aber auch als eine Art der Illusionserzeugung, als mehr oder minder naiv akzeptierter oder hingenommener Machtverzicht betrachtet werden.

Die erste Sichtweise beruht auf folgender Annahme: Die spätmoderne Gesellschaft ist überkomplex und unübersichtlich geworden und wird von anonymen Prozessen bestimmt, die nicht mehr auf personale Entscheidungen zurückzuführen sind. Der Verzicht auf direkte Machtausübung stellt deshalb

---

19   Vgl. neben Neckel (2000: 42) auch Drucker (1983) und Schmidt (1999), die von der wiedergeborenen Figur des charismatischen Unternehmers sprechen.
20   „Auch askriptive Merkmale der Person wie Aussehen, Geschlecht und Alter erhalten eine gesteigerte Bedeutung, weil sie aufgrund ihrer Sichtbarkeit und Evidenz wie nichts anderes für die Zeichenproduktion geeignet sind" (Sennett 1998: 43). Erfolgskriterien werden relevant, die die ganze Person als Bedeutungsträger umfassen.

ein Zeichen für die nüchterne Einschätzung der herrschenden Lage dar. Denn die Anmaßung von Entscheidungsmacht ist unter diesen Bedingungen nur Ausdruck für das Phantasma, wirtschaftliche und politische Prozesse ließen sich heute noch subjektiv steuern und verantworten. Tatsächlich sind Entscheidungen aber nur noch Akte einer nicht mehr rational zu begründenden Wahl, die bestenfalls nachträglich rationalisiert werden kann. – Trifft diese Diagnose zu, so wäre die Geld- und Lebensstil-Karriere die nüchtern ironische (ggf. sogar zynische) Reaktion auf das Bestehende und die sinnvolle Distanz zum immer noch kursierenden Gestaltungswahn der Manager.

Die alternative Sichtweise geht davon aus, daß institutionelle Entscheidungen (gleichgültig ob sie rational oder bloß subjektiv interessenorientiert sind) nach wie vor das Geschehen maßgeblich beeinflussen. Der Verzicht auf Berufsrollen mit Entscheidungsbefugnis oder der Abbau von Machtambitionen ist daher verhängnisvoll. Das Gerangel um Aufmerksamkeit und der medial unterstützte Wunsch, die eigene individuelle Identität durch aufwendige und kostenintensive Einsätze zu konstituieren, beruht auf einer Täuschung über die aktuelle Situation. Substantielle Entscheidungen werden hinter den Kulissen gefällt und von Personen getroffen, die es gerade vermeiden, Aufmerksamkeit auf sich zu ziehen. – Trifft diese zweite Diagnose zu, so wäre die Geldkarriere und das damit verbundene Prestige nur eine Abspeisungs- oder Ablenkungs-Karriere.

Literatur

Baecker, D., 1995: Die Unruhe des Geldes, der Einbruch der Frist. S. 107-123 in: Schelkle, W./Nitsch, M. (Hrsg.), Rätsel Geld. Annäherungen aus ökonomischer, soziologischer und historischer Sicht, Marburg: Metropolis.

Bardmann, T., 1994: Wenn aus Arbeit Abfall wird, Frankfurt a.M.: Suhrkamp.

Baumann, Z., 1996: Gewalt – modern und postmodern. S. 36-68 in: Miller, M./ Soeffner, H.-G. (Hrsg.), Modernität und Barbarei, Frankfurt a.M.: Suhrkamp.

Beck-Gernsheim, E./Ostner, I., 1978: Frauen verändern – Berufe nicht? Ein theoretischer Ansatz zur Problematik von ‚Frau und Beruf'. Soziale Welt 29: 257-287.

Bolz, N., 1997: Kunst als Placebo. Geld oder Leben. Oberösterreichische Kulturvermerke, Gmunden.

Bourdieu, P., 1987: Die feinen Unterschiede. Kritik der gesellschaftlichen Urteilskraft, Frankfurt a.M.: Suhrkamp.

Crozier, M./Friedberg, E., 1993: Die Zwänge kollektiven Handelns. Über Macht und Organisation, Frankfurt a.M.: Hain.

Drucker, P.F., 1983: „Schumpeter und Keynes – Propheten fuer unser Zeitalter?" in: ders., „Die Chance des Unternehmers. Signale fuer das Management von morgen, Duesseldorf: Econ – http://feldzeichen.at/drucker/propheten1.html.

Domsch, M.E., 1994: Fachlaufbahn – ein Beitrag zur Flexibilisierung und Mitarbeiterorientierung der Personalentwicklung. S. 5-21 in: Domsch, M.E./Siemers, S.H.A. (Hrsg.), Fachlaufbahnen, Heidelberg: Physica.

Franck, G., 1998: Ökonomie der Aufmerksamkeit, München: Hanser.

Füchtner, S., 1998: Karriereplanung im Wandel. Personal. Zeitschrift für Human Ressource Management 12: 602-607.

Funken, C., 2001: Modellierung der Welt, Opladen: Leske + Budrich.
Giddens, A., 1995: Die Konstitution der Gesellschaft, Frankfurt a.M./New York: Campus.
Hören, M. von, 1996: Geschäftsführer 1995. Karriere und Vergütung. Personal, Heft 1: 4-8.
Leggewie, C., 1997: What's Next? Junge Elite in den USA. S. 23-38 in: Bude, H./Schleissing, S. (Hrsg.), Junge Eliten, Stuttgart/Berlin/Köln: Kohlhammer.
Mayntz, R./Roghmann, K./Ziegler, R., 1977: Organisation – Militär, in: König, R. (Hrsg.): Handbuch der empirischen Sozialforschung, Bd. 9, Stuttgart: Dt. Taschenbuch.
Neckel, S., 2000: Die Macht der Unterscheidung, Frankfurt a.M./New York: Campus.
Pasero, U., 1997: Kommunikation von Geschlecht und Gesellschaft – stereotype Wirkungen. Zur sozialen Semantik von Geschlecht und Geld. S. 242-260 in: Braun, F./Pasero, U. (Hrsg.), Kommunikation von Geschlecht, Pfaffenweiler: Centaurus.
Schmidt, D., 1999: Nicht immer Persönlichkeiten, aber stets wichtige Personen. Zur wirtschaftlichen und sozialen Bedeutung des Eigentümer-Unternehmers, in: Bögenhold, D. (Hrsg.), Unternehmensgründung und Dezentralität. Renaissance der beruflichen Selbständigkeit in Europa?, Wiesbaden: Westdeutscher.
Schütz, P., 1998: Neue Berufe in Marketing und Vertrieb. Absatzwirtschaft 12: 48-52.
Sennett, R., 1998: Der flexible Mensch. Die Kultur des neuen Kapitalismus, Berlin: Berlin.
Steppan, R., 1992: Weibliche Waffen. Frauen brechen in die Männerdomäne ein und gewinnen dort Selbstvertrauen. WirtschaftsWoche Nr. 49, 1992: 91-95.
Stober, D./Meuwis, K., 1998: Frauen im Vertrieb. Personalwirtschaft 1: 33-36.
Tacke, V., 1997: Realitätsverlust im Organisationswandel. Von den Waschküchen der Farbenfabriken zur informatisierten Chemieindustrie, Frankfurt a.M./New York: Campus.
Zäsar, R., 2000: Praxisbezogene Expertise über die Bedeutung des Vertriebs für die Entwicklung von Frauenkarrieren, in: Funken, C.: „Der Vertrieb als Einstieg in den unternehmerischen Aufstieg von Frauen und Männern (VAF)". Freiburg.

Sven Kesselring

Eine Frage der Logistik

Karrieren im Spannungsfeld von Mobilität und Flexibilität

Um die Dynamik der Moderne erfassen zu können, müsse man zunächst deren „Essenz" erfassen, meinten vor Jahren Scott Lash und John Urry (1994). Dabei ginge es darum, das eigentliche Wesen der Mobilität zu ermitteln und sich so dem rasanten Grundlagenwandel moderner Gesellschaften anzunähern. Dafür ist hier nicht der geeignete Ort, auch nicht für eine Auseinandersetzung mit der höchst voraussetzungsvollen und schwierigen Differenzierung im Mobilitätsbegriff zwischen Bewegung und Beweglichkeit (vgl. Bonß/Kesselring 1999, 2001; Rammler 2001). Doch ich will an dieser Stelle zwei Arbeitsdefinitionen einführen, die helfen sollen zu verstehen, dass es sich bei Mobilität und Flexibilität um zwei Phänomene handelt, die zwar verwandt, grundsätzlich aber von einander zu unterscheiden sind. Zudem will ich zeigen, dass eine begriffliche Differenzierung zur Schärfung einer Debatte beiträgt, die zwischen den Dimensionen Globalisierung, Lokalisierung, Mobilisierung und Flexibilisierung hin und her schwingt.

1. Mobilität versus Flexibilität

Mobilität wird in diesem Text verstanden als die Fähigkeit eines Individuums, einer Institution oder Struktur, die Richtung der (eigenen) Bewegung mit zu gestalten. Flexibilität hingegen gilt als die Fähigkeit eines Individuums, einer Institution oder Struktur, sich an die Richtung der Bewegung anzupassen. In diesem Sinne handelt es sich also bei Mobilität tendenziell um einen als aktiv aufzufassenden Gestaltungsprozess, während das semantische Feld um Flexibilität terminologisch auf ein passives, eher adaptives Potenzial verweist. Dies entspricht auch etymologisch den Ursprüngen der beiden Begriffe. Denn die lateinische *mobilitas* bezieht sich ursprünglich auf die Beweglichkeit von Menschen, Stoffen etc. und nicht auf deren faktische Bewegungen. Flexibilität stammt von dem Verb *flectere*, was so viel wie „biegen, beugen" (Kluge 1999: 272) heißt, und in Abgrenzung zur Rigidität als „die Fähigkeit, sich wechselnden Situationen anzupassen" (Brockhaus 2002) aufgefasst wird.

Fasst man Mobilität als Gestaltungsprozess und verbindet damit zudem die Differenzierung zwischen Bewegung und Beweglichkeit (vgl. Bonß/Kesselring 2001), dann dürfte es unmittelbar einleuchten, weshalb im Mittelpunkt dieses Textes nicht die räumlich Hochmobilen stehen, jene (scheinbare?) Avantgarde des flexiblen Kapitalismus, die mit Handy und Notebook bestückt um die Welt jettet und alles – ihren Job, ihre Liebes- und Sexualbeziehungen und Freundschaftsnetze – „im Griff" zu haben scheint.[1] Nicht diese Elite, diese hypermobilen Mobilitätspioniere, interessieren hier an erster Stelle. Sondern gerade jene, die zwar hoch *beweglich* sind, indem sie die Richtung ihrer beruflichen und persönlichen Veränderungen in hohem Maße mit bestimmen, aber zugleich als hochgradig *immobil* erscheinen, weil sie sich räumlich so wenig wie möglich bewegen. Anders ausgedrückt: es geht um Menschen, die über ein hohes Bewegungspotenzial verfügen, deren Bewegungsperformanz jedoch minimal ist.

An drei typischen Fällen werde ich zeigen, wie sich Mobilität als ein ambivalentes Phänomen darstellt. Und zwar als eines, das sich eindeutiger Bestimmung entzieht und in dem soziale und räumliche Ausprägungen zusammenfallen. Am Beispiel so genannter „immobil Mobiler"[2] wir illustriert, wie sich Karrierepolitik und Mobilitätspolitik mit einander verbinden und in Form eines Bruchs mit der bekannten und stereotyp erwarteten Mobilitätsdynamik auftauchen. Diese Pioniere sind zweifellos Außenseiter – quantitativ betrachtet marginal. Doch vielleicht sind sie gerade deshalb Trendsetter; denn an ihnen kann man studieren, wie das moderne Höher-Schneller-Weiter-Prinzip unterlaufen werden kann – teils punktuell, teils sogar radikal. Jedenfalls sind sie nicht nur randständig; sondern sie stehen für eine Gruppe von e-lancern, Neuen Selbstständigen, von Mikrounternehmen, auch Ein-Personen-Unternehmen genannt (vgl. Vanselow 2001; Malone/Laubacher 1998), in der man zunehmend die Anzeichen eines neuen Typus von arbeitenden Menschen sieht (vgl. Voß/Pongratz 1998). Dieser zeichnet sich aus durch Eigeninitiative und Risikobereitschaft. Zudem gehören sie einer der Vorreiterbranchen der Informationsgesellschaft schlechthin an, der Medienbranche.

Es handelt sich um freie Journalisten, zwei Männer und eine Frau, die sich selbst am Arbeitsmarkt verdingen und alles, von der Idee über die Akquisition bis zum fertigen Produkt, das an den Verlag oder Sender geht, selbst managen. Die Risiken ihrer Tätigkeit tragen sie selbst (bestenfalls abgemildert über eine Mitgliedschaft in der Künstler-Sozialkasse). Institutionelle Kontexte, sprich die Umwelt eines Unternehmens oder auch nur ein kollektiv

---

1   Die Empirie der Hochmobilen hat seit kurzem eine regelrechte Konjunktur und in den vergangenen Jahren sind eine Reihe von Studien entstanden. Vgl. exemplarisch Paulu (2001), Doyle/Nathan (2002), Schneider et al. (2002).
2   Der Begriff stammt aus dem Projekt „Mobilitätspioniere" im DFG-Sonderforschungsbereich 536, Reflexive Modernisierung", und wurde von Wolfgang Bonß, Sabine Collmer, Sven Kesselring und Anja Weiß im Rahmen einer Typologie entwickelt, die neben den „immobil Mobilen" noch drei weiter Idealtypen enthält (Mobile Immobile, Hypermobile und Immobile). Vgl. dazu Bonß et al. (2002).

Eine Frage der Logistik 329

organisiertes Journalistenbüro, gibt es nicht oder taucht nur in Form der Auftraggeber oder vermittelt über den Arbeitsmarkt auf. Eine Grenze zwischen Arbeit und Privatleben ist insbesondere bei den beiden Männern nur schwer auszumachen. Es scheint typisch zu sein, dass räumliche Differenzierungen zwischen beiden Sphären nur schwach gezogen werden (vgl. Gesterkamp 2000).

Parallelen zu den Phänomenen, die Castells (1996) als bezeichnend für die „network society" beschrieben hat, sind unverkennbar. Identität wird im Netz erzeugt, im Netz der Daten, aber auch der sozialen Beziehungen, die virtuell[3] oder unmittelbar sozial sein können. Es ist zunächst die Herauslösung, das dis-embedding (Giddens 1996) aus festen institutionellen Zusammenhängen, das auffällt. Die Personen erscheinen hoch individualisiert, das Subjekt eingebunden in ein egozentriertes Netzwerk, das sich über soziale, professionelle und zunehmend auch technologische Komponenten konstituiert.[4] Die Einbindung in die I+K-technologisch basierten Bestandteile eines Netzwerkes, das sich um die Person konfiguriert, stellt nur einen Aspekt neben vielen anderen soziokulturellen Aspekten dar, die man in eine Analyse der spezifischen Strukturationen einbeziehen muss. Aus einer subjektbezogenen Perspektive hat man es auf den ersten Blick mit einer Flexibilisierung des Handelns zu tun, die sich auf die Beziehung der Subjekte zu einer Struktur bezieht – in diesem Falle eben des Arbeitsmarktes für freiberufliche Journalisten. Doch die im Zuge der „informationellen Revolution" auftauchende zusätzliche Option der virtuellen Mobilität, der „Beweglichkeit ohne Bewegung" (Kesselring 2001), eröffnet eine zusätzliche Handlungssphäre, die bei konventionell arbeitenden Journalisten, die sich in ständiger körperlicher Nähe zu ihren Recherchefeldern, Auftraggebern etc. bewegen, kaum eine Rolle spielt. Es wird deutlich, dass die Konzeption der „virtual travel" in Abgrenzung zur „corporeal travel" (Urry 2000) nicht nur die Idee von Freaks wie Marshall McLuhan oder Howard Rheingold ist, sondern dass es tatsächlich etwas wie medial vermittelte Ko-Präsenz, die Realität einer zusätzlichen technologiebasierten sozialen Interaktionssphäre gibt. Um einen Begriff von Appadurai (1998) zu nutzen, handelt es sich dabei um „technoscapes". Urry spricht zu recht allgemein von „scapes", in denen sich soziale, kulturelle, natürliche, materielle und technologische Komponenten zu Strukturationen konfigurieren, und es im Grunde unsinnig wird, in einer Weberschen Tradition nach dem Sozialen an sich und für sich zu suchen. Vielmehr ist alles sozial und technologisch zugleich und wird zu einem höchst komplexen Gewebe verknüpft, in dem sich die Doppelung von Handlung und Struktur abspielt

---

3 Der Begriff *virtuell* darf hier nicht wörtlich genommen als „simuliert, künstlich, scheinbar" übersetzt werden, sondern bezeichnet lediglich eine Form der sozialen Beziehung oder Kommunikation, die netzbasiert ist. Ich verwende den Terminus aber mangels eines treffenderen.

4 Urry (2000) spricht hier von scapes, von sozio-materiellen Formationen, von natürlichen, sozialen, politischen, kulturellen und technologischen Strukturationen, in denen sich das Subjekt konstituieren muss.

und zu einer sehr spezifischen hybriden Strukturation verbindet, in der Handlungs- und Entscheidungssequenzen ablaufen. In der Summe dürfte dies das empirische Material sein, aus dem sich die Karrierepolitik von Personen rekonstruieren lässt. Und dabei stellt sich die Frage: handelt es sich bei den beobachtbaren Handlungen, Entscheidungen und Interaktionen um solche, die aus dem Druck zur Anpassung an strukturelle Veränderungen resultieren (Flexibilität); oder handelt es sich um eigensinnige und subjekthafte Vollzüge, die sich als die Beeinflussung der Richtung der Bewegung (einer Karriere) interpretieren lassen (Mobilität)?

Die folgenden Fälle gehören zu einem Sample von freien Journalisten, dessen innere Strukturiertheit von Mobilität nach dem Muster „Beweglichkeit (fast) ohne Bewegung" verläuft. Lapidar formuliert: in den Lebensentwürfen und Mobilitätskonzeptionen der Subjekte verliert das faktische Reisen an Bedeutung, Orte entbehren der sinnhaften Aufladung und „virtual travelling" gewinnt die Qualität eines funktionalen Äquivalentes. Die untersuchten Karrierekonzepte stellen sich teils real entkoppelt vom Mobilitätspostulat der Moderne dar, teils verfolgen sie dieses Ziel zumindest (wie vor allem im ersten Fall), wenn auch nicht durchgängig, sondern nur phasen- bzw. -lebensphasenweise. Das strukturierende Muster, in dem Welt und Umwelt wahrgenommen werden, ist stark ausgeprägt und in diesem Sinne auch charakteristisch.

2. Mobilitätspolitik als Karrierepolitik

2.1 Plurilokale Karrierepolitik – ein „logistisches Problem"

„Mobilitätsmanagement auf hohem Niveau" ist eine Metapher, die mir bei der Analyse des folgenden Falles eines 42-jährigen, ehemaligen ARD-Redakteurs einfiel. Wolfgang Sonnenbergers[5] Lieblingswort im Interview war: *Logistik*. Das ist insofern kaum verwunderlich, als er sein jetziges Leben als freier Journalist und selbstständiger Trainer zwischen mehreren Orten, über Tausende von Kilometern und mehrere Nationalstaaten hinweg aufspannt. Sonnenberger lebt auf den Balearen in einer Zweck-WG; dort ist sein Lebensmittelpunkt, seine Wahlheimat und der Dreh- und Angelpunkt seines Denkens und Fühlens. Daneben unterhält er ein „logistisches Basislager" in Köln, von dem aus er seine diversen Beratungs- und Schulungseinsätze bei deutschen Sendeanstalten absolviert. Als dritten wichtigen Bezugspunkt nennt er eine buddhistische Enklave in einem südeuropäischen Land, wo er

---

5   Bei allen Personennamen handelt es sich um anonymisierte Alias-Namen. Auch geographische Orte und andere Charakteristika, an denen die Personen sich zu erkennen geben könnten, wurden so weit wie möglich verändert.

Eine Frage der Logistik

zur Ruhe kommen und auftanken kann. Dort leben Menschen, zu denen er intensiven Kontakt hält, seit man dort ans Internet angeschlossen ist.

Die Idee, sich auf die Balearen zu ‚verpflanzen', hatte er vor einigen Jahren nach dem Tod seines Vaters. Im Zuge der Auseinandersetzung damit fragte er sich, warum er all dies machte, was er bis dahin „voll Stoff" und mit absolutem beruflichem Engagement tat. Er war ein erfolgreicher Wirtschaftsjournalist, und ein Aufstieg zum Redaktionsleiter wäre nur eine Frage der Zeit gewesen. „Aber ich brauchte mal eine Pause, ich musste raus". Daher verhandelte er mit seinem Sender über eine Auszeit von einigen Monaten. Doch man wollte auf ihn nicht verzichten. Zu diesem Zeitpunkt ging es um die Internetpräsenz des Senders und man brauchte sein Know-how, denn er war einer der Pioniere in diesem Metier. Sonnenberger kündigte. Er ließ den Redaktionsstift fallen und entschied sich kurzer Hand für die Balearen. Seitdem lebt er dort und managt sich selbst, indem er Trainingsprogramme für verschiedene Sender entwickelt und Seminare für fest angestellte Journalisten in Sachen Internetrecherche abhält. Ab und an realisiert er – gegen gutes Geld – einen Internetauftritt für einen bestimmten Event oder berät dabei. Nicht ganz freiwillig, aber auch nicht völlig erzwungen, wurde aus Wolfgang Sonnenberger, was man heute mit den Modeworten Ich-AG, Mikrounternehmen oder Ein-Personen-Firma belegt. Aus dem fest angestellten, öffentlich-rechtlichen Journalisten mit gesichertem Einkommen und Altersversorgung, dreizehntem Monatsgehalt, Urlaubsgeld und Kündigungsschutz wurde ein e-lancer, der seine Arbeitskraft selbst vermarktet und die Risiken ohne Netz und doppelten Boden trägt.

Insgesamt verdient er nicht schlecht und kann Tagesgagen zwischen 750 € und 1.250 € verlangen. Sein monatliches Nettoeinkommen gibt er mit ca. 2.000 € an, was aber vor allem daran liegt, dass er nur so viel arbeitet, wie er muss. Denn er will Zeit für sich haben. Sein Karriereziel formuliert er präzise: Erfolg bedeutet für ihn,

„alle zwei Monate für zwei Wochen in Deutschland arbeiten und dabei so viel Geld verdienen, dass ich den Rest an einem schönen Ort der Welt verbringen kann."

Davon, so behauptete er bereits zwei Jahre nach seinem Ausstieg, sei er nicht mehr weit entfernt. Längst kann er nicht mehr alle Offerten bearbeiten und konzentriert sich nur mehr auf lukrative und besonders spannende Aufträge.[6] Er entscheidet sich danach, was ihm die meiste Freiheit – und zwar „Bewegungsfreiheit" – bietet. Darunter versteht er gerade nicht in erster Linie die räumliche, sondern zunehmend die geistige Bewegungsfreiheit. Mobilität gewinnt für ihn die (historisch gesehen alte) Konnotation von mentaler, von innerer Freiheit. Räumliche Bewegung tritt in den Hintergrund, wird von ihm sogar als lästiges Übel, als dumpfe Notwendigkeit beschrieben. In den Vordergrund rückt, was eingangs als Mobilität bezeichnet wurde, nämlich die

---

6 Da er sich vor allem auf öffentlich-rechtliche Auftraggeber konzentriert, ist er im Gegensatz zu vielen seiner Kollegen von den Einbrüchen in der Medienbranche im Jahr 2002 weitgehend verschont geblieben.

Fähigkeit und vor allem das (innere) Potenzial, die Richtung der eigenen (inneren wie äußeren) Bewegung zu bestimmen. Diese Kompetenz löst sich – und damit erodiert eines der zentralen modernen Konzepte, dass nämlich die innere Entwicklung eines Menschen, seine Individuation, daran gebunden ist, dass dieser sich auch räumlich bewegen muss, um „(...) das Band (...) zu den Entfernteren zu spinnen" (Simmel 1990: 48) – vom Ort und wird de-lokalisiert. Das wird besonders in einer reflektierenden Passage deutlich, die man auf seiner Homepage findet. In diesem Text beschreibt er, wie er sich zunehmend als virtuelle Existenz fühlt. Er begründet das damit, dass Orte für ihn ihre Identität stiftende und stabilisierende Bedeutung verlieren. Er schreibt, dass er seinen Hausrat, seine materielle Umgebung schrittweise reduziert. Zum Zeitpunkt des Interviews ließ sich alles, was er auf der Insel hatte, locker in vier kleine Kartons verpacken. Seine Kölner „Basisstation" war minimalistisch eingerichtet. Wichtiger hingegen werden seine „Startrampen" in die sogenannte digitale oder virtuelle Welt. Daher trägt er essentielle Bestandteile seiner Existenz in seinem Notebook mit sich. Tagebücher, Photos, Schnipsel etc., all jene Devotionalien, die den subjektiven Sinn eines Lebensentwurfes in sich tragen können und zu diesem Zweck auch entsprechend inszeniert werden, gibt es nur noch in Form von Bits & Bites. Er beschreibt, dass er die Tatsache, dass vor einigen Wochen sein Server nicht mehr lief, als regelrechte Bedrohung seiner Existenz erlebte. Sein professionelles Leben findet immer mehr im Netz statt. Zwar ist er beruflich vergleichsweise viel unterwegs, doch das Wesentliche an seinem Job, die Vorbereitung, die Recherche, das Organisieren, die Websitepflege etc., sind reines Teleworking. Egal, wo er sich gerade aufhält, ob zu Hause, in den USA oder auf Seminaren, er ist immer erreichbar, ist immer präsent – telepräsent. „Connectivity" (Tomlinson 1999) statt Präsenz ist charakteristisch für Sonnenberger – er ist erreichbar, ohne lokalisierbar sein zu müssen.

Er selbst spricht über die Ablösung seiner Kommunikations- und Interaktionspraktiken von Face-to-face-Kontakten, vom persönlichen Gespräch, vom Telefonieren, vom Briefe- und Kartenschreiben etc. Immer häufiger kommt es vor, dass er über Monate mit seinen Auftraggebern in Verbindung steht, ohne dass es zu einem persönlichen Kontakt kommt. Statt dessen wird per E-Mail kommuniziert und verhandelt.

Neben diesem *disembedding*, dem aktiven Herauslösen aus den räumlichen Mobilitätszwängen eines modernen Weltverständnisses und damit auch aus den affektiven und funktionalen Bindungen an Orte, taucht im biographischen Erleben Sonnenbergers ein neues Element auf: mehr und mehr beschäftigt er sich mit Lifestyle-Themen, Lebens- und Meditationsformen im Grenzbereich zur Esoterik etc. Was ihn anspricht, ist „eine spirituelle, offene Grundstimmung gegenüber allem, was mit Wachstum und Entwicklung zu tun hat".

Dazu gehören die Aufenthalte in der buddhistischen Enklave. Hinzu kommen Aufenthalte in Kalifornien mit NLP, Leadership-Seminaren und Meditationsworkshops an idyllischen Plätzen mit angenehmen Menschen. All

Eine Frage der Logistik 333

das dokumentiert Sonnenberger minutiös auf seiner Homepage, woraus sich unschwer erkennen lässt, selbst wenn man den inszenatorischen Anteil an dieser hoch individualisierten Internet-Perfomance abzieht, dass das zitierte Karriereziel relativ nahe zu liegen scheint.

Die Tatsache, dass sich jemand kurz nach dem Ausstieg aus einem gesicherten Arbeitsverhältnis einen solchen Lebens- und Arbeitsstil leisten kann, kann man als puren Hedonismus interpretieren. Doch damit übernähme man den performativen Teil der Selbst-Inszenierung. Man übersähe den Subtext der Narration, der darin besteht, dass es sich um ein biographisches Experiment handelt, mit dem Ziel eine Sozialisation im Geiste der Protestantischen Ethik abzustreifen oder zumindest in andere, weniger massive und methodisierende Bahnen zu lenken. Die Karriere Sonnenbergers erklärt sich durch den hohen Grad an Selbst-Disziplinierung. In der Figuration eines flexibilisierten Marktes, in dem er sich als freier Journalist, Trainer und Internetdesigner bewegt, kann er sich nur bewegen und seine Karriere aktiv voran treiben, weil er über ein enormes Potenzial verfügt, sich selbst zu kontrollieren. Er entstammt einer Familie, in der die protestantische Werkgerechtigkeit enorme Bedeutung hatte. Der Vater war innerhalb der evangelischen Kirche professionell aktiv und identifizierte sich mit den Werten und Normen eines lutherisch geprägten Milieus. Lediglich die nach der Scheidung von der Amtskirche vollzogene Degradierung aus einem verantwortungsvollen Posten lässt sich als dauerhaft wirksame und für die gesamte Familie folgenreiche Erfahrung mit den Auswirkungen eines hoch moralischen klerikalen Verständnisses interpretieren. Für den ältesten Sohn, Wolfgang, führte diese Scheiternserfahrung zu einem enormen Leistungs- und Bewährungsdruck, dem sich der spätere Ökonom und Wirtschaftsjournalist gewachsen zeigte. Auch der vollzogene öffentlich-rechtliche Karrierebruch ist kein wirklicher Bruch mit der Ideologie individuellen Erfolgs. Sonnenberger verabschiedet zwar demonstrativ Geld, Macht und Erfolg, doch nun geht er nach einem ambivalenten Konzept vor: Er entscheidet sich nicht mehr nach dem Muster, „Wer Erfolg haben will, muss leiden, sich konzentrieren, disziplinieren, verzichten und damit in die Zukunft investieren". Sonnenberger will alles und am besten zugleich. Er will gutes Geld verdienen, mit angenehmen Menschen arbeiten, an schönen Orten leben und arbeiten, gutes Essen, guten Wein, ein reges Liebesleben genießen etc. Jemand wie Sonnenberger kann all dies offensichtlich vereinbaren: wer versiert ist im Umgang mit neuen Technologien, seine Logistik im Griff hat, das Controlling beherrscht, wer kontaktfreudig ist, gerne mit Menschen kommuniziert, effektiv und effizient arbeitet, sogar das Selbst-Marketing beherrscht und seine PR-Agentur in eigener Sache ist, verfügt anscheinend über jene Skills, die das Kunststück ermöglichen, mobil statt nur flexibel zu sein. Ein „Unternehmer der eigenen Arbeitskraft", wie Sonnenberger, ist in der Lage, in hohem Maße zu bestimmen, wohin die Reise für ihn geht – jedenfalls um ein Vielfaches mehr als Beschäftigte in abhängigen Arbeitsverhältnissen. Trainee-Programme in Köln? Meditatives Schweigen in Kalifornien? Oder ein Internet-Studium über die Open University von den Balearen aus? Für Sonnenberger geht das und lässt sich unter einen Hut bringen.

2.2 Ko-Präsenz als subpolitische Karrierestrategie

Johanna Rheingold ist eine Erfolgsjournalistin. Sie gehört zu den profiliertesten Fachjournalistinnen rund um das Internet und ist bekannt für saubere Recherche ohne effektheischende Skandalisierung. In der Sache hart, vertritt sie dezidierte Positionen und schont – in bester journalistischer Tradition – niemanden.

Mit einem monatlichen Nettoeinkommen von mehr als 5.000 € gehört die 34-jährige zudem zu den Spitzenverdienern der Branche. Ein Studium der Sozialpädagogik verspricht das zunächst einmal nicht. Doch mehr oder weniger per Zufall rutschte sie in den Computerjournalismus. Man riet ihr, sich zu professionalisieren. Von sich selbst sagt sie:

> „Wenn mich da nicht jemand drauf gebracht hätte, ich wäre nie auf die Idee gekommen. Hätte ich mir nicht zugetraut. Typische Frauenkiste!"

Seit Anfang der 90er Jahre schreibt sie mit anhaltendem Erfolg. 1996 hatte man in ihrer Stadt den ersten Btx-Kanal eröffnet; seitdem verfolgt sie die Entwicklung des Internets. Besonders die Themen Datenschutz und Informationsfreiheit haben sie, die sich schon immer politisch engagierte, interessiert. Seit Ende der 90er Jahre gehört sie zu den gefragtesten Journalisten in diesem anspruchsvollen Themensegment. Ihren Namen kennt man in der Szene in ganz Europa.

Dieses Standing innerhalb der Community ist keineswegs selbstverständlich, wenn man ihre Lebens- und Arbeitssituation betrachtet. Rheingold kämpft – wie die meisten freiberuflichen Frauen mit eigenen Kindern – gegen die „Frauenfallen". Denn neben ihrem Leben als Erfolgsautorin lebt sie eine zweite Identität als traditionelle Haufrau und Mutter. Sie hält Heim und Herd in Schuss und sorgt dafür, dass das eigene Haus zur Heimat für die kleine Familie wird. Daher ist sie höchst unflexibel und immobil, denn ihr Handlungsradius ist auf wenige Kilometer rund um das Haus begrenzt. In diesem – zwar geräumigen – Haus nahe einer mittelgroßen Stadt lebt sie mit Ehemann und Kind, das sie weitgehend alleine versorgt. Wenn die Tochter im Kindergarten ist, hat sie vier bis fünf Stunden Arbeitszeit. Von 8.30 bis 13.30 Uhr – maximal. Keine Stunde mehr: „Was dann nicht geschrieben ist, muss bis morgen warten".

Wie schafft sie einen solchen Spagat? Wie kann es gelingen, im Konzert der gefragtesten Reporter Deutschlands mitzuspielen, ohne permanent zu arbeiten, überall dabei und vor Ort zu sein? Vor Ort? Das scheint entscheidend zu sein: welcher Informant, der etwas über Löcher in den sicherheitsrelevanten Datennetzen zu sagen hat, möchte mit Johanna Rheingold beim Plausch im Café gesehen werden? Niemand. Denn es handelt sich meist um heiße In-

Eine Frage der Logistik 335

formationsware, die da gehandelt wird. Statt Face-to-face-Kommunikation kommt PGP ‚Pretty Good Privacy', eine US-amerikanische Verschlüsselungssoftware, zum Einsatz, bei der man Texte codiert, um ungewünschte Zugriffe zu verhindern. Zum Zeitpunkt des Interviews galt dieses Verfahren der Informationsübermittlung via E-Mail als nahezu sicher. Über diesen Weg kommuniziert Rheingold mit ihren Informanten und Kollegen in aller Welt, mit denen sie in permanentem Austausch steht und sich über die nächsten Schritte zur Aufklärung von Datenmissbrauch verständigt.

Die neuen Technologien ermöglichen eine sehr spezifische Strukturierung von Arbeits- und Privatleben. Die Herauslösung von Arbeitsabläufen und funktionalen Operationen aus lokalen Zusammenhängen eröffnet ihr die Möglichkeit, ihr individuelles Zeitregime zu etablieren und gegenüber Kooperationspartnern und Auftraggebern durchzusetzen.

Tatsächlich hat man es hier mit einem Fall von virtueller Mobilität zu tun. Trotz massiver Restriktionen – zeitlich, räumlich und sozial – ist sie beweglich. Sie ersetzt räumliche Präsenz durch Telepräsenz. Ganz gelassen kann sie mit dem ehernen journalistischen Gesetz brechen, dass man vor Ort sein muss, um das Schreiben über etwas rechtfertigen zu können. Sie muss nicht hinein in die Datenleitungen, sondern kann über sie virtuell reisen. Das Wesentliche ihrer realen und ihrer Netzexistenz platziert und positioniert virtuos – ihre Texte. Damit bricht sie aber nicht nur mit einem harten journalistischen Prinzip, sondern auch mit einer der Grundfesten der Moderne: mit der Annahme, räumliche Bewegung sei der Schlüssel zum Erfolg. Anders als die so genannten Expets der großen Unternehmen, jene Hochqualifizierten, die ins Ausland müssen, um eine Chance auf begehrte Jobs im Inland zu haben, muss Johanna Rheingold sich nicht vom Ort bewegen, um eine wirklich bemerkenswerte Karriere zu realisieren. Das hat natürlich mit der Branche zu tun, in der sie sich bewegt. Was für sie als freiberufliche Medienschaffende gilt, lässt sich auf Festangestellte wie die Führungskräfte der Deutschen Bank (vgl. Paulu 2001) nicht ohne weiteres übertragen. Die systematische Offenheit des Handlungsfeldes[7] kann unter dem Zwang zu Flexibilität von selbstständig arbeitenden Menschen offensichtlich anders gefüllt werden als dies für solche in fest institutionalisierten Kontexten gilt. Insofern ist es vor diesem Hintergrund nicht verwunderlich, dass Rheingold als die wichtigsten Orte in ihrem Leben zwar Computer, E-Mailprogramm, Haus, Telefon und Schreibtisch angibt, jedoch darauf verzichtet, ihren Wohnort überhaupt zu erwähnen. Statt dessen nennt sie aber verschiedene Websites und betont, dass diese zu ihren „Lieblingsorten" und unmittelbar zu ihrem Leben gehören. Letztlich sind dies die Orte, an denen sie sich professionell lokalisiert. Sie wird damit potenziell omipräsent, kann jederzeit abgerufen und erreicht werden.

---

7   Die Studie von Behringer (1998) zeigt eindrücklich diese strukturelle Offenheit, mit der sich freie Journalisten konfrontiert sehen. Und sie zeigt auch, wie dieser ambivalente Zustand unterschiedlich ausgefüllt wird.

Johanna Rheingold repräsentiert den Handlungs- und Entscheidungstypus der „immobil Mobilen" noch weitaus stärker als der erste Fall. Ihre Fallstruktur verweist auf ein charakteristisches Merkmal reflexiver Modernisierung, indem sie sich der Eindeutigkeit von sozialen und soziologischen Zuschreibungen entzieht. Sie ist erfolgreich, nicht obwohl sie räumlich unbeweglich ist, sondern gerade weil sie es ist! Dem Höher-Schneller-Weiter-Prinzip liefert sie sich nicht einfach aus. Statt dessen realisiert sie „time-space-compression" (Harvey 1989) und beweist, dass in einer entwickelten Netzwerkgesellschaft „time-space-distanciation", die Globalisierung von Raum und Zeit, nicht zwangsläufig zu den Konsequenzen der Moderne (Giddens 1996), gehört. Denn, und dies scheint mir eine überlegenswerte Hypothese zu sein, die man aus dem qualitativen Material dieses und vieler anderer Interviews generieren kann: vielleicht zeigt sich das reflexive Potenzial der Modernisierung gerade dort, wo Mobilität, verstanden als die Kongruenz von Bewegung und Beweglichkeit, umschlägt und einen zunächst nur phänomenologisch beschreibbaren sozialen Zustand offenbart, der sich durch „reine Beweglichkeit" auszeichnet. Der Fall von Johanna Rheingold hilft jedenfalls zu dekonstruieren, was gemeinhin unter Immobilität verstanden wird. Er macht deutlich, dass die Folge von Nicht-Bewegung keinesfalls destruktiver Stillstand und Stagnation sein müssen, wie das in der Werken der französischen Kulturpessimisten Virilio (1980, 1992) und Augé (1994) anklingt. Vielmehr scheint es das kreative Unterlaufen, das subpolitische, ja fast subversive, Unterminieren des modernen Zwangs zur Bewegung und – zugegeben, etwas pathetisch formuliert – die Geburt eines neuen Konzeptes von Beweglichkeit zu sein. Und diese neue Beweglichkeit, man kann auch von Mobilität sprechen, unterscheidet sich definitiv vom flexibilitätsorientierten Handeln der Subjekte, wie man es aus dem Parsonschen Konzept der Anpassung (adaptation) an Umweltbedingungen kennt. Vielmehr zeigt sich darin das Aktive eines Mobilitätsverständnisses, das die Basis legt für eine Karrierepolitik, bei der jemand die Richtung der Bewegung, des eigenen sozialen Wandels, eigensinnig (!) (mit)bestimmt.

2.3 Vom Mobilitätsmanagement zur Mobilitätsverweigerung

Was passiert, wenn das Prinzip der immobilen Mobilität auf die Spitze getrieben wird, wenn Beweglichkeit ohne Bewegung entsteht und man es mit noch weit radikaleren Formen der Entkoppelung von Raum und Zeit zu tun hat, zeigt der dritte Fall.

Im Interview mit Julian Sandt wurde schnell klar, dass es sich um einen Fall von Mobilitätsverweigerung handelte, der mehrere idealtypische Züge trägt. Den kurzen Weg zum Ort des Gespräches machte er nur, „weil ich mal wieder Uniluft schnuppern will". Bei der Recherche, wurde er mit den Worten empfohlen: „Sandt bewegt sich nur noch, wenn es gar nicht mehr anders geht". Und tatsächlich: Sandts charakteristische Mobilität besteht darin, den

Eine Frage der Logistik

Weg zwischen seinem Wohnort in Hamburg und seinem Büro in Hamburg zurück zu legen; eine Strecke, die sich bequem in wenigen Minuten mit dem Fahrrad oder zu Fuß bewältigen lässt. Reisen vermeidet er generell, wo er nur kann. Denn Reisen bedeutet „Stress". Es impliziert für ihn den Zwang, sich Situationen aussetzen zu müssen, die er nicht kontrollieren kann. Unvorhergesehenes, Spontanes, Ungeplantes und Unmittelbares lehnt er ab, macht ihm Angst, zumindest ist es ihm unangenehm. Das größte Problem aber besteht für ihn im Erzählzwang, der sich beim Reisen ergibt, wenn man in soziale Face-to-face-Interaktionen kommt; etwa, wenn man Auftraggeber besucht, Informanten interviewt oder einfach nur einem plaudernden Mitreisenden ausgesetzt ist. E-Mail ist daher sein bevorzugtes Kommunikationsmittel. Denn dabei kann er sich genau überlegen, was er schreibt. Er hat genügend Zeit, um nachzudenken und zu formulieren. Er hat die elektronische Post für sich zur Kunst- und subjektiven Ausdrucksform erhoben. E-Mails an Kollegen, Freunde, Bekannte – in der Regel Netzbekanntschaften – sind Fingerübungen, in denen er Versatzstücke für professionelle Texte entwickelt und Reaktionen testet. Geht er ins Kino, dann „plaudert" er danach „gerne noch mit Freunden über den Film" – will heißen: er schreibt Mails. Und diese werden auch prompt beantwortet. Irgendwo in seinem virtuellen Kosmos, in seiner virtuellen Community, mit der er in Kontakt steht, sitzt wer am Rechner. Für Sandt ist das Netz der „Ort", der soziale Raum schlechthin. Dort gibt es keine rigide Trennung zwischen privaten und professionellen Kontakten. Zwar würde er nicht gerade – wie Sonnenberger das tut – seine Arbeitgeber über seinen aktuellen Seelenstand informieren. Ganz im Gegenteil, er vermeidet Emotionalität; aber er tauscht sich mit Kollegen über Dinge aus, die ihn beschäftigen.

Mit seiner Strategie der Mobilitätsverweigerung hat er es weit gebracht. Er ist ein gefragter Autor in den einschlägigen Print- und Onlinepublikationen, die sich mit den Auswirkungen der neuen Informations- und Kommunikationsmedien auf das moderne Leben befassen. Damit kommt er leicht auf einen Nettoverdienst von etwa 2.000 € im Monat. Seine Inszenierung als Netzexistenz verleiht seinen Texten Glaubwürdigkeit. Überhaupt hat er seine Karriere zu seinem individuellen Projekt erklärt. Der promovierte Germanist kommt aus einer einfachen Arbeiterfamilie im Fränkischen. Sein Vater war Schlosser in der metallverarbeitenden Großindustrie. Nach der Promotion scheute er vor einer universitären Karriere zurück – insbesondere das dortige Konkurrenzverhalten schreckte ihn. Statt dessen rutscht er über mehrere Zwischenstation in den Computerjournalismus und schreibt über Hardware – Drucker, Monitore und den Einbau von Laufwerken und Festplatten. Das Innenleben eines Computers fand er weitaus spannender als die Exegese von Grimmelshausen:

> „Das ging dann so weit, dass ich in der U-Bahn Assemblerlistings gelesen habe, wie andere ihre Tageszeitung, also Programmcodes, (...). Assemblerlistings sind wirklich Hardcore (...). Da gibt's nur noch einzelne Bytebefehle (...)."

Sandt durchläuft eine turbulente Karriere. Auf einem seiner Karriereschritte schafft er es zum Chefredakteur. Dieser Job überfordert ihn jedoch. Er versucht dem Kommunikationszwang der Position zu entkommen, indem er von seinen Mitarbeitern fordert, mit ihm nur per Mail zu verkehren, statt ins Büro zu kommen. Doch seine Projekte setzen sich am Markt nicht durch.

Erfolgreich wird Sandt erst, als er sich selbstständig macht. Ab da kann er seine Karriere selbst gestalten; und vor allem: er seine Kommunikationen so managen, wie es ihm möglich ist. Denn Sandt hat offensichtlich ein Problem: zu viel Nähe kann er nicht ertragen. Zuviel an unmittelbarem Kommunikations- und Interaktionszwang macht ihm Angst.

Das zeigt sich auch in seiner Beziehung zu seiner Lebenspartnerin. Die Beziehung der beiden ist ein ständiges Spiel mit Nähe und Distanz. Sie wohnen nicht zusammen, man trifft sich im Restaurant zum Essen. Sie ist die einzige Person, zu der er physische Nähe zulassen kann. Daher ist seine jetzige Form des Arbeitens und der Kontaktpflege höchst effektiv und erfolgreich. Im Netz ist er sozial fest verortet, dort ist er auch professionell fest etabliert, eine fixe Größe im Konzert der Autoren. Dort wo er lebt, ist das nicht so. Selbst der vertraute Gruß beim Bäcker, das Hallo im Zeitschriftenladen gegenüber sind ihm unangenehm. In seiner sozialen Landschaft tauchen nur wenige Menschen auf, von denen er im Krisenfall Unterstützung erwarten könnte. In erster Linie ist das seine Partnerin, danach kommt die engste Familie, Freunde und Kollegen tauchen praktisch nicht auf.

Trotz dieser anomischen Potenziale kommt im Fall Sandt vieles auf den Punkt: die Verweigerung von Mobilität, das subpolitische Unterlaufen des Mobilitätszwangs und das Aufbauen anderer Formen von Sozialität. Denn es handel sich keineswegs um beziehungsloses Kommunikationsrauschen. Vielmehr ist die Kontaktscheue und die Angst vor unmittelbarer Kommunikation charakteristisch für einen bestimmten Typus von Computer- und Internetnutzer (vgl. Collmer 1997).

Typisch ist auch eine spezifische Qualität der „Versorgungsleistungen" (Pelizäus-Hoffmeister 2001). Bei Sandt gibt es tatsächlich nur die Lebenspartnerin. Doch in den anderen Fällen sieht das weit weniger dramatisch aus. Bei Johanna Rheingold gibt es ein weitverzweigtes soziales Netzwerk aus Familie, Freunden, Bekannten und Kollegen, ebenso bei Sonnenberger. Und in anderen Fällen der Mobilitätsverweigerung gibt es zumindest die klassischen Verlässlichkeiten: Liebesbeziehung, Familie, ein oder zwei Freunde.

3. Mobile Karrieren im Spannungsfeld zwischen Bewegung und Beweglichkeit

Betrachtet man die Literatur zu Mobilität und Karriere, dann gewinnt man schnell den Eindruck, Nicht-Bewegung sei etwas ganz Katastrophisches. Wer

Eine Frage der Logistik

nicht bereit ist, sich dem Mobilitätsprimat einer globalisierten Moderne zu unterwerfen, ist nicht nur Spielverderber, sondern macht sich nahezu verdächtig, weil er nicht das Seine zur Sicherung von Fortschritt und Wohlstand beiträgt. Diesen Eindruck gewinnt man auch bei der Lektüre von soziologischen Theoretikern, denen man per se kein neoliberales Gedankengut unterstellen mag, wie Bauman (2000), Urry (2000) oder Lash (2002). Gewollt oder ungewollt, bewusst oder unbewusst – jedenfalls scheint der Gedanke, Stillstand sei notgedrungen der Tod einer Gesellschaft, tief verinnerlicht zu sein. Anders ließe sich der Subtext nur schwer erklären, wonach es immer die Mobilitätsverweigerer bzw. die Immobilen sind, die man als Modernisierungsverlierer identifiziert.

„Globalisierung und Lokalisierung sind also nicht nur zwei Momente, zwei Gesichter desselben. Sie sind zugleich Antriebskräfte und Ausdrucksformen einer neuartigen Polarisierung und Stratifizierung der Weltbevölkerung in globalisierte Reiche und lokalisierte Arme" (Beck 1997: 101).[8]

Aber kann man jemanden wie Johanna Rheingold als Verliererin titulieren? Zugegeben, es handelt sich bei ihr um einen sehr speziellen Fall, den ich wegen seines pionierhaften Charakters ausgewählt habe. Vielleicht aber zeigt sich hier ein Bruch mit dem Mobilitätsverständnis der Moderne, der sich über die Zeit nicht nur in den gesellschaftlichen Segmenten manifestiert, wo über das entsprechende Kapital (finanziell, sozial und kulturell) verfügt wird, das den Menschen das kompetente und aktive subpolitische Gestalten der eigenen Biographie ermöglicht.

Unter den Bedingungen reflexiver Modernisierung hat sich längst Basales und bislang Selbstverständliches verändert. Wie ist das mit etwas scheinbar so Banalem wie dem Warten? Früher einmal bedeutete es Langeweile, vielleicht sogar Sinnlosigkeit, wenn man warten musste; mindestens befand man sich aber in einem Zustand, dem bestenfalls Geübte in buddhistischer Meditation etwas Positives abgewinnen konnten. Wer heute auf seinen Flieger nach London oder Paris oder am Bahnsteig auf seinen Zug nach Hamburg wartet, nutzt oftmals diese Zeit „sinnvoll", gar effektiv. Der Bistrotisch wird zum Büro, und man hat endlich mal die Zeit, zu telefonieren, einen Brief zu diktieren oder auch ganz banal mit dem Discman die lang ersehnte neue CD von Peter Gabriel zu hören. Selbst der Stau auf den Autobahnen wird zu einem nicht mehr per se negativ konnotierten Phänomen. Menschen, die beruflich sehr viel mit dem Auto reisen und über eine entsprechende Ausstattung mit Handy, Freisprechanlage etc. verfügen, gehen fest von Wartezeiten im Stau aus. Daher werden diese genutzt, um im „mobilen Büro" vor- oder

---

8 Ein anderes Beispiel für den angesprochenen Subtext, in dem diese unausgesprochene (Basis-)Selbstverständlichkeit der Moderne zum Ausdruck kommt, findet sich bei Bauman (1998: 3): „A particular cause for worry is the progressive breakdown in communication between the increasingly global and extraterritorial elites and the ever more 'localized' rest."

nachbereitende Tätigkeiten etwa für Kundenbesuche zu erledigen, Briefe zu diktieren oder private Kontakte zu pflegen.

Bislang tauchen diese ambivalenten Eindrücke von der Mobilitätspraxis der Menschen in der Literatur kaum auf.[9] Statt dessen scheint es theoretisch nur zwei Optionen zu geben: Hypermobilität oder Rasender Stillstand. Die Zukunft von Mobilität und Karriere besteht also entweder im „dromomanischen Exzess" (Virilio 1980), im rastlosen Jobnomadentum (Gesterkamp 2001) oder in anomischen, dissozialen Formen des Rasenden Stillstands, in Einsamkeit und sozialer Isolation trotz Optionenvielfalt (Virilio 1992; Augé 1994).

Doch was sich empirisch zeigt, ist etwas anderes: die Tatsache, dass jemand den Zustand der räumlichen Immobilität anstrebt (wie im Fall Sonnenberger) oder sich faktisch kaum noch bewegt, bedeutet noch lange nicht, dass die Person unbeweglich ist. Im Gegenteil: die skizzierten Fälle zeichnen sich durch enorme Mobilitätskompetenzen aus; d.h., sie bestimmen die Richtung ihrer Karriereverläufe in hohem Maße mit. Allerdings eben nicht mehr durch Karrierestrategien, die unmittelbar auf räumlicher Präsenz basieren. Die eigene Homepage und Kommunikation via E-Mail erhalten konstitutive und systematische Bedeutung. Sie sind weit mehr als ein Feature bei der sozialen Konstruktion von Professionalität und Kompetenz. Sie sind Teil eines spezifischen „scapes", einer sozio-materiellen Formation. Bei den scapes, die sich um Menschen wie Sonnenberger, Rheingold oder Sandt konfigurieren, handelt es sich um subjektzentrierte Strukturationen, nicht um verallgemeinerbare soziale Strukturen. Sonnenberger sagte einmal, bei seinem Notebook handle es sich um ein „zusätzliches Organ", um eine „extension" seiner selbst. Johanna Rheingold unterlässt es zwar, den eigenen Wohnort als wichtig anzugeben, ihre eigene Homepage aber vermerkt sie als elementaren Teil ihrer Existenz. Dennoch wäre es naiv zu meinen, diese Personen könnten wirklich autonom über die eigenen Karrieren entscheiden. Doch sie verfügen über soziale, kulturelle und finanzielle Potenziale, die ihnen ein „eigenes Leben" (Beck u.a. 1995) als möglich erscheinen lassen. Sie sind weit entfernt davon, sich nur zu flexibilisieren, sprich sich anzupassen oder gar zu verbiegen. Sennett (1998) hat darauf hingewiesen, dass Menschen, die sich dem Zwang zur Flexibilisierung widersetzen, damit rechnen müssen zu scheitern. Dieses Risiko gehen die Menschen ein, von denen ich hier berichte. Denn wer hätte es im Griff, sich gegen Umwälzungen zu behaupten, wie sie sich aktuell in der Medienbranche abspielen oder wie man sie jüngst an der Implosion der New Economy studieren konnte?

Doch das Instrumentarium zur Analyse von Mobilitätskonstellationen ist noch lange nicht ausgereift. Was man braucht, ist eine präzisere Begrifflichkeit, als sie im notorisch unscharfen Terminus Mobilität angelegt ist. Mobi-

---

9   Es handelt sich hier um eine echte Forschungslücke, denn es gibt praktisch keine ethnographischen Studien, die das alltägliche Mobilitätshandeln der Menschen nachvollziehen. Die einzige Ausnahme scheinen konsumsoziologische Untersuchungen aus dem angelsächsischen Raum zu sein (vgl. Miller 2001).

Eine Frage der Logistik 341

litätsphänomene müssen analytisch zergliedert werden. Denn Karrieren, wie die beschriebenen, lassen sich als Versuche deuten, individuell lebbare Mobilitätskonstellationen herzustellen, Konstellationen von räumlicher, sozialer und virtueller Bewegung und Beweglichkeit. Dabei müssen einerseits Bewegungsperformanzen, beschreibbare und messbare Bewegungen, von Bewegungskompetenzen oder -potenzialen unterschieden werden, die nur mehr qualitativ ermittelt werden können und die eben nicht performativ werden müssen und insofern auch ungenutzt bleiben können. Anders ausgedrückt: wenn man typische Elemente von Karrierepolitik im Spannungsfeld von Mobilität und Flexibilität erforschen will, muss man unterscheiden zwischen faktisch realisierter (sozialer und räumlicher) Mobilität und potenzieller (sozialer und räumlicher) Mobilität.

Mit diesem noch weiter zu entwickelnden begrifflichen Instrumentarium, bei dem sich bislang vorläufig die Dimensionen Mobilität, Motilität und Verkehr unterscheiden lassen, kann man die soziale Konstruktion von Mobilität dechiffrieren. So kann man die Anteile der Subjekte an der Konstruktion von Bewegung und Beweglichkeit in der eigenen Karriere bestimmen und man kann vermeiden, Plattitüden zu übernehmen wie die moderne Maxime „Sei mobil, dann passiert dir nichts!"

Literatur

Appadurai, A., 1998: Globale ethnische Räume. Bemerkungen und Fragen zur Entwicklung einer transnationalen Anthropologie, S. 11-40 in: Beck, U. (Hrsg.), Perspektiven der Weltgesellschaft, Frankfurt a.M.: Suhrkamp.
Augé, M., 1994: Orte und Nicht-Orte. Vorüberlegungen zu einer Ethnologie der Einsamkeit, Frankfurt a.M.: S. Fischer.
Bauman, Z., 1998: Globalization. The Human Consequences, Cambridge: Polity Press.
Bauman, Z., 2000: Liquid Modernity, Cambridge: Polity Press.
Beck, U., 1997: Was ist Globalisierung? Irrtümer des Globalismus – Antworten auf Globalisierung, Frankfurt a.M.: Suhrkamp.
Beck, U./Rautert, T./Vossenkuhl, W., 1995: Eigenes Leben. München: C.H. Beck.
Behringer, L., 1998: Lebensführung als Identitätsarbeit. Der Mensch im Chaos des modernen Alltags, Frankfurt a.M.: Campus.
Bonß, W./Collmer, S./Kesselring, S./Weiß, A., 2002: Mobilitätspioniere. Zum Strukturwandel der Mobilität unter den Bedingungen reflexiver Modernisierung. Arbeits- und Ergebnisbericht 1999 – 2002, München: SFB 536.
Bonß, W./Kesselring, S., 1999: Mobilität und Moderne. Zur gesellschaftstheoretischen Verortung des Mobilitätsbegriffes, S. 39-66 in: Tully, C. (Hrsg.), Erziehung zur Mobilität. Jugendliche in der automobilen Gesellschaft, Frankfurt a.M.: Campus.
Bonß, W./Kesselring, S., 2001: Mobilität am Übergang von der Ersten zur Zweiten Moderne, S. 177-190 in: Beck, U./Bonß, W. (Hrsg.), Die Modernisierung der Moderne, Frankfurt a.M.: Suhrkamp.
Brockhaus ‚2002: Der Brockhaus in Text und Bild. Edition 2002, CD-ROM.
Castells, M., 1996: The Rise of the Network Society, Oxford: Blackwell.
Collmer, S., 1997: Frauen und Männer am Computer. Aspekte geschlechtsspezifischer Technikaneignung, Wiesbaden: Deutscher Universitätsverlag.

Doyle, J./Nathan, M., 2001: Wherever Next? Work in a mobile world, London: The Work Foundation.
Gesterkamp, Th., 2000: Unternehmer in eigener Sache. Die „neuen Selbständigen" am Beispiel der Medienbranche. Gewerkschaftliche Monatshefte 6: 375-382.
Gesterkamp, Th., 2001: Jobnomaden mit Heimatbasis. Mitbestimmung 9: 22-24.
Giddens, A., 1996: Konsequenzen der Moderne, Frankfurt a.M.: Suhrkamp.
Harvey, D., 1989: The Condition of Postmodernity, Cambridge/Oxford: Blackwell.
Kesselring, S., 2001: Beweglichkeit ohne Bewegung. Mitbestimmung 9: 10-14.
Kluge, F., 1999: Etymologisches Wörterbuch der deutschen Sprache. Berlin/New York: De Gruyter.
Lash, S., 2002: Critique of Information, London u.a.: Sage.
Lash, S./Urry, J., 1994: Economies of Signs and Space, London u.a.: Sage.
Malone, Th. W./Laubacher, R. J., 1998: The Dawn of the E-Lance Economy. Are Big Companies Becoming Obsolete? Harvard Business Review, September/Oktober: 145-152.
Miller, D., 2001: Car Cultures, London: Berg Publishers.
Paulu, C., 2001: Mobilität und Karriere. Wiesbaden: DUV.
Pelizäus-Hoffmeister, H., 2001: Mobilität: Chance oder Risiko? Der Einfluss beruflicher Mobilität auf soziale Netzwerke – das Beispiel freie JournalistInnen, Opladen: Leske + Budrich.
Rammler, S., 2001: Mobilität und Moderne, Berlin: edition sigma.
Schneider, N. F./Limmer, R./Ruckdeschel, K., 2002: Mobil, flexibel, gebunden. Familie und Beruf in der mobilen Gesellschaft, Frankfurt a.M.: Campus.
Sennett, R., 1998: Der flexible Mensch. Die Kultur des neuen Kapitalismus, Berlin: Berlin.
Simmel, G., 1990: Über sociale Differenzierung. Sociologische und psychologische Untersuchungen. Reprint der Ausgabe von 1890, in: Schmoller, G. (Hrsg.), Staats- und socialwissenschaftliche Forschungen (Bd. 10), Leipzig: Dunker & Humblot.
Tomlinson. J., 1999: Globalization and Culture, Oxford: University Press.
Urry, J., 2000: Sociology beyond Societies. Mobilities of the Twenty-First Century, London: Routledge.
Vanselow, A., 2001: Neue Selbständige in der Informationsgesellschaft. Abschlussbericht eines Kooperationsprojektes des DGB-Bildungswerk NRW e.V. und des Instituts Arbeit und Technik (IAT) im Wissenschaftszentrum NRW, Düsseldorf/Gelsenkirchen: IAT.
Virilio, P., 1980: Geschwindigkeit und Politik, Berlin: Merve.
Virilio, P., 1992: Rasender Stillstand, Wien: Hauser.
Voß, G./Pongratz, H. J., 1998: Der Arbeitskraftunternehmer. Eine neue Form der Ware Arbeitskraft? Kölner Zeitschrift für Soziologie und Sozialpsychologie 50: 131-158.

Thomas Meyer
Politische Karriere und theatrale Kompetenz

Nach dem öffentlichen Bekenntnis eines amtierenden deutschen Ministerpräsidenten, die koordinierte Darstellung spontaner Empörung seiner Fraktion über eine Entscheidung des Bundesratspräsidenten, die ihnen allen schon seit dem Vortage bekannt gewesen war, sei eine strategisch kalkulierte Inszenierung gewesen, scheint das Thema ‚Politik und Theater' seinen aufklärerischen Reiz verloren zu haben. Die Macht spielt Theater und bekennt sich dazu, don't-worry-be-happy. Das Thema droht nun in ein Stadium fröhlicher Resignation über zu gehen, so ist eben die Mediendemokratie, und mancherorts offenbar auch in das des Zynismus: man lehnt kalkuliertes Theater als Kommunikationsmittel einer demokratischen Öffentlichkeit eigentlich ab, aber es sei nun mal das einzige, was in der Mediengesellschaft noch wirke. Was allein noch zähle, sei mithalten zu können.

Der zitierte Ministerpräsident selbst hat eine überraschende kommunikative Metaperspektive öffentlich in Anspruch genommen, sozusagen jenseits von Gut und Böse. Da das große Publikum in dem Augenblick, da die betreffende Fraktion über das angekündigte Vorgehen des Bundesratspräsidenten tatsächlich empört war, ja leider nicht zugegen sein konnte, habe es einen informationellen Anspruch darauf, dass es für sie eigens nachgespielt werde, sobald sie zugeschaltet sind. Politisches Theaterspiel der Inhaber und Aspiranten der Macht erscheint in dieser Metaperspektive als demokratische Serviceleistung an das große Publikum, das ja selbst in der Mediendemokratie leider nicht überall dabei sein kann. Diesen Service aus dem Stand heraus auf Abruf denn auch glaubwürdig leisten zu können, erscheint wie nebenher als eine normale berufliche Fähigkeit des Politikers.

Dieses Bekenntnis reflektiert, ganz unabhängig von der Frage, wie es in demokratietheoretischer und demokratiepolitischer Perspektive zu werten ist, auf informative Weise eine Grunderfahrung von Politikern in der Mediendemokratie. Es ist die Erfahrung einer Übermacht medialer Darstellungsgesetze, gegen die kein anderes Kraut mehr gewachsen scheint, als ihre zielstrebige und von allen moralischen Bedenken befreite Indienstnahme für die eigenen Zwecke, deren Legitimation nur noch außerhalb der medialen Kommunikationsregeln erfolgen könne. Wer dieses Metier nicht beherrscht, das ist der Kern dieser Politikererfahrung, der sollte sich aus dem politischen Geschäft beizeiten verabschieden, ganz unabhängig davon, was seine Projekte, Unterstützungspotentiale und Kompetenzen im übrigen auch sein mögen. Der Inszenierungsdruck der Mediengesellschaft ist zu einer Grunderfahrung der politischen Klasse geworden. Erfolgversprechende Strategien, ihm kompetent und wirksam zu begegnen, gehören seit kurzem nun auch in der Bundesrepublik zu den Karrierebedingungen des Politikers.

1. Die politische Arena in der Mediendemokratie

Politische Karrieren in der Mediendemokratie unterliegen in allen Bereichen, in denen es um außen-gerichtete Kommunikation geht, also vor allem um den Erwerb von Mandaten, den spezifischen Regeln der Media-Fitness für die Bühnen der elektronischen Massemedien. Das gilt umso mehr, je höher das Amt ist und je weiter es der Unmittelbarkeit lebensweltlicher Erfahrungsmöglichkeiten für das politische ‚Publikum' entrückt ist. Nur die innen-gerichteten politischen Ämter, insbesondere jene, die allein auf Parteitagen zu erwerben sind, bleiben fürs erste noch weitgehend von den neuen Regeln medialer Erfolgskommunikation ausgenommen. Es hat sich in der politischen Klasse auch der Bundesrepublik Deutschland mittlerweile gründlich herumgesprochen, dass die persönliche Fähigkeit zu erfolgsträchtigen medialen Performance eine zentrale Voraussetzung des politischen Fortkommens ist. Die Fähigkeit, das eigene Auftreten mediengerecht zu theatralisieren, ist für die Anwartschaft auf die höchsten Wahlämter im Zweifelsfalle mindestens ebenso wichtig wie politische Sach- und Organisationskompetenz in den entscheidenden Policy-Bereichen und die traditionellen Netzwerk-Kompetenzen der politischen Klasse.

Damit folgen die Bedingungen politischer Spitzenkarrieren den Strukturveränderungen im Bereich der politischen Kommunikation und der politischen Machtsicherung selbst, die sich aus der veränderten Logik der Mediendemokratie ergeben. Wer nicht über eine ausreichend ausgebildete Fähigkeit zur Selbstinszenierung verfügt, hat unter diesen Umständen allenfalls in seltenen Ausnahmefällen noch die Chance einer nennenswerten politischen Karriere. Die Kategorien *Inszenierung*, *Performance* und *Theatralität*, die bei der Analyse der neuartigen politischen Karriere-Bedingungen ins Spiel gebracht werden, sind dabei zunächst neutrale Analyseinstrumente eines Typs von kommunikativem Handeln und keineswegs Vehikel moralischer Entrüstung. Sie beschreiben einen neuen Kommunikationstyp, der sich aus den Konstitutionsbedingungen der Bühnen medialer Öffentlichkeit ergibt, auf denen er zunächst und in erster Linie Erfolg haben muss, wenn er als Politiker überhaupt Erfolg haben will.

Die gegenwärtigen Dienstleistungsgesellschaften sind als Informations- und Kommunikationsgesellschaften in erster Linie Mediengesellschaft. Es sind die Massenmedien, die den erheblich gesteigerten Informations- und Kommunikationsbedarf befriedigen und als Vermittler und Verteiler die

Politische Karriere und theatrale Kompetenz 345

Knotenpunkte fast aller gesellschaftsweit relevanten Kommunikationen bilden. Wir wissen zwar nicht alles, was wir über die Welt wissen, aus den Massenmedien, aber bei weitem das meiste und immer mehr. Die Massenmedien und insbesondere ihr paradigmatisches Zentrum, das Fernsehen, sind nun aber keineswegs neutrale Kanäle, in die beliebige Inhalte eingefüllt werden könnten, um als solche am anderen Ende wieder hervorzutreten. Sie sind vielmehr ihrerseits aktiv prägende, selektierende und transformierende Akteure, die mit überwältigender Durchsetzungsmacht die Bedingungen definieren, unter denen andere gesellschaftliche Akteure, die von ihnen angebotenen Kommunikationschancen nutzen können. Die Massenmedien stellen Bühnen zur Verfügung deren Auswahl und Inszenierungsregeln hochgradig selektiv sind und sich im wesentlichen aus den gesellschaftlichen Funktionsbedingungen der Massenmedien selbst ergeben. Als strukturelle Prä-Inszenierungen formen diese alle Kommunikationen, die sie zulassen und transportieren. Damit gewinnen sie einen kaum zu überschätzenden Einfluss auf die Gesamtheit aller gesellschaftlichen Kommunikationen, die nach Öffentlichkeit strebt, und, durch ihre herausgehobene und vorbildhafte Wirkung, darüber hinaus auch auf den größten Teil der sozialen Kommunikation überhaupt. Es sind diese Regeln und ihre virtuose Beherrschung, die in der Mediendemokratie die Karrierebedingungen des auf der öffentlichen Bühne agierenden Teils der politischen Klasse mitdefinieren. Empirische Untersuchungen haben die Regeln und Mechanismen der massenmedialen Prä-Inszenierung bloßgelegt und ihre Wirkungsweise erklärt.

Auch in Deutschland sind wir seit Kurzem Zeuge einer „kopernikanischen Wende". Die Parteiendemokratie klassischen Zuschnitts wird zur Mediendemokratie. Die Regeln der medialen Politikdarstellung, unterhaltsam, dramatisierend, personalisiert und mit Drang zum Bild, allesamt der Darstellungskunst des Theaters entlehnt, greifen in zunehmendem Maße und mit beträchtlichen Folgen auf das politische Geschehen selbst über. Die Selektion spektakulärer Ereignisse, die effektsichere Inszenierung der Profis, die weite Teile des Mediensystems bestimmen, regieren zunehmend auch die Politik (vgl. Meyer 2001; Meyer/Hinchman 2002). Ein folgenreicher Rollenwechsel vollzieht sich: Während in der pluralistischen Parteiendemokratie, ihrem Modell nach zur Gänze und in ihrer Praxis doch in ausschlaggebendem Maße, die Medien die Politik beobachten sollten, damit sich die Staatsbürger eine vernünftige Meinung von ihr bilden können, beobachten in der Mediendemokratie die politischen Akteure das Mediensystem, um von ihm zu lernen, was sie und wie sie sich präsentieren müssen, um auf der Medienbühne einen sicheren Platz zu gewinnen. Solches „politainment" vertreibt die Langeweile und erweitert das Publikum (Dörner 2001).

Kern der Veränderung ist eine weitgehende Überlagerung der beiden Systeme ‚Politik' und ‚Medien' (vgl. Sarcinelli 1994). Sie geht zu einem erheblichen Teil aus der Wirkungsweise ihrer jeweiligen Funktionsgesetze selbst hervor (vgl. Meyer u.a. 2000). Aus Legitimationsgründen ist demokratische Politik ja unvermeidlich auf die öffentliche Darstellung ihres Vollzugs und ihrer Ergebnisse, nämlich der Herstellung gesellschaftlich verbindlicher Entscheidungen angewiesen. In den unüberschaubar komplexen Gesellschaften der Gegenwart benötigt sie dazu die Massenmedien. Diese folgen indessen bei jeglicher Darstellung von Politik gleichermaßen unvermeidlich ihrer eigenen Logik, wenn sie *ihrem* gesellschaftlichen Funktionszweck, nämlich der Erzeugung von größtmöglicher Aufmerksamkeit für gemeinsame Themen, gerecht werden wollen (vgl. Luhmann 1996).

Die Massenmedien erreichen ihren Zweck im Wesentlichen durch die Befolgung von zwei aufeinander abgestimmten Regelsystemen. Das erste Regelsystem (*Selektionslogik*) besteht in der Auswahl berichtenswerter Ereignisse nach Maßgabe ihrer *Nachrichtenwerte* (vgl. Schulz 1976). Das zweite Regelsystem (*Präsentationslogik*) besteht aus einem Kanon von attraktionssteigernden Inszenierungsformen für das so ausgewählte Nachrichtenmaterial, um die Maximierung eines anhaltenden Publikumsinteresses zu sichern (vgl. Meyer 1992; Meyer/Kampmann 1998; Dahlgren/Sparks 1992). Das Zusammenwirken beider Regelsysteme, das sich in einem gewissen, allerdings eng begrenzten Ausmaß von Medium zu Medium anders gestaltet, kennzeichnet die spezifische *Logik des Mediensystems*. Dieser Logik ist alles unterworfen, was im Mediensystem hervorgebracht wird, jede Information und jeder Bericht über alle anderen gesellschaftlichen Teilsysteme und deren Leistungen. Sie wirkt als eine zwingende *Prä-Inszenierung*, die den Zugang zu den Medienbühnen regelt. Es herrscht das Gesetz der spannungsreichen theatralischen Inszenierung (vgl. Meyer/Ontrup 1998).

In den Medien ist jede Darstellung des Politischen vom Wirken der beiden medialen Filtersysteme geprägt. Auf Seiten der Politik führt die Schlüsselrolle des Mediensystems zur Vermehrung und zur Professionalisierung der Anstrengungen, ein Höchstmaß an Kontrolle über die Darstellung der Politik im Mediensystem zurückzugewinnen. Zu diesem Zweck mediatisiert sie sich mit Energie und professionellem Rat aus Leibeskräften selbst, sie wird zum „Politainment", einer in jedem Einzelfall je besonders gestalteten Synthese von instrumentellem Handeln und populärer Kommunikationskultur.

Dabei handelt es sich um einen wahrhaft dialektischen Vorgang, denn die Politik unterwirft sich den Regeln der Medien natürlich nur, um auf diesem Wege die Kontrolle über die Öffentlichkeit zu gewinnen, also aus genuin politischen Gründen. *Selbstmediatisierung* wird zu einer zentralen *Strategie politischen Handelns in der Mediengesellschaft*. Es entsteht die Frage, ob Politik unter diesen Bedingungen in ihrem eigenen Handlungsfeld überhaupt noch in angemessenem Ausmaß ihrer eigenen Logik folgen kann, wie sie durch ihren gesellschaftlichen Zweck und die Imperative der Demokratie bestimmt ist, oder ob sie in der Hauptsache zum Lieferanten für die spezifischen Bedürfnisse des Mediensystems wird – in der Hoffnung, auf diese Weise ihren unbegrenzten Bedarf an öffentlicher Zustimmung umfassend und risikoarm befriedigen zu können.[1]

---

1 Zum gesellschaftlichen Zweck und zur Logik der Politik vgl. das 1. Kapitel in Meyer 2000.

2. Der Konflikt zweier Logiken

Es sind zwei zentrale und im Prinzip auch unvermeidliche Spannungsfelder zwischen politischer und medialer Logik, die durch die heute vorherrschende Art ihrer Handhabung in Politik und Medienwelt den Prozess der Transformation der Parteiendemokratie in die Mediendemokratie vorantreiben. Bei dem einen handelt es sich um die erheblichen Inkongruenzen zwischen der politischen Prozesslogik und der medialen Selektions- und Darstellungslogik. Während politische Ereignisse komplex und aus einem offenen Wechselverhältnis vieler Faktoren bestehen (wie Interessen, Akteure, Programme, Legitimation, Konflikt, Konsens, soziale und kommunikative Macht, Institutionen, Rechte, Machtressourcen etc.), resultiert ihre mediale Repräsentation aus einem Prozess der Auswahl nach medialen Aufmerksamkeitskriterien (Prominenz, Personenbezug, Überraschungswert, kurze Geschehensdauer, personalisierter Konflikt, Schaden, Leistung etc.) und aus der Inszenierung dieses Materials unter dem Gesichtspunkt der Aufmerksamkeitsmaximierung (Dramatisierung, Erzählung, Unterhaltungsartistik, Personifikation, Mythologisierung, Ritualisierung etc.). Es ist den Medien durchaus prinzipiell möglich, aber schwierig und nicht unbedingt naheliegend, in jedem Einzelfall eine Synthese aus den beiden so unterschiedlichen Logiken herzustellen, also in der mediengerechten Präsentation auch die Sache selbst, um die es dabei geht, angemessen zum Ausdruck zu bringen. Natürlich gibt es in dieser Hinsicht besonders gravierende Unterschiede zwischen den Qualitätsmedien und den Boulevardmedien im Print- und Funkbereich, allerdings mit fließenden Übergängen in beiden Richtungen.

Als eine unwiderstehliche Triebfeder für die Transformation der Parteiendemokratie in die Mediendemokratie erweist sich das zweite große Spannungsfeld zwischen politischer Logik und Medienlogik: der zentrale Widerspruch zwischen *politischer Prozesszeit* und *medialer Produktionszeit*. Er ergibt sich aus den technischen Möglichkeiten und den besonderen Eigenarten der Produkte des Mediensystems, die mit den eigenwilligen Zeitmassen des politischen Prozesses unverträglich sind. Die Vorherrschaft der extrem kurzen medialen Produktionszeit und der ebenso schnellen Verfallszeit für Neuigkeitswerte in der öffentlichen Arena der Politik führt dann in dem Maße, in dem sich das politische System den Regeln des Mediensystems unterwirft, ihrerseits zu einer Entwertung derjenigen Strukturen und Organisationen des politischen Systems, die ihrer konstitutiven Eigenart entsprechend der langen politischen Prozesszeit verhaftet bleiben. Das betrifft insbesondere die *intermediären Instanzen* der Vereine und Verbände mitsamt den Parteien selbst, denen nach den Maßstäben der offiziellen Theorie der Parteiendemokratie eigentlich die *Zentralität* unter allen Akteuren im politischen Prozess der Demokratie zukommen soll[2].

Die *mediale Produktionszeit* hingegen nähert sich unter der Herrschaft zweier dem Mediensystem eigentümlicher Imperative asymptotisch der magi-

---

2 Zur Frage des Widerspruchs verschiedener Zeitkulturen vgl. Glotz (1999).

schen Null. Sie folgt *zum einen* den technischen Regeln der Herstellung zweckentsprechender Produkte durch Fachleute mit einer immerfort perfektionierten Technik, die Echtzeit-Produktionen mit sofortiger weltweiter Verteilung zum Normalfall gemacht haben. Das Bild, das soeben in Nepal aufgenommen wurde, ist über Satellit zur gleichen Zeit überall auf der Welt zu sehen. Das betrifft die Seite der *technischen* Möglichkeiten. Die *Ökonomie* der Eigenart ihrer Produkte bringt sie, zum anderen, unter das unvermeidbare Diktat der Jetztzeit, da das mediale Produkt der Nachrichten und Neuigkeiten aller Art immer schon im nächsten Augenblick seinen *Tauschwert* verliert, wenn die Ereignisse selbst oder das gleiche Produkt der zahlreichen Konkurrenten mit seiner öffentlichen Präsentation alle anderen Produkte der gleichen Art wertlos macht. Die Nachricht von einem aktuellen Ereignis verliert beträchtlich an Wert, wenn sie in den Konkurrenzmedien schon längst vermittelt wurde und sie wird gänzlich wertlos, wenn sie im Zeitabstand erneut präsentiert wird.

Soweit die Spitzenakteure des politischen Systems auf die Grundgleichung der Mediendemokratie setzen, Publizität gleich Erfolg, fügen sie sich den Gesetzen der medialen Produktionszeit als vermeintlich unumgehbarer Bedingungen für die Gewinnung der Publikumsgunst. Das gilt nicht nur in dem trivialen Sinne, dass Reisen, Tagungsordnungen von Parteitagen, Events, Symbolhandlungen, Erklärungen, die Verkündung von Entscheidungen und alles, was sonst noch in Betracht kommt, mit Kennerschaft und Sorgfalt auf die Tage und Stunden plaziert wird, die die beste Gewähr für mediale Aufmerksamkeit bieten, also das *mediale timing*. Daran arbeiten professionelle Beraterstäbe zu jeder Zeit. Es gilt vor allem für den sehr viel folgenreicheren Sachverhalt, dass der lange politische Prozess mitsamt den intermediären Instanzen, die ihn organisieren, einschließlich der Parteien, von den medialen Spitzenrepräsentanten der Politik, wo immer nötig und möglich, umgangen wird, damit die mediale Produktionszeit pariert werden kann.

Was das im konkreten Falle heißt, haben viele Beispiele aus der ersten Phase der rot-grünen Regierungszeit in der Bundesrepublik Deutschland gezeigt. Beim Versuch der neuen Regierung im Herbst 1999, die sogenannte ‚geringfügige Beschäftigung' teilweise sozialversicherungspflichtig zu machen, ergab sich innerhalb weniger Wochen ein spektakuläres Ping-Pong-Spiel zwischen Programmpräsentationen der Regierung, medialer Darstellung und Kritik der Vorhaben, umgehender Präsentation „nachgebesserter" Varianten der Programme durch die Regierung, erneuter Darstellung und Kritik der Vorhaben in den Medien, abermaliger „Nachbesserungen" der Vorhaben in insgesamt einem halben Dutzend Runden, völlig unabhängig von den Parteien, die diese Regierung tragen. Jeder Versuch ihrer Einbeziehung hätte die verfügbaren medialen Zeithorizonte gesprengt und wurde von den Handelnden weder erwogen, noch offenbar vermisst. Das intermediäre System wurde vom Tempo der Medienzeit sang- und klanglos abgehängt, während sich ihm die exekutiven Spitzenakteure in atemberaubenden Volten anpassten, um nicht die Chance der Mitwirkung an Art und Weise der medialen Präsentation ihrer Projekte und damit an deren nachhaltiger Wirkung in der Öffentlichkeit zu verspielen.

Politische Karriere und theatrale Kompetenz 349

3. Strategische Kommunikationstechniken

Die Auswirkungen dieser Entwicklung sind umfassend und vielgestaltig. Sie strukturieren nicht nur die Darstellung des Politischen, sondern auch seine *Herstellung* neu (vgl. Sarcinelli 1987b; 1989). Welche Themen auf den Tisch kommen, welcher Politiker Aufstiegschancen hat, wer die Führung übernimmt und wie groß seine Spielräume zur Definition seiner Politik sind, gegenüber der eigenen Partei, gegenüber den Kontrahenten und gegenüber der Öffentlichkeit, wird durch mediale Vermittelbarkeit und Mediencharisma mitentschieden. Wo beide ausbleiben, haben Themen und Interessen, auch wo sie im Hinblick auf Gerechtigkeit, Zukunftsfähigkeit und Gemeinwohl wichtig wären, wenig Aussicht auf Berücksichtigung. Politainment verändert die Praxis der Politik von Grund auf.

Professionelle Selbstmediatisierung der Politik nach den Regeln theatraler Inszenierungslogik ist qualitativ und quantitativ zu einer der Hauptaktivitäten des politischen Systems geworden. In Europa ist sie seit dem Wegfall des Systemwettbewerbs eine Art Ideologieersatz. Politik verfügt dabei über drei *basale Inszenierungsstrategien,* die von Fall zu Fall wechselnd in unterschiedlichem Maße mit Anteilen wirklich vollzogener Herstellungspolitik versetzt sind oder zumindest sein können (vgl. dazu nochmals Kepplinger 1996). Inszenierung kann, sie muss aber nicht, auch der schöne Schein des Realen sein. Ihre Wunderwaffen sind: *Event-Politik (Scheinereignisse), Image-Projektion* und *Scheinhandlung* (vgl. Edelman 1976; 1988; Kertzer 1988; Sarcinelli 1987a).

Event-Politik: Von Schein-Ereignissen ist in den USA schon seit den 60er Jahren die Rede (vgl. Boorstin 1963). Sie waren die ersten großen Verbeugungen der politischen Welt vor den Mediengesetzen. Die Grenze zwischen solchen, die reales Geschehen verschönt in Szene setzen, und solchen, die nichts sind als Schein, aber aussehen wie greifbare Wirklichkeit, ist fast immer fließend. Der Fundus der Inszenierungschancen ist unerschöpflich und nach vorne offen. Die Medien aber haben die Wahl. Sie können das ihnen von der Politik dargereichte Scheinereignis an ihr Publikum bloß durchreichen – wenn sie gerade wenig Zeit, Sachverstand, Interesse, Verantwortlichkeit haben oder einfach meinen, dieser Wurm wird dem Fisch schon schmecken. Sie können das Angebot ignorieren und selbst etwas aus dem Anlass machen, sie können die Inszenierung der Politik aber auch demontieren, kritisch auf ihren wirklichen Kern befragen und bei all dem doch ihren eigenen Regeln der Auswahl und der Inszenierung treu bleiben. Die Fälle zwei und drei erfordern Kompetenz und Zeit, der Fall drei birgt das Risiko der Ungnade bei jenen Politikern, die man als Informationsquelle schon morgen wieder braucht. Die Medienregeln und das Darstellungsinteresse der Politik bilden strategische Koalitionen, sozusagen widerspruchsvolle Inszenierungs-Partnerschaften. Die letzte Inszenierungshoheit allerdings liegt stets im Mediensystem.

Image-Politik: Image ist das Schein-Ereignis auf dem Gebiet der Ethik, Scheinhandeln als Personifikation. Durch wohlkalkulierte Scheinhandlungen wird eine natürliche Person zur *Personifikation* von Eigenschaften, die aus Mythologie oder Ethik ihres Gemeinwesens besondern Glanz beziehen (vgl. dazu nochmals Boorstin 1963).

Symbolische Scheinpolitik: Der klassische Fall symbolischer Scheinpolitik lag vor, als sich Präsident Reagan vor den versammelten TV-Kameras auf der Schulbank eines Klassenzimmers mit Lehrern und Schülern ins Gespräch vertiefte und den *Augen des Publikums* leidenschaftliches Interesse am Bildungswesen zeigte, während er dessen Etat gerade empfindlich gekürzt hatte. Solche Auftritte können, müssen aber nicht Placebo-Politik zu Verstellungszwecken sein. Sie gehört zum Handwerkszeug des Medien-Machiavellisten (vgl. Morris 1999).

Die Selbstmediatisierung der Politik löst Politik nun keineswegs ins nur noch Mediale auf, wie radikale Kritiker behaupteten (vgl. etwa Plasser 1985). Aber es verändert Politik in den Tiefenstrukturen ihrer Prozesse und in deren Akteurskonstellationen. Schon bei der Auswahl der Themen, der Gewichtung der Positionen und der Durchsetzungschance konkurrierender Akteure spielt die Antizipation ihrer medialen Vermittelbarkeit eine einflussreiche Rolle (vgl. Meyer 2000).

Man könnte nun, in dem durchaus auch in Teilen der Medienwissenschaft verbreiteten *don't worry be happy*-Stil sagen, na ja, das ist eben Politik in der Mediengesellschaft, kein Grund zur Panik – wenn da nicht ein wirklich ernsthaftes Problem bliebe. Wie soll der Normalbürger, der Politik nur vom Medium kennt, meist nur von dem einen mit den schönen Bildern, noch wissen, was bloße Schau ist, hoch professionell verschlüsselt und was gut dargestellte Realität? Eigene Erfahrungen zur Gegenprüfung in Anspruch nehmen, kann der Normalbürger oft erst dann, wenn seine in Wahrheit ungelösten Probleme von Arbeitslosigkeit und Gewalt zu Umweltschädigungen und Unsicherheit jenseits der medialen Glanzbilder in seine *eigene Lebenswelt* wieder einbrechen. Nur weiß er dann, aus dem, was er von der mediatisierten Politik gelernt hat, auch noch nicht, was Ross ist und was Reiter. Einen Einblick in das, was politisch möglich ist und was nicht, welches die wirklichen Optionen sind und was die Rolle der Akteure beim Ringen um sie sind, gerät kaum in den Blick. Autonomie durch wohlinformierte Entscheidungen wird gerade für die wenig Informierten durch Politainment behindert.

Unter dem Druck der knappen Zeit auf Seiten der Medien und der eingeengten Handlungskorridore auf Seiten der Politik wird die gefällige Inszenierung des Scheins zum Patentrezept. Aber auch da, wo häufig gut Gemachtes nun auch noch gut inszeniert wird, bleibt ein Problem (vgl. Schicha 1999; 1998). Denn die öffentliche Darstellung von Politik und ihr realer Vollzug werden durch ‚Politainment' prinzipiell entkoppelt. Für den Bürger ist ja unmittelbar kaum noch nachzuvollziehen, welche der Darstellungen von Politik leere Inszenierung und welche geschickte Präsentationen tatsächlichen Vollzugs sind: Eine Neuauflage der *höfischen Öffentlichkeit*, in der ja Politik auch dann, wenn sie den Interessen der Leute entsprach, sich doch nur wieder als das immergleiche Spektakel auf der Staatsbühne darbot (vgl. Groebel u.a.

1995). Der Zusammenhang zwischen dem Spektakel und dem, was wirklich geschieht, wird unberechenbar.

4. Media-Fitness als Erfolgsbedingung

Media-Fitness im Sinne der Beherrschung der strategischen Kommunikationstechniken der medialen Selbst-Inszenierung auf den Medien-Bühnen wird in der Mediendemokratie zur Karrierevoraussetzung desjenigen Teils der politischen Klasse, der im öffentlichen Wettbewerb um Mandate und Ämter steht. Zur Programm- und Netzwerkkompetenz tritt die medienorientierte Performanz-Kompetenz hinzu. Je höher in der Rangordnung die angestrebten Ämter und Mandate, desto größer wird ihr Gewicht. In der Bundesrepublik Deutschland ist dieser Zusammenhang einigen Spitzenpolitikern, die sich in der Mediendemokratie der USA auskannten und sich an deren Maßstäben orientierten, schon früh bewusst geworden. Die Selbstpräsentation und die Wahlkämpfe des Kanzlerkandidaten Willy Brandt in den 1960er Jahren zeigen deutliche Spuren dieses Selbstbewusstseins und der Beherrschung der zugehörigen Kommunikationstechniken. Die 1990er Jahre brachten dann in dieser Hinsicht einen erheblichen weiteren Amerikanisierungsschub.

Mittlerweile ist das Inszenierungshandwerk allgegenwärtig und alltäglich geworden. Zum Repertoire gehört nun sogar der Austausch gegeneinander gerichteter Inszenierungsvorwürfe der Spitzenkandidaten der Parteien und ihrer Kommunikationsberater. Die öffentliche Präsentation der angeheuerten ‚spin-doctors' ist nun auch in der Bundesrepublik üblich geworden: sie soll auf die gegnerische Mannschaft wie das Vorzeigen der Folterwerkzeuge und auf die professionellen Medienbeobachter als eine Art Reifezeugnis der Inszenierungskunst wirken. Die Repräsentanten aller großen Parteien beherrschen das Inszenierungshandwerk professionell und inszenieren darüber hinaus eigene Inszenierungsschwächen als Merkmale überlegener Sachlichkeit oder Verantwortlichkeit. Die ‚spin-doctors' entwerfen Strategie und Image-Performance ihrer Auftraggeber und interpretieren sie anschließend im Sinne des Erfinders wieder medienwirksam. Die natürliche Person des Kandidaten löst sich im Gespinst der Inszenierungsnetze allmählich in die mediale Form einer Image-Kunstfigur auf, die genau das bildhaft vermitteln soll, was die Umfragen als erfolgträchtig ermittelt haben.

Woher aber gewinnen die Kandidaten diese frappanten Fähigkeiten? Die Antwort auf diese Frage steht weitgehend aus, empirische Forschungen sind und bleiben schwierig in diesem gut gehüteten Arkanbereich. Aus dem, was sich bei näherem Hinsehen und Vergleichen ergibt, lassen sich teilweise empirisch belegbare Schlüsse ziehen.

Am erfolgreichsten in dieser Hinsicht sind offenbar diejenigen, die ihre Inszenierungsfähigkeit im Laufe ihrer politischen Karriere spontan ausgebildet haben, nämlich in der Erkenntnis der jeweiligen Situationserfordernisse und der Fähigkeit, scheinbar ungezwungen auf diese einzugehen. Ein solches ‚natürliches' Training liegt im politischen Leben von Mandatsbewerbern und Mandatsträgern stets nahe. Müssen sie doch, häufig in raschem und unvermitteltem Wechsel, beispielsweise Zuneigung und Empathie für das Leben alter Menschen bei ihrem Besuch im Altenheim, Fähigkeit zu unbefangenem Spiel mit Kindern beim Besuch im Kindergarten, staatsmännische Verantwortung beim Auftritt im Parlament, empörtes Reagieren auf die Zumutungen des politischen Gegners in der öffentlichen Auseinandersetzung, tiefe familiäre Bindung für den Blick der Öffentlichkeit ins eigene Privatleben und vieles andere mehr jeweils ‚aus dem Stand heraus' verkörpern können, ohne dabei Inszenierungsanstrengungen erkennen zu lassen. Dieses Training ‚on the job' gehört von vornherein zum Berufsfeld politischer Karrieren. Jeder, der sich auf sie einlässt, weiß das oder erfährt es in kurzer Frist. Für den Schliff von letzter Hand, für die sich wandelnden Anforderungen der elektronischen Massenmedien oder als Erleichterung für den Einstieg der Anfänger hat sich indessen in der Bundesrepublik mittlerweile ein weitgespanntes Netz von Inszenierungstrainern etabliert, die sich zunehmend auf alle speziellen Bedürfnisse und Aufgaben eingestellt haben. Von der Rhetorik-Schulung, über das Auftreten vor der Kamera, das Beherrschen der Interview-Situation und Event-Planung enthalten die entsprechenden Lehrpläne und praktischen Trainingsprogramme alles, was gebraucht wird.

Für diejenigen unter den Spitzenpolitikern, die für Kampagnen zuständig sind und häufig im Lichte der Öffentlichkeit agieren, sind freilich Spindoktors und Medienberater unumgänglich, die nicht nur die eigene unmittelbare körperliche Performance, sondern ganze Kommunikationsstrategien einschließlich von Events, Situationen und Konstellationen entwerfen, welche die einzelnen Politiker dann durch- und nachspielen können. Ein mustergültiger ‚Guru' in dieser Hinsicht ist der in Wien für die Spitzen der politischen Klasse tätige Inszenierungs-Coach Alec Taylor, der für sein gut ausgebuchtes Trainingsinstitut mit dem Slogan „Inszenieren sie sich richtig" wirbt.

Wenn ein führender Politikmanager diagnostiziert, dass an die der Parteiendemokratie gemäße Einheit von Programm und Person in der Mediendemokratie nunmehr die Einheit von Person, Programm und Performance getreten sei, so beschreibt er damit eine eingespielte Praxis. Allerdings bedarf die Diagnose der Ergänzung, dass im Zweifelsfalle eher auf das Programm als auf die Performance verzichtet wird.

Für die Einstiegskandidaten sowie die untere und mittlere Ebene der Mandatsbewerber hat sich stillschweigend eine mittlerweile weitverzweigte subkutane Inszenierungsindustrie etabliert, die auf kommerzieller oder parteiabhängiger Basis Inszenierungstraining für jeden Bedarf anbietet: Interviews, Events, Training der Körpersprachen, Rhetorik, Gestik, Mimik – alles eben, was zu einer halbwegs brauchbaren politischen Schauspielerei gehört.

Kein Zweifel, Inszenierungen können auch Inhalte transportieren und zwar breiter als jede bierernste Darlegung. Das ist ihr demokratisches Potential. Für die Demokratie wirft die Ambivalenz der Inszenierungspolitik zwischen gefälliger Einladung zum Inhaltlichen und dem bloßen Placebo gegen alles Inhaltliche in dem Maße ein ernstes Problem auf, wie die Unterschiede zwischen beiden öffentlich verschwimmen und die Darstellungsregeln allmählich den ganzen politischen Prozess beherrschen. Naiver oder puristischer Bildersturm oder spektakulär verlangte Inszenierungsverbote können gewiss keine Alternative sein.

Damit die politische Öffentlichkeit und das Ansehen von Politik und Politikern jedoch in längerer Frist nicht die Grundlagen der Demokratie selbst untergraben, bedarf es der Entwicklung einer den Bedingungen der Mediendemokratie entsprechenden demokratischen Kommunikationskultur. Zwischen dem Einsatz der medialen Inszenierungsstrategien und den von ihnen jeweils prätendierten Inhalten müssen im Großen und Ganzen Verhältnisse der Angemessenheit herrschen. Das bedarf der gemeinsamen Arbeit der Gesellschaft an einer besseren Kultur der Massenmedien. Sie müsste bei der Medienkunde in allen Teilen des Bildungssystems beginnen, die Medien auch in der Inszenierungsdemokratie zum halbwegs verlässlichen Wegweiser des Publikums zwischen angemessener und ablenkender Politikinszenierung machen und eben dadurch am Ende auch der Politik zeigen, was sich in dieser Hinsicht lohnt und was nicht. Die medialen Inszenierungsstrukturen sind nur eine Gelegenheitsstruktur. Es liegt an der Kommunikationskultur unserer Gesellschaft im Ganzen, was die einzelnen Akteure in ihrer Kommunikationspraxis daraus machen.

Für die Repräsentanten der politischen Klasse bedeutet dies eine neue Dimension demokratischer Verantwortung. Mag zu ihren persönlichen Karrierebedingungen häufig zwar lediglich der Erwerb strategischer personaler Inszenierungskompetenz gehören, so gehört zu den Bedingungen nachhaltiger Demokratie die Einhaltung von Angemessenheitsregeln. Die Lücke zwischen beiden kann nur durch eine mediale Kommunikationsethik geschlossen werden, die die Bedingungen der Angemessenheit für die Handelnden verbindlich macht. Das Publikum könnte sie als seinen Maßstab für gelingende Politikerkarrieren zur Geltung bringen. Das könnte vielleicht doch der Inhaltlichkeit und den langsameren Prozessen der Politik auch in der medialen Inszenierungswelt noch eine Chance lassen. Eine Art reflexiver Mediatisierung als Kommunikationskultur, für die auch die Repräsentanten der politischen Klasse in Haft genommen werden?

Literatur

Boorstin, D., 1963: The Image or what Happened to the American Dream. Harmondsworth/Middlesex: Penguin Books.
Dahlgren, P., 1995: Television and the Public Sphere. Citizenship, Democracy and the Media. London: Sage.
Dahlgren, P./Sparks, C., 1992 (ed.): Journalism and Popular Culture. London: Sage.
Dörner, A., 2001: Politainment. Frankfurt a.M.: Suhrkamp.
Edelman, M., 1976: The Symbolic Uses of Politics. Urbana: Illinois Press.

Edelman, M., 1988: Constructing The Political Spectacle. Chicago/London: University of Chicago Press.
Glotz, P., 1999: Die beschleunigte Gesellschaft. Kulturkämpfe im digitalen Kapitalismus. München: Kindler.
Groebel, J./u.a., 1995: Bericht zur Lage des Fernsehens für den Präsidenten der Bundesrepublik Deutschland. Gütersloh: Bertelsmann-Stiftung,
Kepplinger, H.M., 1996: Inszenierte Wirklichkeiten. Medien und Erziehung 1:12-23.
Kertzer, D.I., 1988: Ritual, Politics & Power. New Haven/London: Yale University Press.
Luhmann, N., 1996: Die Realität der Massenmedien. Opladen: Westdeutscher.
Meyer, T., 1992: Die Inszenierung des Scheins. Voraussetzungen und Folgen symbolischer Politik. Essay-Montage. Frankfurt a.M.: Suhrkamp.
Meyer, T., 2000: Was ist Politik. Opladen: Leske + Budrich.
Meyer, T, 2001: Mediokratie. Die Kolonisierung der Politik durch die Medien. Frankfurt a.M.: Suhrkamp.
Meyer, T./Hinchman, L., 2002: Media Democracy. Cambridge: Polity Press.
Meyer, T./Kampmann, M., 1998: Politik als Theater. Die neue Macht der Darstellungskunst. Berlin: Aufbau.
Meyer, T./ Ontrup, R., 1998: Das ‚Theater des Politischen'. Politik und Politikvermittlung im Fernsehzeitalter. S. 524-541 in: Willems, M./Jurga, M. (Hrsg.), Inszenierungsgesellschaft. Opladen/Wiesbaden: Westdeutscher.
Meyer, T./Ontrup, R./Schicha, C., 2000: Die Inszenierung des Politischen. Zur Theatralität medialer Diskurse. Wiesbaden: Westdeutscher.
Morley, D., 1992: Television, Audiences and Cultural Studies. London: Routledge.
Morris, D., 1999: The New Prince. Machiavelli Updated for the Twenty-first Century. Los Angeles: Renaissance Books.
Müller, A., 1999: Von der Parteiendemokratie zur Mediendemokratie. Beobachtungen zum Bundestagswahlkampf 1998 im Spiegel früherer Erfahrungen, (Schriftenreihe Medienforschung der LfR, Bd. 30).
Plasser, F., 1985: Elektronische Politik und politische Technostruktur reifer Industriegesellschaften – Ein Orientierungsversuch. S. 9-31 in: Plasser, F./Ulram, P.A./Welan, M. (Hrsg.), Demokratierituale. Zur politischen Kultur der Informationsgesellschaft. Wien u.a.: Böhlau.
Sarcinelli, U., 1987a: Symbolische Politik. Zur Bedeutung symbolischen Handelns in der Wahlkampfkommunikation der Bundesrepublik Deutschland. Opladen: Westdeutscher.
Sarcinelli, U., 1987b (Hrsg.): Politikvermittlung. Beiträge zur politischen Kommunikationskultur. Bonn: Bundeszentrale für politische Bildung.
Sarcinelli, U., 1989: Mediatisierung und Wertewandel. Politik zwischen Entscheidungsprozeß und politischer Regiekunst. S. 165-174 in: Böckelmann, F.E. (Hrsg.), Medienmacht und Politik. Berlin: Spiess.
Sarcinelli, U., 1994: Mediale Politikdarstellung und politisches Handeln. Analytische Anmerkungen zu einer notwendigerweise spannungsreichen Beziehung. S. 35-50 in: Jarren, O. (Hrsg.), Politische Kommunikation in Hörfunk und Fernsehen. Elektronische Medien in der Bundesrepublik Deutschland. Opladen: Leske + Budrich.
Schicha, C., 1998: Theatralitätselemente im Kontext medialer Politikvermittlung. S. 141-153 in: Göttlich, U./Nieland, J.-U./Schatz, H. (Hrsg.), Kommunikation im Wandel. Köln: Halem.
Schicha, C., 1999: „Infotainment". Zur politischen Berichterstattung zwischen Information und Unterhaltung. Zeitschrift für Kommunikationsökologie 1: 25-30.
Schulz, W., 1976: Die Konstruktion von Realität in den Nachrichtenmedien. Analyse der aktuellen Berichterstattung. Freiburg/München: Alber.

Jo Reichertz
Erfolgreich Sozialwissenschaft betreiben
Überlegungen zur Karrierepolitik einer kritischen Berufsgruppe

Der Titel des Beitrages mag den einen oder anderen Leser verwundern, denn (so könnte man einwenden) die beste Politik, die Karriere als Wissenschaftler erfolgreich voranzutreiben, bestehe gerade in der Wissenschaft doch darin, allein das zu tun, für das man bezahlt wird: nämlich Sozial*wissenschaft* zu betreiben: Also viel zu lesen und zu lernen, ernsthaft und neugierig die Welt zu betrachten und sorgfältig und methodisch angeleitet die erhobenen Daten zu analysieren und später besonnen die Forschungsergebnisse am besten schnörkellos zu publizieren. Das Urteil über die Qualität der wissenschaftlichen Arbeit würde dann ganz leidenschaftslos die eigene Berufsgruppe fällen, allein dem rationalen Diskurs und dem besseren Argument verpflichtet. Denn wenn es auf Erden eine Realisation des herrschaftsfreien Diskurses gäbe, dann doch auf jeden Fall bei den Wissenschaftlern.

Und die eigene Berufsgruppe würde später (oder doch zumindest irgendwann einmal) einen Wissenschaftler nur eingedenk seiner Leistungen und ohne Ansehen von wissenschaftlicher Herkunft, Persönlichkeit und Ideosynkrasien und nicht im Hinblick auf eigene Vorlieben oder Machtpolitiken durch ehrenvolle Einladungen, Ehrungen oder Berufungen belohnen. Kurz: bei manchen oder soll ich sagen: bei vielen lebt der Glaube, der Beruf des Wissenschaftlers sei ein Beruf *ohne* Karrierepolitiken. Ein Glaube, der erst einmal nicht verwundert, wird er doch auch von *anderen* Berufsgruppen geteilt, wenn diese *öffentlich* (und nüchtern) über ihre eigene Gruppe sprechen. Karrierepolitiken scheint es stets nur bei den anderen Berufsgruppen zu geben. Wahrscheinlich ist dieser Glaube innerhalb der eigenen Profession gar nicht einmal so dumm, würde doch ein prinzipieller Zweifel an der alleinigen Sachhaltigkeit des beruflichen Aufstiegs das Ansehen der Berufsgruppe (intern und extern) massiv untergraben.

Wohl deshalb lebt dieser Glaube trotz vieler gegenteiliger Evidenzen weiter, oder anders gewendet: wohl deshalb verhindert ein professionseigenes Thematisierungs- und Aussprechverbot die systematische Nutzung (für die Angehörigen) und auch Untersuchung (für Forscher) der Karrierepolitiken der eigenen Berufsgruppe[1]. Dennoch will ich im weiteren (wohl wissend,

---

1   Dass sich die Soziologie (wie andere Wissenschaften) immer wieder heftig gegen eine Einsichtnahme ins eigene Geschäft gewehrt hat, ist weitgehend bekannt (z.B. Kohli 1981) und

dass man nicht gleichzeitig einen Bus schieben und in ihm sitzen kann[2]) genau zu diesem Problem einige unsystematische Überlegungen anstellen, die sich ganz vorsichtig um folgenden Fragenkomplex zentrieren: Gibt es auch in der Wissenschaft (Ethno-)Praktiken und Politiken, die für Sozialwissenschaftler/ innen in seinem/ihrem Berufsfeld von Nutzen sind, will er erfolgreich sein – also an unkündbare Stellen, Fördergelder, Ansehen, Medienresonanz, Mitarbeiter, Doktoranden, Jünger und Nachfolger gelangen.

1. Wissenschaft – ein Ökosystem?

Festreden gehören wie Festschriften und Festbände zum festen Inventar wissenschaftlicher Ehrenbezeugungen gegenüber denjenigen älteren bzw. alten Kollegen, denen es gelungen ist, irgendeine Art von ‚Karriere' zu vollbringen und die wegen ihres Alters kaum mehr als ernste Konkurrenten, sondern eher als Förderer der Karrieren anderer in Betracht kommen. In einer solchen Festrede widersprach im Jahr 1986 Hubert Markl, seines Zeichens hoch dekorierter und international angesehener Evolutionsbiologe und jahrelang erst Vize- dann endlich auch Präsident der DFG[3], in seiner Lobrede zum 60. Geburtstag seines Kollegen Horst Sund, dem damaligen Rektor der Universität Konstanz, der Feststellung und auch der Forderung Max Webers, ‚Wissenschaft sei ein Beruf' (vgl. Weber 1973).

---

wird (von den Soziologen) akzeptiert. Wie heikel das Thema ist, ließ sich auch an der aufgeregten Debatte ablesen, die einem wissenschaftssoziologischen Artikel von Gerhards (2002) in der Zeitschrift ‚Soziologie' (vgl. H.3/2002) und beispielhaft Burkart (2002) folgte. Was denen passiert, die ‚Gruppengeheimnisse ausplaudern', hat bereits Bourdieu (1988: 36) in seiner Betrachtung des akademischen (französischen) Menschen in ein schönes Bild gefasst: „Der Zauberlehrling, der das Risiko auf sich nimmt und sich für die Zauberei des eigenen Stammes und dessen Fetische interessiert, statt in fernen Tropen den beruhigenden Reizen einer exotischen Magie nachzuziehen, muß darauf gefaßt sein, daß die Gewalt, die er entfesselt, sich gegen in selbst kehrt".

2   Hier beziehe ich mich auf einen schon klassischen Topos von Berger und Luckmann (1970: 14): „Wenn man erkenntnistheoretische Erwägungen über den Wert soziologischer Erkenntnisse in die Wissenssoziologie mit einbezieht, so ist das, als wenn man einen Bus schieben will, in dem man fährt". Mit dieser Formulierung gaben die Gründerväter der neueren, sozialkonstruktivistischen Wissenssoziologie von Beginn an den Nachdenkern den nicht unklugen Rat mit auf den Weg, erst einmal zwischen Erkenntnistheorie und Wissenssoziologie zu unterscheiden und zweitens beides nicht gleichzeitig zu betreiben.

3   Hubert Markl: 1957-1962 Studium der Biologie, Chemie und Geographie an der Universität München. Bis zur Habilitation, 1967 unterschiedliche Stationen an der Universität Frankfurt, der Harvard University und der Rockefeller University.1968-1974 ordentlicher Professor und Direktor des Zoologischen Instituts an der TH Darmstadt. Seit 1974 Professor an der Universität Konstanz (seit 1996 beurlaubt). 1986-1991 Präsident der Deutschen Forschungsgemeinschaft und Vizepräsident der Alexander-von-Humboldt-Stiftung. 1993-1994 Präsident der Gesellschaft Deutscher Naturforscher und Ärzte. 1993-1995 Präsident der Berlin-Brandenburgischen Akademie der Wissenschaften. Seit Juni 1996 Präsident der Max-Planck-Gesellschaft. Arbeitsgebiete: Sinnesphysiologie und Sozialverhalten der Tiere. Zur neueren Behandlung des Themas ‚Akademischer Nachwuchs' siehe Markl 2002.

Erfolgreich Sozialwissenschaft betreiben 357

Er, also Hubert Markl, wollte Wissenschaft statt dessen lieber als ‚Lebensform' begreifen, die zugleich ein eigenes Ökosystem bildet. Für Markl (1987: 14) bedeutet dies, dass die Universität der Lebensraum der Wissenschaft ist, „den sie mit ihren zahlreichen, oft skurrilen, aber immer staunenswerten diversen Lebensformen besiedelt. Ein solches Gefüge von miteinander in mannigfacher Beziehung vernetzten, kooperierenden, konkurrierenden Lebensformen, die eine Umwelt erfüllen, ausbeuten, gestalten und verändern, und die die Fähigkeit besitzt, sich gegen Strömungen von innen oder außen selbständig stabil und lebenstüchtig zu erhalten und sich sogar in evolutionärer Kontinuität fortzuentwickeln, ein solches System nennt der Biologe ein Ökosystem".

Im Weiteren möchte ich, wenn auch mit vielen Vorbehalten und sehr großer Vorsicht, Hubert Markl widersprechen – und das gleich in zwei Punkten. Aber bevor ich diese Punkte nenne und erläutere, sollte ich die Gründe für meine nicht unbeträchtlichen Vorbehalte und meine nicht kleine Vorsicht darlegen. Beide – Vorbehalt wie Vorsicht – ‚speisen' sich aus Nicht-Wissen bzw. aus Zu-wenig-Wissen. Denn zum einen weiß ich nicht genau, wie ernst es dem Festredner Markl mit seiner Behauptung war, Wissenschaft sei ein autopoietisches System. Will er den anwesenden Kollegen lediglich eine neuerdings leicht anschlussfähige Metapher anbieten, oder behauptet er eine Strukturhomologie zwischen Wissenschaft und autopoietischen Systemen in wesentlichen Punkten? Auch weiß ich nicht, wie eng der Kollege Markl den Begriff ‚autopoietisches System' fasst. Glaubt er, wie Maturana (1970), diesen Begriff nur im Zusammenhang mit biologischen Systemen benutzen zu dürfen, oder teilt er die Hoffnung Luhmanns (1995), dass eine Ausweitung dieses Begriffes auf soziale Systeme in irgendeiner Hinsicht gewinnträchtig sei? Auch ist mir nicht klar, ob für Markl solche autopoietischen Systeme in der Tat nur energetisch offen, ansonsten aber informationell geschlossen sind, und mir ist unbekannt, ob auch Markl den Begriff der ‚strukturellen Kopplung' nutzt, um hinter dem Rücken von Beobachtern und Systemen doch noch den Informationsaustausch zwischen System und Umwelt einzuführen. Weil mir all dies nicht bekannt ist, widerspreche ich im Weiteren auch nicht dem Kollegen Markl, sondern nur meiner Konstruktion seiner Position. Ich opponiere im Wesentlichen einer von mir gezeichneten idealtypischen Überzeichnung, der ich lediglich den Namen des Kollegen Markl zuordne. Falls ich ihm damit grobes Unrecht antue, so möge er mir das nachsehen.

Der zweite Grund, meine weiteren Überlegungen mit reichlich Vorbehalten und Vorsicht vorzutragen, ist darin zu sehen, dass ich über das wissenschaftliche Feld nicht besonders viel und vor allem nicht besonders viel Systematisches weiß. Zwar gehöre ich seit einiger Zeit diesem Feld an, habe auch an unterschiedlichen Baustellen in unterschiedlichen Positionen mit unterschiedlichem Gerät gearbeitet, dennoch kann kein Argument verdecken, dass meine Kenntnis dieses Feldes sich im wesentlichen aus der beobachtenden Teilnahme eines kleinen Ausschnitts eben dieses Feldes speist, also dass mein Gesichtskreis recht eingeschränkt ist. So ist mir einiges über das Spiel der deutschen Soziologen der Nachkriegszeit bekannt und hier vor allem über das Spiel derer, die sich selbst mit dem ‚verstehenden Paradigma' in Verbindung brachten. Dann bin ich mit manchem aus den Politiken der Kommunikationswissenschaftler vertraut. Auch mit den Praktiken von Erziehungswissenschaftlern, Politologen und Psychologen habe ich Erfahrungen sammeln können. Dagegen ist mir der Berufsalltag von Mathematikern, Juristen, Physikern, Informatikern, Japanologen und Medizinern (um nur einige Gruppen zu nennen) fast völlig unbekannt.

Einiges weiß ich, weil ich es entweder an mir erfahren oder an anderen ausgeübt habe, anderes habe ich beobachtet, weiteres gehört und wieder anderes den Wissenschaftslegenden entnommen, die vor allem beim abendlichen, gemütlichen Teil von Tagungen teils voller Sehnsucht teils voller Abscheu erzählt werden. Nun kann man sich fragen, weshalb ich denn trotz dieses sehr begrenztes Gesichtskreises und trotz der enormen Menge an Nicht-Wissen, dennoch einem langjährigen Präsidenten der DFG widersprechen möchte. Zum einen – so meine Antwort – weil seine Beschreibung des Wissenschaftssystems selbst mit großer Mühe nicht mit meinen Erfahrungen mit eben diesem System zur Deckung zu bringen ist, und weil zum zweiten Kritik und Zweifel das Geschäft belebt – und das ist ganz im Sinne auch des Kollegen Markl.

2. Wissenschaft als Beruf

Vielleicht kann man als Evolutionsbiologe und Präsident der DFG nur sehen, dass die Wissenschaft ein autopoietisches System ist, allein angewiesen auf pekuniäre Energiezufuhr durch Staat und öffentliche Institutionen, doch mir als Soziologen erscheint diese Zeichnung so gleich in *zweifacher* Hinsicht nicht zu stimmen: Zum einen bin ich ganz entschieden der Meinung, dass ‚Wissenschaft-Betreiben' ohne Zweifel ein *Beruf* – wenn auch ein *besonderer* Beruf – ist und dass (man verzeihe mir diese etwas gewagte Steigerung) die berufsmäßigen Teile dieses Berufes sich in naher Zukunft noch erheblich steigern und somit noch sehr viel mehr Karrierepolitik notwendig machen werden. Zum zweiten bin ich ebenfalls ganz entschieden der Meinung, dass zumindest das mir bekannte Feld der Wissenschaft kein geschlossenes autopoietisches System ist, welches mit dem Ziel, möglichst viel begründungsfähige Wahrheiten zu produzieren, Tausende von unterschiedlichen Blumen blühen lässt – also Orchideen neben Nelken, Löwenzahn neben Männertreu und Rosen neben Schneeglöckchen. Ich glaube dagegen Gründe für die Meinung zu haben, dass dieses Bild zwar durchaus eine nützliche und auch zu bewahrende regulative Idee zum Ausdruck bringt, dass aber dieser regulativen Idee im Berufsalltag der Wissenschaftler keineswegs so viel Bedeutung zukommt, wie man innerhalb der Wissenschaft das gerne sehen würde, son-

Erfolgreich Sozialwissenschaft betreiben 359

dern dass statt dessen auch andere, durchaus profanere regulative Ideen hoch gehandelt werden, welche zunehmend immer mehr und immer intelligentere Karrierepolitiken notwendig machen. Diese beiden Behauptungen sollen im Weiteren etwas plausibilisiert werden.

Wissenschaft zu betreiben ist ohne Zweifel ein Beruf – sofern man bereit ist, dann etwas ‚Beruf‘ zu nennen, wenn es einen Grundbestand von typischen Tätigkeiten gibt, wenn die Ausübung dieser Tätigkeiten an offizielle Ausbildungswege mit vorgeschriebenen Zertifikaten gebunden ist, wenn für dieses Tun teils festgeschriebene Gruppenstandards existieren, wenn Berufsverbände und auch Berufsausschlussverfahren existieren, wenn die Ausübung dieses Berufs mit einer Entlohnung vergolten wird und wenn die eigene Wertschätzung wie die soziale Anerkennung zu großen Teilen aus der Art dieses Tuns resultieren. Nimmt man diese Umgrenzung zur Grundlage, dann wird Wissenschaft in Deutschland fast ausschließlich im Rahmen von ‚Beruf‘ betrieben: entweder im Angestellten- oder Beamtenverhältnis. Zwar gibt es auch noch einige Privatgelehrte und eine Reihe von arbeitslosen Privatdozenten, die das tun, was Wissenschaftler tun, doch sie bilden die Ausnahme, die hier nicht behandelt werden soll. Auch die vielen Novizen, die in der Hoffnung auf zukünftige Anstellung vieles *schon* tun, und die zahlreichen Emeriti, die immer *noch* tun, was ansonsten bestallte Wissenschaftler tun, sollen hier nicht näher behandelt werden. Sie alle gehören zwar zum großen, gemeinsamen Spiel, aber sie spielen Sonderrollen, die ich hier nicht erörtern will.

‚Wissenschaft betreiben‘ setzt sich im wesentlichen aus den Tätigkeitsbereichen ‚Lehren‘, ‚Forschen‘, ‚Prüfen‘, ‚Publizieren‘ und ‚Verwalten‘ zusammen. Je nach Trägerinstitution und Position steht mal das Lehren oder mal das Forschen oder auch mal das Verwalten im Vordergrund. Aber prinzipiell gilt, dass jeder Wissenschaftler im Laufe seiner beruflichen Tätigkeit seinen persönlichen Tätigkeitsmix zu finden hat, mit dem er (und seine Umwelt) leben kann. Dafür gibt es keine fertigen Rezepte, sondern jeder ist gehalten, vor dem Hintergrund von Aufstiegsambitionen, Verdiensterwartungen, erhoffter Lebensqualität und Familienplanung seine individuelle Entscheidung zu treffen: mithin war der Beruf des Wissenschaftlers schon immer ein Beruf, bei dem Karrierepolitik eine besondere Rolle spielte.

Noch einmal: Wissenschaftler sein heißt, ‚einen Beruf ausüben‘. Gewiss gehört der Beruf des Wissenschaftlers zu den professionalisierten und ein wenig (im Hinblick auf die Ausbildung) zu den ‚feudalen‘ Berufen und ist somit etwas Besonderes, dennoch gilt: jeder, der über ein gewisses Maß an Intelligenz, eine große Menge Sitzfleisch und viel Arbeitsbereitschaft verfügt, zudem den richtigen Stallgeruch besitzt, gepaart mit Ehrgeiz und Ehrerbietung, der hat durchaus Chancen, zu diesem immer noch ehrenvollen Beruf berufen zu werden. All dies ist weder neu noch originell, weil schon oft gesagt und beschrieben. Aus der Fülle der Publikationen will ich hier nur kurz, und stellvertretend für andere, einige Arbeiten nennen, die speziell aus wissenssoziologischer, wissenschaftssoziologischer und wissenschafts-ethnographischer Sicht das berufliche Feld von Wissenschaftlern ausgeleuchtet haben. Zweifellos haben in Deutschland die Arbeiten von Peter Weingart (1974; 1976) geholfen, das Feld der Wissenschaft besser abzustecken, auch die Arbeiten von und in der Tradition von Karin Knorr-Cetina (1984) waren hierfür wegweisend, nicht zu vergessen diverse Sammelbände zur Ortsbestimmung einer ‚Entzauberten Wissenschaft' (Bonß/Hartmann 1985; Beck/Kieserling 2000).

An neueren Arbeiten fällt mir die umfangreiche Wuppertaler Diplomarbeit von Arne Niederbacher (1997) ein, der sich auf das Wagnis einließ, Anspruch und Realität von Feldforschern miteinander zu vergleichen, auch die lesenswerte Studie von Martin Schmeiser (1994) zum Berufsschicksal der Professors in der Zeit von 1870-1920 mit dem treffenden Titel ‚Akademischer Hazard' und natürlich die kluge Arbeit von Steffani Engler (2001) zur Konstruktion der wissenschaftlichen Persönlichkeit auf dem Weg zur Professur und die ironisch bissigen Bemerkungen von Uwe Laucken (2002) zu den neuen Formen von Qualitätsstandards in der neueren Psychologie. Alle diese Arbeiten zeigen, dass Wissenschaft in vieler Hinsicht ein Beruf wie viele andere ist, der sich zwar auch mit dem Finden von ‚wahren Sätzen' beschäftigt, der sich aber zudem mit vielen anderen offiziellen wie inoffiziellen Zielen hauptamtlich auseinandersetzt, auch hierin anderen Berufen vergleichbar.

Aber diese Studien zeigen auch, dass die Wissenschaftler vor allem ein ganz ‚eigenes Völkchen mit zahlreichen Unterstämmen' (vgl. Campbell 1985) sind, und dass dort nicht unbedingt der ein König ist, der am meisten wahre Sätze produziert hat, dass dort neben Großmut und Weitblick, auch Neid und Missgunst gedeihen, dass es in der Wissenschaft auch Stars und tragische Gestalten gibt, international agierende (manchmal schon geadelte) Persönlichkeiten, aber auch die auf immer Verstummten. Und natürlich hört man immer wieder von denen, die gegen horrende Honorare von Tagung zu Tagung rund um den Globus jetten, und von denen, die in Volkshochschulen vor bildungsbeflissenen Studienrätinnen das Neueste über Goethes Liebesleben vortragen. Kurz: das Berufsfeld ‚Wissenschaft' ist trotz aller lauten Dementis ein soziales Feld, in dem die ‚Rangunterschiede' in Bezug auf Ansehen und Einkommen bei aller scheinbaren Gleichheit enorm sind. Kurz: man kann in der Wissenschaft durchaus Karriere machen und für den, der das tun will, bieten sich vielfältige Möglichkeiten.

Wissenschaft zu betreiben ist nur in wenigen und eher unwesentlichen Punkten vergleichbar mit dem Besteigen einer Rolltreppe, die einen wie von selbst von Prüfung zu Prüfung nach ganz oben bringt. Innerhalb der Wissenschaft kommt man wegen der vielen kurzen Dienstverträge an wechselnden Orten und Projekten gerade *nicht* automatisch nach oben, sondern das Gegenteil ist richtig: wer darauf verzichtet, in *angemessener* Weise Karrierepolitik zu betreiben, der bleibt (allenfalls) dort, wo er biographisch gerade hängen geblieben ist. Und da das berufliche Feld nach der Berufung auf eine Professur eine recht geringe formelle vertikale Gliederung vorsieht, haben sich die Feldangehörigen eine Fülle von Möglichkeiten geschaffen, informell sich selbst und die anderen zu positionieren: Auch das ein sehr gutes Klima für Karrierepolitik (vgl. illustrativ dazu auch Pfadenhauer 1996)!

Aber das Klima für einen verschärfteren Einsatz von Karrierepolitiken verbessert sich zur Zeit ganz enorm. Das hat sehr viel mit der Globalisierung auch der Wissenschaft zu tun, mit der Öffnung der Universitäten für den internationalen Markt, mit der Konkurrenz der Universitäten um die besten Studenten/innen, mit der Internationalisierung des Studiums und der schrittweisen Einführung des Creditsystems (ECTS) für Studienleistungen, mit der Neuen Haushaltsführung an den einzelnen Hochschulen, mit den zur paradoxen Kommunikation einladenden Zielvereinbarungen zwischen Hochschule und Hochschullehrer, mit den diversen Effektivitätsberechnungen von Forschung, Lehre, Prüfung und Verwaltung etc.

Alle diese Maßnahmen, die in the long run dazu führen (sollen), dass das aus der Privatwirtschaft bekannte Quality Management und die darauf aufsitzenden Zertifizierungen auch in den Hochschulen Platz greifen und das berufliche Tun der Beteiligten bestimmen, werden einen Kreativitätsschub im Hinblick auf neue Strategien auslösen, wie an der eigenen Karriere zu basteln ist bzw. wie die anderer ein wenig erschwert werden kann.

‚Wissenschaft zu betreiben' ist ein Beruf. Das war schon wiederholt gesagt worden. Aber er ist auch ein besonderer Beruf – und zwar in zweifacher Hinsicht – und diesen Besonderheiten werde ich mich im nächsten Schritt zuwenden: zum einen zählt man den Beruf des Wissenschaftlers zurecht zu den professionalisierten Berufen, zum zweiten enthält er (und das wird seltener zugegeben) noch einiges ‚Feudalistisches'.

3. Wissenschaft als Aufforderung zum Tanz

Der Beruf des Wissenschaftlers gehört (wie der Beruf des Priesters, Richters, Therapeuten und Kriminalisten) zu den *professionalisierten* Berufen, was im wesentlichen bedeutet, dass er in Ausübung seines Berufs stets darauf gefasst sein muss, allgemeine Regeln und Kenntnisse mit der aktuell sich vollziehenden Wirklichkeit abzugleichen und entweder den Einzelfall vor dem Hintergrund der Regel zu deuten oder gegebenenfalls die alte Regel aufgrund einer neuen Praxis umzuschreiben (vgl. Oevermann 1996; Reichertz 1993; Pfadenhauer 2003). Wissenschaftler, welche nicht nur ihr erworbenes Wissen und die erlernten Regeln anwenden, sondern auch den ‚Sinn für die Fallanalyse' erworben haben, bemerken im Laufe ihrer Arbeit, wann und wie lange die alten Regeln greifen und wann man die alten erst einmal aussetzt und nach neuen sucht. Sie haben – wenn man so will – ein inkorporiertes, stummes Wissen, das ihnen sagt, wann eine Regel anzuwenden, zu modifizieren oder zu missachten ist.

Dieses inkorporierte Wissen ist nicht von einer rekonstruierbaren Regel gesteuert, wenn auch nicht regellos. Es unterscheidet den Experten vom Anfänger, und da es auch nicht programmierbar ist, unterscheidet es auch den menschlichen Experten von einem nichtmenschlichen Expertensystem. Nun ist niemand als begnadeter Fallinterpret geboren worden, auch wenn jeder Mensch diese Fähigkeit ‚in nuce' qua Gattungszugehörigkeit unwiderruflich besitzt. Auch bei der Fähigkeit zum Ausdeuten von Handlungen finden sich Beginners und Erfahrene, Geübte und Ungeübte – also auch Lernen und Verbesserung. Aber die Kompetenz zur Fallanalyse ist nicht vergleichbar mit einem Eimer, der durch das Einleiten von Wasser allmählich gefüllt werden kann, sondern diese Kompetenz baut sich Schritt für Schritt, Stufe für Stufe auf – darin durchaus dem Erlernen des Skifahrens, des Tennisspielens, des Tanzens, dem Erlernen einer neuen Sprache und auch des Fliegens von Kampfjets vergleichbar. Auf jeder Stufe sieht die Fähigkeit anders aus, leistet sie Unterschiedliches.

Dreyfus & Dreyfus (1987) haben den m. E. gut begründeten Vorschlag gemacht, beim Erlernen von komplexen Fertigkeiten insgesamt fünf Stufen zu unterscheiden: So lernt der *Anfänger*, relevante Muster zu erkennen und kontextunabhängige Regeln anzuwenden, der *fortgeschrittene Anfänger* hat bereits eigene Erfahrungen erworben und vermag es, situationsspezifische von kontextfreien Regeln zu unterscheiden. Auf Stufe 3 ist der Kompetente in der Lage, erlernte oder eigene hierarchisch geordnete Entscheidungsprozeduren anzuwenden, während der *Gewandte* über ein intuitives Knowhow verfügt, wie er welche Regeln wann anzuwenden hat. „Das Können des Experten ist [dagegen] so sehr Teil seiner Person geworden, dass er sich dessen nicht bewußter sein muß als seines Körpers" (Dreyfus/Dreyfus 1987: 54). Nur Anfänger glauben, etwas genau zu wissen, oder unterstellen, dass ihre Ansicht auf gesicherten Behauptungen basiert. Experten wissen, dass es ganz anders ist oder anders: „Ahnungen und Intuition – oder gar systematische Illusionen- bilden den Kern des Entscheidungswissens eines Experten" (ebd.: 30). „Ein Experte folgt überhaupt keinen Regeln! (...) Er erkennt Tausende von Einzelfällen" (ebd.: 151). Und weil das so ist, eröffnet sich auch hier ein weites Feld für Karrierepolitiken.

Weiter oben hatte ich den Beruf des Wissenschaftlers auch ein wenig ‚feudalistisch' genannt. Ein wenig ‚feudalistisch' nenne ich den Beruf des Wissenschaftlers deshalb, weil er immer noch und vor allem (aber nicht allein) in der Ausbildung durch personale Verantwortung und Loyalität gekennzeichnet ist. So gibt es Mentoren auf der einen Seite und Novizen auf der anderen, die beide durch *unausgesprochene* Absprachen einander verpflichtet sind. Die Ersten geben freiwillig und nach Gutdünken ihr Wissen an die Zweiten weiter. Die Zweiten danken durch Unterstützung und Nachfolge, was die ersten wieder dazu bewegt, wohlwollend die Karriere ‚ihrer' Schüler zu begleiten. Auf diese Weise entsteht, ohne dass einer der Beteiligten das ernsthaft wollte oder planen konnte, ein komplexes Netz von weit gestreuten sozialen Verflechtungen, das oft sehr langlebig und auch sehr belastungsfähig ist.

Der Unterweisungsvorgang selbst ist dabei äußerst komplex und subtil. So weisen die Mentoren ‚ihre' Novizen nicht nur in ‚ihre' Kunst des Forschens, Lehrens und Prüfens ein, sondern sie zeigen durch ihr Vorbild auch, welche Fragen man mit welchen Verfahren am ‚besten' bearbeitet, welche Themen für Drittmittelförderung gerade in Frage kommen, welche Methoden nicht ‚wirklich wissenschaftlich' sind, wie man mit der eigenen Gruppe, aber auch mit Gegnern und den besonders unangenehmen Renegaten umgeht, wann man wen an welchem Ort lobend oder kritisch erwähnt, in welcher Institution man sich engagiert und wie man sich dort benimmt, wie man Drittmittel einwirbt und wie man innerhalb der eigenen Institution seine Ziele erreichen kann. Manchmal beinhaltet eine solche Einweisung durchaus auch Hinweise darauf, welche Sprach-, Kommunikations- oder Kleidungsstile zu bevorzugen sind.

Ein solches Ausbildungsverhältnis ist in gewisser Hinsicht durchaus mit einer Aufforderung zum *Gruppen-* (oder *Stammes-*) Tanz vergleichbar. Bis auf ganz wenige Ausnahmen geht es jedoch nicht um einen Paartanz, sondern um einen öffentlich und kollektiv aufgeführten Gruppentanz⁴. Während des Tanzens erfährt der Novize am eigenen Körper, ob er richtig dabei ist, ob er die unterschiedlichen Figuren schon beherrscht, ob er ein Gefühl für den Rhythmus hat oder ob er schon in der Lage ist, eigene Impulse zu geben. Ein guter Mentor zeichnete sich bislang dadurch aus, dass er oft zum Tanz aufforderte und dass er auch Freiraum für neue Formen und Figuren ließ, und ein guter Novize dadurch, dass er ein gutes Rhythmusgefühl und ein gutes Gespür für den Sinn des Spiels entwickelte.

Die Einführung der Juniorprofessuren bringt ohne Zweifel den frisch Promovierten sehr viel mehr Freiheiten und wenn man so will: sie bringt auch sehr viel mehr Beruf und Karrierepolitik in das Leben der Wissenschaftler. Insofern stellt die Einführung der Juniorprofessuren einen echten Quantensprung in der weiteren Verberuflichung von Wissenschaft dar. Die jungen, auf Zeit bestallten Professoren und Professorinnen werden jetzt nämlich nicht mehr von einem Mentor regelmäßig zum Tanz aufgefordert, sie könnten ein solches Ansinnen, sollte es dennoch einmal stattfinden, sogar mit gutem Recht und gerechter Empörung von sich weisen. Sie haben die Freiheit, sofort den eigenen Tanz zu entwerfen – neben der *Pflicht*, zu lehren und zu prüfen, neben der *Notwendigkeit*, Drittmittel einzuwerben und entsprechende Forschung zu betreiben, neben dem *Gebot*, sich an der Hochschulverwaltung zu beteiligen und auch neben dem *Zwang*, das ‚Zweite Buch' zu schreiben.

Nur der, welcher dies gut tut oder auch besser tut als andere, und dies dann auch auf angemessene Weise den Anderen im Feld kundtun kann, darf auch darauf hoffen, dass seine berufliche Entwicklung den Ausdruck ‚Karrie-

---

4   Dennoch gilt, dass wegen des Tanz-Charakters es doch einen Unterschied macht, ob nur Männer miteinander tanzen wollen, oder ob Frauen Männer auffordern oder Männer Frauen. Hinweise auf solche Unterschiede finden sich in der entsprechenden Literatur (vgl. z.B. Schultz/Hagemann-White 1990, Krais 2000, Engler 2000 und in diesem Band).

re' rechtfertigt. Oder anders: Juniorprofessoren werden sich notwendigerweise zu Virtuosen in Sachen ‚Karrierepolitik' entwickeln müssen, wollen sie erfolgreich sein. Wie auch für andere Arbeitnehmer bedeutet für sie die (vielleicht nicht immer so rosige) Zukunft: stärkere Konkurrenz, relativ sinkende Löhne, hohe Mobilitätsanforderungen, neue soziale Ungleichheiten und Beschäftigungen, die weder zeitlich noch örtlich von Dauer sind – kurz: Zukünftige Karrieren von Wissenschaftlern werden individueller und unsicherer ausfallen; ein Befund, der insbesondere Individualisierungstheoretiker sicherlich nicht besonders überraschen wird.

4. Wissenschaft als Feld für Karrierepolitiken

Weiter oben habe ich dem langjährigen Präsidenten der DFG nicht nur im Hinblick auf die Berufsartigkeit von Wissenschaft widersprochen, sondern auch im Hinblick auf die Geschlossenheit des Systems. Das mir bekannte Feld der Wissenschaft – so meine Argumentation – ist keineswegs ein geschlossenes autopoietisches System, welches mit dem Ziel, möglichst viel begründungsfähige Wahrheiten zu produzieren, Tausende von unterschiedlichen Blumen blühen lässt – also Orchideen neben Nelken, Löwenzahn neben Männertreu und Rosen neben Schneeglöckchen. Ich glaube dagegen Gründe für die Meinung zu haben, dass dieses Bild zwar durchaus eine nützliche und auch zu bewahrende regulative Idee zum Ausdruck bringt, dass aber dieser regulativen Idee im Berufsalltag der Wissenschaftler keineswegs so viel Bedeutung zukommt, wie man innerhalb der Wissenschaft das gerne sehen würde, sondern dass statt dessen auch andere, durchaus profanere regulative Ideen hoch gehandelt werden, welche zunehmend immer mehr und immer intelligentere Karrierepolitik notwendig machen.

Im Weiteren werde ich weitere regulative Ideen andeuten, die im Feld der Wissenschaft durchaus eine Rolle spielen, ohne dass ich behaupten will, dass eine Idee zur Zeit bereits die Hauptrolle spielt oder spielen sollte. Auch will ich nicht das Gegenwärtige beweinen und das Vergangene verklären, sondern mein Ziel ist hier allein, die Leser des Beitrags zu einer neuen und intensiveren Ethnographie des wissenschaftlichen Feldes anzuregen und zu ermuntern. Lassen Sie mich hier einige Beobachtungen eher unsystematisch zusammentragen, die aus meiner Sicht belegen, dass es im Feld der Wissenschaft auch um anderes geht als um die Suche nach der blauen Blume ‚Wahrheit'.

Erste Beobachtung: Dass Methoden- und Methodologiedebatten heute im wissenschaftlichen Diskurs über die Güte qualitativer Verfahren eher selten anzutreffen sind, ist (so meine Behauptung) nicht nur auf deren ‚Erfolg' zurückzuführen, sondern eine andere Ursache ist darin zu sehen, dass solche Debatten spröde und sperrig, dass sie wenig unterhaltend sind und nur wenige Interessierte finden – alles Kategorien, die darauf hinweisen, dass solche

Debatten einen geringen *Erlebniswert* besitzen (vgl. Reichertz 2000). Innerwissenschaftliche Hermetik, Askese und Exklusivität sind immer weniger Orientierungsstandards wissenschaftlichen Arbeitens und Darstellens, sondern zunehmend (und völlig zurecht) wenden sich Wissenschaftler der Gesellschaft zu, für die und in deren Auftrag sie arbeiten. Zur Plausibilisierung dieser These eine weitere Beobachtung:

Wissenschaftler und Wissenschaftlerinnen haben stets produziert, seien es Texte oder die darin eingelassenen Arbeitsergebnisse. Sie haben auch stets ihre Produkte in eine Ökonomie eingeführt, ohne Zweifel auch mit der Absicht, Gewinne zu erzielen. Häufig waren die Gewinne symbolischer Art, die sich oft auch *ökonomisch* auswirkten (vgl. Bourdieu 1997), z.B. durch die vermehrte Einwerbung von Forschungsmitteln. Die *symbolische* Ökonomie war dabei (fast ausschließlich) von den Fachkollegen geregelt und gewährleistet. Insofern war der Ansprechkreis klassischer Wissenschaft klein, exklusiv und extrem hermetisch. Innerhalb dieser überschaubaren Diskursgemeinschaft fungierte die Debatte als ‚Diskurspolizei' (Foucault 1977), die dafür sorgte, dass die jeweils geteilten Standards weitgehend eingehalten wurden. Als dort gehandelte Währungen galten Explikation, Reflexion und differenzierende Abwägung.

Zunehmend bewegt sich die Wissenschaft auf eine andere Ökonomie zu – eine neue Ökonomie mit neuen Währungen. Auf den Märkten, die Wissenschaftler bislang bedienten, waren fast ausschließlich Fachkollegen anzutreffen. Nur selten wurde auch einmal für mitlesende Gebildete (mit) produziert, aber fast nie wurden vor allem für diese Zielgruppe Texte geschrieben. In den sechziger Jahren öffneten (wissenschaftshistorisch gesehen) Verlage wie Fischer, Luchterhand, Rowohlt und Suhrkamp den Markt für die mitlesenden Gebildeten, also die intellektuellen Zaungäste, weil die Verlage zum einen wegen einer neuen Drucktechnik die Einzelbücher preiswerter anbieten konnten und weil zum zweiten vor allem solche Autoren publiziert wurden, deren Schreibstil auch für größere Lesergruppen ‚verträglich' war.

Damit stellte sich für die Wissenschaftler, die sich der kulturindustriellen Produktion von Büchern nicht verweigern wollten, eine ganz neue Herausforderung: Sie mussten Schriften produzieren, die nicht nur für die Fachkollegen, sondern auch für ein mitlesendes, auf den Zäunen sitzendes Publikum (und damit auch für den Verlag) interessant waren. Anfangs existierte sicherlich nur ein kleines Publikum für wissenschaftliche Literatur, mittlerweile hat es sich jedoch enorm vergrößert – Texte von Habermas, Dahrendorf, Luhmann, Beck, Bourdieu, Giddens etc. werden zur (durchaus auch materiellen) Freude der Verlage und Freude der Autoren nicht nur von Kollegen, Studierenden und Intellektuellen gekauft, sondern eignen sich auch als (den Schenker edelnde) Präsente zu jedem Anlass und finden sich deshalb (gelesen wie ungelesen) in einer Vielzahl von Bücherregalen und haben den Autoren neben dem symbolischen auch nicht geringen ökonomischen Gewinn eingebracht. Vor allem diese Öffentlichkeit der nicht-wissenschaftlichen Mitlesenden interessiert sich deutlich weniger für Nuancen und langatmige Legitimationen, für die sterile Debatte um das ‚Wie' der Forschung, sondern sehr viel mehr für das ‚Was', für das (möglichst spektakuläre) Resultat wissenschaftlicher Forschung. Dass Methoden- und Methodologiedebatten keine Konjunktur haben, ist aber auch durch die Besonderheit eines weiteren Marktes bestimmt, der für Sozialwissenschaftler aller Couleur von großer Bedeutung geworden ist – der Markt der Massenmedien (im engeren Sinne des Wortes). Gemeint sind damit hier zum einen die *Zeitschriften* (‚Spiegel', ‚Fokus' etc.), zum zweiten die Vielzahl der *Radiostationen*, die sich Aktuelles gerne von wissenschaftlichen Experten kommentieren lassen, und zum dritten natürlich das *Fernsehen* mit seiner Vielzahl von Talk-Shows und Expertenrunden.

Nach einem (nicht mehr auf seinen Autor zurückzuführenden) Bonmot bedeutet (auch für Wissenschaftler) heute ‚Sein' vor allem ‚In-den-Medien-Sein'. Nur auf den ersten Blick ist dieses Wort übertrieben oder gar bösartig, denn der gesellschaftlich getragene Wechsel der Leitmediums, nämlich die (von den meisten Intellektuellen beklagte) Ablösung des Buches durch das Fernsehen, hat schon längst stattgefunden. War es früher entscheidend, im Leitmedium ‚Buch' seine Ansichten zu publizieren, so wird die Bedeutung von Wissenschaftlern zunehmend durch Medienpräsenz hergestellt und gefestigt (vgl. auch Weingart 2001). Und da das neue Leitmedium sehr stark dem Bild und weniger dem Wort verpflichtet ist, resultieren daraus vollkommen andere Darstellungslogiken – was manche Wissenschaftler auch dazu bewegt, sich dem Fernsehauftritt und der damit einhergehenden Dramatisierungsnotwendigkeit und dem kurzatmigen ‚Fast-Thinking' grundsätzlich zu verweigern (vgl. Bourdieu 1998). In Spiegel-Interviews und Fernsehgesprä-chen langweilt nur das ‚Gerede' von der Begründung wissenschaftlicher Erkenntnis und der Gültigkeit von Methoden. Ernsthafte Geltungsbegründungen werden bei Medienauftritten weder abverlangt noch honoriert. Und wer den Fehler begeht, ungefragt solche zu äußern, wird in Zukunft nicht mehr gefragt.

Aber nicht nur die Medien interessieren sich für schnelle, kurze, neue Deutungen dieser Welt. Selbst auf innerwissenschaftlichen Fachtagungen haben Methodendebatten an Bedeutung verloren (um es einmal vorsichtig zu sagen). Beiträge über methodische Probleme werden selten nachgefragt, wohl auch, weil immer weniger Fachkollegen dazu neigen, nach den Methoden zu fragen – lösen sie doch damit möglicherweise eine dieser wenig gewinnbringenden und schon so oft erlebten Schulendiskussionen aus. Legten noch vor etwa einem Jahrzehnt Forscher schwer lesbare Transkriptionen vor, und zwangen sie die Zuhörer dazu, ihrer Interpretation Schritt für Schritt zu folgen, so löst ein solches Unterfangen mittlerweile Desinteresse bis Flucht aus. Honoriert werden zunehmend *exotische* Themen, *verblüffende* Erkenntnisse und ein auch *ästhetisch* ansprechender Stil – möglicherweise Power-point-animiert. Honoriert werden also weniger die Vorträge, welche eine Askese des aufmerksamen Zuhörens erforderlich machen, sondern solche, welche es ermöglichen, den Ausführungen gerne zu folgen – und auf dieser Hitliste stehen die Geltungsdebatten ganz weit unten.

Erfolgreich Sozialwissenschaft betreiben 367

Last but not least haben sich alle Forscher (so sie denn forschen wollen) auf dem freien Markt der Wissenschaftsfinanzierung zu bewerben – und der wird zunehmend enger. Einer der Hauptgründe hierfür ist, dass die staatliche Finanzierung inneruniversitärer Forschung (Grundausstattung der Hochschullehrerstellen, laufende Mittel für Forschung) seit etwa zwei Jahrzehnten auf etwa gleichem Level stagniert, und mancherorts gekürzt oder ganz gestrichen wird, während seit den 70er Jahren ein stetiger Zuwachs des Drittmittelvolumens zu verzeichnen ist (ausführlich hierzu Hornbostel 1997: 215ff). Drastisch verschärft wird diese Situation noch dadurch, dass die inneruniversitäre Mittelverteilung sich in Zukunft unter anderem auch nach der Höhe der eingeworbenen Drittmittel richten wird und die Berufungszusagen in der Regel nur noch fünf Jahre gelten.

All dies führt zu einer erheblich verstärkten Konkurrenz der einzelnen Wissenschaftler untereinander: wer kein Geld aus Drittmitteln einwirbt, erhält weniger Mittel aus dem Hochschulhaushalt, kann also auch weniger Forschung betreiben. Diese Entwicklung rechtfertigt z.B. für Schimank die Befürchtung, dass innerhalb der Universität gänzlich ohne Drittmittel kaum noch geforscht werden kann (vgl. Schimank 1992, S. 33).

Die Zangenbewegung staatlicher Forschungspolitik (Geld kürzen bei gleichzeitiger Erhöhung der Attraktivität, Geld von außen einzuwerben) erhöht den Druck, Forschungsanträge zu schreiben und sie zur Begutachtung an wissenschaftliche, politische, privatwirtschaftliche Geldgeber einzureichen, enorm. Die Deutsche Forschungsgemeinschaft, die VW-Stiftung, Landes- und Bundesministerien, Parteistiftungen, Arbeitgebervereinigungen, Gewerkschaften und viele andere Sponsoren wissenschaftlicher Forschungsarbeit sehen sich seit Jahren mit einer größer werdenden Zahl von Anträgen auf Vergabe von Sachmitteln konfrontiert, und dies bei gleich bleibendem Budget bzw. oft auch geringerem, was zur Folge hat, dass bei der DFG Ablehnungsquoten von 60% und bei der VW-Stiftung von 50% erreicht werden.

Auch, aber nicht allein wegen dieses verschärften Wettbewerbs um ökonomisches Forschungskapital geht die Frage nach den Beurteilungs-kriterien wissenschaftlicher Forschung in eine neue Runde. Die Forderung nach Qualitätskontrolle macht vor den Mauern der Alma Mater nicht mehr halt (weshalb sollte sie auch?), es wird nach Möglichkeiten der Leistungskontrolle gefragt, nach einer nachvollziehbaren Forschungsevaluation, nach der Prüfung des Verhältnisses von Aufwand und Ergebnis – kurz: für die Finanzierung des Fragwürdigen, Unplausiblen, Wenig-Überzeugenden, des Allzu-Neuen bleibt kein Geld mehr. Die Nischen, in denen Modelle und Experimente ihr (wenn auch kärgliches) Leben fristen konnten, schließen sich zunehmend.

Es ist zu befürchten, dass für eine langfristige und personalintensive Grundlagenforschung wenig Mittel verbleiben werden – sowohl in der Theoriebildung als auch in der Methodenentwicklung. Stattdessen werden Forschungsvorhaben mittleren oder kleineren Zuschnitts und geringem Personalaufwand (z.B. eine BAT IIa/halbe Stelle für zwei Jahre) vorne liegen. Verbessern kann man Förderungschancen, wenn eine aktuelle und gesellschaftlich relevante Fragestellung bearbeitet wird und wenn keine Methoden entwickelt, sondern diese lediglich angewendet werden. Innerhalb dieser Entscheidungslogik macht es durchaus Sinn, dass bei knapper werdenden Ressourcen, die eingesetzten Mittel zur Erforschung lebenspraktischer Probleme und für die Ermittlung von Entscheidungsgrundlagen für deren ‚Lösung' (Planungswissen) eingesetzt werden.

5. Wissenschaft als Gegenstand soziologischer Reflexion

In diesem Beitrag ging es mir keineswegs um die Leugnung der Tatsache, dass auch heute noch die Suche nach der Wahrheit im wissenschaftlichen Feld von Bedeutung ist. Ich wollte nur darauf hinweisen, dass auch andere Werte das berufsmäßige Leben im wissenschaftlichen Feld mitgestalten. Das war höchstwahrscheinlich auch in den guten alten Zeiten so. Nur heute sind es *andere*, neue Werte, die *auch* zählen. Wenn wir als kritische Wissenschaftler nicht nach diesen Ausschau halten, dann laufen wir Gefahr, unkritisch gegenüber uns selbst und unseren Kollegen zu sein. Und dann könnte uns das passieren, was einige Erziehungswissenschaftler (man möge mir diese nur um einer Pointe willen formulierte Spitze verzeihen) gelegentlich ins Grübeln bringt. Sie fragen sich nämlich manchmal, weshalb sich das Verhalten von Schülern im Schulunterricht nicht restlos, ja noch nicht einmal überwiegend durch den Wunsch nach möglichst viel Wissensaufnahme erklären lässt (das wäre in gewisser Weise doch rational). Alle, die wir die Schule besucht haben, wissen jedoch, dass in dem Biotop ‚Schule' die effektive Wissensaufnahme wenig und anderes sehr viel mehr zählt. Aber bevor wir manchen Erziehungswissenschaftler der Weltfremdheit zeihen, sollten wir nach dem fragen, was wir über unser Feld noch nicht wissen und doch wissen wollen.

Literatur

Beck, U./Kieserling, A. (Hrsg.), 2000: Ortsbestimmung der Soziologie. Baden-Baden: Nomos.
Berger, P./Luckmann, T., 1977: Die gesellschaftliche Konstruktion der Wirklichkeit. Frankfurt a.M.: Fischer.
Bochow, M. /Joas, H., 1987: Wissenschaft und Karriere. Frankfurt a.M.: Campus.
Bonß, W./Hartmann, H. (Hrsg.), 1985: Entzauberte Wissenschaft. Göttingen: Schwartz.
Bourdieu, P., 1975: The specificity of a scientific field and the social conditions of the progress of reason. Social Science Information 14: 19-47.
Bourdieu, P., 1988: Homo Academicus. Frankfurt a.M.: Suhrkamp.
Bourdieu, P., 1992: Rede und Antwort. Frankfurt a.M.: Suhrkamp.
Bourdieu, P., 1997: Vom Gebrauch der Wissenschaft. Konstanz: UVK.
Bourdieu, P., 1998: Über das Fernsehen. Frankfurt a.M.: Suhrkamp.
Burkart, G., 2002: Die Faszination der Popsoziologie. Soziologie 3: 47-52.

Campbell, D., 1985: Das Sozialsystem der Wissenschaft als Stammesorganisation,. S. 257-274 in: Bonß, W./ Hartmann, H. (Hrsg.), a.a.O.

Dreyfus, H./Dreyfus, S., 1987: Künstliche Intelligenz. Reinbek: Rowohlt.

Engler, S., 2000: Zum Selbstverständnis von Professoren und der illusio des wissenschaftlichen Feldes. S. 121-151 in: Krais, B. (Hrsg.): Wissenschaftskultur und Geschlechterordnung. Frankfurt a.M.: Campus.

Engler, S., 2001: „In Einsamkeit und Freiheit"? Zur Konstruktion der wissenschaftlichen Persönlichkeit auf dem Weg zur Professur. Konstanz: UVK

Foucault, M., 1977: Die Ordnung des Diskurses. München: Hanser.

Gerhards, J., 2002: Reputation in der deutschen Soziologie – zwei getrennte Welten. Soziologie 2: 19-33.

Hornbostel, S., 1997: Wissenschaftsindikatoren. Bewertungen in der Wissenschaft. Opladen: Westdeutscher.

Knorr-Cetina, K., 1984: Die Fabrikation von Wissen. Frankfurt a.M.: Suhrkamp.

Kohli, M., 1981: „Von uns selber schweigen wir." Wissenschaftsgeschichte aus Lebensgeschichten. S. 428-365 in: Lepenies, W. (Hrsg.): Geschichte der Soziologie. Bd. 1. Frankfurt a.M.: Suhrkamp.

Krais, B., (Hrsg.) 2000: Wissenschaftskultur und Geschlechterordnung. Frankfurt a.M.: Campus.

Laucken, U., 2002: Qualitätskriterien als wissenschaftliche Lenkinstrumente. Forum Qualitative Sozialforschung', Vol. 3, No 1. http://qualitative-research.net/fqs/.

Luhmann, N., 1995: Soziologische Aufklärung 6. Die Soziologie und der Mensch. Opladen: Westdeutscher.

Markl, H., 1987: Das Akademische Ökosystem. Konstanz: UVK.

Markl. H., 2002: „Wir verjagen unsere Forscher" In: Die Zeit. Nr. 23: 32.

Maturana, H. R., 1970: Biologie der Erkenntnis. Braunschweig: Vieweg.

Niederbacher, A., 1997: Die Forschenden im Feld – Anspruch und Realität. Diplomarbeit an der Gesamthochschule Wuppertal im FB Gesellschaftswissenschaften. 2 Bde. Wuppertal: unveröff. Manuskript.

Oevermann, U., 1996: Theoretische Skizze einer revidierten Theorie professionalisierten Handelns. S. 70-182 in: Combe, A./Helsper, W. (Hrsg.): Pädagogische Professionalität. Frankfurt a.M.: Suhrkamp.

Pfadenhauer, M., 1996: Professionelle Mikropolitik. S. 118-123 in: Brosziewski, A. (Hrsg.): Mikropolitik. Referate der Tagung an der Universität St. Gallen. St. Gallen: Eigendruck.

Pfadenhauer, M., 2003: Der strukturtheoretische Professionsansatz im Konzert soziologischer Professionstheorien. In: Haupert, B. (Hrsg.): Anregungen zur Selbstreflexion. Der Beitrag der soziologischen Professionalisierungsforschung zur Professionalisierung sozialer, pädagogischer und pflegerischer Berufe. Weinheim: Juventa. (Erscheint 2003)

Reichertz, J., 1993: Das Dilemma des ‚klinischen' Sozialwissenschaftlers und Sozialpädagogen. Kritische Randnotizen zur Nutzung der Oevermannschen Professionstheorie im sozialpädagogischen Diskurs. S. 205-223 in: Pfaffenberger, H./Schenk, M. (Hrsg.): Sozialarbeit zwischen Berufung und Beruf, Münster: Lit.

Reichertz, J., 2000: Zur Gültigkeit qualitativer Sozialforschung. ‚Forum Qualitative Sozialforschung' Vol. 1. Heft 2. On-line Journal. http://qualitative-research.net/fqs/fqs-d/2-00inhalt.htm.

Schimank, U., 1988: Gesellschaftliche Teilsysteme als Akteurfiktionen. KZfSS, 4: 619-639.

Schimank, U., 1992: Forschungsbedingungen der Professoren an westdeutschen Hochschulen. MPIFG Paper 92/2. Köln. MPI für Gesellschaftsforschung.

Soeffner, H.-G. 1989: Auslegung des Alltags – Der Alltag der Auslegung. Frankfurt a.M.: Suhrkamp.
Schmeiser, M., 1994: Akademischer Hazard. Stuttgart: Klett-Cotta.
Schulz, D./Hagemann-White, C., 1990: Das Geschlecht läuft immer mit... Die Arbeitswelt von Professorinnen und Professoren. Pfaffenweiler.
Weber, M., 1973: Wissenschaft als Beruf. S. 582-613 in: Ders. Gesammelte Aufsätze zur Wissenschaftslehre. Tübingen: Mohr.
Weingart, P., (Hrsg.) 1974: Wissenschaftssoziologie, 2 Bde. Frankfurt a.M.: Suhrkamp.
Weingart, P., 1976: Wissensproduktion und soziale Struktur. Frankfurt a.M.: Suhrkamp.
Weingart, P., 2001: Die Stunde der Wahrheit. Zum Verhältnis der Wissenschaft zu Politik, Wirtschaft und Medien in der Wissensgesellschaft. Weilerswist: Velbrück.

Angaben zu den Autoren

Cornelia **Behnke**, geb. 1965, Dr., freiberufliche Soziologin und Psychotherapeutin in Fürth, e-mail: CiBehnke@t-online.de

Falko **Blask**, geb. 1966, Diplom Journalist, freier Autor in München, e-mail: blask@falkoblask.de, homepage: www.falkoblask.de

Dieter **Bögenhold**, geb. 1955, Dr., Professor an der Universität des Saarlandes in Saarbrücken, e-mail: boegenhold@web.de, homepage: http://www.uni-saarland. de/fak5/boegenhold

Tomke **Böhnisch**, geb. 1966, Dr., wissenschaftliche Mitarbeiterin am Zentrum Gender Studies, Universität Basel, e-mail: Tomke.Boehnisch@t-online.de

Gaia **di Luzio**, geb. 1967, Dr., Assistentin am Soziologischen Seminar der Universität Göttingen, e-mail: gluzio@uni-goettingen.de

Jürgen **Enders**, geb. 1959, Dr., Professor für Hochschul- und Policyforschung am Center for Higher Education Policy Studies an der Universiteit Twente in Enschede, Nederland, e-mail: j.enders@cheps.utwente.nl, homepage: www.utwente.nl/cheps

Steffani **Engler**, geb. 1960, Dr., Privatdozentin in Soziologie an der TU Darmstadt, derzeit Vertretungsprofessorin an der Universität Gießen, e-mail: engler@muenster.de

Susanne **Fohler**, geb. 1966, Dr., wissenschaftliche Mitarbeiterin am Institut für Soziologie der Universität Freiburg, e-mail: susanne.fohler@soziologie.uni-freiburg.de

Monika **Frommel**, geb. 1946, Dr., Professorin und Direktorin des Kriminologischen Instituts der Universität Kiel, e-mail: mfrommel@email.uni-kiel.de, homepage: www.uni-kiel.de/isk

Christiane **Funken**, geb. 1953, Dr., Professorin am Institut für Soziologie der Technischen Universität Berlin, e-mail: christiane.funken@tu-berlin.de

Winfried **Gebhardt**, geb. 1954, Dr., Professor für Soziologie an der Universität Konstanz-Landau, Campus Koblenz, e-mail: gebhardt@uni-koblenz.de, homepage: www.uni-koblenz.de/~instso/gebhardt.htm

Michael **Hartmann**, geb. 1952, Dr., Professor für Soziologie an der Technischen Universität Darmstadt, e-mail: Hartmann@ifs.tu-darmstadt.de, http://hermes.ifs.tu-darmstadt.de/hartmann/html

Steffen **Hillmert**, geb. 1969, Dr., wissenschaftlicher Mitarbeiter am Max-Planck-Institut für Bildungsforschung, Berlin, Forschungsbereich Bildung, Arbeit und gesellschaftliche Entwicklung, e-mail: hillmert@mpib-berlin.mpg.de

Ronald **Hitzler**, geb. 1950, Dr., Professor für Allgemeine Soziologie am Fachbereich 12 der Universität Dortmund, e-mail: ronald@hitzler-soziologie.de, homepage: www.hitzler-soziologie.de

Erika M. **Hoerning**, geb. 1941, Dr., Privatdozentin an der Freien Universität Berlin und wissenschaftliche Mitarbeiterin am Max-Planck-Institut für Bildungsforschung, Berlin, e-mail: hoerning@mpib-berlin.mpg.de

Stefan **Hornbostel**, geb. 1955, Dr., Assistent am Institut für Soziologie der Friedrich-Schiller-Universität Jena, e-mail: info@hobost.de, homepage: www.hobost.de

Andreas **Huber**, geb. 1960, M.A., wissenschaftlicher Mitarbeiter im DFG-Verbundprojekt „Berufsverbleib" an der Universität Dortmund, e-mail: ahuber@fb12.uni-dortmund.de, homepage: http://www.erzwiss.uni-halle.de/gliederung/paed/beruf/huber.html

Dirk **Kaesler**, geb. 1944, Dr., Professor für Allgemeine Soziologie an der Philipps-Universität Marburg, e-mail: kaesler@mailer.uni-marburg.de, homepage: http://staff-www.uni-marburg.de/~kaesler

Sven **Kesselring**, geb. 1966, Dr., wissenschaftlicher Mitarbeiter im Sonderforschungsbereich 536 Reflexive Modernisierung im Projekt „Mobilitätspioniere" an der Bundeswehr-Universität München, e-mail: sven.kesselring@unibw-muenchen.de

Cornelia **Koppetsch**, geb. 1967, Dr., Assistentin an der Universität Lüneburg, e-mail: Koppetsc@uni-lueneburg.de

Angaben zu den Autoren 373

Michael **Meuser**, geb. 1952, Dr., Privatdozent für Soziologie an der Universität Bremen, wissenschaftlicher Mitarbeiter am Essener Kolleg für Geschlechterforschung, Universität Duisburg-Essen, e-mail: meuser.michael@t-online.de

Thomas **Meyer**, geb. 1943, Dr., Professor für Politikwissenschaft am Fachbereich 14 der Universität Dortmund, e-mail: zhu-meyer@t-online.de

Michaela **Pfadenhauer**, geb. 1968, Dr., wissenschaftliche Mitarbeiterin am Lehrstuhl für Soziologie, insbesondere Arbeitssoziologie, FB 11 der Universität Dortmund, e-mail: pfadenhauer@professionssoziologie. de, homepage: www.hitzler-soziologie.de/mitarbeiter.html#mp

Manfred **Prisching**, geb. 1950, Dr., Professor für Soziologie an der Universität Graz, e-mail: manfred.prisching@uni-graz.at

Jo **Reichertz**, geb. 1949, Dr., Professor für Kommunikationswissenschaft am Fachbereich 3 – Kommunikationswissenschaft der Universität GH Essen, e-mail: jo.reichertz@uni-essen.de, homepage: www.uni-essen.de/kowi/reich.htm

Peter **Runia**, geb. 1968, Dr., Dozent an der Internationalen Fachhochschule für Wirtschaft (Absatzwirtschaft/Marketing) in Venlo, Niederlande, e-mail: p.runia@fontys.nl, homepage: http://voyager.fontys.nl/run/

Michael **Schiffinger**, geb. 1974, Dr., Projektassistent an der Wirtschaftsuniversität Wien, e-mail: michael.schiffinger@wu-wien.ac.at, homepage: http://www.wu-wien.ac.at/inst/ivm/schifo.htm

Guido **Strunk**, geb. 1968, Diplom-Psychologe, Vertragsassistent und Forschungsassistent an der Wirtschaftsuniversität Wien, e-mail: guido.strunk@wu-wien.ac.at, homepage: www.wu-wien.ac.at/inst/ivm/strunk.html

Ludgera **Vogt**, geb. 1962, Dr., wissenschaftliche Mitarbeiterin am Institut für Soziologie, FB 12 der Universität Dortmund, e-mail: lvogt@fb12.uni-dortmund.de

Ivo **Züchner**, geb. 1971, Diplom-Pädagoge, Persönlicher Referent des Direktors am Deutschen Jugendinstitut, München, e-mail: zuechner@dji.de